★★★ 반드시 내 것으로 ★★★

# #MUSTHAVE

탄탄한 기본기 + 전략적 사고로 문제해결 역량을 레벨업하자

# 머신러닝 · 딥러닝
# 문제해결
# 전략

Must Have 시리즈는 내 것으로 만드는 시간을 드립니다. 명확한 학습 목표와 핵심 정리를 제공하고, 간단명료한 설명과 다양한 그림으로 학습 효과를 극대화합니다. 설명과 예제를 제공해 응용력을 키워줍니다. 할 수 있습니다. 포기는 없습니다. 지금 당장 밑줄 긋고 메모하고 타이핑하세요! Must Have가 여러분의 성장을 돕겠습니다.

GOLDEN RABBIT

골든래빗은 가치가 성장하는 도서를 함께 만드실 저자님을 찾고 있습니다.

내가 할 수 있을까 망설이는 대신, 용기 내어 골든래빗의 문을 두드려보세요.

apply@goldenrabbit.co.kr

우리는
가치가 성장하는
시간을
만듭니다.

GOLDEN RABBIT

# 추천의 말

이 책은 원고 단계에서 베타 리딩을 진행했습니다. 보내주신 의견을 바탕으로 더 좋은 원고로 만들어 출간합니다. 참여해주신 모든 분께 감사드립니다.

## 머신러닝·딥러닝 초보자

처음부터 끝까지 하나도 버릴 것 없는 정말 알뜰한 책이란 생각이 듭니다. 이제 갓 머신러닝·딥러닝에 입문한 분들께 이 책으로 기본기를 다져보라고 무조건 추천하고 싶네요!

**이동훈** 경북대학교 학부생

많은 사람이 인공지능에 관심을 갖고 도전하고 있습니다. 그러나 개념과 실제 적용 사이에는 크나큰 괴리가 있어서 실전에 들어선 초심자들은 대체로 갈피를 잡지 못하고 헤매게 됩니다. 이 책은 개념과 코드 구현을 유기적으로 연결해주어 초심자도 쉽게 따라올 수 있도록 일관된 프로세스를 제시합니다. 그래서 이 책으로 기반을 닦아 여러 문제에 도전하며 실력을 향상시키다 보면, 어느새 인공지능 전문가가 되어 있을 것 같습니다.

**신원지** 연세대학교 학부졸업생(취준생)

요즘 정말 '핫'한 캐글! 하지만 머신러닝·딥러닝의 기초를 익혔다고 해도 캐글을 혼자서 정복하기란 쉽지 않은 것 같습니다. 이 책은 캐글을 아주 쉽게 익힐 수 있는 멋진 지침서입니다. 책의 내용을 하나 하나 따라가다 보면, 막막했던 캐글 경진대회도 어느새 어렵지 않게 느껴질 것입니다.

**이승엽** 서울과학종합대학원 석사과정(AI·빅데이터 MBA)

## 현업 데이터 과학자, 머신러닝 엔지니어

어떤 일이든 일정 수준에 도달하면 경험적으로 최적화된 패턴이 생기기 마련입니다. 이 책은 수많은 캐글 대회와 솔루션을 수집/분석했고, 여러분께 체계적으로 머신러닝·딥러닝 문제를 해결할 수 있는 패턴을 제공합니다. 여러분만이 다뤄낼 수 있는 핵심에서만 새로운 방식을 시도하시고, 그 외 최적화된 공통 패턴은 이 책을 그대로 흡수하세요. 이를 토대로 여러분에게 좀 더 잘 맞는 문제해결 전략을 체득할 수 있을 것입니다.

**박찬성** ML GDE(Google Developer Expert)

이 책은 머신러닝 기초를 학습한 사람이 그다음 학습은 어떻게 이어가고, 프로젝트는 어떻게 진행해야 하는지를 중점적으로 다룹니다. 이는 앞으로의 머신러닝 책들이 나아가야 할 방향이기도 한 것 같습니다. 머신러닝 프로젝트를 진행하면서 온갖 난관에 부딪히며 고민하고 있는 분들께 이 책을 추천합니다.

**조성빈** 코드스테이츠 코칭 어시스턴트

캐글은 얻기 힘든 현실 데이터를 간접 경험할 수 있는 아주 좋은 커뮤니티입니다. 하지만 초보자 입장에서는 대회나 데이터가 너무 많아서 어떤 대회부터 참가할지 고민하게 되는데, 여기 이 책에 막 시작하려는 캐글러를 위한 '비밀지도'가 있습니다.

**박조은** 오늘코드 대표(데이터 분석가)

저는 IT 전공자이지만 머신러닝·딥러닝 기초가 없는 상태로 현업에 투입되었습니다. 어떤 분야든 뼈대부터 튼실히 갖춰야 한다는 게 저의 생각이기 때문에 '기초를 보다 쉽고 재미있게 배울 수는 없을까'라는 고민을 많이 해왔습니다. 이 책은 이러한 제 고민의 해결책 중 하나라고 봅니다. 책의 구성이나 예제가 뭐 하나 빠질 것 없이 마음에 듭니다. 사실 배타리딩 기간에 DACON 대회에도 참여했는데, 이 책의 도움을 많이 받았습니다. 너무 감사합니다.

**김대원** (주)인타운 부설연구소 연구원

# 추천의 말

사실 지금도 스크롤 압박이 거셀 만큼 매우 많은 인공지능 서적이 출간되어 있습니다. 그럼에도 이 책을 추천하는 이유는 이 책이 지닌 명확한 장점 때문입니다. 저 또한 수많은 관련 책을 탐독했지만 대부분 이론 설명과 간단한 예제로 구성되어 있습니다. 하지만 이 책은 멋진 예제와 함께 현업 엔지니어가 문제를 어떻게 접근하고 어떤 식으로 마지막까지 성능을 끌어올리는지에 대한 실무까지 겸비했습니다. 초보자는 물론이고, 머신러닝·딥러닝 개발 경력이 있는 개발자에게 오히려 더 유용한 참고서입니다.

**임은수** ViewMagine 팀 리드

이 책은 데이터 과학의 기술적인 측면을 학습한 이가 캐글을 통해서 그 기술을 어떻게 체계적으로 활용할지를 알려줍니다. 자신만의 분석 프로세스를 체계화해주고 실제 업무에도 적용해볼 수 있는 매력적인 책을 꼭 읽어보시길 바랍니다.

**이봉호** 우아한형제들 데이터 분석가

실제로 캐글을 처음 접하는 분들은 대부분 캐글 노트북을 필사하는 것으로 시작합니다. 그러나 필사만 반복해서는 놓치는 부분이 생깁니다. 이 책은 프로세스와 체크리스트를 제공하여 이런 부분을 놓치지 않게 예방해주어, 초심자는 물론 이미 캐글에 익숙하신 분께도 유용합니다. 고득점자 분들도 최고득점에 도전해보시려면 이 책을 한 번 읽어보시길 추천드립니다.

**하헌진** 세이지 리서치 책임 연구원

머신러닝·딥러닝 문제해결 프로세스를 캐글 경진대회를 통해 독자들에게 이해하기 쉽게 전달하는 탄탄한 구성이 매우 좋았습니다. 입문하려는 독자들이 흥미를 잃지 않고 문제해결 역량을 키워나갈 수 있으리라 생각합니다.

**강경수** 삼육대학교 교수

# 독자께 드리는 편지

### 머신러닝·딥러닝을 처음 공부하시는 입문자께

죄송하지만 이 책은 완전 입문자께는 적합하지 않습니다. 먼저 다른 책이나 교육 프로그램을 활용하여 머신러닝과 딥러닝의 기본 이론을 공부해주세요. 파이썬 언어로 간단한 실습까지 해보시고요. 그런 다음 체계적인 문제해결 능력과 실전 감각을 키우고 싶으실 때 이 책을 선택하시면 큰 도움이 될 겁니다.

### 이론은 익혔으나 막상 응용하려니 막막한 초보자께

이 책과 함께 체계적인 문제해결 프로세스를 반복 숙달해보세요. 단순 따라하기가 아니라, 어떤 점을 분석해야 하는지, 분석 결과를 어떻게 적용하는지, 이 기법이 왜 유용하고 어떻게 활용하는지까지 자세하게 알려드립니다. 기본이 몸에 익으면 새로운 문제가 주어져도 쉽게 응용할 수 있습니다. 이 책은 엄선한 7가지 대회, 문제해결 프로세스, 단계별 체크리스트로 기본기를 확실하게 길러드립니다.

### 레벨업을 꿈꾸는 현업 데이터 과학자, 머신러닝 엔지니어께

이 책에는 수많은 캐글 수상자의 노트북을 리팩터링하며 찾아낸 공통된 패턴이 담겨 있습니다. 여러분 자신의 노하우와 비교해보며 기본기를 다시 한번 점검해보세요. 캐글 경험이 아직 없으셨다면, 이 책을 계기로 모든 데이터 과학자의 놀이터인 캐글에서 여러분의 솜씨를 맘껏 뽐내보세요.

# 이 책의 구성과 공략법

## 전체 구성

이 책은 크게 3부로 구성됩니다. 다음은 게임 느낌으로 재밌게 구성해본 그림입니다.

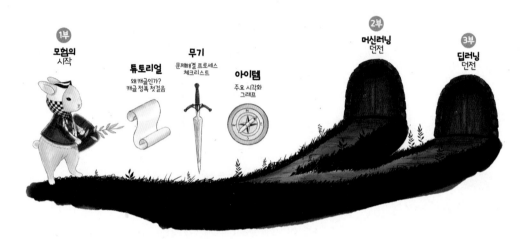

1부에서 모험을 떠날 채비를 마친 후 2부와 3부 중 원하는 주제를 선택해서 하나씩 공략하면 됩니다. 조금 더 자세히 살펴볼까요?

1부에서는 캐글과 친숙해지고, 본격적인 공략에 앞서 전략을 짜고 장비와 아이템을 챙기는 시간을 갖습니다. 전략이란 '문제해결 프로세스'를 말하고, 장비와 아이템이란 '체크리스트'와 각종 '시각화 그래프'를 말합니다. 1부는 다음처럼 4개 장으로 나뉩니다.

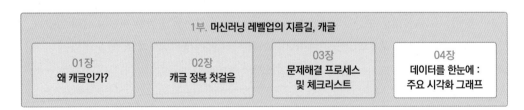

1장과 2장에서는 캐글을 간략히 소개하니, 이미 경험이 있는 분은 가볍게 훑고 지나가셔도 좋습니다.

**3장**은 중요합니다. **이 책을 관통하는 문제해결 프로세스**와 프로세스의 **각 단계에서 점검해야 할 사항**들을 설명하기 때문이죠. 앞으로 2부와 3부에서 여러 경진대회를 정복할 때 일관되게 이 프로세스를 따라 진행하며 반복 숙달시켜드릴 것입니다.

**4장**에서는 2부와 3부에서 데이터 분석 시 활용할 여러 시각화 그래프들을 둘러봅니다.

2부와 3부의 주제는 각각 머신러닝과 딥러닝으로 서로 다르지만, 구성 흐름은 같습니다. 다음 그림과 같이 각 주제 영역의 주요 개념을 정리한 후 경진대회를 하나씩 정복합니다.

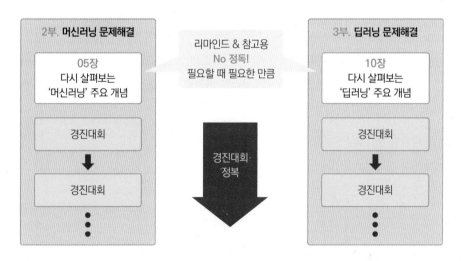

여기서 **주의**할 게 있습니다. **5장**과 **10장**은 머신러닝·딥러닝 이론을 기초부터 차근차근 설명하지 않습니다. 기본 이론을 이미 아시는 분께 "이러이런 개념들을 알고 계시면 이 책을 따라오시기에 한결 수월합니다" 혹은 "이러이런 개념들을 정리해놨으니 문제를 푸시다가 기억나지 않는 용어가 나오면 이곳을 참고하세요"라고 알려드리는 목적입니다. 정독하셔도 물론 좋습니다다만 **필요할 때 필요한 만큼** 읽어주시면 충분할 것 같습니다.

## 이 책의 구성과 공략법

### 미니맵과 체크리스트

캐글 경진대회 하나를 정복한다는 것은 데이터를 분석한 후 적합한 머신러닝·딥러닝 모델을 설계하고 최적화를 반복하는 긴 여정을 완주한다는 뜻입니다. 따라서 체계화된 프로세스를 따른다고는 해도, 익숙해지기 전까지는 도중에 길을 잃기 쉽습니다. 이 책은 여러분이 길을 헤매지 않도록 여러 장치를 제공합니다. 대표적으로 미니맵과 체크리스트가 있습니다.

**미니맵**은 이름 그대로 **책 전체를 요약**하여 **시각적**으로 보여줍니다. 다음 주소에서 이 책의 공략집 PDF 버전을 내려받으면 장별 미니맵이 포함되어 있습니다. 태블릿에 띄워놓고 혹은 프린트해서 옆에 두고 틈틈이 현재 위치를 확인해보면 문제해결 전략 습득이라는 긴 여정이 한결 수월해질 것입니다.

- 공략집(with 미니맵) : https://bit.ly/3D5NaZ5

**체크리스트**는 문제해결 과정에서 짚어봐야 할 사항들을 프로세스 단계별로 정리한 표입니다. 이 책 3장에도 실어놓았지만 아래 주소에 **편집 가능한 온라인 버전을 공개**해뒀습니다. 자유롭게 수정·개선하여 여러분만의 비밀 무기로 활용해주세요.

- 머신러닝 문제해결 체크리스트 : https://bit.ly/3muJFV2
- 딥러닝 문제해결 체크리스트 : https://bit.ly/3Bs6tLG

# 분석 → 정리 → 적용

2부와 3부의 경진대회 장들은 모두 **일관된 문제해결 프로세스**를 따라 진행됩니다.

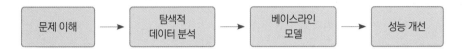

하지만 전체 과정이 길어서 **데이터를 분석하여 얻은 인사이트**가 실제 **모델링에 언제 어떻게 적용되는지**를 추적하기가 쉽지 않습니다. 그래서 광활한 텍스트, 코드, 그림 속에 파묻힌 구슬들을 실로 꿰어 의미가 이어지도록 구성했습니다.

⟨프로세스⟩                                      ⟨본문 샘플⟩

문제 이해

탐색적
데이터 분석

⬇

분석 정리
및
모델링 전략

⬇

베이스라인
모델

성능 개선

object 타입이고, 실제값은 T 또는 F(bin_3 피처), Y 또는 N(bin_4 피처)입니다. T는 True, No를 의미한다고 보면 되겠군요. 는 1로, F와 N은 0으로 인코딩하겠

**분석 결과**
이진 피처의 고윳값 T와 Y는 1로, F와 N은 0으로 인코딩

❶ 주어진 데이터를 분석하며 중요한 내용을 그때그때 기록합니다.

❷ 데이터 분석이 끝나면 분석 결과들을 취합·정리합니다.

**분석 정리**
지금까지 다양한 측면에서 데이터를 살펴보았습니다. 분석 과정에서 파악한 주요 내용을 정리해보겠습니다.

1 결측값은 없습니다.
2 모든 피처가 중요하여 제거할 피처를 찾지 못했습니다.
3 **이진 피처 인코딩** : 값이 숫자가 아닌 이진 피처는 0과 1로 인코딩합니다.
4 **명목형 피처 인코딩** : 전체 데이터가 크지 않으므로 모두 원-핫 인코딩합니다.
5 순서형 피처 인코 게 인코딩합니다(이미 숫자로 되어 있다면

❸ 모델링 과정에서 어느 분석 결과가 언제 적용되는지 알려줍니다.

반면 bin_3와 bin_4 피처는 각각 T와 F, Y와 N이라는 문자로 구성돼 있습니다. 각각 1과 0으로 바꾸겠습니다(**분석 정리 3**). 이때 판다스의 map() 함수를 사용합니다.

```
all_data['bin_3'] = all_data['bin_3'].map({'F':0, 'T':1})
all_data['bin_4'] = all_data['bin_4'].map({'N':0, 'Y':1})
```

# 이 책의 구성과 공략법

## 중점 영역 배분도 전략적으로

2부와 3부는 모든 장이 경진대회 하나를 처음부터 끝까지 온전히 다룹니다. 그래서 매번 같은 흐름과 같은 강도로 진행하면 지루하여 능률이 오르지 않을 것입니다. 운동도 상체와 하체를 나눠 단련하듯, 공부도 변화를 주어가며 진행해야 효율적입니다.

이 책은 다음과 같이 **장별로 중점 영역을 배분**하여 **점진적인 학습**을 유도하고 끝까지 재미있게 완주할 수 있도록 도와드립니다. 효과적인 학습 흐름과 난이도를 고려해 배치하였으니 6~9장, 11~13장은 **되도록 순서대로 도전**하시길 추천합니다.

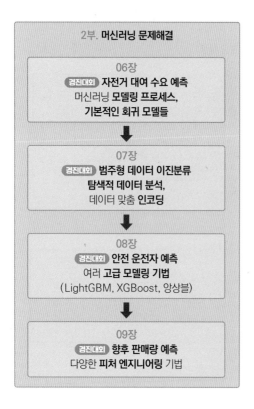

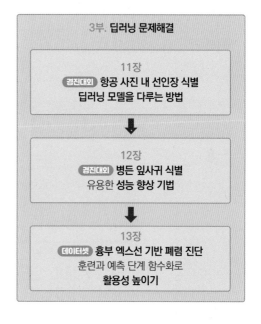

# 목차

## 1부  머신러닝 레벨업의 지름길, 캐글                    019

# 목차

# 목차

## 3 부    딥러닝 문제해결     447

머신러닝·딥러닝 문제해결 역량을 키우는 데 캐글이 최적인 이유를 알아보고, 2부와 3부에서 본격적으로
대회를 공략하는 데 필요한 채비를 갖춥니다.

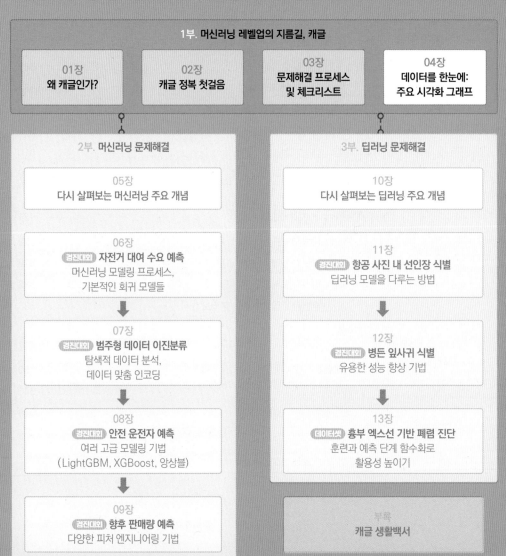

**1부. 머신러닝 레벨업의 지름길, 캐글**

| 01장 | 02장 | 03장 | 04장 |
|---|---|---|---|
| 왜 캐글인가? | 캐글 정복 첫걸음 | 문제해결 프로세스 및 체크리스트 | 데이터를 한눈에: 주요 시각화 그래프 |

**2부. 머신러닝 문제해결**

05장
다시 살펴보는 머신러닝 주요 개념

06장
경진대회 자전거 대여 수요 예측
머신러닝 모델링 프로세스,
기본적인 회귀 모델들

07장
경진대회 범주형 데이터 이진분류
탐색적 데이터 분석,
데이터 맞춤 인코딩

08장
경진대회 안전 운전자 예측
여러 고급 모델링 기법
(LightGBM, XGBoost, 앙상블)

09장
경진대회 향후 판매량 예측
다양한 피처 엔지니어링 기법

**3부. 딥러닝 문제해결**

10장
다시 살펴보는 딥러닝 주요 개념

11장
경진대회 항공 사진 내 선인장 식별
딥러닝 모델을 다루는 방법

12장
경진대회 병든 잎사귀 식별
유용한 성능 향상 기법

13장
데이터셋 흉부 엑스선 기반 폐렴 진단
훈련과 예측 단계 함수화로
활용성 높이기

부록
캐글 생활백서

# 1

# 머신러닝 레벨업의 지름길, 캐글

경진대회까지 갈 길이 멀군요. 캐글에 이미 친숙하신 분이라면 다음 순서도를 참고해 출발선을 옮겨보셔도 좋습니다.

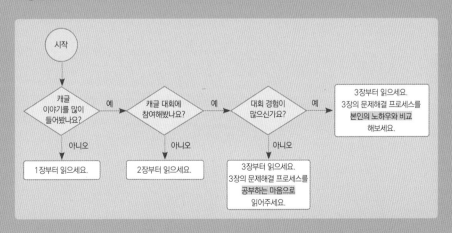

# 왜 캐글인가?

☐ **학습 목표**  캐글이란 무엇이고, 인공지능과 데이터 과학의 위상이 날로 높아지고 있는 오늘날 캐글이 왜 중요한지 알아봅니다. 훌륭한 머신러닝 엔지니어로 성장하는 지름길인 캐글과 친해져보세요.

☐ **학습 순서**

```
Why 캐글? → 캐글 구성요소 →   캐글러 등급
                              Novice ●●● → Grandmaster
```

☐ **캐글 소개**  캐글은 데이터 과학 및 머신러닝 경진대회를 주최하는 온라인 커뮤니티입니다. 전 세계 데이터 과학자를 위한 놀이터라고 생각하면 됩니다. 캐글에는 방대한 데이터, 유능한 데이터 과학자, 훌륭한 코드, 좋은 문화가 있어 데이터 과학 역량을 쌓는 데 최적의 플랫폼입니다.

캐글은 2010년 설립되어 2017년 구글에 인수되었습니다. 구글이 인수할 만큼 영향력 있는 플랫폼입니다. 가입자 수는 2017년 6월에 100만 명이었는데, 바로 다음 해인 2018년 8월에 200만 명으로 2배가 되었습니다. 2022년 6월에는 1,000만 명을 넘어서는 등 지금도 빠르게 커가고 있습니다.

☐ **장점**  웹 기반 플랫폼이기 때문에 인터넷만 연결되면 전 세계 누구나 참여할 수 있습니다. 개발 환경 구축에 신경 쓸 필요가 없다는 뜻입니다.

개인이나 작은 기업에서 쉽게 접할 수 없는 다양한 데이터로 데이터 과학과 머신러닝을 연습해볼 수 있고, 같은 목표로 대회에 참여한 전 세계 데이터 과학자들과 교류할 수 있습니다.

☐ **활용 사례**  기업이나 단체는 자체적으로는 어려웠던 머신러닝 모델 개발 문제를 해결하고, 우수한 직원을 채용하기 위해 대회 성과를 활용하는 경향이 커지고 있습니다.

# 1.1 왜 캐글을 해야 하는가?

소프트웨어 개발자들은 알고리즘 문제해결 역량을 키우기 위해, 혹은 코딩 인터뷰에 대비하기 위해 다양한 알고리즘 문제 사이트를 활용합니다. 국내 서비스 중에는 백준 온라인 저지, 알고스팟, 프로그래머스 등이 유명하죠. 다양한 알고리즘 문제를 제시하고, 참가자가 정답 코드를 제출하면 점수(등수)를 알려줍니다.

세상이 바뀌어 앞으로의 기술은 알고리즘만으로는 해결하기 어려운 문제들에 도전하고 있습니다. 데이터 과학과 머신러닝이 대표적이죠. 이 분야는 '데이터'가 핵심입니다. 데이터 없이는 유의미한 문제를 제시할 수조차 없습니다. 그리고 양질의 데이터는 개인이나 작은 단체에서는 쉽사리 만들어내기도 어렵습니다.

이러한 환경에서 훌륭한 데이터 과학자, 최고의 머신러닝 엔지니어를 꿈꾸는 여러분께 캐글을 권하는 이유를 간략히 말씀드리겠습니다.

## 1.1.1 데이터 과학 및 머신러닝 역량 강화

캐글은 데이터 과학과 머신러닝 역량을 키우기에 최적의 조건을 갖추었습니다. 꾸준히 경진대회에 참여한다면 머신러닝 스킬을 향상시킬 수 있습니다. 경진대회 종류도 다양하고 데이터도 방대합니다. 코드와 아이디어가 활발히 공유되고, 매번 새로운 대회를 접할 수 있어 지루할 틈이 없습니다.

## 1.1.2 공유와 경쟁의 상승효과

캐글은 개인의 코드와 아이디어가 활발히 공유되는 공간입니다. 경진대회를 진행하면서 참가자는 자신이 작성한 노트북을 다른 사람들과 공유합니다. 다른 참가자는 공유된 노트북을 활용하여 새로운 노트북을 만들어 공유합니다. 공유된 새로운 노트북은 다시 활용되어 한층 새로워진 노트북으로 공유되는 선순환이 반복됩니다. 캐글러가 공유한 노트북만 잘 활용해도 성능 좋은 모델을 개발할 수 있습니다.

경진대회라고 하면 경쟁이 떠오를 겁니다. 경쟁 상황에서 다른 사람과 아이디어를 공유하는 사람은 별로 없습니다. 하지만 캐글은 메달 시스템이 잘 구축되어 있어서 참여자는 경쟁 상황에서도 코드와 아이디어를 활발하게 공유합니다. 메달 시스템에 대해서는 1.3절에서 설명하겠습니다. 경쟁 상황과 공유 문화는 실력을 쌓기에 좋은 환경입니다. 경쟁 상황이 없다면 추진력을 내기 어렵고, 공유 문화가 없다면 아이디어를 확장하기 힘듭니다.

## 1.1.3 개인이 접할 수 없는 환경

개인이 실제 기업 데이터를 접하기는 쉽지 않습니다. 전 세계 유능한 데이터 과학자를 만날 기회도 드뭅니다. 하지만 캐글에서는 가능합니다. 좋은 재료와 훌륭한 동료가 있으니 환경은 완벽합니다. 데이터 과학자로 성장하는 데 이보다 좋은 환경이 있을까요?

## 1.1.4 취업 시 우대

캐글이 많이 알려지면서 채용 우대사항에 캐글 경험자를 걸어 놓는 기업이 많아졌습니다. 데이터 과학자나 머신러닝 엔지니어가 되고 싶은 대학생이나 취준생이라면 캐글에 뛰어드는 것도 좋은 방법입니다.

다음 그림들은 모두 캐글 경험을 우대사항으로 내건 채용 공고 예시입니다(출처 : 사람인).

▼ H사 머신러닝 연구원 채용 우대사항

| 우대사항 | - 뛰어난 의사소통 능력을 가진 분<br>- 빠른 개발 속도를 즐길 수 있는 분<br>- 높은 퀄리티의 delivery에 욕심 많으신 분<br>- 항상 겸손하고 배우는 자세로 동료들과 즐겁게 일할 수 있으신 분<br>- NLP / 기계학습 / 인공지능 기술을 활용한 제품/서비스 개발 경험을 보유하신 분<br>- NLP / 기계학습 / 인공지능 분야 상위급 저널/학회 논문 저자<br>- 영문 논문을 빠르게 읽고 이해하는 데 어려움이 없으신 분<br>- 최신 기술과 논문을 빠르게 습득하고 이를 구현하실 수 있는 분<br>- ML/NLP 관련 상용 프로덕트를 개발한 경험을 가진 분<br>- Kaggle 등 머신러닝 관련 대회에서 좋은 성과를 거두거나 국제학술대회에 논문을 게재하신 분 |
|---|---|

▼ S사 인공지능 소프트웨어 개발자 채용 우대사항

**우대사항**
- AWS 활용 경험 혹은 관련 서비스 플랫폼을 경험해 보신 분
- Kaggle 혹은 ML 관련 경진대회 입상하신 분
- ML모델을 모바일 기기에 포팅해보신 분

▼ D사 인공지능 개발자 채용 우대사항

[우대사항]
- **Competition 실적 (ex. kaggle competition)**
- **Open Source 실적 (ex. github star)**
- **Deep Learning/Machine Learning 관련 분야 (영상, signal, NLP, speech 등)**
  **주요학회/저널 논문 1편 이상 보유 (주저자 기준)**
- **업무관련 전공 석사 학위 이상 혹은 그에 준하는 경력**
- **파이썬 Flask, Django을 이용한 API 개발 경험**
- **Docker 활용 경험**

▼ K사 머신러닝 엔지니어 채용 우대사항

우대사항
- GPU 프로그래밍 환경에 익숙하신 분
- 머신러닝 데이터/서비스 파이프라인 구축 경험이 있으신 분
- 머신러닝/데이터 마이닝/통계 등 관련 분야의 석/박사 학위 보유하신 분
- kaggle 프로젝트 진행 경험이 있으신 분

# 1.2 캐글 구성요소

캐글이 데이터 과학 역량을 쌓는 데 정말 좋은 플랫폼임은 분명합니다. 하지만 이제 막 캐글에 가입한 사람을 위한 안내가 친절하지 못한 것 같아 살짝 아쉽습니다. 그래서 지금부터 캐글을 처음 접하는 분을 위해 이해하기 쉽게 캐글 구성요소를 설명하겠습니다.

참가자는 캐글의 경진대회, 데이터셋, 노트북, 토론, 강좌를 활용하여 데이터 과학 역량을 쌓을 수 있습니다. 기본적으로는 경진대회를 중심으로 구성되어 있다고 보시면 됩니다. A경진대회가 개최되었다면 그 경진대회를 위해 수많은 노트북이 생성되고, 활발한 토론이 진행됩니다.

캐글 홈페이지(kaggle.com)의 핵심 메뉴는 Home, Competitions, Datasets, Code, Discussions, Courses입니다. 순서대로 메인 홈페이지, 경진대회, 데이터셋, 코드(노트북), 토론, 강좌 메뉴입니다. 각 메뉴에 대해 살펴보겠습니다.

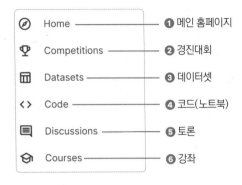

| | | |
|---|---|---|
| Home | ——— | **❶** 메인 홈페이지 |
| Competitions | ——— | **❷** 경진대회 |
| Datasets | ——— | **❸** 데이터셋 |
| Code | ——— | **❹** 코드(노트북) |
| Discussions | ——— | **❺** 토론 |
| Courses | ——— | **❻** 강좌 |

> **Note** 캐글 사이트의 UI는 언제든 예고 없이 바뀔 수 있습니다. 캐글의 UI가 책의 설명과 맞지 않다면 다음 주소에 공개
> 해둔 온라인 문서를 참고하세요.
> • https://bit.ly/3lznqWn

## 1.2.1 경진대회

Competitions 메뉴에서는 전 세계 누구나 참여할 수 있는 데이터 과학 및 머신러닝 대회를 볼 수 있습니다. 기업은 캐글에 데이터를 제공해 경진대회를 개최할 수 있습니다. 물론 경진대회를 개최하기 위해서는 캐글 측에 상당한 돈을 지불해야 합니다. 대회에 따라 다르지만 보통 1~3달 동안 진행됩니다. 참가자는 기업이 제공한 데이터를 분석하게 됩니다. 기업이 요구하는 지표를 기준으로 높은 성적을 내는 모델을 만들어야 합니다. 대회가 끝나면 기업은 성능 좋은 모델을 개발한 참가자에게 상금을 지급합니다. 상금을 받은 참가자는 기업에게 자신이 짠 코드를 제공합니다. 기업은 스스로 만들 수 없는 데이터 과학 및 모델링 코드를 얻을 수 있고, 참가자는 상금을 얻을 수 있습니다. 윈윈win-win이죠. 그러면 상금을 탄 참가자만 좋은 것일까요? 그건 아닙니다. 경진대회에 참여한 모든 참가자는 평소에 접하기 어려운 기업 데이터를 분석하고 모델링해볼 기회를 얻을 수 있습니다. 개인이 짠 코드를 서로 공유하며 더 성능 좋은 코드를 만들어내기도 합니다. 이 과정에서 모든 참가자가 데이터 과학 역량을 키울 수 있습니다.

다음은 캐글 경진대회 페이지의 모습입니다.

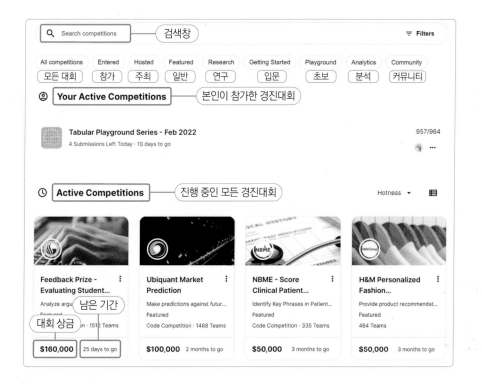

우선, 맨 위에 검색창이 있습니다. 바로 아래 경진대회의 종류를 나타내는 여러 탭이 있습니다. 각각의 의미는 다음과 같습니다.

- **All competitions** : 모든 경진대회
- **Entered** : 본인이 참가한 대회
- **Hosted** : 본인이 주최한 대회
- **Featured** : (머신러닝, 딥러닝으로 예측을 수행하는) 일반적인 대회
- **Research** : 연구나 실험 목적을 갖는 특수한 형태의 대회
- **Getting Started** : 이제 막 입문한 사람들을 위한 가장 쉬운 대회
- **Playground** : 초보자를 위한 쉬운 대회(Getting Started보다 약간 높은 수준)
- **Analytics** : 분석용 대회(예측하기보다는 현황 자체를 분석하는 대회)
- **Community** : 커뮤니티에서 주관하는 대회

주목할 탭은 [Entered], [Featured], [Getting Started], [Playground]입니다. [Entered] 탭은 본인이 참가한 대회를 보여주기 때문에 자주 사용할 겁니다. 그리고 [Getting Started] →

[Playground] → [Featured] 순서로 난이도가 높아진다고 보시면 됩니다.

탭 아래 영역은 크게 'Your Active Competitions'와 'Active Competitions'로 나뉩니다. Your Active Competitions에는 진행 중인 경진대회 가운데 본인이 참가한 대회가 나타나고, Active Competitions에는 진행 중인 모든 경진대회가 나타납니다. 각 대회마다 상금과 대회 종료까지 남은 기간도 표시되어 있습니다.

## 1.2.2 데이터셋

Datasets 메뉴는 경진대회 없이 순수하게 데이터셋만 제공되는 영역입니다. 수많은 양질의 데이터를 구할 수 있습니다.

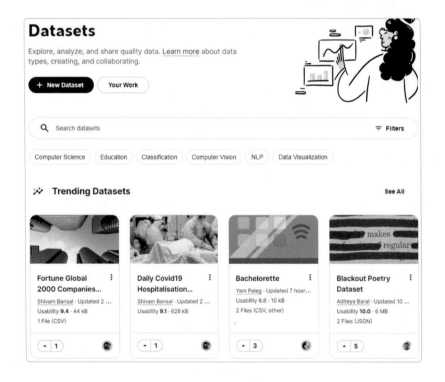

전 세계 누구나 데이터를 올릴 수 있고, 다른 사람이 올려둔 데이터를 자유롭게 사용하여 분석 결과를 공유할 수 있습니다.

키워드 중심으로 검색하면 원하는 데이터를 찾을 수 있습니다. COVID-19 관련 데이터를 찾고 싶다면 "COVID-19"라고 검색하면 됩니다.

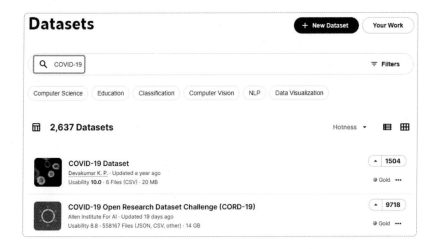

검색 결과에서 제목 오른쪽에 메달이 표시되어 있는데 금, 은, 동 순으로 많은 사람이 추천했다는 뜻입니다. 많은 사람이 추천했다는 것은 그만큼 질이 좋은 데이터, 활용 가치가 높은 데이터일 확률이 높다는 뜻입니다. 메달 바로 위에 표시된 숫자가 추천수를 뜻합니다. 메달에 대해서는 1.3절에서 다시 설명하겠습니다.

### 1.2.3 코드

Code 메뉴는 다른 사람이 올려놓은 캐글 코드(노트북)를 모아 놓은 페이지로 안내해줍니다. 경진대회와 연관된 코드도 있고, 데이터셋에 올라온 데이터를 분석한 코드도 있습니다.

> **Note** 데이터셋과 마찬가지로 각 코드에도 메달이 표시되어 있습니다.

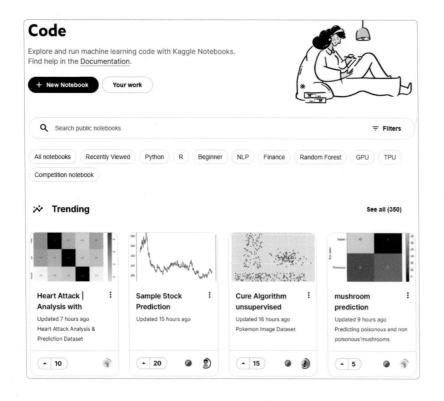

데이터셋과 마찬가지로 노트북도 원하는 키워드로 검색할 수 있습니다. 예컨대 회귀<sup>regression</sup>와 관련된 노트북을 찾아보고 싶다면 검색창에 ❶"regression"이라고 칩니다.

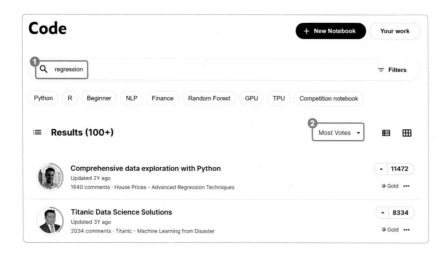

추천수가 많은 순으로 검색하고 싶다면 정렬 옵션을 ❷'Most Votes'로 선택합니다. 그런데 제목에 regression이라는 단어가 없는 노트북도 있습니다. 이는 해시태그 때문입니다. 노트북을 만들 때 해시태그를 설정할 수 있는데, 'regression' 해시태그를 추가한 노트북도 함께 검색된 것입니다.

### 1.2.4 토론

Discussions 메뉴에서는 경진대회를 진행하며 궁금한 점을 다른 사람에게 물어볼 수 있습니다. 서로 의견을 공유하며 새로운 아이디어를 얻을 수도 있습니다. 전 세계 유능한 데이터 과학자와 의견을 공유할 수 있다는 것은 굉장한 이점입니다.

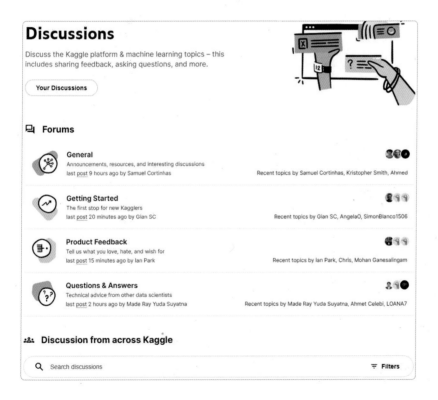

경진대회를 하다 막히거나 궁금한 게 있다면 주저 말고 토론 페이지를 활용하시기 바랍니다. 사소한 질문이라도 많은 캐글러가 친절히 답해줄 것입니다.

### 1.2.5 강좌

Courses 메뉴에서는 캐글 관련 강좌를 들을 수 있습니다. 캐글에 강좌가 있다는 사실을 모르는 사람이 많습니다. 동영상 강의는 아니지만 기초 내용을 학습하기에 좋습니다. 파이썬, 머신러닝 입문, 머신러닝 중급, 데이터 시각화, 판다스, SQL 기초, SQL 고급, 딥러닝 기초 등 다양한 강좌가 있습니다. 깊이가 있지는 않지만 무료이기 때문에 빠르게 기초 개념을 복습하기에 좋을 것 같습니다. 강좌를 마치면 수료증도 줍니다. 캐글 노트북으로 실습을 제공하니 캐글에 익숙해지는 데에도 도움될 것입니다.

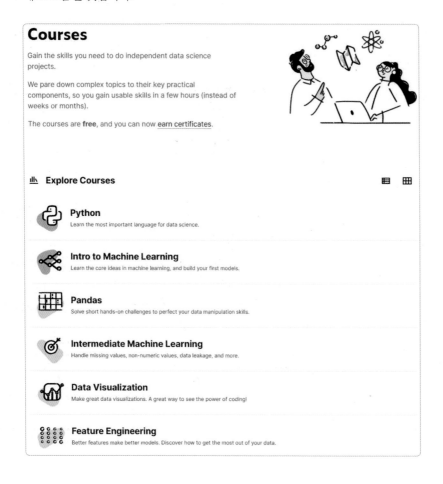

## 1.3 캐글러 등급

### 1.3.1 캐글러 등급이란?

마라톤을 하는 사람을 마라토너marathoner라고 하듯 캐글에 참여하는 사람을 캐글러kaggler라고 합니다. 그리고 캐글러 등급은 캐글러의 데이터 과학 실력을 가늠하는 척도입니다. 등급이 높을수록 오랫동안 캐글에 몸 담아 실력을 쌓았다는 뜻입니다. 캐글러 등급은 Novice, Contributor, Expert, Master, Grandmaster 이렇게 다섯 단계로 구분됩니다.

캐글은 경진대회, 데이터셋, 노트북, 토론마다 등급을 매깁니다. 경진대회만 열심히 참여하는 캐글러는 경진대회 등급이 높고 노트북만 열심히 공유하는 캐글러는 노트북 등급이 높습니다. 경진대회에만 집중하겠다거나 노트북에만 집중하겠다는 전략을 가진 캐글러도 많습니다. 등급을 높이기 위해서는 메달을 따야 합니다. 메달을 일정 개수 이상 모으면 등급이 올라갑니다.

다음 그림은 캐글 프로필 예시입니다. 경진대회, 데이터셋, 노트북, 토론마다 등급과 세계 랭킹, 메달 개수가 표시돼 있습니다.

▼ 캐글 프로필 예시(https://www.kaggle.com/progression)

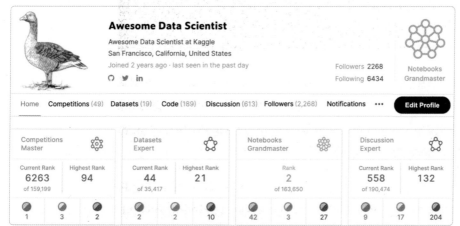

### 1.3.2 메달

메달은 올림픽처럼 금메달, 은메달, 동메달이 있습니다. 경진대회, 데이터셋, 노트북, 토론마다 메달 조건이 다릅니다. 다음은 참여 팀별 경진대회 메달 취득 조건입니다.

| | 0~99팀 | 100~249팀 | 250~999팀 | 1000팀 이상 |
|---|---|---|---|---|
| 동메달 | 상위 40% | 상위 40% | 상위 100위 | 상위 10% |
| 은메달 | 상위 20% | 상위 20% | 상위 50위 | 상위 5% |
| 금메달 | 상위 10% | 상위 10위 | 상위 10위 + 0.2%[1] | 상위 10위 + 0.2% |

예를 들어, 경진대회에 참여한 팀이 100~249팀이면 상위 10팀만 금메달을 딸 수 있습니다. 참여한 팀이 1,000팀 이상이면 상위 5%까지 은메달이고 상위 10%까지 동메달입니다. 따라서 참여자가 많다고 메달을 따기 힘들거라 생각하면 안 됩니다. 참여자가 많다면 그만큼 더 많은 사람에게 메달을 주기 때문입니다.

데이터셋, 노트북, 토론의 메달 조건은 간단합니다.

▼ 데이터셋, 노트북, 토론 메달 조건

| | 데이터셋 | 노트북 | 토론 |
|---|---|---|---|
| 동메달 | 5개 | 5개 | 1개 |
| 은메달 | 20개 | 20개 | 5개 |
| 금메달 | 50개 | 50개 | 10개 |

데이터셋과 노트북은 메달 취득 조건이 동일합니다. 본인이 올린 데이터, 혹은 본인이 공유한 노트북에 추천수$^{upvote}$가 5개 이상이면 동메달, 20개 이상이면 은메달, 50개 이상이면 금메달입니다. 단, 본인의 추천과 Novice의 추천은 제외합니다.

메달 따기 가장 쉬운 섹션이 바로 토론입니다. 토론에 실질 추천수$^{net-vote}$가 1개 이상이면 동메달, 5개 이상이면 은메달, 10개 이상이면 금메달입니다. 본인과 Novice의 추천은 역시 제외합니다. 유일하게 토론 섹션에는 비추천$^{downvote}$이 있습니다. 실질 추천수는 추천수에서 비추천수를 뺀 값입니다. 예를 들어, 추천이 5개고 비추천이 1개면 실질 추천수는 4개입니다.

토론글이나 댓글에 1명이라도 추천을 하면 바로 토론 동메달을 땁니다. 그래서인지 캐글은 토론

---

1 500팀마다 금메달 수상자가 1명씩 추가됩니다. 예를 들어 500팀이 참여했다면 11팀, 5000팀이 참여했다면 20팀이 금메달을 받습니다.

문화가 잘 발달했습니다.

### 1.3.3 캐글러 등급의 구성

앞서 말씀드렸듯이 캐글러 등급은 Novice, Contributor, Expert, Master, Grandmaster 이렇게 다섯 단계로 구분됩니다.

캐글에 처음 가입하면 다음과 같이 경진대회, 데이터셋, 노트북, 토론 섹션이 모두 Novice 등급입니다.

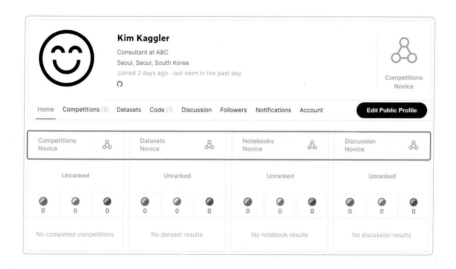

#### Contributor 조건

Contributor가 되기는 아주 쉽습니다. '사진등록, 거주지, 직업, 회사등록, 휴대폰 인증, 노트북 1회 실행, 경진대회 1회 참여 및 제출, 1개 토론 참여, 다른 게시물에 추천$^{upvote}$ 1개' 조건을 만족하면 Novice에서 Contributor로 업그레이드됩니다. 2장에서 캐글에 가입하고 튜토리얼 경진대회에 참여해본 후 곧바로 Contributor가 되는 방법을 알아보겠습니다.

#### Expert 조건

다음 등급은 Expert인데 조건이 까다롭습니다. Expert부터 경진대회, 데이터셋, 노트북, 토론 등급으로 나뉩니다. Expert가 되기 위한 조건은 다음과 같습니다.

- **경진대회** : 경진대회 동메달 2개
- **데이터셋** : 데이터셋 동메달 3개
- **노트북** : 노트북 동메달 5개
- **토론** : 토론 동메달 50개

취업 우대사항에 캐글 Expert를 내거는 기업이 있을 정도로 Expert는 데이터 과학자로서 실력을 갖추었다는 증표가 됩니다.

## Master 조건

Master 등급을 달성하기 위해서는 은메달 이상을 따야 합니다. 그렇기 때문에 상당한 시간과 노력이 필요합니다. Master 등급 조건은 다음과 같습니다.

- **경진대회** : 경진대회 금메달 1개, 은메달 2개
- **데이터셋** : 데이터셋 금메달 1개, 은메달 4개
- **노트북** : 노트북 은메달 10개
- **토론** : 토론 은메달 50개 포함하여 총 200개 메달

## Grandmaster 조건

Grandmaster 등급 조건은 다음과 같습니다.

- **경진대회** : 경진대회 '솔로' 금메달 1개, 금메달 5개
- **데이터셋** : 데이터셋 금메달 5개, 은메달 5개
- **노트북** : 노트북 금메달 15개
- **토론** : 토론 금메달 50개 포함하여 총 500개 메달

경진대회는 팀으로 참가할 수도 있고 혼자 참가할 수도 있습니다. 경진대회 Grandmaster 조건 중 하나인 솔로 금메달은 혼자 참가해 딴 금메달을 말합니다.

# 학습 마무리

캐글은 데이터 과학 및 머신러닝 경진대회를 주최하는 온라인 커뮤니티입니다. 데이터 과학 및 머신러닝 역량을 키우기에 굉장히 훌륭한 플랫폼이며, 취업 시 캐글 경험자를 우대하는 기업이 늘어나고 있습니다.

## 핵심 요약

1 캐글은 데이터 과학 및 머신러닝 역량을 키우기에 굉장히 훌륭한 플랫폼입니다.
2 경진대회, 데이터셋, 노트북, 토론 섹션으로 구성되어 있고 각 섹션마다 메달을 취득하여 등급을 올릴 수 있습니다.
3 메달은 동메달, 은메달, 금메달로 나뉘고, 등급은 Novice, Contributor, Expert, Master, Grandmaster로 나뉩니다.
4 개인이 접할 수 없는 기업 데이터를 분석할 수 있고, 전 세계 유능한 데이터 과학자와 커뮤니케이션할 수 있습니다.

캐글 정복 첫걸음

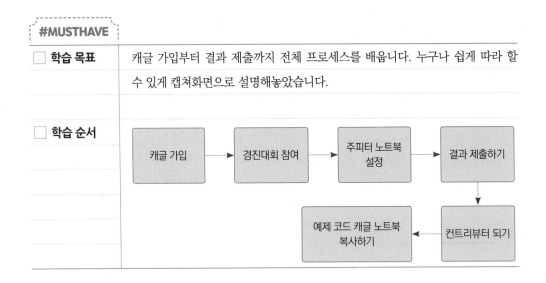

| ☐ 학습 목표 | 캐글 가입부터 결과 제출까지 전체 프로세스를 배웁니다. 누구나 쉽게 따라 할 수 있게 캡쳐화면으로 설명해놓았습니다. |
| --- | --- |
| ☐ 학습 순서 | 캐글 가입 → 경진대회 참여 → 주피터 노트북 설정 → 결과 제출하기<br>예제 코드 캐글 노트북 복사하기 ← 컨트리뷰터 되기 |

## 2.1 캐글 가입

캐글에 가입하는 방법부터 알아보겠습니다. 직접 따라 하면 누구나 쉽게 가입할 수 있습니다.

To Do 01 먼저 kaggle.com에 접속합니다. 캐글 메인 홈페이지가 뜰 겁니다.

02 홈페이지 우측 상단의 [Register]를 클릭하여 가입합니다.

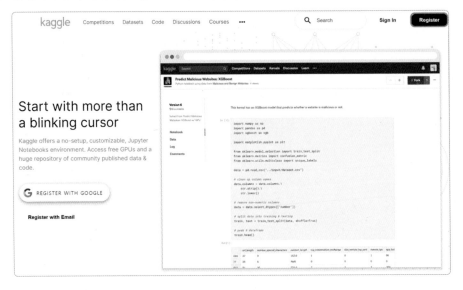

**03** 구글 계정으로 가입하려면 [Register with Google]을 클릭하고, 다른 이메일로 가입하려면 [Register with your email]을 클릭합니다. 여기서는 구글 계정으로 가입하겠습니다.

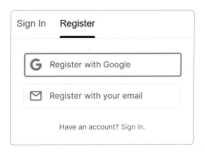

**04** 다음 창에서 영어로 이름을 입력합니다. 띄어쓰기도 가능합니다. 입력 후 하단의 [Next] 버튼을 클릭합니다.

> **Note** 중복된 이름이 이미 있다고 뜨면 다른 별칭으로 정하셔도 됩니다.

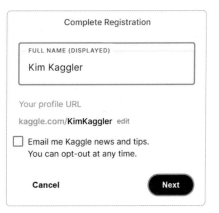

**05** 유의사항을 읽어본 뒤 [I agree]를 클릭합니다.

> **Note** 캐글 사이트의 UI는 언제든 예고 없이 바뀔 수 있습니다. 캐글의 UI가 책의 설명과 맞지 않다면 다음 주소에 공개해둔 온라인 문서를 참고하세요.
> • https://bit.ly/3lznqWn

가입이 완료되었습니다. 어려운 건 없으셨죠?

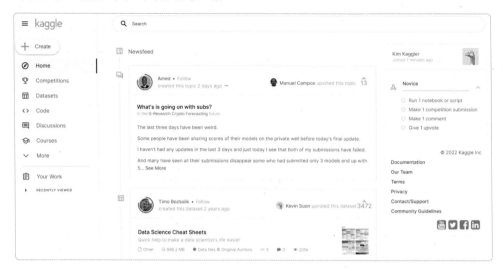

## 2.2 경진대회 참여

가입을 했으니 이제 캐글 경진대회에 참여해보겠습니다.

먼저 우리가 참여할 '타이타닉 경진대회'에 대해 간략히 설명드리겠습니다. 이 대회는 타이타닉호를 탄 승객들의 이름, 성별, 나이, 지불한 운임, 가족수 등 여러 정보를 주고, 각 승객이 살았는지 죽었는지 예측하는 경진대회입니다. 훈련용 데이터에는 승객 정보와 생사여부가 모두 표기되어 있고 테스트용 데이터에는 승객 정보만 표기되어 있습니다. 훈련용 데이터로 모델을 훈련한 뒤 테스트용 데이터에 있는 승객의 정보를 기반으로 생사여부를 예측해야 합니다.

타이타닉 대회는 캐글을 처음 접하는 사람이 가장 먼저 시도하는 대회입니다. 대회라기보다 튜토리얼이라고 봐도 좋습니다. 너무 유명해서 캐글을 한 번쯤 해본 분은 이미 접했을 것입니다.

**01** 우선, 화면 좌측에서 [Competitions] 메뉴를 클릭합니다.

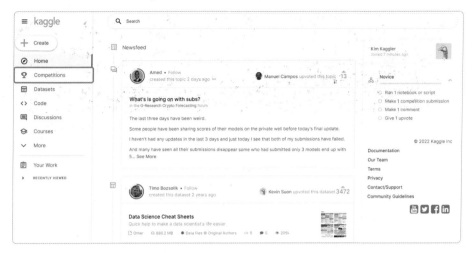

검색창이 두 개가 보일 것입니다. 맨 위는 경진대회, 데이터셋, 코드, 토론, 강좌 전체를 대상으로 검색할 수 있고, 그 아래는 경진대회에 국한하여 검색할 수 있습니다.

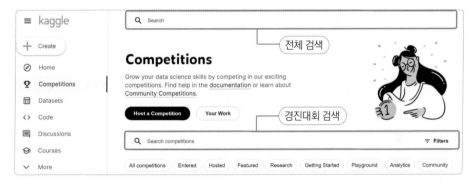

**02** 아무 검색창에서나 "Titanic"이라고 검색한 뒤 "Titanic: Machine Learning from Disaster"를 찾아 클릭합니다. 다음은 경진대회 검색창에서 검색한 예입니다.

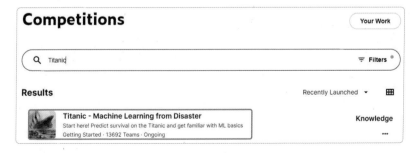

그러면 타이타닉 경진대회의 첫 페이지가 뜹니다.

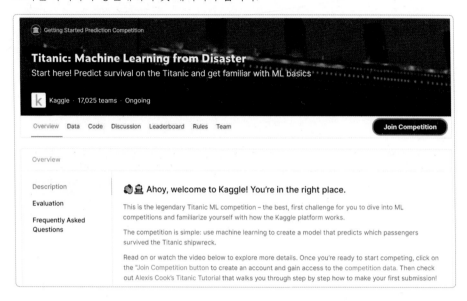

[Overview]부터 [Team]까지 여러 메뉴가 있죠? 각 메뉴마다 어떤 정보가 있고 어떻게 활용하는지는 6장에서 자세히 살펴보겠습니다.

**03** 경진대회에 참여하기 위해 우측 상단의 [Join Competition]을 클릭합니다.

> **Note** 만약 [Join Competition]이 없고 [Submit Predictions]라고 뜨면 이미 참여가 완료된 것입니다. 일부 튜토리얼 대회는 참여 버튼을 누르지 않아도 자동 참여되게끔 바뀔 수도 있기 때문입니다. 또한, 이미 종료된 대회들은 [Late Submission]이라고 뜰 겁니다.

**04** 경진대회 규칙이 궁금하면 살펴보시고, [I Understand and Accept]를 클릭하여 대회에 참여합니다.

타이타닉 경진대회 참여가 완료되었습니다.

## 2.3 주피터 노트북 설정

**주피터 노트북 생성**

**주피터 노트북**<sup>jupyter notebook</sup>은 데이터 과학자가 많이 사용하는 오픈소스 웹 애플리케이션입니다. 주피터 노트북을 활용하면 텍스트, 코드, 수식, 그래프, 코드 결과를 하나의 파일(.ipynb)에 표현할 수 있어 굉장히 편리합니다.

개인 컴퓨터(로컬)에서도 주피터 노트북을 사용할 수 있습니다. 그런데 캐글에서도 주피터 노트북 환경을 제공하기 때문에 굳이 로컬 환경을 구축할 필요는 없습니다. 캐글이 제공하는 주피터 노트북을 **노트북**<sup>notebook</sup>이라고 부릅니다. 캐글 노트북 환경에는 기본적인 데이터 분석, 머신러닝 라이브러리가 이미 설치되어 있어 작업하기 편리합니다.

로컬 환경이 캐글 노트북 환경보다 좋다면 로컬에서 하셔도 됩니다. 그러나 캐글에 이제 막 입문한 분이라면 대부분 평범한 노트북이나 데스크톱을 가지고 있을 겁니다. 캐글은 GPU 환경도 제공해주고 게다가 캐글 노트북을 써야만 제출할 수 있는 대회도 종종 있습니다. 그렇기 때문에 이 책에서는 캐글 노트북 환경을 기반으로 설명하겠습니다. 개발 환경 구성에 시간 들이지 않고 바로 시작할 수 있습니다. 아주 쉽게 말이죠.

방금 참여한 타이타닉 경진대회에서 새로운 노트북을 생성해보겠습니다.

**To Do** **01** 상단의 [Code] 메뉴를 클릭합니다.

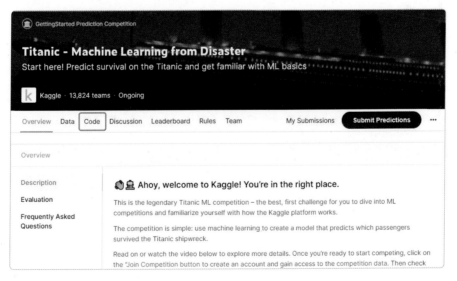

그러면 다른 사람이 작성한 노트북들의 목록이 나타날 겁니다. 참고하면서 공부하셔도 되고 아이디어를 얻으셔도 됩니다. 지금은 제출까지 한번 해보는 단계이므로 새 노트북을 만들어 보겠습니다.

**02** 오른쪽 상단의 [New Notebook]을 클릭합니다.

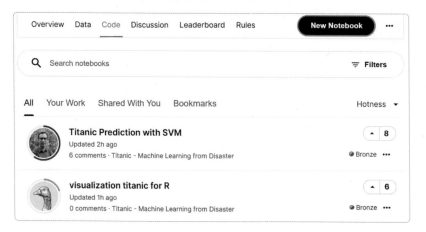

그러면 바로 캐글에서 제공하는 노트북 환경이 뜹니다. 로컬에서 번거롭게 세팅할 필요 없이 온라인 환경에서 작업할 수 있게 되었습니다.

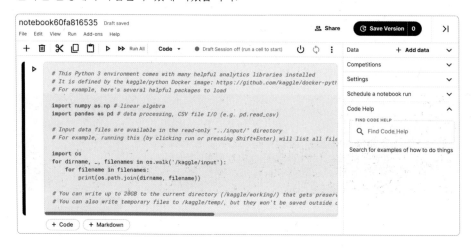

## 캐글 노트북 둘러보기

자주 사용하는 노트북 구성요소들을 설명하겠습니다. ❶ 현재 노트북 제목을 표시하는 영역이 상단에 있습니다. 원하는 노트북 제목으로 바꿔주겠습니다. 저는 "My First Notebook"으로 바꿨습니다.

❷ 다음으로 우측의 [Data] 탭을 클릭해 펼쳐보겠습니다. 그러면 오른쪽 그림처럼 변합니다. 여기에 타이타닉 경진대회용 데이터가 들어있습니다. ❸ Input 밑의 titanic 디렉터리를 다시 펼칩니다.

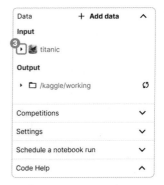

titanic 디렉터리에는 gender_submission.csv, test.csv, train.csv 파일이 있습니다. 각각 제출용 샘플 데이터, 테스트용 데이터, 훈련용 데이터입니다.

훈련용 데이터인 train.csv로 모델을 훈련하여, 테스트용 데이터인 test.csv로 결과를 예측하고, 제출용 샘플 데이터인 gender_submission.csv 형식에 맞게 제출하면 됩니다.

맨 처음 캐글 노트북을 실행하면 첫 번째 셀cell에 다음 코드가 자동으로 입력되어 있습니다. 이 셀을 실행해보겠습니다. 셀 실행 단축키는 두 가지입니다. Ctrl + Enter 를 누르면 현재 셀만 실행하고, Shift + Enter 는 현재 셀을 실행하고 다음 셀로 넘어갑니다.

> **Note** 주피터 노트북에서 셀이란 독립적으로 실행할 수 있는 코드 조각을 뜻합니다.

```
# This Python 3 environment comes with many helpful analytics libraries installed
# It is defined by the kaggle/python Docker image: https://github.com/kaggle/
# docker-python For example, here's several helpful packages to load
import numpy as np # linear algebra
import pandas as pd # data processing, CSV file I/O (e.g. pd.read_csv)

# Input data files are available in the read-only "../input/" directory
# For example, running this (by clicking run or pressing Shift+Enter) will list
all files under the input directory

import os
for dirname, _, filenames in os.walk('/kaggle/input'):
    for filename in filenames:
        print(os.path.join(dirname, filename))

# You can write up to 20GB to the current directory (/kaggle/working/) that gets
preserved as output when you create a version using "Save & Run All"
# You can also write temporary files to /kaggle/temp/, but they won't be saved
outside of the current session
```

```
                                                              ◀ 실행 결과
/kaggle/input/titanic/train.csv
/kaggle/input/titanic/gender_submission.csv
/kaggle/input/titanic/test.csv
```

이와 같이 train.csv, test.csv, gender_submission.csv 파일이 위치한 경로를 출력합니다. 앞서 노트북 우측의 [Data] 탭에서 살펴본 구조 그대로입니다. 다만 루트 디렉터리인 kaggle은 [Data] 탭에 보이지 않습니다. 뒤에서 제출 파일을 만들면 제출 파일은 kaggle/output 디렉터리에 담길 것입니다.

당연한 말이지만 경진대회마다 input 디렉터리에 들어 있는 데이터가 다릅니다. 대회에 참여하고 노트북을 생성하면 해당 대회를 위한 데이터가 들어 있습니다.

## 캐글 노트북 만져보기

이제는 간단한 조작법을 살펴보겠습니다.

노트북은 셀 단위로 편집하고 실행하는 구조입니다. 다음은 셀 두 개로 구성된 화면 예시입니다.

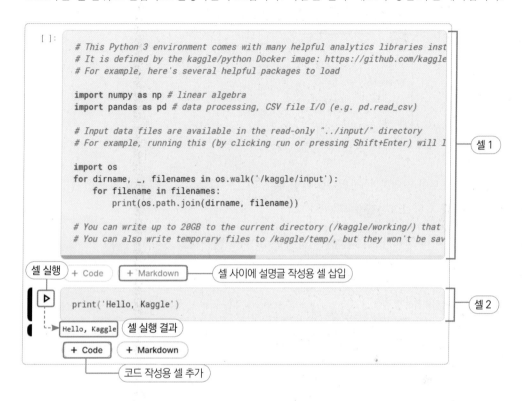

수정할 코드가 있다면 해당 셀을 선택해 편집하면 되며, 언제든 새로운 셀을 추가하거나 중간에 삽입할 수 있습니다. 심지어 셀 왼쪽 공간을 위아래로 드래그하여 셀들의 순서를 바꿀 수도 있습니다.

설명글은 마크다운markdown 문법을 지원합니다. 원하는 마크다운 텍스트를 입력한 뒤 실행하면 렌더링된 텍스트가 생성됩니다

코드는 셀 단위로 실행하며, 결과는 해당 셀 바로 아래 출력됩니다. 상단 메뉴바의 [Run] 메뉴에서 '모두 실행(Run all)', '이전 셀까지 실행(Run before)' 등 더 많은 실행 옵션을 확인할 수 있습니다.

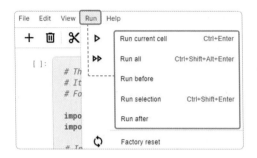

캐글은 키보드로만 작업하는 데 익숙한 분을 위해 키보드 단축키도 풍부하게 제공합니다. 유용한 단축키들을 몇 가지 소개하겠습니다.

먼저 ❶ 셀을 하나 선택하고 ❷ Esc 키를 누른 뒤 다시 b 키를 누르면 ❸ 선택한 셀 아래에 새로운 셀이 추가됩니다.

> **Note** Esc 키는 명령 모드를 활성화하는 역할입니다.

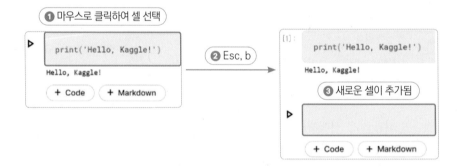

반대로 현재 셀을 지우려면 Esc 를 누른 뒤 d 키를 연속으로 두 번 누릅니다.

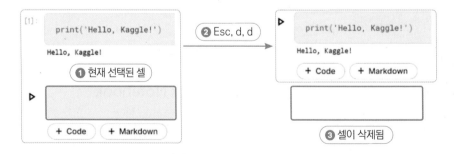

셀을 잘라낸 뒤 원하는 곳에 붙여넣을 수도 있습니다. 잘라내고 싶은 셀에 커서를 둔 뒤 `Esc`를 누른 후 `x`를 누릅니다. 그런 다음 키보드 위아래 방향키를 활용해 붙여넣고 싶은 곳으로 이동한 뒤 `v`를 누르면 잘라낸 셀을 붙여넣을 수 있습니다.

다음으로 `Esc` 후 `m`을 누르면 해당 셀이 마크다운 셀로 변합니다. 반대로 `Esc` 후 `y`를 누르면 마크다운 셀이 코드 셀로 바뀝니다.

정리하면 다음과 같습니다.

- **셀 실행** : `Ctrl + Enter` 또는 `Shift + Enter`
- **현재 셀 아래에 셀 추가** : `Esc`, `b`
- **현재 셀 위에 셀 추가** : `Esc`, `a`
- **현재 셀 삭제** : `Esc`, `d`, `d`
- **현재 셀 잘라내기** : `Esc`, `x`
- **잘라낸 셀 붙여넣기** : `Esc`, `v`
- **마크다운 셀로 변환** : `Esc`, `m`
- **코드 셀로 변환** : `Esc`, `y`

자주 사용하는 단축키들이므로 꼭 기억하시고, 다른 단축키가 궁금하신 분은 구글에 "jupyter notebook shortcuts"라고 검색해보시기 바랍니다.

한 가지만 추가로 설명하고 주피터 노트북 사용법을 마치겠습니다. 상단 메뉴 [View] → [Toggle line numbers]를 선택하면 셀 안에 줄번호가 표시됩니다. 코드가 많이 길어지면 유용한 기능입니다.

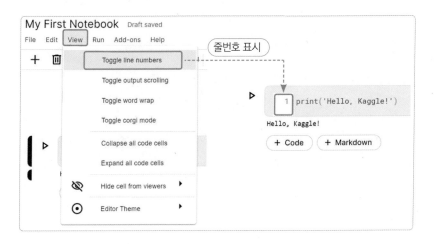

## 파이썬 및 설치된 라이브러리 버전 확인하기

캐글 노트북에는 파이썬을 비롯해 기본적인 라이브러리가 모두 설치되어 있습니다. 먼저 노트북에 설치된 파이썬 버전을 알아보겠습니다. 노트북 셀에 다음 코드를 입력하고 실행합니다.

```python
import sys
print(sys.version)
```

```
3.7.10 | packaged by conda-forge | (default, Feb 19 2021, 16:07:37)
[GCC 9.3.0]
```

집필 시점 기준으로 파이썬 3.7.10 버전이 설치되어 있습니다. 다음으로 설치된 라이브러리의 버전을 확인해보겠습니다. 머신러닝 경진대회를 다루는 6~9장에서는 다음과 같은 버전의 라이브러리를 사용합니다.

```python
import numpy, pandas, seaborn, matplotlib, sklearn, scipy, missingno, lightgbm, xgboost

print('numpy :', numpy.__version__)
print('pandas :', pandas.__version__)
print('seaborn :', seaborn.__version__)
print('matplotlib :', matplotlib.__version__)
print('sklearn :', sklearn.__version__)
print('scipy :', scipy.__version__)
print('missingno :', missingno.__version__)
print('lightgbm :', lightgbm.__version__)
print('xgboost :', xgboost.__version__)
```

```
numpy : 1.19.5
pandas : 1.3.2
seaborn : 0.11.2
matplotlib : 3.4.3
sklearn : 0.23.2
scipy : 1.7.1
missingno : 0.4.2
lightgbm : 3.2.1
xgboost : 1.4.2
```

딥러닝 경진대회를 다루는 11~13장에서 사용하는 라이브러리 버전은 다음과 같습니다.

```python
import numpy, pandas, matplotlib, sklearn, torch, torchvision, cv2,
albumentations, transformers

print('numpy :', numpy.__version__)
print('pandas :', pandas.__version__)
print('matplotlib :', matplotlib.__version__)
print('sklearn :', sklearn.__version__)
print('torch :', torch.__version__)
print('torchvision :', torchvision.__version__)
print('cv2 :', cv2.__version__)
print('albumentations :', albumentations.__version__)
print('transformers :', transformers.__version__)
```

```
numpy : 1.19.5
pandas : 1.2.5
matplotlib : 3.4.3
sklearn : 0.23.2
torch : 1.7.1+cu110
torchvision : 0.8.2+cu110
cv2 : 4.5.3
albumentations : 1.0.3
transformers : 4.9.2
```

이 책의 모든 실습은 이와 같은 라이브러리 버전에서 검증했습니다.


## 2.4 결과 제출하기

### 제출 파일 생성

훈련과 예측을 따로 하지 않고 샘플 파일인 gender_submission.csv의 내용 그대로를 제출 파일로 생성해보겠습니다. 제출하는 절차를 익히기 위해서입니다.

**To Do** **01** pandas의 read_csv( ) 함수로 gender_submission.csv 파일 내 데이터를 DataFrame 객체로 불러온 후 내용을 출력해보겠습니다.

```
import pandas as pd

submission = pd.read_csv('/kaggle/input/titanic/gender_submission.csv')
submission
```

▼ 실행 결과

|  | PassengerId | Survived |
|---|---|---|
| 0 | 892 | 0 |
| 1 | 893 | 1 |
| 2 | 894 | 0 |
| 3 | 895 | 0 |
| 4 | 896 | 1 |
| ... | ... | ... |
| 413 | 1305 | 0 |
| 414 | 1306 | 1 |
| 415 | 1307 | 0 |
| 416 | 1308 | 0 |
| 417 | 1309 | 0 |

418 rows × 2 columns

승객 ID별 생사여부가 Survived 칼럼에 기재되어 있습니다. 제출용 샘플 파일은 임의로 남자 승객은 0, 여자 승객은 1로 생사여부를 표시했습니다. 샘플 데이터라서 남자는 다 죽고, 여자는 모두 살았다고 단순하게 나타낸 것입니다.

**02** 이제 submission 객체를 제출 파일로 변환하겠습니다.

```
submission.to_csv('submission.csv', index=False)
```

index=False로 지정하면 DataFrame의 인덱스는 제외한 채 csv 파일을 만들어 저장합니다. 제출 파일은 오른쪽 [Data] 탭에서 확인할 수 있습니다. Output/kaggle/working 디렉터리에 submission.csv 파일이 잘 생성되었군요.

## 커밋하기

생성된 submission.csv 파일을 제출하려면 먼저 커밋<sup>commit</sup>부터 해야 합니다.

**To Do** **01** 오른쪽 위의 [Save Version] 버튼을 클릭합니다.

**02** 커밋 창이 뜨면 Version Name을 쓴 뒤(생략 가능) [Save] 버튼을 누릅니다.

화면 왼쪽 아래에 다음과 같이 커밋이 진행 중임을 알리는 창이 뜰 것입니다.

잠시 기다리면 다음과 같이 완료되었다고 알려줍니다. 코드가 복잡하고 처리할 게 많을수록 커밋하는 데 시간이 오래 걸립니다. 지금은 간단히 제출 파일만 만들었으므로 금방 완료될 것입니다.

## 제출 및 점수 확인하기

커밋을 했으니 이제 제출해보겠습니다. 오른쪽 위의 [Save Verison] 옆의 숫자가 '0'에서 '1'로
바뀐 것을 볼 수 있습니다. 커밋이 한 번 되었다는 뜻입니다.

**To Do** **01** '1'로 표시된 영역을 클릭합니다.

**02** 다음으로 오른쪽 위의 [Go to Viewer]를 클릭합니다.

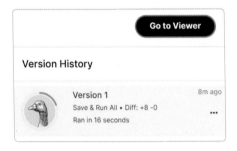

Viewer의 [Notebook] 탭에서는 지금까지 작성한 코드를 볼 수 있습니다.

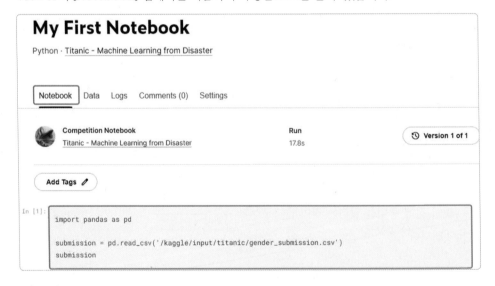

**03** 바로 옆의 ❶ [Data] 탭을 클릭하면 우리가 제출할 ❷ submission.csv의 내용이 보입니다. 결과 파일이죠. ❸ 제출하려면 [Submit] 버튼을 클릭합니다.

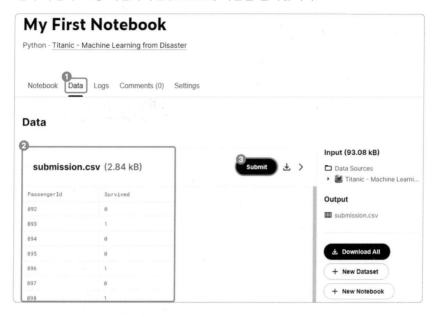

**04** 그러면 ❶ 노트북 제목, ❷ 커밋 메시지, ❸ 제출 파일이 순서대로 기재가 된 창이 뜹니다. 아래의 ❹ [Submit] 버튼을 다시 누릅니다.

## Submit to competition

Titanic - Machine Learning from Disaster

**Submission File:**

SELECT NOTEBOOK*
❶
My First Notebook ▼

NOTEBOOK VERSION*
❷
Version 1 ▼

OUTPUT FILE*
❸
submission.csv ▼

SUBMISSION DESCRIPTION
Notebook My First Notebook | Version 1

Cancel  ❹ **Submit**

제출이 완료되었습니다.

**05** 점수가 얼마나 되는지 궁금하죠? 아래의 [View My Submissions]를 클릭하여 점수를 확인해봅니다.

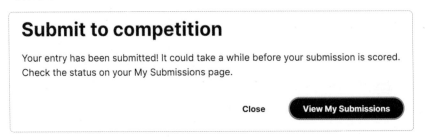

Score가 0.76555라고 표시되어 있습니다.

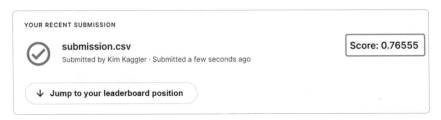

이 대회의 평가 지표는 정확도$^{accuracy}$로, 0~1 사이의 값을 갖습니다. 76%나 정답을 맞혔다니, 아무것도 하지 않은 것에 비춰보면 꽤 높네요.

**06** 이 점수면 전체 제출자 중 몇 등인지 확인해볼까요? 아래 [Jump to your leaderboard position]을 클릭합니다.

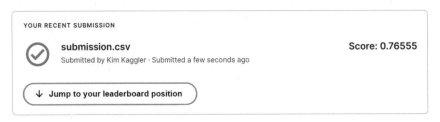

집필 시점 기준으로 전체 10,614등이네요. 총 제출자는 14,000명 정도 됩니다. 제출용 파일을 그대로 제출하니 등수가 높을 리 없겠죠.

지금까지 캐글 가입부터 제출까지 전체 프로세스를 간략히 살펴보았습니다.

## 2.5 컨트리뷰터 되기

컨트리뷰터가 되는 조건 중 가장 까다로운 '경진대회 1회 참여 및 제출'을 완료했으니, 나머지 간단한 작업들을 마저 끝내서 등급을 올려봅시다.

**To Do** **01** 먼저 현재 등급이 Novice가 맞는지 확인해보겠습니다. 캐글 홈페이지 로그인 후 오른쪽 위 아이콘을 클릭합니다.

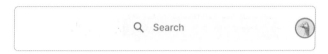

**02** 개인정보 메뉴 탭이 뜨면 [Your Profile]을 클릭합니다.

그러면 다음과 같이 자신의 프로필이 뜹니다.

❶ 맨 위에 이름이 나타나고, ❷ 그 아래에는 경진대회, 데이터셋, 노트북, 토론마다 등급이 있습니다. 회원가입 후 아무것도 안 했으니 현재 등급은 모두 Novice입니다. 이를 Contributor로 업그레이드 해보겠습니다.

**03** ❸ 오른쪽의 [Edit Public Profile] 버튼을 클릭하여 편집 화면으로 이동합니다.

**04** ❶ 사진을 등록하고 직업, 회사(학교), 거주지, 개인 SNS 계정을 입력합니다. ❷ 이어서 아래쪽의 Phone Verification의 [Not verified]를 클릭한 다음 휴대폰 인증까지 마칩니다. ❸ 마지막으로 [Save Public Profile]을 클릭해서 저장합니다.

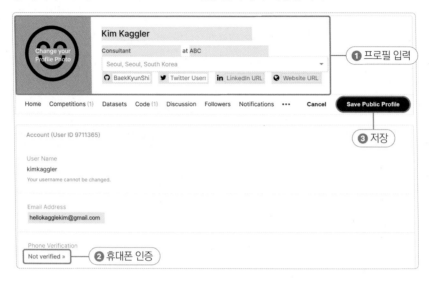

**05** ❶ [Home] 탭을 눌러 프로필 메인으로 돌아옵니다. 다음으로 자기소개를 추가해보겠습니다. 프로필 중간 Bio 항목에서 ❷ [Click to add bio...]를 클릭합니다.

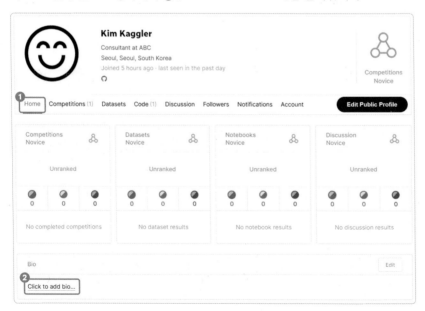

**06** 적당한 자기소개를 입력하고 [Save] 버튼을 클릭합니다.

**07** 마지막으로 다른 사람 노트북에 추천<sup>upvote</sup>을 누르고 댓글을 달면 됩니다. 타이타닉 경진대회에서 쉬운 노트북을 아무거나 선정해도 됩니다.

추천과 댓글 달기까지 모두 마치면 다음과 같이 모든 영역이 Contributor로 업그레이드됩니다. 축하합니다!

# 2.6 예제 코드 캐글 노트북 복사하기

이 책의 모든 예제 코드는 캐글 노트북으로 공유해놨습니다. 독자 여러분은 제가 공유한 캐글 노트북을 복사해서 사용하실 수 있습니다. 노트북을 복사해 사용하면 라이브러리 버전을 책과 동일하게 맞출 수 있다는 장점이 있습니다. 즉, 책과 같은 환경에서 작업할 수 있습니다.

캐글 노트북을 복사해 실행하는 방법을 알아보겠습니다.

`To Do` **01** 캐글에 로그인합니다.

**02** 다음 주소로 이동합니다.

- https://www.kaggle.com/werooring/ch0-titanic-basic-solution-using-randomforest
- (단축 URL) https://bit.ly/3wSjpry

제가 공유해둔 노트북으로, 타이타닉 데이터를 간단히 전처리한 후 랜덤 포레스트 모델로 훈련 및 예측한 코드입니다.

**03** 오른쪽 위의 [Copy & Edit] 버튼을 클릭합니다.

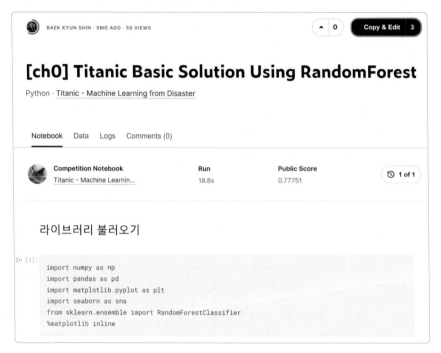

그러면 다음과 같이 노트북이 복사됩니다.

**04** 제대로 복사됐는지 확인해볼까요? 상단 메뉴에서 [Run All]을 클릭하여 전체 셀을 한 번에 실행해보세요.

전체 셀이 오류 없이 잘 실행될 것입니다.

**05** 이제 2.4절에서 배운 바와 똑같이 커밋하고 제출해보겠습니다.

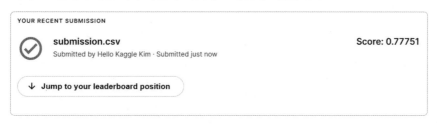

점수가 0.77751로 향상되었습니다.

## 학습 마무리

이번 장에서는 캐글 가입부터 제출하는 방법을 알아보고 컨트리뷰터가 되어보았습니다. 그리고 제가 공유한 예제 노트북을 복사해 실행하는 방법도 알아봤습니다.

# 문제해결 프로세스 및 체크리스트

| ☐ **학습 목표** | 머신러닝과 딥러닝, 두 가지 성격의 대회를 정복하는 일반적인 프로세스를 알아보고, 프로세스의 각 단계에서 확인해야 할 체크리스트를 정리해봅니다. |
|---|---|
| ☐ **머신러닝 대회** **vs.** **딥러닝 대회** | 캐글 경진대회는 크게 머신러닝 대회와 딥러닝 대회로 나닙니다. 일반적으로 머신러닝 기법을 활용해 정형 데이터(엑셀, csv와 같이 표 형태로 구성된 데이터)를 다루는 대회를 머신러닝 대회, 딥러닝 기법을 활용해 비정형 데이터(이미지, 음성, 텍스트 등)를 다루는 대회를 딥러닝 대회라고 합니다.[1] |
| ☐ **학습 순서** | |
| ☐ **활용하기** | 머신러닝 프로세스와 체크리스트는 이 책의 2부 대회들에서, 딥러닝 프로세스와 체크리스트는 3부 대회들에서 활용해보세요. 또한 마지막에 캐글에 결과를 제출하는 부분만 빼면, 일반적인 머신러닝/딥러닝 문제를 풀 때도 응용할 수 있으니 몸에 익혀두면 두고두고 유용하게 활용하실 수 있을 겁니다. |

# 3.1 머신러닝 문제해결 프로세스

캐글 경진대회 중 머신러닝 대회의 일반적인 프로세스를 그림과 표로 정리했습니다. 대회에 따라 이상적인 세부 내용은 조금씩 다를 수 있지만 큰 흐름과 구조는 대부분 비슷합니다. 이 책의 2부에서 다루는 4가지 머신러닝 경진대회는 모두 이 프로세스를 따라 진행합니다.

> **Note** 이번 장의 내용은 이 책 전반에서 반복 숙달할 것이므로 지금은 전체적인 흐름과 느낌만 기억해두시면 충분합니다.

---

1  머신러닝 대회에서도 딥러닝 모델로 정형 데이터를 다룰 수 있지만, 여기서는 일반적인 구분 방법을 말한 것입니다.

먼저 그림으로 가볍게 살펴보겠습니다.

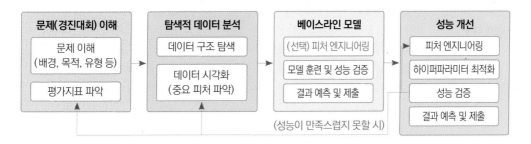

- **문제(경진대회) 이해** : 어떤 일이든 주어진 문제를 이해하는 데서 시작해야 합니다. 문제를 정확하게 이해해야 목표점을 정확히 설정할 수 있습니다.
- **탐색적 데이터 분석**<sup>Exploratory Data Analysis</sup> : 주어진 데이터를 면밀히 분석합니다. 머신러닝은 결국 데이터를 다루는 기술이므로 데이터를 잘 알아야 다음 단계에서 가장 효과적인 모델을 찾고 최적화할 수 있습니다.
- **(데이터 전처리)** : 머신러닝에 이용되는 현실 세계 데이터에는 다양한 잡음이 섞여 있고 형태도 일정하지 않아서 솎아주거나 형태를 일치시키는 등의 전처리 작업을 해줘야 합니다. 다만 캐글 경진대회들은 대부분 전처리가 상당 수준 이루어진 데이터를 제공하므로 이 책에서는 전처리 단계를 따로 구분해 설명하지 않았습니다.
- **베이스라인 모델** : 기본 모델을 만들어봅니다. 머신러닝은 매우 복잡한 기술이라서 시작부터 최고 성능의 모델을 만들고자 시도해도 성공하기 어렵습니다. 또한 기본 모델이 있어야 최적화 후 얼마나 더 좋아졌는지 비교해볼 수 있습니다.
- **성능 개선** : 다양한 아이디어를 적용해 모델의 성능을 끌어올립니다. 창의력이 가장 필요한 단계입니다. 하나의 모델을 점진적으로 개선해볼 수도 있고, 여러 가지 모델을 시도해볼 수도 있습니다. 데이터 자체를 가공해도 성능이 좋아질 수 있습니다. 무언가 놓친 것 같다면 '문제 이해'나 '탐색적 데이터 분석' 단계로 돌아가 문제와 데이터를 다시 살펴보는 것도 좋습니다.

이어서 각 단계에서 할 일을 더 세분화하여 표로 정리해봤습니다.

▼ 머신러닝 문제해결 프로세스(캐글 경진대회 중심)

| 경진대회 이해 | |
|---|---|
| **문제 이해** | 어떤 문제를 풀어야 하는지 이해합니다.<br>우선 경진대회 **배경**과 **목적**을 이해해야 합니다. **어떤 데이터를 활용**해서 **어떤 값을 예측**해야 하는지, 회귀 문제인지 분류 문제인지, 어떻게 접근해야 하는지 등 다양한 사항을 확인합니다. 경진대회 소개 페이지 내용을 숙지하는 게 우선입니다. 필요하다면 토론 내용을 읽어보는 것도 좋습니다. |
| **평가지표 파악** | 경진대회 **평가지표**를 확인합니다. 같은 모델을 사용하더라도 평가지표에 따라 등수가 달라질 수 있어 중요합니다. |

| 탐색적 데이터 분석 | |
|---|---|
| **데이터 구조 탐색** | 주어진 데이터의 구조를 간단히 훑어보거나 몇 가지 통계를 구해봅니다. |
| **데이터 시각화** | 그래프를 활용해 데이터 전반을 깊이 있게 살펴봅니다.<br>막대 그래프, 박스플롯, 포인트플롯, 바이올린플롯, 산점도, 히트맵, 파이 차트 등 **다양한 그래프**를 활용합니다. 이 과정에서 어떤 피처feature: 특성가 중요한지, 피처끼리 어떻게 조합해서 새로운 피처를 만들지, 어떤 점을 주의해서 모델링할지 등의 **인사이트**를 얻게 됩니다. |

| 베이스라인 모델 | |
|---|---|
| **모델 훈련 및 성능 검증** | 간단한 모델을 생성·훈련하여 성능을 확인합니다.<br>기본적인 **머신러닝 파이프라인**, 즉 뼈대를 만들어두는 것입니다. 필요에 따라 간단한 **피처 엔지니어링**을 수행하기도 합니다. 성능에는 신경 쓰지 않고 우선은 간단하게 만들어 훈련까지 마칩니다. 훈련 시에는 **훈련 데이터**를 활용합니다. |
| **결과 예측 및 제출** | 훈련된 모델을 활용해 결과를 예측해 제출합니다.<br>예측 시에는 **테스트 데이터**를 활용합니다.<br>베이스라인 모델의 예측 결과를 제출하는 이유는 다음 단계에서 성능 개선 후 비교해보기 위함입니다. |

| 성능 개선 | |
|---|---|
| **피처 엔지니어링 (특성 공학)** | 모델 성능 개선의 첫 단계입니다. **이상치 제거, 결측값 처리, 데이터 인코딩, 피처 스케일링, 파생 피처(변수) 생성, 피처 제거 및 선택** 등을 수행합니다.[2]<br>모든 피처가 타깃값 예측에 필요하지는 않습니다. 불필요한 피처는 삭제하고 필요한 피처는 남겨두거나 변환해야 합니다.<br>타깃값 예측에 도움되는 새로운 피처를 만들기도 합니다. 새로운 피처를 만드는 데는 창의력이 필요합니다. 주어진 피처를 결합하거나 변형해야 하기 때문입니다. |

---

2 좁게는 파생 피처(변수) 생성만을 피처 엔지니어링으로 보기도 하지만, 이 책에서는 주어진 데이터를 머신러닝 모델에 적합한 형태로 변환하는 작업 전체를 포괄하는 의미로 사용했습니다.

| | |
|---|---|
| | 또한 이상치나 결측값은 적절히 처리해주고, 필요하면 인코딩이나 스케일링도 해줍니다. |
| | 피처 엔지니어링은 모델 성능 향상에 큰 영향을 주는 작업입니다. 보통 탐색적 데이터 분석 뒤에 하지만, 전에 하거나 혹은 전후에 모두 하기도 합니다. 주어진 데이터에 따라 다릅니다. |
| **하이퍼파라미터 최적화** | 모델의 **최적 하이퍼파라미터**를 찾는 작업입니다. 하이퍼파라미터 튜닝이라고도 합니다. |
| | 모델마다 다양한 하이퍼파라미터를 가지고 있는데, 하이퍼파라미터마다 값의 범위는 제각각입니다. 그중 모델 성능을 가장 좋게 만드는 값이 있을 겁니다. 우리는 그 값을 찾아야겠죠. 하지만 모든 경우의 수를 따져서 찾는 건 현실적으로 불가능합니다. 가능한 범위 내에서 최선의 하이퍼파라미터 값을 찾는 게 중요합니다. |
| | 하이퍼파라미터 최적화 기법으로는 **그리드서치, 랜덤서치, 베이지안 최적화** 등이 있습니다. |
| **성능 검증** | 훈련된 모델의 **일반화 성능**[3]을 평가합니다. |
| | 주로 훈련 데이터와 검증 데이터를 나눈 다음, 훈련 데이터로 훈련시키고 검증 데이터로 성능을 평가합니다. 성능을 평가해보면 훈련이 제대로 됐는지 파악할 수 있습니다. |
| | 성능이 좋지 않다면 문제 이해나 탐색적 데이터 분석, 또는 피처 엔지니어링부터 다시 수행해야 하기도 합니다. |
| | 성능 평가에 교차 검증 기법을 이용하기도 합니다. **교차 검증**은 훈련 데이터를 여러 그룹으로 나누어 일부는 훈련 시 사용하고, 일부는 검증 시 사용해서 모델 성능을 측정하는 기법입니다. |
| **결과 예측 및 제출** | 성능이 개선된 모델을 활용해 최종 결과를 예측하고 제출합니다. |
| | 결과는 여러 가지를 제출할 수 있고, 그중에서 최종 버전을 2개 선택할 수 있습니다. 예를 들어, 대회를 진행하면서 총 50개의 결과를 제출했다면 그중 프라이빗 성능이 가장 좋을 거라고 예상하는 2개를 최종 버전으로 선택합니다. 그러면 캐글이 둘 중 더 높은 프라이빗 점수를 택하여 순위를 매깁니다. |

## 3.2 머신러닝 문제해결 체크리스트

다음은 프로세스의 각 단계에서 챙겨야 할 사항들을 중심으로 정리한 표입니다. 기본적인 사항이므로, 이를 토대로 여러 문제를 풀어보면서 본인만의 노하우를 녹여 체크리스트를 더 풍성하게 가꿔보세요. 새로운 머신러닝 문제가 주어졌을 때 든든한 무기가 되어줄 것입니다. 다음 링크는 구글 스프레드시트 버전입니다. 사본을 만들어 확장하거나 다운로드하여 자유롭게 활용하세요.

- https://bit.ly/3muJFV2

---

3  훈련할 때 접하지 못한 새로운 데이터에 대한 예측 성능을 '일반화 성능'이라고 합니다. 모델 성능 평가라고 하면 이 일반화 성능을 평가하는 것입니다. 기출 문제를 잘 푸는 것보다 새로운 문제를 잘 푸는 능력이 중요하기 때문입니다.

▼ 머신러닝 문제해결 체크리스트 – 문제(경진대회) 이해

**제목 :**
**미션 :**
**문제 유형 : 회귀 / 이진분류 / 다중분류 / (기타 :** )
**평가지표 :**

▼ 머신러닝 문제해결 체크리스트 – 탐색적 데이터 분석

**데이터 둘러보기(구조 탐색)**
- ☐ 파일별 용도 파악
- ☐ 데이터 양(레코드 수, 피처 수, 전체 용량 등)
- ☐ 피처 이해(이름, 의미, 데이터 타입, 결측값 개수, 고윳값 개수, 실제값, 데이터 종류 등)
- ☐ 훈련 데이터와 테스트 데이터 차이
- ☐ 타깃값 : 제출(예측)해야 하는 값

**데이터 시각화**
- ☐ (필요 시) 효과적인 시각화를 위한 피처 엔지니어링
- ☐ 각종 시각화
  - ☐ 수치형 데이터 시각화

| 히스토그램 | 커널밀도추정 | 분포도 | 러그플롯 |

  - ☐ 범주형 데이터 시각화

| 막대 그래프 | 포인트플롯 | 박스플롯 | 바이올린플롯 | 카운트플롯 |

  - ☐ 데이터 관계 시각화

| 히트맵 | 라인플롯 | 산점도 | 산점도+회귀선 |

- ☐ 피처 파악
  - ☐ 추가할 피처 :
  - ☐ 제거할 피처 :
  - ☐ 피처별 인코딩 전략 :
- ☐ 이상치 파악
  - ☐ 해당 피처별 처리 방법
  - **결과물 : 추가/제거 피처 목록, 인코딩 전략, 이상치 처리 전략**

▼ 머신러닝 문제해결 체크리스트 – 베이스라인 모델

**준비하기**
- ☐ 데이터 불러오기
- ☐ (필요 시) 기본적인 피처 엔지니어링
- ☐ 평가지표 계산 함수 준비
  - 결과물 : 데이터, 평가지표 계산 함수

**모델 훈련**
- ☐ 모델 생성
- ☐ 훈련
  - 결과 : 훈련된 베이스라인 모델

**성능 검증**
- ☐ 예측(검증 데이터 사용)
- ☐ 평가
  - 결과물 : 예측 결과, 검증 평가 점수

**예측 및 결과 제출**
- ☐ 최종 예측(테스트 데이터 사용)
- ☐ 제출 파일 생성
- ☐ 제출
  - 결과물 : 제출 파일, 기준 private/public 점수

▼ 머신러닝 문제해결 체크리스트 – 성능 개선

**피처 엔지니어링**
- ☐ 이상치 제거
- ☐ 결측값 처리
- ☐ 데이터 인코딩
- ☐ 타입 변경
- ☐ 파생 피처 생성
- ☐ 시차 피처 생성(시계열 데이터 한정)
- ☐ 기타 :
- ☐ 피처 스케일링
- ☐ 피처명 한글화
- ☐ 데이터 다운캐스팅
- ☐ 데이터 조합 생성
- ☐ 필요 없는 피처 제거
  - 결과물 : 피처 엔지니어링된 훈련 데이터와 검증 데이터

**모델 훈련 with 하이퍼파라미터 최적화**
- ☐ 하이퍼파라미터 종류와 의미 파악
- ☐ 선별
  - 최적화할 하이퍼파라미터 :
  - 값을 고정할 하이퍼파라미터 :
- ☐ 값 범위 설정
- ☐ 최적화 기법 : (그리드서치, 베이지안서치, OOF 예측 등)
- ☐ 모델 생성 및 훈련(최적화)
  - 결과물 : 최적 하이퍼파라미터, 훈련된 모델

**성능 검증**
- ☐ 예측(검증 데이터 사용)
- ☐ 성능 평가
  - 결과물 : 예측 결과, 검증 평가 점수

* 만족스러운 결과가 나올 때까지 피처 엔지니어링, 훈련(다른 모델로 교체 포함), 성능 검증 반복

**예측 및 결과 제출**
- ☐ 최종 예측(테스트 데이터 사용)
- ☐ 제출 파일 생성
- ☐ 제출

　　　결과물 : 제출 파일, 최종 private/public 점수

# 3.3 딥러닝 문제해결 프로세스

캐글 경진대회 중 이미지 분류 딥러닝 대회의 일반적인 프로세스를 그림과 표로 정리했습니다. 이 책의 3부에서 다루는 2가지 딥러닝 경진대회와 1가지 데이터셋 분석 모두 이 프로세스를 따라 진행합니다.

먼저 그림으로 가볍게 살펴보겠습니다.

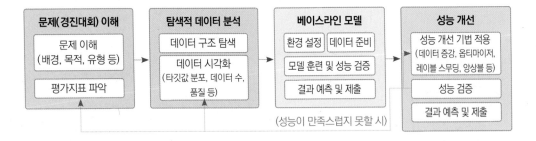

- **문제(경진대회) 이해** : 어떤 일이든 주어진 문제를 이해하는 데서 시작해야 합니다. 문제를 정확하게 이해해야 목표점을 정확히 설정할 수 있습니다.
- **탐색적 데이터 분석** : 주어진 데이터를 면밀히 분석합니다. 딥러닝은 데이터 수와 품질에 크게 좌우됩니다. 주어진 데이터가 충분히 많은지, 품질이 너무 떨어지지는 않는지도 확인합니다.
- **베이스라인 모델** : 딥러닝 프레임워크를 활용해 기본 모델을 만들어봅니다. 첫 술에 배부를 수 없으니 시작부터 최고 성능의 모델을 시도해도 성공하기 어렵습니다. 또한 기본 모델이 있어야 최적화 기법 적용 후 얼마나 더 좋아졌는지 비교해볼 수 있습니다.
- **성능 개선** : 다양한 아이디어를 적용해 모델의 성능을 끌어올립니다. 딥러닝에서는 데이터 자체를 가공해 성능을 올리는 비중이 큽니다. 또한 하나의 모델을 점진적으로 개선해볼 수도 있고, 여러 가지 모델을 시도하거나 앙상블 할 수도 있습니다. 무언가 놓친 것 같다면 '문제 이해'나 '탐색적 데이터 분석' 단계로 돌아가 문제와 데이터를 다시 살펴보는 것도 좋습니다.

다음은 표로 더 자세히 알아보겠습니다. 머신러닝 문제해결 프로세스와 비교해 달라진 내용에는 음영을 칠해뒀으니 차이점 중심으로 살펴보세요.

▼ 딥러닝 문제해결 프로세스(캐글 경진대회 중심)

| 경진대회 이해 | |
| --- | --- |
| 문제 이해 | 어떤 문제를 풀어야 하는지 이해합니다.<br>우선 경진대회 배경과 목적을 이해해야 합니다. **어떤 데이터를 활용**해서 **어떤 값을 예측**해야 하는지, 어떻게 접근해야 하는지 등 다양한 사항을 확인합니다. 경진대회 소개 페이지 내용을 숙지하고 토론 내용도 읽어봅니다. |
| 평가지표 파악 | 경진대회 **평가지표**를 확인합니다. 같은 모델을 사용하더라도 평가지표에 따라 등수가 달라질 수 있어 중요합니다. |

| 탐색적 데이터 분석 | |
| --- | --- |
| 데이터 구조 탐색 | 주어진 데이터의 구조를 간단히 훑어봅니다. 학습하고 예측할 데이터가 이미지이므로, 대체로 다수의 이미지 파일과 약간의 메타데이터가 주어질 것입니다. |
| 데이터 시각화 | **타깃값 분포**를 시각화하거나 이미지 데이터를 출력해봅니다. 타깃값 분포를 통해 불균형 여부를 판단하고, 이미지 데이터 출력하여 앞으로 어떤 이미지를 훈련할지 확인합니다.<br>**데이터** 수가 충분한지도 살펴봅니다. 너무 적다면 뒷 과정에서 데이터를 더욱 적극적으로 증강해야 할 것입니다.<br>캐글에서는 대체로 잘 정제된 데이터를 주지만, 실전에서는 이미지 품질이 제각각인 경우가 많습니다. 주어진 이미지를 실제로 살펴보고 활용할 수 없는 수준의 데이터는 버리거나 재활용할 수 있는 방안을 강구해야 합니다.<br>추가적인 데이터가 있다면 적절히 시각화해 어떤 방향으로 모델링을 할지 인사이트를 얻을 수 있습니다. |

| 베이스라인 모델 | |
| --- | --- |
| 환경 설정 | 결과를 재현할 수 있게 **시드값을 고정**합니다. 또한, 딥러닝 모델을 빠르게 훈련하도록 **GPU 장비로 설정**합니다. |
| 데이터 준비 | **사용할 딥러닝 프레임워크에 맞춰** 데이터를 준비합니다. 예컨대 **파이토치**의 경우 전용 **데이터셋 클래스와 데이터 로더**를 생성합니다. 이때 배치 크기를 조정할 수 있고, 필요하면 이미지 변환기를 전달해 **데이터 증강**도 할 수 있습니다. |
| 모델 훈련 및 성능 검증 | 간단한 모델을 생성·훈련하여 성능을 확인합니다.<br>기본적인 **딥러닝 파이프라인**, 즉 뼈대를 만들어둡니다. 신경망 모델을 직접 설계할 수도 있고, **사전 훈련 모델**을 불러와 사용할 수도 있습니다.<br>아울러, 모델 훈련 전에 **손실 함수**와 **옵티마이저**를 설정해야 합니다. |

| | |
|---|---|
| 결과 예측<br>및 제출 | 훈련된 모델을 활용해 결과를 예측해 제출합니다.<br>예측 시에는 **테스트 데이터**를 활용합니다.<br>베이스라인 모델의 예측 결과를 제출하는 이유는 다음 단계에서 성능 개선 후 비교해보기 위함입니다. |
| **성능 개선** | |
| 성능 개선 기법<br>적용 | 딥러닝 모델 성능 개선을 위해서 여러 가지 기법을 활용합니다.<br>더 다양한 이미지 변환기를 활용해 데이터 증강을 더 적극적으로 해보거나 **옵티마이저**와 **스케줄러**를<br>새롭게 설정할 수 있습니다. 예측 단계에서 수행하는 **테스트 단계 데이터 증강(TTA), 레이블 스무딩**을<br>적용하기도 합니다.<br>몇 가지 하이퍼파라미터를 조정해보거나 모델끼리 **앙상블**해서 성능을 끌어올릴 수도 있습니다. |
| 성능 검증 | 훈련된 모델의 **일반화 성능**을 평가합니다.<br>주로 훈련 데이터와 검증 데이터를 나눈 다음, 훈련 데이터로 훈련시키고 검증 데이터로 성능을 평가합<br>니다. 성능을 평가해보면 훈련이 제대로 됐는지 파악할 수 있습니다.<br>성능이 좋지 않다면 문제 이해나 탐색적 데이터 분석, 또는 성능 검증 기법 적용 부분을 다시 수행해야<br>하기도 합니다. |
| 결과 예측 및<br>제출 | 성능이 개선된 모델을 활용해 최종 결과를 예측하고 제출합니다.<br>결과는 여러 가지를 제출할 수 있고, 그중에서 최종 버전을 2개 선택할 수 있습니다. 예를 들어, 대회를<br>진행하면서 총 50개의 결과를 제출했다면 그중 프라이빗 성능이 가장 좋을 거라고 예상하는 2개를 최<br>종 버전으로 선택합니다. 그러면 캐글이 둘 중 더 높은 프라이빗 점수를 택하여 순위를 매깁니다. |

# 3.4 딥러닝 문제해결 체크리스트

다음은 프로세스의 각 단계에서 챙겨야 할 사항들을 중심으로 정리한 표입니다. 기본적인 사항이
므로, 이를 토대로 여러 문제를 풀어보면서 본인만의 노하우를 녹여 체크리스트를 더 풍성하게 가
꿔보세요. 새로운 머신러닝 문제가 주어졌을 때 든든한 무기가 되어줄 것입니다. 다음 링크는 구
글 스프레드시트 버전입니다. 사본을 만들어 확장하거나 다운로드하여 자유롭게 활용하세요.

- https://bit.ly/3Bs6tLG

▼ 딥러닝 문제해결 체크리스트 – 문제(경진대회) 이해

| |
|---|
| 제목 :<br>미션 :<br>문제 유형 : 이진분류 / 다중분류 / (기타 :                                           )<br>평가지표 : |

▼ 딥러닝 문제해결 체크리스트 – 탐색적 데이터 분석

**데이터 둘러보기(구조 탐색)**
- [ ] 파일별 용도 파악
- [ ] 데이터 양(파일 수 및 크기, 전체 용량 등)
- [ ] 피처 이해(이름, 의미 등)
- [ ] 훈련 데이터와 테스트 데이터 차이
- [ ] 타깃값 : 제출(예측)해야 하는 값

**데이터 시각화**
- [ ] 타깃값 분포
- [ ] 분류별 이미지 출력
  - [ ] 이미지 형태 확인(컬러, 크기)
  - [ ] 불량 이미지 포함 여부

\* 주요 데이터가 미디어 파일이라서 머신러닝 문제와 달리 분석하고 시각화할 게 많지 않습니다.


▼ 딥러닝 문제해결 체크리스트 – 베이스라인 모델

**환경 설정**
- [ ] 시드값 고정(결과 재현 필요 시)
- [ ] GPU 장비 설정
  - 결과물 : GPU를 활용할 수 있는 작업 환경

**데이터 준비**
- [ ] 훈련/검증 데이터 분리
- [ ] 데이터셋 클래스 정의
- [ ] 데이터 증강
  - [ ] torchvision.transforms 변환기 확인      [ ] Albumentations 변환기 확인
  - 활용할 변환기 목록 :

- [ ] 데이터셋 생성
- [ ] 데이터 로더 생성
  - 결과 : 훈련용/검증용 데이터 로더 및 데이터셋(클래스)

**모델 훈련**
- [ ] 모델 생성
  - [ ] torchvision.models 모듈 확인      [ ] pretrainedmodels 모듈 확인
  - [ ] 기타 가용한 모듈 인터넷 검색      [ ] 직접 구현
  - 선정 모델 :
- [ ] 훈련
  - 결과물 : 훈련된 베이스라인 모델

**성능 검증**
- [ ] 예측(검증 데이터 사용)
- [ ] 평가
  - 결과물 : 예측 결과, 검증 평가 점수

**예측 및 결과 제출**
- [ ] 최종 예측(테스트 데이터 사용)
- [ ] 제출 파일 생성
- [ ] 제출
  - 결과물 : 제출 파일, 기준 private/public 점수

▼ 딥러닝 문제해결 체크리스트 – 성능 개선

**데이터 증강**
- ☐ 활용할 변환기 목록 :



　결과물 : 구성이 완료된 훈련 데이터용 이미지 변환기

**모델 개선**
- ☐ 사전 학습된 모델 물색
- ☐ 선정 모델 목록 :

**훈련 단계 최적화**
- ☐ 손실 함수 :　　　　　　　　　　☐ 옵티마이저 :
- ☐ 스케줄러 :　　　　　　　　　　☐ 에폭 수 :
- ☐ 기타 :

**예측 단계 최적화**
- ☐ 테스트 단계 데이터 증강(TTA)　　☐ 레이블 스무딩
- ☐ 기타 :

**성능 검증**
- ☐ 예측(검증 데이터 사용)
- ☐ 성능 평가

　결과물 : 예측 결과, 검증 평가 점수

\* 만족스러운 결과가 나올 때까지 다양한 성능 개선 반복

**예측 및 결과 제출**
- ☐ 최종 예측(테스트 데이터 사용)
- ☐ 제출 파일 생성
- ☐ 제출

　결과물 : 제출 파일, 최종 private/public 점수

# 데이터를 한눈에
## 주요 시각화 그래프

☐ **학습 목표**

머신러닝은 데이터와의 씨름입니다. 데이터를 어떻게 이해하느냐에 따라 모델링 전략이 달라지고 예측 성능에 결정적인 영향을 줍니다. 주로 '탐색적 데이터 분석' 과정에서 수행하는 데이터 시각화는 평면적인 데이터에서 주요한 특성을 드러내는 가장 효과적인 수단입니다. 따라서 시각화 기법들을 잘 이해하고 적절히 활용하는 게 아주 중요합니다. 이번 장에서는 다양한 시각화 기법의 개념, 효과, 구현 방법 등을 알아봅니다.

☐ **다루는 내용**

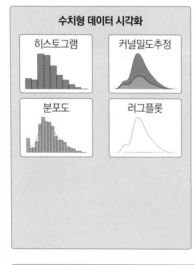

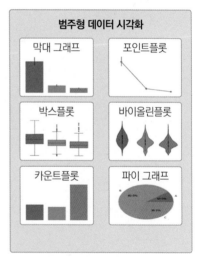

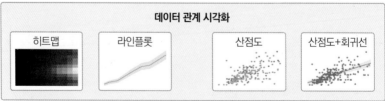

# 4.1 데이터 종류

정형 데이터는 크게 수치형 데이터와 범주형 데이터로 나뉩니다.

▼ 데이터 종류

| 대분류 | 소분류 | 예시 |
| --- | --- | --- |
| 수치형 데이터<br>(사칙 연산이 가능한 데이터) | 연속형 데이터 | 키, 몸무게, 수입 |
| | 이산형 데이터 | 과일 개수, 책의 페이지 수 |
| 범주형 데이터<br>(범주로 나누어지는 데이터) | 순서형 데이터 | 학점, 순위(랭킹) |
| | 명목형 데이터 | 성별, 음식 종류, 우편 번호 |

## 4.1.1 수치형 데이터

**수치형 데이터**numerical data는 사칙 연산이 가능한 데이터입니다. 수치형 데이터는 다시 연속형 데이터와 이산형 데이터로 나뉩니다.

- **연속형 데이터**continuous data : 값이 연속된 데이터입니다. 예를 들어 '키'는 170cm와 171cm 사이에 170.1cm, 170.2cm, 170.9999cm 등 무한히 많은 값이 있습니다. 이렇듯 값이 끊기지 않고 연속된 데이터를 연속형 데이터라고 합니다.
- **이산형 데이터**discrete data : 정수로 딱 떨어져 셀 수 있는 데이터입니다. 사과 개수는 3개, 4개로 딱 떨어집니다. 책의 페이지 수도 마찬가지입니다. 100페이지, 200페이지로 딱 떨어집니다. 200.5페이지라는 것은 없습니다.

쉽게 말해, 연속형 데이터는 실수로 표현할 수 있는 데이터, 이산형 데이터는 정수로 표현할 수 있는 데이터라고 봐도 됩니다.

## 4.1.2 범주형 데이터

**범주형 데이터**categorical data는 범주를 나눌 수 있는 데이터로, 사칙 연산이 불가능합니다. 범주형 데이터는 다시 순서형 데이터와 명목형 데이터로 나뉩니다.

- **순서형 데이터**ordinal data : 순위ranking를 매길 수 있는 데이터입니다. 예컨대 학점과 메달이 있죠.

학점은 A+, A0, A-, B+ 등 순위가 정해져 있습니다.

- **명목형 데이터**<sup>nominal data</sup> : 순위가 따로 없는 데이터입니다. 성별과 우편번호가 여기 속합니다. 남자와 여자는 순위가 없습니다. 우편번호는 숫자로 표현하지만 명목형 데이터입니다. 순위도 없고, 우리집 우편번호와 옆집 우편번호를 더한다고 어떤 의미 있는 우편번호가 되지 않기 때문입니다.

> **warning** 숫자로 되어 있다고 모두 수치형 데이터가 아닙니다.

## 4.2 탐색적 데이터 분석과 그래프

탐색적 데이터 분석 단계에서는 다양한 그래프를 그립니다. 그래프는 데이터를 한눈에 파악하는 데 도움을 주기 때문입니다. 그래프를 활용해 데이터가 어떻게 구성돼 있는지, 어떤 피처가 중요한지, 어떤 피처를 제거할지, 어떻게 새로운 피처를 만들지 등 모델링에 필요한 다양한 정보를 얻을 수 있죠. 이번 절에서는 탐색적 데이터 분석에 필요한 주요 그래프 몇 가지를 알아보겠습니다. 간단한 설명과 함께 코드도 덧붙였습니다.

코드 예제는 matplotlib<sup>맷플롯립</sup>이 아닌 seaborn<sup>시본</sup>을 기준으로 했습니다. 둘 모두 파이썬으로 그래프를 그릴 때 흔히 사용하는 대표적인 시각화 라이브러리입니다. seaborn을 사용하면 더 간결하고, 기본 설정에서의 그래프가 좀 더 정결합니다.

## 4.3 수치형 데이터 시각화

수치형 데이터는 일정한 범위 내에서 어떻게 분포<sup>distribution</sup>되어 있는지가 중요합니다. 고르게 퍼져 있을 수도, 특정 영역에 몰려 있을 수도 있습니다. 이 분포를 알아야 데이터를 어떻게 변환<sup>transformation</sup>할지, 어떻게 해석해서 활용할지 판단할 수 있습니다.

다음은 seaborn을 임포트하고 데이터를 불러오는 코드입니다. 이번 절의 모든 예시 코드 앞에 다음 2줄이 생략되었다고 생각하시기 바랍니다.

https://www.kaggle.com/werooring/ch4-data-visualization-distributions

```
import seaborn as sns

titanic = sns.load_dataset('titanic') # 타이타닉 데이터 불러오기
```

titanic은 seaborn에서 제공하는 데이터로, 타이타닉 경진대회에서 사용하는 데이터와 비슷합니다. 데이터가 어떻게 구성되어 있는지 살펴보시죠.

```
titanic.head()
```

▼ 실행 결과

| | survived | pclass | sex | age | sibsp | parch | fare | embarked | class | who | adult_male | deck | embark_town | alive | alone |
|---|---|---|---|---|---|---|---|---|---|---|---|---|---|---|---|
| 0 | 0 | 3 | male | 22.0 | 1 | 0 | 7.2500 | S | Third | man | True | NaN | Southampton | no | False |
| 1 | 1 | 1 | female | 38.0 | 1 | 0 | 71.2833 | C | First | woman | False | C | Cherbourg | yes | False |
| 2 | 1 | 3 | female | 26.0 | 0 | 0 | 7.9250 | S | Third | woman | False | NaN | Southampton | yes | True |
| 3 | 1 | 1 | female | 35.0 | 1 | 0 | 53.1000 | S | First | woman | False | C | Southampton | yes | False |
| 4 | 0 | 3 | male | 35.0 | 0 | 0 | 8.0500 | S | Third | man | True | NaN | Southampton | no | True |

수치형 데이터(age, fare 등)와 범주형 데이터(sex, embarked, class 등)가 공존하네요. 이번 절에서는 수치형 데이터를 시각화하는 예를 살펴보고, 범주형 데이터 시각화는 다음 절에서 알아보겠습니다.

다음은 seaborn이 제공하는 주요 분포도 함수입니다.

- **histplot( )** : 히스토그램
- **kdeplot( )** : 커널밀도추정 함수 그래프
- **displot( )** : 분포도
- **rugplot( )** : 러그플롯

차례대로 살펴보시죠.

## 4.3.1 히스토그램(histplot)

**히스토그램**histogram은 수치형 데이터의 구간별 빈도수를 나타내는 그래프입니다. histplot( ) 함수로 그릴 수 있습니다. titanic 데이터의 age 피처에 대한 히스토그램을 그려보겠습니다.

histplot( )의 data 파라미터에 전체 데이터셋을 DataFrame 형식으로 전달하고, x 파라미터에 분포를 파악하려는 피처를 전달하면 됩니다.

```
sns.histplot(data=titanic, x='age');
```

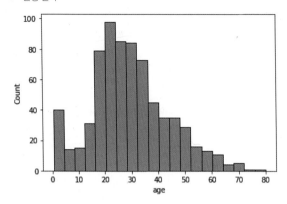

잘 그려졌네요. 나이를 구간별로 나누어, 각 구간에 해당하는 사람이 몇 명인지 나타낸 그래프입
니다. 히스토그램을 보니 구간이 총 20개입니다. 구간 개수를 지정하는 bins 파라미터의 기본값
이 'auto'라서 자동으로 설정한 결과죠. 구간을 10개로 고정하고 싶다면 다음과 같이 bins=10을
전달합니다.

```
sns.histplot(data=titanic, x='age', bins=10);
```

▼ 실행 결과

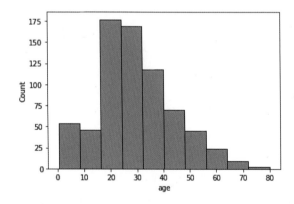

히스토그램은 기본적으로 수치형 데이터 하나에 대한 빈도를 나타냅니다. 그런데 이 빈도를 특정
범주별로도 구분해서 보고 싶군요. 이럴 때는 hue 파라미터에 해당 범주형 데이터를 전달하면 됩
니다. 다음은 생존여부(alive 피처)에 따른 연령 분포를 그려주는 코드입니다.

```
sns.histplot(data=titanic, x='age', hue='alive');
```

▼ 실행 결과

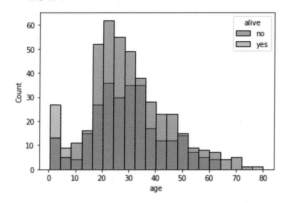

보다시피 생존자 수 그래프와 사망자 수 그래프를 포개지게 그렸습니다. 회색 구간이 두 그래프가 서로 겹친 부분입니다. 포개지 않고 생존자 수와 사망자 수를 누적해 표현하려면 multiple='stack'을 전달하면 됩니다.

```
sns.histplot(data=titanic, x='age', hue='alive', multiple='stack');
```

▼ 실행 결과

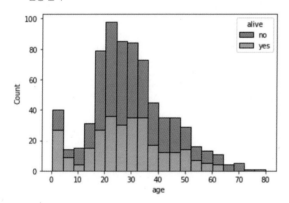

깔끔하죠?

## 4.3.2 커널밀도추정 함수 그래프(kdeplot)

**커널밀도추정**kernel density estimation 함수는 쉽게 생각해 히스토그램을 매끄럽게 곡선으로 연결한 그래프 정도로 이해하면 됩니다.[1] 커널밀도추정 함수 그래프는 kdeplot( )로 그릴 수 있는데, 실제로 탐색적 데이터 분석 시 많이 쓰지는 않습니다.

```
sns.kdeplot(data=titanic, x='age');
```

▼ 실행 결과

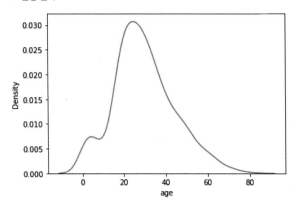

앞서 그린 히스토그램과 비교해보세요. 히스토그램을 매끄럽게 연결한 모양이죠? 히스토그램은 이산적이지만, 커널밀도추정 함수 그래프는 연속적이네요.

파라미터로 hue='alive'와 multiple='stack'을 전달하면 다음과 같이 바뀝니다.

```
sns.kdeplot(data=titanic, x='age', hue='alive', multiple='stack');
```

---

1  커널밀도추정이 무엇인지 이해하려면 밀도추정과 커널 함수에 대해 알아야 합니다. 이에 대한 설명은 본 책의 범위를 넘어가므로 생략하겠습니다.

▼ 실행 결과

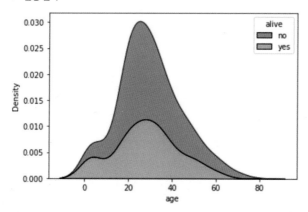

역시 앞서 본 누적 히스토그램과 비교하면 이산적인지 연속적인지 차이가 있을 뿐이지 전체적인 모양새는 거의 같습니다.

### 4.3.3 분포도(displot)

**분포도**는 수치형 데이터 하나의 분포를 나타내는 그래프입니다. 캐글에서 분포도를 그릴 땐 displot( )을 많이 사용합니다. 파라미터만 조정하면 histplot( )과 kdeplot( )이 제공하는 기본 그래프를 모두 그릴 수 있기 때문입니다.

> **warning** seaborn 0.11.0부터 분포 함수가 distplot()에서 displot()으로 바뀌었습니다. 가운데 't'가 있고 없고의 차이입니다. 기능은 같아도 세부 파라미터가 다르니, 다른 사람이 공유한 코드를 볼 때 유의해주세요. 이 책에서는 displot()만 이용합니다.

파라미터를 기본값으로 두면 히스토그램을 그립니다.

```
sns.displot(data=titanic, x='age');
```

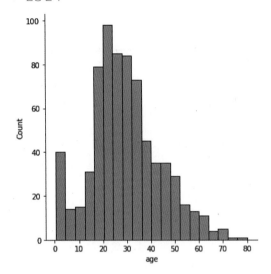

앞서 histplot( )이 그린 히스토그램과 비교해보면 크기만 다를 뿐이네요.

커널밀도추정 함수 그래프도 그릴 수 있습니다. kind 파라미터에 'kde'를 전달하면 됩니다.

```
sns.displot(data=titanic, x='age', kind='kde');
```

▼ 실행 결과

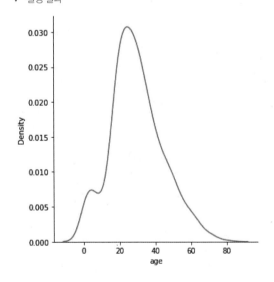

이번에도 kdeplot( )으로 그린 결과와 그래프 크기만 다릅니다.

히스토그램과 커널밀도추정 함수 그래프를 동시에 그릴 수도 있습니다. 간단히 kde=True를 전달하면 되죠.

```
sns.displot(data=titanic, x='age', kde=True);
```

▼ 실행 결과

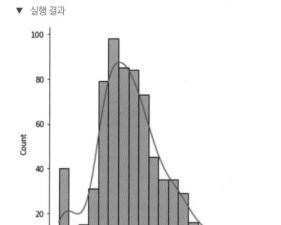

### 4.3.4 러그플롯(rugplot)

**러그플롯**은 **주변 분포**marginal distribution를 나타내는 그래프입니다. 단독으로 사용하기보다는 주로 다른 분포도 그래프와 함께 사용합니다. 다음은 커널밀도추정 함수 그래프와 러그플롯을 함께 그린 예시입니다.

```
sns.kdeplot(data=titanic, x='age')
sns.rugplot(data=titanic, x='age');
```

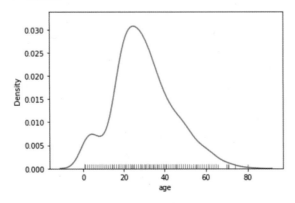

이렇듯 러그플롯은 단일 피처(여기서는 age 피처)가 어떻게 분포돼 있는지를 x축 위에 작은 선분(러그)으로 표시합니다. 값이 밀집돼 있을수록 작은 선분들도 밀집돼 있습니다.

# 4.4 범주형 데이터 시각화

범주형 데이터를 시각화하는 방법을 알아보겠습니다. 이번 절에서도 타이타닉 데이터를 활용할 겁니다. 이번 절의 모든 코드 앞에 다음 코드가 있다고 보시면 됩니다.

```
https://www.kaggle.com/werooring/ch4-data-visualization-categorical
import seaborn as sns

titanic = sns.load_dataset('titanic') # 타이타닉 데이터 불러오기
```

막대 그래프, 포인트플롯, 박스플롯, 바이올린플롯, 카운트플롯을 차례대로 살펴보겠습니다.

## 4.4.1 막대 그래프(barplot)

**막대 그래프**는 범주형 데이터 값에 따라 수치형 데이터 값이 어떻게 달라지는지 파악할 때 사용합니다. barplot( )으로 그릴 수 있습니다.

barplot( )은 범주형 데이터에 따른 수치형 데이터의 평균과 신뢰구간을 그려줍니다. 수치형 데이터 평균은 막대 높이로, 신뢰구간은 오차 막대error bar로 표현합니다. 원본 데이터를 복원 샘플링

하여 얻은 표본을 활용해 평균과 신뢰구간을 구하는 겁니다. 즉, barplot( )은 원본 데이터 평균이 아니라 샘플링한 데이터 평균을 구해줍니다.

기본적으로 x 파라미터에 범주형 데이터를, y 파라미터에 수치형 데이터를 전달합니다. data 파라미터에는 전체 데이터셋을 전달하고요.

타이타닉 탑승자 등급별 운임을 barplot( )으로 그려보겠습니다. 범주형 데이터인 class(등급) 피처를 x 파라미터에, 수치형 데이터인 fare(운임) 피처를 y 파라미터에 전달했습니다.

```
sns.barplot(x='class', y='fare', data=titanic);
```

▼ 실행 결과

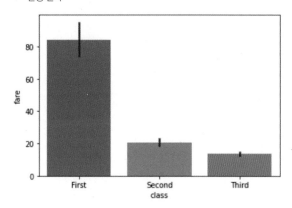

막대 높이는 등급별 평균 운임을 뜻합니다. 막대 상단의 검은색 세로줄이 오차 막대(신뢰구간)입니다. 등급이 높을수록 평균 운임이 비싸고 신뢰구간이 넓어지네요.

## 4.4.2 포인트플롯(pointplot)

**포인트플롯**은 막대 그래프와 모양만 다를 뿐 동일한 정보를 제공합니다. 막대 그래프와 마찬가지로 범주형 데이터에 따른 수치형 데이터의 평균과 신뢰구간을 나타내죠. 다만 그래프를 점과 선으로 나타냅니다.

타이타닉 탑승자 등급별 운임을 pointplot( )으로 그려보겠습니다.

```
sns.pointplot(x='class', y='fare', data=titanic);
```

▼ 실행 결과

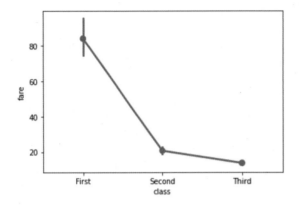

보다시피 포인트플롯과 막대 그래프는 동일한 정보를 제공합니다. 그러면 언제 포인트플롯을 사용하는 게 좋을까요? 한 화면에 여러 그래프를 그릴 때입니다. 포인트플롯은 점과 선으로 표현하기 때문에 여러 그래프를 그려도 서로 잘 보이고, 비교하기도 쉽습니다.

다음은 포인트플롯과 막대 그래프를 비교한 그림입니다. 계절에 따른 시간대별 자전거 대여 수량을 나타내는 그래프입니다. 어느 그래프가 눈에 더 잘 들어오나요?

▼ 포인트플롯(위)과 막대 그래프(아래) 비교

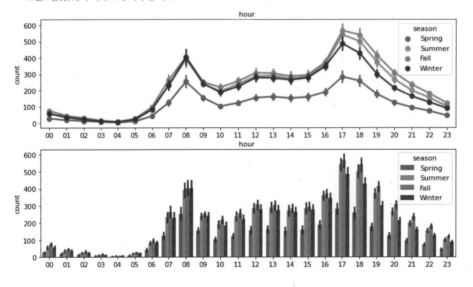

아래쪽 막대 그래프로는 계절별 차이를 알기가 어렵습니다. 반면에 위쪽 포인트플롯은 계절별 차

이가 한눈에 들어옵니다. 이렇게 한 화면에 여러 그래프를 그려 비교할 땐 포인트플롯을 사용하는 게 좋겠죠?

### 4.4.3 박스플롯(boxplot)

**박스플롯**은 막대 그래프나 포인트플롯보다 더 많은 정보를, 구체적으로 5가지 요약 수치를 제공합니다. **5가지 요약 수치**five-number summary는 최솟값, 제1사분위 수(Q1), 제2사분위 수(Q2), 제3사분위 수(Q3), 최댓값을 뜻합니다.

- **제1사분위 수(Q1)** : 전체 데이터 중 하위 25%에 해당하는 값
- **제2사분위 수(Q2)** : 50%에 해당하는 값(중앙값)
- **제3사분위 수(Q3)** : 상위 25%에 해당하는 값
- **사분위 범위 수(IQR)** : Q3 - Q1
- **최댓값** : Q3 + (1.5 * IQR)
- **최솟값** : Q1 - (1.5 * IQR)
- **이상치** : 최댓값보다 큰 값과 최솟값보다 작은 값

▼ 박스플롯 구성요소

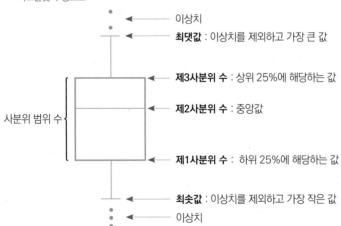

박스플롯은 boxplot( )으로 그릴 수 있습니다. 타이타닉 탑승자 등급별 나이를 박스플롯으로 그려보겠습니다. boxplot( )의 x, y 파라미터에 각각 범주형 데이터(class)와 수치형 데이터(age)를 전달합니다.

```
sns.boxplot(x='class', y='age', data=titanic);
```

▼ 실행 결과

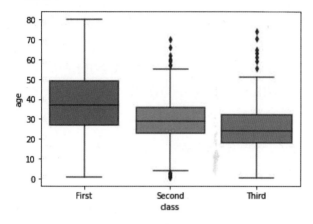

### 4.4.4 바이올린플롯(violinplot)

**바이올린플롯**은 박스플롯과 커널밀도추정 함수 그래프를 합쳐 놓은 그래프라고 볼 수 있습니다. 박스플롯이 제공하는 정보를 모두 포함하며, 모양은 커널밀도추정 함수 그래프 형태입니다. 다음 그림을 보면 쉽게 이해될 겁니다.

▼ 박스플롯(왼쪽)과 바이올린플롯(오른쪽)의 구성 성분 비교

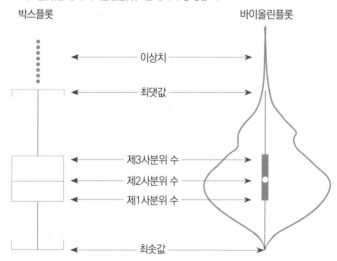

바이올린플롯은 violinplot( )으로 그릴 수 있습니다. 앞의 박스플롯과 비교해보기 위해 똑같이 등급(class)별 나이(age)를 그려보겠습니다.

```
sns.violinplot(x='class', y='age', data=titanic);
```

▼ 실행 결과

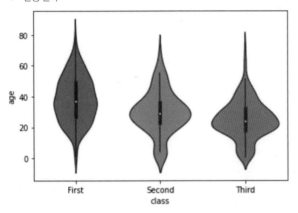

박스플롯 그래프와 비교해보세요. 각 범주별로 5가지 요약 수치를 한눈에 보고 싶다면 박스플롯이 좋겠고, 수치형 데이터의 전체적인 분포 양상을 알고 싶다면 바이올린플롯이 좋겠네요.

이어서 성별에 따른 등급별 나이 분포를 살펴볼까요? hue='sex'를 추가로 전달하면 되겠죠. split=True를 전달하면 hue에 전달한 피처를 반으로 나누어 보여줍니다.

```
sns.violinplot(x='class', y='age', hue='sex', data=titanic, split=True);
```

▼ 실행 결과

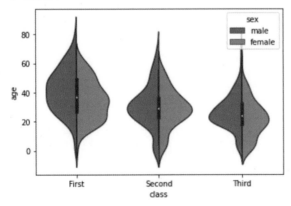

### 4.4.5 카운트플롯(countplot)

**카운트플롯**은 범주형 데이터의 개수를 확인할 때 사용하는 그래프입니다. 주로 범주형 피처나 범주형 타깃값의 분포가 어떤지 파악하는 용도로 사용합니다.

카운트플롯은 countplot( )으로 그릴 수 있습니다. x 파라미터에 범주형 데이터를 전달하면 됩니다. 타이타닉 탑승자의 등급별 인원수를 카운트플롯으로 그려보겠습니다.

```
sns.countplot(x='class', data=titanic);
```

▼ 실행 결과

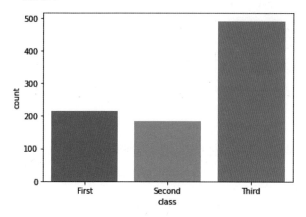

이렇듯 카운트플롯을 사용하면 범주형 데이터의 개수를 파악할 수 있습니다.

한 가지 팁을 드리자면, x 파라미터를 y로 바꾸면 다음과 같이 그래프 방향을 바꿀 수 있습니다.

```
sns.countplot(y='class', data=titanic);
```

▼ 실행 결과

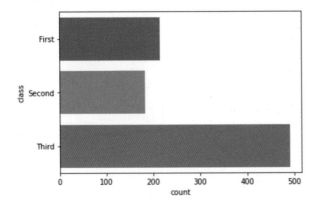

범주형 데이터 개수가 많아 그래프가 옆으로 너무 넓어져 보기 불편할 때 아주 유용합니다.

> ## barplot( ) vs. countplot( )
>
> 막대 그래프를 그려주는 barplot( )과 카운트플롯을 그려주는 countplot( )은 비슷한 듯
> 보이지만 서로 다릅니다. barplot( )은 범주형 데이터별 수치형 데이터의 평균을 구해주
> 기 때문에 피처를 두 개 받습니다. 반면 countplot( )은 피처를 범주형 데이터 하나만 받
> 습니다.
>
> ```
> sns.barplot(x='class', y='fare', data=titanic);  # 막대 그래프
> sns.countplot(y='class', data=titanic);           # 카운트플롯
> ```
>
> 한편 barplot( )으로는 평균이 아닌 중앙값, 최댓값, 최솟값을 구할 수도 있습니다.
>
> ```
> sns.barplot(x='class', y='fare', data=titanic, estimator=np.median);  # 중앙값
> sns.barplot(x='class', y='fare', data=titanic, estimator=np.max);     # 최댓값
> sns.barplot(x='class', y='fare', data=titanic, estimator=np.min);     # 최솟값
> ```

### 4.4.6 파이 그래프(pie)

**파이 그래프**는 범주형 데이터별 비율을 알아볼 때 사용하기 좋은 그래프입니다. 아쉽게도 seaborn에서 파이 그래프를 지원하지 않아 matplotlib을 사용해야 합니다.

파이 그래프는 pie( ) 함수로 그릴 수 있습니다. x 파라미터에는 비율을, labels 파라미터에는 범주형 데이터 레이블명을 전달하면 됩니다. 또한, autopct 파라미터를 통해 비율을 숫자로 나타낼 수 있습니다.[2]

```python
import matplotlib.pyplot as plt

x = [10, 60, 30]        # 범주형 데이터별 파이 그래프의 부채꼴 크기(비율)
labels = ['A', 'B', 'C'] # 범주형 데이터 레이블

plt.pie(x=x, labels=labels, autopct='%.1f%%');
```

▼ 실행 결과

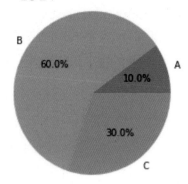

## 4.5 데이터 관계 시각화

관계도는 여러 데이터 사이의 관계를 살펴보기 위한 그래프입니다. 이번 절에서는 히트맵, 라인플롯, 산점도, 회귀선을 포함한 산점도를 살펴보겠습니다.

---

2  autopct 파라미터에 전달한 '%.1f%%'를 보시죠. %.1f는 소수점 자리수를 의미하고, %%는 퍼센트까지 표시한다는 의미입니다. 소수점 둘째 자리까지 퍼센트로 나타내려면 '%.2f%%'를 전달하면 됩니다.

## 4.5.1 히트맵(heatmap)

**히트맵**은 데이터 간 관계를 색상으로 표현한 그래프입니다. 비교해야 할 데이터가 많을 때 주로 사용하며, heatmap( ) 함수를 이용합니다.

이번에는 비행기 탑승자 수 데이터를 활용해보겠습니다. 연도별, 월별 탑승자 수를 나타내는 데이터로, 타이타닉 데이터와 마찬가지로 seaborn에서 기본적으로 제공합니다.

먼저, 데이터를 불러옵니다.

```
import seaborn as sns                    https://www.kaggle.com/werooring/ch4-data-visualization-relational

flights = sns.load_dataset('flights') # 비행기 탑승자 수 데이터 불러오기
```

flights 데이터는 다음과 같이 구성돼 있습니다.

```
flights.head()
```

▼ 실행 결과

|   | year | month | passengers |
|---|------|-------|------------|
| 0 | 1949 | Jan   | 112        |
| 1 | 1949 | Feb   | 118        |
| 2 | 1949 | Mar   | 132        |
| 3 | 1949 | Apr   | 129        |
| 4 | 1949 | May   | 121        |

범주형 데이터 2개(year, month)와 수치형 데이터 1개(passengers)가 있네요.

히트맵을 그리는 데 활용하려면 데이터 구조를 조금 바꿔야 합니다. 판다스의 pivot( ) 함수를 활용해서요. pivot( ) 함수는 index와 columns 파라미터에 전달한 피처를 각각 행과 열로 지정하고, values 파라미터에 전달한 피처를 합한 표를 반환합니다.

우리는 각 연도의 월별 승객 수를 알고 싶으니, month를 행으로, year를 열로, 합산할 데이터를 passengers로 지정하겠습니다.

```
flights_pivot = flights.pivot(index='month',
                              columns='year',
                              values='passengers')

flights_pivot
```

▼ 실행 결과

| year / month | 1949 | 1950 | 1951 | 1952 | 1953 | 1954 | 1955 | 1956 | 1957 | 1958 | 1959 | 1960 |
|---|---|---|---|---|---|---|---|---|---|---|---|---|
| Jan | 112 | 115 | 145 | 171 | 196 | 204 | 242 | 284 | 315 | 340 | 360 | 417 |
| Feb | 118 | 126 | 150 | 180 | 196 | 188 | 233 | 277 | 301 | 318 | 342 | 391 |
| Mar | 132 | 141 | 178 | 193 | 236 | 235 | 267 | 317 | 356 | 362 | 406 | 419 |
| Apr | 129 | 135 | 163 | 181 | 235 | 227 | 269 | 313 | 348 | 348 | 396 | 461 |
| May | 121 | 125 | 172 | 183 | 229 | 234 | 270 | 318 | 355 | 363 | 420 | 472 |
| Jun | 135 | 149 | 178 | 218 | 243 | 264 | 315 | 374 | 422 | 435 | 472 | 535 |
| Jul | 148 | 170 | 199 | 230 | 264 | 302 | 364 | 413 | 465 | 491 | 548 | 622 |
| Aug | 148 | 170 | 199 | 242 | 272 | 293 | 347 | 405 | 467 | 505 | 559 | 606 |
| Sep | 136 | 158 | 184 | 209 | 237 | 259 | 312 | 355 | 404 | 404 | 463 | 508 |
| Oct | 119 | 133 | 162 | 191 | 211 | 229 | 274 | 306 | 347 | 359 | 407 | 461 |
| Nov | 104 | 114 | 146 | 172 | 180 | 203 | 237 | 271 | 305 | 310 | 362 | 390 |
| Dec | 118 | 140 | 166 | 194 | 201 | 229 | 278 | 306 | 336 | 337 | 405 | 432 |

각 연도의 월별 탑승자 수를 나타내는 표가 만들어졌습니다. 하지만 숫자로만 나열되니 추이까지는 한눈에 파악하기 힘드네요. 이럴 때 사용하는 그래프가 히트맵입니다. flights_pivot 데이터를 히트맵으로 표현해보겠습니다.

```
sns.heatmap(data=flights_pivot);
```

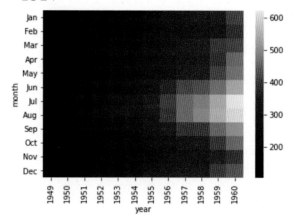

이렇게 히트맵으로 그리니 전체적인 양상을 쉽게 볼 수 있죠? 표로 볼 때보다 의미를 파악하기가 훨씬 쉽습니다.

## 4.5.2 라인플롯(lineplot)

**라인플롯**은 두 수치형 데이터 사이의 관계를 나타낼 때 사용합니다. 기본적으로는 x 파라미터에 전달한 값에 따라 y 파라미터에 전달한 값의 평균과 95% 신뢰구간을 나타냅니다. 다음 코드를 실행해보시죠.

```
sns.lineplot(x='year', y='passengers', data=flights);
```

▼ 실행 결과

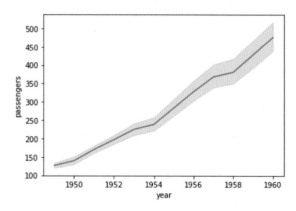

x축은 연도, y축은 평균 승객수를 나타냅니다. 해가 갈수록 평균 승객수가 많아지네요. 실선 주변의 음영은 95% 신뢰구간입니다.

### 4.5.3 산점도(scatterplot)

**산점도**는 두 데이터의 관계를 점으로 표현하는 그래프입니다. 산점도 그래프에는 총 비용과 팁 정보를 모아둔 tips 데이터셋을 활용하겠습니다.

```
tips = sns.load_dataset('tips') # 팁 데이터 불러오기
```

데이터가 어떻게 구성돼 있는지 출력해보죠.

```
tips.head()
```

▼ 실행 결과

|   | total_bill | tip | sex | smoker | day | time | size |
|---|---|---|---|---|---|---|---|
| 0 | 16.99 | 1.01 | Female | No | Sun | Dinner | 2 |
| 1 | 10.34 | 1.66 | Male | No | Sun | Dinner | 3 |
| 2 | 21.01 | 3.50 | Male | No | Sun | Dinner | 3 |
| 3 | 23.68 | 3.31 | Male | No | Sun | Dinner | 2 |
| 4 | 24.59 | 3.61 | Female | No | Sun | Dinner | 4 |

이 데이터의 산점도를 그려보겠습니다.

```
sns.scatterplot(x='total_bill', y='tip', data=tips);
```

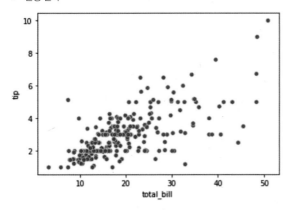

대체로 총액이 늘면 팁도 따라서 늘고 있습니다.

다음과 같이 hue 파라미터를 이용하면 산점도를 특정 범주형 데이터별로 나누어 그릴 수 있습니다. 시간(time)에 따라 나눠볼까요?

```
sns.scatterplot(x='total_bill', y='tip', hue='time', data=tips);
```

▼ 실행 결과

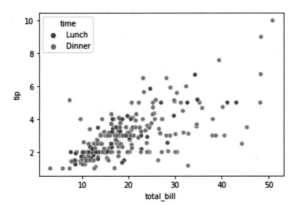

점심과 저녁으로 구분해 그려봤는데, 전체적인 추이는 비슷해 보입니다.

### 4.5.4 회귀선을 포함한 산점도 그래프(regplot)

regplot( )은 산점도와 선형 회귀선을 동시에 그려주는 함수입니다. 회귀선을 그리면 전반적인 상관관계 파악이 좀 더 쉽습니다. 이번에도 tips 데이터를 활용해 그래프를 그려보겠습니다.

```
sns.regplot(x='total_bill', y='tip', data=tips);
```

▼ 실행 결과

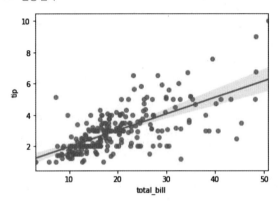

보다시피 산점도와 함께 선형 회귀선이 나타났습니다. 선형 회귀선 주변 음영은 95% 신뢰구간을 의미합니다. 신뢰구간을 99%로 늘리려면 ci 파라미터에 99를 전달하면 됩니다.

```
sns.regplot(x='total_bill', y='tip', ci=99, data=tips);
```

▼ 실행 결과

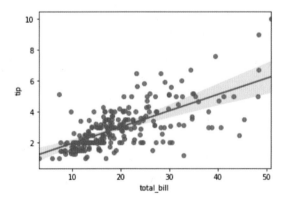

99% 신뢰구간으로 설정하니 음영 부분이 더 넓어진 걸 확인할 수 있습니다.

머신러닝 모델을 사용하는 캐글 경진대회에 익숙해질 수 있습니다. 실제 예제를 다루면서 머신러닝 프로젝트 방법론을 터득하게 됩니다. 머신러닝 경진대회의 큰 구조는 대부분 비슷합니다. 전체적인 흐름을 파악해 머신러닝 문제에 대한 자신감을 키워보시기 바랍니다.

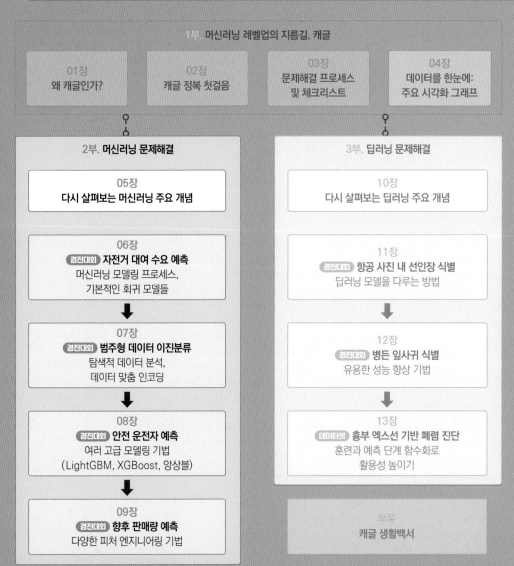

1부. 머신러닝 레벨업의 지름길, 캐글

**01장**
왜 캐글인가?

**02장**
캐글 정복 첫걸음

**03장**
문제해결 프로세스
및 체크리스트

**04장**
데이터를 한눈에:
주요 시각화 그래프

2부. 머신러닝 문제해결

**05장**
**다시 살펴보는 머신러닝 주요 개념**

**06장**
경진대회 **자전거 대여 수요 예측**
머신러닝 모델링 프로세스,
기본적인 회귀 모델들

**07장**
경진대회 **범주형 데이터 이진분류**
탐색적 데이터 분석,
데이터 맞춤 인코딩

**08장**
경진대회 **안전 운전자 예측**
여러 고급 모델링 기법
(LightGBM, XGBoost, 앙상블)

**09장**
경진대회 **향후 판매량 예측**
다양한 피처 엔지니어링 기법

3부. 딥러닝 문제해결

**10장**
다시 살펴보는 딥러닝 주요 개념

**11장**
경진대회 **항공 사진 내 선인장 식별**
딥러닝 모델을 다루는 방법

**12장**
경진대회 **병든 잎사귀 식별**
유용한 성능 향상 기법

**13장**
데이터셋 **흉부 엑스선 기반 폐렴 진단**
훈련과 예측 단계 함수화로
활용성 높이기

부록
캐글 생활백서

# Part 2

# 머신러닝 문제해결

2부에서는 주요 머신러닝 모델을 사용해 경진대회 문제를 풀어보겠습니다. 주최 측 허가를 받거나 상업적 활용이 가능한 대회 4개를 선정했습니다. 회귀 대회 2개, 이진분류 대회 2개입니다.

| 경진대회 | 문제 유형 | 데이터 크기 | 참가팀 수 | 난이도 |
|---|---|---|---|---|
| 자전거 대여 수요 예측 | 회귀 | 1.1MB | 3,242팀 | ★☆☆ |
| 범주형 데이터 이진분류 | 이진분류 | 64.8MB | 1,338팀 | ★★☆ |
| 안전 운전자 예측 | 이진분류 | 286.7MB | 5,163팀 | ★★☆ |
| 향후 판매량 예측 | 회귀 | 96.9MB | 15,500팀+ | ★★★ |

# 다시 살펴보는
# 머신러닝 주요 개념

☐ **학습 목표**

2부의 경진대회를 푸는 데 필요한 주요 머신러닝 개념들을 요약·정리해뒀습니다. 머신러닝 이론을 기초부터 차근히 설명하려는 목적이 '아니므로' 정독하실 필요는 없습니다. 궁금한 개념이 있다면 가볍게 살펴본 후 바로 다음 장의 경진대회에 도전하시기 바랍니다. 경진대회 문제를 풀다가 언뜻 떠오르지 않는 개념이 있을 때 이번 장을 참고해주세요.

☐ **다루는 내용**

| 분류와 회귀 | 분류 평가지표 | | |
|---|---|---|---|
| 회귀 평가지표 | 오차 행렬<br>(정확도, 정밀도, 재현율, F1 점수) | 로그<br>손실 | ROC<br>AUC |

| 데이터 인코딩 | | 피처 스케일링 | | 교차 검증 | |
|---|---|---|---|---|---|
| 레이블<br>인코딩 | 원-핫<br>인코딩 | min-max<br>정규화 | 표준화 | K 폴드 | 층화<br>K 폴드 |

**주요 머신러닝 모델**

| 선형<br>회귀 | 로지스틱<br>회귀 | 결정<br>트리 | 앙상블 | 랜덤<br>포레스트 | XGBoost | LightGBM |
|---|---|---|---|---|---|---|

**하이퍼파라미터 최적화**

| 그리드서치 | 랜덤서치 | 베이지안 최적화 |
|---|---|---|

# 5.1 분류와 회귀

대부분의 캐글 경진대회는 분류나 회귀 문제를 다룹니다. 특히 분류 문제가 많습니다. 시각화 대회 같이 전혀 다른 대회도 있긴 합니다. 예측하려는 타깃값이 범주형 데이터면 분류 문제고, 수치형 데이터면 회귀 문제입니다.

> **TIP** 타깃값이 범주형 데이터면 분류 문제, 수치형 데이터면 회귀 문제!

분류와 회귀에 관해 좀 더 자세히 알아보죠.

## 5.1.1 분류

**분류**classification란 어떤 대상을 정해진 범주에 구분해 넣는 작업을 뜻합니다. 예를 들어보겠습니다.

서점의 IT도서 코너에는 IT도서가 있고, 문학도서 코너에는 문학도서가 있습니다. 이때 종업원은 새로 출간된 《머신러닝·딥러닝 문제해결 전략》을 어느 코너에 꽂아둘까요? 책을 훑어보니 코드가 많고 IT용어도 많고 데이터 관련 이론도 있습니다. 종업원은 이 책을 IT도서 코너에 꽂아둘 겁니다. 책의 내용(피처feature; 특징)을 토대로 IT도서(타깃target)라고 판단한 거죠. 종업원이 한 작업이 바로 분류입니다.

머신러닝에서 분류는 주어진 피처에 따라 어떤 대상을 유한한 범주(타깃값)로 구분하는 방법입니다. 여기서 '타깃값은 범주형 데이터'라는 점이 중요합니다. 범주형 데이터는 객관식 문제와 같이 선택지가 있는 값입니다. 개와 고양이를 구분하는 문제, 스팸 메일과 일반 메일을 구분하는 문제, 질병 검사 결과가 양성인지 음성인지 구분하는 문제 등이 모두 분류에 속합니다. 유한한 선택지 중 하나로 구분하면 되니까요. 타깃값이 두 개인 분류를 **이진분류**binary classification, 세 개 이상인 분류를 **다중분류**multiclass classification라고 합니다.

## 5.1.2 회귀

자연현상이나 사회 현상에서 변수 사이에 관계가 있는 경우가 많습니다. 예를 들어, 학습 시간이 시험 성적에 미치는 영향, 수면의 질이 건강에 미치는 영향, 공장의 재고 수준이 회사 이익에 미치는 영향 등이 있죠. 이때 영향을 미치는 변수를 **독립변수**independent variable라고 하고, 영향을 받는 변수를 **종속변수**dependent variable라고 합니다. 방금 예에서는 학습 시간, 수면의 질, 공장의 재고 수준이 독립변수고, 시험 성적, 건강, 회사 이익이 종속변수입니다.

**회귀**regression란 독립변수와 종속변수 간 관계를 모델링하는 방법입니다. 회귀가 분류와 다른 점은 종속변수(타깃값)가 범주형 데이터가 아니라는 사실입니다. 회귀 문제에서 '종속변수는 수치형 데이터'입니다.

학습 시간이 시험 성적에 미치는 영향을 예로 살펴보겠습니다. 종속변수인 시험 성적은 0점, 10점, 50점, 88점, 100점 등 연속된 숫자값으로 나타낼 수 있습니다(둘 중 하나, 셋 중 하나를 선택해야 하는 범주형 값이 아닙니다).

간단한 선형 회귀 식을 보겠습니다.

$$Y = \theta_0 + \theta_1 x$$

이와 같이 독립변수 하나($x$)와 종속변수 하나($Y$) 사이의 관계를 나타낸 모델링 기법을 단순 선형 회귀simple linear regression라고 합니다. 물건 개수와 가격의 관계는 단순 선형 회귀로 나타낼 수 있습니다. 독립변수 $x$가 물건 개수를, 종속변수 $Y$가 가격을 뜻합니다.

한편 다음과 같이 독립변수 여러 개와 종속변수 하나 사이의 관계를 나타낸 모델링 기법을 다중 선형 회귀multiple linear regression라고 합니다.

$$Y = \theta_0 + \theta_1 x_1 + \theta_2 x_2 + \theta_3 x_3$$

회귀 문제에서는 주어진 독립변수(피처)와 종속변수(타깃값) 사이의 관계를 기반으로 최적의 회귀계수를 찾아내야 합니다. 앞의 식에서 회귀계수regression coefficient는 $\theta_1 \sim \theta_3$입니다. 피처와 타깃값으로 구성된 훈련 데이터로 회귀 모델을 훈련해 최적 회귀계수를 추정해야 하는 거죠.

## 회귀 평가지표

회귀 모델을 훈련해 최적의 회귀계수를 구할 수 있습니다. 최적 회귀계수를 구하려면 예측값과 실젯값의 차이, 즉 오차를 최소화해야 합니다. 오차가 작다는 말은 주어진 데이터에 회귀 모델이 잘 들어맞는다는 뜻입니다. 이론적으로 오차가 0이면 주어진 데이터에 회귀 모델이 정확히 일치합니다. 그러나 현실적으로 힘든 이야기죠. 가능하더라도 훈련 데이터에 지나치게 과대적합overfitting; 과 적합된 결과일 가능성이 있습니다. 그러면 다른 데이터에는 잘 들어맞지 않겠죠.

이번에는 회귀 모델의 성능을 측정하는 평가지표를 알 아보겠습니다. 회귀 평가지표 값이 작을수록 모델 성능 이 좋습니다.[1] 주로 사용하는 회귀 평가지표를 표로 정

**Note** 분류 평가지표는 설명할 내용이 많아서 5.2절 '분류 평가지표'에서 다루겠습니다.

리했습니다. 표의 수식에서 $y_i$는 실제 타깃값이고, $\hat{y}_i$는 예측 타깃값입니다.

▼ 자주 이용하는 회귀 평가지표

| 회귀 평가지표 | 수식 | 설명 |
| --- | --- | --- |
| MAE | $\frac{1}{N}\sum_{i=1}^{N}|y_i - \hat{y}|$ | 평균 절대 오차Mean Absolute Error. 실제 타깃값과 예측 타깃값 차의 절댓값 평균 |
| MSE | $\frac{1}{N}\sum_{i=1}^{N}(y_i - \hat{y})^2$ | 평균 제곱 오차Mean Squared Error. 실제 타깃값과 예측 타깃값 차의 제곱의 평균 |
| RMSE | $\sqrt{\frac{1}{N}\sum_{i=1}^{N}(y_i - \hat{y})^2}$ | 평균 제곱근 오차Root Mean Squared Error. MSE에 제곱근을 취한 값 |
| MSLE | $\frac{1}{N}\sum_{i=1}^{N}(\log(y_i + 1) - \log(\hat{y}_i + 1))^2$ | Mean Squared Log Error. MSE에서 타깃값에 로그를 취한 값 |
| RMSLE | $\sqrt{\frac{1}{N}\sum_{i=1}^{N}(\log(y_i + 1) - \log(\hat{y}_i + 1))^2}$ | Root Mean Squared Log Error. MSLE에 제곱근을 취한 값 |
| R² | $\frac{\hat{\sigma}^2}{\sigma^2}$ | 결정계수. 예측 타깃값의 분산 / 실제 타깃값의 분산<br>* 다른 지표와 다르게 1에 가까울수록 모델 성능이 좋습니다. |

MSLE와 RMSLE에서 log(y)가 아니라 log(y+1)을 사용했습니다. y에 1을 더한 이유는 로그값 이 음의 무한대(-∞)가 되는 상황을 방지하기 위해서입니다. 다음 그림처럼 로그함수 log(x)는 x가 0일 때 음의 무한대가 됩니다. 한편 log(x+1)은 x가 0일 때 0이 됩니다.

---

1 단, R² 지표는 1에 가까울수록 좋습니다.

▼ 로그함수 그래프

| log(x) 그래프 | log(x+1) 그래프 |
|---|---|

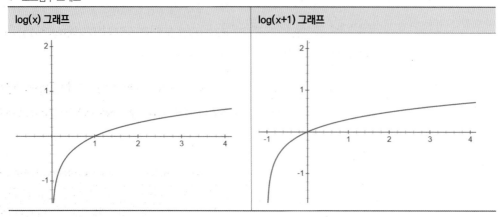

이제, 사이킷런의 metrics 라이브러리를 활용해 회귀 평가지표 값을 구해보겠습니다.

https://www.kaggle.com/werooring/ch5-regression-evaluation-metric

```python
import numpy as np
# MAE, MSE, MSLE, R2 임포트
from sklearn.metrics import mean_absolute_error, mean_squared_error, mean_
squared_log_error, r2_score

true = np.array([1, 2, 3, 2, 3, 5, 4, 6, 5, 6, 7, 8, 8]) # 실젯값
preds = np.array([1, 1, 2, 2, 3, 4, 4, 5, 5, 7, 7, 6, 8]) # 예측값

MAE = mean_absolute_error(true, preds)
MSE = mean_squared_error(true, preds)
RMSE = np.sqrt(MSE)
MSLE = mean_squared_log_error(true, preds)
RMSLE = np.sqrt(mean_squared_log_error(true, preds))
R2 = r2_score(true, preds)

# 출력
print(f'MAE:\t {MAE:.4f}')
print(f'MSE:\t {MSE:.4f}')
print(f'RMSE:\t {RMSE:.4f}')
print(f'MSLE:\t {MSLE:.4f}')
print(f'RMSLE:\t {RMSLE:.4f}')
print(f'R2:\t {R2:.4f}')
```

```
MAE:   0.5385
MSE:   0.6923
RMSE:  0.8321
MSLE:  0.0296
RMSLE: 0.1721
R2:    0.8617
```

실젯값과 예측값을 임의의 값으로 정한 뒤, 각 평가지표에 따라 값을 출력했습니다. 사이킷런의 metrics 라이브러리를 활용하니 쉽게 구할 수 있죠?

### 상관계수

두 변수 사이의 상관관계correlation 정도를 수치로 나타낸 값을 **상관계수**correlation coefficient라고 합니다. 상관계수는 보통 약자 r로 표기합니다. 여러 상관계수가 있지만 가장 많이 쓰는 선형 회귀 상관계수는 피어슨 상관계수입니다. **피어슨 상관계수**pearson correlation coefficient는 선형 상관관계의 강도strength와 방향direction을 나타내며, -1부터 1 사이의 값을 갖습니다. 상관계수가 음수면 음의 상관관계가 있다고 하고, 양수면 양의 상관관계가 있다고 합니다.

▼ 피어슨 상관계수

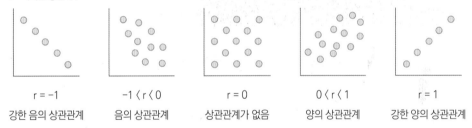

| r = -1 | -1 < r < 0 | r = 0 | 0 < r < 1 | r = 1 |
| 강한 음의 상관관계 | 음의 상관관계 | 상관관계가 없음 | 양의 상관관계 | 강한 양의 상관관계 |

## 5.2 분류 평가지표

이번 절에서는 분류 문제에서 사용하는 평가지표를 알아보겠습니다. 여러 가지가 있지만 가장 기본적인 지표인 오차 행렬, 로그 손실, ROC 곡선과 AUC를 살펴보겠습니다.

## 5.2.1 오차 행렬

**오차 행렬**confusion matrix은 실제 타깃값과 예측한 타깃값이 어떻게 매칭되는지를 보여주는 표입니다. 혼동 행렬이라고도 합니다. 실제 타깃값이 양성인데 예측도 양성으로 했다면 참 양성true positive이고, 실제 타깃값은 양성인데 예측을 음성으로 했다면 거짓 음성false negative입니다. 실제 타깃값이 음성인데 예측을 양성으로 했다면 거짓 양성false positive이고, 실제 타깃값이 음성인데 예측도 음성으로 했다면 참 음성true negative입니다. 네 가지 경우를 표 형태로 나타낸 것이 오차 행렬입니다.

▼ 오차 행렬

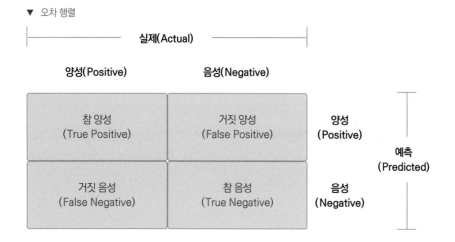

참 양성, 거짓 양성, 거짓 음성, 참 음성은 각각 약어로 TP, FP, FN, TN으로 표시합니다. 오차 행렬을 활용한 주요 평가지표로는 정확도, 정밀도, 재현율, F1 점수가 있습니다. 모두 값이 클수록 좋은 지표입니다.

> **TIP** '참(T)'으로 시작하면 올바로 예측한 것이고 '거짓(F)'으로 시작하면 틀렸다는 뜻입니다.

> **Note** 오차 행렬을 기반으로 구할 수 있는 정확도, 정밀도, 재현율, F1 점수를 사용하려면 타깃 예측값을 이산값으로 구해야 합니다. 예측 확률이 아니라 예측값으로 딱 떨어지게 구해야 한다는 말입니다.

### 정확도

**정확도**accuracy는 실젯값과 예측값이 얼마나 일치되는지를 비율로 나타낸 평가지표입니다. 전체 값 중 참 양성(TP)과 참 음성(TN)이 차지하는 비율이 정확도입니다.

$$\frac{TP+TN}{TP+FP+FN+TN}$$

평가지표로 정확도를 사용하는 경우는 많지 않습니다. 왜 그럴까요? 10일 중 1일 꼴로 비가 온다고 가정해보겠습니다. 매일 비가 '안' 온다고 예측해도 정확도는 90%입니다. 꽤 높네요. 그런데 이 수치가 의미 있을까요? 우리는 비 오는 날을 잘 예측하길 원합니다. 맑은 날을 아무리 잘 맞춰도 궂은 날을 예측하지 못한다면 실생활에서는 의미가 없습니다. 높은 정확도가 모델의 우수성을 담보하지 않는 경우죠. 이런 이유로 정확도는 평가지표로 잘 쓰이지 않습니다.

## 정밀도

**정밀도**precision는 양성 예측의 정확도를 의미합니다. 양성이라고 예측한 값(TP + FP) 중 실제 양성인 값(TP)의 비율입니다.

$$\frac{TP}{TP+FP}$$

정밀도는 음성을 양성으로 잘못 판단하면 문제가 발생하는 경우에 사용합니다. 스팸 메일 필터링을 예로 생각해봅시다. 스팸 메일은 양성, 일반 메일은 음성입니다. 양성을 음성으로 잘못 판단하면, 즉 스팸을 일반 메일로 잘못 판단하면 받은 메일함에 스팸이 하나 들어오겠죠. 그래도 '필터링을 제대로 못해줬네'라고 생각하며 스팸을 지우면 끝입니다. 반대의 경우를 생각해보죠. 음성을 양성으로 잘못 판단하면, 즉 일반 메일을 스팸으로 잘못 판단하면 업무상 중요한 메일인데 받지 못할 수 있습니다. 결론적으로 스팸 필터링은 음성을 양성으로 잘못 판단하는 경우에 더 문제가 됩니다. 이럴 때 정밀도를 사용할 수 있습니다.

참고로, 검출하기 원하는 상태를 보통 양성으로 정합니다. 앞의 예에서도 스팸 메일을 양성이라고 정했습니다. 쉽게 말하면, 문제가 되는 상태를 양성, 정상인 상태를 음성이라고 보면 됩니다.

## 재현율

**재현율**recall은 실제 양성 값(TP + FN) 중 양성으로 잘 예측한 값(TP)의 비율입니다. 재현율은 민감도sensitivity 또는 참 양성 비율(TPR)true positive rate이라고도 합니다.

$$\frac{TP}{TP+FN}$$

재현율은 양성을 음성으로 잘못 판단하면 문제가 되는 경우에 사용합니다. 암을 진단하는 상황을 예로 들어보겠습니다. 암인데(양성인데) 암이 아니라고(음성이라고) 진단하면 큰 문제가 발생하겠죠. 적시에 치료하지 못해 암이 더 전이될 수 있습니다. 반대로 암이 아닌데(음성인데) 암이라고 (양성이라고) 진단하면 어떨까요? 오진이긴 해도 생명에 문제가 되진 않습니다.

## F1 점수

**F1 점수**[F1 score]는 정밀도와 재현율을 조합한 평가지표입니다. 정밀도와 재현율 중 어느 하나에 편중하지 않고 적절히 조합하고 싶을 때 사용합니다. F1 점수는 정밀도와 재현율의 조화 평균[2]으로 구합니다. 수식은 다음과 같습니다.

$$F1 = \frac{2}{\dfrac{1}{precision} + \dfrac{1}{recall}} = 2 \times \frac{precision \times recall}{precision + recall}$$

## 5.2.2 로그 손실

**로그 손실**[logloss]은 분류 문제에서 타깃값을 확률로 예측할 때 기본적으로 사용하는 평가지표입니다. 값이 작을수록 좋은 지표입니다(이름에서 알 수 있겠지만 '손실'은 작을수록 좋겠죠?). 수식으로 나타내면 다음과 같습니다.

$$logloss = -\frac{1}{N} \sum\nolimits_{i=1}^{N} \left( y_i \log\left( \hat{y}_i \right) + \left( 1 - y_i \right) \log\left( 1 - \hat{y}_i \right) \right)$$

여기서 $y$는 실제 타깃값을, $\hat{y}$는 타깃값일 예측 확률을 나타냅니다. 이진분류 문제라고 생각해봅시다. $y$는 0(음성) 또는 1(양성)입니다. $\hat{y}$는 타깃값이 1(양성)일 예측 확률입니다. 0.1, 0.2, 0.99 등 다양하겠죠.

다음은 로그 손실을 구하는 간단한 예시입니다. 실제 타깃값이 1, 0, 1이고, 타깃값이 1일 확률을 0.9, 0.2, 0.7로 예측했다고 합시다. 이때 로그 손실은 다음과 같이 구합니다.

---

2  조화 평균은 주어진 수들의 역수의 평균의 역수입니다. 수식 $a_1, a_2, \cdots, a_N$에 대하여 조화 평균을 구하면 $H = \dfrac{N}{\dfrac{1}{a_1} + \dfrac{1}{a_2} + \cdots + \dfrac{1}{a_N}}$ 이 됩니다.

| 실제 타깃값 | 양성 타깃 예측 확률 | 개별 로그 손실 계산 수식 | 계산 값 |
|---|---|---|---|
| 1 | 0.9 | $1*\log(0.9) + (1-1) * \log(1-0.9)$ | -0.1054 |
| 0 | 0.2 | $0*\log(0.2) + (1-0) * \log(1-0.2)$ | -0.2231 |
| 1 | 0.7 | $1*\log(0.7) + (1-1) * \log(1-0.7)$ | -0.3567 |

세 값의 평균에 음의 부호를 취한 값인 0.2284가 최종 로그 손실값입니다(-{ (-0.1054) + (-0.2231) + (-0.3567) }/3 = 0.2284). [1, 0, 1]에 대해서 양성일 확률을 [0.9, 0.2, 0.7]로 예측했을 때 로그 손실은 0.2284인 겁니다.

## 5.2.3 ROC 곡선과 AUC

ROC<sup>Receiver Operating Characteristic</sup> 곡선은 참 양성 비율(TPR)에 대한 거짓 양성 비율(FPR)<sup>False Positive Rate</sup> 곡선입니다. AUC<sup>Area Under the Curve</sup>는 ROC 곡선 아래 면적을 말합니다(다음 페이지의 그림 참고). AUC는 기본적으로 예측값이 확률인 분류 문제에서 사용합니다.

> **TIP** • 타깃값(이산값)으로 예측 시 분류 평가지표 : 정확도, 정밀도, 재현율, F1 점수
> • 타깃 확률로 예측 시 분류 평가지표 : 로그 손실, AUC

참 양성 비율(TPR)은 양성을 얼마나 정확히 예측하는지 나타내는 지표로, 앞 절에서 살펴본 재현율과 같은 개념입니다. 양성을 음성으로 잘못 판단하면 문제가 되는 경우에 사용한다고 했습니다.

참 음성 비율(TNR)<sup>True Negative Rate</sup>은 음성을 얼마나 정확히 예측하는지 나타내는 지표입니다. 특이도<sup>specificity</sup>라고도 합니다. 참 음성 비율(TNR) 수식은 아래와 같습니다.

$$\frac{TN}{FP+TN}$$

거짓 양성 비율(FPR)은 1 - 참 음성 비율(TNR)입니다. 즉, 1 - 특이도입니다.

$$FPR = \frac{FP}{FP+TN} = 1 - \frac{TN}{FP+TN} = 1 - TNR$$

ROC 곡선이 참 양성 비율(TPR)에 대한 거짓 양성 비율(FPR) 곡선이라고 했습니다. 달리 말하면 민감도에 대한 (1 - 특이도) 곡선입니다.

▼ ROC 곡선

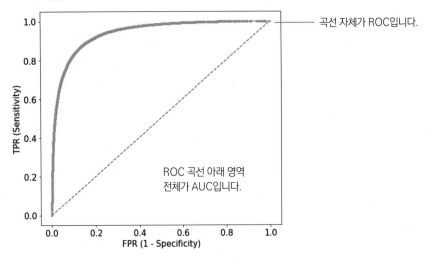

그림의 가로축이 거짓 양성 비율, 세로축이 참 양성 비율입니다. 가운데 점선은 완전 무작위 분류 시 ROC 곡선입니다. 어떻게 하면 이진분류 성능이 가장 나쁠까요? 무작위로 막 분류할 때겠죠. 무작위로 이진분류한 결과를 ROC 곡선으로 그리면 가운데 점선과 같이 나타납니다. 즉, ROC 곡선이 가운데 점선과 가까울수록 모델 성능이 떨어지며, 위쪽으로 멀어질수록 성능이 좋은 겁니다.

FPR, TPR 모두 0부터 1 사이의 값을 갖습니다. 또한 AUC는 곡선 아래 면적을 의미하기 때문에 100% 완벽하게 분류하면 AUC가 1이고, 완전 무작위로 분류하면 0.5입니다. 다시 말해 모델 성능이 좋을수록 AUC가 큽니다.

> **Note**  AUC는 예측값의 크기에 따라 결정됩니다. 즉, 예측 확률이 [0.1, 0.2, 0.7, 0.9]이든 [0.2, 0.3, 0.8, 0.9]이든 AUC 값은 똑같습니다. 예측 확률값의 대소 관계 순서가 같다면 AUC도 같은 거죠. 한편, 로그 손실은 반대입니다. 예측 확률의 대소 관계 순서가 같더라도 확률값이 다르면 로그 손실 점수도 달라집니다.
> 또한, 양성인 타깃값이 부족한 경우에는 양성을 얼마나 잘 예측했는지가 AUC에 영향을 많이 줍니다. 다시 말해, 평가지표가 AUC이고 양성이 부족할 때는 음성을 잘 예측하는 것보단 양성을 잘 예측하는 것이 중요합니다.

다음은 세 가지 예시 모델의 ROC 곡선입니다.

▼ ROC 곡선 비교

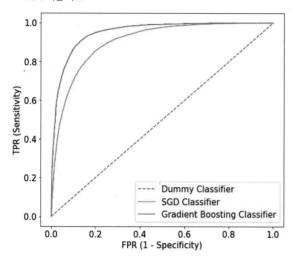

Dummy Classifier는 무작위 분류기입니다. 조건 없이 무작위로 분류하여 ROC 곡선은 가운데 점선과 같으며, 이때 AUC는 0.5입니다.

이제 SGD 분류기와 Gradient Boosting 분류기의 성능을 비교해봅시다. Gradient Boosting 의 ROC 곡선이 SGD의 ROC 곡선보다 위에 있으므로 Gradient Boosting의 AUC가 더 큽니다. Gradient Boosting 분류기의 성능이 더 우수하다는 뜻입니다.

> **warning** 이 그림은 ROC AUC 차이를 뚜렷이 나타내려는 예시일 뿐입니다. 실제로 Gradient Boosting 모델이 SGD 모델보다 절대적으로 성능이 좋다는 뜻은 아닙니다.

ROC AUC는 캐글에서 종종 사용하는 평가지표입니다.

# 5.3 데이터 인코딩

머신러닝 모델은 문자 데이터를 인식하지 못합니다. 그렇기 때문에 문자로 구성된 범주형 데이터는 숫자로 바꿔야 합니다. 경우에 따라서 이미 숫자로 구성된 범주형 데이터도 모델 성능을 향상하기 위해 다른 숫자 데이터로 바꾸기도 합니다. 이렇듯 범주형 데이터를 숫자 형태로 바꾸는 작업을 **데이터 인코딩**이라고 합니다. 대표적인 데이터 인코딩 방식으로는 레이블 인코딩과 원-핫 인코딩이 있습니다.

## 5.3.1 레이블 인코딩

**레이블 인코딩**label encoding은 범주형 데이터를 숫자로 일대일 매핑해주는 인코딩 방식입니다. 범주형 데이터를 숫자로 치환하는 겁니다. 사이킷런의 LabelEncoder로 구현할 수 있습니다. 다음은 레이블 인코딩을 적용해 과일 문자열 데이터를 숫자형으로 변환하는 코드입니다.

https://www.kaggle.com/werooring/ch5-categorical-data-encoding

```python
from sklearn.preprocessing import LabelEncoder # 레이블 인코더

fruits = ['사과', '블루베리', '바나나', '귤', '블루베리', '바나나', '바나나', '사과']

# 레이블 인코더 생성
label_encoder = LabelEncoder()
# 레이블 인코딩 적용
fruits_label_encoded = label_encoder.fit_transform(fruits)

print('레이블 인코딩 적용 후 데이터:', fruits_label_encoded)
```

```
레이블 인코딩 적용 후 데이터: [3 2 1 0 2 1 1 3]
```

귤은 0, 바나나는 1, 블루베리는 2, 사과는 3으로 바뀌었습니다. 레이블 인코딩을 적용하면 원본 데이터의 값에 사전순으로 번호를 매깁니다.

▼ 레이블 인코딩 적용

| 원본 | | 레이블 인코딩<br>적용 후 |
|---|---|---|
| 사과 | | 3 |
| 블루베리 | | 2 |
| 바나나 | → | 1 |
| 귤 | | 0 |
| 블루베리 | | 2 |
| 바나나 | | 1 |
| 바나나 | | 1 |
| 사과 | | 3 |

> **warning** 1차원 데이터에 적용하는 LabelEncoder 외에 2차원 데이터에 적용하는 OrdinalEncoder도 있습니다. 앞의 예에서는 1차원 데이터를 다뤘으므로 LabelEncoder를 사용했습니다. 경진대회에서 여러 피처를 인코딩하려면 OrdinalEncoder를 사용하는 게 좋습니다. 물론 for문을 순회하며 LabelEncoder를 적용해도 OrdinalEncoder와 같은 효과가 있습니다.

레이블 인코딩은 간단하지만 단점이 있습니다. 명목형 데이터를 레이블 인코딩하면 모델 성능이 떨어질 수 있다는 점입니다. 머신러닝 모델이 서로 가까운 숫자를 비슷한 데이터라고 판단하기 때문이죠. 머신러닝 모델은 1(바나나)과 3(사과)보다 1(바나나)과 2(블루베리)를 더 비슷한 데이터라고 인식합니다. 실제로는 그렇지 않죠? 바나나, 사과, 블루베리는 별개 데이터입니다. 단지 1, 2, 3으로 독립적으로 치환했을 뿐이죠. 이 문제는 원-핫 인코딩으로 해결할 수 있습니다.

## 5.3.2 원-핫 인코딩

**원-핫 인코딩**one-hot encoding은 여러 값 중 하나one만 활성화hot하는 인코딩입니다. 실행 절차는 다음과 같습니다.

1 인코딩하려는 피처의 고윳값 개수를 구합니다.
2 피처의 고윳값 개수만큼 열을 추가합니다.
3 각 고윳값에 해당하는 열에 1을 표시하고 나머지 열에는 0을 표시합니다.

▼ 원-핫 인코딩 적용

원본            원-핫 인코딩 적용 후

| 과일 | 과일_귤 | 과일_바나나 | 과일_블루베리 | 과일_사과 |
|---|---|---|---|---|
| 사과 | 0 | 0 | 0 | 1 |
| 블루베리 | 0 | 0 | 1 | 0 |
| 바나나 | 0 | 1 | 0 | 0 |
| 귤 | 1 | 0 | 0 | 0 |
| 블루베리 | 0 | 0 | 1 | 0 |
| 바나나 | 0 | 1 | 0 | 0 |
| 바나나 | 0 | 1 | 0 | 0 |
| 사과 | 0 | 0 | 0 | 1 |

원-핫 인코딩은 레이블 인코딩의 문제(서로 가까운 숫자를 비슷한 데이터로 판단하는 문제)를 해결합니다. 그렇지만 원-핫 인코딩도 열 개수가 지나치게 많아진다는 단점이 있습니다. 피처의 고 윳값이 많으면 그만큼 열 개수와 메모리 사용량이 늘어나기 때문에 모델 훈련 속도가 느려질 우려가 있습니다.

> **TIP** 그러면 명목형 피처에 고윳값이 상당히 많을 땐 어떻게 해결해야 할까요?
>
> 1 **비슷한 고윳값끼리 그룹화** : 그룹화하면 해당 명목형 피처의 고윳값 개수가 줄어드는 효과가 있습니다.
> 2 **빈도가 낮은 고윳값을 '기타(etc)'로 처리하기** : 비슷한 고윳값끼리 그룹화하는 방법과 비슷합니다. 빈도가 낮은 고윳값 들을 묶어 '기타 고윳값'으로 일괄 처리하는 방법입니다.
> 3 **다른 인코딩 적용하기** : 타깃 인코딩, 프리퀀시 인코딩 등 그 외 인코딩 기법이 있습니다. 다른 인코딩 기법도 각자 단점 이 있긴 합니다.
>
> 한편, 고윳값 개수가 많아도 데이터 크기가 그렇게 크지 않다면 그냥 원-핫 인코딩을 적용하기도 합니다. 데이터가 크지 않 으니 열 개수가 늘어나도 모델 훈련 속도에 크게 영향을 주지 않기 때문이죠.

다음은 문자열 데이터를 원-핫 인코딩하는 코드입니다. 문자열 데이터에 바로 원-핫 인코딩을 적용할 순 없으니, 먼저 숫자형 데이터로 변환해야 합니다. 레이블 인코딩을 활용하면 됩니다.

```python
from sklearn.preprocessing import LabelEncoder, OneHotEncoder

fruits = ['사과', '블루베리', '바나나', '귤', '블루베리', '바나나', '바나나', '사과']

# 레이블 인코더, 원-핫 인코더 생성
label_encoder = LabelEncoder()
onehot_encoder = OneHotEncoder()

# 레이블 인코딩 적용(문자 데이터 -> 숫자 데이터) ❶
fruits_label_encoded = label_encoder.fit_transform(fruits)
# 원-핫 인코딩 적용 ❷
fruits_onehot_encoded = onehot_encoder.fit_transform(fruits_label_encoded.
reshape(-1, 1))

print('원-핫 인코딩 적용 후 데이터:\n', fruits_onehot_encoded.toarray()) # ❸
```

```
원-핫 인코딩 적용 후 데이터:
 [[0. 0. 0. 1.]
 [0. 0. 1. 0.]
 [0. 1. 0. 0.]
 [1. 0. 0. 0.]
 [0. 0. 1. 0.]
 [0. 1. 0. 0.]
 [0. 1. 0. 0.]
 [0. 0. 0. 1.]]
```

인코딩 결과가 앞의 '원-핫 인코딩 적용' 그림과 똑같습니다. ❶ 레이블 인코딩한 데이터(즉, 문자를 숫자로 바꾼 데이터)를 활용해 ❷ 원-핫 인코딩을 적용했습니다. 이때 레이블 인코딩된 데이터는 1차원이라서 중간에 reshape(-1, 1) 메서드를 이용해 2차원으로 바꿨습니다.

## reshape( ) 메서드 용법

reshape( ) 메서드는 배열 형상을 바꿀 때 사용합니다. 다음과 같이 1차원 배열인 fruits_label_encoded를 예로 reshape( ) 용법을 알아보겠습니다.

```
fruits_label_encoded
```
```
array([3, 2, 1, 0, 2, 1, 1, 3])
```

이를 (4, 2) 형상의 행렬로 바꾸려면 다음과 같이 reshape(4, 2)를 호출하면 됩니다.

```
fruits_label_encoded.reshape(4, 2)
```
```
array([[3, 2],
       [1, 0],
       [2, 1],
       [1, 3]])
```

reshape( )에 넘기는 값 중 하나를 -1로 지정할 수도 있습니다. 그러면 원본 데이터와 나머지 형상을 참고해서 최종 형상을 적절히 바꿔줍니다. 다음 예를 보시죠.

```
fruits_label_encoded.reshape(-1, 1)
```
```
array([[3],
       [2],
       [1],
       [0],
       [2],
       [1],
       [1],
       [3]])
```

reshape(-1, 1)을 호출해서 (8, 1) 형상으로 만들었습니다. 만약 reshape(-1, 4)로 호출하면 (2, 4) 형상이 되며, reshape(4, -1)을 호출하면 (4, 2) 형상이 됩니다. 그럼 reshape(3, -1)을 호출하면 어떻게 될까요? 원본 데이터가 총 8개라서 3으로 딱 나누어 떨어지지 않기 때문에 오류가 납니다.

한편, 원-핫 인코딩은 대부분 값이 0인 희소행렬을 만들어냅니다. 희소행렬은 메모리 낭비가 심하기 때문에 OneHotEncoder는 변환 결과를 압축된 형태인 CSR^Compressed Sparse Row 행렬로 돌려줍니다. ❸의 마지막에 호출한 .toarray( )는 CSR 형태의 행렬을 일반 배열로 바꿔주는 역할을 합니다.

판다스의 get_dummies( ) 함수[3]를 사용하면 다음과 같이 더 간단하게 구현할 수도 있습니다. 문자열 데이터를 숫자형으로 바꾸지 않아도 되어 훨씬 편리합니다.

```
import pandas as pd

pd.get_dummies(fruits)
```

▼ 실행 결과

| | 귤 | 바나나 | 블루베리 | 사과 |
|---|---|---|---|---|
| 0 | 0 | 0 | 0 | 1 |
| 1 | 0 | 0 | 1 | 0 |
| 2 | 0 | 1 | 0 | 0 |
| 3 | 1 | 0 | 0 | 0 |
| 4 | 0 | 0 | 1 | 0 |
| 5 | 0 | 1 | 0 | 0 |
| 6 | 0 | 1 | 0 | 0 |
| 7 | 0 | 0 | 0 | 1 |

OneHotEncoder로 변환한 인코딩 결과와 같죠?

# 5.4 피처 스케일링

**피처 스케일링**^feature scaling이란 서로 다른 피처 값의 범위(최댓값 – 최솟값)가 일치하도록 조정하는 작업을 말합니다. 값의 범위가 데이터마다 다르면 모델 훈련이 제대로 안 될 수도 있습니다.

---

3  원-핫 인코딩으로 만든 피처(변수)를 가변수(dummy variable)라고 하여 함수명이 get_dummies()입니다.

예를 들어보겠습니다. 광일, 혜성, 덕수의 키와 몸무게는 다음 표와 같습니다. 광일이의 옷 사이즈는 L이고 혜성이의 옷 사이즈는 S일 때, 덕수의 옷 사이즈는 L일까요 S일까요?

▼ 키, 몸무게에 따른 옷 사이즈

| 이름 | 키(m) | 몸무게(kg) | 옷 사이즈 |
|------|-------|-----------|-----------|
| 광일 | 1.7 | 75 | L |
| 혜성 | 1.5 | 55 | S |
| 덕수 | 1.8 | 60 | 〈 ? 〉 |

직관적으로 봤을 때 L일 겁니다. 광일이보다 몸무게는 적지만 키가 크기 때문이죠. 머신러닝 모델은 덕수의 옷 사이즈를 어떻게 예측할까요? 간단하게 키와 몸무게를 더하는 방법이 있습니다. 더한 값이 광일이와 가까우면 L, 혜성이와 가까우면 S로 예측할 겁니다. 하지만 이 간단한 알고리즘에 따르면 계산 결과가 다음과 같습니다.

- 광일 : 1.7 + 75 = 76.7
- 혜성 : 1.5 + 55 = 56.5
- 덕수 : 1.8 + 60 = 61.8

즉, 덕수의 키와 몸무게의 합(61.8)은 광일(76.7)보다 혜성(56.5)에 가깝기 때문에 이 머신러닝 모델은 덕수의 옷 사이즈를 S로 예측할 것입니다. 잘못 예측했습니다. 왜 이런 결과가 나왔을까요? 키와 몸무게 범위가 서로 다르기 때문입니다. 키의 최댓값(1.8)과 최솟값(1.5) 차이는 0.3인 한편, 몸무게의 최댓값(75)과 최솟값(55) 차이는 20입니다. 67배 차이가 나네요. 오류를 개선하려면 키와 몸무게 값의 범위를 같은 수준으로 맞춰야 합니다. 이때 필요한 기법이 피처 스케일링입니다.

피처 스케일링에는 다양한 방법이 있으며, 여기서는 그중 가장 많이 쓰이는 min-max 정규화와 표준화를 살펴보겠습니다.

## 5.4.1 min-max 정규화

**min-max 정규화**<sup>min-max normalization</sup>는 피처 값의 범위를 0~1로 조정하는 기법입니다. 조정 후 최솟값은 0, 최댓값은 1이 됩니다. 방법은 간단합니다. 피처 x에서 최솟값을 뺀 뒤, 그 값을 최댓값과 최솟값의 차이로 나누면 됩니다. 수식으로는 다음과 같습니다.

> **TIP** min-max 정규화는 모든 값의 범위를 0~1 사이로 맞출 때 주로 사용합니다.

$$x_{scaled} = \frac{x - x_{\min}}{x_{\max} - x_{\min}}$$

min-max 정규화를 적용해 덕수의 옷 사이즈를 다시 예측해보겠습니다.

▼ min-max 정규화를 적용한 키와 몸무게

| 이름 | mix-max 정규화한 키 | min-mix 정규화한 몸무게 | 키 + 몸무게 |
|------|---------------------|--------------------------|-------------|
| 광일 | (1.7 - 1.5) / (1.8 - 1.5) = 0.67 | (75 - 55) / (75 - 55) = 1 | 1.67 |
| 혜성 | (1.5 - 1.5) / (1.8 - 1.5) = 0 | (55 - 55) / (75 - 55) = 0 | 0 |
| 덕수 | (1.8 - 1.5) / (1.8 - 1.5) = 1 | (60 - 55) / (75 - 55) = 0.25 | 1.25 |

덕수의 키와 몸무게 합은 1.25입니다. 혜성(0)보다 광일(1.67)에 가까워졌네요. 따라서 덕수의 옷 사이즈는 L이라고 예측할 수 있겠네요. 피처 스케일링을 적용하니 올바르게 예측했습니다.

> **warning** 이상치(대부분의 값과 동떨어진 값)가 너무 크거나 작을 때는 min-max 정규화가 좋지 않은 결과를 낼 수 있습니다. min-max 정규화 후에 이상치는 0 또는 1이 되겠지만 나머지 값들은 아주 미세한 차이로 좁은 구간에 몰려 있게 됩니다. 따라서 이상치가 너무 크거나 작을 땐 다음 절에서 배울 표준화가 더 바람직합니다.

min-max 정규화는 사이킷런의 MinMaxScaler로 구현할 수 있습니다. 앞서 다룬 예시 데이터로 min-max 정규화를 구현해볼까요? 먼저 원본 데이터를 만듭니다.

```
https://www.kaggle.com/werooring/ch5-feature-scaling

import pandas as pd

height_weight_dict = {'키': [1.7, 1.5, 1.8], '몸무게': [75, 55, 60]}
df = pd.DataFrame(height_weight_dict, index=['광일', '혜성', '덕수'])

print(df)
```

```
      키   몸무게
광일  1.7   75
혜성  1.5   55
덕수  1.8   60
```

MinMaxScaler가 어떻게 동작하는지 확인해보겠습니다. MinMaxScaler 객체를 생성한 뒤 fit( )과 transform( ) 함수를 호출하면 피처 스케일링이 적용됩니다.

```python
from sklearn.preprocessing import MinMaxScaler

# min-max 정규화 객체 생성
scaler = MinMaxScaler()

# min-max 정규화 적용 ❶
scaler.fit(df)
df_scaled = scaler.transform(df)

print(df_scaled)
```
```
[[0.66666667 1.        ]
 [0.         0.        ]
 [1.         0.25      ]]
```

보다시피 앞의 표에서 직접 계산한 값과 같습니다.

> ## fit( )과 transform( ) vs. fit_transform( )
>
> 참고로 ❶의 fit( )과 transform( )은 fit_transform( )으로 한 번에 실행할 수 있습니다.
>
> ```python
> # min-max 정규화 객체 생성
> scaler = MinMaxScaler()
>
> # min-max 정규화 적용
> df_scaled = scaler.fit_transform(df)
>
> print(df_scaled)
> ```
> ```
> [[0.66666667 1.        ]
>  [0.         0.        ]
>  [1.         0.25      ]]
> ```

복잡하게 두 함수를 나눠놓은 이유는 다음 예를 보면 이해될 겁니다.

```
scaler = MinMaxScaler()

scaler.fit(df)
df_scaled = scaler.transform(df)
df_scaled2 = scaler.transform(df2)
df_scaled3 = scaler.transform(df3)
```

데이터 하나에만 min-max 정규화를 적용하려면 fit_transform( )을 쓰는 게 당연히 더 편리합니다. 하지만 이 코드처럼 한 데이터에 맞춰 놓은 스케일링 범위를 다른 데이터에도 적용하려면 fit( )과 transform( )을 따로 써야 합니다.

## 5.4.2 표준화

**표준화**standardization는 평균이 0, 분산이 1이 되도록 피처 값을 조정하는 기법입니다. min-max 정규화와 다르게 표준화는 상한과 하한이 없습니다. min-max 정규화를 적용하면 상한은 1이고, 하한은 0이었죠. 상한, 하한을 따로 정해야 하는 경우가 아니라면 표준화를 적용할 수 있습니다.

> **TIP** 정규분포를 따르는 데이터는 표준화 스케일링을 적용하는 것이 좋습니다.

표준화 수식은 다음과 같습니다. $\bar{x}$는 평균, $\sigma$는 표준편차를 의미합니다.

$$x_{scaled} = \frac{x - \bar{x}}{\sigma}$$

사이킷런의 StandardScaler로 표준화를 구현해보겠습니다. 이번엔 fit_transform( ) 함수를 사용해보시죠.

```
from sklearn.preprocessing import StandardScaler

# StandardScaler 객체 생성
scaler = StandardScaler()

# 표준화 적용
```

```
df_scaled = scaler.fit_transform(df)

print(df_scaled)
```
```
[[ 0.26726124  1.37281295]
 [-1.33630621 -0.98058068]
 [ 1.06904497 -0.39223227]]
```

# 5.5 교차 검증

일반적으로 훈련 데이터로 모델을 훈련하고, 테스트 데이터로 예측해 모델 성능을 측정합니다. 예측한 결과를 제출하면 성능 평가점수가 얼마인지 알게 되죠. 모델을 훈련만 하고, 성능을 검증해보지 않으면 두 가지 문제가 발생할 수 있습니다.

첫째, 모델이 과대적합될 가능성이 있습니다. 경진대회에서 제공하는 훈련 데이터와 테스트 데이터는 고정되어 있습니다. 고정된 훈련 데이터만을 활용해 반복해서 훈련한다면 모델이 훈련 데이터에만 과대적합될 가능성이 있습니다. 과대적합되면 퍼블릭 리더보드에서 높은 점수를 기록해도 프라이빗 리더보드에서 점수가 떨어질 우려가 있습니다.

둘째, 제출 전까지 모델 성능을 확인하기 어렵습니다. 대부분의 경진대회는 일일 제출 횟수가 제한되어 있습니다. 훈련 데이터로 모델 훈련만 하고 무작정 제출하기 힘든 환경입니다. 제출하기 전에 대략적인 성능을 알 수 있으면 좋겠군요. 물론 전체 데이터를 훈련 데이터와 검증 데이터로 나눈 뒤, 검증 데이터로 성능을 가늠해볼 수 있습니다. 하지만 그럴 경우 검증 데이터만큼은 훈련에 사용하지 못해 손실입니다. 실무에서도 마찬가지입니다. 아직 주어지지 않은 미래 데이터로 미리 테스트해볼 수는 없습니다. 즉, 실제 서비스에 적용하기 전에는 모델 성능을 가늠해볼 수 없죠.

이상의 두 문제를 개선하기 위한 방법이 교차 검증입니다. 교차 검증은 훈련 데이터를 여러 그룹으로 나누어 일부는 훈련 시 사용하고, 일부는 검증 시 사용해서 모델 성능을 측정하는 기법입니다. 가장 일반적인 교차 검증 기법은 K 폴드 교차 검증입니다.

## 5.5.1 K 폴드 교차 검증

**K 폴드 교차 검증**K-Fold Cross Validation 절차는 다음과 같습니다.

1 전체 훈련 데이터를 K개 그룹으로 나눕니다.

2 그룹 하나는 검증 데이터로, 나머지 K-1개는 훈련 데이터로 지정합니다.

3 훈련 데이터로 모델을 훈련하고, 검증 데이터로 평가합니다.

4 평가점수를 기록합니다.

5 검증 데이터를 다른 그룹으로 바꿔가며 2~4 절차를 K번 반복합니다.

6 K개 검증 평가점수의 평균을 구합니다.

K개 검증 평가점수의 평균이 최종 평가점수이며, 제출하지 않고도 이 점수를 통해 모델 성능을 가늠해볼 수 있습니다.

▼ K 폴드 교차 검증(K = 5일 때)

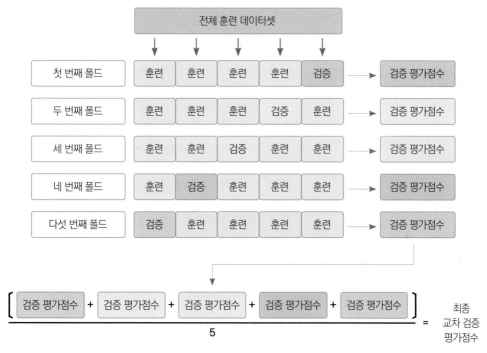

K 폴드 교차 검증 시 데이터가 어떻게 나뉘는지 파이썬 코드로 확인해보겠습니다.

```
                                          https://www.kaggle.com/werooring/ch5-cross-validation
import numpy as np
from sklearn.model_selection import KFold

data = np.array([0, 1, 2, 3, 4, 5, 6, 7, 8, 9])
```

```
folds = KFold(n_splits=5, shuffle=False) # ❶

for train_idx, valid_idx in folds.split(data):
    print(f'훈련 데이터: {data[train_idx]}, 검증 데이터: {data[valid_idx]}')
```
```
훈련 데이터: [2 3 4 5 6 7 8 9], 검증 데이터: [0 1]
훈련 데이터: [0 1 4 5 6 7 8 9], 검증 데이터: [2 3]
훈련 데이터: [0 1 2 3 6 7 8 9], 검증 데이터: [4 5]
훈련 데이터: [0 1 2 3 4 5 8 9], 검증 데이터: [6 7]
훈련 데이터: [0 1 2 3 4 5 6 7], 검증 데이터: [8 9]
```

❶ KFold( )는 데이터를 K 폴드로 나누는 함수입니다. n_splits 파라미터에 전달하는 값이 K값입니다. 여기서는 5로 설정하여 데이터가 총 5개로 나뉩니다. 폴드가 5개이므로 검증 데이터는 [0, 1], [2, 3], [4, 5], [6, 7], [8, 9]가 됩니다. 순서대로 모든 데이터를 검증에 사용하는 거죠.

데이터가 편향되게 분포되어 있을 수도 있어서 폴드로 나누기 전에 데이터를 섞어주는 게 좋습니다. 다음과 같이 shuffle 파라미터에 True를 전달하면 됩니다.

```
folds = KFold(n_splits=5, shuffle=True)

for train_idx, valid_idx in folds.split(data):
    print(f'훈련 데이터: {data[train_idx]}, 검증 데이터: {data[valid_idx]}')
```
```
훈련 데이터: [0 1 2 3 5 6 7 9], 검증 데이터: [4 8]
훈련 데이터: [2 3 4 5 6 7 8 9], 검증 데이터: [0 1]
훈련 데이터: [0 1 2 4 5 6 7 8], 검증 데이터: [3 9]
훈련 데이터: [0 1 3 4 5 6 8 9], 검증 데이터: [2 7]
훈련 데이터: [0 1 2 3 4 7 8 9], 검증 데이터: [5 6]
```

데이터가 골고루 섞여 폴드가 구성되었습니다.

## 5.5.2 층화 K 폴드 교차 검증

층화 K 폴드 교차 검증Stratified K-Fold Cross Validation은 타깃값이 골고루 분포되게 폴드를 나누는 K 폴드 교차 검증 방법입니다. 타깃값이 불균형하게 분포되어 있는 경우 층화 K 폴드를 사용하는 게 좋습니다.

> **TIP** stratify는 사회학에서 '수평적 지위 집단으로 나눈다'라는 의미입니다.

일반 메일과 스팸 메일을 분류하는 문제를 생각해볼까요? 받은 메일이 1,000개인데, 그중 스팸은 단 10개라고 가정해봅시다. 스팸이 10개밖에 안되므로 K 폴드 교차 검증을 해도 특정 폴드에는 스팸이 아예 없을 수 있습니다. 스팸 데이터 없이 모델을 훈련하면 스팸 예측을 제대로 못하겠죠.

이처럼 특정 타깃값이 다른 타깃값보다 굉장히 적은 경우에 주로 층화 K 폴드 교차 검증을 사용합니다. 이 방식에서는 스팸 데이터를 모든 폴드에 균일하게 나눠줍니다. 즉, 폴드가 5개면 각 폴드에 스팸 데이터를 2개씩 골고루 분배해서 교차 검증을 수행합니다.

참고로 층화 K 폴드 교차 검증은 분류 문제에만 쓰입니다. 회귀 문제의 타깃값은 연속된 값이라서 폴드마다 균등한 비율로 나누는 게 불가능합니다. 균등한 비율로 나누기 위해서는 타깃값이 유한해야 하기 때문입니다.

▼ 층화 K 폴드 교차 검증(K = 5일 때)

| | 전체 훈련 데이터셋 | | | | |
|---|---|---|---|---|---|
| 첫 번째 폴드 | 훈련<br>일반 90%<br>스팸 10% | 훈련<br>일반 90%<br>스팸 10% | 훈련<br>일반 90%<br>스팸 10% | 훈련<br>일반 90%<br>스팸 10% | 검증<br>일반 90%<br>스팸 10% |
| 두 번째 폴드 | 훈련<br>일반 90%<br>스팸 10% | 훈련<br>일반 90%<br>스팸 10% | 훈련<br>일반 90%<br>스팸 10% | 검증<br>일반 90%<br>스팸 10% | 훈련<br>일반 90%<br>스팸 10% |
| 세 번째 폴드 | 훈련<br>일반 90%<br>스팸 10% | 훈련<br>일반 90%<br>스팸 10% | 검증<br>일반 90%<br>스팸 10% | 훈련<br>일반 90%<br>스팸 10% | 훈련<br>일반 90%<br>스팸 10% |
| 네 번째 폴드 | 훈련<br>일반 90%<br>스팸 10% | 검증<br>일반 90%<br>스팸 10% | 훈련<br>일반 90%<br>스팸 10% | 훈련<br>일반 90%<br>스팸 10% | 훈련<br>일반 90%<br>스팸 10% |
| 다섯 번째 폴드 | 검증<br>일반 90%<br>스팸 10% | 훈련<br>일반 90%<br>스팸 10% | 훈련<br>일반 90%<br>스팸 10% | 훈련<br>일반 90%<br>스팸 10% | 훈련<br>일반 90%<br>스팸 10% |

코드로도 한번 살펴볼까요? 먼저 데이터 50개를 만듭니다. 이중 일반 메일은 45개, 스팸 메일은 5개입니다. 이 데이터를 우선 K 폴드로 나눠보겠습니다.

```
y = np.array(['스팸']*5 + ['일반']*45)

folds = KFold(n_splits=5, shuffle=True) # K 폴드 교차 검증

for idx, (train_idx, valid_idx) in enumerate(folds.split(y)):
    print(f'Fold {idx+1} 검증 데이터 타깃값:')
    print(y[valid_idx], '\n')
```

```
Fold 1 검증 데이터 타깃값:
['스팸' '스팸' '일반' '일반' '일반' '일반' '일반' '일반' '일반' '일반']

Fold 2 검증 데이터 타깃값:
['일반' '일반' '일반' '일반' '일반' '일반' '일반' '일반' '일반' '일반']

Fold 3 검증 데이터 타깃값:
['스팸' '일반' '일반' '일반' '일반' '일반' '일반' '일반' '일반' '일반']

Fold 4 검증 데이터 타깃값:
['스팸' '일반' '일반' '일반' '일반' '일반' '일반' '일반' '일반' '일반']

Fold 5 검증 데이터 타깃값:
['스팸' '일반' '일반' '일반' '일반' '일반' '일반' '일반' '일반' '일반']
```

결과를 보시죠. 세 번째, 네 번째, 다섯 번째 폴드에서는 10개 중 1개만 스팸입니다. 하지만 첫 번째 폴드에는 스팸이 2개고, 두 번째 폴드에선 스팸이 하나도 없습니다. 폴드마다 스팸 분포가 다릅니다. 특히 두 번째 폴드에선 스팸 메일에 대한 훈련이 아예 안 되겠죠? 모든 폴드에 스팸 데이터가 고루 있었으면 좋겠네요. 이럴 때 층화 K 폴드를 쓰면 됩니다.

```
from sklearn.model_selection import StratifiedKFold

X = np.array(range(50))
y = np.array(['스팸']*5 + ['일반']*45)

folds = StratifiedKFold(n_splits=5) # '층화' K 폴드 교차 검증

for idx, (train_idx, valid_idx) in enumerate(folds.split(X, y)):
    print(f'Fold {idx+1} 검증 데이터 타깃값:')
    print(y[valid_idx], '\n')
```

```
Fold 1 검증 데이터 타깃값:
['스팸' '일반' '일반' '일반' '일반' '일반' '일반' '일반' '일반' '일반']

Fold 2 검증 데이터 타깃값:
['스팸' '일반' '일반' '일반' '일반' '일반' '일반' '일반' '일반' '일반']

Fold 3 검증 데이터 타깃값:
['스팸' '일반' '일반' '일반' '일반' '일반' '일반' '일반' '일반' '일반']

Fold 4 검증 데이터 타깃값:
['스팸' '일반' '일반' '일반' '일반' '일반' '일반' '일반' '일반' '일반']

Fold 5 검증 데이터 타깃값:
['스팸' '일반' '일반' '일반' '일반' '일반' '일반' '일반' '일반' '일반']
```

모든 폴드에 스팸이 1개씩 포함되었습니다.

> **warning** KFold의 split()에는 데이터 하나만 전달해도 됩니다. 데이터 불균형 여부와 상관없이 임의로 K개로 분할하기 때문이죠. 반면 StratifiedKFold의 split() 함수에는 피처와 타깃값 모두를 전달해야 합니다. 인수를 하나만 전달하면 다음과 같은 오류가 발생합니다.
>
> ```
> TypeError: split() missing 1 required positional argument: 'y'
> ```

# 5.6 주요 머신러닝 모델

캐글에서 가장 인기 있는 머신러닝 모델은 XGBoost와 LightGBM입니다. 각각 5.6.6절 5.6.7 절에서 설명합니다. 비록 많이 쓰이지는 않더라도 기본적인 모델들도 알아두면 좋습니다. 이번 절에서 알아볼 모델들은 다음과 같습니다.

- 선형 회귀
- 로지스틱 회귀
- 결정 트리
- 앙상블 학습
- 랜덤 포레스트
- XGBoost
- LightGBM

## 5.6.1 선형 회귀 모델

**선형 회귀**[Linear Regression] 모델은 선형 회귀식[4]을 활용한 모델입니다. 선형 회귀 모델을 훈련한다는 것은 훈련 데이터에 잘 맞는 모델 파라미터, 즉 회귀계수를 찾는 것입니다.

코드로 선형 회귀 모델을 구현해보겠습니다. 데이터 생성 → 모델 훈련 → 회귀선 그래프 확인 순서로 진행하겠습니다.

### 데이터 생성

먼저 단순 선형 회귀식 $y = 2x + 5$에 근사하는 데이터 100개를 만들겠습니다.

```
                                        https://www.kaggle.com/werooring/ch5-linear-regression
import numpy as np
import matplotlib.pyplot as plt


np.random.seed(0) # 시드값 고정


w0 = 5 # y절편
w1 = 2 # 회귀계수
noise = np.random.randn(100, 1) # 노이즈 ❶


x = 4 * np.random.rand(100, 1) # 0~4 사이 실숫값 100개 생성 (x값) ❷
y = w1*x + w0 + noise # y값


plt.scatter(x, y);
```

❶ np.random.randn(100, 1)은 표준 정규분포를 따르는 데이터 100개를 생성하는 코드입니다. 데이터에 노이즈를 주기 위해 필요합니다. ❷에서 np.random.rand(100, 1)은 0~1 사이의 무작위 값을 100개 생성합니다. 독립변수 x값 100개를 만드는 코드입니다.

---

4  5.1.2절 '회귀' 참고

▼ 실행 결과(무작위로 생성한 선형 회귀 모델 데이터)

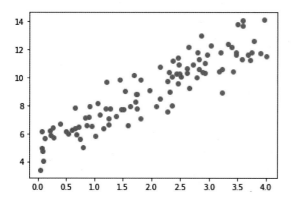

이상으로 노이즈가 조금 있는 데이터셋을 생성했습니다. $y = 2x + 5$ 에 근사하는 데이터입니다.

## 모델 훈련

이 데이터를 이용해 선형 회귀 모델을 훈련해보겠습니다. 모델을 훈련하면 적절한 회귀계수와 y 절편 값을 찾아줄 겁니다.

```python
from sklearn.linear_model import LinearRegression

linear_reg_model = LinearRegression() # 선형 회귀 모델
linear_reg_model.fit(x, y) # 모델 훈련

print('y절편(w0):', linear_reg_model.intercept_) # ❶
print('회귀계수(w1):', linear_reg_model.coef_) # ❷
```

```
y절편(w0): [5.09772262]
회귀계수(w1): [[1.9808382]]
```

❶ y절편 값은 LinearRegression 모델의 intercept_ 속성에, ❷ 회귀계수 값은 coef_ 속성에 저장되어 있습니다. 이 값들을 출력해보니 훈련을 마친 모델의 y절편은 5.0977이고, 회귀계수는 1.9808입니다. 실제 y절편은 5, 실제 회귀계수는 2이므로 근사하게 잘 예측했네요.

**회귀선 확인**

이제 훈련한 선형 회귀 모델의 회귀선을 그려보겠습니다. 회귀선을 그리기 위해 예측값을 이용하겠습니다.

```
y_pred = linear_reg_model.predict(x) # 예측

plt.scatter(x, y)
plt.plot(x, y_pred); # 선형 회귀선 그리기
```

▼ 실행 결과(선형 회귀 모델의 회귀선)

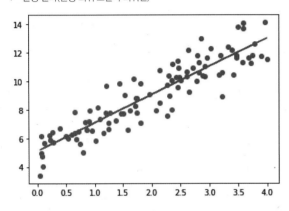

회귀선이 잘 그려졌네요. 지금까지 임의로 데이터를 생성해 선형 회귀 모델을 훈련해봤습니다. 캐글 경진대회에서 단순 선형 회귀 모델을 사용할 일은 거의 없겠지만, 가장 간단한 모델이므로 기본 차원에서 알아봤습니다.

## 5.6.2 로지스틱 회귀 모델

**로지스틱 회귀**<sup>Logistic Regression</sup>는 선형 회귀 방식을 응용해 분류에 적용한 모델입니다. 가령, 스팸 메일일 확률을 구하는 이진 분류 문제에 로지스틱 회귀를 사용할 수 있습니다.

> **Note** 이름이 로지스틱 '회귀'라서 회귀 문제에 사용할 것 같지만, 분류 문제에 사용합니다.

로지스틱 회귀는 시그모이드 함수<sup>sigmoid function</sup>를 활용해 타깃값에 포함될 확률을 예측합니다. 시그모이드 함수식은 다음과 같습니다.

$$p = \frac{1}{1+e^{-x}}$$

다음은 시그모이드 함수 그래프입니다. 그래프 모양이 S자죠? 영단어 sigmoid가 'S자 모양의'라는 뜻입니다.

▼ 시그모이드 함수 그래프(https://en.wikipedia.org/wiki/Logistic_regression)

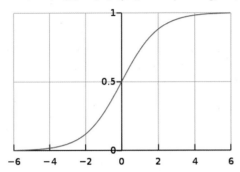

시그모이드 함수는 0에서 1 사이 값을 갖습니다. x값이 작을수록 0에 가깝고, 클수록 1에 가깝습니다. x가 0일 땐 0.5이고요. 이 값을 그대로 확률로 해석하면 타깃값에 포함될 확률이 구해집니다.

타깃값 예측도 간단합니다. 이진 분류 문제에선 시그모이드 값(확률)이 0.5보다 작으면 0(음성), 0.5 이상이면 1(양성)이라고 예측합니다.

▼ 로지스틱 회귀 타깃값 예측

$$\text{예측 클래스} = \begin{cases} 0, & p < 0.5 \text{일 때} \\ 1, & p \geq 0.5 \text{일 때} \end{cases}$$

사이킷런에서 제공하는 로지스틱 회귀 모델은 LogisticRegression입니다. 다른 사이킷런 모델과 마찬가지로 predict( ) 함수로 타깃값을 예측할 수 있고, predict_proba( ) 함수로 타깃값일 확률을 예측할 수 있습니다.

▼ 로지스틱 회귀 요약

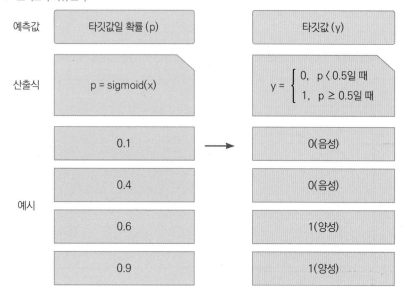

## 5.6.3 결정 트리

'의사결정 나무'라고도 하는 **결정 트리**decision tree는 분류와 회귀 문제에 모두 사용 가능한 모델입니다. 작동 원리는 간단합니다.

1  우선 데이터를 가장 잘 구분하는 조건을 정합니다.
2  조건을 기준으로 데이터를 두 범주로 나눕니다.
3  나뉜 각 범주의 데이터를 잘 구분하는 조건을 다시 정합니다.
4  조건에 따라 각 범주에 속한 데이터를 다시 분할합니다.
5  이런 식으로 계속 분할해 최종 결정 값을 구합니다.

예를 들어보겠습니다. 아침에 눈을 떴을 때 일어날지 말지를 결정하는 상황을 생각해봅시다. 스스로에게 '주말인가?', '7시가 넘었는가?', '9시가 넘었는가?', '피곤한가?'와 같은 질문을 하겠죠. 질문에 '예/아니오'로 대답해 최종 결정을 합니다. 다음은 이 상황을 결정 트리로 도식화한 그림입니다.

▼ 결정 트리 예시

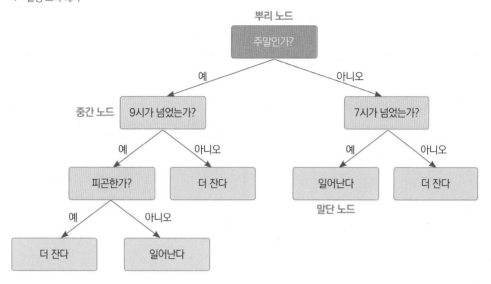

마치 스무고개하는 방식과 비슷하죠? 결정 트리에서 첫 번째 노드(그림에서 가장 위에 있는 노드)를 **뿌리 노드**root node라고 하고, 조건이 담긴 중간층 노드를 **중간 노드**intermediate node, 결정 값이 담긴 마지막 노드를 **말단 노드**leaf node라고 합니다.

### 결정 트리 분할 방식

결정 트리를 만들 때는 분할 조건이 중요합니다. 조건에 따라 분할 후 만들어지는 트리 모양(과 동작 효율)이 다르기 때문입니다. 다음은 동일한 데이터를 서로 다른 조건으로 분할하는 예입니다.

▼ 결정 트리 분할 방식 비교

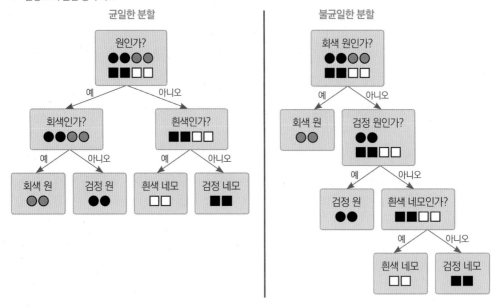

균일하게 분할한 왼쪽 결정 트리를 먼저 보시죠. 총 8개의 데이터가 첫 번째 조건에서 4개씩 분할됐고, 두 번째 조건에서 2개씩 분할하여 작업을 마쳤습니다. 반면 오른쪽의 불균일한 결정 트리에서는 세 번째 조건까지 가서야 분할이 완료되었네요. 이렇듯 데이터를 어떤 조건으로 분할하는지에 따라 트리 모양과 효율이 달라집니다.

그렇다면 머신러닝에서 결정 트리는 어떤 방식으로 데이터를 분할할까요? 노드 내 데이터의 불순도를 최소화하는 방향으로 분할합니다. **불순도**impurity는 한 범주 안에 서로 다른 데이터가 얼마나 섞여 있는지를 나타내는 정도입니다.

▼ 불순도 정도

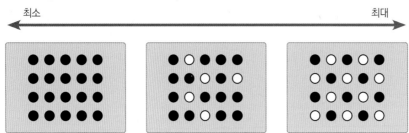

한 범주에 데이터 한 종류만 있다면 불순도가 최소(혹은 순도가 최대)고, 서로 다른 데이터가 같은 비율로 있다면 불순도가 최대(혹은 순도가 최소)입니다.

불순도를 측정하는 지표로는 엔트로피와 지니 불순도가 있으며, 결정 트리를 만들 때 선택할 수 있습니다. 엔트로피와 지니 불순도에 대해 간단히 알아볼까요?

**엔트로피**<sup>entropy</sup>란 '불확실한 정도'를 뜻합니다. 예를 들어 한 범주에 데이터가 한 종류만 있다면 엔트로피는 0입니다. 어떤 데이터를 고르든 그 종류를 '확실하게' 말할 수 있기 때문이죠. 반대로 서로 다른 데이터의 비율이 비등해질수록 엔트로피는 1에 가까워집니다. 다시 말해, 엔트로피 값이 클수록 불순도가 높고, 작을수록 불순도도 낮습니다. 1에서 엔트로피를 뺀 수치(1- 엔트로피)를 **정보 이득**<sup>information gain</sup>이라 하는데, 결정 트리는 정보 이득을 최대화하는 방향(엔트로피를 최소화하는 방향)으로 노드를 분할합니다.

**지니 불순도**<sup>gini impurity</sup>도 엔트로피와 비슷한 개념입니다. 지니 불순도 값이 클수록 불순도도 높고, 작을수록 불순도도 낮습니다. 엔트로피와 마찬가지로 지니 불순도가 낮아지는 방향으로 노드를 분할합니다.

## 결정 트리 구현

사이킷런으로 결정 트리를 구현할 수 있습니다. 분류용 모델은 DecisionTreeClassifier, 회귀용 모델은 DecisionTreeRegressor입니다. 여기서는 분류 모델인 DecisionTreeClassifier를 기준으로 결정 트리를 구현해보겠습니다. DecisionTreeClassifier의 파라미터는 다음과 같습니다.

- **criterion** : 분할 시 사용할 불순도 측정 지표
  - 'gini'를 전달하면 지니 불순도를 활용해 분할
  - 'entropy'를 전달하면 정보 이득 방법으로 분할
  - 기본값 = 'gini'
- **max_depth** : 트리의 최대 깊이
  - max_depth를 규정하지 않으면 모든 말단 노드의 불순도가 0이 되거나 노드에 있는 데이터 수가 min_samples_split보다 작을 때까지 트리 깊이가 깊어짐
  - 기본값 = None

- **min_samples_split** : 노드 분할을 위한 최소 데이터 개수
  - 노드 내 데이터 개수가 이 값보다 작으면 더 이상 분할하지 않음
  - 정수형으로 전달하면 최소 데이터 개수를 의미함
  - 실수형으로 전달하면 전체 데이터 개수 중 최소 데이터 개수 비율을 의미. 예를 들어, 전체 데이터 개수가 100개인데 min_samples_split을 0.1로 지정했다면 10개가 노드 분할을 위한 최소 데이터 개수가 됨
  - 기본값 = 2
- **min_samples_leaf** : 말단 노드가 되기 위한 최소 데이터 개수
  - 분할 후 노드 내 데이터 개수가 이 값보다 작으면 더 이상 분할하지 않음
  - 정수형으로 전달하면 최소 데이터 개수를 의미
  - 실수형으로 전달하면 전체 데이터 개수 중 최소 데이터 개수 비율을 의미
  - 기본값 = 1
- **max_features** : 분할에 사용할 피처 개수
  - 정수형으로 전달하면 피처 개수를 의미
  - 실수형으로 전달하면 전체 피처 개수 중 분할에 사용될 피처 개수 비율을 의미
  - 'auto'나 'sqrt'를 전달하면 sqrt(전체 피처 개수)가 분할에 사용될 피처 개수임
  - 'log2'를 전달하면 $\log_2$(전체 피처 개수)가 분할에 사용될 피처 개수임
  - None을 전달하면 전체 피처를 분할에 사용
  - 기본값 = None

결정 트리에 조건이 많을수록 분할이 많고 트리가 깊어집니다. 분할을 지나치게 많이 하면 모델이 과대적합될 우려가 있으니 파라미터를 잘 조절해야 합니다. max_depth, min_samples_split, min_samples_leaf가 결정 트리의 과대적합을 제어하는 파라미터입니다.

다음은 유방암 데이터셋으로 결정 트리 모델의 정확도를 측정하는 코드입니다.

https://www.kaggle.com/werooring/ch5-decision-tree

```python
from sklearn.tree import DecisionTreeClassifier
from sklearn.model_selection import train_test_split
from sklearn.datasets import load_breast_cancer

# 유방암 데이터셋 불러오기
cancer_data = load_breast_cancer()
```

```
# 훈련, 테스트 데이터로 분리
X_train, X_test, y_train, y_test = train_test_split(cancer_data['data'],
                                                    cancer_data['target'],
                                                    stratify=cancer_data['target'],
                                                    test_size=0.4,
                                                    random_state=42)

decisiontree = DecisionTreeClassifier(random_state=42) # 결정 트리 정의
decisiontree.fit(X_train, y_train) # 모델 훈련

accuracy = decisiontree.score(X_test, y_test) # 정확도 측정

# 테스트 데이터를 활용하여 결정 트리 모델 정확도 출력
print(f'결정 트리 정확도: {accuracy:.3f}')
```
```
결정 트리 정확도: 0.930
```

## 5.6.4 앙상블 학습

우리는 제품을 구매할 때 다양한 후기를 보며 살지 말지를 정합니다. 후기를 하나만 보진 않죠? 가능한 한 많은 후기를 보고 제품에 대해 종합적으로 판단합니다. 문제를 풀 때도 한 명이 푸는 것보다 여러 명이 풀어서 서로 비교해보는 게 낫습니다. 전문가 한 명의 의견보다 여러 명의 종합 의견이 더 정확할 가능성이 큽니다.

머신러닝에서도 마찬가지며, 다양한 모델이 내린 예측 결과를 결합하는 기법을 **앙상블 학습**ensemble learning이라고 합니다. 앙상블 학습을 활용하면 대체로 예측 성능이 좋아집니다. 과대적합 방지 효과도 있고요. 그래서 캐글러들은 앙상블 기법을 많이 활용합니다.

앙상블 학습 유형으로는 보팅, 배깅, 부스팅 등이 있습니다. 하나씩 알아보겠습니다.

### 보팅

서로 다른 모델로 예측한 결과가 여럿 있다고 합시다. 개별 결과를 종합해 최종 결과를 결정하는 방식을 **보팅**voting; 투표이라고 합니다. 보팅 기법은 하드 보팅과 소프트 보팅으로 나뉩니다.

**하드 보팅**hard voting은 '다수결 투표' 방식으로 최종 예측값을 정합니다. 예를 들어 모델 세 개는 타

깃값을 1로 예측하고, 모델 두 개는 0으로 예측했다고 합시다. 그러면 다수결에 의해 1이 최종 예측값으로 선정됩니다. 가장 많은 표를 얻은 개별 예측값을 최종 예측값으로 정한 겁니다.

▼ 하드 보팅

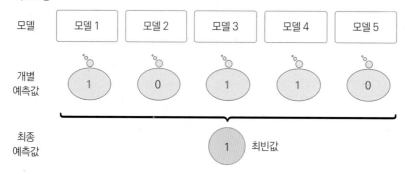

**소프트 보팅**soft voting은 개별 예측 확률들의 평균을 최종 예측확률로 정하는 방식입니다.

▼ 소프트 보팅

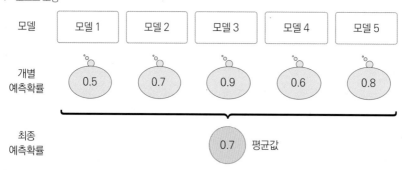

그림에서 (0.5 + 0.7 + 0.9 + 0.6 + 0.8) / 5 = 0.7이므로 소프트 보팅 시 최종 예측값은 0.7이 됩니다.

일반적으로 소프트 보팅이 하드 보팅보다 성능이 좋아서, 대체로 소프트 보팅을 사용합니다.

### 배깅

**배깅**bagging; 봉지(가방 등)에 담다은 개별 모델로 예측한 결과를 결합해 최종 예측을 정하는 기법입니다. 배깅의 특징은 '개별 모델이 서로 다른 샘플링 데이터를 활용'한다는 점입니다.

1  전체 훈련 데이터셋에서 무작위 샘플링한 데이터로 개별 모델을 훈련합니다.

**2** 훈련된 개별 모델로 결과를 예측합니다.

**3** 개별 모델의 수만큼 1~2번 작업을 반복합니다.

**4** 각 모델이 예측한 값들을 보팅하여 최종 예측값을 구합니다.

▼ 배깅 방식

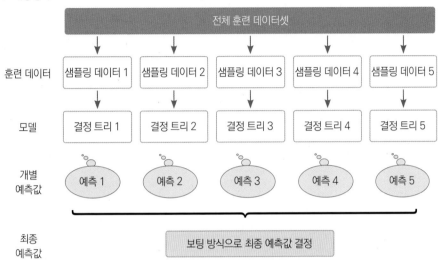

배깅은 원리가 간단하면서도 성능을 높일 수 있는 효과적인 기법입니다. 배깅 기법을 활용한 대표적인 모델이 랜덤 포레스트[5]입니다.

## 부스팅

**부스팅**boosting; 북돋우다은 가중치를 활용해 분류 성능이 약한 모델을 강하게 만드는 기법입니다.

배깅은 결정 트리 1과 결정 트리 2가 서로 독립적으로 결과를 예측한 다음 보팅하여 최종 결과를 도출했습니다. 하지만 부스팅에서는 '모델 간 협력'이 이루어집니다. 예컨대, 이전 모델이 잘못 예측한 데이터에 가중치를 부여합니다. 다음 모델은 이전 모델이 잘못 예측한 데이터(가중치가 부여된 데이터)에 더 집중해 훈련합니다. 가중치가 부여된 데이터를 그만큼 더 중요하다고 판단해 더 잘 분류하려고 합니다. 이런 단계를 반복하면 모델 성능이 점차 향상됩니다. 다음 그림은 부스팅 방식으로 '+'와 '-'를 구분하는 예입니다. 부스팅 스텝이 총 세 번이라고 가정합니다.

---

5   5.6.5절 '랜덤 포레스트' 참고

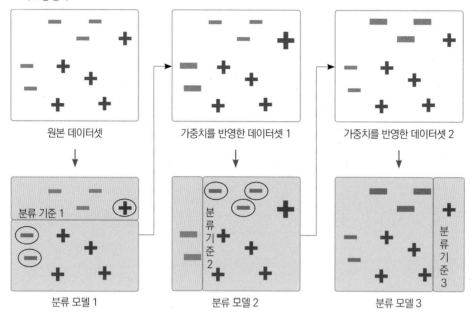

부스팅 절차는 다음과 같습니다.

1  '+'와 '-'로 구성된 원본 데이터셋을 준비합니다.

2  처음에는 모든 데이터에 동일한 가중치를 줍니다.

3  분류 모델 1로 '+'와 '-'를 분류합니다.

4  분류 모델 1이 잘못 분류한 데이터(동그라미 표시된 데이터)에 더 높은 가중치를 부여합니다.

5  분류 모델 2는 가중치가 부여된 데이터에 집중해 데이터를 분류합니다. 다른 데이터보다 가중치가 부여된 데이터를 더 제대로 구분하려고 노력한다는 말입니다.

6  분류 모델 2가 잘못 분류한 데이터에 더욱 높은 가중치를 부여합니다.

7  분류 모델 3은 이전 단계에서 가중치가 부여된 데이터에 집중해 데이터를 분류합니다.

이 절차대로 부스팅을 적용해 개별 분류 모델 3개를 구했습니다. 분류 모델 1, 2, 3을 결합하면 '+'와 '-'를 제대로 구분하는 모델을 만들 수 있습니다.

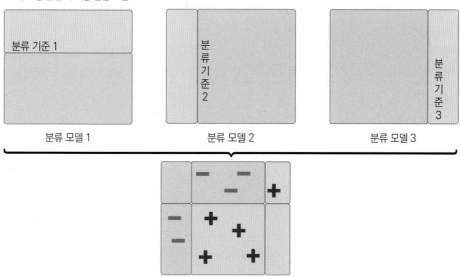

▼ 부스팅 훈련 시 최종 결합 모델

분류 기준 1

분류 모델 1

분류 기준 2

분류 모델 2

분류 기준 3

분류 모델 3

분류 모델 1, 2, 3을 결합한 최종 모델

분류 모델 2는 분류 모델 1이 제대로 분류하지 못한 데이터를 더 잘 분류합니다. 마찬가지로 분류 모델 3은 분류 모델 2가 제대로 분류하지 못한 데이터를 더 잘 분류합니다. 이렇게 서로의 단점을 극복해나간 모델들을 최종적으로 결합하니 모든 '+'와 '−'를 제대로 구분하는 모델이 만들어졌습니다.

부스팅 기법을 활용한 대표적인 모델로는 5.6.6절의 XGBoost와 5.6.7절의 LightGBM 등이 있습니다.

## 5.6.5 랜덤 포레스트

랜덤 포레스트를 이해하려면 결정 트리와 앙상블 학습을 알아야 합니다. 5.6.3절 '결정 트리'와 5.6.4절 '앙상블 학습'을 참고하세요.

**랜덤 포레스트**random forest는 결정 트리를 배깅 방식으로 결합한 모델입니다. 나무tree가 모여 숲forest을 이루듯 결정 트리가 모여 랜덤 포레스트를 구성합니다. 결정 트리와 마찬가지로 랜덤 포레스트도 분류와 회귀 문제에 모두 적용 가능합니다.

랜덤 포레스트가 결과를 어떻게 예측하는지 살펴볼까요? 스팸 메일과 일반 메일을 구분하는 예를 보겠습니다. 배깅 방식의 예시이기도 합니다.

▼ 랜덤 포레스트 예측 방식

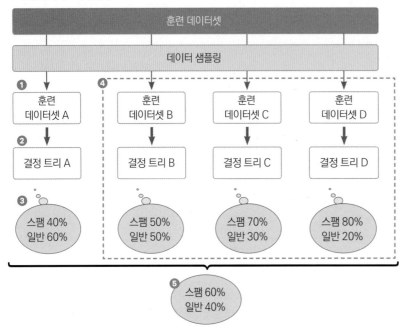

결정 트리 A, B, C, D는 서로 다른 결정 트리입니다. ❶ 먼저 훈련 데이터셋에서 샘플링(복원 추출)해서 훈련 데이터셋 A를 만듭니다. ❷ 결정 트리 A는 훈련 데이터셋 A를 활용해 훈련합니다. ❸ 테스트 데이터로 예측해서 스팸일 확률과 일반 메일일 확률을 구합니다. ❹ 같은 방식으로 다른 결정 트리들도 훈련과 예측을 반복합니다.

각 결정 트리에서 사용하는 데이터는 전체 훈련 데이터에서 각자 샘플링합니다. 그렇기 때문에 결정 트리마다 훈련 데이터 샘플이 다릅니다. 단, 전체 훈련 데이터셋 수만큼 복원 추출하므로 샘플링한 데이터의 크기는 서로 같습니다.

❺ 마지막으로 네 개 확률의 평균을 냅니다. 스팸일 확률 평균은 (40% + 50% + 70% + 80%) / 4 = 60%입니다. 일반 메일일 확률 평균은 (60% + 50% + 30% + 20%) / 4 = 40%입니다. 이렇듯 결정 트리를 배깅 방식으로 결합해 랜덤 포레스트를 만듭니다.

## 랜덤 포레스트 구현

사이킷런으로 랜덤 포레스트를 구현할 수 있습니다. 분류 모델은 RandomForestClassifier, 회귀 모델은 RandomForestRegressor입니다. 여기서는 분류 모델을 구현해보겠습니다.

랜덤 포레스트는 결정 트리 묶음이라서 파라미터도 결정 트리와 거의 같습니다. RandomForest Classifier의 파라미터는 다음과 같습니다.

- **n_estimators** : 랜덤 포레스트를 구성할 결정 트리 개수
  - 기본값 = 100
- **criterion** : 분할 시 사용할 불순도 측정 지표
  - 세부 내용은 DecisionTreeClassifier와 동일
- **max_depth** : 트리의 최대 깊이
  - 세부 내용은 DecisionTreeClassifier와 동일
- **min_samples_split** : 노드 분할을 위한 최소 데이터 개수
  - 세부 내용은 DecisionTreeClassifier와 동일
- **min_samples_leaf** : 말단 노드가 되기 위한 최소 데이터 개수
  - 세부 내용은 DecisionTreeClassifier와 동일
- **max_features** : 분할에 사용할 피처 개수
  - 세부 내용은 DecisionTreeClassifier와 동일
  - 기본값 = 'auto'

이제 랜덤 포레스트로 분류 문제를 풀어보겠습니다. 이번에도 결정 트리 구현 시 사용한 유방암 데이터셋을 사용합니다.

https://www.kaggle.com/werooring/ch5-randomforest

```python
from sklearn.ensemble import RandomForestClassifier
from sklearn.model_selection import train_test_split
from sklearn.datasets import load_breast_cancer

# 유방암 데이터셋 불러오기
cancer_data = load_breast_cancer()
# 훈련, 테스트 데이터로 분리
X_train, X_test, y_train, y_test = train_test_split(cancer_data['data'],
                                                    cancer_data['target'],
```

```
                                    stratify=cancer_data['target'],
                                    test_size=0.4,
                                    random_state=42)

randomforest = RandomForestClassifier(random_state=42) # 랜덤 포레스트 정의
randomforest.fit(X_train, y_train) # 모델 훈련

accuracy = randomforest.score(X_test, y_test) # 정확도 측정

# 테스트 데이터를 활용하여 랜덤 포레스트 모델 정확도 출력
print(f'랜덤 포레스트 정확도: {accuracy:.3f}')
```
```
랜덤 포레스트 정확도: 0.939
```

결정 트리를 사용할 때는 정확도가 0.930이었습니다. 랜덤 포레스트를 사용하니 정확도가 조금 높아졌네요.

## 5.6.6 XGBoost

**XGBoost**extreme gradient boosting는 성능이 우수한 트리 기반 부스팅 알고리즘입니다. 많은 캐글 우승자가 XGBoost를 사용할 정도로 성능이 좋은 모델이죠.

랜덤 포레스트는 결정 트리를 병렬로 배치하지만, XGBoost는 직렬로 배치해 사용합니다. 즉, 랜덤 포레스트는 배깅 방식, XGBoost는 부스팅 방식입니다. 부스팅 방식이기 때문에 직전 트리가 예측한 값을 다음 트리가 활용해서 예측값을 조금씩 수정합니다.

> **Note** 다음 절에서 배울 LightGBM도 XGBoost와 마찬가지로 부스팅 방식입니다.

XGBoost의 주요 모듈은 C와 C++로 작성되었지만, 파이썬으로도 XGBoost를 사용할 수 있게 API를 제공합니다. 이를 '파이썬 래퍼 XGBoost'라고 하겠습니다. 반면, 사이킷런과 호환되는 XGBoost도 있는데 이를 '사이킷런 래퍼 XGBoost'라고 하겠습니다. 사이킷런 래퍼 XGBoost는 사이킷런에서 제공하는 fit( ), predict( ) 등의 메서드를 적용할 수 있습니다.

파이썬 래퍼 XGBoost와 사이킷런 래퍼 XGBoost, 둘 중 무엇을 사용하든 크게 상관없습니다. 다만 파이썬 래퍼 XGBoost를 사용하려면 별도 데이터셋을 생성해야 합니다. 그러면 모델 훈련 및 예측 부분이 더 명시적이게 됩니다. 따라서 이 책에서는 파이썬 래퍼 XGBoost로 설명하겠습니다.

파이썬 래퍼 XGBoost를 사용하려면 DMatrix 객체를 활용해 XGBoost 전용 데이터셋을 만들어야 합니다. xgboost.DMatrix( ) 파라미터는 다음과 같습니다.

- **data** : xgboost.DMatrix용 데이터셋
  - 넘파이 배열, 판다스 DataFrame, scipy.sparse, os.PathLike, 문자열 타입을 전달할수 있음(os.PathLike나 문자열이면 데이터 파일 경로를 의미)
- **label** : 타깃값
  - 배열 타입을 전달할 수 있음

XGBoost 모델은 하이퍼파라미터가 많습니다. 주로 사용하는 파라미터는 다음과 같습니다.[6] 이하이퍼파라미터들은 딕셔너리 형태로 train( ) 메서드의 params 파라미터에 전달하면 됩니다(XGBoost 1.4.2 기준).

- **booster** : 부스팅 알고리즘
  - 트리 기반 모델일 때는 'gbtree', 'dart'를 선택하고, 선형 모델일 때는 'gblinear'를 선택('gblinear'는 성능이 나빠 잘 쓰지 않음. 'dart'는 드롭아웃을 적용한 'gbtree'라고 보면됨. 때에 따라 'dart'가 성능이 좋은 경우가 있음)
  - 기본값 = 'gbtree'
- **objective** : 훈련 목적
  - 회귀 문제에서는 주로 'reg:squarederror'를 사용
  - 확률값을 구하는 이진분류에선 'binary:logistic'을 사용
  - 소프트맥스 함수를 사용하는 다중분류에서는 'multi:softmax'를 사용
  - 확률값을 구하는 다중분류에서는 'multi:softprob'를 사용
  - 기본값 = 'reg:squarederror'
- **eta (learning_rate)**[7] : 학습률(부스팅 스텝을 반복하면서 모델을 업데이트하는 데 사용되는비율)
  - 0~1 사이 값으로 설정할 수 있으며, 일반적으로 0.0001~0.1 사이 값을 사용
  - 기본값 = 0.3

---

6  XGBoost 하이퍼파라미터 목록 : https://xgboost.readthedocs.io/en/latest/parameter.html

7  괄호 안은 별칭(alias)입니다.

- **max_depth** : 개별 트리의 최대 깊이
  - 과대적합을 제어하는 파라미터
  - 트리 깊이가 깊을수록 모델이 복잡해지고 과대적합될 우려가 있음
  - 일반적으로 3~10 사이의 값을 주로 사용
  - 값이 클수록 깊이가 한 단계만 늘어나도 메모리 사용량이 급격히 많아짐(값이 클수록 모델 훈련 속도가 느려진다는 뜻)
  - 기본값 = 6
- **subsample** : 개별 트리를 훈련할 때 사용할 데이터 샘플링 비율
  - 0~1 사이 값으로 설정할 수 있음
  - 0.5로 설정하면 전체 데이터의 50%를 사용해 트리를 생성
  - 일반적으로 0.6~1 사이 값을 사용. 더 작으면 샘플링할 데이터가 너무 적기 때문
  - 기본값 = 1
- **colsample_bytree** : 개별 트리를 훈련할 때 사용하는 피처 샘플링 비율
  - 0~1 사이 값으로 설정할 수 있음
  - subsample과 유사한 개념. subsample은 전체 데이터에서 얼마나 샘플링할지 나타내는 비율이고, colsample_bytree는 전체 피처에서 얼마나 샘플링할지 나타내는 비율
  - 예를 들어, colsample_bytree 값이 0.7이면, 개별 트리를 훈련할 때 총 피처의 70%만 사용해 훈련
  - 값이 작을수록 과대적합 방지 효과가 있음
  - subsample과 마찬가지로 0.6~1 사이 값을 주로 사용
  - 기본값 = 1
- **alpha (reg_alpha)** : L1 규제 조정 값
  - 값이 클수록 과대적합 방지 효과가 있음
  - 기본값 = 0
- **lambda (reg_lambda)** : L2 규제 조정 값
  - 파이썬 lambda 함수와 용어가 같아 혼동을 피하기 위해 별칭인 reg_lambda를 주로 사용
  - 값이 클수록 과대적합 방지 효과가 있음
  - 기본값 = 1
- **gamma (min_split_loss)** : 말단 노드가 분할하기 위한 최소 손실 감소 값
  - 0 이상 값으로 설정할 수 있음

- ◦ 손실 감소가 gamma보다 크면 말단 노드를 분할
- ◦ 값이 클수록 과대적합 방지 효과가 있음
- ◦ 기본값 = 0

- **min_child_weight** : 과대적합 방지를 위한 값
  - ◦ 0 이상 값으로 설정할 수 있음
  - ◦ 값이 클수록 과대적합 방지 효과가 있음
  - ◦ 기본값 = 1

- **scale_pos_weight** : 불균형 데이터 가중치 조정 값
  - ◦ 타깃값이 불균형할 때 양성$^{positive}$ 값에 scale_pos_weight만큼 가중치를 줘서 균형을 맞춤(타깃값 1을 양성 값으로 간주)
  - ◦ 일반적으로 scale_pos_weight 값을(음성 타깃값 개수 / 양성 타깃값 개수)로 설정
  - ◦ 기본값 = 1

- **random_state** : 랜덤 시드값(코드를 반복 실행해도 같은 결과가 나오게 지정하는 값)
  - ◦ 기본값 = None

파이썬 래퍼 XGBoost는 모델 훈련을 위해 train( ) 메서드를 제공합니다(사이킷런의 fit( ) 메서드에 해당). xgboost.train( )의 파라미터는 다음과 같습니다.

- **params** : XGBoost 모델의 하이퍼파라미터 목록
  - ◦ 딕셔너리 타입으로 전달
- **dtrain** : 훈련 데이터셋
  - ◦ xgboost.DMatrix 타입으로 전달
- **num_boost_round** : 부스팅 반복 횟수
  - ◦ 정수형 타입으로 전달
  - ◦ num_boost_round 값이 클수록 성능이 좋아질 수 있으나 과대적합 우려가 있음
  - ◦ num_boost_round 값이 작으면 반복 횟수가 줄어들어 훈련 시간이 짧아짐
  - ◦ 일반적으로 num_boost_round를 늘리면 learning_rate를 줄여야 함
  - ◦ 기본값 = 10
- **evals** : 모델 성능 평가용 검증 데이터셋
  - ◦ (DMatrix, 문자열) 쌍들을 원소로 갖는 리스트 타입으로 전달. 검증 데이터셋 이름을 원하는 대로 문자열로 정하면 됨

○ 훈련을 반복하면서 훈련이 잘 되고 있는지 평가할 때 사용

○ 기본값 = 빈 배열

- **feval** : 검증용 평가지표

  ○ 사용자 정의 함수 형태로 전달

  ○ evals를 활용해 모델 성능을 검증할 때 사용할 사용자 정의 평가지표 함수

  ○ 예측값과 실젯값을 파라미터로 전달받아, 평가지표명과 평가점수를 반환하는 함수여야 함

  ○ 기본값 = None

- **maximize** : feval 평가점수가 높으면 좋은지 여부

  ○ True 또는 False 형태로 전달

- **early_stopping_rounds** : 조기종료 조건

  ○ 정수형 타입으로 전달

  ○ 모델은 기본적으로 num_boost_round만큼 훈련을 반복하며, 매 이터레이션마다 evals로 모델 성능을 평가하여 성능이 연속으로 좋아지지 않는다면 훈련을 중단하는데, 훈련 중단에 필요한 최소 횟수가 early_stopping_rounds임. 즉, early_stopping_rounds동안 모델 성능이 좋아지지 않는다면 훈련을 중단

  ○ 과대적합을 방지하는 효과가 있음

  ○ 조기종료를 적용하려면 evals에 검증 데이터가 하나 이상 있어야 함. 또한, evals에 검증 데이터가 여러 개라면 마지막 검증 데이터를 기준으로 조기종료 조건을 적용

  ○ 대체로 eta가 작으면 early_stopping_rounds를 크게 설정하고, eta가 크면 작게 설정. 학습률이 작으면 그만큼 가중치가 천천히 갱신되므로 조기종료 조건이 커야 함

  ○ 기본값 = None

- **verbose_eval** : 성능 점수 로그 설정 값

  ○ True/False 또는 정수형 타입으로 전달

  ○ True로 설정하면 매 부스팅 스텝마다 평가점수를 출력(False면 출력하지 않음)

  ○ 정수면 평가점수를 매 verbose_eval 스텝마다 출력. 예컨대, verbose_eval을 100으로 설정하면 100번, 200번, 300번과 같이 띄엄띄엄 출력

  ○ 출력값이 너무 많아지는 걸 방지하려고 verbose_eval을 설정

  ○ 기본값 = True

파라미터가 참 많죠? 사실 이것도 다 소개한 게 아니지만 이 정도만 알아도 대부분 문제에서 충분

합니다. 처음부터 모든 파라미터를 숙지하려고 스트레스받지 마시고, 기본적인 파라미터에 익숙해지면 점차 늘려가는 방식으로 학습하세요.

### 5.6.7 LightGBM

마이크로소프트에서 개발한 LightGBM은 XGBoost와 더불어 성능이 우수한 알고리즘입니다. XGBoost와 성능은 비슷하지만 훈련 속도가 더 빨라서 많은 캐글러가 가장 애용하는 머신러닝 모델입니다.

LightGBM의 분할 방식에 대해 간단히 알아보죠.

대부분 트리 기반 모델은 트리를 균형 있게 분할하며 훈련합니다. 그래야 트리 깊이가 최소화되고, 과대적합도 방지할 수 있기 때문입니다. 하지만 균형을 유지하려면 추가 연산이 필요합니다. 시간이 더 걸린다는 뜻입니다.

반면, LightGBM은 말단 노드 중심으로 예측 오류를 최소화하게끔 분할합니다. 말단 노드 중심으로 분할하면 균형을 유지할 필요가 없습니다. 균형을 맞출 필요가 없으니 추가 연산도 필요 없습니다. 따라서 균형 중심 분할에 비해 더 빠르죠. 하지만 데이터 개수가 적을 때는 과대적합되기 쉽다는 단점이 생겨서 과대적합 방지용 하이퍼파라미터를 조정해줘야 합니다.

▼ 균형 중심 분할과 말단 노드 중심 분할 비교

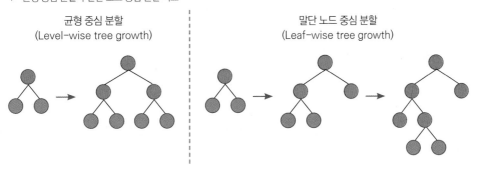

LightGBM은 XGBoost와 마찬가지로 파이썬 래퍼 모듈과 사이킷런 래퍼 모듈이 있습니다. 여기서도 파이썬 래퍼 LightGBM으로 설명하겠습니다.

> ### XGBoost와 LightGBM의 특장점
>
> 1 피처 스케일링이 따로 필요 없습니다. 데이터의 절대적인 크기보다는 대소 관계에 영향을 받기 때문입니다.
>
> 2 레이블 인코딩을 적용해도 됩니다. 레이블 인코딩은 단점이 있다고 했지만, 트리 기반 모델의 특성상 분기를 거듭하면서 레이블 인코딩된 피처에서도 정보를 잘 추출할 수 있기 때문입니다.
>
> 3 결측값을 알아서 처리해줍니다(그럼에도 더 명확하게 하려면 결측값을 별도로 처리하는 습관을 들이는 게 바람직합니다).
>
> 반면 선형 모델은 피처 스케일링, 결측값 처리, 원-핫 인코딩을 해줘야 일반적으로 성능이 좋아집니다.

파이썬 래퍼 LightGBM을 사용하려면 lightgbm.Dataset( )으로 전용 데이터셋을 만들어야 합니다. lightgbm.Dataset( )의 파라미터는 다음과 같습니다.

- **data** : lightgbm.Dataset용 데이터셋
  - 넘파이 배열, 판다스 DataFrame, scipy.sparse, 문자열 등의 타입을 전달할 수 있음(문자열이면 파일 경로를 의미)
- **label** : 타깃값
  - 리스트, 넘파이 1차원 배열, 판다스 Series, 열이 하나인 DataFrame 타입 또는 None을 전달할 수 있음
  - 기본값 = None

파이썬 래퍼 LightGBM 모델에서 주로 사용하는 하이퍼파라미터들을 알아보겠습니다 (LightGBM 3.2.1 버전 기준).[8]

- **boosting_type** : 부스팅 알고리즘
  - 알고리즘 종류는 'gbdt', 'dart', 'goss', 'rf'가 있음

---

8  LightGBM 하이퍼파라미터 목록 : https://lightgbm.readthedocs.io/en/latest/Parameters.html

- ○ 기본값 = 'gbdt'
- **objective** : 훈련 목적
  - ○ 회귀에선 'regression', 이진분류에선 'binary', 다중분류에선 'multiclass' 사용
  - ○ 기본값 = 'regression'
- **learning_rate (eta)** : 학습률(부스팅 이터레이션을 반복하면서 모델을 업데이트하는 데 사용되는 비율)
  - ○ xgboost의 eta와 같은 의미
- **num_leaves** : 개별 트리가 가질 수 있는 최대 말단 노드 개수
  - ○ 트리 복잡도를 결정하는 주요 파라미터
  - ○ 값이 클수록 성능이 좋아질 수 있으나 과대적합 우려가 있음
  - ○ 기본값 = 31
- **max_depth** : 개별 트리의 최대 깊이
  - ○ LightGBM은 말단 노드 중심으로 분할하므로 max_depth를 균형 중심 분할 모델(XGBoost)보다 크게 잡는 게 좋음
  - ○ 과대적합 제어 파라미터
  - ○ 트리 깊이가 깊을수록 모델이 복잡해지고 과대적합될 우려가 있음
  - ○ 기본값 = -1 (0보다 작으면 깊이에 제한이 없음)
- **bagging_fraction (subsample)** : 개별 트리를 훈련할 때 사용할 데이터 샘플링 비율
  - ○ xgboost의 subsample 파라미터와 같은 의미
  - ○ 배깅을 활성화하려면 bagging_freq 파라미터를 0이 아닌 값으로 설정해야 함
- **feature_fraction (colsample_bytree)** : 개별 트리를 훈련할 때 사용하는 피처 샘플링 비율
  - ○ xgboost의 colsample_bytree 파라미터와 같은 의미
- **lambda_l1 (reg_alpha)** : L1 규제 조정 값
  - ○ 값이 클수록 과대적합 방지 효과가 있음
  - ○ 기본값 = 0
- **lambda_l2 (reg_lambda)** : L2 규제 조정 값
  - ○ 값이 클수록 과대적합 방지 효과가 있음
  - ○ 기본값 = 0
- **min_child_samples** : 말단 노드가 되기 위해 필요한 최소 데이터 개수
  - ○ 값이 클수록 과대적합 방지 효과가 있음

- 기본값 = 20
- **min_child_weight** : 과대적합 방지를 위한 값
  - 0 이상 값으로 설정할 수 있음
  - 값이 클수록 과대적합 방지 효과가 있음
  - 기본값 = 1e-3
- **bagging_freq (subsample_freq)** : 배깅 수행 빈도
  - 몇 번의 이터레이션마다 배깅을 수행할지 결정
  - 0 전달 시 배깅을 수행하지 않음
  - 1 전달 시 매 이터레이션마다 트리가 새로운 샘플링 데이터로 학습
  - 기본값 = 0
- **force_row_wise** : 메모리 용량이 충분하지 않을 때 메모리 효율을 높이는 파라미터
  - 메모리 용량이 충분하지 않을 때 True를 전달하면 메모리 효율이 좋아짐
  - 기본값 = False
- **random_state** : 랜덤 시드값(코드를 반복 실행해도 같은 결과가 나오게 지정하는 값)
  - 기본값 = None

LightGBM도 하이퍼파라미터가 많죠? XGBoost와 비슷한 파라미터도 많습니다.

이번에는 훈련 메서드인 lightgbm.train( )의 파라미터를 알아보죠. params에는 LightGBM 모델의 하이퍼파라미터를 전달합니다.

- **params** : LightGBM 모델의 하이퍼파라미터 목록
  - 딕셔너리 타입으로 전달
- **train_set** : 훈련 데이터셋
  - lightgbm.Dataset 타입으로 전달
- **num_boost_round** : 부스팅 반복 횟수
  - xgboost.train( )의 num_boost_round와 같은 의미
  - 기본값 = 100
- **valid_sets** : 모델 성능 평가용 검증 데이터셋
  - lightgbm.Dataset 타입으로 전달
  - 훈련을 반복하면서 훈련이 잘 되고 있는지 평가할 때 사용
  - 기본값 = None

- **feval** : 검증용 평가지표
  - 사용자 정의 함수 형태로 전달
  - valid_sets를 활용해 모델 성능을 검증할 때 사용할 사용자 정의 평가지표
  - 예측값과 실젯값을 파라미터로 전달받아, 평가지표명, 평가점수, 평가점수가 크면 좋은지 여부를 반환하는 함수여야 함
  - 기본값 = None
- **categorical_feature** : 범주형 데이터 파라미터
  - 이 파라미터에 전달된 데이터를 범주형 데이터로 인식함
  - 아무 값도 전달하지 않으면 category 타입인 데이터를 범주형 데이터로 인식함
- **early_stopping_rounds** : 조기종료 조건
  - 정수형 타입으로 전달
  - 모델은 기본적으로 num_boost_round만큼 훈련을 반복함
  - 매 이터레이션마다 valid_sets로 모델 성능을 평가하는데, 모델 성능이 연속으로 좋아지지 않는다면 훈련을 중단함. 훈련을 중단하는 데 필요한 최소 횟수가 early_stopping_rounds임. 즉, early_stopping_rounds 동안 모델 성능이 좋아지지 않는다면 훈련을 중단함
  - 과대적합을 방지하는 효과가 있음
  - 대체로 learning_rate가 작으면 early_stopping_rounds를 크게 설정하고, learning_rate가 크면 early_stopping_rounds를 작게 설정함
  - 기본값 = None
- **verbose_eval** : 성능 점수 로그 설정 값
  - xgboost.train( )의 verbose_eval과 같은 의미

앞 절에서도 말했듯이 처음부터 모든 파라미터를 숙지하려고 스트레스받지 마시고, 기본적인 파라미터에 익숙해지면 점차 늘려가는 방식으로 학습하세요.

> **Note** XGBoost, LightGBM 외에도 다양한 부스팅 모델이 있습니다. 특히 CatBoost는 XGBoost나 LightGBM보다 느려서 잘 쓰이지는 않지만, 간혹 좋은 성능을 내는 경우도 있습니다.

사이킷런은 XGBoost와 LightGBM을 비롯해 여러 모델을 지원합니다. 다음 표에 사이킷런 래퍼 모듈과 파이썬 래퍼 모듈 사용법의 차이를 정리해뒀습니다.

▼ 사이킷런 래퍼 모듈 vs. 파이썬 래퍼 모듈 사용법 비교

| 구분 | 사이킷런 래퍼 모듈 | 파이썬 래퍼 모듈 |
| --- | --- | --- |
| 모델 생성 | 모델이 워낙 많다보니 클래스를 활용해 생성<br>예) LogisticRegression(),<br>　　XGBRegressor(),<br>　　LGBMClassifier() | 별도로 모델을 생성하지 않고,<br>임포트한 xgboost 혹은 lightgbm을 그대로 사용<br>예) import xgboost<br>　　import lightgbm |
| 데이터셋 | 별도로 데이터셋을 생성하지 않고 원본 데이터(배열, DataFrame 등의 타입)를 그대로 사용 | 별도 데이터셋을 생성<br>XGBoost는 DMatrix 객체 활용, LightGBM은 Dataset 객체 활용<br>예) xgboost.DMatrix()<br>　　lightgbm.Dataset() |
| 모델 훈련 | 생성한 모델 객체의 fit() 메서드를 호출 | 임포트한 xgboost 혹은 lightgbm 모듈을 바로 사용해서 train() 메서드 호출 |
| 예측 | 생성한 모델 객체의 predict() 혹은 predict_proba() 메서드로 예측 | predict() 메서드로 예측 |
| 하이퍼파라미터 입력 방식 | 모델 하이퍼파라미터는 모델 생성 시 입력하고, 훈련 하이퍼파라미터는 fit() 메서드에 입력 | 모두 train() 메서드에 입력<br>모델 하이퍼파라미터는 train()의 params 파라미터에 일괄 입력 |

# 5.7 하이퍼파라미터 최적화

하이퍼파라미터는 사용자가 직접 설정해야 하는 값입니다. 예를 들어 요리를 한다고 해봅시다. 소금을 얼마나 넣을지, 설탕을 얼마나 넣을지, 몇 도로 몇 분을 가열할지 등에 따라서 요리 맛이 결정되죠. 모든 요소는 요리하는 사람이 직접 선택하는 거고요. 소금을 너무 많이 넣으면 요리가 짜겠죠. 높은 온도로 너무 오래 가열하면 요리가 탑니다. 각 요리에 맞는 조리법이 있습니다. 그 조

리법에 따라 요리를 해야 맛있습니다.

마찬가지로 모델에도 최적 하이퍼파라미터를 전달해야 성능이 좋습니다. 모델이 좋은 성능을 내려면 어떤 하이퍼파라미터가 어떤 값을 가지면 좋을지를 찾는 작업이 바로 하이퍼파라미터 최적화입니다. 대표적인 최적화 방법은 그리드서치, 랜덤서치, 베이지안 최적화, 이렇게 세 가지입니다. 하나씩 알아보겠습니다.

### 5.7.1 그리드서치

**그리드서치**grid search는 가장 기본적인 하이퍼파라미터 최적화 기법으로, 주어진 하이퍼파라미터를 모두 순회하며 가장 좋은 성능을 내는 값을 찾습니다. 모든 경우의 수를 탐색하는 방식이죠. 그래서 시간이 오래 걸린다는 단점이 있습니다.

그리드서치 사용법은 6장에서 설명합니다.

### 5.7.2 랜덤서치

**랜덤서치**random search는 하이퍼파라미터를 무작위로 탐색해 가장 좋은 성능을 내는 값을 찾는 기법입니다. 무작위라는 한계 때문에 그리드서치나 베이지안 최적화에 비해 사용 빈도가 떨어집니다.

랜덤서치는 사이킷런이 제공하는 RandomizedSearchCV( ) 메서드로 수행할 수 있습니다.[9] 그리드서치와 사용법이 비슷하므로 자세히 설명하진 않겠습니다.

### 5.7.3 베이지안 최적화

**베이지안 최적화**bayesian optimization란 사전 정보를 바탕으로 최적 하이퍼파라미터 값을 확률적으로 추정하며 탐색하는 기법입니다. 그리드서치나 랜덤서치보다 최적 하이퍼파라미터를 더 빠르고 효율적으로 찾아줍니다. 코드도 직관적이어서 사용하기도 편리하고요.

bayes_opt라는 패키지로 베이지안 최적화를 구현할 수 있습니다. bayes_opt 패키지 기준으로 베이지안 최적화를 수행하는 절차는 다음과 같습니다.

---

**9** https://scikit-learn.org/stable/modules/generated/sklearn.model_selection.RandomizedSearchCV.html

1 **하이퍼파라미터 탐색 범위 설정** : 최적 값을 찾고 싶은 하이퍼파라미터의 범위를 설정합니다.

2 **평가지표 계산 함수(성능 평가 함수) 정의** : 탐색하려는 하이퍼파라미터를 인수로 받아 평가지표 값을 계산해주는 함수를 정의합니다.

3 **BayesianOptimization 객체 생성** : bayes_opt 패키지의 BayesianOptimization 객체를 생성합니다. 객체 생성 시 '평가지표 계산 함수'와 '하이퍼파라미터 탐색 범위'를 입력받습니다.

4 **베이지안 최적화 수행** : **3**에서 생성한 BayesianOptimization 객체의 maximize( ) 메서드를 호출합니다. 하이퍼파라미터 범위 내 값을 평가지표 계산 함수에 전달하면서 평가지표 값을 구합니다. 평가지표 값이 가장 좋았을 때의 하이퍼파라미터 값을 최적 하이퍼파라미터로 간주합니다.

다음과 같은 간단한 예제로 베이지안 최적화를 수행해보겠습니다.

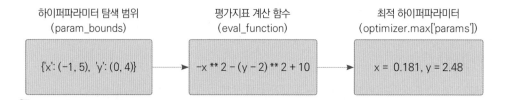

| 하이퍼파라미터 탐색 범위<br>(param_bounds) | 평가지표 계산 함수<br>(eval_function) | 최적 하이퍼파라미터<br>(optimizer.max['params']) |
| --- | --- | --- |
| {'x': (-1, 5), 'y': (0, 4)} | $-x ** 2 - (y - 2) ** 2 + 10$ | x = 0.181, y = 2.48 |

### 1) 하이퍼파라미터 탐색 범위 설정

본 예제에서 탐색할 하이퍼파라미터는 x와 y이며, 탐색 범위는 딕셔너리 형태로 지정합니다.

https://www.kaggle.com/werooring/ch5-bayesian-optimization

```
# 하이퍼파라미터 범위(딕셔너리 형태)
param_bounds = {'x': (-1, 5),
                'y': (0, 4)}
```

딕셔너리의 키key에 하이퍼파라미터 이름을, 값value에 하이퍼파라미터 범위(튜플 형태)를 지정하면 됩니다. 하이퍼파라미터 x 범위가 (-1, 5)라면 -1~5 사이를 탐색하겠다는 뜻입니다.

### 2) 평가지표 계산 함수 정의

베이지안 최적화는 평가지표 계산 함수로 구한 평가점수를 최대화하는 방향으로 하이퍼파라미터를 탐색합니다. 평가점수가 가장 큰 값일 때의 하이퍼파라미터를 최적 하이퍼파라미터로 간주합니다. 물론 실제 최적 하이퍼파라미터는 아닐 수 있습니다. 최적일 가능성이 높은 하이퍼파라미터입니다.

다음은 임의로 만들어본 평가지표 계산 함수입니다.

```python
def eval_function(x, y):
    return -x ** 2 - (y - 2) ** 2 + 10
```

### 3) 베이지안 최적화 객체 생성

BayesianOptimization( )으로 베이지안 최적화 객체를 생성합니다. 중요한 생성 파라미터로는 f와 pbounds가 있습니다. f에 '최대화하려는 평가지표 계산 함수'를 전달하고, pbounds에 하이퍼파라미터 범위를 전달합니다. 더불어 random_state를 설정해 시드값을 고정하면 다음번에 실행할 때도 동일한 결과를 얻을 수 있습니다.

```python
from bayes_opt import BayesianOptimization

# 베이지안 최적화 객체 생성
optimizer = BayesianOptimization(f=eval_function,
                                 pbounds=param_bounds,
                                 random_state=0)
```

### 4) 최적화 수행

최적화는 간단히 maximize( ) 메서드로 수행할 수 있습니다. 이 메서드는 여러 파라미터를 받는데, 가장 중요한 파라미터는 init_points와 n_iter입니다.

- **init_points** : 랜덤 탐색을 수행할 스텝 횟수. 랜덤 탐색은 탐색 공간을 다양화함으로써 최적화에 도움을 줄 수 있습니다.
- **n_iter** : 베이지안 최적화를 수행할 스텝 횟수. 스텝 횟수가 많을수록 최적 값을 찾을 가능성이 높습니다.

```
# 베이지안 최적화 수행
optimizer.maximize(init_points=2, n_iter=10)
```

```
|   iter    |  target   |     x     |     y     |
-------------------------------------------------
|    1      |   4.002   |   2.293   |   2.861   |
|    2      |   3.121   |   2.617   |   2.18    |
|    3      |   3.832   |   2.327   |   2.869   |
|    4      |   4.595   |   2.171   |   2.832   |
|    5      |  -6.227   |   3.989   |   2.559   |
|    6      |   9.467   |   0.3521  |   1.361   |
|    7      |   7.389   |  -1.0     |   3.269   |
|    8      |   5.0     |  -1.0     |   0.0     |
|    9      |   3.841   |   1.469   |   0.0     |
|   10      |   8.966   |  -1.0     |   1.817   |
|   11      |   9.737   |   0.181   |   2.48    |
|   12      |   5.784   |   0.4647  |   4.0     |
=================================================
```

총 스텝 횟수(12)는 init_points(2)와 n_iter(10)을 합친 횟수입니다. 중간중간 결과가 빨갛게 출력되는데, 평가 함수 점수가 기존 최댓값을 갱신했다는 뜻입니다. 따라서 빨간 결과 중 가장 마지막 스텝의 평가점수가 전체에서 최대가 되는 값입니다. 이 결과에서는 11번째 스텝으로, 베이지안 최적화로 찾은 최적 하이퍼파라미터는 x=0.181, y=2.48입니다.

이 값은 베이지안 최적화 객체의 max에 저장되어 있습니다.

```
# 평가점수가 최대일 때 타깃, x, y값 출력
optimizer.max
```

```
{'target': 9.737113614981094,
 'params': {'x': 0.18055072150995197, 'y': 2.4798831336702114}}
```

경진대회

# 자전거 대여 수요 예측

 **경진대회** **자전거 대여 수요 예측**

| 난이도 | ★☆☆ | | |
|---|---|---|---|
| 경진대회명 | 자전거 대여 수요 예측 경진대회 | | |
| 미션 | 날짜, 계절, 근무일 여부, 날씨, 온도, 체감 온도, 풍속 데이터를 활용하여 자전거 대여 수량 예측 | | |
| 문제 유형 | 회귀 | 평가지표 | RMSLE |
| 데이터 크기 | 1.1MB | 참가팀 수 | 3,242팀 |
| 제출 시 사용한 모델 | 랜덤 포레스트 회귀 | | |
| 파이썬 버전 | 3.7.10 | | |
| 사용 라이브러리 및 버전 | <ul><li>numpy (numpy==1.19.5)[1]</li><li>pandas (pandas==1.3.2)</li><li>seaborn (seaborn==0.11.2)</li><li>matplotlib (matplotlib==3.4.3)</li><li>sklearn (scikit-learn==0.23.2)</li><li>datetime, calendar</li></ul> | | |
| 예제 코드 캐글 노트북 | 1 탐색적 데이터 분석 : https://www.kaggle.com/werooring/ch6-eda<br>2 베이스라인 모델 : https://www.kaggle.com/werooring/ch6-baseline<br>3 성능 개선 : https://www.kaggle.com/werooring/ch6-modeling | | |
| 환경 세팅된 노트북 양식 | https://www.kaggle.com/werooring/ch6-notebook | | |

---

1 괄호 안은 라이브러리 버전입니다. 버전을 명시하지 않은 라이브러리는 파이썬 표준 라이브러리라서 파이썬 버전을 따릅니다.

| □ 학습 목표 | 자전거 대여 수요 예측 경진대회에 참가하여 **머신러닝 모델링 프로세스와 기본적인 회귀 모델들**을 배우게 됩니다. 참가하기 전에 경진대회 세부 메뉴를 알아보고, 안내 사항을 숙지합니다. 이어서 캐글 코드를 활용해 데이터가 어떻게 구성되어 있는지 살펴보고, 그래프로 데이터를 시각화해봅니다. 간단한 회귀 모델을 훈련/평가하는 방법도 알아봅니다. 마지막으로 훈련된 모델로 예측한 결과를 제출해보고 순위까지 확인합니다. |

□ 학습 순서

```
┌──────────────┐   ┌──────────────┐   ┌──────────────┐   ┌──────────────┐
│ 경진대회 이해  │ → │ 캐글         │ → │ 탐색적        │ → │ 베이스라인 모델│
│              │   │ 세부 메뉴 소개 │   │ 데이터 분석   │   │ (선형 회귀)   │
└──────────────┘   └──────────────┘   └──────────────┘   └──────────────┘
                                                                  │
                                                                  ▼
┌──────────────┐   ┌──────────────┐   ┌──────────────┐
│ 성능 개선 III │ ← │ 성능 개선 II  │ ← │ 성능 개선 I   │
│(랜덤 포레스트 회귀)│  │ (라쏘 회귀)   │   │ (릿지 회귀)   │
└──────────────┘   └──────────────┘   └──────────────┘
```

□ 학습 키워드

- **유형 및 평가지표** : 회귀, RMSLE
- **탐색적 데이터 분석** : 분포도, 막대 그래프, 박스플롯, 포인트플롯, 산점도, 히트맵
- **머신러닝 모델** : 선형 회귀, 릿지 회귀, 라쏘 회귀, 랜덤 포레스트 회귀
- **피처 엔지니어링** : 파생 피처 추가, 피처 제거
- **하이퍼파라미터 최적화** : 그리드서치

# 6.1 경진대회 이해

처음으로 접해볼 경진대회는 자전거 대여 수요 예측 경진대회[Bike Sharing Demand Competition]입니다. 2014년 5월에서 2015년 5월까지 약 1년 동안 개최되었으며, 총 3,242팀이 참가했습니다.

워싱턴 D.C의 자전거 무인 대여 시스템 과거 기록을 기반으로 향후 자전거 대여 수요를 예측하는 대회입니다. 자전거 무인 대여 시스템은 '서울시 따릉이'와 비슷한 시스템이라고 보면 됩니다. 사용자는 한 장소에서 자전거를 대여해 원하는 만큼 타고 다른 장소에 반납합니다.

본 대회는 플레이그라운드 대회playground competition입니다. 플레이그라운드 대회는 난이도가 낮은 연습용 대회입니다. 입문자도 참가할 수 있는 난이도입니다. 플레이그라운드 대회는 상금과 메달이 없는 경우가 많습니다. 대신 티셔츠나 머그잔 같은 상품이 주어지기도 합니다. 상금과 메달은 없지만 입문자가 프로세스를 익히고 실력을 키우기에 좋은 대회입니다.

주어진 데이터는 2011년부터 2012년까지 2년간의 자전거 대여 데이터입니다. 캐피털 바이크셰어 회사가 공개한 운행 기록에 다양한 외부 소스에서 얻은 당시 날씨 정보를 조합하여 만들었다고 합니다.[2] 대여 데이터는 한 시간 간격으로 기록되어 있습니다. 그중 훈련 데이터는 매달 1일부터 19일까지의 기록이고, 테스트 데이터는 매달 20일부터 월말까지의 기록입니다. 피처는 대여 날짜, 시간, 요일, 계절, 날씨, 실제 온도, 체감 온도, 습도, 풍속, 회원 여부입니다. 이 데이터를 활용해 시간별 자전거 대여 수량을 예측하면 됩니다. 예측할 값이 범주형 데이터[3]가 아니므로 본 대회는 회귀[4] 문제에 속합니다.

> ### 피처와 타깃값이란?
>
> 머신러닝에서 **피처**feature는 원하는 값을 예측하기 위해 활용하는 데이터를 의미합니다. **타깃값**target value은 예측해야 할 값입니다.
>
> 대여 날짜, 시간, 요일, 계절, 날씨, 온도를 활용하여 대여 수량을 예측하는 문제를 생각해봅시다. 여기서 피처는 대여 날짜, 시간, 요일, 계절, 날씨, 온도입니다. 타깃값은 대여 수량입니다. 다른 말로 피처는 독립변수이고, 타깃값은 종속변수입니다.
>
> 피처를 우리말로 특성 혹은 특징이라고도 합니다. 표 형태의 자료구조에서 열column을 피처라고 생각하면 됩니다. 타깃값은 목푯값, 목표변수, 타깃변수라고 표현하기도 합니다.

전체 데이터 크기가 1.1MB로 작고, 피처 수도 적어 몸풀기용으로 적합한 대회입니다. 본 운동 전에 준비 운동을 해야 하듯이 이번 대회로 몸을 한번 풀어보겠습니다.

---

2   Fanaee-T, Hadi, and Gama, Joao, Event labeling combining ensemble detectors and background knowledge, Progress in Artificial Intelligence (2013): pp. 1-15, Springer Berlin Heidelberg.

3   4.1절 '데이터 종류' 참고

4   5.1.2절 '회귀' 참고

## 6.2 경진대회 접속 방법 및 세부 메뉴

이 책에서 처음 소개드리는 경진대회이니 접속 방법과 세부 메뉴를 자세히 설명하겠습니다. 다음 장부터는 중요 내용 위주로 간략히 설명드릴 테니 이번 장을 통해 캐글에서 경진대회를 찾고 훑어보는 인터페이스를 잘 익혀두길 바랍니다.

> **Note** 캐글 사이트의 UI는 언제든 예고 없이 바뀔 수 있습니다. 캐글의 UI가 책의 설명과 맞지 않다면 다음 주소에 공개해둔 온라인 문서를 참고하세요.
> • https://bit.ly/3lznqWn

### 6.2.1 경진대회 접속 방법

자전거 대여 수요 예측 경진대회에 접속해보겠습니다. 캐글 홈페이지 상단에 검색창이 있습니다.

▼ 캐글 검색창

❶ 검색창에 "bike sharing demand"라고 입력해 검색합니다. ❷ 이어서 Competitions 영역에서 가장 위에 나타난 경진대회를 클릭합니다.

▼ 자전거 대여 수요 예측 경진대회 검색

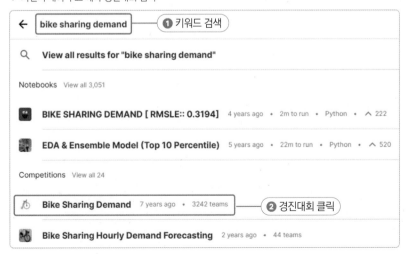

그러면 다음과 같이 자전거 대여 수요 예측 경진대회 메인 페이지가 뜹니다.

▼ 자전거 대여 수요 예측 경진대회 메인 페이지

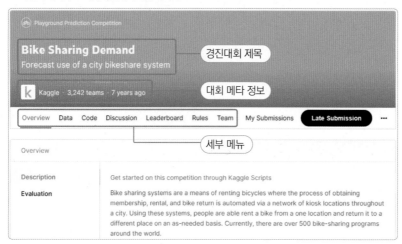

경진대회 제목 바로 밑에는 주최 측, 참여한 팀 수, 대회 종료 시기가 표시되어 있습니다.

▼ 주최 측, 참여 팀 수, 개최 시기

자전거 대여 수요 예측 경진대회는 캐글이 주최했습니다. 총 3,242팀이 참여했으며, 현시점을 기준으로 7년 전에 종료되었습니다.

그 바로 아래에 세부 메뉴가 보이며, 다음 절에서 하나씩 자세히 살펴보겠습니다.

## 6.2.2 경진대회 메뉴 설명

경진대회의 공통 세부 메뉴를 왼쪽부터 차례로 소개하겠습니다.

### Overview 메뉴

가장 먼저 Overview는 경진대회 전반을 소개하는 메뉴입니다. Description 페이지에 경진대회 소개글이 있습니다. 경진대회에 참여하기 전, 가장 먼저 읽어야 하는 페이지입니다.

▼ 경진대회 Overview 메뉴 (Description 페이지)

| Overview | Data | Code | Discussion | Leaderboard | Rules | Team | My Submissions | **Late Submission** | ... |

---

Overview

| Description | Get started on this competition through Kaggle Scripts |
| Evaluation | Bike sharing systems are a means of renting bicycles where the process of obtaining membership, rental, and bike return is automated via a network of kiosk locations throughout a city. Using these systems, people are able rent a bike from a one location and return it to a different place on an as-needed basis. Currently, there are over 500 bike-sharing programs around the world. |
| | The data generated by these systems makes them attractive for researchers because the duration of travel, departure location, arrival location, and time elapsed is explicitly recorded. Bike sharing systems therefore function as a sensor network, which can be used for |

Evaluation 페이지에서는 평가지표와 제출 형식을 설명합니다. 평가지표는 등수를 매기는 데 사용되므로 주의 깊게 봐야 합니다.

▼ 경진대회 Overview 메뉴 (Evaluation 페이지)

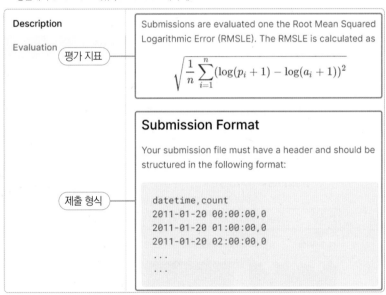

본 대회의 평가지표는 RMSLE[Root Mean Squared Logarithmic Error][5]입니다. 제출 형식은 일시

---

5  5.1.2절 '회귀' 참고

(datetime)와 대여 수량(count)으로 구성되어 있습니다. 일시는 1시간 간격으로 기록돼 있고, 대여 수량은 모두 0입니다. 추후 우리가 만든 모델로 대여 수량을 예측해 값을 바꿔주면 됩니다. 즉, 우리가 구해야 하는 값은 일시별 대여 수량이고, 이 형식대로 파일로 만들어 제출해야 합니다.

## Data 메뉴

Overview의 내용을 모두 숙지했다면 다음으로 Data 메뉴를 봐야 합니다. 경진대회가 제공하는 데이터에 대해 설명해놓은 메뉴입니다. 어떤 피처를 사용해 어떤 값을 예측해야 하는지 설명되어 있습니다. 유의해서 읽어보시기 바랍니다.

▼ 경진대회 Data 메뉴

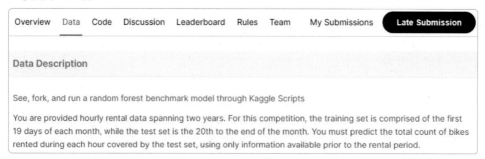

참고로, Data 메뉴 하단에 Data Explorer라는 항목이 있습니다. 여기서 데이터를 미리 살펴볼 수도 있습니다.

▼ Data Explorer 항목

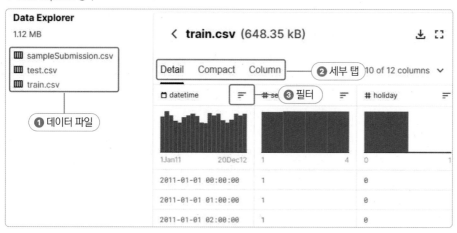

❶ 왼쪽에 데이터 파일이 있습니다. 파일을 클릭하면 해당 데이터에 관한 정보를 오른쪽 영역에 표시해줍니다.

❷ 오른쪽엔 세부 탭이 있습니다. [Detail] 탭에서는 피처별 분포도와 실젯값을 볼 수 있습니다. [Compact] 탭은 분포도 없이 실젯값만 테이블 형태로 제공합니다. [Column] 탭에서는 피처별 통계를 볼 수 있습니다.

[Detail]과 [Compact] 탭에서는 필터 기능도 제공합니다.
❸ 각 피처에서 오른쪽 상단의 필터 아이콘을 클릭하면 다음과 같이 메뉴가 확장됩니다. MS 엑셀의 필터 기능과 비슷합니다. 오름차순, 내림차순 정렬을 할 수 있고, 값의 범위도 설정할 수 있습니다.

▼ 피처별 필터

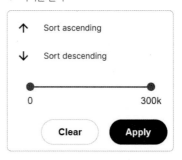

이번에는 [Column] 탭의 화면을 자세히 보겠습니다.

▼ [Column] 탭이 제공하는 통계 정보

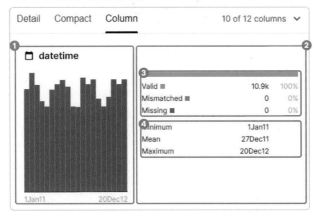

❶ 왼쪽에는 값의 분포를 보여주는 막대 그래프가 보이고, ❷ 오른쪽에는 몇 가지 통계를 보여줍니다. 통계는 다시 두 영역으로 나눕니다. ❸ 영역은 모든 피처의 공통 요소입니다. Valid와 Mismatched는 해당 피처에 사전 정의된 값이 잘 들어가 있는지를 표시합니다. Valid는 사전 정의된 값으로 기록된 값의 비율을, Mismatched는 매칭되지 않는 값의 비율을 표시합니다. 그런데 캐글에서 사전 정의를 어떻게 했는지는 그리 중요한 요소가 아니므로 이 두 값은 크게 신경 쓰지 않아도 됩니다. 다음으로 Missing은 결측값 비율입니다. ❹ 영역은 해당 피처의 데이터 타입에 따라 다른 정보로 채워집니다. 피처가 실수형이나 정수형 타입이라면 평균, 표준편차, 최솟값,

25%값, 중간값, 75%값, 최댓값도 보여줍니다. 피처가 범주형 타입이면 고윳값 개수와 최빈값을 보여줍니다. 앞의 그림은 날짜(datetime)를 나타내는 타입이라 최솟값, 중앙값, 최댓값을 표시합니다.

지금까지 Data 메뉴 아래쪽의 Data Explorer 기능을 알아봤습니다. Data Explorer를 활용하면 시각화를 직접 해보지 않고도 어느 정도 수준까지는 데이터를 훑어볼 수 있습니다. 그럼에도 처음 보는 데이터에서 원하는 정보를 자유롭게 뽑아보려면 직접 시각화해보는 연습이 필요합니다. 그래서 이 책에서는 가능한 한 코드로 하나하나 시각화해볼 것입니다.

## Code 메뉴

Code 메뉴에서 다른 참가자가 공유한 코드(노트북)를 볼 수 있습니다. ❶ 추천순$^{Most Votes}$, 점수순$^{Best Score}$으로 정렬해 상위권 코드 위주로 참고하면 됩니다.

▼ 경진대회 Code 메뉴

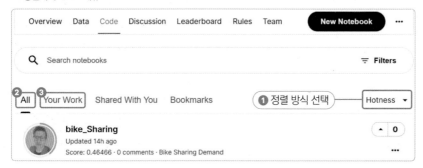

❷ [All] 탭에서는 본인을 포함한 모든 참가자가 공유한 코드를 볼 수 있습니다. ❸ [Your Work] 탭에서는 본인이 작성한 코드만 볼 수 있습니다. 코드를 만들 때 공유 여부를 'Private' 혹은 'Public'으로 설정할 수 있습니다. Private으로 설정하면 나만 볼 수 있고, Public으로 설정하면 다른 참가자도 볼 수 있습니다.

코드를 Public으로 설정해 공유하면 캐글 규정에 따라 아파치 2.0 라이선스가 적용됩니다. 아파치 2.0 라이선스는 누구나 해당 소프트웨어에서 파생된 프로그램을 만들 수 있으며 저작권을 양도, 전송할 수 있는 라이선스 규정입니다.[6] 따라서 Code 메뉴에 공유된 다른 참가자의 코드는 자

---

6  https://ko.wikipedia.org/wiki/아파치_라이선스

유롭게 사용할 수 있습니다.

## Discussion 메뉴

경진대회에서 좋은 성적을 내려면 Discussion 메뉴도 잘 활용해야 합니다. 새로 알게 된 인사이트, 주의사항, 질의응답 등 경진대회에 도움되는 내용이 많이 올라오기 때문입니다. 특히 경진대회가 끝나면 상위권 캐글러들이 자신의 문제해결 노하우를 공개합니다. 추천순으로 정렬해 상위권 글을 쭉 읽어보는 것이 좋습니다.

## Leaderboard 메뉴

Leaderboard 메뉴에서 참가자의 등수와 점수를 확인할 수 있습니다. 각 행에 순위, 팀명, 팀원, 점수, 결과 제출 횟수$^{Entries}$, 최종 결과 제출 시기$^{Last}$, 공유한 코드순으로 표시되어 있습니다. 참고로 해당 팀이 코드를 Public으로 공개하지 않으면 'Code' 열에 아무것도 표시되지 않습니다.

▼ 자전거 대여 수요 예측 경진대회 Leaderboard 메뉴

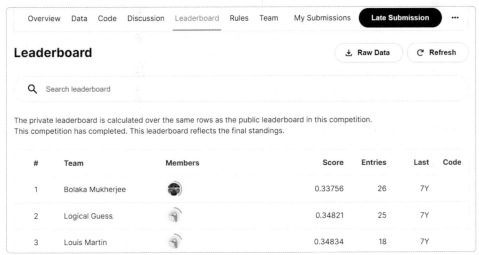

자전거 대여 수요 예측 경진대회의 리더보드는 특수한 형태를 갖습니다. 그렇기 때문에 일반적인 리더보드를 기준으로 먼저 설명하겠습니다.

▼ 일반적인 경진대회 Leaderboard 메뉴

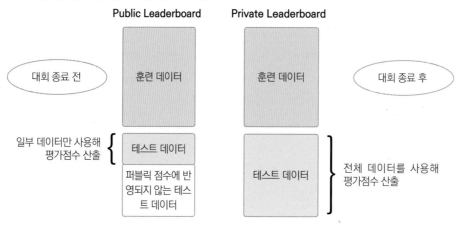

경진대회에서는 예측할 때 테스트 데이터를 사용합니다. 그런데 테스트 데이터 '전체'를 사용해 점수를 매기는 시기는 대회 종료 직후입니다. 한편 대회 종료 전까지는 보통 '일부' 테스트 데이터만 사용해 점수를 매깁니다. 이 점수는 'Public Leaderboard'에서 확인할 수 있습니다. 다시 말해 Public Leaderboard는 대회 종료 전까지 대략적인 점수와 등수를 확인하는 곳입니다. 대회 종료 후에는 테스트 데이터 전체를 사용해 매긴 점수와 등수를 'Private Leaderboard'에서 확인할 수 있습니다. 최종적으로 Private Leaderboard를 기준으로 메달과 상금을 수여합니다.

▼ 대회 종료 전후 평가점수 산출에 사용되는 테스트 데이터 차이

Public Leaderboard에서 등수가 높더라도 Private Leaderboard에서 떨어질 수 있고, 그 반대도 가능합니다. 두 리더보드의 등수 차이가 큰 경우가 많을 때 셰이크업shake-up이 심하다고 합

니다. 셰이크업이 심한 대회도 많기 때문에 Public Leaderboard에 집착할 필요는 없습니다. 어느 정도 참고만 하면 됩니다.

하지만 자전거 대여 수요 예측 경진대회는 둘의 차이가 없습니다. Private Leaderboard와 Public Leaderboard 모두 테스트 데이터 전체를 사용해 점수를 매겼기 때문입니다. 그래서 Private Leaderboard와 Public Leaderboard 메뉴가 나누어져 있지 않습니다. 연습용 대회라서 그렇습니다. 극히 예외적인 경우입니다.

### Rules 메뉴

Rules 메뉴에서는 대회 규정을 볼 수 있습니다. 대회에 참가하려면 규정에 동의해야 합니다. 규정을 읽어보고 [I Understand and Accept] 버튼을 클릭하세요. 이미 다른 메뉴에서 동의를 했다면 "You have accepted the rules for this competition. Good luck!"이라는 문구가 뜰 겁니다.

▼ 경진대회 Rules 메뉴

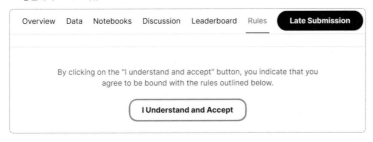

대회마다 규정은 다르지만 몇 가지만 주의하면 됩니다.

1 프라이빗private 코드를 팀원 외 다른 참가자와 공유하면 안 됩니다. 걸리면 참가 자격이 박탈됩니다.
2 외부 데이터 사용이 불가능한 대회에서는 캐글에서 제공한 데이터만 사용해야 합니다.
3 사전 훈련된 외부 모델 사용을 불허하는 대회에서는 본인이 훈련한 모델만 사용해야 합니다.

하지 말라고 규정한 것은 하지 않고, 상식선에서 지킬 것만 잘 지키면 됩니다.

### Team 메뉴

Team 메뉴에서 팀을 꾸릴 수 있습니다. 초대하고 싶은 팀이나 캐글러 이름을 입력한 뒤

'Request Merge'를 누르면 초대가 됩니다. 참고로 대회에 이미 참가한 사람만 초대할 수 있습니다. 경진대회 페이지에서 'Join Competition'을 클릭해야 참가할 수 있다는 건 2장에서 이미 배웠죠? 초대받은 사람이 본인의 Team 메뉴에서 'Join This Team'을 클릭하면 수락이 됩니다. ❶ Team Name에서 팀명을 지정하면 리더보드에서 해당 팀명으로 표시됩니다. ❷ 팀원은 최대 5명까지 꾸릴 수 있으며, 팀원 목록에서 초대된 팀원을 볼 수 있습니다.

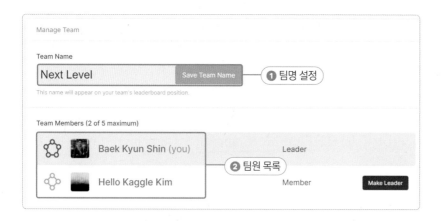

이상으로 경진대회 세부 메뉴를 모두 살펴봤습니다.


# 6.3 탐색적 데이터 분석

본격적으로 코드를 짜면서 대회 문제를 풀어보겠습니다.

문제를 해결하려면 당연히 주어진 문제가 무엇인지부터 이해해야 합니다. 이번 경진대회의 과제는 자전거 무인 대여 시스템의 과거 기록을 기반으로 향후 수요를 예측하는 것이었습니다. 이 문제를 풀려면 우선 주어진 데이터를 면밀히 살펴서 어느 데이터가 예측에 도움될지, 혹은 되지 않을지를 파악해야 합니다. 이를 파악하는 단계가 바로 탐색적 데이터 분석입니다.[7] 이 분석 과정을 다음 순서로 진행할 것입니다.

---

7   캐글 경진대회 프로세스에 관한 자세한 설명은 3장을 참고하세요.

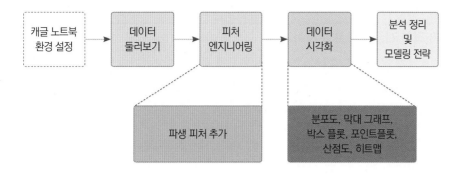

이번 절에서 사용한 코드는 본 경진대회에서 추천수가 가장 많은 다음 코드를 참고했습니다.

- https://www.kaggle.com/viveksrinivasan/eda-ensemble-model-top-10-percentile

## 6.3.1 캐글 노트북 환경 설정

캐글 노트북 환경이 기본으로 제공하는 라이브러리들은 시간이 지나면 조금씩 버전업됩니다. 물론 최신 버전을 쓰면 좋겠지만, 버전이 다르면 실행 결과가 책과 달라질 수 있습니다.

그래서 (반드시 필요한 과정은 아닙니다만) 라이브러리 버전을 책과 일치시키는 방법을 소개하겠습니다. 라이브러리 버전이 고정된 노트북 양식을 복사해서 사용하시면 됩니다. 노트북 양식은 제가 공유해놨으며, 장 시작 페이지의 표 마지막 줄에 링크를 적어두었습니다.

복사 방법은 아주 간단합니다. 공유된 노트북의 오른쪽 위 [Copy & Edit] 버튼을 클릭하면 끝입니다(2.6절에서 더 자세히 설명한 바 있습니다).

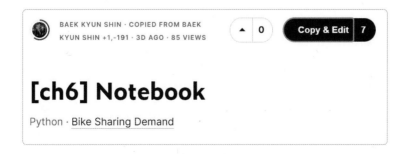

이로써 라이브러리 버전이 고정된 노트북 환경을 구축했습니다. 간단하죠? 이 노트북 환경에서 작업하시면 책과 같은 결과를 얻을 수 있습니다.

## 6.3.2 데이터 둘러보기

이제 주어진 데이터가 어떻게 구성되어 있는지 살펴보겠습니다. 우선 판다스로 훈련, 테스트, 제출 샘플 데이터를 DataFrame 형태로 불러오겠습니다.

참고로, **판다스**<sup>pandas</sup>란 표 형태의 데이터(정형 데이터)를 효율적으로 다루기 위한 라이브러리로, 고수준의 자료구조와 함수를 제공합니다. **DataFrame**은 판다스가 제공하는 대표적인 표 형태(행과 열로 구성)의 자료구조입니다.

```
import numpy as np
import pandas as pd      # 판다스 임포트
# 데이터 경로
data_path = '/kaggle/input/bike-sharing-demand/'

train = pd.read_csv(data_path + 'train.csv')    # 훈련 데이터
test = pd.read_csv(data_path + 'test.csv')      # 테스트 데이터
submission = pd.read_csv(data_path + 'sampleSubmission.csv') # 제출 샘플 데이터
```

https://www.kaggle.com/werooring/ch6-eda

shape() 함수로 훈련 데이터와 테스트 데이터의 크기를 확인해보겠습니다.

```
train.shape, test.shape
```
```
((10886, 12), (6493, 9))
```

훈련 데이터는 10,886행 12열로 구성되어 있고, 테스트 데이터는 6,493행 9열로 구성되어 있습니다. 열의 개수는 피처 개수를 나타냅니다. 그런데 두 데이터의 피처 개수가 서로 다릅니다. 어떤 피처 데이터를 담고 있는지 직접 살펴보겠습니다. head( ) 함수는 DataFrame의 첫 5행을 출력합니다.

```
train.head()
```

▼ 실행 결과

| | datetime | season | holiday | workingday | weather | temp | atemp | humidity | windspeed | casual | registered | count |
|---|---|---|---|---|---|---|---|---|---|---|---|---|
| 0 | 2011-01-01 00:00:00 | 1 | 0 | 0 | 1 | 9.84 | 14.395 | 81 | 0.0 | 3 | 13 | 16 |
| 1 | 2011-01-01 01:00:00 | 1 | 0 | 0 | 1 | 9.02 | 13.635 | 80 | 0.0 | 8 | 32 | 40 |
| 2 | 2011-01-01 02:00:00 | 1 | 0 | 0 | 1 | 9.02 | 13.635 | 80 | 0.0 | 5 | 27 | 32 |
| 3 | 2011-01-01 03:00:00 | 1 | 0 | 0 | 1 | 9.84 | 14.395 | 75 | 0.0 | 3 | 10 | 13 |
| 4 | 2011-01-01 04:00:00 | 1 | 0 | 0 | 1 | 9.84 | 14.395 | 75 | 0.0 | 0 | 1 | 1 |

다음 표에 각 피처의 의미를 설명해놓았습니다. 경진대회 [Data] 메뉴[8]에서 확인할 수 있는 내용입니다.

▼ 자전거 대여 수요 예측 경진대회 데이터의 피처들

| 피처명 | 설명 |
|---|---|
| datetime | 기록 일시 (1시간 간격) |
| season | 계절 (1 : 봄, 2 : 여름, 3 : 가을, 4 : 겨울)[9] |
| holiday | 공휴일 여부 (0 : 공휴일 아님, 1 : 공휴일) |
| workingday | 근무일 여부 (0 : 근무일 아님, 1 : 근무일)<br>* 주말과 공휴일이 아니면 근무일이라고 간주 |
| weather | 날씨 (1 : 맑음, 2 : 옅은 안개, 약간 흐림,<br>3 : 약간의 눈, 약간의 비와 천둥 번개, 흐림,<br>4 : 폭우와 천둥 번개, 눈과 짙은 안개)<br>* 숫자가 클수록 날씨가 안 좋음 |

---

8  https://www.kaggle.com/c/bike-sharing-demand/data

9  datetime과 season 피처의 값을 확인해보면 봄, 여름, 가을, 겨울은 실제로는 1분기, 2분기, 3분기, 4분기에 해당합니다. 예를 들어 spring 이 1~3월입니다. 데이터상으로는 계절을 분기로 해석해야 정확하겠으나, 이번 장의 설명은 경진대회의 정의를 따라 진행하겠습니다.

| temp | 실제 온도 |
|---|---|
| atemp | 체감 온도 |
| humidity | 상대 습도 |
| windspeed | 풍속 |
| casual | 등록되지 않은 사용자(비회원) 수 |
| registered | 등록된 사용자(회원) 수 |
| count | 자전거 대여 수량 |

datetime부터 registered까지는 예측에 사용할 수 있는 피처고, count는 예측해야 할 타깃값입니다. datetime은 한 시간 간격으로 기록되어 있습니다. 결국 예측해야 할 값은 시간당 총 자전거 대여 수량입니다. 테스트 데이터도 한번 보겠습니다.

```
test.head()
```

▼ 실행 결과

| | datetime | season | holiday | workingday | weather | temp | atemp | humidity | windspeed |
|---|---|---|---|---|---|---|---|---|---|
| 0 | 2011-01-20 00:00:00 | 1 | 0 | 1 | 1 | 10.66 | 11.365 | 56 | 26.0027 |
| 1 | 2011-01-20 01:00:00 | 1 | 0 | 1 | 1 | 10.66 | 13.635 | 56 | 0.0000 |
| 2 | 2011-01-20 02:00:00 | 1 | 0 | 1 | 1 | 10.66 | 13.635 | 56 | 0.0000 |
| 3 | 2011-01-20 03:00:00 | 1 | 0 | 1 | 1 | 10.66 | 12.880 | 56 | 11.0014 |
| 4 | 2011-01-20 04:00:00 | 1 | 0 | 1 | 1 | 10.66 | 12.880 | 56 | 11.0014 |

테스트 데이터는 피처 수가 훈련 데이터보다 적습니다. 훈련 데이터의 피처에서 casual과 registered가 빠졌습니다.

훈련 데이터를 활용해 모델을 훈련한 뒤, 테스트 데이터를 활용해 대여 수량(count)을 예측해야 합니다. 예측할 때 사용하는 데이터가 테스트 데이터입니다. 그런데 테스트 데이터에 casual과 registered 피처가 없으므로 모델을 훈련할 때도 훈련 데이터의 casual과 registered 피처를 빼야 합니다.

> **분석 결과**
> casual, registered 피처 제거

이제 제출 샘플 파일이 어떻게 생겼는지 보겠습니다.

```
submission.head()
```

| | datetime | count |
|---|---|---|
| 0 | 2011-01-20 00:00:00 | 0 |
| 1 | 2011-01-20 01:00:00 | 0 |
| 2 | 2011-01-20 02:00:00 | 0 |
| 3 | 2011-01-20 03:00:00 | 0 |
| 4 | 2011-01-20 04:00:00 | 0 |

제출 파일은 보통 이런 형태입니다. 데이터를 구분하는 ID 값(여기서는 datetime)과 타깃값으로 구성되어 있습니다. 현재는 타깃값인 count가 모두 0입니다. 시간대별 대여 수량을 예측해 이 값을 바꾼 뒤 제출하면 됩니다. 여기서 ID 값(datetime)은 데이터를 구분하는 역할만 하므로 타깃값을 예측하는 데에는 아무런 도움을 주지 않습니다. 따라서 추후 모델 훈련 시 훈련 데이터에 있는 datetime 피처는 제거할 계획입니다.[10]

> **분석 결과**
> datetime 피처 제거

info() 함수를 사용하면 DataFrame 각 열의 결측값이 몇 개인지, 데이터 타입은 무엇인지 파악할 수 있습니다.

```
train.info()

<class 'pandas.core.frame.DataFrame'>
RangeIndex: 10886 entries, 0 to 10885
Data columns (total 12 columns):
 #   Column      Non-Null Count   Dtype
---  ------      --------------   -----
 0   datetime    10886 non-null   object
 1   season      10886 non-null   int64
 2   holiday     10886 non-null   int64
 3   workingday  10886 non-null   int64
 4   weather     10886 non-null   int64
 5   temp        10886 non-null   float64
 6   atemp       10886 non-null   float64
 7   humidity    10886 non-null   int64
 8   windspeed   10886 non-null   float64
 9   casual      10886 non-null   int64
 10  registered  10886 non-null   int64
```

---

10 datetime 피처는 연도, 월, 시간 등의 정보를 포함하기 때문에 이들 정보를 추출한 뒤에 제거할 계획입니다.

```
 11  count         10886 non-null  int64
dtypes: float64(3), int64(8), object(1)
memory usage: 1020.7+ KB
```

모든 피처의 비결측값 데이터 개수(Non-Null Count)가 전체 데이터 개수와 똑같은 10,886개이므로 훈련 데이터에는 결측값이 없습니다. 만약 결측값이 있다면 적절히 처리해줘야 합니다.[11]

데이터 타입은 object, int64, float64로 다양하네요.

테스트 데이터도 살펴보겠습니다.

```
test.info()
```

```
<class 'pandas.core.frame.DataFrame'>
RangeIndex: 6493 entries, 0 to 6492
Data columns (total 9 columns):
 #   Column      Non-Null Count  Dtype
---  ------      --------------  -----
 0   datetime    6493 non-null   object
 1   season      6493 non-null   int64
 2   holiday     6493 non-null   int64
 3   workingday  6493 non-null   int64
 4   weather     6493 non-null   int64
 5   temp        6493 non-null   float64
 6   atemp       6493 non-null   float64
 7   humidity    6493 non-null   int64
 8   windspeed   6493 non-null   float64
dtypes: float64(3), int64(5), object(1)
memory usage: 456.7+ KB
```

테스트 데이터에도 결측값이 없고, 데이터 타입도 훈련 데이터와 동일합니다.

이상으로 이번 경진대회에서 사용할 데이터의 모습을 간단히 둘러보았습니다.

---

11  결측값을 해당 피처의 평균값, 중앙값, 최빈값으로 대체하거나 결측값을 포함하는 피처를 아예 제거하는 방법이 있습니다. 또는 결측값을 타깃값으로 간주하고, 다른 피처를 활용해 결측값을 예측할 수도 있습니다. 결측값이 없는 데이터를 훈련 데이터, 결측값이 있는 데이터를 테스트 데이터로 생각해 모델링하면 됩니다. 8장과 9장에서 몇 가지 예를 만나볼 수 있습니다.

### 6.3.3 더 효과적인 분석을 위한 피처 엔지니어링

기본적인 분석을 마쳤다면 다음은 데이터 시각화 차례입니다. 데이터를 다양한 관점에서 시각화해보면 날 데이터<sup>raw data</sup> 상태에서는 찾기 어려운 경향, 공통점, 차이 등이 드러날 수 있기 때문입니다. 그런데 일부 데이터는 시각화하기에 적합하지 않은 형태일 수 있습니다. 본 경진대회에서는 datetime 피처가 그렇습니다. 시각화하기 전에 이 피처를 분석하기 적합하게 변환(피처 엔지니어링)해봅시다.

datetime 피처의 데이터 타입은 object입니다. 판다스에서 object 타입은 문자열 타입이라고 보면 됩니다. datetime은 연도, 월, 일, 시간, 분, 초로 구성되어 있습니다. 따라서 세부적으로 분석해보기 위해 구성요소별로 나누어보겠습니다. 파이썬 내장 함수인 split()을 쓰면 쉽게 나눌 수 있습니다. datetime의 100번째 원소를 예로 들어 어떻게 나누는지 설명하겠습니다.

**분석 결과**
연도, 월, 일, 시간, 분, 초 피처 추가

```
print(train['datetime'][100]) # datetime 100번째 원소
print(train['datetime'][100].split()) # 공백 기준으로 문자열 나누기
print(train['datetime'][100].split()[0]) # 날짜
print(train['datetime'][100].split()[1]) # 시간
```
```
2011-01-05 09:00:00
['2011-01-05', '09:00:00']
2011-01-05
09:00:00
```

datetime 피처는 object 타입이기 때문에 문자열처럼 다룰 수 있습니다. 앞의 예에서는 split() 함수를 사용해 공백 기준으로 앞 뒤 문자를 나누었습니다. 첫 번째 문자열 '2011-01-05'는 날짜 문자열이고, 두 번째 문자열 '09:00:00'은 시간 문자열입니다.

날짜 문자열을 다시 연도, 월, 일로 나눠보겠습니다.

```
print(train['datetime'][100].split()[0]) # 날짜
print(train['datetime'][100].split()[0].split("-")) # "-" 기준으로 문자열 나누기
print(train['datetime'][100].split()[0].split("-")[0]) # 연도
print(train['datetime'][100].split()[0].split("-")[1]) # 월
print(train['datetime'][100].split()[0].split("-")[2]) # 일
```
```
2011-01-05
```

```
['2011', '01', '05']
2011
01
05
```

"-" 문자를 기준으로 나누어 연도, 월, 일을 구했습니다.

이어서 시간 문자열을 시, 분, 초로 나누겠습니다. ":" 문자가 나누는 기준입니다.

```
print(train['datetime'][100].split()[1]) # 시간
print(train['datetime'][100].split()[1].split(":")) # ":" 기준으로 문자열 나누기
print(train['datetime'][100].split()[1].split(":")[0]) # 시간
print(train['datetime'][100].split()[1].split(":")[1]) # 분
print(train['datetime'][100].split()[1].split(":")[2]) # 초
```
```
09:00:00
['09', '00', '00']
09
00
00
```

다음으로 판다스 apply( ) 함수로 앞의 로직을 datetime에 적용해 날짜(date), 연도(year), 월(month), 일(day), 시(hour), 분(minute), 초 (second) 피처를 생성하겠습니다.

> **Note** 이처럼 기존 피처에서 파생된 피처 를 '파생 피처' 혹은 '파생 변수'라고 합니다.

```
train['date'] = train['datetime'].apply(lambda x: x.split()[0]) # 날짜 피처 생성

# 연도, 월, 일, 시, 분, 초 피처를 차례로 생성
train['year'] = train['datetime'].apply(lambda x: x.split()[0].split('-')[0])
train['month'] = train['datetime'].apply(lambda x: x.split()[0].split('-')[1])
train['day'] = train['datetime'].apply(lambda x: x.split()[0].split('-')[2])
train['hour'] = train['datetime'].apply(lambda x: x.split()[1].split(':')[0])
train['minute'] = train['datetime'].apply(lambda x: x.split()[1].split(':')[1])
train['second'] = train['datetime'].apply(lambda x: x.split()[1].split(':')[2])
```

apply( ) 함수는 DataFrame의 데이터를 일괄 가공해줍니다. 보다시피 종종 람다<sup>lambda</sup> 함수와 함께 사용됩니다. 람다 함수를 DataFrame 축(기본값은 DataFrame의 각 열<sup>column</sup>에 대해 수 행)을 따라 적용하는 기능을 합니다. 연도 피처를 추가하는 코드를 예로 동작 방식을 자세히 살펴

보겠습니다.

1. train의 'datetime'
   피처의 원소 각각에

1. 공백으로 나눈 후
   0번째 요소를

```
train['year'] = train['datetime'].apply(lambda x: x.split()[0].split('-')[0])
```

3. 'year' 피처로
   추가합니다.

2. 람다 함수를 적용하여

2. 다시 '-'로 나눈 후
   0번째 요소를 취합니다.

이제 요일 피처도 생성해보겠습니다. 요일 피처는 calendar와 datetime '라이브러리'를 활용해 만들 수 있습니다. 여기서 datetime은 날짜와 시간을 조작하는 라이브러리로 datetime 피처와는 다른 것입니다. 날짜 문자열에서 요일을 추출하는 방법을 한 단계씩 알아보겠습니다.

```
from datetime import datetime # datetime 라이브러리 임포트
import calendar

print(train['date'][100]) # 날짜
print(datetime.strptime(train['date'][100], '%Y-%m-%d')) # datetime 타입으로 변경
# 정수로 요일 반환
print(datetime.strptime(train['date'][100], '%Y-%m-%d').weekday())
# 문자열로 요일 반환
print(calendar.day_name[datetime.strptime(train['date'][100], '%Y-%m-%d').
weekday()])
```

```
2011-01-05
2011-01-05 00:00:00
2
Wednesday
```

다소 복잡하지만 calendar와 datetime 라이브러리를 사용하면 요일 피처를 문자로 구할 수 있습니다. 0은 월요일, 1은 화요일, 2는 수요일순으로 매핑됩니다. 단, 모델을 훈련할 때는 피처 값을 문자로 바꾸면 안 됩니다. 머신러닝 모델은 숫자만 인식하기 때문입니다. 문자 피처도 모두 숫자로 변환해야 합니다. 여기서는 그래프로 나타냈을 때 쉽게 알아보려고 요일 피처를 문자열로 바꾼 겁니다.[12]

warning 머신러닝 모델은 숫자만 인식하므로 모델을 훈련할 때는 피처 값을 문자로 바꾸면 안 됩니다.

---

12 문자를 숫자로 바꾸는 문자 인코딩에 관해서는 7장에서 자세히 다룹니다.

앞의 로직을 apply( ) 함수로 적용해 요일(weekday) 피처를 추가하겠습니다.

<table>
<tr><td>분석 결과</td></tr>
<tr><td>요일 피처 추가</td></tr>
</table>

```
train['weekday'] = train['date'].apply(
    lambda dateString:
    calendar.day_name[datetime.strptime(dateString,"%Y-%m-%d").weekday()])
```

다음은 season과 weather 피처 차례입니다. 이 두 피처는 범주형 데이터인데 현재 1, 2, 3, 4라는 숫자로 표현되어 있어서 정확히 어떤 의미인지 파악하기 어렵습니다. 시각화 시 의미가 잘 드러나도록 map( ) 함수를 사용하여 문자열로 바꾸겠습니다.

```
train['season'] = train['season'].map({1: 'Spring',
                                        2: 'Summer',
                                        3: 'Fall',
                                        4: 'Winter' })
train['weather'] = train['weather'].map({1: 'Clear',
                                         2: 'Mist, Few clouds',
                                         3: 'Light Snow, Rain, Thunderstorm',
                                         4: 'Heavy Rain, Thunderstorm, Snow, Fog'})
```

이제 훈련 데이터의 첫 5행을 출력해 피처가 어떻게 바뀌었는지 보겠습니다.

```
train.head()
```

▼ 실행 결과 (파생 피처 추가 후)

| | datetime | season | holiday | workingday | weather | temp | | date | year | month | day | hour | minute | second | weekday |
|---|---|---|---|---|---|---|---|---|---|---|---|---|---|---|---|
| 0 | 2011-01-01 00:00:00 | Spring | 0 | 0 | Clear | 9.84 | | 2011-01-01 | 2011 | 01 | 01 | 00 | 00 | 00 | Saturday |
| 1 | 2011-01-01 01:00:00 | Spring | 0 | 0 | Clear | 9.02 | | 2011-01-01 | 2011 | 01 | 01 | 01 | 00 | 00 | Saturday |
| 2 | 2011-01-01 02:00:00 | Spring | 0 | 0 | Clear | 9.02 | ... | 2011-01-01 | 2011 | 01 | 01 | 02 | 00 | 00 | Saturday |
| 3 | 2011-01-01 03:00:00 | Spring | 0 | 0 | Clear | 9.84 | | 2011-01-01 | 2011 | 01 | 01 | 03 | 00 | 00 | Saturday |
| 4 | 2011-01-01 04:00:00 | Spring | 0 | 0 | Clear | 9.84 | | 2011-01-01 | 2011 | 01 | 01 | 04 | 00 | 00 | Saturday |

❶ date, year, month, day, hour, minute, second, weekday 피처가 추가되었고, ❷ season과 weather 피처는 숫자에서 문자로 바뀌었습니다.

참고로 date 피처가 제공하는 정보는 모두 year, month, day 피처에도 있어서 추후 date 피처는 제거하겠습니다. 또한 세 달씩 '월'을 묶으면 '계절'이 됩니다. 즉, 세분화된 month 피처를 세 달씩 묶으면 season 피처와 의미가 같아집니다. 지나치게 세분화된 피처를 더 큰 분류로 묶으면 성능이 좋아지는 경우가 있어 여기서는 season 피처만 남기고 month 피처는 제거하겠습니다.

> **분석 결과**
> date 피처 제거

> **분석 결과**
> month 피처 제거

## 6.3.4 데이터 시각화

피처를 추가한 훈련 데이터를 그래프로 시각화해보죠. 시각화는 탐색적 데이터 분석에서 가장 중요한 부분입니다. 데이터 분포나 데이터 간 관계를 한눈에 파악할 수 있기 때문입니다. 모델링에 도움될 만한 정보를 얻을 수도 있죠.

시각화를 위해 matplotlib과 seaborn 라이브러리를 활용하겠습니다. **matplotlib**은 파이썬으로 데이터를 시각화할 때 표준처럼 사용되는 라이브러리이며, **seaborn**은 matplotlib에 고수준 인터페이스를 덧씌운 라이브러리입니다.

먼저 두 라이브러리를 임포트합니다.

```
import seaborn as sns
import matplotlib as mpl
import matplotlib.pyplot as plt
%matplotlib inline
```

참고로 코드 %matplotlib inline을 추가하면 matplotlib이 그린 그래프를 주피터 노트북에서 바로 출력해줍니다. 사실 캐글 환경에서는 %matplotlib inline이 없어도 그래프를 보여줍니다만, matplotlib을 사용하는 경우 관습적으로 쓰는 경향이 있어서 추가해뒀습니다.

이번 절은 주어진 데이터를 살펴보는 데 집중합니다. 그래프 자체에 관한 좀 더 자세한 설명은 4장을 참고해주세요. 이제부터 이 라이브러리들을 활용하여 각종 그래프를 그려보겠습니다.

## 분포도

분포도distribution plot[13]는 수치형 데이터의 집계 값을 나타내는 그래프입니다. 집계 값은 총 개수나 비율 등을 의미합니다. 타깃값인 count의 분포도를 그려보겠습니다. 이번 장에서는 타깃값의 분포를 알면 훈련 시 타깃값을 그대로 사용할지 변환해 사용할지 파악할 수 있기 때문입니다.

```
mpl.rc('font', size=15)        # 폰트 크기를 15로 설정
sns.displot(train['count']);   # 분포도 출력
```

▼ 실행 결과 - 타깃값(count)의 분포

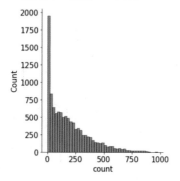

---

13  4.3.3절 '분포도(displot)' 참고

x축은 타깃값인 count를 나타내고, y축은 총 개수를 나타냅니다. 분포도를 보면 타깃값인 count가 0 근처에 몰려 있습니다. 즉, 분포가 왼쪽으로 많이 편향되어 있습니다. 회귀 모델이 좋은 성능을 내려면 데이터가 정규분포를 따라야 하는데, 현재 타깃값 count는 정규분포를 따르지 않습니다. 따라서 현재 타깃값을 그대로 사용해 모델링한다면 좋은 성능을 기대하기 어렵습니다.

> **TIP** 회귀 모델이 좋은 성능을 내려면 데이터가 정규분포를 따라야 합니다.

데이터 분포를 정규분포에 가깝게 만들기 위해 가장 많이 사용하는 방법은 로그변환입니다. 로그변환은 count 분포와 같이 데이터가 왼쪽으로 편향되어 있을 때 사용합니다. 로그변환하는 방법은 간단합니다. 원하는 값에 로그를 취해주면 됩니다. count를 로그변환한 값의 분포를 살펴보겠습니다.

```
sns.displot(np.log(train['count']));
```

▼ 실행 결과 - log(count) 분포

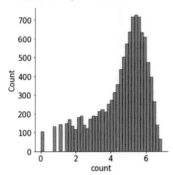

변환 전보다 정규분포에 가까워졌습니다. 타깃값 분포가 정규분포에 가까울수록 회귀 모델 성능이 좋다고 했습니다. 다시 말해, 피처를 바로 활용해 count를 예측하는 것보다 log(count)를 예측하는 편이 더 정확합니다. 따라서 우리도 타깃값을 log(count)로 변환해 사용하겠습니다.

> **분석 결과**
> 타깃값을 count가 아닌 log(count)로 변환해 사용

다만, 마지막에 지수변환을 하여 실제 타깃값인 count로 복원해야 합니다. 다음 수식이 나타내는 바와 같이 log(y)를 지수변환하면 y가 됩니다.

> **분석 결과**
> 마지막에는 지수변환하여 count로 복원

$$y = e^{log(y)}$$

▼ 기존 타깃값과 로그변환한 타깃값 비교

| 구분 | 기존 타깃값 활용 시 | 로그변환한 타깃값 활용 시 |
|---|---|---|
| 타깃값 | y | log(y) |
| 타깃값 분포 | y값 분포(비대칭 분포) | 로그변환 후 y값 분포(정규분포) |
| 회귀 모델 예측 성능 | 나쁨 | 좋음 |
| 후처리 | 필요 없음 | log(y)에서 실제 타깃값인 y를 복원하기 위해 지수변환을 해줘야 함 |

## 막대 그래프

다음으로 연도, 월, 일, 시, 분, 초별로 총 여섯 가지의 평균 대여 수량을 막대 그래프[14]로 그려보겠습니다. 이 피처들은 범주형 데이터입니다. 각 범주형 데이터에 따라 평균 대여 수량이 어떻게 다른지 파악하려고 합니다. 그래야 어떤 피처가 중요한지 알 수 있습니다. 이럴 때 막대 그래프를 이용합니다. 막대 그래프는 seaborn의 barplot( ) 함수로 그릴 수 있습니다.

이번에는 그래프를 여섯 개나 그려야 해서 코드에서 설명할 게 많습니다. 그래서 결과 그래프를 먼저 본 후, 어떻게 구현했는지를 이어서 살펴보겠습니다.

---

14 4.4.1절 '막대 그래프(barplot)' 참고

▼ 연도, 월, 일, 시, 분, 초별 평균 대여 수량 barplot

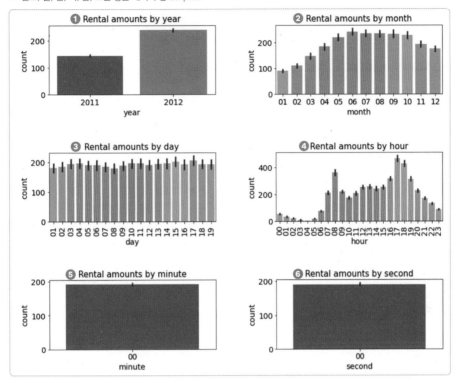

보다시피 총 6개의 그래프를 3행 2열로 배치해 그렸습니다. 어떤 정보를 담고 있는지 가볍게 훑어봅시다.

먼저, ❶ '연도별 평균 대여 수량' 그래프를 봅시다. 2011년보다 2012년에 대여가 많았습니다.

❷번 그래프로는 '월별 평균 대여 수량의 추세'를 파악할 수 있습니다. 평균 대여 수량은 6월에 가장 많고 1월에 가장 적습니다. 날씨가 따뜻할수록 대여 수량이 많다고 짐작할 수 있습니다.

❸은 '일별 평균 대여 수량' 그래프입니다. 일별 대여 수량에는 뚜렷한 차이가 없습니다. 소개 페이지에서 말했다시피 훈련 데이터에는 매월 1일부터 19일까지의 데이터만 있습니다. 나머지 20일부터 월말까지의 데이터는 테스트 데이터에 있습니다. 그래서 일자(day)는 피처로 사용하지 못합니다. day를 피처로 사용하려면 훈련 데이터와 테스트 데이터에 공통된 값이 있어야 하는데, 훈련 데이터의 day와 테스트 데이터의 day는 전혀 다른 값을 갖기 때문입니다.

**분석 결과**
day 피처 제거

❹번 그래프는 '시간별 평균 대여 수량'입니다. 그래프 모양이 쌍봉형입니다. 새벽 4시에 대여 수량이 가장 적습니다. 당연하겠죠. 새벽 4시에 자전거를 타는 사람은 거의 없을 테니까요. 반면 아침 8시와 저녁 5~6시에 대여가 가장 많습니다. 사람들이 등하교 혹은 출퇴근 길에 자전거를 많이 이용한다고 짐작해볼 수 있습니다.

❺와 ❻에 있는 분별, 초별 평균 대여 수량 그래프는 아무 정보도 담고 있지 않습니다. 훈련 데이터에 분과 초는 모두 0으로 기록되어 있기 때문입니다. 따라서 나중에 모델을 훈련할 때 분과 초 피처는 사용하지 않겠습니다.

자, 이제부터 앞의 그래프를 출력해준 코드를 살펴볼 차례입니다. 다음 그림과 같이 크게 3개 스텝으로 나눠 진행하겠습니다.

▼ m행 n열 Figure 작성 절차

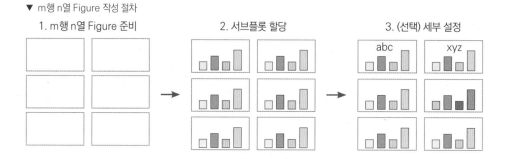

1. m행 n열 Figure 준비    2. 서브플롯 할당    3. (선택) 세부 설정

**warning** 책에서는 편의상 코드를 나눠 설명합니다만, 스텝 1~3 코드는 한 셀에서 실행해야 정상적으로 동작합니다.

## 스텝 1 : m행 n열 Figure 준비하기

첫 번째로 총 6개의 그래프(서브플롯)를 품는 3행 2열짜리 Figure를 준비합니다.

```
mpl.rc('font', size=14)          # 폰트 크기 설정
mpl.rc('axes', titlesize=15)     # 각 축의 제목 크기 설정
figure, axes = plt.subplots(nrows=3, ncols=2) # 3행 2열 Figure 생성 ❶
plt.tight_layout()               # 그래프 사이에 여백 확보 ❷
figure.set_size_inches(10, 9)    # 전체 Figure 크기를 10x9인치로 설정 ❸
```

코드 ❶은 matplotlib 라이브러리의 subplots( ) 함수 사용 예시입니다. 지금 예처럼 한 화면에

여러 그래프를 동시에 그릴 때 사용합니다. 파라미터를 두 개 받는데 nrows는 행 개수를, ncols는 열 개수를 뜻합니다. ❶을 실행하면 3행 2열의 서브플롯subplot 전체가 figure 변수에 할당되며, 각각의 서브플롯 축 6개는 axes 변수에 할당됩니다. 다음 그림은 ❶까지만 실행해 figure를 출력해본 모습입니다.

▼ 코드 ❶까지의 실행 결과 – Figure 객체

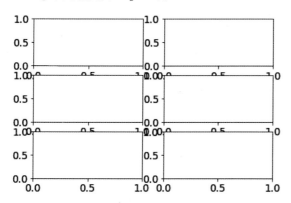

이어서 axes에는 어떤 객체가 할당되어 있는지 출력해보겠습니다.

```
axes
```

```
array([[<AxesSubplot:>, <AxesSubplot:>],
       [<AxesSubplot:>, <AxesSubplot:>],
       [<AxesSubplot:>, <AxesSubplot:>]], dtype=object)
```

AxesSubplot 객체 6개가 3행 2열로 구성된 배열이 출력되었습니다. 이 배열을 입력으로 axes.shape를 실행하면 (3, 2)가 출력됩니다. 출력 결과의 각 AxesSubplot 객체는 순서대로 서브플롯의 0행 0열, 0행 1열, 1행 0열, 1행 1열, 2행 0열, 2행 1열 축을 의미합니다. 예를 들어, axes[0, 0]은 서브플롯의 0행 0열 축을 의미합니다.

코드 ❷의 plt.tight_layout( )은 서브플롯 사이에 여백을 줘 간격을 넓히는 기능을 합니다. 앞의 그림에서는 서브플롯 사이의 간격이 좁아 숫자가 일부 가려져 보기 좋지 않았습니다. 그렇다면 이 함수를 적용하면 모습이 어떻게 바뀔까요?

```
figure, axes = plt.subplots(nrows=3, ncols=2)
plt.tight_layout()
```

▼ 실행 결과 – plt.tight_layout( ) 적용 후 Figure의 모습(서브플롯 간 간격이 넓어짐)

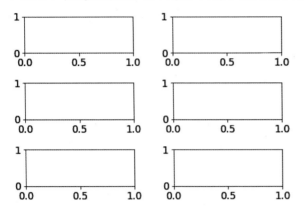

보다시피 서브플롯 간 공간이 넉넉해서 보기 좋습니다.

마지막으로 코드 ❸의 figure.set_size_inches(10, 9)로는 Figure 크기를 지정합니다. 서브플롯 하나의 크기가 아니라 서브플롯 6개를 합친 '전체' Figure 크기이며, 단위는 함수 이름에서 알 수 있듯이 인치<sup>inch</sup>입니다. 첫 번째 파라미터로는 너비, 두 번째 파라미터로는 높이를 조정합니다. 여기서는 너비 10인치, 높이 9인치로 설정했습니다.

### 스텝 2 : 각 축에 서브플롯 할당

이어서 연도, 월, 일, 시간, 분, 초별 평균 대여 수량 막대 그래프를 스텝 1에서 준비한 Figure의 각 축에 할당하겠습니다.

```
sns.barplot(x='year', y='count', data=train, ax=axes[0, 0])
sns.barplot(x='month', y='count', data=train, ax=axes[0, 1])
sns.barplot(x='day', y='count', data=train, ax=axes[1, 0])
sns.barplot(x='hour', y='count', data=train, ax=axes[1, 1])
sns.barplot(x='minute', y='count', data=train, ax=axes[2, 0])
sns.barplot(x='second', y='count', data=train, ax=axes[2, 1])
```

막대 그래프 생성에는 seaborn의 barplot( ) 함수를 이용했습니다. x 파라미터에 연도, 월, 일, 시간, 분, 초를 전달하고, y 파라미터에 대여 수량을 전달했습니다. data 파라미터에는 훈련 데이터를 DataFrame 형식으로 전달하면 됩니다. ax 파라미터에는 AxesSubplot 객체를 전달하면 됩니다. 0행 0열의 축부터 2행 1열의 축까지 순서대로 전달했습니다.

그럼 서브플롯들이 잘 설정되었는지 스텝 2 코드까지 실행해보겠습니다.

▼ 실행 결과 – 서브플롯들이 들어찬 Figure의 모습(세부 설정 전)

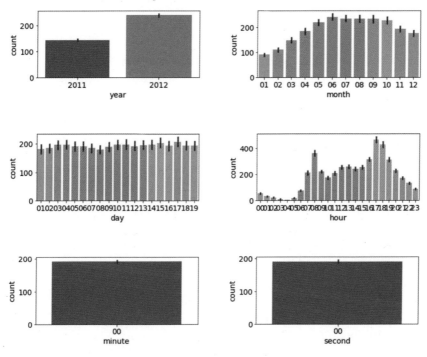

의도한 대로 잘 할당되었습니다. 하지만 각 서브플롯이 어떤 정보를 표현하는지가 한눈에 안 들어오고, 어떤 서브플롯은 x축 라벨이 서로 겹치는 등 아쉬운 점이 조금 보입니다.

## 스텝 3 : (선택) 세부 설정

아쉬움이 남는다면 다양한 형태로 세부 속성을 설정할 수 있습니다. 이번 예에서는 각 서브플롯에 제목을 추가하고, x축 라벨이 겹치지 않게 개선해보겠습니다. 먼저 각 축에 그려진 서브플롯에 제목을 달아줍니다.

```
axes[0, 0].set(title='Rental amounts by year')
axes[0, 1].set(title='Rental amounts by month')
axes[1, 0].set(title='Rental amounts by day')
axes[1, 1].set(title='Rental amounts by hour')
axes[2, 0].set(title='Rental amounts by minute')
axes[2, 1].set(title='Rental amounts by second')
```

이어서 1행의 두 서브플롯의 x축 라벨들을 90도 회전시키겠습니다.

```
axes[1, 0].tick_params(axis='x', labelrotation=90)
axes[1, 1].tick_params(axis='x', labelrotation=90)
```

보다시피 axis 파라미터에 원하는 축을 명시하고 labelrotation 파라미터에 회전 각도를 입력하면 됩니다. axis의 값으로는 'x', 'y', 'both'를 지정할 수 있으며, 기본값이 'both'이므로 생략하면 두 축을 한꺼번에 회전시킵니다.

> **Note** matplotlib.pyplot.tick_params 함수는 labelrotation 외에도 너비, 색상 등 다양한 미세조정용 파라미터를 지원합니다. matplotlib의 API 문서(https://bit.ly/3DBCQaQ)를 참고하세요.

이상으로 세부 설정까지 모두 마쳤습니다. 다음의 전체 코드를 실행하면 이번 절에서 처음 보여드린 막대 그래프가 나타납니다.

▼ 전체 코드

```
# 스텝 1 : m행 n열 Figure 준비
mpl.rc('font', size=14)          # 폰트 크기 설정
mpl.rc('axes', titlesize=15)  # 각 축의 제목 크기 설정
figure, axes = plt.subplots(nrows=3, ncols=2) # 3행 2열 Figure 생성
plt.tight_layout()               # 그래프 사이에 여백 확보
figure.set_size_inches(10, 9) # 전체 Figure 크기를 10x9인치로 설정

# 스텝 2 : 각 축에 서브플롯 할당
# 각 축에 연도, 월, 일, 시간, 분, 초별 평균 대여 수량 막대 그래프 할당
sns.barplot(x='year', y='count', data=train, ax=axes[0, 0])
sns.barplot(x='month', y='count', data=train, ax=axes[0, 1])
sns.barplot(x='day', y='count', data=train, ax=axes[1, 0])
sns.barplot(x='hour', y='count', data=train, ax=axes[1, 1])
sns.barplot(x='minute', y='count', data=train, ax=axes[2, 0])
sns.barplot(x='second', y='count', data=train, ax=axes[2, 1])

# 스텝 3 : 세부 설정
# 3-1 : 서브플롯에 제목 달기
axes[0, 0].set(title='Rental amounts by year')
axes[0, 1].set(title='Rental amounts by month')
axes[1, 0].set(title='Rental amounts by day')
```

```
axes[1, 1].set(title='Rental amounts by hour')
axes[2, 0].set(title='Rental amounts by minute')
axes[2, 1].set(title='Rental amounts by second')

# 3-2 : 1행에 위치한 서브플롯들의 x축 라벨 90도 회전
axes[1, 0].tick_params(axis='x', labelrotation=90)
axes[1, 1].tick_params(axis='x', labelrotation=90)
```

## 박스플롯

박스플롯box plot[15]은 범주형 데이터에 따른 수치형 데이터 정보를 나타내는 그래프입니다. 막대 그래프보다 더 많은 정보를 제공하는 특징이 있습니다.

여기서는 계절, 날씨, 공휴일, 근무일(범주형 데이터)별 대여 수량(수치형 데이터)을 박스플롯으로 그려보겠습니다. 각 범주형 데이터에 따라 타깃값인 대여 수량이 어떻게 변하는지 알 수 있습니다.

이번에는 2행 2열 Figure를 만들 것이며, 코드는 막대 그래프 때와 같은 'Figure 준비' → '서브플롯 할당' → '세부 설정' 순서로 작성했습니다.

```
# 스텝 1 : m행 n열 Figure 준비
figure, axes = plt.subplots(nrows=2, ncols=2) # 2행 2열
plt.tight_layout()
figure.set_size_inches(10, 10)

# 스텝 2 : 서브플롯 할당
# 계절, 날씨, 공휴일, 근무일별 대여 수량 박스플롯 ❶
sns.boxplot(x='season', y='count', data=train, ax=axes[0, 0])
sns.boxplot(x='weather', y='count', data=train, ax=axes[0, 1])
sns.boxplot(x='holiday', y='count', data=train, ax=axes[1, 0])
sns.boxplot(x='workingday', y='count', data=train, ax=axes[1, 1])

# 스텝 3 : 세부 설정
# 3-1 : 서브플롯에 제목 달기
axes[0, 0].set(title='Box Plot On Count Across Season')
```

---

15  4.4.3절 '박스플롯(boxplot)' 참고

```
axes[0, 1].set(title='Box Plot On Count Across Weather')
axes[1, 0].set(title='Box Plot On Count Across Holiday')
axes[1, 1].set(title='Box Plot On Count Across Working Day')

# 3-2 : x축 라벨 겹침 해결
axes[0, 1].tick_params(axis='x', labelrotation=10) # 10도 회전
```

코드 ❶ 영역은 seaborn의 boxplot( )이라는 점만 빼고 앞의 막대 그래프 코드와 형태가 같습니다.

▼ 실행 결과 – 계절, 날씨, 공휴일, 근무일별 대여 수량 boxplot

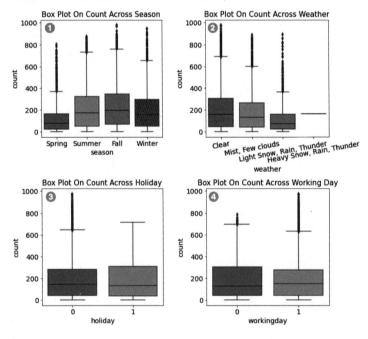

그래프 ❶번의 계절별 대여 수량 박스플롯을 보겠습니다. 자전거 대여 수량은 봄에 가장 적고, 가을에 가장 많습니다. ❷의 박스플롯이 보여주는 날씨별 대여 수량은 우리의 직관과 일치합니다. 날씨가 좋을 때 대여 수량이 가장 많고, 안 좋을수록 수량이 적습니다. 폭우, 폭설이 내리는 날씨(그래프의 가장 오른쪽 박스)에는 대여 수량이 거의 없습니다.

❸은 공휴일 여부에 따른 대여 수량을 나타내는 박스플롯입니다. x축 라벨 0은 공휴일이 아니라는 뜻이고, 1은 공휴일이라는 뜻입니다. 공휴일일 때와 아닐 때 자전거 대여 수량의 중앙값은 거

의 비슷합니다. 다만, 공휴일이 아닐 때는 이상치[outlier]가 많습니다. ❹의 박스플롯도 마찬가지입니다. 근무일 여부에 따른 대여 수량을 나타내는데, 근무일일 때 이상치가 많습니다. 참고로 근무일은 공휴일과 주말을 뺀 나머지 날을 뜻합니다.

**포인트플롯**

다음으로 근무일, 공휴일, 요일, 계절, 날씨에 따른 시간대별 평균 대여 수량을 포인트플롯[point plot][16]으로 그려보겠습니다. 포인트플롯은 범주형 데이터에 따른 수치형 데이터의 평균과 신뢰구간[17]을 점과 선으로 표시합니다. 막대 그래프와 동일한 정보를 제공하지만, 한 화면에 여러 그래프를 그려 서로 비교해보기에 더 적합합니다.

```
# 스텝 1 : m행 n열 Figure 준비
mpl.rc('font', size=11)
figure, axes = plt.subplots(nrows=5) # 5행 1열
figure.set_size_inches(12, 18)

# 스텝 2 : 서브플롯 할당
# 근무일, 공휴일, 요일, 계절, 날씨에 따른 시간대별 평균 대여 수량 포인트플롯
sns.pointplot(x='hour', y='count', data=train, hue='workingday', ax=axes[0])
sns.pointplot(x='hour', y='count', data=train, hue='holiday', ax=axes[1])
sns.pointplot(x='hour', y='count', data=train, hue='weekday', ax=axes[2])
sns.pointplot(x='hour', y='count', data=train, hue='season', ax=axes[3])
sns.pointplot(x='hour', y='count', data=train, hue='weather', ax=axes[4]);
```

모든 포인트플롯의 hue 파라미터에 비교하고 싶은 피처를 전달했습니다. hue 파라미터에 전달한 피처를 기준으로 그래프가 나뉩니다.

---

**16** 4.4.2절 '포인트플롯(pointplot)' 참고
**17** '신뢰구간'이란 모수가 어느 구간 안에 있는지를 확률적으로 나타내는 방법입니다.

▼ 실행 결과 – 근무일, 공휴일, 요일, 계절, 날씨에 따른 시간대별 평균 대여 수량 pointplot

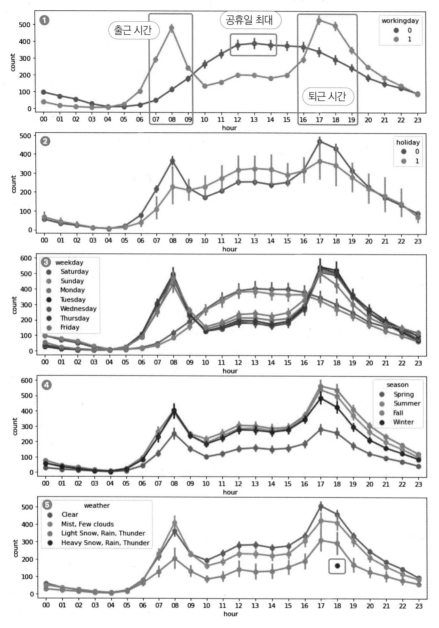

❶번 그래프를 보면 근무일에는 출퇴근 시간에 대여 수량이 많고 쉬는 날에는 오후 12~2시에 가장 많습니다. ❷ 공휴일 여부, ❸ 요일에 따른 포인트플롯도 근무일 여부에 따른 포인트플롯(❶)과

비슷한 양상을 보입니다.

❹ 계절에 따른 시간대별 포인트플롯을 보겠습니다. 대여 수량은 가을에 가장 많고, 봄에 가장 적습니다. ❺ 마지막 그래프는 날씨에 따른 시간대별 포인트플롯입니다. 예상대로 날씨가 좋을 때 대여량이 가장 많습니다. 그런데 폭우, 폭설이 내릴 때 18시(저녁 6시)에 대여 건수가 있습니다. 정말 급한 일이 있었나 봅니다. 이런 이상치는 제거를 고려해보는 것도 괜찮은 방법입니다. 실제로 실험해보니 이 데이터를 제거한 경우 최종 모델 성능이 더 좋았습니다. 따라서 추후 이 데이터는 제거하겠습니다.

> **분석 결과**
> weather == 4인 데이터 제거

## 회귀선을 포함한 산점도 그래프

수치형 데이터인 온도, 체감 온도, 풍속, 습도별 대여 수량을 '회귀선을 포함한 산점도 그래프scatter plot graph with regression line'[18]로 그려보겠습니다. 회귀선을 포함한 산점도 그래프는 수치형 데이터 간 상관관계를 파악하는 데 사용합니다.

이 그래프는 seaborn의 regplot( ) 함수로 그릴 수 있습니다.

```python
# 스텝 1 : m행 n열 Figure 준비
mpl.rc('font', size=15)
figure, axes = plt.subplots(nrows=2, ncols=2) # 2행 2열
plt.tight_layout()
figure.set_size_inches(7, 6)

# 스텝 2 : 서브플롯 할당
# 온도, 체감 온도, 풍속, 습도 별 대여 수량 산점도 그래프
sns.regplot(x='temp', y='count', data=train, ax=axes[0, 0],
            scatter_kws={'alpha': 0.2}, line_kws={'color': 'blue'})
sns.regplot(x='atemp', y='count', data=train, ax=axes[0, 1],
            scatter_kws={'alpha': 0.2}, line_kws={'color': 'blue'})
sns.regplot(x='windspeed', y='count', data=train, ax=axes[1, 0],
            scatter_kws={'alpha': 0.2}, line_kws={'color': 'blue'})
sns.regplot(x='humidity', y='count', data=train, ax=axes[1, 1],
            scatter_kws={'alpha': 0.2}, line_kws={'color': 'blue'});
```

---

18 4.5.4절 '회귀선을 포함한 산점도 그래프(regplot)' 참고

regplot( ) 함수의 파라미터 중 scatter_kws={'alpha': 0.2}는 산점도 그래프에 찍히는 점의 투명도를 조절합니다. alpha를 0.2로 설정하면 평소에 비해 20% 수준으로 투명해집니다. alpha가 1이면 완전 불투명하고, 0이면 완전 투명해서 안 보입니다.

이어서 line_kws={'color': 'blue'}는 회귀선의 색상을 선택하는 파라미터입니다. 회귀선이 잘 보이도록 그래프에 찍히는 점보다 짙은 색으로 설정했습니다.

▼ 실행 결과 – 온도, 체감 온도, 풍속, 습도별 대여 수량 regplot

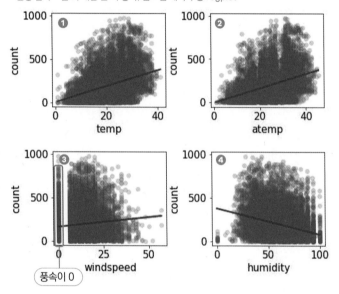

회귀선 기울기로 대략적인 추세를 파악할 수 있습니다. ❶과 ❷ 그래프부터 보면, 온도와 체감 온도가 높을수록 대여 수량이 많습니다. ❹ 습도는 낮을수록 대여를 많이 합니다. 다시 말해 대여 수량은 추울 때보다 따뜻할 때 많고, 습할 때보다 습하지 않을 때 많습니다. 여기까지는 우리의 직관과 일치합니다.

❸번 그래프를 보겠습니다. 회귀선을 보면 풍속이 셀수록 대여 수량이 많습니다. 바람이 약할수록 많을 것 같은데 조금 이상하군요. 이유는 windspeed 피처에 결측값이 많기 때문입니다. 자세히 보면 풍속이 0인 데이터가 꽤 많습니다. 실제 풍속이 0이 아니라 관측치가 없거나 오류로 인해 0으로 기록됐을 가능성이 높습니다. 결측값이 많아서 그래프만으로 풍속과 대여 수량의 상관관계를 파악하기는 힘듭니다. 결측값이 많은 데이터는 적절히 처리해야 합니다. 결측값을 다른 값으로 대체하거나 windspeed 피처 자체를 삭제하

**분석 결과**

windspeed 피처 제거

면 됩니다. 우리는 피처 자체를 삭제할 것입니다.

### 히트맵

temp, atemp, humidity, windspeed, count는 수치형 데이터입니다. 수치형 데이터끼리 어떤 상관관계[19]가 있는지 알아보겠습니다. corr( ) 함수는 DataFrame 내의 피처 간 상관계수를 계산해 반환합니다.

```
train[['temp', 'atemp', 'humidity', 'windspeed', 'count']].corr()
```

▼ 실행 결과 – 수치형 데이터 간 상관관계 매트릭스

|  | temp | atemp | humidity | windspeed | count |
|---|---|---|---|---|---|
| temp | 1.000000 | 0.984948 | -0.064949 | -0.017852 | 0.394454 |
| atemp | 0.984948 | 1.000000 | -0.043536 | -0.057473 | 0.389784 |
| humidity | -0.064949 | -0.043536 | 1.000000 | -0.318607 | -0.317371 |
| windspeed | -0.017852 | -0.057473 | -0.318607 | 1.000000 | 0.101369 |
| count | 0.394454 | 0.389784 | -0.317371 | 0.101369 | 1.000000 |

하지만 조합이 많아 어느 피처들의 관계가 깊은지 한눈에 들어오지 않습니다. 히트맵heatmap[20]이 필요한 순간입니다. 히트맵은 데이터 간 관계를 색상으로 표현하여, 여러 데이터를 한눈에 비교하기에 좋습니다. 히트맵은 seaborn의 heatmap( ) 함수로 그릴 수 있습니다.

```
# 피처 간 상관관계 매트릭스 ❶
corrMat = train[['temp', 'atemp', 'humidity', 'windspeed', 'count']].corr()
fig, ax= plt.subplots()
fig.set_size_inches(10, 10)
sns.heatmap(corrMat, annot=True) # 상관관계 히트맵 그리기 ❷
ax.set(title='Heatmap of Numerical Data');
```

❶ corr( ) 함수로 구한 상관관계 매트릭스 corrMat를 ❷ heatmap( ) 함수에 인수로 넣어주면 됩니다. 이때 annot 파라미터를 True로 설정하면 상관계수가 숫자로 표시됩니다.

---

**19** 5.1.2절 중 '상관계수' 참고
**20** 4.5.1절 '히트맵(heatmap)' 참고

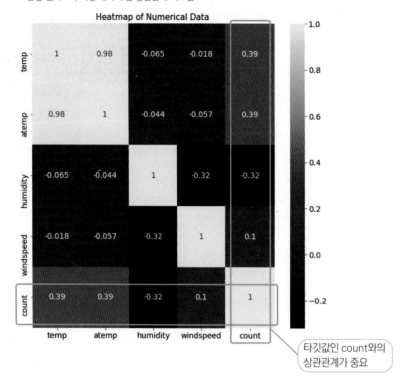

타깃값인 count와의
상관관계가 중요

온도(temp)와 대여 수량(count) 간 상관계수는 0.39입니다. 양의 상관관계를 보이는군요. 온도가 높을수록 대여 수량이 많다는 뜻입니다. 반면, 습도(humidity)와 대여 수량은 음수이니 습도가 '낮을수록' 대여 수량이 많다는 뜻입니다. 앞서 산점도 그래프에서 분석한 내용과 동일합니다.

풍속(windspeed)과 대여 수량의 상관계수는 0.1입니다. 상관관계가 매우 약합니다. windspeed 피처는 대여 수량 예측에 별 도움을 주지 못할 것 같습니다. 성능을 높이기 위해 모델링 시 windspeed 피처는 제거하겠습니다(참고로 바로 앞의 '회귀선을 포함한 산점도 그래프' 절에서는 결측값이 많다는 이유로 같은 결론에 도달했습니다).

**분석 결과**
windspeed 피처 제거

# 분석 정리 및 모델링 전략

## 분석 정리

지금까지 다양한 측면에서 데이터를 살펴보았습니다. 분석 과정에서 파악한 주요 내용을 정리해 보겠습니다.

1. **타깃값 변환** : 분포도 확인 결과 타깃값인 count가 0 근처로 치우쳐 있으므로 로그변환하여 정규분포에 가깝게 만들어야 합니다. 타깃값을 count가 아닌 log(count)로 변환해 사용할 것이므로 마지막에 다시 지수변환해 count로 복원해야 합니다.

2. **파생 피처 추가** : datetime 피처는 여러 가지 정보의 혼합체이므로 각각을 분리해 year, month, day, hour, minute, second 피처를 생성할 수 있습니다.

3. **파생 피처 추가** : datetime에 숨어 있는 또 다른 정보인 요일(weekday) 피처를 추가하겠습니다.

4. **피처 제거** : 테스트 데이터에 없는 피처는 훈련에 사용해도 큰 의미가 없습니다. 따라서 훈련 데이터에만 있는 casual과 registered 피처는 제거하겠습니다.

5. **피처 제거** : datetime 피처는 인덱스 역할만 하므로 타깃값 예측에 아무런 도움이 되지 않습니다.

6. **피처 제거** : date 피처가 제공하는 정보는 year, month, day 피처에 담겨 있습니다.

7. **피처 제거** : month는 season 피처의 세부 분류로 볼 수 있습니다. 데이터가 지나치게 세분화되어 있으면 분류별 데이터 수가 적어서 오히려 학습에 방해가 되기도 합니다.

8. **피처 제거** : 막대 그래프 확인 결과 파생 피처인 day는 분별력이 없습니다.

9. **피처 제거** : 막대 그래프 확인 결과 파생 피처인 minute와 second에는 아무런 정보가 담겨 있지 않습니다.

10. **이상치 제거** : 포인트 플롯 확인 결과 weather가 4인 데이터는 이상치입니다.

11. **피처 제거** : 산점도 그래프와 히트맵 확인 결과 windspeed 피처에는 결측값이 많고 대여 수량과의 상관관계가 매우 약합니다.

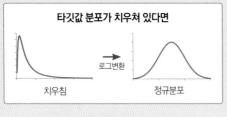

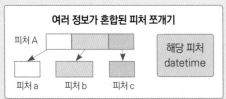

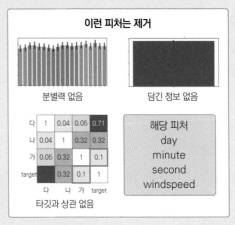

## 모델링 전략

경진대회에서 우수한 성적을 거두려면 본인만의 최적화된 모델을 구상해야 합니다. 하지만 6장은 캐글과 친해지기 위한 몸풀기 목적이 강하므로 사이킷런이 제공하는 기본 모델들만 사용하기로 했습니다. 차후 자신이 만든 모델이 최소한 기본 모델들보다는 우수해야 대회에 참여한 의의가 있을 테니 이번 기회에 친해지길 바랍니다.

- **베이스라인 모델** : 가장 기본적인 회귀 모델인 LinearRegression 채택
- **성능 개선** : 릿지, 라쏘, 랜덤 포레스트 회귀 모델
  - **피처 엔지니어링** : 앞의 분석 수준에서 모든 모델에서 동일하게 수행
  - **하이퍼파라미터 최적화** : 그리드서치
- **기타** : 타깃값이 count가 아닌 log(count)임

베이스라인 모델과 성능 개선 절들은 본 경진대회에서 추천수가 가장 많은 다음 노트북을 리팩터링하여 작성했습니다.

- https://www.kaggle.com/viveksrinivasan/eda-ensemble-model-top-10-percentile

# 6.4 베이스라인 모델

이번 절에서는 앞 절에서 추린 피처들을 활용해 베이스라인 모델을 훈련하고 결과를 제출해보겠습니다.

베이스라인 모델이란 뼈대가 되는 가장 기본적인 모델을 의미합니다. 우리는 베이스라인 모델에서 출발해 성능을 점차 향상시키는 방향으로 모델링할 것입니다. 경진대회에 참가하다 보면 다른 참가자들이 베이스라인 모델을 공유할 겁니다. 공유된 모델을 사용해도 되고, 직접 자신만의 모델을 만들어도 됩니다.

이번 장에서는 사이킷런이 제공하는 기본 선형 회귀 모델을 베이스라인으로 사용할 것입니다. 전체 프로세스는 다음과 같습니다.

▼ 베이스라인 모델 전체 프로세스

먼저 제가 설정해둔 노트북 양식을 복사한 후, 바로 이어서 판다스로 경진대회 데이터를 다시 불러옵니다.

```
import pandas as pd
# 데이터 경로
data_path ='/kaggle/input/bike-sharing-demand/'

train = pd.read_csv(data_path + 'train.csv')
test = pd.read_csv(data_path + 'test.csv')
submission = pd.read_csv(data_path + 'sampleSubmission.csv')
```

https://www.kaggle.com/werooring/ch6-baseline

## 6.4.1 피처 엔지니어링

피처 엔지니어링은 데이터를 변환하는 작업입니다. 보통은 이 변환을 훈련 데이터와 테스트 데이터에 공통으로 반영해야 하기 때문에, 피처 엔지니어링 전에 두 데이터를 합쳤다가 다 끝나면 도로 나눠줍니다.

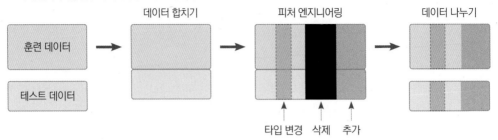
▼ 피처 엔지니어링 전후의 데이터 합치기 및 나누기

데이터 합치기      피처 엔지니어링      데이터 나누기

훈련 데이터

테스트 데이터

타입 변경   삭제   추가

그런데 데이터를 합치기 전에 훈련 데이터에서 이상치 하나만 제거하고 가겠습니다.

## 이상치 제거

앞서 포인트 플롯에서 확인한 결과 훈련 데이터에서 weather가 4인 데이터(폭우, 폭설이 내리는 날 저녁 6시에 대여)는 이상치였습니다. 제거하겠습니다(분석 정리 10).

```
# 훈련 데이터에서 weather가 4가 아닌 데이터만 추출
train = train[train['weather'] != 4]
```

## 데이터 합치기

훈련 데이터와 테스트 데이터에 같은 피처 엔지니어링을 적용하기 위해 두 데이터를 하나로 합치 겠습니다. 판다스의 **concat()** 함수를 사용하면 축을 따라 **DataFrame**을 이어붙일 수 있습니다.

훈련 데이터는 10,886행, 테스트 데이터는 6,493행으로 구성되어 있습니다. 합치면 17,379행 입니다. 앞서 weather가 4인 데이터를 제거했으니(1개 있음), 최종적으로 17,378행이 됩니다. 다음 코드를 실행해 제대로 합쳐지는지 보겠습니다.

```
all_data_temp = pd.concat([train, test])
all_data_temp
```

| | datetime | season | holiday | workingday | weather | temp | atemp | humidity | windspeed | casual | registered | count |
|---|---|---|---|---|---|---|---|---|---|---|---|---|
| **0** | 2011-01-01 00:00:00 | 1 | 0 | 0 | 1 | 9.84 | 14.395 | 81 | 0.0000 | 3.0 | 13.0 | 16.0 |
| **1** | 2011-01-01 01:00:00 | 1 | 0 | 0 | 1 | 9.02 | 13.635 | 80 | 0.0000 | 8.0 | 32.0 | 40.0 |
| **2** | 2011-01-01 02:00:00 | 1 | 0 | 0 | 1 | 9.02 | 13.635 | 80 | 0.0000 | 5.0 | 27.0 | 32.0 |
| **3** | 2011-01-01 03:00:00 | 1 | 0 | 0 | 1 | 9.84 | 14.395 | 75 | 0.0000 | 3.0 | 10.0 | 13.0 |
| **4** | 2011-01-01 04:00:00 | 1 | 0 | 0 | 1 | 9.84 | 14.395 | 75 | 0.0000 | 0.0 | 1.0 | 1.0 |
| **...** | ... | ... | ... | ... | ... | ... | ... | ... | ... | ... | ... | ... |
| **6488** | 2012-12-31 19:00:00 | 1 | 0 | 1 | 2 | 10.66 | 12.880 | 60 | 11.0014 | NaN | NaN | NaN |
| **6489** | 2012-12-31 20:00:00 | 1 | 0 | 1 | 2 | 10.66 | 12.880 | 60 | 11.0014 | NaN | NaN | NaN |
| **6490** | 2012-12-31 21:00:00 | 1 | 0 | 1 | 1 | 10.66 | 12.880 | 60 | 11.0014 | NaN | NaN | NaN |
| **6491** | 2012-12-31 22:00:00 | 1 | 0 | 1 | 1 | 10.66 | 13.635 | 56 | 8.9981 | NaN | NaN | NaN |
| **6492** | 2012-12-31 23:00:00 | 1 | 0 | 1 | 1 | 10.66 | 13.635 | 65 | 8.9981 | NaN | NaN | NaN |

17378 rows × 12 columns

총 17,378행인데 인덱스가 6,492까지밖에 안 보입니다. 그림에서는 중간이 생략되어 있는데, 실제로는 0부터 10,885까지 매기고 다시 0부터 6,492까지 매긴 결과입니다(중간에 '앞서 제거한' 인덱스도 있습니다). 원래 데이터의 인덱스를 무시하고 이어붙이려면 ignore_index=True를 전달하면 됩니다.

```
all_data = pd.concat([train, test], ignore_index=True)
all_data
```

▼ 실행 결과 – 훈련 데이터와 테스트 데이터 concat 결과 (ignore_index=True)

| | datetime | season | holiday | workingday | weather | temp | atemp | humidity | windspeed | casual | registered | count |
|---|---|---|---|---|---|---|---|---|---|---|---|---|
| **0** | 2011-01-01 00:00:00 | 1 | 0 | 0 | 1 | 9.84 | 14.395 | 81 | 0.0000 | 3.0 | 13.0 | 16.0 |
| **1** | 2011-01-01 01:00:00 | 1 | 0 | 0 | 1 | 9.02 | 13.635 | 80 | 0.0000 | 8.0 | 32.0 | 40.0 |
| **2** | 2011-01-01 02:00:00 | 1 | 0 | 0 | 1 | 9.02 | 13.635 | 80 | 0.0000 | 5.0 | 27.0 | 32.0 |
| **3** | 2011-01-01 03:00:00 | 1 | 0 | 0 | 1 | 9.84 | 14.395 | 75 | 0.0000 | 3.0 | 10.0 | 13.0 |
| **4** | 2011-01-01 04:00:00 | 1 | 0 | 0 | 1 | 9.84 | 14.395 | 75 | 0.0000 | 0.0 | 1.0 | 1.0 |
| **...** | ... | ... | ... | ... | ... | ... | ... | ... | ... | ... | ... | ... |
| **17373** | 2012-12-31 19:00:00 | 1 | 0 | 1 | 2 | 10.66 | 12.880 | 60 | 11.0014 | NaN | NaN | NaN |
| **17374** | 2012-12-31 20:00:00 | 1 | 0 | 1 | 2 | 10.66 | 12.880 | 60 | 11.0014 | NaN | NaN | NaN |
| **17375** | 2012-12-31 21:00:00 | 1 | 0 | 1 | 1 | 10.66 | 12.880 | 60 | 11.0014 | NaN | NaN | NaN |
| **17376** | 2012-12-31 22:00:00 | 1 | 0 | 1 | 1 | 10.66 | 13.635 | 56 | 8.9981 | NaN | NaN | NaN |
| **17377** | 2012-12-31 23:00:00 | 1 | 0 | 1 | 1 | 10.66 | 13.635 | 65 | 8.9981 | NaN | NaN | NaN |

17378 rows × 12 columns

**❶** 인덱스가 0부터 17,377까지 잘 나타났습니다. **❷** 테스트 데이터에 casual, registered 피처와 count 타깃값이 없으므로 NaN^Not a Number^으로 표시된 것도 볼 수 있습니다.

### 파생 피처(변수) 추가

6.3.3절에서 다룬 피처 엔지니어링(파생 피처 추가)을 비슷한 방식으로 적용해보겠습니다(분석 정리 2, 3).

```python
from datetime import datetime

# 날짜 피처 생성
all_data['date'] = all_data['datetime'].apply(lambda x: x.split()[0])
# 연도 피처 생성
all_data['year'] = all_data['datetime'].apply(lambda x:
x.split()[0].split('-')[0])
# 월 피처 생성
all_data['month'] = all_data['datetime'].apply(lambda x:
x.split()[0].split('-')[1])
# 시 피처 생성
all_data['hour'] = all_data['datetime'].apply(lambda x:
x.split()[1].split(':')[0])
# 요일 피처 생성
all_data['weekday'] = all_data['date'].apply(lambda dateString :
datetime.strptime(dateString,"%Y-%m-%d").weekday())
```

훈련 데이터는 매달 1일부터 19일까지의 기록이고, 테스트 데이터는 매달 20일부터 월말까지의 기록입니다. 그러므로 대여 수량을 예측할 때 일(day) 피처는 사용할 필요가 없습니다. minute 와 second 피처도 모든 기록에서 값이 같으므로 예측에 사용할 필요가 없습니다. 그래서 day, minute, second는 피처로 생성하지 않았습니다(분석 정리 8, 9).

### 필요 없는 피처 제거

이제 훈련 데이터와 테스트 데이터에서 필요 없는 피처를 제거하겠습니다. casual과 registered 피처는 테스트 데이터에 없는 피처이므로 제거하겠습니다(분석 정리 4). datetime 피처는 인덱스 역할이고, date 피처가 갖는 정보는 다른 피처들(year, month, day)에도 담겨 있기 때문에 datetime과 date 피처도 필요 없습니다(분석 정리 5, 6). season 피처가 month의 대분류 성격이라서 month 피처도 제거하겠습니다(분석 정리 7). windspeed 피처도 타깃값과 상관관계가 약해서 제거하겠습니다(분석 정리 11).

```
drop_features = ['casual', 'registered', 'datetime', 'date', 'month', 'windspeed']

all_data = all_data.drop(drop_features, axis=1)
```

casual, registered, datetime, date, windspeed, month 피처를 제거했습니다. 필요 없는 피처를 제거함으로써 모델링할 때 사용할 피처를 모두 선별했습니다. 탐색적 데이터 분석에서 얻은 인사이트를 활용해 의미 있는 피처와 불필요한 피처를 구분한 것입니다. 이러한 과정을 피처 선택이라고 합니다.

> **피처 선택이란?**
>
> 모델링 시 데이터의 특징을 잘 나타내는 주요 피처만 선택하는 작업을 **피처 선택**feature selection이라고 합니다. 피처 선택은 머신러닝 모델 성능에 큰 영향을 줍니다. 타깃값 예측과 관련 없는 피처가 많다면 오히려 예측 성능이 떨어집니다. 피처가 많다고 무조건 좋은 게 아니라는 말입니다. 예측 성능을 높이려면 타깃값과 관련 있는 피처가 필요합니다.
>
> 피처 선택 방법에 정답은 없습니다. 어떤 피처를 선택해야 성능이 가장 좋을지 바로 알 방법은 없습니다. 탐색적 데이터 분석, 피처 중요도feature importance, 상관관계 매트릭스 등을 활용해 종합적으로 판단해야 합니다.

이상으로 모든 피처 엔지니어링을 끝냈습니다.

### 데이터 나누기

모든 피처 엔지니어링을 적용했으므로 훈련 데이터와 테스트 데이터를 다시 나누겠습니다.

```
# 훈련 데이터와 테스트 데이터 나누기 ❶
X_train = all_data[~pd.isnull(all_data'count')]
X_test = all_data[pd.isnull(all_data['count'])]

# 타깃값 count 제거 ❷
X_train = X_train.drop(['count'], axis=1)
X_test = X_test.drop(['count'], axis=1)

y = train['count'] # 타깃값 ❸
```

❶ 타깃값이 있으면 훈련 데이터이고, 없으면 테스트 데이터입니다. all_data['count']가 타깃값입니다. 따라서 all_data['count']가 null이 아니면 훈련 데이터입니다. 그래서 훈련 데이터를 추릴 때는 pd.isnull( ) 앞에 부정(not)을 의미하는 '~' 기호를 붙였습니다.

❷ 이렇게 나눈 X_train과 X_test에는 타깃값인 count도 포함돼 있어 제거했습니다. ❸ 그리고 타깃값인 train['count']는 변수 y에 따로 할당했습니다.

피처 엔지니어링을 모두 마친 후 훈련 데이터 구성이 어떻게 바뀌었는지 살펴보겠습니다.

```
X_train.head()
```

▼ 실행 결과 – 피처 엔지니어링 후의 훈련 데이터(X_train)

|   | season | holiday | workingday | weather | temp | atemp | humidity | year | hour | weekday |
|---|--------|---------|------------|---------|------|-------|----------|------|------|---------|
| 0 | 1 | 0 | 0 | 1 | 9.84 | 14.395 | 81 | 2011 | 00 | 5 |
| 1 | 1 | 0 | 0 | 1 | 9.02 | 13.635 | 80 | 2011 | 01 | 5 |
| 2 | 1 | 0 | 0 | 1 | 9.02 | 13.635 | 80 | 2011 | 02 | 5 |
| 3 | 1 | 0 | 0 | 1 | 9.84 | 14.395 | 75 | 2011 | 03 | 5 |
| 4 | 1 | 0 | 0 | 1 | 9.84 | 14.395 | 75 | 2011 | 04 | 5 |

6.3.2절에서 확인한 처음 훈련 데이터와 비교해보면 datetime, windspeed, casual, registered, count가 빠졌고, 대신 year, hour, weekday가 추가되었습니다.

## 6.4.2 평가지표 계산 함수 작성

훈련이란 어떠한 능력을 개선하기 위해 배우거나 단련하는 행위입니다. 따라서 훈련이 제대로 이루어졌는지 확인하려면 대상 능력을 평가할 수단, 즉 평가지표가 필요합니다. 그래서 본격적인 훈련에 앞서 본 경진대회 평가지표인 RMSLE를 계산하는 함수를 만들겠습니다.

```python
import numpy as np

def rmsle(y_true, y_pred, convertExp=True):
    # 지수변환 ❶
    if convertExp:
        y_true = np.exp(y_true)
        y_pred = np.exp(y_pred)

    # 로그변환 후 결측값을 0으로 변환 ❷
    log_true = np.nan_to_num(np.log(y_true+1))
    log_pred = np.nan_to_num(np.log(y_pred+1))

    # RMSLE 계산 ❸
    output = np.sqrt(np.mean((log_true - log_pred)**2))
    return output
```

실제 타깃값 y_true와 예측값 y_pred를 인수로 전달하면 RMSLE 수치를 반환하는 함수입니다. convertExp는 입력 데이터를 지수변환할지를 정하는 파라미터입니다. 기본값인 convertExp=True를 전달하면 ❶과 같이 y_true와 y_pred를 지수변환합니다. 지수변환에는 넘파이 내장 함수인 exp( )를 이용했습니다. 지수변환하는 이유는 타깃값으로 count가 아닌 log(count)를 사용하기 때문입니다. 예측한 log(count)에 지수변환을 하면 count를 구할 수 있습니다(분석 정리 1). 만약 타깃값이 정규분포를 따른다면 타깃값으로 count를 그대로 사용해도 됩니다. 그럴 경우 RMSLE를 계산할 때 지수변환을 하지 않아도 됩니다. ❷는 y_true와 y_pred를 로그변환하고(분석 정리 1) 결측값은 0으로 변환합니다. 참고로 np.log( ) 함수의 밑은 e입니다. np.nan_to_num( ) 함수는 NaN 결측값을 모두 0으로 바꾸는 기능을 합니다. 또한 np.log(y+1)은 간단히 np.log1p(y)로 표현하기도 합니다.[21]

❸은 아래 RMSLE 공식을 넘파이로 그대로 구현한 코드입니다. RMSLE 수치를 최종적으로 계산해줍니다.

$$\sqrt{\frac{1}{N}\sum_{i=1}^{N}\left(\log\left(y_i+1\right)-\log\left(\hat{y}_i+1\right)\right)^2}$$

> **Note** 사이킷런 1.0.2 이상에서는 코드 ❷, ❸ 대신 sklearn.metrics.mean_squared_log_error(y_true, y_pred, squared=False) 메서드를 이용하면 RMSLE를 구할 수 있습니다(책에서 사용한 사이킷런 버전에서는 squared 파라미터를 제공하지 않아서 이 메서드로 RMSLE를 구하지 못합니다). 그럼에도 수식을 직접 구현해보는 연습을 하는 것도 좋겠죠?

### 6.4.3 모델 훈련

데이터와 평가 함수가 준비되었으니 본격적으로 모델을 생성한 뒤 훈련시켜보겠습니다.

먼저 사이킷런이 제공하는 가장 간단한 선형 회귀 모델인 LinearRegression을 임포트하여 모델을 생성합니다.

---

[21] y의 값이 굉장히 작다면 np.log1p(y)와 np.log(y+1)의 결과가 달라집니다. 예를 들어, np.log(1e-100 + 1)은 0.0이고 np.log1p(1e-100)은 1e-100입니다.

```
from sklearn.linear_model import LinearRegression

linear_reg_model = LinearRegression()
```

이어서 훈련 데이터로 모델을 훈련시킵니다.

```
log_y = np.log(y) # 타깃값 로그변환
linear_reg_model.fit(X_train, log_y) # 모델 훈련
```

훈련 전에 타깃값을 로그변환했습니다(분석 정리 1). y는 타깃값인 train['count']를 할당한 변수였죠.

선형 회귀 모델을 훈련한다는 것은 독립변수(피처)인 X_train과 종속변수(타깃값)인 log_y에 대응하는 최적의 선형 회귀 계수를 구한다는 의미입니다. 선형 회귀 식은 다음과 같습니다.

$$Y = \theta_0 + \theta_1 x_1 + \theta_2 x_2 + \theta_3 x_3$$

이 선형 회귀 식으로 다시 설명해보겠습니다. 독립변수 $x_1$, $x_2$, $x_3$와 종속변수 $Y$를 활용하여 선형 회귀 모델을 훈련하면 독립변수와 종속변수에 대응하는 최적의 선형 회귀계수 $\theta_1$, $\theta_2$, $\theta_3$를 구할 수 있습니다. 이 과정이 '훈련'입니다. $\theta_1$, $\theta_2$, $\theta_3$ 값을 아는 상태에서 새로운 독립변수 $x_1$, $x_2$, $x_3$가 주어진다면 종속변수 $Y$를 구할 수 있습니다. 이 과정이 '예측'입니다. 훈련 단계에서 한 번도 보지 못한 독립변수가 주어지더라도 회귀계수를 알고 있기 때문에 종속변수를 예측할 수 있습니다.

▼ 선형 회귀 훈련과 예측의 의미

알고 있는 값

훈련 : $Y = \theta_0 + \theta_1 x_1 + \theta_2 x_2 + \theta_3 x_3$

$Y$ 종속변수(타깃값)
$\theta$ 회귀계수(가중치)
$x$ 독립변수(피처)

구하려는 값

예측 : $Y = \theta_0 + \theta_1 x_1 + \theta_2 x_2 + \theta_3 x_3$ ← 알고 있는 값

구하려는 값

다시 익숙한 용어로 풀어보면 다음과 같습니다.

- **훈련** : 피처(독립변수)와 타깃값(종속변수)이 주어졌을 때 최적의 가중치(회귀계수)를 찾는 과정
- **예측** : 최적의 가중치를 아는 상태(훈련된 모델)에서 새로운 독립변수(데이터)가 주어졌을 때 타깃값을 추정하는 과정

이 맥락에서 탐색적 데이터 분석과 피처 엔지니어링은 다음처럼 풀어 생각할 수 있습니다.

- **탐색적 데이터 분석** : 예측에 도움이 될 피처를 추리고, 적절한 모델링 방법을 탐색하는 과정
- **피처 엔지니어링** : 추려진 피처들을 훈련에 적합하도록, 성능 향상에 도움되도록 가공하는 과정

## 6.4.4 모델 성능 검증

훈련을 마쳤으니 예측을 해본 후 RMSLE 값까지 확인하겠습니다.

다음은 모델 성능 검증을 위해 예측을 수행하는 코드입니다.

```
preds = linear_reg_model.predict(X_train)
```

코드를 실행하면 훈련된 선형 회귀 모델이 X_train 피처를 기반으로 타깃값을 예측합니다.

그런데 검증 시 훈련 데이터를 사용했습니다. 모델을 훈련하고, 결과를 예측하고, 평가지표인 RMSLE까지 한번 구해보려고 시험 삼아 짠 것입니다. 원래는 훈련 시 훈련 데이터를 사용하고, 검증 시 검증 데이터를 사용하며, 테스트 시 테스트 데이터를 사용해야 합니다. 지금처럼 훈련 시 사용한 데이터를 예측할 때도 사용하는 경우는 거의 없습니다. 시험공부할 때 이미 풀어본 문제가 실제 시험에 나오면 안 되는 이유와 같습니다. 풀어본 문제가 나오면 당연히 쉽게 맞출 수 있기 때문이죠. 그러므로 이번 장에서 수행한 모델 성능 검증은 올바른 방법은 아닙니다. 단지 훈련과 예측을 코드로 어떻게 구현하는지 간단히 보여주려는 것이니 참고만 해주세요. 바로 다음 장에서 올바른 검증 방법을 배울 것입니다.

> **Note** 제출하기 전까지는 테스트 데이터로 RMSLE를 구할 수 없습니다. RMSLE를 구하려면 예측 타깃값과 실제 타깃값이 있어야 하는데 테스트 데이터에는 실제 타깃값이 없기 때문이죠. 이런 경우에 보통 훈련 데이터를 훈련용과 검증용으로 나눠서 훈련용 데이터로는 모델을 훈련하고, 검증용 데이터로는 훈련된 모델의 성능을 평가합니다. 이 방법은 다음 장에서 알아보겠습니다. 이번 장에서는 모델 훈련과 예측을 코드로 어떻게 수행하는지 전체적인 흐름만 이해하시면 충분합니다.

마지막으로 예측 결과로부터 훈련이 얼마나 잘 되었는지를 평가해보겠습니다. 타깃값 log_y와 예측 결과 preds 사이의 RMSLE 값을 구하면 됩니다.

```python
print (f'선형 회귀의 RMSLE 값 : {rmsle(log_y, preds, True):.4f}')
```
```
선형 회귀의 RMSLE 값 : 1.0205
```

rmsle( ) 함수의 세 번째 인수로 True를 전달했으므로 RMSLE를 계산하기 전에 지수변환을 해줍니다(기본값이 True이므로 생략해도 됩니다). ':.4f'는 소수점 넷째 자리까지 구하라는 명령어입니다. 출력 결과에서 볼 수 있듯이 단순 선형 회귀 모델의 RMSLE 값은 1.02입니다.

## 6.4.5 예측 및 결과 제출

베이스라인 모델로 예측한 결과를 제출해보겠습니다. 주의할 점은 두 가지입니다.

1 테스트 데이터로 예측한 결과를 이용해야 합니다. 앞서 모델 성능 검증 과정에서는 RMSLE 값을 구해보고자 훈련 데이터를 이용했습니다.

2 예측한 값에 지수변환을 해줘야 합니다. 현재 예측값이 count가 아니라 log(count)이기 때문입니다.

```python
linearreg_preds = linear_reg_model.predict(X_test) # 테스트 데이터로 예측

submission['count'] = np.exp(linearreg_preds)      # 지수변환
submission.to_csv('submission.csv', index=False) # 파일로 저장
```

to_csv( )는 DataFrame을 csv 파일로 저장하는 함수입니다. index=False로 설정해야 DataFrame 인덱스를 제외하고 저장합니다.

이제 다 끝났습니다. 커밋 후 제출해보겠습니다. 제출 방법은 2.4절의 설명을 참고하세요.

▼ 기본 선형 회귀 모델 평가점수

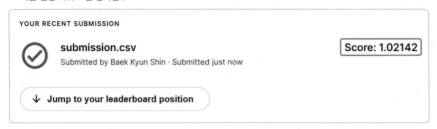

제출 결과 평가점수는 1.02142입니다. 이 점수면 2,773등이므로 3,242명 중 상위 85.5%입니다. 만족스럽지 못한 결과군요. 다음 절에서는 다른 모델들과 최적화 기법을 이용하여 더 높은 등수에 도전해보겠습니다.

# 6.5 성능 개선 I : 릿지 회귀 모델

앞 절에서 베이스라인 모델을 만들어 제출까지 해봤습니다. 이번 절부터는 사이킷런이 제공하는 모델 중 세 가지(릿지ridge, 라쏘lasso, 랜덤 포레스트random forest 회귀)를 더 다뤄보며 가장 우수한 모델이 무엇인지 알아보겠습니다.

먼저 릿지 회귀 모델입니다.

릿지 회귀 모델은 L2 규제를 적용한 선형 회귀 모델입니다. **규제**regularization란 모델이 훈련 데이터에 과대적합overfitting되지 않도록 해주는 방법입니다. 훈련 데이터에 과대적합되면 모델이 훈련 데이터에만 너무 잘 들어맞고, 테스트 데이터로는 제대로 예측하지 못합니다. 따라서 모델이 과대적합되지 않게 훈련하는 게 중요합니다. 규제는 이럴 때 사용하는 방법입니다.

릿지 회귀 모델은 성능이 좋은 편은 아닙니다. 캐글러도 잘 쓰지 않습니다. 단순 선형 회귀 모델보다 과대적합이 적은 모델 정도로 생각하면 됩니다.

성능 개선 프로세스는 베이스라인 모델 때와 비슷합니다.

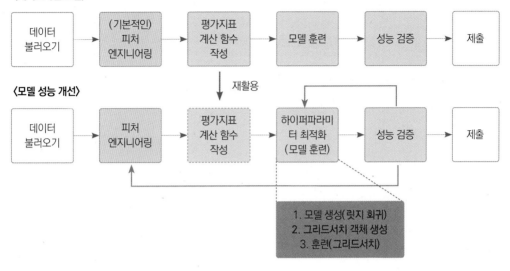

▼ 베이스라인 모델과 모델 성능 개선 프로세스 비교

보다시피 피처 엔지니어링을 본격적으로 수행하며 모델 훈련 단계에서 하이퍼파라미터를 최적화합니다. 그리고 성능이 만족스럽지 못하면 피처 엔지니어링이나 하이퍼파라미터 최적화를 더 고민해봅니다.

이번 장은 튜토리얼이므로 피처 엔지니어링을 추가로 진행하진 않겠습니다. 그러니 평가지표 계산 함수 작성 단계까지는 베이스라인 모델과 똑같습니다. 베이스라인용 노트북을 복사한 뒤, '데이터 불러오기' → '피처 엔지니어링' → '평가지표 계산 함수 작성'까지 진행해주세요.

## 6.5.1 하이퍼파라미터 최적화(모델 훈련)

이번에는 '모델 훈련' 단계에서 그리드서치 기법을 사용할 것입니다. **그리드서치**grid search[22]는 하이퍼파라미터를 격자grid처럼 촘촘하게 순회하며 최적의 하이퍼파라미터 값을 찾는 기법입니다. 각 하이퍼파라미터를 적용한 모델마다 교차 검증cross-validation[23]하며 성능을 측정하여 최종적으로 성능이 가장 좋았을 때의 하이퍼파라미터 값을 찾아줍니다.

---

22 5.7.1절 '그리드서치' 참고
23 5.5절 '교차 검증' 참고

▼ 그리드서치 도식

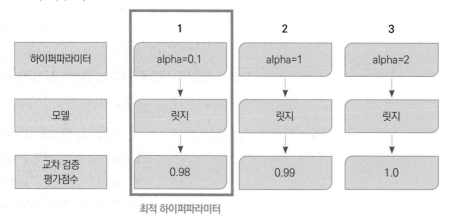

최적 하이퍼파라미터

교차 검증 평가점수는 보통 에러 값이기 때문에 낮을수록 좋습니다. 즉, 이 그림에서는 alpha=0.1일 때 평가점수가 가장 좋습니다. 따라서 최적 alpha 값은 0.1입니다(alpha는 릿지 모델의 파라미터입니다).

그리드서치를 이용하지 않으면 alpha에 0.1, 1, 2 등의 값을 전달하여 교차 검증으로 모델 성능을 각각 측정해야 합니다. 수작업으로 하나하나 수행한 뒤 최적 하이퍼파라미터를 찾아야 하니 무척 번거롭습니다. 특히 하이퍼파라미터의 개수가 하나 늘어날 때마다 번거로움은 기하급수적으로 커질 것입니다. 그리드서치는 이 일을 자동으로 해줍니다. 테스트하려는 하이퍼파라미터와 값의 범위만 전달하면 알아서 모든 가능한 조합을 순회하며 교차 검증합니다.

그리드서치가 추가되면서 하이퍼파라미터 최적화 절차는 다음 그림처럼 세분화됩니다.

▼ 하이퍼파라미터 최적화 절차(그리드서치)

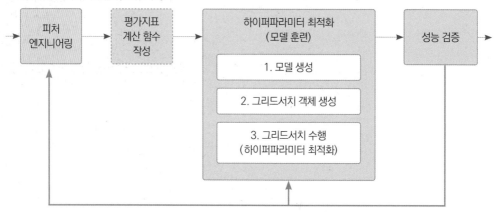

이제 그리드서치로 최적의 릿지 회귀 모델을 찾아내는 코드를 살펴봅시다.

## 모델 생성

가장 먼저 릿지 모델을 생성합니다.

```
                                          https://www.kaggle.com/werooring/ch6-modeling
from sklearn.linear_model import Ridge
from sklearn.model_selection import GridSearchCV
from sklearn import metrics


ridge_model = Ridge()
```

특별한 것 없이 사이킷런의 기본 릿지 모델을 생성했습니다. 새로 추가된 임포트문들은 이어지는 단계들에서 사용합니다.

## 그리드서치 객체 생성

이어서 그리드서치 객체를 생성합니다. 앞서 그리드서치는 '하이퍼파라미터의 값'을 바꿔가며 '모델'의 성능을 교차 검증으로 '평가'해 최적의 하이퍼파라미터 값을 찾아준다고 했습니다. 이 말은 그리드서치 객체가 다음의 세 가지를 알고 있어야 한다는 뜻입니다.

1 비교 검증해볼 하이퍼파라미터 값 목록
2 대상 모델
3 교차 검증용 평가 수단(평가 함수)

대상 모델은 앞서 만들었으니, 하이퍼파라미터 값 목록과 평가 함수만 더 준비하면 됩니다.

릿지 모델은 규제를 적용한 회귀 모델이라고 했습니다. 릿지 모델에서 중요한 하이퍼파라미터는 alpha로, 값이 클수록 규제 강도가 세집니다. 적절한 규제를 적용한다면, 즉 alpha를 적당한 크기로 하면 과대적합 문제를 개선할 수 있습니다.

```
# 하이퍼파라미터 값 목록 ❶
ridge_params = {'max_iter':[3000], 'alpha':[0.1, 1, 2, 3, 4, 10, 30, 100, 200,
300, 400, 800, 900, 1000]}

# 교차 검증용 평가 함수(RMSLE 점수 계산)
rmsle_scorer = metrics.make_scorer(rmsle, greater_is_better=False)
```

```
# 그리드서치(with 릿지) 객체 생성 ❷
gridsearch_ridge_model = GridSearchCV(estimator=ridge_model,    # 릿지 모델
                                      param_grid=ridge_params,  # 값 목록
                                      scoring=rmsle_scorer,     # 평가지표
                                      cv=5)                     # 교차 검증 분할 수
```

❷ 그리드서치 객체를 생성하는 GridSearchCV( ) 함수의 주요 파라미터는 다음과 같습니다.

- **estimator** : 분류 및 회귀 모델
- **param_grid** : 딕셔너리 형태로 모델의 하이퍼파라미터명과 여러 하이퍼파라미터 값을 지정
- **scoring** : 평가지표. 사이킷런에서 기본적인 평가지표를 문자열 형태로 제공함. 예를 들어, 정확도는 'accuracy', F1 점수는 'f1', ROC-AUC는 'roc_auc', 재현율은 'recall'로 표시함. 사이킷런에서 제공하는 평가지표를 사용하지 않고 별도로 만든 평가지표를 사용해도 됨. 앞의 코드에서는 mertics.make_scorer를 활용해 별도로 만든 평가지표를 사용. make_scorer는 평가지표 계산 함수와 평가지표 점수가 높으면 좋은지 여부 등을 인수로 받는 교차 검증용 평가 함수임
- **cv** : 교차 검증 분할 개수(기본값은 5)

한편 ❶ 하이퍼파라미터 값 목록에서 max_iter는 3000으로 고정했고, alpha는 0.1에서 1000 까지 다양합니다. 그리드서치 객체는 param_grid로 전달된 모든 하이퍼파라미터를 대입해 교차 검증으로 모델 성능 점수를 계산하여 어떤 값일 때 점수가 가장 좋은지 찾아줍니다. 하지만 모든 값에 대해 교차 검증 개수만큼 훈련 및 평가하므로 시간이 오래 걸립니다. 예시 코드에서는 데이터가 적고 모델이 단순해서 괜찮습니다만, 데이터가 많고 복잡한 모델을 사용하면 GridSearchCV의 수행 시간은 상당히 길어집니다.

> **warning** 교차 검증 시에는 해당 경진대회의 평가지표를 그대로 사용해야 합니다. 평가 방식이 다르면 애써 찾은 최적의 하이퍼파라미터가 대회 성적과는 무관한 쪽으로 우수한(?) 예측 결과를 내어줄 것입니다.

## 그리드서치 수행

다음은 방금 만든 그리드서치 객체를 이용하여 그리드서치를 수행합니다.

```
log_y = np.log(y) # 타깃값 로그변환
gridsearch_ridge_model.fit(X_train, log_y) # 훈련(그리드서치)
```

코드가 일관되도록 그리드서치 객체도 모델 객체와 똑같이 fit( ) 메서드를 제공합니다. fit( )을 실행하면 객체 생성 시 param_grid에 전달된 값들을 순회하면서 교차 검증으로 평가지표 점수를 계산합니다. 이때 가장 좋은 성능을 보인 값을 best_params_ 속성에 저장하며, 이 최적 값으로 훈련한 모델(최적 예측기)을 best_estimator_ 속성에 저장합니다.

그렇다면 최적 하이퍼파라미터로는 어떤 값이 선정되었는지 살펴봅시다.

```
print('최적 하이퍼파라미터 :', gridsearch_ridge_model.best_params_)
```
```
최적 하이퍼파라미터 : {'alpha': 0.1, 'max_iter': 3000}
```

출력 결과를 보면 alpha가 0.1이고 max_iter가 3000일 때 가장 좋은 성능을 낸다는 사실을 알 수 있습니다.

## 6.5.2 성능 검증

이후 과정은 간단하니 한꺼번에 진행하겠습니다.

그리드서치를 완료하고 나면 그리드서치 객체의 best_estimator_ 속성에 최적 예측기가 저장되어 있습니다. 따라서 예측은 그리드서치 객체의 best_estimator_ 속성에 저장된 모델로 수행하면 됩니다.

```
# 예측
preds = gridsearch_ridge_model.best_estimator_.predict(X_train)

# 평가
print(f'릿지 회귀 RMSLE 값 : {rmsle(log_y, preds, True):.4f}')
```
```
릿지 회귀 RMSLE 값 : 1.0205
```

참 값(log_y)과 예측값(preds) 사이의 RMSLE는 1.02로, 선형 회귀 모델의 결과와 다르지 않음을 알 수 있습니다. 따라서 이번 결과는 굳이 제출하지 않겠습니다.

# 6.6 성능 개선 II : 라쏘 회귀 모델

라쏘 회귀 모델은 L1 규제를 적용한 선형 회귀 모델입니다. 앞 절에서 다룬 릿지 회귀 모델과 마찬가지로 성능이 좋은 편은 아니라서 캐글러들이 잘 쓰지 않습니다. 달리 말하자면, 나중에 여러분이 직접 만드는 모델은 적어도 릿지나 라쏘보다는 성능이 좋아야 할 것입니다.

이번 대회의 문제에서 라쏘 회귀 모델이 어느 정도의 성능을 보이는지 측정해보겠습니다.

> **Note** 별도 노트북 파일을 만들어도 되지만 '평가지표 계산 함수 작성' 단계까지가 계속 똑같기 때문에 6.5절의 노트북을 그대로 사용하겠습니다.

## 6.6.1 하이퍼파라미터 최적화(모델 훈련)

사용한 모델과 파라미터만 다를 뿐 릿지 회귀 때와 똑같은 흐름입니다(rmsle_scorer 함수는 릿지 회귀 때 정의한 것을 재활용했습니다). 릿지 회귀와 마찬가지로 alpha는 규제 강도를 조정하는 파라미터입니다.

```
from sklearn.linear_model import Lasso

# 모델 생성
lasso_model = Lasso()
# 하이퍼파라미터 값 목록
lasso_alpha = 1/np.array([0.1, 1, 2, 3, 4, 10, 30, 100, 200, 300, 400, 800, 900,
1000])
lasso_params = {'max_iter':[3000], 'alpha':lasso_alpha}
# 그리드서치(with 라쏘) 객체 생성
gridsearch_lasso_model = GridSearchCV(estimator=lasso_model,
                                      param_grid=lasso_params,
                                      scoring=rmsle_scorer,
                                      cv=5)
# 그리드서치 수행
log_y = np.log(y)
gridsearch_lasso_model.fit(X_train, log_y)

print('최적 하이퍼파라미터 :', gridsearch_lasso_model.best_params_)
```
```
최적 하이퍼파라미터 : {'alpha': 0.00125, 'max_iter': 3000}
```

## 6.6.2 성능 검증

그리드서치로 찾은 최적 예측기로 예측하여 RMSLE 값을 확인해보겠습니다.

```
# 예측
preds = gridsearch_lasso_model.best_estimator_.predict(X_train)

# 평가
print(f'라쏘 회귀 RMSLE 값 : {rmsle(log_y, preds, True):.4f}')
```
```
라쏘 회귀 RMSLE 값 : 1.0205
```

결과를 보면 RMSLE 값은 1.02로, 여전히 개선되지 않았습니다. 그래서 이번에도 결과 제출은 생략하겠습니다.


# 6.7 성능 개선 III : 랜덤 포레스트 회귀 모델

마지막으로 랜덤 포레스트 회귀 모델을 사용해보겠습니다. 랜덤 포레스트 회귀는 간단히 생각하면 훈련 데이터를 랜덤하게 샘플링한 모델 n개를 각각 훈련하여 결과를 평균하는 방법입니다.[24]

역시 앞서 살펴본 릿지 회귀, 라쏘 회귀와 같은 흐름입니다.

> **Note** '평가지표 계산 함수 작성' 단계까지가 계속 똑같기 때문에 앞 절의 노트북을 그대로 사용하겠습니다.


## 6.7.1 하이퍼파라미터 최적화(모델 훈련)

랜덤 포레스트 회귀 모델로 그리드서치를 수행하고 최적 하이퍼파라미터 값까지 출력해보겠습니다.

```
from sklearn.ensemble import RandomForestRegressor

# 모델 생성
```

---

**24** 5.6.5절 '랜덤 포레스트' 참고

```
randomforest_model = RandomForestRegressor()
# 그리드서치 객체 생성
rf_params = {'random_state':[42], 'n_estimators':[100, 120, 140]} # ❶
gridsearch_random_forest_model = GridSearchCV(estimator=randomforest_model,
                                              param_grid=rf_params,
                                              scoring=rmsle_scorer,
                                              cv=5)
# 그리드서치 수행
log_y = np.log(y)
gridsearch_random_forest_model.fit(X_train, log_y)
print('최적 하이퍼파라미터 :', gridsearch_random_forest_model.best_params_)
```
```
최적 하이퍼파라미터 : {'n_estimators': 140, 'random_state': 42}
```

❶ 그리드서치를 수행할 때 사용한 랜덤 포레스트 회귀 모델의 파라미터는 random_state와 n_estimators입니다. random_state는 랜덤 시드값으로, 값을 명시하면 코드를 다시 실행해도 같은 결과를 얻을 수 있습니다. n_estimators는 랜덤 포레스트를 구성하는 결정 트리 개수를 의미합니다.

랜덤 포레스트부터는 그리드서치에 시간이 좀 걸립니다.

## 6.7.2 모델 성능 검증

최적 예측기의 성능을 확인해보죠.

```
# 예측
preds = gridsearch_random_forest_model.best_estimator_.predict(X_train)

# 평가
print(f'랜덤 포레스트 회귀 RMSLE 값 : {rmsle(log_y, preds, True):.4f}')
```
```
랜덤 포레스트 회귀 RMSLE 값: 0.1126
```

랜덤 포레스트 회귀 모델을 사용하니 RMSLE 값이 큰 폭으로 개선되었네요. 선형 회귀, 릿지 회귀, 라쏘 회귀 모델의 RMSLE 값은 모두 1.02였습니다. 반면 랜덤 포레스트 회귀 모델은 0.11입니다(값이 작을수록 좋습니다). 네 모델 중 성능이 가장 좋은 모델은 랜덤 포레스트입니다.

### 6.7.3 예측 및 결과 제출

이제 성능이 가장 좋은 모델의 예측 결과를 제출하면 경진대회가 모두 끝이 납니다. 검증 결과 랜덤 포레스트 회귀 모델의 성능이 가장 좋았습니다. 물론 성능 측정을 훈련 데이터로 했기 때문에 테스트 데이터에서도 성능이 좋다고 보장할 수는 없습니다. 다행히 본 경진대회는 훈련 데이터와 테스트 데이터의 분포가 비슷합니다. 두 데이터 분포가 비슷하면 과대적합 문제가 상대적으로 적기 때문에 훈련 데이터에서 성능이 좋다면 테스트 데이터에서도 좋을 가능성이 큽니다.

그러면 훈련 데이터 타깃값과 테스트 데이터 타깃 예측값의 분포를 살펴보겠습니다. histplot()으로 분포도(히스토그램)를 그려보죠. histplot() 함수는 ax 파라미터를 사용해 여러 축에 그래프를 그릴 수 있습니다.

> **Note** 일반적으로는 분포도를 그릴 때 활용 범위가 넓은 displot()을 사용하지만 여기서는 ax 파라미터를 이용하려고 histplot()을 사용했습니다.

```python
import seaborn as sns
import matplotlib.pyplot as plt

randomforest_preds = gridsearch_random_forest_model.best_estimator_.predict(X_
test)

figure, axes = plt.subplots(ncols=2)
figure.set_size_inches(10, 4)

sns.histplot(y, bins=50, ax=axes[0])
axes[0].set_title('Train Data Distribution')
sns.histplot(np.exp(randomforest_preds), bins=50, ax=axes[1])
axes[1].set_title('Predicted Test Data Distribution');
```

▼ 실행 결과 – 훈련 데이터 타깃값, 테스트 데이터 타깃 예측값 분포

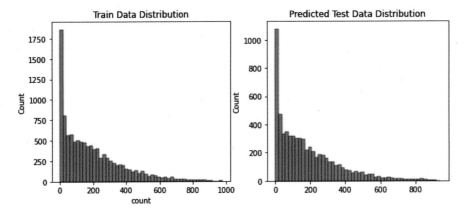

보다시피 두 데이터의 분포가 비슷합니다.

랜덤 포레스트로 예측한 결과를 파일로 저장하고, 커밋 후 제출해보세요.

```
submission['count'] = np.exp(randomforest_preds) # 지수변환
submission.to_csv('submission.csv', index=False)
```

▼ 랜덤 포레스트 모델 평가점수

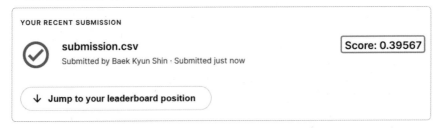

제출 결과 평가점수는 0.39567입니다. 이 점수면 등수가 193등으로, 상위 6.0%입니다(베이스라인 모델은 상위 85.5%였습니다). 상위 10%까지 동메달이므로 동메달을 딸 수 있는 등수군요. 단, 본 대회는 플레이그라운드 대회이기 때문에 메달이 수여되지는 않습니다. 이처럼 간단한 피처 엔지니어링과 기본 모델로도 꽤 높은 등수를 기록할 수 있습니다.

> **TIP** 지금은 공부하는 단계라서 코드 셀 각각을 실행한 뒤 마지막에 커밋하는 식으로 설명했지만, 시간을 아끼려면 전체 코드를 한 번에 실행하면서 동시에 커밋해도 됩니다. 즉, 캐글 노트북 위쪽의 [Run All] 버튼을 클릭하고 바로 커밋을 누르면, 코드 실행이 끝나고 얼마 지나지 않아 커밋도 완료됩니다. 8장부터는 코드 실행 시간이 꽤 길어질 테니 참고해주세요.

# 학습 마무리

자전거 대여 수요 예측 경진대회를 통해 머신러닝 모델링 프로세스를 배웠습니다. 탐색적 데이터 분석으로 데이터 구성도 파악하고, 간단한 분석도 수행했습니다. 몇 가지 회귀 모델을 훈련하고 성능을 측정해봤습니다. 랜덤 포레스트 회귀 모델로 예측한 결과를 제출해 동메달권 점수를 기록했습니다.

또한 이 책에서 각 경진대회를 풀어가는 방식도 경험해보았습니다. 정리하면 다음 그림과 같은 흐름입니다.

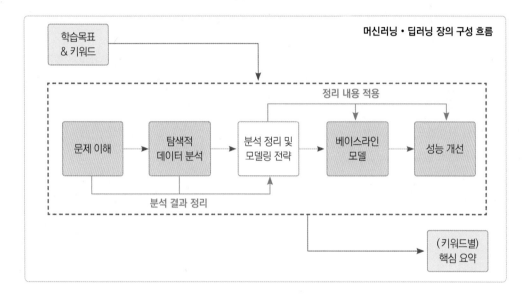

## 핵심 요약

1 **캐글 경진대회 프로세스**는 크게 '경진대회 이해' → '탐색적 데이터 분석' → '베이스라인 모델' → '성능 개선' 순으로 진행됩니다. 일반적인 머신러닝/딥러닝 문제를 해결할 때도 그대로 적용할 수 있습니다.

   ○ **경진대회 이해** 단계에서는 대회의 취지와 문제 유형을 정확히 파악하고, 평가지표를 확인합니다.

   ○ **탐색적 데이터 분석** 단계에서는 시각화를 포함한 각종 기법을 동원해 데이터를 분석하여, 피처 엔지니어링과 모델링 전략을 수립합니다.

- **베이스라인 모델** 단계에서는 본격적인 최적화에 앞서 기본 모델을 제작합니다. 유사한 문제를 풀 때 업계에서 흔히 쓰는 모델이나 직관적으로 떠오르는 모델을 선택합니다.
- **성능 개선** 단계에서는 베이스라인 모델보다 나은 성능을 목표로 각종 최적화를 진행합니다.

2 타깃값이 정규분포에 가까울수록 회귀 모델의 성능이 좋습니다. 한쪽으로 치우친 타깃값은 로그변환하면 정규분포에 가까워지고, 결괏값을 지수변환하면 원래 타깃값 형태로 복원됩니다(**타깃값 변환**).

3 훈련 데이터에서 이상치를 제거하면 일반화 성능이 좋아질 수 있습니다(**이상치 제거**).

4 기존 피처를 분해/조합하여 모델링에 도움되는 새로운 피처를 추가할 수 있습니다(**파생 피처 추가**).

5 반대로 불필요한 피처를 제거해주면 성능도 좋아지고, 훈련 속도도 빨라집니다(**피처 제거**).

6 **선형 회귀**, **릿지**, **라쏘** 모델은 회귀 문제를 푸는 대표적인 모델이지만, 너무 기본적이라 실전에서 단독으로 최상의 성능을 기대하기는 어렵습니다.

7 **랜덤 포레스트 회귀** 모델은 여러 모델을 묶어 (대체로) 더 나은 성능을 이끌어내는 간단하고 유용한 모델입니다.

8 **그리드서치**는 교차 검증으로 최적의 하이퍼파라미터 값을 찾아주는 기법입니다.

# 실전 문제

**1** season vs. month. 어느 피처를 선택해야 할까요?

피처 엔지니어링 과정에서 month 피처의 특성이 season에 녹아 있다는 이유로 month 피처는 삭제했습니다. 그런데 얼핏 생각해보면 season보다 month가 더 세분화되어 있으니 month를 기준으로 훈련하면 예측 정확도가 더 좋아지지 않을까요? 실제로 season 대신 month를 남긴 후 똑같이 훈련하여 RMSLE 값과 등수를 확인해보세요.

**1 정답** • RMSLE 값 : 0.1091    • Private 점수 : 0.45625 (898등)    • Public 점수 : 0.45625 (898등)

훈련 데이터 RMSLE 값은 살짝 좋아졌는데, 제출하니 등수가 확 떨어졌을 겁니다. 우선, 본문에서도 설명했듯이 훈련 데이터로 모델을 훈련하고, 다시 똑같은 훈련 데이터로 RMSLE 값을 구하는 건 올바른 모델 성능 검증 방법이 아닙니다. 따라서 season 대신 month 피처를 남겨 모델링했을 때 훈련 데이터 RMSLE 값이 더 좋아졌다고 해서 실제로도 성능이 좋아지는 건 아닙니다. 다시 말해, 여기서 구한 RMSLE 값을 전적으로 신뢰하기는 어렵다는 말입니다.

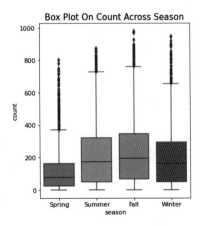

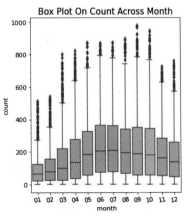

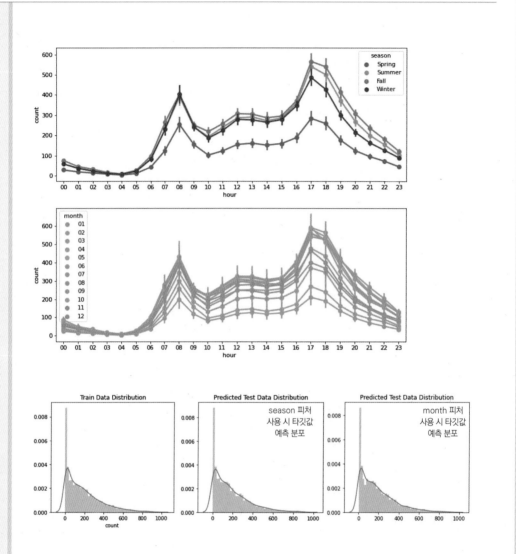

경진대회

# 범주형 데이터 이진분류

**범주형 데이터 이진분류**

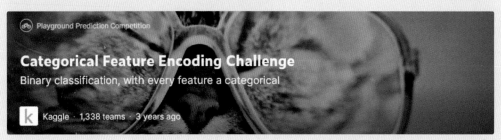

https://www.kaggle.com/c/cat-in-the-dat

| 난이도 | ★★☆ | | |
|---|---|---|---|
| 경진대회명 | 범주형 데이터 이진분류 경진대회 | | |
| 미션 | 다양한 범주형 데이터를 활용해 타깃값 1에 속할 확률 예측 | | |
| 문제 유형 | 이진분류 | 평가지표 | ROC AUC |
| 데이터 크기 | 64.8MB | 참가팀 수 | 1,338 팀 |
| 제출 시 사용한 모델 | 로지스틱 회귀 | | |
| 파이썬 버전 | 3.7.10 | | |
| 사용 라이브러리 및 버전 | • pandas (pandas==1.3.2)<br>• seaborn (seaborn==0.11.2)<br>• matplotlib (matplotlib==3.4.3)<br>• sklearn (scikit-learn==0.23.2)<br>• scipy (scipy==1.7.1) | | |
| 예제 코드 캐글 노트북 | 1 탐색적 데이터 분석 : https://www.kaggle.com/werooring/ch7-eda<br>2 베이스라인 모델 : https://www.kaggle.com/werooring/ch7-baseline<br>3 성능 개선 I : https://www.kaggle.com/werooring/ch7-modeling<br>4 성능 개선 II : https://www.kaggle.com/werooring/ch7-modeling2 | | |
| 환경 세팅된 노트북 양식 | https://www.kaggle.com/werooring/ch7-notebook | | |

#MUSTHAVE

| | |
|---|---|
| ☐ **학습 목표** | 이번 장에서는 범주형 데이터를 활용해 이진분류하는 경진대회에 참가해봅니다. 피처 구성을 이해하기 위해 **탐색적 데이터 분석을 자세히** 다루며, 모델링 단계에서는 간단한 베이스라인 모델을 먼저 살펴봅니다. 이어서 베이스라인 모델의 성능을 향상시켜, 최종적으로 프라이빗 리더보드에서 2등을 기록하는 모델을 만들어봅니다. 이번 경진대회에서 **데이터 특성에 따른 맞춤형 인코딩 방법**을 배울 수 있습니다. |

☐ **학습 순서**

```
┌──────────┐    ┌──────────┐    ┌──────────────┐
│경진대회 이해│ →  │  탐색적  │ →  │ 베이스라인 모델 │
│          │    │데이터 분석│    │ (로지스틱 회귀) │
└──────────┘    └──────────┘    └──────────────┘
                                        │
                                        ▼
┌──────────────────┐    ┌──────────────────┐
│    성능 개선 II    │ ← │    성능 개선 I     │
│(검증 데이터까지 훈련에 이용)│    │(피처 엔지니어링 강화)│
└──────────────────┘    └──────────────────┘
```

☐ **학습 키워드**

- **유형 및 평가지표** : 이진분류, ROC AUC
- **탐색적 데이터 분석** : 피처 요약표, 타깃값 분포, 이진/명목형/순서형/날짜 피처 분포
- **머신러닝 모델** : 로지스틱 회귀
- **피처 엔지니어링** : 원-핫 인코딩, 피처 맞춤 인코딩, 피처 스케일링
- **하이퍼파라미터 최적화** : 그리드서치

# 7.1 경진대회 이해

이번 장에서는 범주형 데이터 이진분류 경진대회Categorical Feature Encoding Challenge에 참가해보겠습니다. 본 경진대회는 2019년 8월부터 12월까지 다섯 달 동안 진행됐으며, 참가한 팀은 총 1,338팀입니다. 6장과 마찬가지로 플레이그라운드 대회라 난이도가 쉬운 편입니다.

본 대회의 목표는 범주형 피처 23개를 활용해 해당 데이터가 타깃값 1에 속할 확률을 예측하는 것입니다. 본 경진대회는 특이점이 세 가지 있습니다.

첫째, 인위적으로 만든 데이터를 제공합니다. 대부분의 경진대회에서 제공하는 실제 데이터는 깔끔하게 정리되어 있지 않은 경우가 많아서, 연습용으로는 인공 데이터가 오히려 좋습니다.

둘째, 각 피처와 타깃값의 의미를 알 수 없습니다. 인위로 만들 때 데이터에 아무런 의미를 부여하지 않기 때문입니다. 이런 경우 배경 지식을 활용하지 못합니다. 6장에서 다룬 경진대회를 생각해보시죠. 날씨가 좋을수록 자전거 대여 수량이 많다고 예상할 수 있었습니다. 데이터 분포를 보지 않아도 배경 지식과 직관만으로 쉽게 예상했습니다. 하지만 피처와 타깃값의 의미를 모르면 활용할 수 있는 배경 지식이 없겠죠? 따라서 이번 경진대회는 순전히 데이터만 보고 접근해야 합니다.

마지막으로, 제공되는 데이터는 모두 범주형입니다.[1] 값이 두 개로만 구성된 데이터부터 순서형 데이터ordinal data, 명목형 데이터nominal data, 날짜 데이터까지 다양합니다. 데이터 이름에는 일정한 규칙이 있습니다. 피처 이름에 따른 데이터 종류에 관해서는 경진대회 Data 메뉴[2]에 소개돼 있습니다. bin_로 시작하는 피처는 이진 피처, nom_로 시작하는 피처는 명목형 피처, ord_로 시작하는 피처는 순서형 피처입니다.[3] day와 month는 날짜 피처입니다. 또한, 순서형 피처 중 ord_3, ord_4, ord_5는 알파벳순으로 고윳값 순서를 매겼다고 합니다.

타깃값도 범주형 데이터입니다. 0과 1, 두 개로 구성돼 있습니다. 타깃값이 두 가지이므로 본 경진대회는 이진분류[4] 문제에 속합니다.

---

1   4.1.2절 '범주형 데이터' 참고

2   https://www.kaggle.com/c/cat-in-the-dat/data

3   값이 두 개로만 이루어진 피처를 이진 피처, 명목형 데이터로 구성된 피처를 명목형 피처, 순서형 데이터로 구성된 피처를 순서형 피처라고 지칭하겠습니다.

4   5.1.1절 '분류' 참고

이런 특이한 데이터를 분석해보는 이유는 머신러닝 프로젝트에서 범주형 데이터를 다룰 일이 많기 때문입니다. 이 대회를 통해 범주형 데이터 인코딩[5] 방법을 숙달할 수 있습니다.

> **Note** 참고로 분류 문제에서는 타깃값 자체를 예측할 수도 있고 타깃값일 확률을 예측할 수도 있습니다만, 주로 확률을 예측합니다. 즉, 타깃값이 0이냐 1이냐가 아니라, '1일 확률'을 예측합니다. 타깃값 자체를 확실하게 예측하기는 어렵기 때문에 확률로 예측하는 겁니다. 한편, 음성 값일 확률보다는 대체로 양성 값일 확률로 예측합니다. 이유는 무엇일까요? 일반적으로 0은 음성, 1은 양성을 나타냅니다. 스팸 메일을 거르는 문제라면 0은 일반 메일, 1은 스팸 메일을 뜻합니다. 암을 진단하는 문제에서도 0은 정상, 1은 암 진단을 의미합니다. 이런 문제들에서 우리가 알고 싶은 값은 스팸 메일일 확률이나 암일 확률입니다. 즉, 양성 값인 1일 확률을 알고 싶은 겁니다.

## 7.2 탐색적 데이터 분석

캐글 검색창에 "Categorical Feature Encoding Challenge"를 검색해서 경진대회에 참가합니다.

> **Note** 검색 결과에 "Categorical Feature Encoding Challenge II" 경진대회도 같이 뜰 겁니다. 이는 두 번째 대회입니다. "II"가 붙지 않은 첫 번째 대회를 선택하세요.

경진대회 접속 방법과 세부 메뉴는 6장에서 이미 설명했습니다. 그러니 이번 장부터는 바로 탐색적 데이터 분석부터 시작하겠습니다. 탐색적 데이터 분석으로 데이터 전반을 살펴보고, 제거해야 할 피처가 있는지 알아보겠습니다.

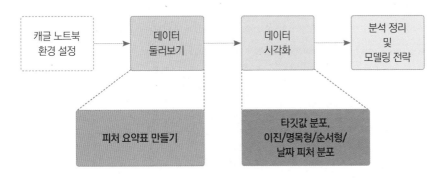

---

5   5.3절 '데이터 인코딩' 참고

이번 절에서는 본 경진대회에서 추천수가 두 번째로 많은 다음 코드를 참고했습니다.

- https://www.kaggle.com/kabure/eda-feat-engineering-encode-conquer

## 7.2.1 데이터 둘러보기

먼저 데이터가 어떻게 구성돼 있는지 살펴봐야겠죠? 훈련, 테스트, 제출 샘플 데이터를 불러오겠습니다.

```
import pandas as pd
# 데이터 경로
data_path ='/kaggle/input/cat-in-the-dat/'

train = pd.read_csv(data_path + 'train.csv', index_col='id')
test = pd.read_csv(data_path + 'test.csv', index_col='id')
submission = pd.read_csv(data_path + 'sample_submission.csv', index_col='id')
```

https://www.kaggle.com/werooring/ch7-eda

데이터를 읽어올 때 `index_col` 파라미터에 'id'를 전달했습니다. `index_col`은 불러올 DataFrame의 인덱스를 지정하는 파라미터입니다. 열 이름을 전달하면 해당 열을 인덱스로 지정하며, 6장에서처럼 명시하지 않으면 0부터 시작하는 새로운 인덱스 열을 생성해줍니다. 이번 대회에서는 index_col을 명시하지 않고 데이터를 불러오면 id라는 열이 보입니다. 이 열은 타깃 값을 예측하는 데 어떠한 정보도 제공하지 않고 단지 각 행을 구분하는 역할만 합니다. 그래서 id를 인덱스로 지정한 것입니다.

▼ 판다스 read_csv() 함수에 index_col 지정 시 효과

⟨index_col='id'⟩

| | bin_0 | bin_1 | bin_2 | bin_3 | bin_ |
|---|---|---|---|---|---|
| **id** | | | | | |
| **0** | 0 | 0 | 0 | T | |
| **1** | 0 | 1 | 0 | T | |
| **2** | 0 | 0 | 0 | F | |
| **3** | 0 | 1 | 0 | F | |

└── 지정한 열(id)을 인덱스로 사용

⟨index_col 미지정⟩

| | id | bin_0 | bin_1 | bin_2 | bin_3 | bin_ |
|---|---|---|---|---|---|---|
| **0** | 0 | 0 | 0 | 0 | T | |
| **1** | 1 | 0 | 1 | 0 | T | |
| **2** | 2 | 0 | 0 | 0 | F | |
| **3** | 3 | 0 | 1 | 0 | F | |

└── 인덱스용으로 새로운 열을 만듦
(0부터 시작)

훈련 데이터와 테스트 데이터 크기를 확인해보겠습니다.

```
train.shape, test.shape
```
```
((300000, 24), (200000, 23))
```

훈련 데이터는 300,000행 24열, 테스트 데이터는 200,000행 23열로 구성돼 있습니다. 인공 데이터라 행 개수가 30만 개, 20만 개로 딱 떨어지네요.

이제 훈련 데이터가 어떻게 이루어져 있는지 살펴보겠습니다. 피처 개수가 많아 train.head( )로 출력하면 중간에 피처가 생략된 상태로 출력됩니다. 생략된 피처를 표시하는 방법도 있지만 한눈에 보기에 불편합니다.[6] 좌우로 스크롤해야 하기 때문이죠. 대신 T 메서드를 호출하여 행과 열 위치를 바꿔주면 한눈에 보기 편합니다.[7]

```
train.head().T
```

▼ 실행 결과

| id | 0 | 1 | 2 | 3 | 4 |
|---|---|---|---|---|---|
| bin_0 | 0 | 0 | 0 | 0 | 0 |
| bin_1 | 0 | 1 | 0 | 1 | 0 |
| bin_2 | 0 | 0 | 0 | 0 | 0 |
| bin_3 | T | T | F | F | F |
| bin_4 | Y | Y | Y | Y | N |
| nom_0 | Green | Green | Blue | Red | Red |
| nom_1 | Triangle | Trapezoid | Trapezoid | Trapezoid | Trapezoid |
| nom_2 | Snake | Hamster | Lion | Snake | Lion |
| nom_3 | Finland | Russia | Russia | Canada | Canada |
| nom_4 | Bassoon | Piano | Theremin | Oboe | Oboe |
| nom_5 | 50f116bcf | b3b4d25d0 | 3263bdce5 | f12246592 | 5b0f5acd5 |
| nom_6 | 3ac1b8814 | fbcb50fc1 | 0922e3cb8 | 50d7ad46a | 1fe17a1fd |
| nom_7 | 68f6ad3e9 | 3b6dd5612 | a6a36f527 | ec69236eb | 04ddac2be |
| nom_8 | c389000ab | 4cd920251 | de9c9f684 | 4ade6ab69 | cb43ab175 |
| nom_9 | 2f4cb3d51 | f83c56c21 | ae6800dd0 | 8270f0d71 | b164b72a7 |
| ord_0 | 2 | 1 | 1 | 1 | 1 |
| ord_1 | Grandmaster | Grandmaster | Expert | Grandmaster | Grandmaster |
| ord_2 | Cold | Hot | Lava Hot | Boiling Hot | Freezing |
| ord_3 | h | a | h | i | a |
| ord_4 | D | A | R | D | R |
| ord_5 | kr | bF | Jc | kW | qP |
| day | 2 | 7 | 7 | 2 | 7 |
| month | 2 | 8 | 2 | 1 | 8 |
| target | 0 | 0 | 0 | 1 | 0 |

---

6  train.head()를 실행하기 전에 pd.options.display.max_columns = 24 코드를 실행하면 열 개수 24개까지는 생략없이 출력됩니다.

7  train.head().T는 train.head().transpose()와 같은 기능을 제공합니다.

행과 열이 바뀌었고, 모든 피처의 처음 다섯 개 값까지가 한눈에 들어옵니다. 각 피처에 대해서는 잠시 후 피처 요약표를 만들어 자세히 살펴보겠습니다.

제출 샘플 데이터도 출력해보죠.

```
submission.head()
```

▼ 실행 결과

| id | target |
|---|---|
| 300000 | 0.5 |
| 300001 | 0.5 |
| 300002 | 0.5 |
| 300003 | 0.5 |
| 300004 | 0.5 |

인덱스는 300,000부터 시작합니다. 테스트 데이터 인덱스가 300,000부터 시작하기 때문입니다. test.head( )로 테스트 데이터 인덱스를 확인해보기 바랍니다.

target 열은 0.5로 일괄 입력돼 있습니다. 타깃값은 0과 1, 두 가지인데, 이중 타깃값이 1일 확률을 예측해 저장해주면 됩니다. 즉, 본 경진대회의 목표는 각 테스트 데이터의 타깃값이 1일 확률을 예측하는 것입니다.

### 피처 요약표 만들기

이제 모든 피처를 면밀히 살펴봅시다. 피처 타입이 무엇인지, 결측값은 없는지, 고유한 값은 몇 개인지, 실제 어떤 값이 입력돼 있는지 알아보죠. 이를 위해 피처 요약표를 만들겠습니다. 피처 요약표는 피처별 데이터 타입, 결측값 개수, 고윳값 개수, 실제 입력값 등을 정리한 표입니다. 요약표를 만드는 상세한 방법은 부록 A.1에 설명해놨으니 참고하시기 바랍니다. 여기서는 부록에서 설명한 resumetable( ) 함수를 그대로 이용하겠습니다.[8]

---

8   resumetable()의 resume은 '다시 시작하다'라는 뜻의 '리줌'이 아니라, '요약/개요/이력서'라는 뜻의 '레저메이'입니다.

```
def resumetable(df):
    print(f'데이터셋 형상: {df.shape}')
    summary = pd.DataFrame(df.dtypes, columns=['데이터 타입'])
    summary = summary.reset_index()
    summary = summary.rename(columns={'index': '피처'})
    summary['결측값 개수'] = df.isnull().sum().values
    summary['고윳값 개수'] = df.nunique().values
    summary['첫 번째 값'] = df.loc[0].values
    summary['두 번째 값'] = df.loc[1].values
    summary['세 번째 값'] = df.loc[2].values

    return summary

resumetable(train)
```

▼ 실행 결과 – 피처 요약표

| | 피처 | 데이터 타입 | 결측값 개수 | 고윳값 개수 | 첫 번째 값 | 두 번째 값 | 세 번째 값 |
|---|---|---|---|---|---|---|---|
| 0 | bin_0 | int64 | 0 | 2 | 0 | 0 | 0 |
| 1 | bin_1 | int64 | 0 | 2 | 0 | 1 | 0 |
| 2 | bin_2 | int64 | 0 | 2 | 0 | 0 | 0 |
| 3 | bin_3 | object | 0 | 2 | T | T | F |
| 4 | bin_4 | object | 0 | 2 | Y | Y | Y |
| 5 | nom_0 | object | 0 | 3 | Green | Green | Blue |
| 6 | nom_1 | object | 0 | 6 | Triangle | Trapezoid | Trapezoid |
| 7 | nom_2 | object | 0 | 6 | Snake | Hamster | Lion |
| 8 | nom_3 | object | 0 | 6 | Finland | Russia | Russia |
| 9 | nom_4 | object | 0 | 4 | Bassoon | Piano | Theremin |
| 10 | nom_5 | object | 0 | 222 | 50f116bcf | b3b4d25d0 | 3263bdce5 |
| 11 | nom_6 | object | 0 | 522 | 3ac1b8814 | fbcb50fc1 | 0922e3cb8 |
| 12 | nom_7 | object | 0 | 1220 | 68f6ad3e9 | 3b6dd5612 | a6a36f527 |
| 13 | nom_8 | object | 0 | 2215 | c389000ab | 4cd920251 | de9c9f684 |
| 14 | nom_9 | object | 0 | 11981 | 2f4cb3d51 | f83c56c21 | ae6800dd0 |
| 15 | ord_0 | int64 | 0 | 3 | 2 | 1 | 1 |
| 16 | ord_1 | object | 0 | 5 | Grandmaster | Grandmaster | Expert |
| 17 | ord_2 | object | 0 | 6 | Cold | Hot | Lava Hot |
| 18 | ord_3 | object | 0 | 15 | h | a | h |
| 19 | ord_4 | object | 0 | 26 | D | A | R |
| 20 | ord_5 | object | 0 | 192 | kr | bF | Jc |
| 21 | day | int64 | 0 | 7 | 2 | 7 | 7 |
| 22 | month | int64 | 0 | 12 | 2 | 8 | 2 |
| 23 | target | int64 | 0 | 2 | 0 | 0 | 0 |

## 피처 요약표 해석하기

앞에서 생성한 피처 요약표를 해석해보죠. 내용이 많으니 비슷한 피처끼리 다음의 네 부류로 묶어 설명하겠습니다.

1. 이진<sup>binary</sup> 피처 : bin_0~bin_4
2. 명목형<sup>nominal</sup> 피처 : nom_0~nom_9
3. 순서형<sup>ordinal</sup> 피처 : ord_0~ord_5
4. 그 외 피처 : day, month, target

순서대로 이진<sup>binary</sup> 피처들부터 보시죠.

▼ 이진 피처 요약표

|  | 피처 | 데이터 타입 | 결측값 개수 | 고윳값 개수 | 첫 번째 값 | 두 번째 값 | 세 번째 값 |
|---|---|---|---|---|---|---|---|
| 0 | bin_0 | int64 | 0 | 2 | 0 | 0 | 0 |
| 1 | bin_1 | int64 | 0 | 2 | 0 | 1 | 0 |
| 2 | bin_2 | int64 | 0 | 2 | 0 | 0 | 0 |
| 3 | bin_3 | object | 0 | 2 | T | T | F |
| 4 | bin_4 | object | 0 | 2 | Y | Y | Y |

보다시피 이 피처들은 고윳값이 모두 2개입니다. 이진 피처라 그렇습니다. 이중 bin_0, bin_1, bin_2는 데이터 타입이 int64고, 실젯값이 0 또는 1로 구성돼 있습니다. bin_3, bin_4는 object 타입이고, 실젯값은 T 또는 F(bin_3 피처), Y 또는 N(bin_4 피처)입니다. T는 True, F는 False, Y는 Yes, N은 No를 의미한다고 보면 되겠군요. 그러므로 모델링할 때 T와 Y는 1로, F와 N은 0으로 인코딩하겠습니다.

> **분석 결과**
> 이진 피처의 고윳값 T와 Y는 1로, F와 N은 0으로 인코딩

머신러닝 모델은 숫자만 인식하기 때문입니다. 결측값 개수 열에 나와 있듯이 이진 피처에 결측값은 하나도 없네요.

다음으로 명목형 피처들을 살펴보겠습니다. 이 피처들은 명목형 데이터<sup>nominal data</sup>[9]입니다.

---

9  4.1절 '데이터 종류' 참고

▼ 명목형 피처 요약표

| | | | | | | | |
|---|---|---|---|---|---|---|---|
| **5** | nom_0 | object | 0 | 3 | Green | Green | Blue |
| **6** | nom_1 | object | 0 | 6 | Triangle | Trapezoid | Trapezoid |
| **7** | nom_2 | object | 0 | 6 | Snake | Hamster | Lion |
| **8** | nom_3 | object | 0 | 6 | Finland | Russia | Russia |
| **9** | nom_4 | object | 0 | 4 | Bassoon | Piano | Theremin |
| **10** | nom_5 | object | 0 | 222 | 50f116bcf | b3b4d25d0 | 3263bdce5 |
| **11** | nom_6 | object | 0 | 522 | 3ac1b8814 | fbcb50fc1 | 0922e3cb8 |
| **12** | nom_7 | object | 0 | 1220 | 68f6ad3e9 | 3b6dd5612 | a6a36f527 |
| **13** | nom_8 | object | 0 | 2215 | c389000ab | 4cd920251 | de9c9f684 |
| **14** | nom_9 | object | 0 | 11981 | 2f4cb3d51 | f83c56c21 | ae6800dd0 |

명목형 피처는 모두 object 타입이고 결측값은 없습니다. nom_0부터 nom_4는 고윳값이 6개 이하인데, nom_5부터 nom_9는 고윳값이 많습니다. 또한, nom_5부터 nom_9 피처에는 의미를 알 수 없는 값이 입력돼 있네요.

이어서 순서형ordinal 피처들도 살펴보겠습니다.

▼ 순서형 피처 요약표

| | | | | | | | |
|---|---|---|---|---|---|---|---|
| **15** | ord_0 | int64 | 0 | 3 | 2 | 1 | 1 |
| **16** | ord_1 | object | 0 | 5 | Grandmaster | Grandmaster | Expert |
| **17** | ord_2 | object | 0 | 6 | Cold | Hot | Lava Hot |
| **18** | ord_3 | object | 0 | 15 | h | a | h |
| **19** | ord_4 | object | 0 | 26 | D | A | R |
| **20** | ord_5 | object | 0 | 192 | kr | bF | Jc |

ord_0 피처만 int64 타입이고 나머지는 object 타입입니다. 결측값은 역시나 없네요. 명목형 데이터와 다르게 순서형 데이터는 순서가 중요합니다. 순서에 따라 타깃값에 미치는 영향이 다르기 때문입니다. 그래서 순서에 유의하며 인코딩해야 합니다.

순서를 파악하기 위해 순서형 피처의 고윳값을 출력해보겠습니다. 고윳값 개수가 적은 ord_0, ord_1, ord_2 피처부터 보시죠. 다음과 같이 unique( ) 함수로 고윳값을 구할 수 있습니다.

```
for i in range(3):
    feature = 'ord_' + str(i)
    print(f'{feature} 고윳값: {train[feature].unique()}')
```

```
ord_0 고윳값: [2 1 3]
ord_1 고윳값: ['Grandmaster' 'Expert' 'Novice' 'Contributor' 'Master']
ord_2 고윳값: ['Cold' 'Hot' 'Lava Hot' 'Boiling Hot' 'Freezing' 'Warm']
```

unique( ) 함수는 고윳값이 등장한 순으로 출력해주니 감안해주세요. ord_0 피처의 고윳값은 모두 숫자입니다. 숫자 크기에 순서를 맞추면 되겠네요. ord_1 피처의 고윳값은 캐글 등급입니다. 등급 단계에 따라 Novice, Contributor, Expert, Master, Grandmaster 순으로 맞추겠습니다. ord_2 피처의 고윳값은 춥고 더운 정도를 나타냅니다. Freezing, Cold, Warm, Hot, Boiling Hot, Lava Hot 순서로 맞추겠습니다. 이렇게 정리해놔야 인코딩할 때 순서에 맞게 매핑합니다.

다음으로 고윳값 개수가 많은 ord_3, ord_4, ord_5 피처를 살펴보겠습니다.

```
for i in range(3, 6):
    feature = 'ord_' + str(i)
    print(f'{feature} 고윳값: {train[feature].unique()}')
```

```
ord_3 고윳값: ['h' 'a' 'i' 'j' 'g' 'e' 'd' 'b' 'k' 'f' 'l' 'n' 'o' 'c'
              'm']
ord_4 고윳값: ['D' 'A' 'R' 'E' 'P' 'K' 'V' 'Q' 'Z' 'L' 'F' 'T' 'U' 'S'
              'Y' 'B' 'H' 'J' 'N' 'G' 'W' 'I' 'O' 'C' 'X' 'M']
ord_5 고윳값: ['kr' 'bF' 'Jc' 'kW' 'qP' 'PZ' 'wy' 'Ed' 'qo' 'CZ' 'qX'
              'su' 'dP' 'aP' 'MV' 'oC' 'RL' 'fh' 'gJ' 'Hj' 'TR' 'CL'
              'Sc' 'eQ' 'kC' 'qK' 'dh' 'gM' 'Jf' 'f0' 'Eg' 'KZ' 'Vx'
              'Fo' 'sV' 'eb' 'YC' 'RG' 'Ye' 'qA' 'lL' 'Qh' 'Bd' 'be'
              'hT' 'lF' 'nX' 'kK' 'av' 'uS' 'Jt' 'PA' 'Er' 'Qb' 'od'
              'ut' 'Dx' 'Xi' 'on' 'Dc' 'sD' 'rZ' 'Uu' 'sn' 'yc' 'Gb'
              'Kq' 'dQ' 'hp' 'kL' 'je' 'CU' 'Fd' 'PQ' 'Bn' 'ex' 'hh'
              'ac' 'rp' 'dE' 'oG' 'oK' 'cp' 'mm' 'vK' 'ek' 'd0' 'XI'
              'CM' 'Vf' 'a0' 'qv' 'jp' 'Zq' 'Qo' 'DN' 'TZ' 'ke' 'cG'
              'tP' 'ud' 'tv' 'aM' 'xy' 'lx' 'To' 'uy' 'ZS' 'vy' 'ZR'
              'AP' 'GJ' 'Wv' 'ri' 'qw' 'Xh' 'FI' 'nh' 'KR' 'dB' 'BE'
              'Bb' 'mc' 'MC' 'tM' 'NV' 'ih' 'IK' 'Ob' 'RP' 'dN' 'us'
              'dZ' 'yN' 'Nf' 'QM' 'jV' 'sY' 'wu' 'SB' 'UO' 'Mx' 'JX']
```

```
'Ry' 'Uk' 'uJ' 'LE' 'ps' 'kE' 'MO' 'kw' 'yY' 'zU' 'bJ'
'Kf' 'ck' 'mb' 'Os' 'Ps' 'Ml' 'Ai' 'Wc' 'GD' 'll' 'aF'
'iT' 'cA' 'WE' 'Gx' 'Nk' 'OR' 'Rm' 'BA' 'eG' 'cW' 'jS'
'DH' 'hL' 'Mf' 'Yb' 'Aj' 'oH' 'Zc' 'qJ' 'eg' 'xP' 'vq'
'Id' 'pa' 'ux' 'kU' 'Cl']
```

7.1절에서 설명했듯이 ord_3, ord_4, ord_5 피처는 알파벳순으로 정렬되어 있습니다. 추후 이 피처들은 알파벳순으로 인코딩하겠습니다.

> **분석 결과**
> 순서형 피처는 고윳값들의 순서에 맞게 인코딩

마지막으로 일, 월, 타깃값 요약표를 보겠습니다.

▼ 일, 월, 타깃값 요약표

| 21 | day | int64 | 0 | 7 | 2 | 7 | 7 |
|----|-------|-------|---|----|---|---|---|
| 22 | month | int64 | 0 | 12 | 2 | 8 | 2 |
| 23 | target | int64 | 0 | 2 | 0 | 0 | 0 |

day, month, target 피처 모두 int64 타입이고 결측값은 없습니다. 각각 어떤 고윳값을 가졌는지 보시죠.

> **분석 결과**
> 모든 데이터에 결측값 없음

```
print('day 고윳값:', train['day'].unique())
print('month 고윳값:', train['month'].unique())
print('target 고윳값:', train['target'].unique())
day 고윳값: [2 7 5 4 3 1 6]
month 고윳값: [ 2  8  1  4 10  3  7  9 12 11  5  6]
target 고윳값: [0 1]
```

day 피처의 고윳값이 7개입니다. 요일을 나타낸다고 짐작해볼 수 있겠네요. month 피처의 고윳값은 1부터 12입니다. 월을 나타냅니다. 마지막으로 타깃값은 0 또는 1로 구성돼 있습니다.

지금까지 피처 요약표를 활용해 각 피처별 타입, 결측값 유무, 고윳값 개수, 실제 입력값을 알아봤습니다.

## 7.2.2 데이터 시각화

앞 절에서 각 피처의 대략적 구조를 알아봤습니다. 이번 절에서는 이 피처들을 시각화하여 타깃값별 피처 분포를 알아보겠습니다. 그래야 어떤 피처가 중요하고 어떤 고윳값이 타깃값에 영향을 많이 주는지 알게 됩니다.

타깃값, 이진 피처, 명목형 피처, 순서형 피처 순서로 그래프를 그려보겠습니다. 먼저, 시각화 라이브러리를 불러옵니다.

```
import seaborn as sns
import matplotlib as mpl
import matplotlib.pyplot as plt
%matplotlib inline
```

### 타깃값 분포

첫 번째로 타깃값 분포를 알아보겠습니다. 타깃값 분포를 알면 데이터가 얼마나 불균형한지 파악하기 쉽습니다. 그래야 부족한 타깃값에 더 집중해 모델링을 수행할 수 있습니다. 이를 위해 분포도 중 하나인 카운트플롯countplot으로 타깃값 0과 1의 개수를 파악하겠습니다. 카운트플롯은 범주형 데이터의 개수를 확인할 때 주로 사용합니다.

> **Note** 보통은 양성(타깃값 1)이 음성 (타깃값 0)에 비해 개수가 적습니다.

> **TIP** 수치형 데이터의 분포를 파악할 땐 주로 displot()을 사용하고, 범주형 데이터의 분포를 파악할 땐 countplot()을 사용합니다.

```
mpl.rc('font', size=15) # 폰트 크기 설정
plt.figure(figsize=7, 6)) # Figure 크기 설정

# 타깃값 분포 카운트플롯
ax = sns.countplot(x='target', data=train)
ax.set_title('Target Distribution');
```

countplot( )의 x 파라미터에 타깃값('target')을 전달했고, data 파라미터에 훈련 데이터(train)를 전달했습니다. 그러면 train['target']에서 고윳값별로 데이터가 몇 개인지 카운트플롯으로 그려줍니다.

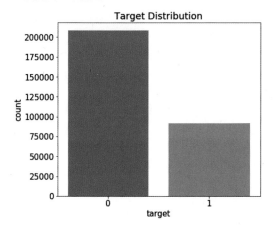

타깃값 0은 20만 개가 좀 넘고 타깃값 1은 9만 개 정도 있습니다.

그런데 이렇게만 그리니 그래프가 좀 심심하네요. 각 값의 비율을 그래프 상단에 표시해주면 더 유용할 것 같습니다. 비율을 표시하려면 글자를 쓸 위치를 구해야 하겠죠? 그러려면 먼저 ax.patches에 대해 알아야 합니다.

ax.patches는 'ax축을 구성하는 그래프 도형 객체 모두를 담은 리스트'입니다('patch'에는 '조각'이라는 뜻이 있습니다). 앞의 카운트플롯을 그린 ax축의 patches를 출력해보겠습니다.

```
print(ax.patches)
```

```
[<matplotlib.patches.Rectangle object at 0x7faa40e4b7b8>,
 <matplotlib.patches.Rectangle object at 0x7faa40e4ba90>]
```

Rectangle 객체 두 개를 포함하는 리스트네요. 막대 도형 두 개가 그려졌기 때문에 사각형 객체 두 개가 저장돼 있는 겁니다. 이 객체를 활용해 사각형 도형에 대한 정보를 얻을 수 있습니다.

우리는 타깃값 비율을 표시할 위치를 찾아야 합니다. 그 위치를 구하기 위해 사각형의 높이, 너비, 왼쪽 테두리의 x축 위치를 구해보겠습니다.

```
rectangle = ax.patches[0] # 첫 번째 Rectangle 객체
print('사각형 높이:', rectangle.get_height())
print('사각형 너비:', rectangle.get_width())
print('사각형 왼쪽 테두리의 x축 위치:', rectangle.get_x())
```

```
사각형 높이: 208236
사각형 너비: 0.8
사각형 왼쪽 테두리의 x축 위치: -0.4
```

get_height( )는 Rectangle 객체 도형의 높이, get_width( )는 너비, get_x( )는 왼쪽 테두리
x축 위치를 반환합니다. 이 코드를 이용해 비율을 표시할 위
치를 계산해보죠. 다음 그림과 같이 막대 바로 위에 가운데
정렬하여 표시하려고 합니다.

> **Note** 참고로, countplot( )에서 막대
> 도형의 높이는 데이터 개수와 같습니다.

▼ 비율을 표시할 텍스트 위치

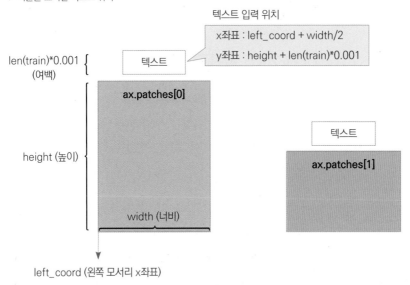

```
print('텍스트 위치의 x좌표:', rectangle.get_x() + rectangle.get_width() / 2.0)
print('텍스트 위치의 y좌표:', rectangle.get_height() + len(train) * 0.001)
```
```
텍스트 위치의 x좌표: 0.0
텍스트 위치의 y좌표: 208536.0
```

텍스트 표시 위치를 구하는 방법을 알았습니다. 이제 비율을 표시해주는 코드를 함수로 구현한
후, 그 함수를 사용해 카운트플롯을 다시 그리겠습니다.

```
def write_percent(ax, total_size):
    '''도형 객체를 순회하며 막대 상단에 타깃값 비율 표시'''
```

```
    for patch in ax.patches:
        height = patch.get_height()      # 도형 높이(데이터 개수)
        width = patch.get_width()        # 도형 너비
        left_coord = patch.get_x()       # 도형 왼쪽 테두리의 x축 위치
        percent = height/total_size*100  # 타깃값 비율

        # (x, y) 좌표에 텍스트 입력 ❶
        ax.text(x=left_coord + width/2.0,       # x축 위치
                y=height + total_size*0.001,    # y축 위치
                s=f'{percent:1.1f}%',           # 입력 텍스트
                ha='center')                    # 가운데 정렬

plt.figure(figsize=(7, 6))

ax = sns.countplot(x='target', data=train)
write_percent(ax, len(train)) # 비율 표시
ax.set_title('Target Distribution');
```

❶은 (x, y) 좌표를 지정해 비율 값을 입력하는 코드입니다. s 파라미터에 입력하려는 텍스트[string]를 전달하면 됩니다. ha는 텍스트를 수평 정렬[horizontal alignment]하는 파라미터입니다.

▼ 실행 결과 – 비율을 표시한 타깃값 분포

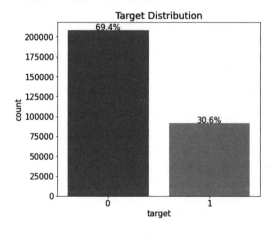

각 막대 위에 비율이 표시됐습니다. 보기 좋네요. 의미 파악도 쉽고요.

그래프를 보면 타깃값 0과 1이 약 7대 3 비율입니다.

## 이진 피처 분포

이번에는 이진 피처의 분포를 타깃값별로 따로 그려볼 겁니다. 고윳값이 Y와 N인 bin_4 피처를 예로 생각해보죠. 먼저 값이 Y인 데이터 중에서 다시 타깃값이 0인 데이터와 타깃값이 1인 데이터의 분포(비율)를 나눠 그리고, 값이 N인 데이터 중에서도 마찬가지로 타깃값이 0인 비율과 1인 비율을 따로 그린다는 뜻입니다. 이처럼 범주형 피처의 타깃값 분포를 고윳값별로 구분해 그려보는 건 분류 문제에서 종종 쓰는 방법입니다. 특정 고윳값이 특정 타깃값에 치우치는지 확인할 수 있기 때문입니다. 결과 그래프부터 보겠습니다.

▼ 타깃값별 이진 피처 분포

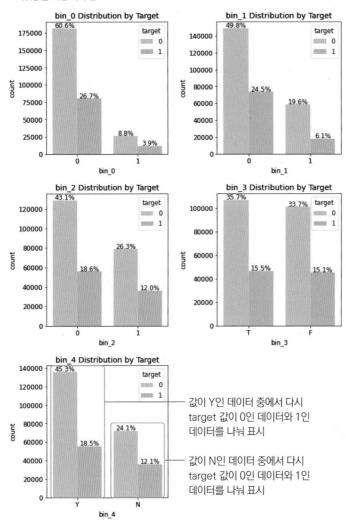

값이 Y인 데이터 중에서 다시 target 값이 0인 데이터와 1인 데이터를 나눠 표시

값이 N인 데이터 중에서 다시 target 값이 0인 데이터와 1인 데이터를 나눠 표시

고윳값별로 나눠봐도 타깃값 0, 1의 분포가 대체로 7:3 수준입니다. 즉, 이진 피처들은 특정 타깃값에 치우치지 않았음을 확인할 수 있습니다.

이제, 이 그래프를 출력한 코드를 살펴볼 차례입니다. 피처별로 총 5개의 그래프를 출력했죠? 여러 그래프를 격자 형태로 배치하는 GridSpec을 사용해서 그려보겠습니다.

```python
import matplotlib.gridspec as gridspec # 여러 그래프를 격자 형태로 배치
# 3행 2열 틀(Figure) 준비
mpl.rc('font', size=12)
grid = gridspec.GridSpec(3, 2) # 그래프(서브플롯)를 3행 2열로 배치 ❶
plt.figure(figsize=(10, 16))   # 전체 Figure 크기 설정
plt.subplots_adjust(wspace=0.4, hspace=0.3) # 서브플롯 간 좌우/상하 여백 설정 ❷

# 서브플롯 그리기
bin_features = ['bin_0', 'bin_1', 'bin_2', 'bin_3', 'bin_4'] # 피처 목록 ❸

for idx, feature in enumerate(bin_features):  # ❹
    ax = plt.subplot(grid[idx])  # ❺

    # ax축에 타깃값 분포 카운트플롯 그리기 ❻
    sns.countplot(x=feature,
                  data=train,
                  hue='target',
                  palette='pastel', # 그래프 색상 설정
                  ax=ax)

    ax.set_title(f'{feature} Distribution by Target') # 그래프 제목 설정 ❼
    write_percent(ax, len(train))                     # 비율 표시 ❽
```

코드 ❶은 서브플롯을 3행 2열로 배치한 GridSpec 객체를 grid 변수에 할당합니다. 나중에 grid[0], grid[1], … 식으로 원하는 서브플롯을 지정할 수 있습니다. 이진 피처는 총 5개이므로 마지막 서브플롯에는 그래프를 그리지 않을 계획입니다.

❷에서는 서브플롯 사이의 여백을 조정했습니다. 6장에서는 tight_layout( )을 이용하여 여백을 자동으로 조정했는데, subplots_adjust( )를 활용하면 좌우, 상하 간격을 따로 조정할 수 있습니다. wspace=0.4는 좌우 여백을 축 너비의 40%로, hspace=0.3은 상하 여백을 축 높이의 30%로 설정합니다.

기본 틀을 갖췄으니 이제 서브플롯을 그릴 차례입니다.

❸ 먼저 이진 피처의 목록을 bin_features에 담은 후 ❹ for문을 활용해 각각의 카운트플롯을 그립니다. 카운트플롯을 그리는 절차는 이렇습니다. bin_features를 순회하며 ❺ 격자(grid)에서 이번 서브플롯을 그릴 위치를 ax축으로 지정하고 ❻ ax축에 타깃값 분포 카운트플롯을 그린 다음 ❼ 제목을 달고 ❽ 마지막으로 비율을 표시합니다.

❻에서 countplot( )에 전달한 각 파라미터의 의미는 다음과 같습니다.

- **x** : 피처
- **data** : 전체 데이터셋
- **hue** : 세부적으로 나눠 그릴 기준 피처. 여기서는 타깃값(target)을 전달했습니다.
- **palette** : 그래프 색상맵.[10] 'pastel'을 전달하면 파스텔톤으로 그래프를 그립니다.
- **ax** : 그래프를 그릴 축

이상으로 타깃값별 이진 피처 분포도를 그리는 방법을 알아봤습니다.

### 명목형 피처 분포

이번에는 명목형 피처 분포와 명목형 피처별 타깃값 1의 비율을 살펴보겠습니다. nom_5부터 nom_9 피처까지는 고윳값 개수가 많고 의미를 알 수 없는 문자열이 입력돼 있으니, 여기서는 nom_0부터 nom_4 피처까지만 시각화하겠습니다.

이번에도 설명할 게 많습니다. 결과 그래프를 먼저 본 뒤, 어떻게 구현했는지 이어서 설명하겠습니다.

---

10 palette 파라미터에 전달할 수 있는 전체 색상맵은 https://seaborn.pydata.org/generated/seaborn.color_palette.html#seaborn.color_palette(단축 URL: https://bit.ly/2ZHDxgy)를 참고하세요.

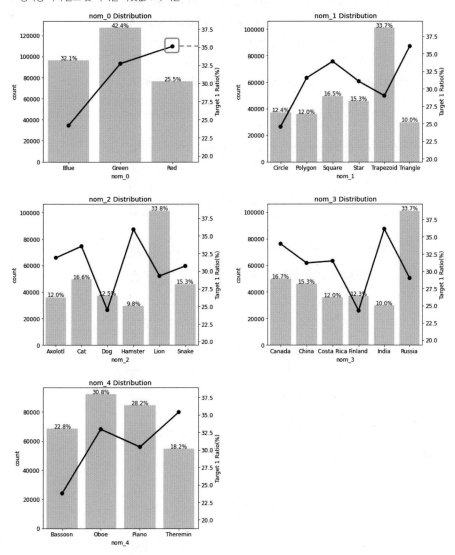

이 그림에서 카운트플롯은 피처별 고윳값의 비율을 나타냅니다. 대표로 첫 번째 그래프를 보겠습니다. nom_0 피처의 고윳값은 Blue, Green, Red이며, 차례로 32.1%, 42.4%, 25.5%를 차지한다는 뜻입니다.

꺾은 선 그래프는 포인트플롯으로, 해당 고윳값 중 타깃값이 1인 비율을 나타냅니다. 다시 첫 번째 그래프를 봅시다. Red 중 타깃값이 1인 데이터는 35% 정도입니다. Red 중 타깃값이 0인 데이터는 자연스럽게 65% 정도겠죠.

이 다섯 그래프가 보여주듯 nom_0부터 nom_4 피처는 고윳값별로 타깃값 1 비율이 서로 다릅니다. 이는 '타깃값에 대한 예측 능력이 있음'을 뜻합니다. 따라서 nom_0부터 nom_4 피처 중 모델링에 필요 없는 피처는 없습니다. 모두 모델링에 사용하겠습니다.

또한 명목형 피처는 순서를 무시해도 되고 고윳값 개수도 적으니, 추후 원-핫 인코딩하겠습니다.

한편, nom_5부터 nom_9 피처는 고윳값 개수가 너무 많기도 하고, 의미 없는 문자로 이루어져 있어서 시각화하기가 어렵습니다. 그렇기 때문에 여기서는 이 피처들을 시각화하지 않겠습니다. 데이터를 살펴보지 않아 모델링에 필요한 피처인지 파악하기가 힘드네요. 우선은 필요한 피처라고 가정하고 모델링에 사용하겠습니다.[11] 아울러 이 피처들도 원-핫 인코딩을 할 예정입니다. 고윳값 개수가 많지만, 5.3.2절 '원-핫 인코딩'에서 설명한 바와 같이 피처들의 의미를 몰라 그룹화하기도 어렵고, 전체 데이터 양이 별로 많지 않기 때문입니다.

> **분석 결과**
> 명목형 피처는 모두 원-핫 인코딩

이제 이상의 그래프를 그린 코드를 살펴보겠습니다. 절차는 다음과 같습니다.

**1** 교차분석표 생성 함수 만들기
**2** 포인트플롯 생성 함수 만들기
**3** 피처 분포도 및 포인트플롯 생성 함수 만들기

순서대로 진행해보죠.

## 스텝 1 : 교차분석표 생성 함수 만들기

**교차표**cross-tabulation 혹은 **교차분석표**는 범주형 데이터 2개를 비교 분석하는 데 사용되는 표로, 각 범주형 데이터의 빈도나 통계량을 행과 열로 결합해놓은 표를 말합니다. 여기서 교차분석표를 만드는 이유는 명목형 피처별 타깃값 1 비율을 구하기 위해서입니다. 앞의 그림에서 포인트플롯이 명목형 피처별 타깃값 1 비율을 나타내는 그래프입니다. 달리 말하면, 이 포인트플롯을 그리기 위해 교차분석표가 필요합니다. 여기서는 교차분석표를 활용해 2개의 범주형 데이터, 즉 명목형 피

---

[11] 피처 중요도라는 지표를 살펴보거나, nom_5부터 nom_9까지 하나씩 제거하면서 성능이 좋아지는지 여부를 바탕으로 모델링에 사용할지 말지를 결정할 수도 있습니다.

처와 타깃값을 비교 분석하고, 그 결과를 이용해 그래프를 그려보겠습니다.

판다스의 crosstab( ) 함수로 교차분석표를 만들 수 있습니다. 명목형 피처인 nom_0와 타깃값인 target 간 교차분석표를 만들어보겠습니다.

```
pd.crosstab(train['nom_0'], train['target'])
```

▼ 실행 결과 – nom_0와 target의 교차분석표

| target | 0 | 1 |
|--------|-------|-------|
| nom_0 | | |
| Blue | 72914 | 23252 |
| Green | 85682 | 41659 |
| Red | 49640 | 26853 |

nom_0의 고윳값은 Blue, Green, Red입니다. 이 교차분석표는 고윳값별 타깃값 0과 1이 몇 개인지 나타내줍니다. 예를 들어, nom_0가 Blue이면서 타깃값이 0인 데이터가 72,914개고, 타깃값이 1인 데이터는 23,252개라는 의미입니다.

개수를 그대로 나타내기보다는 비율로 표현하는 게 한눈에 이해하기 쉽습니다. normalize 파라미터를 추가해 정규화해보겠습니다. normalize 파라미터에 'index'를 전달하면 인덱스를 기준으로 정규화합니다.[12] 이 교차분석표에서 인덱스는 nom_0이므로 각 행별로, 즉 고윳값별로 비율을 구한다는 뜻입니다. 교차분석표의 Blue 행을 보시죠. 72,914와 23,252를 정규화한 값(비율)을 구해보죠.

- 72,914 / (72,914 + 23,252) = 0.75820976
- 23,252 / (72,914 + 23,252) = 0.24179024

비율이기 때문에 두 값을 더하면 1이 됩니다. 이를 다시 백분율로 표현하기 위해 정규화된 교차분석표에 100을 곱하겠습니다.

```
# 정규화 후 비율을 백분율로 표현
crosstab = pd.crosstab(train'nom_0'], train['target'], normalize='index') * 100
crosstab
```

---

12 열을 기준으로 정규화하려면 normalize='columns'로 설정해 실행하면 됩니다.

▼ 실행 결과 – 인덱스 기준으로 정규화된 교차분석표 (백분율로 표시)

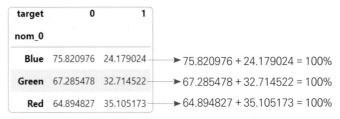

| target | 0 | 1 |
|---|---|---|
| nom_0 | | |
| Blue | 75.820976 | 24.179024 | ➤ 75.820976 + 24.179024 = 100% |
| Green | 67.285478 | 32.714522 | ➤ 67.285478 + 32.714522 = 100% |
| Red | 64.894827 | 35.105173 | ➤ 64.894827 + 35.105173 = 100% |

인덱스 기준으로 정규화한 교차분석표가 백분율로 잘 표현됐습니다.

이어서 인덱스를 재설정하겠습니다. 현재 인덱스가 피처 이름(nom_0)인데, 이를 열로 가져와야 하기 때문입니다. 열로 가져오는 이유는 피처가 열로 설정돼 있어야 그래프를 그리기 편하기 때문이고요.

```
crosstab = crosstab.reset_index() # 인덱스 재설정
crosstab
```

▼ 실행 결과 – 인덱스 재설정한 교차분석표

| target | nom_0 | 0 | 1 |
|---|---|---|---|
| 0 | Blue | 75.820976 | 24.179024 |
| 1 | Green | 67.285478 | 32.714522 |
| 2 | Red | 64.894827 | 35.105173 |

교차분석표는 앞으로 계속 사용합니다. 재사용하려면 함수로 만들어놓는 게 좋겠죠?

```
def get_crosstab(df, feature):
    crosstab = pd.crosstab(df[feature], df['target'], normalize='index')*100
    crosstab = crosstab.reset_index()
    return crosstab
```

다음과 같이 이 함수에 데이터프레임과 피처 이름을 인수로 건네면 앞서와 동일한 결과를 내어줍니다.

```
crosstab = get_crosstab(train, 'nom_0')
crosstab
```

▼ 실행 결과 – 교차분석표 생성 함수 사용 예

| target | nom_0 | 0 | 1 |
|---|---|---|---|
| 0 | Blue | 75.820976 | 24.179024 |
| 1 | Green | 67.285478 | 32.714522 |
| 2 | Red | 64.894827 | 35.105173 |

한편, 앞의 그림에서 포인트플롯은 명목형 피처별 타깃값 1 비율을 나타내는 그래프라고 했습니다. 교차분석표에서 이 비율들만 가져오려면 어떻게 해야 할까요? 다음과 같이 타깃값 1 비율에 해당하는 열의 이름인 '1'을 인수로 전달하면 됩니다.

```
crosstab[1]
0     24.179024
1     32.714522
2     35.105173
Name: 1, dtype: float64
```

이 값은 nom_0 피처의 고윳값별 타깃값 1 비율입니다. 다음 스텝에서 포인트플롯을 그릴 때 사용할 데이터입니다.

### 스텝 2 : 포인트플롯 생성 함수 만들기

스텝 1에서 구한 교차분석표를 사용하여 타깃값 1의 비율을 나타내는 포인트플롯을 그리는 함수를 만들겠습니다. 함수 이름은 plot_pointplot( )이며 다음의 세 파라미터를 받습니다.

- **ax** : 포인트플롯을 그릴 축
- **feature** : 포인트플롯으로 그릴 피처
- **crosstab** : 교차분석표

plot_pointplot( )은 이미 카운트플롯이 그려진 축에 포인트플롯을 중복으로 그려줍니다.

```
def plot_pointplot(ax, feature, crosstab):
    ax2 = ax.twinx() # x축은 공유하고 y축은 공유하지 않는 새로운 축 생성 ❶
    # 새로운 축에 포인트플롯 그리기 ❷
    ax2 = sns.pointplot(x=feature, y=1, data=crosstab,
                        order=crosstab[feature].values, # 포인트플롯 순서
```

```
                    color='black',                    # 포인트플롯 색상
                    legend=False)                      # 범례 미표시
ax2.set_ylim(crosstab[1].min()-5, crosstab[1].max()*1.1) # y축 범위 설정 ❸
ax2.set_ylabel('Target 1 Ratio(%)')
```

축 하나에 서로 다른 그래프를 그리려면 x축을 공유해야 합니다. ❶ ax.twinx( )로 x축은 공유하지만 y축은 공유하지 않는 새로운 축 ax2를 만들었습니다. ax는 카운트플롯을 그리기 위한 축이고, ax2는 포인트플롯을 그리기 위한 축입니다. ax와 ax2는 x축을 공유하지만, y축은 서로 다릅니다.

▼ ax2 = ax.twinx()로 x축을 공유하는 새로운 축 생성 예시

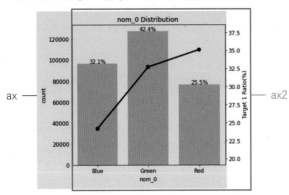

(x축을 두 그래프가 공유)

❷ pointplot( )의 x 파라미터에는 피처, y 파라미터에는 '타깃값이 1인 비율'을 나타내는 1, data 파라미터에는 교차분석표 crosstab을 전달했습니다. order 파라미터에는 포인트플롯을 그릴 순서를 전달할 수 있습니다. order=crosstab[feature].values는 교차분석표의 피처(열) 순서대로 그리겠다는 뜻입니다.

❸은 포인트플롯을 더 보기 좋게 하려고 y축의 범위를 설정한 것입니다. crosstab[1](타깃값이 1인 비율) 중 최솟값에서 5를 뺀 수치부터 최댓값에 1.1을 곱한 수치까지로 잡았습니다.

### 스텝 3 : 피처 분포도 및 피처별 타깃값 1의 비율 포인트플롯 생성 함수 만들기

이제 get_crosstab( )과 plot_pointplot( ) 함수를 활용해 최종적인 그래프를 그리는 함수를 만들어보겠습니다.

```
def plot_cat_dist_with_true_ratio(df, features, num_rows, num_cols,
                                  size=(15, 20)):
    plt.figure(figsize=size)  # 전체 Figure 크기 설정
    grid = gridspec.GridSpec(num_rows, num_cols) # 서브플롯 배치 ❶
    plt.subplots_adjust(wspace=0.45, hspace=0.3) # 서브플롯 좌우/상하 여백 설정

    for idx, feature in enumerate(features): # ❷
        ax = plt.subplot(grid[idx])
        crosstab = get_crosstab(df, feature) # 교차분석표 생성 ❸

        # ax축에 타깃값 분포 카운트플롯 그리기 ❹
        sns.countplot(x=feature, data=df,
                      order=crosstab[feature].values,
                      color='skyblue',
                      ax=ax)

        write_percent(ax, len(df)) # 비율 표시 ❺

        plot_pointplot(ax, feature, crosstab) # 포인트플롯 그리기 ❻

        ax.set_title(f'{feature} Distribution') # 그래프 제목 설정 ❼
```

이 함수는 인수로 받는 features 피처마다 타깃값별로 분포도를 그립니다. num_rows, num_cols는 각각 서브플롯 행과 열 개수를 의미합니다. size는 전체 Figure 크기이며, 기본값은 (15, 20)입니다.

이번에도 ❶ 서브플롯들을 격자 형태로 배치하기 위해 GridSpec을 사용하였고, ❷ for문으로 features를 순회하며 서브플롯을 하나씩 그립니다. 각각의 서브플롯에 대해 ❸ 해당 피처와 타깃 값의 교차분석표를 만들고, ❹ 카운트플롯을 그리고, ❺ 카운트플롯에 비율을 표시합니다. 마지막으로 ❻ 카운트플롯과 같은 축에 포인트플롯을 덧그린 뒤, ❼ 제목을 달았습니다.

> **Note** 명목형 피처뿐만 아니라 순서형 피처와 날짜 피처의 그래프도 plot_cat_dist_with_true_ratio() 함수로 그릴 겁니다.

이제, 다음 코드를 실행하면 이번 절 처음에 봤던 257쪽의 그림이 나타납니다.

```
nom_features = ['nom_0', 'nom_1', 'nom_2', 'nom_3', 'nom_4'] # 명목형 피처
plot_cat_dist_with_true_ratio(train, nom_features, num_rows=3, num_cols=2)
```

### 순서형 피처 분포

plot_cat_dist_with_true_ratio( ) 함수를 사용해서 순서형 피처 분포도 살펴보겠습니다. 순서형 피처는 총 6개입니다. 7.2.1절의 '순서형 피처 요약표'에서 확인했듯이 ord_0부터 ord_3까지는 고윳값 개수가 15개 이하입니다. 반면 ord_4와 ord_5는 고윳값이 훨씬 많습니다. 그래서 ord_0부터 ord_3까지는 2행 2열로 그래프를 그리고, ord_4와 ord_5는 2행 1열로 그래프를 따로 그리겠습니다.

먼저 ord_0부터 ord_3 피처의 분포를 살펴봅시다.

```
ord_features = ['ord_0', 'ord_1', 'ord_2', 'ord_3'] # 순서형 피처
plot_cat_dist_with_true_ratio(train, ord_features,
                              num_rows=2, num_cols=2, size=(15, 12))
```

▼ 실행 결과 – 순서형 피처 분포 및 피처별 타깃값 1의 비율

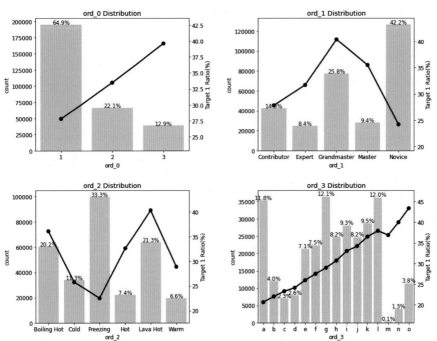

그런데 ord_1과 ord_2는 피처 값들의 순서가 정렬되지 않았네요. ord_1 피처는 'Novice', 'Contributor', 'Expert', 'Master', 'Grandmaster' 순으로 정렬하고, ord_2 피처는 'Freezing', 'Cold', 'Warm', 'Hot', 'Boiling Hot', 'Lava Hot' 순으로 정렬하겠습니다.

CategoricalDtype( )을 이용하면 피처에 순서를 지정할 수 있습니다. 이름에서 알 수 있듯이 원래는 범주형 데이터 타입을 만드는 함수인데, 파라미터를 다음과 같이 설정하면 순서도 같이 지정할 수 있습니다.

- **categories** : 범주형 데이터 타입으로 인코딩할 값 목록
- **ordered** : True로 설정하면 categories에 전달한 값의 순서가 유지됩니다.

> **Note** 사실 countplot( ) 함수의 order 파라미터에 순서를 전달하면 전달한 순서대로 그래프를 그립니다. 하지만 근본적으로 피처 자체에 순서가 지정된 건 아닙니다. 우리는 피처 자체에 순서를 지정하기 위해 CategoricalDtype( ) 함수를 사용했습니다.

CategoricalDtype( )을 적용해 ord_1과 ord_2 피처에 순서를 지정해보겠습니다.

```
from pandas.api.types import CategoricalDtype

ord_1_value = ['Novice', 'Contributor', 'Expert', 'Master', 'Grandmaster']
ord_2_value = ['Freezing', 'Cold', 'Warm', 'Hot', 'Boiling Hot', 'Lava Hot']

# 순서를 지정한 범주형 데이터 타입
ord_1_dtype = CategoricalDtype(categories=ord_1_value, ordered=True)
ord_2_dtype = CategoricalDtype(categories=ord_2_value, ordered=True)

# 데이터 타입 변경
train['ord_1'] = train['ord_1'].astype(ord_1_dtype)
train['ord_2'] = train['ord_2'].astype(ord_2_dtype)
```

ord_1과 ord_2에 순서가 잘 정렬됐습니다. 정렬된 데이터를 활용해 그래프를 다시 그려보겠습니다.

```
plot_cat_dist_with_true_ratio(train, ord_features,
                              num_rows=2, num_cols=2, size=(15, 12))
```

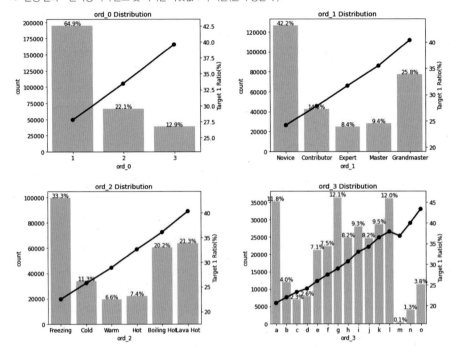

ord_0는 숫자 크기 순으로, ord_1과 ord_2는 지정된 순서대로, ord_3는 알파벳 순으로 정렬 됐습니다. 이 결과로부터 고윳값 순서에 따라 타깃값 1 비율도 비례해서 커진다는 것을 확인할 수 있습니다.

다음으로 ord_4와 ord_5의 분포를 보겠습니다. ord_4와 ord_5는 고윳값 개수가 많기 때문에 가로 길이를 늘려 2행 1열로 그리겠습니다.

```
plot_cat_dist_with_true_ratio(train, ['ord_4', 'ord_5'],
                              num_rows=2, num_cols=1, size=(15, 12))
```

▼ 실행 결과 – ord_4, ord_5 피처 분포 및 피처별 타깃값 1의 비율

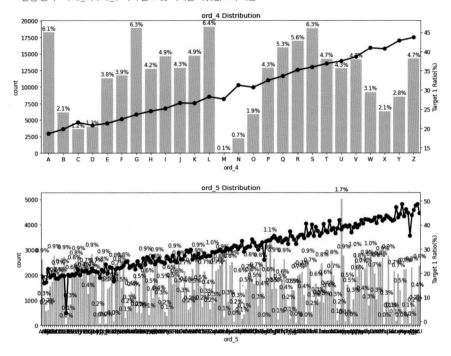

ord_5는 고윳값 개수가 워낙 많다 보니 x축 라벨이 겹쳐졌습니다. 그렇지만 타깃값 1 비율의 전체적인 양상을 보는 데는 지장 없습니다. ord_4와 ord_5 모두 고윳값 순서에 따라 타깃값 1 비율이 증가합니다.

이상으로 순서형 피처 모두 고윳값 순서에 따라 타깃값이 1인 비율이 증가한다는 사실을 알 수 있습니다. 모든 그래프에서 순서와 비율 사이에 상관관계가 있으므로 순서형 피처 중에서도 필요 없는 피처는 없어 보이네요. 순서형 피처 모두 모델링 시 사용하겠습니다.

### 날짜 피처 분포

마지막으로 날짜 피처(정확하게는 요일과 월 피처) 분포도 살펴보겠습니다.

```python
date_features = ['day', 'month']
plot_cat_dist_with_true_ratio(train, date_features,
                              num_rows=2, num_cols=1, size=(10, 10))
```

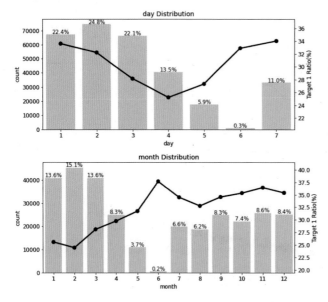

day 피처는 7개인 걸로 보아 요일을 의미한다고 추측해볼 수 있습니다. 1에서 4로 갈수록 타깃값 1 비율이 줄어들고, 다시 4에서 7로 갈수록 비율이 늘어납니다. month 피처는 day 피처와 다소 반대되는 양상을 보입니다.

> **분석 결과**
> 제거할 피처 찾지 못함

가만 보니 요일과 월 피처 모두 값이 숫자입니다. 머신러닝 모델은 숫자 값을 가치의 크고 작음으로 해석합니다. 가령 1월은 3월보다 2월과 더 가까운(비슷한) 데이터라고 여깁니다. 올바른 해석이죠. 그런데 12월과 다음해 1월, 그리고 1월과 2월의 차이는 어떤가요? 둘 다 한 달 차이지만 머신러닝 모델은 차이가 같다고 보지 않습니다. 12와 1의 차이는 11이나 되기 때문이죠. 이럴 때 삼각함수(sin, cos)를 사용해 인코딩하면 시작과 끝이 매끄럽게 연결되어 문제가 해결됩니다. 이렇듯 매년, 매월, 매주, 매일 반복되는 데이터를 순환형 데이터cyclical data라고 부릅니다. 계절, 월, 요일, 시간 등이 이에 속합니다.

하지만 제가 미리 테스트해본 결과, 본 경진대회에서는 요일, 월 피처에 원-핫 인코딩을 적용하는게 오히려 성능이 좋았습니다. 데이터가 그리 크지 않아서 삼각함수 인코딩이 제대로 효과를 발휘하지 못했을 수 있습니다. 따라서 명목형 피처를 인코딩할 때와 마찬가지로 요일과 월 피처에도 원-핫 인코딩을 적용하겠습니다.

> **분석 결과**
> 요일과 월 피처는 원–핫 인코딩

# 분석 정리 및 모델링 전략

## 분석 정리

1 결측값은 없습니다.

2 모든 피처가 중요하여 제거할 피처를 찾지 못했습니다.

3 **이진 피처 인코딩** : 값이 숫자가 아닌 이진 피처는 0과 1로 인코딩합니다.

4 **명목형 피처 인코딩** : 전체 데이터가 크지 않으므로 모두 원-핫 인코딩합니다.

5 **순서형 피처 인코딩** : 고윳값들의 순서에 맞게 인코딩합니다(이미 숫자로 되어 있다면 인코딩 필요 없음).

6 **날짜 피처 인코딩** : 값의 크고 작음으로 해석되지 못하도록 원-핫 인코딩합니다.

## 모델링 전략

이번 장의 목표는 데이터 특성에 따른 맞춤형 인코딩 방법을 익히기입니다. 따라서 머신러닝 모델은 기본적인 로지스틱 회귀 모델을 계속 사용하면서 피처 엔지니어링에 집중하겠습니다. 그 외 간단하게 이용할 수 있는 하이퍼파라미터 최적화 등의 성능 개선 팁을 추가로 소개하겠습니다.

- **베이스라인 모델** : 로지스틱 회귀 모델
  - **피처 엔지니어링** : 모든 피처를 원-핫 인코딩
- **성능 개선** : 추가 피처 엔지니어링과 하이퍼파라미터 최적화
  - **퍼처 엔지니어링** : 피처 맞춤 인코딩과 피처 스케일링
  - **하이퍼파라미터 최적화** : 그리드서치
  - **추가 팁** : 검증 데이터를 훈련에 이용

베이스라인 모델과 성능 개선은 본 경진대회에서 성능 점수가 가장 좋은 다음 노트북을 리팩터링하여 작성했습니다.

- https://www.kaggle.com/dkomyagin/cat-in-the-dat-0-80285-private-lb-solution

# 7.3 베이스라인 모델

이번 절에서는 모든 피처를 원-핫 인코딩한 뒤, 로지스틱 회귀 모델[13]로 베이스라인을 만들어보겠습니다. 전체 프로세스는 6장과 같습니다.

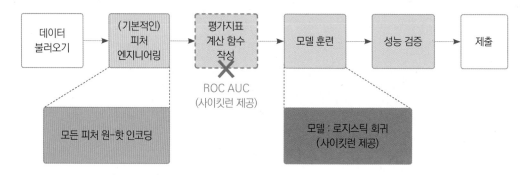

이번 절에서 다룰 코드는 간단합니다. 피처 엔지니어링도 단순하고 사이킷런이 제공하는 모델을 사용할 것이기 때문입니다.

먼저 훈련, 테스트, 제출 샘플 파일을 불러옵니다.

```
import pandas as pd                          https://www.kaggle.com/werooring/ch7-baseline
# 데이터 경로
data_path ='/kaggle/input/cat-in-the-dat/'

train = pd.read_csv(data_path + 'train.csv', index_col='id')
test = pd.read_csv(data_path + 'test.csv', index_col='id')
submission = pd.read_csv(data_path + 'sample_submission.csv', index_col='id')
```

## 7.3.1 피처 엔지니어링

### 데이터 합치기

머신러닝 모델은 문자 데이터를 인식하지 못한다고 했습니다. 그렇기 때문에 문자를 숫자로 바꿔야 합니다. 이처럼 데이터의 표현 형태를 바꾸는 작업을 인코딩이라고 합니다. 불러온 데이터는

---

**13** 5.6.2절 '로지스틱 회귀 모델' 참고

문자를 포함한 데이터이므로 인코딩을 해야 합니다. 훈련 데이터와 테스트 데이터에 동일한 인코딩을 적용하기 위해 편의상 둘을 합치겠습니다. 그런 다음 합친 DataFrame에서 타깃값을 제거하겠습니다. 피처와 타깃값은 따로 분리해서 모델링해야 하기 때문입니다.

```
all_data = pd.concat([train, test]) # 훈련 데이터와 테스트 데이터 합치기
all_data = all_data.drop('target', axis=1) # 타깃값 제거
all_data
```

6장에서 다룬 concat() 함수를 써서 축을 따라 두 DataFrame을 합쳤습니다. 이어서 데이터를 합친 all_data에서 drop() 함수로 타깃값을 제거했습니다. 결과는 다음과 같습니다.

▼ 실행 결과 – all_data(훈련 데이터와 테스트 데이터의 합)

| id | bin_0 | bin_1 | bin_2 | bin_3 | bin_4 | nom_0 | nom_1 | nom_2 | nom_3 | nom_4 | ... | nom_8 | nom_9 | ord_0 | ord_1 | ord_2 | ord_3 | ord_4 | ord_5 | day | month |
|---|---|---|---|---|---|---|---|---|---|---|---|---|---|---|---|---|---|---|---|---|---|
| 0 | 0 | 0 | 0 | T | Y | Green | Triangle | Snake | Finland | Bassoon | ... | c389000ab | 2f4cb3d51 | 2 | Grandmaster | Cold | h | D | kr | 2 | 2 |
| 1 | 0 | 1 | 0 | T | Y | Green | Trapezoid | Hamster | Russia | Piano | ... | 4cd920251 | f83c56c21 | 1 | Grandmaster | Hot | a | A | bF | 7 | 8 |
| 2 | 0 | 0 | 0 | F | Y | Blue | Trapezoid | Lion | Russia | Theremin | ... | de9c9f684 | ae6800dd0 | 1 | Expert | Lava Hot | h | R | Jc | 7 | 2 |
| 3 | 0 | 1 | 0 | F | Y | Red | Trapezoid | Snake | Canada | Oboe | ... | 4ade6ab69 | 8270f0d71 | 1 | Grandmaster | Boiling Hot | i | D | kW | 2 | 1 |
| 4 | 0 | 0 | 0 | T | N | Red | Trapezoid | Lion | Canada | Oboe | ... | cb43ab175 | b164b72a7 | 1 | Grandmaster | Freezing | a | R | qP | 7 | 8 |
| ... | ... | ... | ... | ... | ... | ... | ... | ... | ... | ... | ... | ... | ... | ... | ... | ... | ... | ... | ... | ... | ... |
| 499995 | 0 | 0 | 0 | F | N | Green | Square | Lion | Canada | Theremin | ... | 9e4b23160 | acc31291f | 1 | Novice | Lava Hot | j | A | Gb | 1 | 3 |
| 499996 | 1 | 0 | 0 | F | Y | Green | Trapezoid | Lion | China | Piano | ... | cfbd87ed0 | eae3446d0 | 1 | Contributor | Lava Hot | f | S | Ed | 2 | 2 |
| 499997 | 0 | 1 | 1 | T | Y | Green | Trapezoid | Lion | Canada | Oboe | ... | 1108bcd6c | 33dd3cf4b | 1 | Novice | Boiling Hot | g | V | TR | 3 | 1 |
| 499998 | 1 | 0 | 0 | T | Y | Blue | Star | Hamster | Costa Rica | Bassoon | ... | 606ac930b | d4cf587dd | 2 | Grandmaster | Boiling Hot | g | X | Ye | 2 | 2 |
| 499999 | 0 | 0 | 0 | T | Y | Green | Star | Lion | India | Piano | ... | 4ea576eb6 | 2d610f52c | 2 | Novice | Freezing | l | J | ex | 2 | 2 |

500000 rows × 23 columns

훈련 데이터와 테스트 데이터를 합치니 행 개수가 50만 개이며, 타깃값이 빠져서 피처는 23개입니다.

## 원-핫 인코딩

원-핫 인코딩은 대표적인 인코딩 방법입니다. 모델링에 사용하기 위해 모든 피처를 원-핫 인코딩해보겠습니다. 준비한 all_data에 원-핫 인코딩을 적용해보죠.

```
from sklearn.preprocessing import OneHotEncoder

encoder = OneHotEncoder() # 원-핫 인코더 생성 ❶
all_data_encoded = encoder.fit_transform(all_data # 원-핫 인코딩 적용 ❷
```

❶ 원-핫 인코더 객체를 생성하고 ❷ all_data의 모든 피처를 인코딩하여 새로운 변수 all_data_encoded에 저장했습니다. 간단하게 인코딩이 끝났습니다.

### 데이터 나누기

공통으로 적용할 인코딩이 끝났으니 훈련 데이터와 테스트 데이터를 다시 나누겠습니다. 앞서 concat( ) 함수를 써서 훈련 데이터와 테스트 데이터를 이어붙였죠? 그러니 여기서는 행 번호를 기준으로 다시 나눌 수 있습니다.

```
num_train = len(train) # 훈련 데이터 개수

# 훈련 데이터와 테스트 데이터 나누기
X_train = all_data_encoded[:num_train] # 0~num_train - 1행
X_test = all_data_encoded[num_train:]  # num_train~마지막 행

y = train['target']
```

추가로 마지막 줄에서 타깃값을 y 변수에 저장해뒀습니다. 사람이 학습할 때 정답이 필요하듯, 머신러닝 모델 훈련 시에도 타깃값(정답)이 필요하기 때문입니다.

다음으로 훈련 데이터에서 일부를 검증 데이터로 나누겠습니다. 훈련 데이터는 모델 훈련에 사용하고, 검증 데이터는 모델 성능 검증에 사용합니다.

이렇게 나누는 이유는 검증 데이터를 이용해 제출 전에 모델 성능을 평가해보기 위해서입니다. 우리가 무언가 수정했을 때 모델 성능이 좋아졌는지 가늠할 수 있어야겠죠? 그래야 모델링을 잘했는지, 아니면 다른 방법을 찾아봐야 할지 판단할 수 있습니다.

> **Note** 앞서 훈련 데이터와 테스트 데이터를 나눌 땐 행 번호로 명확하게 나눌 수 있어서 행을 기준으로 분리했습니다. 하지만 여기서 훈련 데이터와 검증 데이터를 나눌 땐 train_test_split() 함수를 사용합니다. 타깃값 공정 배분 여부, 훈련 데이터/검증 데이터 비율, 데이터 무작위 추출 등을 설정할 수 있기 때문입니다.

```
from sklearn.model_selection import train_test_split

# 훈련 데이터, 검증 데이터 분리
X_train, X_valid, y_train, y_valid = train_test_split(X_train, y,
                                                      test_size=0.1,
                                                      stratify=y,
                                                      random_state=10)
```

train_test_split( )은 전체 데이터를 훈련 데이터와 검증(혹은 테스트) 데이터로 나누는 함수입니다. 첫 번째 인수로는 피처(X_train)를, 두 번째 인수로는 타깃값(y)을 전달합니다. test_size와 stratify는 설명할 게 많으니 잠시 미루고, 마지막 random_state는 시드값을 고정하여 다음에 실행해도 같은 결과가 나오게 해줍니다.

test_size는 검증 데이터 크기를 지정하는 파라미터입니다. 값이 정수면 검증 데이터의 개수를, 실수면 비율을 의미합니다. 여기서는 0.1을 전달했으므로 10%를 검증 데이터로 분리하겠다는 뜻입니다.

stratify는 사회학에서 '수평적 지위 집단으로 나눈다'라는 의미입니다. 즉, stratify 파라미터로 지정한 값을 각 그룹에 '공정하게' 배분한다는 뜻입니다. 여기서는 타깃값인 y를 전달했으므로 타깃값이 훈련 데이터와 검증 데이터에 같은 비율로 포함되게끔 나눠줍니다.

stratify 파라미터를 지정하지 않으면 훈련 데이터와 검증 데이터에 타깃값이 불균형하게 분포될 수 있습니다. 그렇게 되면 훈련과 검증이 올바르게 이루어지지 않으므로 되도록이면 stratify 파라미터에 타깃값을 넘겨주는 게 바람직합니다.

▼ train_test_split() 사용 시 stratify 파라미터의 효과

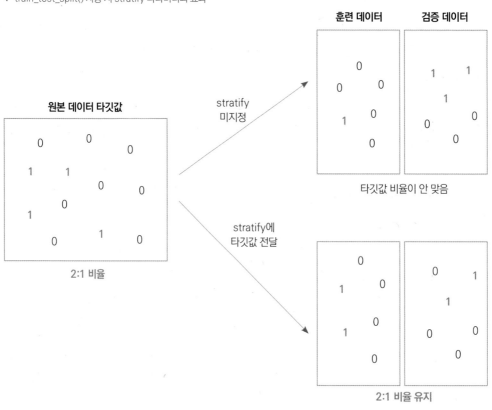

**Note** 검증 데이터가 많을수록 성능 검증 점수를 신뢰할 수 있지만 그만큼 훈련에 사용할 데이터가 적어집니다. 반대로 검증 데이터가 적으면 훈련에 사용할 데이터는 많아지지만 성능 검증 점수의 신뢰성이 떨어지겠죠. 검증 데이터를 적당한 비율로 잡아야 하며, 대체로 10~20% 정도로 합니다.

이로써 데이터 준비를 마쳤습니다.

▼ 베이스라인에서 진행한 피처 엔지니어링 전체 과정

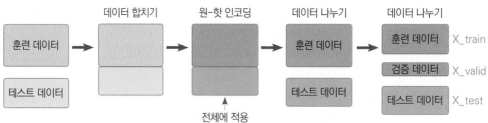

### 7.3.2 모델 훈련

이제 모델을 생성한 뒤, 앞에서 준비한 데이터를 사용해서 훈련해보겠습니다. 선형 회귀 방식을 응용해 분류를 수행하는 로지스틱 회귀 모델을 사용하겠습니다.

```python
from sklearn.linear_model import LogisticRegression

logistic_model = LogisticRegression(max_iter=1000, random_state=42) # 모델 생성
logistic_model.fit(X_train, y_train) # 모델 훈련
```

단 두 줄로 모델 생성과 훈련이 끝났네요. 베이스라인 모델이므로 모델의 파라미터는 간단하게 설정했습니다.

- **max_iter** : 모델의 회귀 계수를 업데이트하는 반복 횟수. 모델 훈련 시 회귀 계수를 업데이트하면서 훈련하는데, 이때 업데이트를 몇 번 할지를 정합니다.
- **random_state** : 값을 지정하면 여러 번 실행해도 매번 똑같은 결과가 나옵니다. 아무 값으로 지정해도 상관없습니다.

이제 테스트 데이터를 사용해 예측하고 제출하는 일만 남았습니다.

### 7.3.3 모델 성능 검증

사이킷런은 타깃값 예측 메서드를 두 가지 제공합니다. 바로 predict( )와 predict_proba( ) 입니다. 먼저 predict( ) 메서드는 타깃값 자체(0이냐 1이냐)를 예측합니다. 반면, predict_proba( )는 타깃값의 확률(0일 확률과 1일 확률)을 예측합니다.

다음은 predict_proba( )로 검증 데이터의 타깃값이 0 또는 1일 확률을 예측한 결과입니다.

```python
logistic_model.predict_proba(X_valid)
```

```
array([[0.23262216, 0.76737784],
       [0.91407764, 0.08592236],
       [0.83025174, 0.16974826],
       ...,
       [0.24875927, 0.75124073],
       [0.49441807, 0.50558193],
       [0.95661255, 0.04338745]])
```

첫 번째 열은 타깃값이 0일 확률을 나타내고, 두 번째 열은 1일 확률을 나타냅니다. 당연히 두 값을 합하면 1이 됩니다. 확률의 합은 1이기 때문이죠.

다음은 predict( ) 메서드로 타깃값을 예측한 결과입니다.

```
logistic_model.predict(X_valid)
```
```
array([1, 0, 0, ..., 1, 1, 0])
```

0 또는 1로 예측했습니다. predict_proba( )로 예측한 결과와 비교해볼까요? 첫 행부터 보시죠. 타깃값이 0일 확률은 0.23262216이고, 1일 확률은 0.76737784입니다. 1일 확률이 더 큽니다. 그러므로 predict( )는 타깃값을 1로 예측했습니다. 나머지 행도 마찬가지입니다.

본 대회에서는 타깃값이 1일 '확률'을 예측해야 합니다. 따라서 predict_proba( ) 메서드로 예측한 결과의 두 번째 열을 타깃 예측값으로 사용합니다.

검증 데이터를 활용해 타깃값을 예측해보시죠.

```
# 검증 데이터를 활용한 타깃 예측
y_valid_preds = logistic_model.predict_proba(X_valid)[:, 1]
```

y_valid_preds 변수에는 검증 데이터 타깃값이 1일 확률이 저장됩니다.

이제 타깃 예측값인 y_valid_preds와 실제 타깃값인 y_valid를 이용해 ROC AUC[14]를 구해볼까요? 모델 성능을 검증하려는 절차입니다. ROC AUC 점수는 사이킷런의 roc_auc_score( ) 함수를 이용하면 쉽게 구할 수 있습니다.

```
from sklearn.metrics import roc_auc_score # ROC AUC 점수 계산 함수

# 검증 데이터 ROC AUC
roc_auc = roc_auc_score(y_valid, y_valid_preds)

print(f'검증 데이터 ROC AUC : {roc_auc:.4f}')
```
```
검증 데이터 ROC AUC : 0.7965
```

---

14 5.2.3절 'ROC 곡선과 AUC' 참고

### 7.3.4 예측 및 결과 제출

이제 '테스트 데이터'를 활용해 타깃값이 1일 확률을 예측하고, 결과를 제출해보겠습니다.

```
# 타깃값 1일 확률 예측
y_preds = logistic_model.predict_proba(X_test)[:, 1]
```

y_preds에 타깃값이 1일 확률을 저장했습니다.

마지막으로 제출 파일을 만듭니다.

```
# 제출 파일 생성
submission['target'] = y_preds
submission.to_csv('submission.csv')
```

끝났습니다. 커밋 후 제출해보시죠.

▼ 베이스라인 점수

| Private Score | Public Score |
|:---:|:---:|
| 0.79612 | 0.80108 |

프라이빗 점수는 0.79612, 퍼블릭 점수는 0.80108이 나오네요. 프라이빗 점수는 대회가 종료된 후 전체 테스트 데이터로 평가한 점수입니다. 반면에 퍼블릭 점수는 대회가 종료되기 전, 테스트 데이터 일부만 사용해 평가한 점수입니다. 따라서 프라이빗 점수가 최종 점수이며, 퍼블릭 점수는 큰 의미가 없습니다.

이 정도 점수면 몇 등인지 Learderboard 메뉴에서 확인해보세요. 프라이빗 점수 기준으로 1,338명 중 705등입니다. 상위 52.7%로, 그다지 좋지 않습니다. 다음 절에서 모델 성능을 향상시켜 등수를 높여보겠습니다.

다음 절부터 중요한 내용을 다룹니다. 지금까지 이해가 잘 됐다면 다음 절도 쉽게 따라오실 겁니다. 심호흡 한번 하시고요. 705등에서 2등으로 도약해보죠!

# 7.4 성능 개선 I

6장에서는 베이스라인 모델과 다른 모델을 사용해 더 높은 성능을 얻었지만, 이번 7장에서는 베이스라인 모델 자체의 성능을 높여보겠습니다.

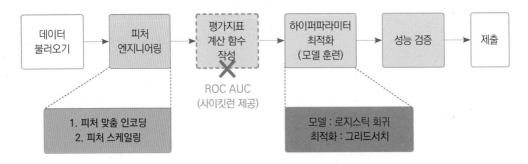

성능 향상을 위해 다음 세 가지에 주안점을 두어 모델링을 진행하겠습니다.

1 피처 맞춤 인코딩
2 피처 스케일링
3 하이퍼파라미터 최적화

첫 번째, 인코딩을 피처 특성에 맞게 적용합니다. 이진 피처와 순서형 피처 ord_1, ord_2는 수작업으로 인코딩을 해줄 겁니다. 그리고 순서형 피처 ord_3, ord_4, ord_5는 ordinal 인코딩을, 명목형 피처와 날짜 피처에는 원-핫 인코딩을 적용합니다.

두 번째, 피처 스케일링을 적용합니다. 피처 스케일링은 피처 간 값의 범위를 일치시키는 작업입니다.[15] 피처마다 값의 범위가 다르면 훈련이 제대로 안 될 수 있습니다. 피처 스케일링은 순서형 피처에만 적용하겠습니다. 이진 피처는 값이 두 개라서 인코딩을 해도 0과 1로만 구성되고, 명목형 피처와 날짜 피처도 원-핫 인코딩 후 0과 1로 구성될 것이기 때문입니다. 다시 말해, 이진 피처, 명목형 피처, 날짜 피처는 인코딩 후 이미 최솟값 0에 최댓값 1로 범위가 일치하기 때문에 스케일링을 안 해줘도 됩니다.

세 번째, 하이퍼파라미터를 최적화합니다. 최적 하이퍼파라미터로 모델을 훈련하고 제출해, 최종 2등을 기록하는 점수를 내보겠습니다.

---

15 5.4절 '피처 스케일링' 참고

우선 데이터를 불러옵니다.

```
import pandas as pd
# 데이터 경로
data_path = '/kaggle/input/cat-in-the-dat/'

train = pd.read_csv(data_path + 'train.csv', index_col='id')
test = pd.read_csv(data_path + 'test.csv', index_col='id')
submission = pd.read_csv(data_path + 'sample_submission.csv', index_col='id')
```

https://www.kaggle.com/werooring/ch7-modeling

## 7.4.1 피처 엔지니어링 I : 피처 맞춤 인코딩

베이스라인에서는 모든 피처를 일괄적으로 원-핫 인코딩했습니다. 그러나 피처 특성에 맞게 인코딩한다면 성능이 더 좋아질 수 있습니다.

인코딩은 이진 피처, 순서형 피처, 명목형 피처, 날짜 피처 순으로 진행하겠습니다.

▼ 인코딩 절차

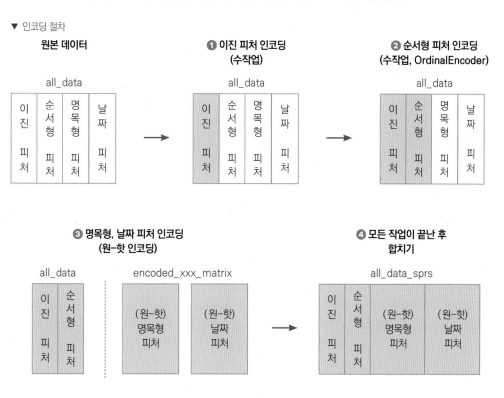

07장 **경진대회** 범주형 데이터 이진분류 **279**

all_data는 훈련 데이터와 테스트 데이터를 합친 데이터로, 이진 피처, 순서형 피처, 명목형 피처, 날짜 피처가 모두 존재합니다. 여기서 ❶ 이진 피처와 ❷ 순서형 피처는 적절히 인코딩해서 all_data에 바로 적용할 겁니다.

❸ 명목형 피처와 날짜 피처는 원-핫 인코딩해 별도의 행렬로 저장해둡니다. all_data에 바로 적용하지 못하는 이유는 원-핫 인코딩을 하면 열 개수가 많아지기 때문입니다. 그리고 이때 all_data에서 기존의 명목형 피처와 날짜 피처는 삭제합니다.

❹ 마지막으로 all_data와 원-핫 인코딩된 명목형 피처와 날짜 피처를 합치겠습니다. 단, 합치는 작업은 7.4.2절에서 다룰 피처 스케일링까지 모두 끝낸 뒤에 하겠습니다.

### 데이터 합치기

인코딩 전에 훈련 데이터와 테스트 데이터를 합쳐 all_data를 만들고 타깃값은 제거합니다.

```
# 훈련 데이터와 테스트 데이터 합치기
all_data = pd.concat([train, test])
all_data = all_data.drop('target', axis=1) # 타깃값 제거
```

### 이진 피처 인코딩

첫 번째로 이진 피처를 인코딩하겠습니다.

7.2.1절의 '이진 피처 요약표'에서 봤듯이 bin_0, bin_1, bin_2 피처는 이미 0과 1로만 잘 구성돼 있어 따로 인코딩하지 않아도 됩니다.

반면 bin_3와 bin_4 피처는 각각 T와 F, Y와 N이라는 문자로 구성돼 있습니다. 각각 1과 0으로 바꾸겠습니다(분석 정리 3). 이때 판다스의 map() 함수를 사용합니다.

```
all_data['bin_3'] = all_data['bin_3'].map({'F':0, 'T':1})
all_data['bin_4'] = all_data['bin_4'].map({'N':0, 'Y':1})
```

DataFrame의 열(피처)을 호출하면 반환값이 Series 타입입니다. Series 객체에 map() 함수를 호출하면, 전달받은 딕셔너리나 함수를 Series의 모든 원소에 적용해 결과를 반환합니다. 여기서는 map() 함수에 딕셔너리를 전달했습니다.

딕셔너리를 이용해 bin_3의 F는 0으로, T는 1로 바꿨습니다. 마찬가지로 bin_4도 N은 0으로, Y는 1로 바꿨습니다. 이상으로 이진 피처들은 수작업으로 간단하게 인코딩을 완료했습니다.

## 순서형 피처 인코딩

다음으로 순서형 피처를 인코딩하겠습니다. 순서형 피처의 고윳값은 다음과 같습니다.

```
ord_0 고윳값: [2 1 3]
ord_1 고윳값: ['Grandmaster' 'Expert' 'Novice' 'Contributor' 'Master']
ord_2 고윳값: ['Cold' 'Hot' 'Lava Hot' 'Boiling Hot' 'Freezing' 'Warm']
ord_3 고윳값: ['h' 'a' 'i' 'j' 'g' 'e' 'd' 'b' 'k' 'f' 'l' 'n' 'o' 'c'
              'm']
ord_4 고윳값: ['D' 'A' 'R' 'E' 'P' 'K' 'V' 'Q' 'Z' 'L' 'F' 'T' 'U' 'S'
              'Y' 'B' 'H' 'J' 'N' 'G' 'W' 'I' 'O' 'C' 'X' 'M']
ord_5 고윳값: ['kr' 'bF' 'Jc' 'kW' 'qP' 'PZ' 'wy' 'Ed' 'qo' 'CZ' 'qX'
              'su' 'dP' 'aP' 'MV' 'oC' 'RL' 'fh' 'gJ' 'Hj' 'TR' 'CL'
              'Sc' 'eQ' 'kC' 'qK' 'dh' 'gM' 'Jf' 'f0' 'Eg' 'KZ' 'Vx'
              'Fo' 'sV' 'eb' 'YC' 'RG' 'Ye' 'qA' 'lL' 'Qh' 'Bd' 'be'
              'hT' 'lF' 'nX' 'kK' 'av' 'uS' 'Jt' 'PA' 'Er' 'Qb' 'od'
              'ut' 'Dx' 'Xi' 'on' 'Dc' 'sD' 'rZ' 'Uu' 'sn' 'yc' 'Gb'
              'Kq' 'dQ' 'hp' 'kL' 'je' 'CU' 'Fd' 'PQ' 'Bn' 'ex' 'hh'
              'ac' 'rp' 'dE' 'oG' 'oK' 'cp' 'mm' 'vK' 'ek' 'd0' 'XI'
              'CM' 'Vf' 'a0' 'qv' 'jp' 'Zq' 'Qo' 'DN' 'TZ' 'ke' 'cG'
              'tP' 'ud' 'tv' 'aM' 'xy' 'lx' 'To' 'uy' 'ZS' 'vy' 'ZR'
              'AP' 'GJ' 'Wv' 'ri' 'qw' 'Xh' 'FI' 'nh' 'KR' 'dB' 'BE'
              'Bb' 'mc' 'MC' 'tM' 'NV' 'ih' 'IK' 'Ob' 'RP' 'dN' 'us'
              'dZ' 'yN' 'Nf' 'QM' 'jV' 'sY' 'wu' 'SB' 'UO' 'Mx' 'JX'
              'Ry' 'Uk' 'uJ' 'LE' 'ps' 'kE' 'MO' 'kw' 'yY' 'zU' 'bJ'
              'Kf' 'ck' 'mb' 'Os' 'Ps' 'Ml' 'Ai' 'Wc' 'GD' 'll' 'aF'
              'iT' 'cA' 'WE' 'Gx' 'Nk' 'OR' 'Rm' 'BA' 'eG' 'cW' 'jS'
              'DH' 'hL' 'Mf' 'Yb' 'Aj' 'oH' 'Zc' 'qJ' 'eg' 'xP' 'vq'
              'Id' 'pa' 'ux' 'kU' 'Cl']
```

ord_0 피처는 이미 숫자로 구성돼 있어 인코딩하지 않아도 됩니다. ord_1과 ord_2 피처는 순서를 정해서 인코딩해보겠습니다. ord_3부터 ord_5는 알파벳 순서대로 인코딩해야 합니다.

> **Note** 이미 숫자로 되어 있는 순서형 피처는 인코딩 필요 없음

ord_1과 ord_2 피처부터 인코딩해봅시다. 이번에도 map( ) 함수를 사용해 수작업으로 인코딩

합니다. 이때 피처 값 순서에 유의해야 합니다(분석 정리 5).

```
ord1dict = {'Novice':0, 'Contributor':1,
            'Expert':2, 'Master':3, 'Grandmaster':4}
ord2dict = {'Freezing':0, 'Cold':1, 'Warm':2,
            'Hot':3, 'Boiling Hot':4, 'Lava Hot':5}


all_data['ord_1'] = all_data['ord_1'].map(ord1dict)
all_data['ord_2'] = all_data['ord_2'].map(ord2dict)
```

ord_1, ord_2 피처 인코딩이 끝났습니다.

다음은 ord_3, ord_4, ord_5 차례입니다. 이 피처들은 알파벳 순서대로 인코딩해야 합니다(분석 정리 5). 사이킷런의 OrdinalEncoder를 사용하면 됩니다.

> **Note** ord_3, ord_4, ord_5 피처도 물론 알파벳순으로 정렬한 다음 map() 함수로 인코딩해도 됩니다. 하지만 고윳값 개수가 많아 번거롭기 때문에 OrdinalEncoder를 사용하는 것입니다.

우선 OrdinalEncoder 객체를 생성하고, ord_3, ord_4, ord_5 피처에 fit_transform( )을 적용해 인코딩합니다. 알파벳순으로 잘 인코딩됐는지도 출력해보겠습니다.

```
from sklearn.preprocessing import OrdinalEncoder

ord_345 = ['ord_3', 'ord_4', 'ord_5']

ord_encoder = OrdinalEncoder() # OrdinalEncoder 객체 생성
# ordinal 인코딩 적용
all_data[ord_345] = ord_encoder.fit_transform(all_data[ord_345])

# 피처별 인코딩 순서 출력
for feature, categories in zip(ord_345, ord_encoder.categories_):
    print(feature)
    print(categories)
```

```
ord_3
['a' 'b' 'c' 'd' 'e' 'f' 'g' 'h' 'i' 'j' 'k' 'l' 'm' 'n' 'o']
ord_4
['A' 'B' 'C' 'D' 'E' 'F' 'G' 'H' 'I' 'J' 'K' 'L' 'M' 'N' 'O' 'P' 'Q' 'R'
 'S' 'T' 'U' 'V' 'W' 'X' 'Y' 'Z']
```

```
ord_5
['AP' 'Ai' 'Aj' 'BA' 'BE' 'Bb' 'Bd' 'Bn' 'CL' 'CM' 'CU' 'CZ' 'Cl' 'DH'
 'DN' 'Dc' 'Dx' 'Ed' 'Eg' 'Er' 'FI' 'Fd' 'Fo' 'GD' 'GJ' 'Gb' 'Gx' 'Hj'
 'IK' 'Id' 'JX' 'Jc' 'Jf' 'Jt' 'KR' 'KZ' 'Kf' 'Kq' 'LE' 'MC' 'MO' 'MV'
 'Mf' 'Ml' 'Mx' 'NV' 'Nf' 'Nk' 'OR' 'Ob' 'Os' 'PA' 'PQ' 'PZ' 'Ps' 'QM'
 'Qb' 'Qh' 'Qo' 'RG' 'RL' 'RP' 'Rm' 'Ry' 'SB' 'Sc' 'TR' 'TZ' 'To' 'UO'
 'Uk' 'Uu' 'Vf' 'Vx' 'WE' 'Wc' 'Wv' 'XI' 'Xh' 'Xi' 'YC' 'Yb' 'Ye' 'ZR'
 'ZS' 'Zc' 'Zq' 'aF' 'aM' 'aO' 'aP' 'ac' 'av' 'bF' 'bJ' 'be' 'cA' 'cG'
 'cW' 'ck' 'cp' 'dB' 'dE' 'dN' 'd0' 'dP' 'dQ' 'dZ' 'dh' 'eG' 'eQ' 'eb'
 'eg' 'ek' 'ex' 'f0' 'fh' 'gJ' 'gM' 'hL' 'hT' 'hh' 'hp' 'iT' 'ih' 'jS'
 'jV' 'je' 'jp' 'kC' 'kE' 'kK' 'kL' 'kU' 'kW' 'ke' 'kr' 'kw' 'lF' 'lL'
 'll' 'lx' 'mb' 'mc' 'mm' 'nX' 'nh' 'oC' 'oG' 'oH' 'oK' 'od' 'on' 'pa'
 'ps' 'qA' 'qJ' 'qK' 'qP' 'qX' 'qo' 'qv' 'qw' 'rZ' 'ri' 'rp' 'sD' 'sV'
 'sY' 'sn' 'su' 'tM' 'tP' 'tv' 'uJ' 'uS' 'ud' 'us' 'ut' 'ux' 'uy' 'vK'
 'vq' 'vy' 'wu' 'wy' 'xP' 'xy' 'yN' 'yY' 'yc' 'zU']
```

ord_encoder.categories_는 어떤 순서로 ordinal 인코딩을 적용했는지 보여줍니다. 출력 결과를 보니 알파벳순으로 제대로 인코딩됐네요.

다음 그림은 인코딩 전후로 ord_3, ord_4, ord_5 피처 값이 어떻게 바뀌었는지 보여줍니다.

▼ ordinal 인코딩 전후 피처 값 변화

| | ordinal 인코딩 전 | | | | ordinal 인코딩 후 | | |
|---|---|---|---|---|---|---|---|
| | ord_3 | ord_4 | ord_5 | | ord_3 | ord_4 | ord_5 |
| 0 | h | D | kr | 0 | 7.0 | 3.0 | 136.0 |
| 1 | a | A | bF | 1 | 0.0 | 0.0 | 93.0 |
| 2 | h | R | Jc | 2 | 7.0 | 17.0 | 31.0 |
| 3 | i | D | kW | 3 | 8.0 | 3.0 | 134.0 |
| 4 | a | R | qP | 4 | 0.0 | 17.0 | 158.0 |
| ... | ... | ... | ... | ... | ... | ... | ... |
| 499995 | j | A | Gb | 499995 | 9.0 | 0.0 | 25.0 |
| 499996 | f | S | Ed | 499996 | 5.0 | 18.0 | 17.0 |
| 499997 | g | V | TR | 499997 | 6.0 | 21.0 | 66.0 |
| 499998 | g | X | Ye | 499998 | 6.0 | 23.0 | 82.0 |
| 499999 | l | J | ex | 499999 | 11.0 | 9.0 | 114.0 |
| 500000 rows × 3 columns | | | | 500000 rows × 3 columns | | | |

알파벳순으로 인코딩했기 때문에 a는 0.0, b는 1.0, c는 2.0, d는 3.0 식으로 바뀌었습니다.

## 명목형 피처 인코딩

명목형 피처는 순서를 무시해도 되기 때문에 원-핫 인코딩을 적용하겠습니다. 먼저 지능형 리스트를 활용해 명목형 피처 리스트를 만듭니다. 명목형 피처는 nom_0부터 nom_9까지 총 10개입니다.

```
nom_features = ['nom_' + str(i) for i in range(10)] # 명목형 피처
```

> ### 지능형 리스트
>
> 지능형 리스트[list comprehension]는 코드 한 줄로 새로운 리스트를 만드는 문법 구조입니다.
>
> ❶ range(10)을 순회하며 값을 하나씩 i에 할당하고
>
> ```
> ['nom_' + str(i) for i in range(10)]
> ```
>
> ❷ 이를 'nom_' + str(i)로 변환하여 리스트에 저장합니다.
>
> 최종적으로 'nom_0'부터 'nom_9'까지 총 10개의 원소를 갖는 리스트가 '새로 생성'됩니다.

이 명목형 피처를 원-핫 인코딩해 별도 행렬에 저장하고, 이어서 all_data에서 명목형 피처를 삭제하겠습니다. 원-핫 인코딩을 하면 열 개수가 늘어나서 all_data에서 곧바로 인코딩할 수 없기 때문입니다. 다시 말하면 다음 코드는 실행이 안 됩니다.

```
# 정상 실행되지 않는 코드(오류 발생)
from sklearn.preprocessing import OneHotEncoder

onehot_encoder = OneHotEncoder()
all_data[nom_features] = onehot_encoder.fit_transform(all_data[nom_features])
```

제대로 된 코드를 살펴보겠습니다.

```
# 정상 실행되는 코드
from sklearn.preprocessing import OneHotEncoder

onehot_encoder = OneHotEncoder() # OneHotEncoder 객체 생성
```

```
# 원-핫 인코딩 적용
encoded_nom_matrix = onehot_encoder.fit_transform(all_data[nom_features])

encoded_nom_matrix
```

```
<500000x16276 sparse matrix of type '<class 'numpy.float64'>'
    with 5000000 stored elements in Compressed Sparse Row format>
```

OneHotEncoder로 원-핫 인코딩을 적용하면 희소 행렬을 CSR 형식으로 반환합니다. 출력 결과를 보면 원-핫 인코딩된 명목형 피처의 행렬 크기가 (500000 x 16276)입니다. 원-핫 인코딩 때문에 열이 16,276개나 생성된 겁니다.

> ### 희소 행렬과 COO, CSR 형식
>
> 대부분 값이 0으로 채워진 행렬을 희소 행렬sparse matrix이라고 합니다. 반대로 대부분 값이 0이 아닌 값으로 채워진 행렬을 밀집 행렬dense matrix이라고 합니다. 원-핫 인코딩을 적용하면 희소 행렬을 만듭니다. 그러면 메모리 낭비가 심해지겠죠? 행렬 크기도 늘어서 연산 시간도 오래 걸립니다.
>
> 이런 문제를 개선하도록 행렬 형식을 변환해줘야 합니다. 대표적으로 COOcoordinate list 형식과 CSRcompressed sparse row 형식이 있습니다. 희소 행렬을 COO 형식이나 CSR 형식으로 표현하면 메모리 낭비를 줄일 수 있습니다. 이중에서도 CSR 형식이 메모리를 더 적게 쓰면서 연산도 빠릅니다.[16] 그래서 일반적으로 COO 형식보다 CSR 형식을 많이 씁니다.

명목형 피처를 원-핫 인코딩한 결과를 encoded_nom_matrix에 저장했습니다. 이는 CSR 형식의 행렬입니다.

마지막으로 all_data에서 기존 명목형 피처를 삭제하겠습니다. 추후 encoded_nom_matrix와 all_data를 합칠 텐데, 그러면 하나의 피처가 형식만 다르게 중복되어 들어가기 때문입니다.

```
all_data = all_data.drop(nom_features, axis=1) # 기존 명목형 피처 삭제
```

---

16 COO 형식과 CSR 형식의 구체적인 설명과 차이가 궁금하면 인터넷에서 "희소행렬 COO CSR"을 검색해보세요.

**날짜 피처 인코딩**

day와 month는 날짜 피처입니다. 7.2.2절에서 설명했듯이 날짜 피처에도 원-핫 인코딩을 적용하겠습니다(분석 정리 7).

```
date_features = ['day', 'month'] # 날짜 피처

# 원-핫 인코딩 적용
encoded_date_matrix = onehot_encoder.fit_transform(all_data[date_features])

all_data = all_data.drop(date_features, axis=1) # 기존 날짜 피처 삭제

encoded_date_matrix
```
```
<500000x19 sparse matrix of type '<class 'numpy.float64'>'
    with 1000000 stored elements in Compressed Sparse Row format>
```

원-핫 인코딩된 행렬 크기는 (500000 x 19)입니다. day 피처 고윳값은 7개, month 피처 고윳 값은 12개라서 인코딩 후 열이 총 19개가 되었습니다.

## 7.4.2 피처 엔지니어링 II : 피처 스케일링

앞에서도 이야기했듯이 **피처 스케일링**feature scaling이란 서로 다른 피처들의 값의 범위가 일치하도록 조정하는 작업입니다. 피처 스케일링이 필요한 이유는 수치형 피처들의 유효 값 범위가 서로 다르면 훈련이 제대로 안 될 수도 있기 때문입니다.

우리의 경우 앞 절에서 이진, 명목형, 날짜 피처를 모두 0과 1로 인코딩했습니다. 하지만 순서형 피처는 여전히 여러 가지 값을 갖고 있으므로 순서형 피처의 값 범위도 0~1 사이가 되도록 스케일링해주겠습니다.

**순서형 피처 스케일링**

다른 피처들과 범위를 맞추기 위해 순서형 피처에 min-max 정규화[17]를 적용하겠습니다. min-max 정규화는 피처 값의 범위를 0~1로 조정합니다.

---

**17** 5.4.1절 'min-max 정규화' 참고

```
from sklearn.preprocessing import MinMaxScaler

ord_features = ['ord_' + str(i) for i in range(6)] # 순서형 피처
# min-max 정규화
all_data[ord_features] = MinMaxScaler().fit_transform(all_data[ord_features])
```

이상으로 모든 피처의 값 범위가 0~1로 맞춰졌습니다. 다음 표는 피처 스케일링에 따른 순서형 피처 값 변화를 보여줍니다.

▼ 피처 스케일링에 따른 순서형 피처 값 변화

| 피처 종류 | 스케일링 전 | | 스케일링 후 | |
|---|---|---|---|---|
| | 이진, 명목형, 날짜 | 순서형 | 이진, 명목형, 날짜 | 순서형 |
| 값 | 0 | 0 | 0 | 0 |
| | 1 | 1 | 1 | 0.2 |
| | | 2 | | 0.4 |
| | | 3 | | 0.6 |
| | | 4 | | 0.8 |
| | | 5 | | 1 |

이상으로 모든 피처가 적절히 인코딩됐고, 피처 값들의 범위도 같아졌습니다.

### 인코딩 및 스케일링된 피처 합치기

현재 all_data에는 이진 피처와 순서형 피처가 인코딩돼 있습니다. 명목형 피처와 날짜 피처는 원-핫 인코딩되어 각각 encoded_nom_matrix와 encoded_date_matrix에 저장돼 있습니다. 이제 이 세 데이터를 합치겠습니다.

그런데 all_data는 DataFrame이고, encoded_nom_matrix와 encoded_date_matrix는 CSR 형식의 행렬입니다. 형식이 서로 다르니 맞춰줘야겠죠? all_data를 CSR 형식으로 만들어 합치겠습니다. 사이파이가 제공하는 csr_matrix( )는 전달받은 데이터를 CSR 형식으로 바꿔줍니다.

```
from scipy import sparse
```

```
# 인코딩 및 스케일링된 피처 합치기
all_data_sprs = sparse.hstack([sparse.csr_matrix(all_data),
                               encoded_nom_matrix,
                               encoded_date_matrix],
                              format='csr')
```

여기서 hstack( )은 행렬을 수평 방향으로 합칩니다. 그리고 format='csr'을 전달하면 합친 결과를 CSR 형식으로 반환합니다(기본값은 COO 형식입니다). 인코딩된 모든 피처를 합친 all_data_sprs를 출력해봅시다.

```
all_data_sprs
```

```
<500000x16306 sparse matrix of type '<class 'numpy.float64'>'
    with 9163718 stored elements in Compressed Sparse Row format>
```

500,000행 16,306열로 구성돼 있네요. 이 정도 크기를 DataFrame으로 처리하면 메모리 낭비가 심하고 훈련 속도도 떨어집니다. 따라서 DataFrame으로 변환하지 않고, CSR 형식을 그대로 사용하겠습니다.

이상으로 피처 엔지니어링을 모두 마쳤습니다.

### 데이터 나누기

마지막으로 훈련 데이터와 테스트 데이터를 나눕니다.

```
num_train = len(train) # 훈련 데이터 개수

# 훈련 데이터와 테스트 데이터 나누기
X_train = all_data_sprs[:num_train] # 0~num_train - 1행
X_test = all_data_sprs[num_train:] # num_train~마지막 행

y = train['target']
```

y는 모델 훈련 시 필요한 타깃값(정답)입니다.

베이스라인과 마찬가지로 훈련 데이터를 다시 훈련 데이터와 검증 데이터로 나누겠습니다.

```
from sklearn.model_selection import train_test_split

# 훈련 데이터, 검증 데이터 분리
X_train, X_valid, y_train, y_valid = train_test_split(X_train, y,
                                                      test_size=0.1,
                                                      stratify=y,
                                                      random_state=10)
```

## 7.4.3 하이퍼파라미터 최적화

이번 절에서는 최종 데이터를 활용해 모델을 훈련하고 결과를 제출하겠습니다. 이 과정에서 베이스라인 모델과 달리 하이퍼파라미터를 최적화해보겠습니다.

6장에서 배운 그리드서치를 활용해 로지스틱 회귀 모델의 하이퍼파라미터를 최적화해보겠습니다. 탐색할 하이퍼파라미터는 C와 max_iter입니다. C는 규제 강도를 조절하는 파라미터로, 값이 작을수록 규제 강도가 세집니다.

> **Note** 로지스틱 회귀는 선형 회귀 방식을 응용해 분류 문제에 적용한 모델입니다. 비록 분류 문제에 사용되는 모델이지만 훈련 원리는 선형 회귀 모델과 유사합니다.

모델을 생성하고 평가지표를 ROC AUC로 지정해 그리드서치를 수행해보겠습니다. 6장의 코드와 비슷합니다. 참고로, 다음 코드는 실행하는 데 수분이 걸립니다. 첫 줄의 %%time은 해당 셀 실행 후 소요 시간을 출력해 주는 기능입니다.

```
%%time

from sklearn.model_selection import GridSearchCV
from sklearn.linear_model import LogisticRegression

# 로지스틱 회귀 모델 생성
logistic_model = LogisticRegression()

# 하이퍼파라미터 값 목록
lr_params = {'C':[0.1, 0.125, 0.2], 'max_iter':[800, 900, 1000],
             'solver':['liblinear'], 'random_state':[42]}
```

```
# 그리드서치 객체 생성
gridsearch_logistic_model = GridSearchCV(estimator=logistic_model,
                                         param_grid=lr_params,
                                         scoring='roc_auc', # 평가지표 ❶
                                         cv=5)
# 그리드서치 수행
gridsearch_logistic_model.fit(X_train, y_train)

print('최적 하이퍼파라미터:', gridsearch_logistic_model.best_params_)
```

```
최적 하이퍼파라미터: {'C': 0.125, 'max_iter': 800, 'random_state': 42, 'solver':
'liblinear'}
CPU times: user 14min 16s, sys: 12min 24s, total: 26min 40s
Wall time: 6min 53s
```

저는 약 7분이 걸렸네요. CPU 시간의 총합이 Wall time보다 큰 이유는 이 코드를 병렬로 실행했기 때문입니다. CPU 시간은 개별 코어의 수행 시간을 모두 합친 값입니다.

최적 하이퍼파라미터는 C: 0.125, max_iter: 800입니다.

## 7.4.4 모델 성능 검증

최적 하이퍼파라미터를 찾았으니 모델 성능이 얼마나 개선되었는지 봐야겠죠? 베이스라인처럼 검증 데이터로 모델 성능을 검증해보겠습니다. 먼저 검증 데이터로 타깃 예측값을 구합니다.

```
y_valid_preds = gridsearch_logistic_model.predict_proba(X_valid)[:, 1]
```

이어서 검증 데이터 ROC AUC를 구해보죠.

```
from sklearn.metrics import roc_auc_score # ROC AUC 점수 계산 함수

# 검증 데이터 ROC AUC
roc_auc = roc_auc_score(y_valid, y_valid_preds)

print(f'검증 데이터 ROC AUC : {roc_auc:.4f}')
```

```
검증 데이터 ROC AUC : 0.8045
```

ROC AUC가 0.8045입니다. 베이스라인 모델보다 0.008만큼 향상되었군요.


## 7.4.5 예측 및 결과 제출

제출 파일을 만들어 커밋 후 제출해보겠습니다.

```
# 타깃값 1일 확률 예측
y_preds = gridsearch_logistic_model.best_estimator_.predict_proba(X_test)[:,1]

# 제출 파일 생성
submission['target'] = y_preds
submission.to_csv('submission.csv')
```

▼ 성능 개선 점수

| Private Score | Public Score |
|---|---|
| 0.80220 | 0.80806 |

베이스라인 모델보다 점수가 높습니다. 프라이빗 점수 기준으로 전체 428등으로 상위 32%입니다. 여전히 등수가 높지 않네요. 만족스럽지 않습니다. 성능을 더 높여보죠.

> **Note** 베이스라인 모델보다 프라이빗 점수는 0.00608점, 퍼블릭 점수는 0.00698점밖에 차이가 안 납니다. 여러 방법을 적용해도 이 정도만 향상된 이유는 기본적으로 베이스라인 모델의 성능이 좋기 때문입니다. 실제로 이번 대회의 1등 점수는 0.80283점으로, 우리 베이스라인보다 0.00671점, 이번 결과보다는 겨우 0.00063점이 높을 뿐입니다.
> 실무에서는 이 정도 차이는 큰 의미가 없을 수 있습니다. 하지만 캐글 경진대회에서는 0.0001점 차이로 메달 색이 달라지기도 합니다.


# 7.5 성능 개선 II

지금까지 피처 엔지니어링과 하이퍼파라미터 최적화로 428등까지 기록했습니다. 이번에는 간단한 방법으로 더 위로 올라가보겠습니다.

앞서 모델 훈련 시 전체 훈련 데이터를 9:1 비율로 훈련 데이터와 검증 데이터로 나눴습니다. 훈련 데이터는 훈련용으로만 사용하고, 검증 데이터는 모델 성능 검증용으로만 사용했죠.

▼ 훈련에 사용하지 않은 검증 데이터

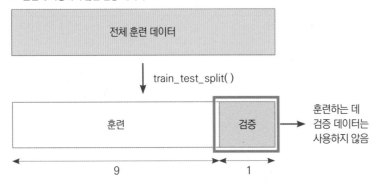

검증 데이터는 전체 훈련 데이터의 10%를 차지합니다. 이렇게 많은 데이터를 검증용으로만 사용하고 훈련에는 사용하지 않으니 조금 아깝습니다. 그러니 지금까지 다룬 모델링 절차를 그대로 유지한 채로 훈련 데이터 전체를 사용해 모델을 훈련해보겠습니다. train_test_split( )으로 훈련 데이터(90%)와 검증 데이터(10%)로 나누는 부분과 연관된 코드를 제외하고 나머지 모든 절차는 7.4절과 동일하게 수행하는 겁니다.

- https://www.kaggle.com/werooring/ch7-modeling2 참고

> **Note** 다만 훈련 데이터가 달라지면 그에 따라 최적 하이퍼파라미터도 달라질 수 있습니다. 가령, 훈련 데이터 90%를 사용해 구한 최적 하이퍼파라미터가 훈련 데이터 100%를 사용할 때도 최적이라는 보장은 없습니다. 거의 비슷하겠지만 말이죠.

커밋 후 제출까지 합니다.

▼ 최종 점수

프라이빗 점수가 0.80282군요. 90%의 훈련 데이터만으로 모델링했을 때는 프라이빗 점수가 0.80220이었으니 0.0062만큼 향상되었습니다. 프라이빗 리더보드에서 1등 점수는 0.80283,

2등 점수는 0.80282입니다. 마침내 전체 2등인 점수를 기록했습니다.

## 더 일반적인 흐름

이번 장에서는 단 하나의 머신러닝 모델(로지스틱 회귀 모델)을 계속 사용했지만, 일반적으로는 여러 가지 방법으로 모델링을 해서, 그중 검증 데이터 성능이 가장 높은 모델을 제출용으로 사용할 것입니다. 이렇게 제출용 모델을 선정했다면, 선정된 모델을 '검증 데이터까지 포함한 전체 훈련 데이터로 다시 훈련'하여 그 결과를 최종 제출 데이터로 쓴다는 것이 이번 절의 요지입니다. 조금이라도 더 많은 데이터로 훈련하는 게 성능 향상에 유리하니까요. 예를 들어 다음 그림은 세 가지 모델 A, B, C 중 B의 검증 성능이 가장 좋았을 때의 시나리오를 보여줍니다.

▼ 최종 제출 시 전체 훈련 데이터 사용

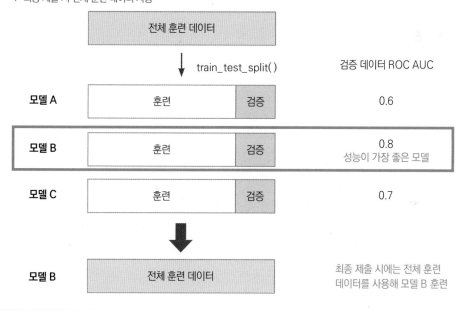

지금까지 베이스라인부터 시작해서 차근차근 데이터와 모델을 가공해 점수를 올려봤습니다. 대부분의 경진대회 모델링은 이런 방식으로 진행됩니다.

6장과 7장에서는 캐글에서 주관한 경진대회를 다뤘습니다. 다음 장에서는 실제 기업에서 주관한 경진대회를 다뤄보겠습니다.

# 학습 마무리

먼저 탐색적 데이터 분석으로 각 피처의 분포와 피처별 타깃값 1의 비율을 알아봤습니다. 또한, 간단한 로지스틱 회귀 모델로 베이스라인을 만들어 상위 52.7%의 점수를 기록했습니다. 베이스라인 모델에 피처 인코딩, 피처 스케일링, 하이퍼파라미터 최적화를 추가 적용해 상위 32% 점수로 개선했습니다. 마지막으로는 훈련 데이터 전체로 훈련하여 최종 2등을 기록했습니다.

## 핵심 요약

**1** **피처 요약표**는 피처별 데이터 타입, 결측값 개수, 고윳값 개수, 실제 입력값 등을 정리한 표입니다.

**2** **타깃값 분포**를 알면 데이터가 얼마나 불균형한지 파악하여 부족한 타깃값에 더 집중해 모델링을 수행할 수 있습니다.

**3** 피처별로 **데이터 특성에 알맞게 인코딩**해줘야 모델 성능을 효과적으로 끌어올릴 수 있습니다.

- **이진 피처** : 값이 0과 1이 아닌 경우 0과 1로 인코딩합니다.
- **명목형 피처** : 고윳값 개수가 너무 많지 않다면 머신러닝 모델이 이해할 수 있도록 원-핫 인코딩을 적용합니다.
- **순서형 피처** : 고윳값들의 순서에 맞게 인코딩합니다.
- **날짜 피처** : 순환형 데이터는 삼각함수를 사용해 인코딩하거나 원-핫 인코딩을 적용합니다.

**4** **로지스틱 회귀**는 선형 회귀 방식을 응용해 분류 문제에 적용한 모델입니다. 비록 분류 문제에 사용되는 모델이지만 훈련 원리는 선형 회귀 모델과 유사합니다.

**5** **피처 스케일링**이란 피처 간 값의 범위를 일치시키는 작업입니다. 피처마다 값의 범위가 다르면 훈련이 제대로 안 될 수 있으므로 범위 차이가 심한 피처들은 스케일링하여 비슷하게 맞춰줘야 합니다.

# 실전 문제

1 피처 요약표를 6장의 자전거 대여 수요 예측 경진대회 데이터셋에 적용해서 결과를 확인해 보세요.


2 '범주형 데이터 이진분류 경진대회 II'에 도전해보세요.

'범주형 데이터 이진분류 경진대회 II Categorical Feature Encoding Challenge II'는 이번 장에서 다룬 경진대회의 2차 대회로, 더 도전적인 데이터셋을 제공합니다. 하지만 기본적으로 비슷한 성격의 대회이니만큼 충분히 해내실 수 있을 겁니다.

- 대회 주소 : https://www.kaggle.com/c/cat-in-the-dat-ii


1 정답

| | 피처 | 데이터 타입 | 결측값 개수 | 고윳값 개수 | 첫 번째 값 | 두 번째 값 | 세 번째 값 |
|---|---|---|---|---|---|---|---|
| 0 | datetime | object | 0 | 10886 | 2011-01-01 00:00:00 | 2011-01-01 01:00:00 | 2011-01-01 02:00:00 |
| 1 | season | object | 0 | 4 | Spring | Spring | Spring |
| 2 | holiday | int64 | 0 | 2 | 0 | 0 | 0 |
| 3 | workingday | int64 | 0 | 2 | 0 | 0 | 0 |
| 4 | weather | object | 0 | 4 | Clear | Clear | Clear |
| 5 | temp | float64 | 0 | 49 | 9.84 | 9.02 | 9.02 |
| 6 | atemp | float64 | 0 | 60 | 14.395 | 13.635 | 13.635 |
| 7 | humidity | int64 | 0 | 89 | 81 | 80 | 80 |
| 8 | windspeed | float64 | 0 | 28 | 0 | 0 | 0 |
| 9 | casual | int64 | 0 | 309 | 3 | 8 | 5 |
| 10 | registered | int64 | 0 | 731 | 13 | 32 | 27 |
| 11 | count | int64 | 0 | 822 | 16 | 40 | 32 |
| 12 | date | object | 0 | 456 | 2011-01-01 | 2011-01-01 | 2011-01-01 |
| 13 | year | object | 0 | 2 | 2011 | 2011 | 2011 |
| 14 | month | object | 0 | 12 | 01 | 01 | 01 |
| 15 | day | object | 0 | 19 | 01 | 01 | 01 |
| 16 | hour | object | 0 | 24 | 00 | 01 | 02 |
| 17 | minute | object | 0 | 1 | 00 | 00 | 00 |
| 18 | second | object | 0 | 1 | 00 | 00 | 00 |
| 19 | weekday | object | 0 | 7 | Saturday | Saturday | Saturday |

2 정답 이 문제의 해답은 제공하지 않습니다.

경진대회
# 안전 운전자 예측

## 경진대회 안전 운전자 예측

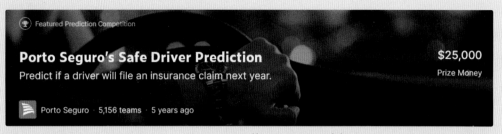

| 난이도 | ★★☆ | | |
|---|---|---|---|
| 경진대회명 | 포르투 세구로 안전 운전자 예측 경진대회 | | |
| 미션 | 포르투 세구로 보험사에서 제공한 고객 데이터를 활용해 운전자가 보험을 청구할 확률 예측 | | |
| 문제 유형 | 이진분류 | 평가지표 | 정규화된 지니계수 |
| 데이터 크기 | 288.7MB | 참가팀 수 | 5,156팀 |
| 제출 시 사용한 모델 | LightGBM와 XGBoost의 앙상블 | | |
| 파이썬 버전 | 3.7.10 | | |
| 사용 라이브러리 및 버전 | • numpy (numpy==1.19.5)<br>• seaborn (seaborn==0.11.2)<br>• sklearn (scikit-learn==0.23.2)<br>• missingno (missingno==0.4.2)<br>• xgboost (xgboost==1.4.2)<br>• bayes_opt (bayesian-optimization==1.2.0) | • pandas (pandas==1.3.2)<br>• matplotlib (matplotlib==3.4.3)<br>• scipy (scipy==1.7.1)<br>• lightgbm (lightgbm==3.2.1) | |
| 예제 코드 캐글 노트북 | 1 탐색적 데이터 분석 : https://www.kaggle.com/werooring/ch8-eda<br>2 베이스라인 모델 : https://www.kaggle.com/werooring/ch8-baseline<br>3 성능 개선 I : https://www.kaggle.com/werooring/ch8-lgb-modeling<br>4 성능 개선 II : https://www.kaggle.com/werooring/ch8-xgb-modeling<br>5 성능 개선 III : https://www.kaggle.com/werooring/ch8-ensemble | | |
| 환경 세팅된 노트북 양식 | https://www.kaggle.com/werooring/ch8-notebook | | |

이번 장에서는 실제 기업 데이터를 활용한 안전 운전자 예측 경진대회에 참가합니다. 먼저 탐색적 데이터 분석으로 모델링에 필요 없는 데이터를 찾아봅니다. 이번에도 베이스라인 모델에서 시작해 성능이 좋은 모델로 발전시켜봅니다. 이 과정에서 캐글에서 실제로 많이 활용되는 여러 가지 고급 모델링 기법을 배울 수 있습니다. 생소하더라도 유용한 기법들이니 잘 숙지하시기 바랍니다.

□ 학습 순서

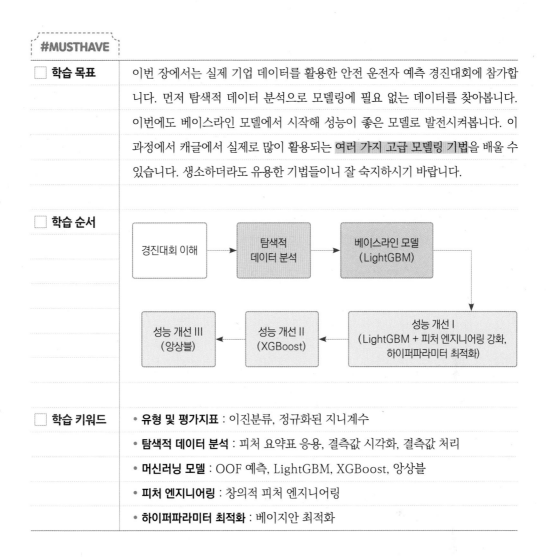

□ 학습 키워드

- **유형 및 평가지표** : 이진분류, 정규화된 지니계수
- **탐색적 데이터 분석** : 피처 요약표 응용, 결측값 시각화, 결측값 처리
- **머신러닝 모델** : OOF 예측, LightGBM, XGBoost, 앙상블
- **피처 엔지니어링** : 창의적 피처 엔지니어링
- **하이퍼파라미터 최적화** : 베이지안 최적화

# 8.1 경진대회 이해

이번에는 안전 운전자 예측 경진대회<sup></sup>Porto Seguro's Safe Driver Prediction에 참가해보겠습니다. 본 경진대회는 2017년 9월 30일부터 2017년 11월 30일까지 두 달 동안 개최되었으며, 총 5,156팀이 참가했습니다.

안전 운전자 예측 경진대회는 포르투 세구로라는 브라질 보험 회사에서 주최한 대회입니다. 포르투 세구로는 지난 20년 간 머신러닝을 활용해왔지만, 자동차 보험과 관련해서 보다 정확한 예측 모델을 만들고자 본 대회를 열었습니다. 사고를 낼 가능성이 낮은 안전 운전자에게는 보험료를 적게 청구하고, 사고 가능성이 높은 난폭 운전자에게는 많은 보험료를 청구해야 합니다. 보험금 청구 예측 모델이 부정확하다면 안전 운전자에게 상대적으로 많은 보험료를, 난폭 운전자에게 적은 보험료를 부과할 수 있습니다. 이렇게 되면 안전 운전자들의 불만을 초래하겠죠. 고객 만족도도 높이고 회사 수익도 높이려면 모델이 정확해야 합니다. 운전자가 보험금을 청구할 확률을 정확히 예측하는 모델을 만드는 게 본 경진대회 목표입니다.

주어진 데이터는 포르투 세구로가 보유한 고객 데이터입니다. 물론 데이터로부터 고객을 특정할 수 없도록 비식별화되어 있습니다. 한편 주어진 데이터에 결측값이 꽤 많습니다. 결측값은 -1로 기록돼 있습니다. 결측값을 어떻게 해석할지도 알아보겠습니다.

마지막으로 타깃값은 0 또는 1입니다. 값이 0이면 운전자가 보험금을 청구하지 않는다는 뜻이고, 1이면 청구한다는 뜻입니다. 타깃값이 두 개이므로 본 경진대회는 이진분류 문제에 속합니다.

## 8.2 탐색적 데이터 분석

캐글 검색창에서 "Porto Seguro's Safe Driver Prediction"을 검색하여 경진대회에 접속합니다. 첫 번째로 탐색적 데이터 분석을 해봐야겠죠?

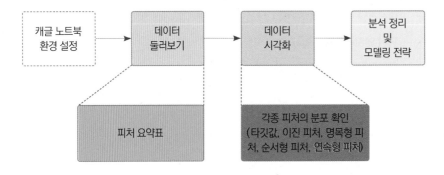

탐색적 데이터 분석에 사용한 코드는 본 경진대회에서 추천수가 네 번째로 많은 다음 코드를 참고해 작성했습니다.

- https://www.kaggle.com/bertcarremans/data-preparation-exploration

## 8.2.1 데이터 둘러보기

가장 먼저 데이터를 불러옵니다. 이때 index_col에 'id'를 전달해 id 열을 인덱스로 지정하겠습니다.

```
import pandas as pd

# 데이터 경로
data_path ='/kaggle/input/porto-seguro-safe-driver-prediction/'

train = pd.read_csv(data_path + 'train.csv', index_col='id')
test = pd.read_csv(data_path + 'test.csv', index_col='id')
submission = pd.read_csv(data_path + 'sample_submission.csv', index_col='id')
```

https://www.kaggle.com/werooring/ch8-eda

훈련 데이터와 테스트 데이터 크기를 확인해보죠.

```
train.shape, test.shape
```

```
((595212, 58), (892816, 57))
```

훈련 데이터는 약 59만 개, 테스트 데이터는 약 89만 개입니다. 훈련 데이터보다 테스트 데이터가 더 많군요. 타깃값을 제외하면 피처는 총 57개입니다.

> **분석 결과**
> 지금까지의 경진대회에 비해 데이터가 크고 피처 수도 많음

훈련 데이터 첫 다섯 행을 출력해보겠습니다.

```
train.head()
```

▼ 실행 결과

| id | target | ps_ind_01 | ps_ind_02_cat | ps_ind_03 | ps_ind_04_cat | ps_ind_05_cat | ps_ind_06_bin | ps_ind_07_bin | ps_ind_08_bin | ps_ind_09_bin | ... |
|---|---|---|---|---|---|---|---|---|---|---|---|
| 7 | 0 | 2 | 2 | 5 | 1 | 0 | 0 | 1 | 0 | 0 | ... |
| 9 | 0 | 1 | 1 | 7 | 0 | 0 | 0 | 0 | 1 | 0 | ... |
| 13 | 0 | 5 | 4 | 9 | 1 | 0 | 0 | 0 | 1 | 0 | ... |
| 16 | 0 | 0 | 1 | 2 | 0 | 0 | 1 | 0 | 0 | 0 | ... |
| 17 | 0 | 0 | 2 | 0 | 1 | 0 | 1 | 0 | 0 | 0 | ... |

5 rows × 58 columns

피처가 많아 중간에 생략돼 있네요. 잠시 후 피처 요약표를 만들어 모든 피처를 살펴볼 계획입니다. 다음으로 테스트 데이터의 첫 다섯 행도 출력해볼까요?

```
test.head()
```

▼ 실행 결과

| id | ps_ind_01 | ps_ind_02_cat | ps_ind_03 | ps_ind_04_cat | ps_ind_05_cat | ps_ind_06_bin | ps_ind_07_bin | ps_ind_08_bin | ps_ind_09_bin | ps_ind_10_bin | ... |
|---|---|---|---|---|---|---|---|---|---|---|---|
| 0 | 0 | 1 | 8 | 1 | 0 | 0 | 1 | 0 | 0 | 0 | ... |
| 1 | 4 | 2 | 5 | 1 | 0 | 0 | 0 | 0 | 1 | 0 | ... |
| 2 | 5 | 1 | 3 | 0 | 0 | 0 | 0 | 0 | 1 | 0 | ... |
| 3 | 0 | 1 | 6 | 0 | 0 | 1 | 0 | 0 | 0 | 0 | ... |
| 4 | 5 | 1 | 7 | 0 | 0 | 0 | 0 | 0 | 1 | 0 | ... |

5 rows × 57 columns

마찬가지로 생략되어 출력됐습니다. 제출 샘플 데이터도 살펴보겠습니다.

```
submission.head()
```

▼ 실행 결과

| id | target |
|---|---|
| 0 | 0.0364 |
| 1 | 0.0364 |
| 2 | 0.0364 |
| 3 | 0.0364 |
| 4 | 0.0364 |

타깃값 확률이 0.0364로 일괄 입력돼 있습니다. 7장과 마찬가지로 본 경진대회에서 예측해야 하는 값은 '타깃값이 1일 확률'입니다. 타깃값 0은 운전자가 보험금을 청구하지 않는 경우, 타깃값 1은 청구하는 경우를 의미합니다. 결국 운전자가 보험금을 청구할 확률이 얼마나 되는지를 예측해야 합니다.

다음으로 info( )를 호출해 훈련 데이터를 상세히 살펴봅시다.

```
train.info()
```

```
<class 'pandas.core.frame.DataFrame'>
Int64Index: 595212 entries, 7 to 1488027
Data columns (total 58 columns):
 #   Column          Non-Null Count    Dtype
---  ------          --------------    -----
 0   target          595212 non-null   int64
 1   ps_ind_01       595212 non-null   int64
 2   ps_ind_02_cat   595212 non-null   int64
 3   ps_ind_03       595212 non-null   int64
 4   ps_ind_04_cat   595212 non-null   int64
 5   ps_ind_05_cat   595212 non-null   int64
 6   ps_ind_06_bin   595212 non-null   int64

... 생략 ...
 13  ps_ind_13_bin   595212 non-null   int64
 14  ps_ind_14       595212 non-null   int64
 15  ps_ind_15       595212 non-null   int64
 16  ps_ind_16_bin   595212 non-null   int64
 17  ps_ind_17_bin   595212 non-null   int64
 18  ps_ind_18_bin   595212 non-null   int64
 19  ps_reg_01       595212 non-null   float64
 20  ps_reg_02       595212 non-null   float64
 21  ps_reg_03       595212 non-null   float64
 22  ps_car_01_cat   595212 non-null   int64

... 생략 ...
 32  ps_car_11_cat   595212 non-null   int64
 33  ps_car_11       595212 non-null   int64
 34  ps_car_12       595212 non-null   float64

... 생략 ...
 37  ps_car_15       595212 non-null   float64
 38  ps_calc_01      595212 non-null   float64
 39  ps_calc_02      595212 non-null   float64
 40  ps_calc_03      595212 non-null   float64
 41  ps_calc_04      595212 non-null   int64

... 생략 ...
```

```
 51  ps_calc_14     595212 non-null  int64
 52  ps_calc_15_bin 595212 non-null  int64

... 생략 ...
 57  ps_calc_20_bin 595212 non-null  int64
dtypes: float64(10), int64(48)
memory usage: 267.9 MB
```

훈련 데이터 59만 개에 관한 정보가 출력됐습니다. 데이터 타입은 int64와 float64 중 하나입니다. 피처명을 한번 보시죠. 비식별화되어 있어서 각 피처가 어떤 의미인지 알 수 없습니다. 다만 다음 그림처럼 일정한 형식이 있습니다.

▼ 피처명 형식

**ps_[분류]_[분류별 일련번호]_[데이터 종류]**

|       | ind  | 01  | (생략 가능) | ◄── 순서형 혹은 연속형 피처 |
|-------|------|-----|-----------|------------------------|
| 값 예시 | reg  | 02  | bin       | ◄── 이진 피처            |
|       | car  | 03  | cat       | ◄── 명목형 피처          |
|       | calc | :   |           |                        |

맨 처음은 모두 ps로 시작합니다. 그다음은 분류가 나오네요. 분류로는 ind, reg, car, calc가 있습니다. 분류 다음엔 해당 분류에서의 일련번호가 옵니다. 마지막은 데이터 종류입니다. 데이터 종류가 bin이면 이진 피처, cat이면 명목형 피처라는 뜻입니다. 데이터 종류가 생략돼 있으면 순서형 피처 또는 연속형 피처입니다.

> **분석 결과**
> 피처명에 다양한 메타 정보 포함

여기서 분류와 일련번호로는 어떠한 정보도 얻지 못합니다. 비식별화되어 있어서 각 분류가 무슨 의미인지 알지 못하기 때문입니다. 마지막의 데이터 종류에서만 유의미한 정보를 얻을 수 있죠.

앞의 출력 결과를 보면 모든 피처에 결측값이 없다고 나오지만, 실제로는 그렇지 않습니다. 값이 누락된 곳에 -1이 입력되어 있어서 결측값이 없다고 판단한 것뿐입니다. 이런 경우에 피처별 결측값 수는 어떻게 파악할까요? -1을 np.NaN으로 변환한 다음 개수를 세면 됩니다.

피처가 많다보니 결측값을 시각화해서 한눈에 보는 게 좋겠군요. 이럴 때 missingno 패키지를 사용합니다. missingno는 결측값을 시각화하는 패키지입니다. missingno가 제공하는 bar( )

함수를 활용해서 훈련 데이터에 결측값이 얼마나 있는지 살펴보겠습니다. bar( ) 함수는 결측값을 막대 그래프 형태로 시각화해줍니다.

```python
import numpy as np
import missingno as msno

# 훈련 데이터 복사본에서 -1을 np.NaN로 변환 ①
train_copy = train.copy().replace(-1, np.NaN)

# 결측값 시각화(처음 28개만) ②
msno.bar(df=train_copy.iloc[:, 1:29], figsize=(13, 6));
```

❶ 먼저 -1을 np.NaN으로 바꿨습니다. 그런데 훈련 데이터 값을 직접 바꾸면 안 되기 때문에 중간에 copy( ) 함수로 복사본을 만들어 진행했습니다. 원본의 결측값은 -1로 그대로 유지해야 나중에 다른 시각화를 할 수 있습니다.

피처가 57개나 되니 ❷ 피처를 반으로 나눠 처음 28개를 시각화하면 다음 그림이 출력됩니다.

▼ 실행 결과 – 첫 28개 피처 결측값 시각화

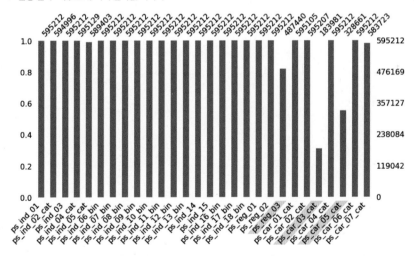

막대 그래프 높이가 낮을수록 결측값이 많다는 뜻입니다. 그래프 아래 피처명이 기재돼 있고 그래프 위에는 정상 값이 몇 개인지가 표시되어 있습니다. ps_reg_03, ps_car_03_cat, ps_car_05_cat 피처에 특히 결측값이 많네요.

나머지 피처들의 결측값도 살펴보죠.

```
msno.bar(df=train_copy.iloc[:, 29:], figsize=(13, 6));
```

▼ 실행 결과 – 나머지 29개 피처 결측값 시각화

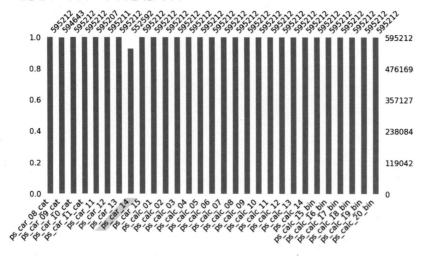

ps_car_14에 결측값이 좀 있고 나머지 피처에는 거의 없습니다. 이 결측값들을 어떻게 처리해야 할지는 추후 알아보겠습니다.

**분석 결과**

결측값 많은 피처 다수 존재

결측값을 매트릭스 형태로 시각화할 수도 있습니다. bar( ) 대신 matrix( ) 함수를 사용하면 됩니다.

```
msno.matrix(df=train_copy.iloc[:, 1:29], figsize=(13, 6));
```

▼ 실행 결과

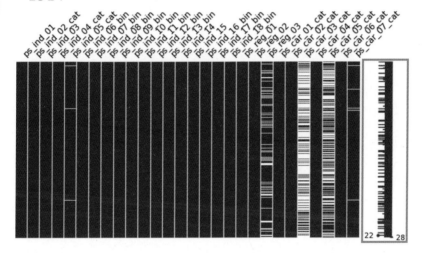

오른쪽 막대는 결측값의 상대적인 분포를 보여줍니다. 검은색으로 뾰족하게 튀어나온 부분이 결측값이 몰려있는 행을 의미합니다. 왼쪽에 표시된 22는 결측값이 없는 열 개수를, 오른쪽의 28은 전체 열 개수를 뜻합니다.

**피처 요약표**

보셨다시피 피처 종류가 다양하니 한눈에 파악할 수 있게 피처 요약표를 만드는 게 좋겠습니다. 피처 요약표가 있으면 데이터 관리도 편하고, 추후 그래프를 그릴 때도 활용할 수 있습니다.

7장에서 만든 피처 요약표는 데이터 타입, 결측값 개수, 고윳값 개수, 1~3행에 입력된 값을 보여줬습니다. 하지만 본 경진대회에서 제공한 데이터는 숫자로 구성돼 있어 1~3행에 입력된 값은 따로 추가하지 않겠습니다. 아울러, 시각화 시 피처를 추출하는 데 필요한 데이터 종류를 추가하겠습니다. 부록 A.2 '피처 요약표'에서 설명한 resumetable( ) 함수를 조금 수정해 만들었습니다.

```python
def resumetable(df):
    print(f'데이터셋 형상: {df.shape}')
    summary = pd.DataFrame(df.dtypes, columns=['데이터 타입'])
    summary['결측값 개수'] = (df == -1).sum().values # 피처별 -1 개수 ❶
    summary'고윳값 개수'] = df.nunique().values
    summary['데이터 종류'] = None
    for col in df.columns: # ❷
        if 'bin' in col or col == 'target':
            summary.loc[col, '데이터 종류'] = '이진형'
        elif 'cat' in col:
            summary.loc[col, '데이터 종류'] = '명목형'
        elif df[col].dtype == float:
            summary.loc[col, '데이터 종류'] = '연속형'
        elif df[col].dtype == int:
            summary.loc[col, '데이터 종류'] = '순서형'

    return summary
```

두 곳만 살펴보면 될 것 같습니다. 결측값이 -1이므로 결측값 개수를 구하려면 -1의 개수를 구해야 합니다. ❶처럼 (df == -1).sum( ).values 코드로 피처별 -1 개수를 구할 수 있습니다. ❷에서는 for문을 순회하며 데이터 종류를 추가했습니다. 피처명에 'bin'이 포함돼 있거나 타깃 열이면 이진형 데이터이고, 'cat'이 포함돼 있으면 명목형입니다. 데이터 타입이 float면 연속형 데이터이며, int면 순서형 데이터입니다.

생성한 피처 요약표를 출력해보겠습니다. 지면 관계상 일부만 실었습니다.

```python
summary = resumetable(train)
summary
```

| | 데이터 타입 | 결측값 개수 | 고윳값 개수 | 데이터 종류 |
|---|---|---|---|---|
| target | int64 | 0 | 2 | 이진형 |
| ps_ind_01 | int64 | 0 | 8 | 순서형 |
| ps_ind_02_cat | int64 | 216 | 5 | 명목형 |
| ps_ind_03 | int64 | 0 | 12 | 순서형 |
| ps_ind_04_cat | int64 | 83 | 3 | 명목형 |
| ps_ind_05_cat | int64 | 5809 | 8 | 명목형 |
| ps_ind_06_bin | int64 | 0 | 2 | 이진형 |
| ps_ind_07_bin | int64 | 0 | 2 | 이진형 |
| ps_ind_08_bin | int64 | 0 | 2 | 이진형 |
| ps_ind_09_bin | int64 | 0 | 2 | 이진형 |
| ps_ind_10_bin | int64 | 0 | 2 | 이진형 |
| ps_ind_11_bin | int64 | 0 | 2 | 이진형 |
| ps_ind_12_bin | int64 | 0 | 2 | 이진형 |
| ps_ind_13_bin | int64 | 0 | 2 | 이진형 |
| ps_ind_14 | int64 | 0 | 5 | 순서형 |
| ps_ind_15 | int64 | 0 | 14 | 순서형 |
| ps_ind_16_bin | int64 | 0 | 2 | 이진형 |
| ps_ind_17_bin | int64 | 0 | 2 | 이진형 |
| ps_ind_18_bin | int64 | 0 | 2 | 이진형 |
| ps_reg_01 | float64 | 0 | 10 | 연속형 |

인덱스는 피처명입니다. 데이터 타입 열에는 해당 피처의 데이터 타입이 기재돼 있습니다. 결측값 개수와 고윳값 개수도 한눈에 볼 수 있습니다. 데이터 종류 열에는 이진형, 명목형, 연속형, 순서형 피처가 구분되어 있습니다. 이렇게 피처 요약표를 만들면 피처 정보를 대략적으로 파악하기 쉽고 데이터를 관리하기도 편합니다.

물론 피처 요약표만으로 모델링에 도움될만한 정보를 얻기는 어렵습니다. 다만, 본격적으로 분석하기에 앞서 어떤 데이터가 있는지 한눈에 파악하는 데 도움을 줍니다. 또한, 다음과 같이 피처 요약표에서 원하는 피처를 추출할 수 있습니다. 명목형 피처만 추출해보겠습니다.

```
summary[summary['데이터 종류'] == '명목형'].index
```

```
Index(['ps_ind_02_cat', 'ps_ind_04_cat', 'ps_ind_05_cat', 'ps_car_01_cat',
       'ps_car_02_cat', 'ps_car_03_cat', 'ps_car_04_cat', 'ps_car_05_cat',
```

```
        'ps_car_06_cat', 'ps_car_07_cat', 'ps_car_08_cat', 'ps_car_09_cat',
        'ps_car_10_cat', 'ps_car_11_cat'],
      dtype='object')
```

데이터 타입이 실수형인 피처도 구해볼까요?

```
summary[summary['데이터 타입'] == 'float64'].index
```
```
Index(['ps_reg_01', 'ps_reg_02', 'ps_reg_03', 'ps_car_12', 'ps_car_13',
        'ps_car_14', 'ps_car_15', 'ps_calc_01', 'ps_calc_02', 'ps_calc_03'],
      dtype='object')
```

피처 요약표가 있으니 원하는 피처를 추출하기 편리합니다. 다음 절에서 데이터를 시각화할 때 피처 요약표에서 추출한 피처를 활용하겠습니다.


## 8.2.2 데이터 시각화

데이터 시각화를 통해 모델링에 필요한 피처는 무엇이고, 필요 없는 피처는 무엇인지 선별해보겠습니다.

먼저 타깃값 분포를 활용해 타깃값이 얼마나 불균형한지 알아보겠습니다. 더불어 이진 피처, 명목형 피처, 순서형 피처의 고윳값별 타깃값 비율을 알아보겠습니다. 막대 그래프로 그려볼 텐데요, 고윳값별 타깃값 비율을 보면 모델링 시 어떤 피처를 제거해야 할지 알게 됩니다.

> **TIP** 고윳값별 타깃값 비율을 보면 모델링 시 필요한 피처와 필요 없는 피처를 구분할 수 있습니다.

우선 시각화 라이브러리를 불러옵니다.

```
import seaborn as sns
import matplotlib as mpl
import matplotlib.pyplot as plt
%matplotlib inline
```


### 타깃값 분포

타깃값 분포를 보여주는 코드는 7장과 똑같습니다. 막대 그래프 상단에 비율까지 표시했습니다.

```
def write_percent(ax, total_size):
    '''도형 객체를 순회하며 막대 그래프 상단에 타깃값 비율 표시'''
    for patch in ax.patches:
        height = patch.get_height()      # 도형 높이(데이터 개수)
        width = patch.get_width()        # 도형 너비
        left_coord = patch.get_x()       # 도형 왼쪽 테두리의 x축 위치
        percent = height/total_size*100  # 타깃값 비율

        # (x, y) 좌표에 텍스트 입력
        ax.text(left_coord + width/2.0,   # x축 위치
                height + total_size*0.001, # y축 위치
                '{:1.1f}%'.format(percent), # 입력 텍스트
                ha='center')              # 가운데 정렬

mpl.rc('font', size=15)
plt.figure(figsize=(7, 6))

ax = sns.countplot(x='target', data=train)
write_percent(ax, len(train)) # 비율 표시
ax.set_title('Target Distribution');
```

▼ 실행 결과 – 타깃값 분포

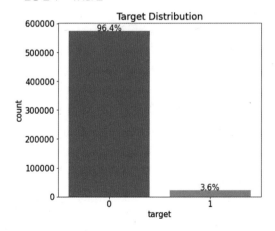

타깃값 0은 96.4%를 차지하며 1은 단 3.6%만을 차지합니다. 전체 운전자 중 3.6%만 보험금을
청구했다는 뜻입니다. 차 사고가 그리 흔하게 나진 않습니다. 그래서 소수의 운전자만 보험금을
청구했네요. 타깃값이 불균형합니다.

타깃값이 불균형하기 때문에 비율이 작은 타깃값 1을 잘 예측하는 게 중요합니다. 따라서 이번에는 각 피처의 분포를 알아보기 보다는, 각 피처의 고윳값별 타깃값 1 비율을 알아보겠습니다. 고윳값별 타깃값 1 비율을 통해 해당 피처가 모델링에 필요한 피처인지 확인할 수 있습니다.

> **TIP** 타깃값의 비율 차이가 크면 비율이 작은 타깃값을 잘 예측하는 게 중요합니다.

예컨대 피처 A에 고윳값 a, b가 있다고 합시다. 이때 고윳값 a, b별로 타깃값 1 비율이 얼마나 되는지 살펴보려는 겁니다. 고윳값별로 타깃값 1 비율이 똑같거나 통계적 유효성이 떨어지면, 즉 통계적으로 유의미한 차이가 없다면 피처 A로는 무언가를 분별하기 어려우므로 예측에 도움이 되지 않습니다. 다시 말해, 고윳값에 따라 타깃값 비율이 달라야 그 피처가 타깃값 예측에 도움을 줍니다.

> **TIP** 각각의 고윳값마다 타깃값 비율이 다른 피처여야 모델링에 도움이 됩니다.

타깃값 1 비율의 통계적 유효성이 떨어져도 불필요한 피처가 될 수 있습니다. 통계적 유효성은 barplot( )을 그릴 때 나타나는 신뢰구간으로 판단합니다. 신뢰구간이 좁다면 통계적으로 어느 정도 유효하다고 보고, 구간이 넓다면 신뢰하기 어렵다고 보는 것이죠. '임꺽정의 키는 170cm~175cm 정도 돼'라는 말이 '임꺽정의 키는 150cm~200cm 정도 돼'라는 말보다 더 구체적이고 신뢰가는 것과 같은 이치입니다.

> **TIP** 통계적 유효성이 높아야(신뢰구간이 좁아야) 모델링에 도움이 됩니다.

종합하면, 고윳값별 타깃값 1 비율이 충분히 차이가 나고 신뢰구간도 작은 피처여야 모델링에 도움이 됩니다. 그렇지 않은 피처는 제거하는 게 좋습니다.

▼ 피처 고윳값별 타깃값 비율에 따른 예측 능력

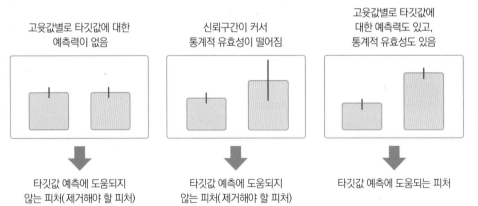

## 이진 피처

이상의 내용에 유념해 이진 피처의 고윳값별 타깃값 비율을 구해보겠습니다. 7장에서 다룬 함수를 응용해 막대 그래프로 그려보겠습니다. 다음의 plot_target_ratio_by_features( ) 함수는 7장에서 다룬 plot_cat_dist_with_true_ratio( ) 함수와 유사합니다. 7장에서는 교차분석표를 활용해 카운트플롯과 포인트플롯을 그리지만, 이번 plot_target_ratio_by_features( ) 함수는 막대 그래프를 그린다는 점이 다릅니다.

```python
import matplotlib.gridspec as gridspec

def plot_target_ratio_by_features(df, features, num_rows, num_cols,
                                  size=(12, 18)):
    mpl.rc('font', size=9)
    plt.figure(figsize=size)                  # 전체 Figure 크기 설정
    grid = gridspec.GridSpec(num_rows, num_cols) # 서브플롯 배치
    plt.subplots_adjust(wspace=0.3, hspace=0.3)  # 서브플롯 좌우/상하 여백 설정

    for idx, feature in enumerate(features):
        ax = plt.subplot(grid[idx])
        # ax축에 고윳값별 타깃값 1 비율을 막대 그래프로 그리기
        sns.barplot(x=feature, y='target', data=df, palette='Set2', ax=ax)
```

이 함수를 이용해 그래프를 그려보죠. 주어진 데이터 중 이진 피처는 총 18개입니다. 그려야 할 그래프가 많아 서브플롯을 3열로 배치했습니다.

```python
bin_features = summary[summary['데이터 종류'] == '이진형'].index # 이진 피처
# 이진 피처 고윳값별 타깃값 1 비율을 막대 그래프로 그리기
plot_target_ratio_by_features(train, bin_features, 6, 3) # 6행 3열 배치
```

> **Note** 이번 장은 데이터가 크고 그릴 그래프도 많아서 결과가 출력되기까지 수분씩 걸릴 수 있습니다. 화면 오른쪽 위를 보면 HDD, CPU, RAM 사용량 정보를 보여주는데, CPU 사용량이 높으면 열심히 연산 중이라는 뜻이니 조금 더 기다려주세요.

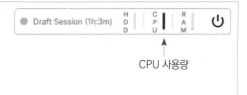

CPU 사용량

▼ 실행 결과 – 이진 피처들의 고윳값별 타깃값 1 비율

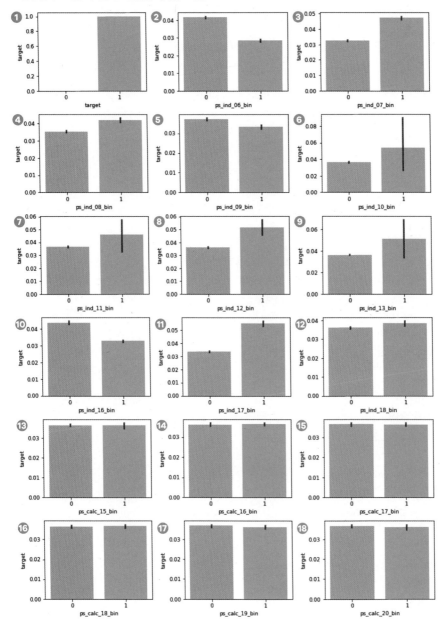

이진 피처라서 고윳값이 0과 1, 두 개뿐입니다. ❶번 그래프는 타깃값 그래프이므로 무시하고 ❷번부터 보면 됩니다.

❷번의 ps_ind_06_bin 피처 그래프를 먼저 살펴보겠습니다. 이 피처는 값이 0일 때 타깃값이 1인 비율이 4%(0.04) 정도입니다. 나머지 96%는 타깃값 0이겠죠. 값이 1일 때는 타깃값 1이 2.8% 정도 차지합니다.

▼ ps_ind_06_bin 피처의 고윳값별 타깃값 비율

| 고윳값 | 타깃값 1 비율 | 타깃값 0 비율 |
|---|---|---|
| 0 | 4% | 96% |
| 1 | 2.8% | 97.2% |

종합하면 ps_ind_06_bin 피처는 고윳값별로 타깃값 비율이 다릅니다. 따라서 타깃값을 추정하는 예측력이 있습니다. 게다가 신뢰구간도 좁기 때문에 모델링에 도움이 되는 피처입니다.

다른 피처들도 살펴보죠. 어떤 피처가 타깃값 예측에 도움을 줄까요? 어떤 피처가 타깃값 예측에 별 도움이 되지 않을까요? 앞의 그림에서 모델링 시 제거해야 할 피처를 찾아보기 바랍니다.

찾으셨나요? 모델링 시 제거할 피처는 다음 표와 같습니다.

▼ (분석 결과) 제거해야 할 이진 피처

| 서브플롯 위치 | 피처명 | 제거해야 하는 이유 |
|---|---|---|
| ❻~❾<br>(1행 2열~2행 2열) | ps_ind_10_bin ~<br>ps_ind_13_bin | 신뢰구간이 넓어 통계적 유효성이 떨어짐 |
| ⑬~⑱<br>(4행 0열~5행 2열) | ps_calc_15_bin ~<br>ps_calc_20_bin | 고윳값별 타깃값 비율 차이가 없어 타깃값 예측력이 없음 |

여기서 잠깐! 주목할 점이 있습니다. calc 분류의 이진 피처는 모두 타깃값 비율에 차이가 없다는 사실입니다. calc 분류의 다른 피처도 차이가 없는지 추후 알아보겠습니다.

> **Note** 물론 앞의 표가 정답은 아닙니다. 신뢰구간이 얼마나 넓어야 제거할 피처로 볼지, 고윳값별 타깃값 비율이 얼마나 달라야 제거할 피처로 볼지는 사람마다 다르게 판단할 수 있기 때문입니다. 또한 제거할 피처를 찾기 위한 다른 방법도 많습니다. 피처 선택(또는 피처 제거)에 꼭 한 가지 방법만 쓰는 게 아닙니다. '이런 논리로 제거할 피처를 골라낼 수 있구나' 정도로 알아두면 됩니다.

## 명목형 피처

이번에는 명목형 피처 14개로 동일한 그래프를 그려보겠습니다. 명목형 피처는 고윳값 개수가 이진 피처보다 많습니다. 고윳값이 많으면 그래프가 가로로 길어지니 이번에는 서브플롯을 2열로 그리겠습니다.

```
nom_features = summary[summary['데이터 종류'] == '명목형'].index # 명목형 피처

plot_target_ratio_by_features(train, nom_features,7, 2) # 7행 2열
```

▼ 실행 결과 – 명목형 피처들의 고윳값별 타깃값 1 비율

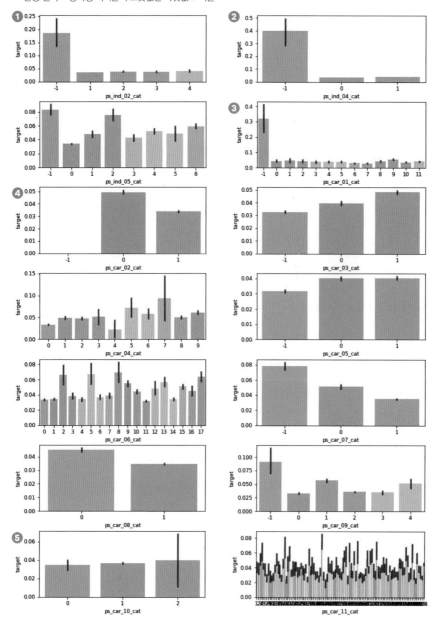

이번에는 -1 값을 포함한 피처도 많네요. 앞서 설명했듯이 -1은 결측값입니다. 보통 결측값은 적절히 처리합니다. 예컨대 결측값이 많지 않다면 다른 값으로 대체하고, 결측값이 많다면 해당 피처 자체를 제거합니다. 하지만 결측값 자체가 타깃값 예측에 도움을 주는 경우도 있습니다.

❶번 그래프의 ps_ind_02_cat 피처를 볼까요? 결측값 -1이 다른 고윳값들보다 타깃값 1 비율이 큽니다. 신뢰구간이 넓다는 점을 감안해도 비율이 확실히 크죠. 이런 상황에서 결측값을 다른 값으로 대체하면 모델 성능이 더 나빠질 수 있습니다. 결측값 자체가 타깃값에 대한 예측력이 있기 때문입니다. 따라서 결측값을 그대로 두고 모델링하겠습니다. -1도 하나의 고윳값이라고 간주하는 것입니다.

이번에는 ❹번의 ps_car_02_cat 피처를 보죠. -1일 때 타깃값 1 비율은 0%입니다. 이 경우만 놓고 볼 때 ps_car_02_cat 피처 값이 -1이면 타깃값이 0이라고 판단해도 되겠네요. 역시 결측값이 타깃값을 예측하는 데 도움을 줍니다. 결측값을 포함하는 다른 피처도 비슷한 양상을 보입니다.

> **분석 결과**
> 결측값 자체에 타깃값 예측력이 있다면 고윳값으로 간주(결측값 처리 필요 없음)

결론부터 말씀드리면 명목형 피처 중 제거할 피처는 없습니다. 몇 가지 의심가는 피처를 살펴보죠.

❶번(ps_ind_02_cat), ❷번(ps_ind_04_cat), ❸번(ps_car_01_cat) 그래프를 봅시다. -1을 제외하고 나머지 고윳값은 타깃값 1 비율이 비슷하며 -1일 때의 신뢰구간이 상대적으로 넓습니다. 그렇더라도 -1의 신뢰하한과 다른 고윳값들의 신뢰상한 간 차이가 큽니다. 따라서 -1의 신뢰구간이 넓다는 점을 감안해도 -1과 다른 고윳값들 간 타깃값 1 비율에 차이가 있습니다. 즉, 고윳값 간 타깃값 1 비율에 차이가 있으므로 모델링에 필요한 피처입니다.

▼ 신뢰구간이 넓어도 피처를 제거하지 않는 경우

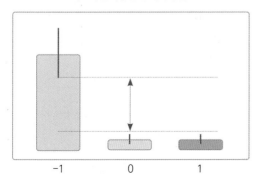

이런 이유로 ps_ind_02_cat, ps_ind_04_cat, ps_car_01_cat 피처는 신뢰구간이 넓더라도 제거하지 않겠습니다.

마지막으로 ❺번에 있는 ps_car_10_cat 피처를 보시죠. 세 고윳값은 타깃값 1의 평균 비율이 비슷합니다. 그리고 고윳값 2의 신뢰구간이 유독 넓네요. 이 피처를 제거해야 할까요? 애매합니다. 실제 상위권 캐글러 중 ps_car_10_cat 피처를 제거한 사람도 있고, 그대로 둔 사람도 있습니다. 이럴 때는 해당 피처를 제거한 경우와 제거하지 않은 경우에 성능이 어떻게 다른지 비교해보는 것도 좋은 방법입니다. 제가 먼저 테스트해본 결과 ps_car_10_cat 피처를 제거하지 않은 경우에 성능이 더 좋았습니다. 그렇기 때문에 ps_car_10_cat 피처도 제거하지 않겠습니다.

> **분석 결과**
> 명목형 피처는 모두 모델링에 이용

## 순서형 피처

순서형 피처를 살펴보겠습니다.

```
ord_features = summary[summary['데이터 종류'] == '순서형'].index # 순서형 피처

plot_target_ratio_by_features(train, ord_features, 8, 2, (12, 20)) # 8행 2열
```

오른쪽의 실행 결과에서 ❶번 그래프를 보겠습니다. 고윳값 0, 1, 2, 3의 타깃값 비율은 큰 차이가 없고, 고윳값 4의 신뢰구간은 넓군요. 신뢰구간이 상당히 넓어 통계적 유효성이 떨어집니다. 그러니 ps_ind_14 피처는 제거하겠습니다.

❷번 영역, 즉 ps_calc_04부터 ps_calc_14까지는 모두 고윳값별 타깃값 비율이 거의 비슷합니다. 타깃값 비율이 다른 고윳값도 있긴 하지만, 그 고윳값은 신뢰구간이 넓어 통계적 유효성이 떨어집니다. 따라서 이 피처들은 모두 제거하겠습니다. 앞서 '이진 피처' 절에서 calc 분류에 속하는 이진 피처는 모두 제거하기로 했습니다. 순서형 피처에서도 마찬가지로 calc 분류의 모든 피처를 제거하게 되었습니다.

▼ **(분석 결과)** 제거해야 할 순서형 피처

| 서브플롯 위치 | 피처명 | 제거해야 하는 이유 |
| --- | --- | --- |
| ❶ | ps_ind_14 | 타깃값 비율의 신뢰구간이 넓어 통계적 유효성이 떨어짐 |
| ❷ | ps_calc_04 ~ ps_calc_14 | 고윳값별 타깃값 비율 차이가 없음. 타깃값 비율이 다르더라도 신뢰구간이 넓어 통계적 유효성이 떨어짐 |

**318** 2부 머신러닝 문제해결

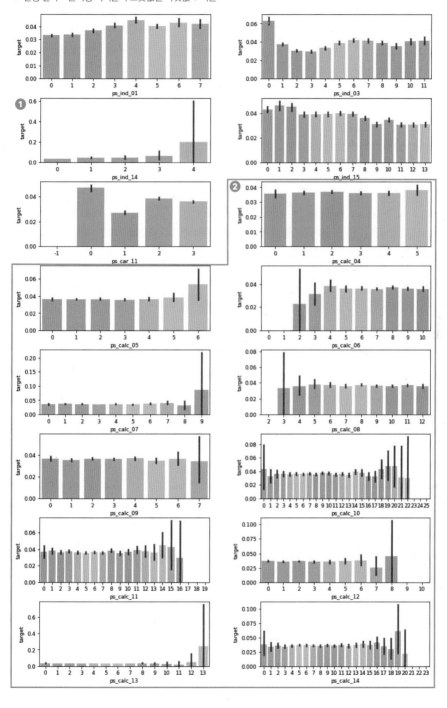

## 연속형 피처

마지막으로 연속형 피처 차례입니다. 연속형 피처는 연속된 값이므로 고윳값이 굉장히 많습니다. 고윳값별 타깃값 1 비율을 구하기가 힘들겠죠. 그렇기 때문에 값을 몇 개의 구간으로 나눠서 구간별 타깃값 1 비율을 알아보겠습니다.

**TIP** 고윳값이 아주 많을 때는 몇 개의 구간으로 나눠 구간별 비율을 알아볼 수 있습니다.

연속형 데이터를 구간으로 나누려면 판다스의 cut( ) 함수를 활용하면 됩니다. 다음은 cut( ) 함수를 활용해 여러 개의 값을 3개 구간으로 나누는 예입니다. 함수의 첫 번째 인수가 값들의 리스트이며, 두 번째 인수가 나눌 구간의 개수입니다.

```
pd.cut([1.0, 1.5, 2.1, 2.7, 3.5, 4.0], 3)
```

```
[(0.997, 2.0], (0.997, 2.0], (2.0, 3.0], (2.0, 3.0], (3.0, 4.0], (3.0, 4.0]]
Categories (3, interval[float64]): [(0.997, 2.0] < (2.0, 3.0] < (3.0, 4.0]]
```

입력과 결과를 비교해보면 다음 그림처럼 변환된 것을 알 수 있습니다.

▼ 판다스 cut( ) 적용 후 연속형 피처 변화

| 연속형 피처 원본<br>(float 타입) | | pd.cut( ) 적용 후<br>(category 타입) |
|:---:|:---:|:---:|
| 1.0 | | (0.997, 2.0] |
| 1.5 | | (0.997, 2.0] |
| 2.1 | → | (2.0, 3.0] |
| 2.7 | | (2.0, 3.0] |
| 3.5 | | (3.0, 4.0] |
| 4.0 | | (3.0, 4.0] |

보다시피 이 방식은 연속형 데이터를 범주형 데이터로 바꾸는 효과가 있습니다.[1]

이 방법을 활용해 연속형 피처의 구간별 타깃값 1 비율을 구해보겠습니다. 그래프를 그리는 코드

---

1  참고로 '('는 초과, ']'는 이하를 의미합니다. 즉, (0.997, 2.0]은 0.997 초과 2.0 이하인 구간을 뜻합니다. 첫 번째 구간이 (1.0, 2.0]이 아닌 이유는 (1.0, 2.0]에는 1.0이 포함되지 않기 때문입니다.

는 앞서 정의한 plot_target_ratio_by_features( ) 함수의 코드와 유사합니다. cut( ) 함수로
구간을 나누는 부분만 다를 뿐입니다.

```
cont_features = summary[summary['데이터 종류'] == '연속형'].index # 연속형 피처

plt.figure(figsize=12, 16))                    # Figure 크기 설정
grid = gridspec.GridSpec(5, 2)                 # GridSpec 객체 생성
plt.subplots_adjust(wspace=0.2, hspace=0.4) # 서브플롯 간 여백 설정

for idx, cont_feature in enumerate(cont_features):
    # 값을 5개 구간으로 나누기
    train[cont_feature] = pd.cut(train[cont_feature], 5)

    ax = plt.subplot(grid[idx])                # 분포도를 그릴 서브플롯 설정
    sns.barplot(x=cont_feature, y='target', data=train, palette='Set2', ax=ax)
    ax.tick_params(axis='x', labelrotation=10) # x축 라벨 회전
```

▼ 실행 결과 – 연속형 피처 '구간별' 타깃값 1 비율

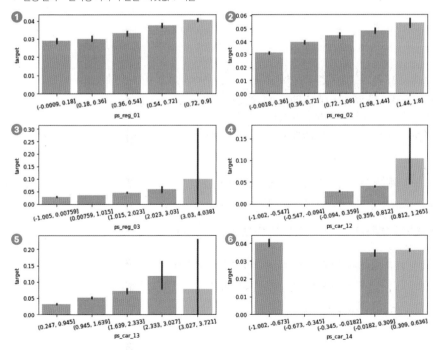

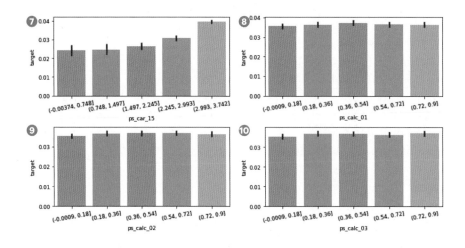

출력된 그림을 봅시다. 모델링 시 어떤 연속형 피처를 제거하는 게 좋을까요? 다음 표와 같이 calc 분류의 피처들(그래프 ⑧~⑩)을 제거하는 게 좋겠습니다. 나머지 피처는 고윳값별로 타깃값 비율이 서로 다릅니다. 타깃값 예측력이 있는 피처라고 볼 수 있죠.

▼ **(분석 결과)** 제거해야 할 연속형 피처

| 서브플롯 위치 | 피처명 | 제거해야 하는 이유 |
|---|---|---|
| ⑧~⑩ | ps_calc_01~ps_calc_03 | 구간별 타깃값 비율 차이가 없음 |

이로써 calc 분류의 피처는 데이터 종류에 상관없이 모두 제거해야 한다는 사실을 알게 됐습니다. 이 피처들은 고윳값 혹은 구간별로 타깃값 비율이 거의 같습니다. 타깃값을 구분하는 예측 능력이 떨어진다는 뜻입니다.

### 연속형 피처 II

다음으로 연속형 피처 간 '상관관계'를 파악해보겠습니다.[2] 일반적으로 강한 상관관계를 보이는 두 피처가 있으면 둘 중 하나를 제거하는 게 좋습니다. 상관관계가 강하면 타깃값 예측력도 비슷합니다. 그런 피처가 있으면 모델 성능이 떨어질 수도 있습니다.

> **Note** 상관관계가 강한 피처들은 예측력도 비슷하므로 하나만 남겨두는 게 좋습니다.

---

2　모든 피처끼리 상관관계를 파악해보면, 순서형 피처인 ps_ind_14와 이진형 피처인 ps_ind_12_bin의 상관계수가 0.89로 가장 높습니다. 하지만 앞서 ps_ind_14 피처를 제거하기로 했으므로 그다음 상관관계가 높은 연속형 피처끼리의 상관계수를 살펴봅니다.

상관계수가 얼마 이상일 때 제거하는 게 좋은지 정해진 기준은 없습니다. 상황과 모델에 따라 다릅니다. 더불어, 강한 상관관계를 보이는 두 피처 중 하나를 제거한다고 해서 반드시 성능이 향상되는 것도 아닙니다. '고려해볼 만한 요소' 정도로 생각하면 됩니다. 다음은 두 피처 간 상관계수에 따른 상관관계를 나타낸 표입니다.

▼ 상관계수에 따른 상관관계 강도[3]

| 피어슨 상관계수 | 상관관계 |
|---|---|
| 0.00~0.19 | 아주 약함 |
| 0.20~0.39 | 약함 |
| 0.40~0.59 | 보통 |
| 0.60~0.79 | 강함 |
| 0.80~1.0 | 아주 강함 |

0.8 이상의 '아주 강한' 상관관계를 보이는 피처가 있다면 제거를 고려해보는 것도 좋은 방법입니다.

피처 간 상관관계를 파악하기 위해 히트맵을 그려보겠습니다. 그런데 현재 피처에 결측값이 있습니다. 결측값이 있으면 상관관계를 올바르게 구하지 못하므로 먼저 결측값을 제거해야 합니다. 그러려면 -1을 np.NaN으로 변환한 train_copy에서 np.NaN을 제거하면 됩니다.

```
train_copy = train_copy.dropna() # np.NaN 값 삭제
```

dropna( )는 np.NaN를 제거해주는 함수입니다.

이제 결측값을 제거한 train_copy를 활용해 상관관계 히트맵을 그려보겠습니다. 히트맵은 시본의 heatmap( ) 함수로 그릴 수 있습니다.

---

3 《Straightforward statistics for the behavioral sciences》(Brooks/Cole Pub Co., 1996)

```
plt.figure(figsize=(10, 8))
cont_corr = train_copy[cont_features].corr()     # 연속형 피처 간 상관관계
sns.heatmap(cont_corr, annot=True, cmap='OrRd');  # 히트맵 그리기
```

참고로 heatmap( ) 함수의 cmap 파라미터는 그래프 색상맵을 설정하는 파라미터입니다.[4]

▼ 실행 결과 – 연속형 피처간 상관관계

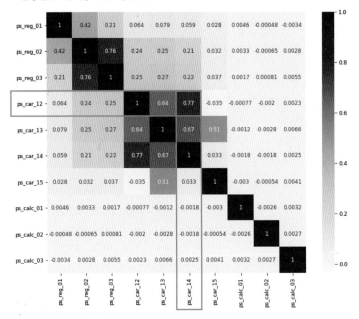

가장 강한 상관관계를 보이는 피처는 ps_car_12와 ps_car_14입니다. 두 피처 간 상관계수는 0.77입니다. 둘 중 하나를 제거해야 할 만큼 강한 상관관계를 보이는 건 아닙니다. 그렇지만 테스트 결과 ps_car_14 피처를 제거하니 성능이 더 좋아졌습니다. 성능 향상을 위해 ps_car_14 피처를 추가로 제거하겠습니다.

> **분석 결과**
> 상관관계가 강한 피처 제거(ps_car_14)

ps_reg_02와 ps_reg_03 피처 간 상관계수는 0.76입니다. 두 번째로 상관관계가 강하죠. 테스트 결과 둘 중 하나를 제거하니 오히려 성능이 떨어졌습니다. 그렇기 때문에 ps_reg_02와 ps_reg_03 피처는 그대로 남겨두겠습니다.

---

4  다른 색상맵이 궁금한 분은 https://seaborn.pydata.org/tutorial/color_palettes.html을 참고하세요.

# 분석 정리 및 모델링 전략

## 분석 정리

1 6장과 7장의 경진대회에 비해 데이터가 크고 피처 수도 많습니다.

2 피처명만으로 분류별 혹은 데이터 종류별 피처들을 구분해 추출해낼 수 있습니다.

3 **결측값 처리** : 결측값 자체에 타깃값 예측력이 있다면 고윳값으로 간주합니다.

4 **결측값 처리** : 피처 간 상관관계 분석은 결측값 제거 후 수행합니다.

5 **피처 제거** : 신뢰구간이 넓으면 통계적 유효성이 떨어져 믿을 수 없습니다(ps_ind_14, ps_calc_04~ps_calc_14).

6 **피처 제거** : 고윳값별 타깃값 비율에 차이가 없다면 타깃값 예측력이 없습니다(ps_calc_04~ps_calc_14).

7 **피처 제거** : (연속형 데이터의 경우) 구간별 타깃값 차이가 거의 없다면 타깃값 예측력이 없습니다(ps_calc_01~ps_calc_03).

8 **피처 제거** : 일반적으로 강한 상관관계를 보이는 두 피처가 있으면 둘 중 하나를 제거하는 게 좋습니다(ps_car_14).

## 모델링 전략

이번 장의 목표는 캐글에서 실제로 많이 활용되는 여러 가지 고급 모델링 기법 배우기입니다. 주요 키워드는 OOF 예측, 베이지안 최적화, LightGBM, XGBoost, 앙상블입니다.

- **베이스라인 모델** : LightGBM
    - **훈련 및 예측** : OOF 예측(과대적합 방지 + 앙상블 효과)
- **성능 개선 I** : LightGBM 유지
    - **피처 엔지니어링** : 파생 피처 추가
    - **하이퍼파라미터 최적화** : 베이지안 최적화
- **성능 개선 II** : XGBoost (모델만 변경)
- **성능 개선 III** : LightGBM + XGBoost 앙상블

베이스라인 모델과 성능 개선은 본 경진대회에서 2등을 차지한 캐글러가 공유한 다음 노트북을 리팩터링하여 작성했습니다.

- https://www.kaggle.com/xiaozhouwang/2nd-place-lightgbm-solution

# 8.3 베이스라인 모델

앞 절에서 선별한 피처들을 제거해 베이스라인 모델을 만들겠습니다. 베이스라인 모델로는 LightGBM을 사용하겠습니다. **LightGBM**은 마이크로 소프트가 개발한 모델로, 빠르면서 성능이 좋습니다.[5] 성능 개선 때 살펴볼 XGBoost와 함께 캐글에서 가장 많이 사용하는 머신러닝 모델입니다.

> **Note** 이 책에서는 파이썬 래퍼 LightGBM 과 사이킷런 래퍼 LightGBM 중 파이썬 래퍼 LightGBM을 사용합니다.

다음 그림의 순서로 설명하겠습니다.

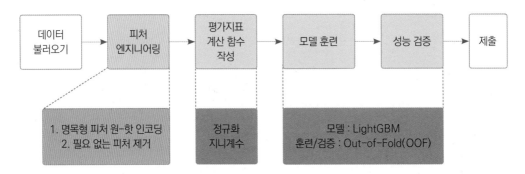

지금까지와 다른 점은 훈련과 예측 과정이 동시에 이루어진다는 점입니다. 이는 OOF 예측 방식 때문으로, 8.3.3절에서 자세히 설명하겠습니다.

훈련, 테스트, 제출 샘플 데이터를 불러옵니다.

```
https://www.kaggle.com/werooring/ch8-baseline

import pandas as pd

# 데이터 경로
data_path ='/kaggle/input/porto-seguro-safe-driver-prediction/'

train = pd.read_csv(data_path + 'train.csv', index_col='id')
test = pd.read_csv(data_path + 'test.csv', index_col='id')
submission = pd.read_csv(data_path + 'sample_submission.csv', index_col='id')
```

---

5  5.6.7절 'LightGBM' 참고

## 8.3.1 피처 엔지니어링

베이스라인이기 때문에 간단한 피처 엔지니어링만 하겠습니다.

### 데이터 합치기

먼저 훈련 데이터와 테스트 데이터를 합칩니다. 뒤이어서 두 데이터에 동일한 인코딩을 적용하기
위해서입니다. 인코딩은 타깃값이 아닌 피처에만 적용해야 하므로 합친 데이터에서 타깃값은 제
거하겠습니다.

```python
all_data = pd.concat([train, test], ignore_index=True)
all_data = all_data.drop('target', axis=1) # 타깃값 제거
```

all_data는 훈련 데이터와 테스트 데이터를 합친 DataFrame입니다. all_data에 있는 모든 피
처를 all_features 변수에 저장하겠습니다. 전체 피처 중 원하는 피처만 추출할 때 all_features
가 필요합니다(분석 정리 2).

```python
all_features = all_data.columns # 전체 피처
all_features
```

```
Index(['ps_ind_01', 'ps_ind_02_cat', 'ps_ind_03', 'ps_ind_04_cat',
       'ps_ind_05_cat', 'ps_ind_06_bin', 'ps_ind_07_bin', 'ps_ind_08_bin',
       'ps_ind_09_bin', 'ps_ind_10_bin', 'ps_ind_11_bin', 'ps_ind_12_bin',
       'ps_ind_13_bin', 'ps_ind_14', 'ps_ind_15', 'ps_ind_16_bin',
       'ps_ind_17_bin', 'ps_ind_18_bin', 'ps_reg_01', 'ps_reg_02', 'ps_reg_03',
       'ps_car_01_cat', 'ps_car_02_cat', 'ps_car_03_cat', 'ps_car_04_cat',
       'ps_car_05_cat', 'ps_car_06_cat', 'ps_car_07_cat', 'ps_car_08_cat',
       'ps_car_09_cat', 'ps_car_10_cat', 'ps_car_11_cat', 'ps_car_11',
       'ps_car_12', 'ps_car_13', 'ps_car_14', 'ps_car_15', 'ps_calc_01',
       'ps_calc_02', 'ps_calc_03', 'ps_calc_04', 'ps_calc_05', 'ps_calc_06',
       'ps_calc_07', 'ps_calc_08', 'ps_calc_09', 'ps_calc_10', 'ps_calc_11',
       'ps_calc_12', 'ps_calc_13', 'ps_calc_14', 'ps_calc_15_bin',
       'ps_calc_16_bin', 'ps_calc_17_bin', 'ps_calc_18_bin', 'ps_calc_19_bin',
       'ps_calc_20_bin'],
      dtype='object')
```

## 명목형 피처 원-핫 인코딩

모든 명목형 피처에 원-핫 인코딩을 적용하려고 합니다. 명목형 데이터에는 고윳값별 순서가 따로 없기 때문이죠. 이름에 'cat'이 포함된 피처가 명목형 피처입니다. 지능형 리스트를 활용해 명목형 피처를 추출한 다음 인코딩하겠습니다.

```python
from sklearn.preprocessing import OneHotEncoder
# 명목형 피처 추출
cat_features = [feature for feature in all_features if 'cat' in feature]

onehot_encoder = OneHotEncoder() # 원-핫 인코더 객체 생성
# 인코딩
encoded_cat_matrix = onehot_encoder.fit_transform(all_data[cat_features])

encoded_cat_matrix
```

```
<1488028x184 sparse matrix of type '<class 'numpy.float64'>'
        with 20832392 stored elements in Compressed Sparse Row format>
```

원-핫 인코딩을 하니 열이 184개나 생겼습니다.

## 필요 없는 피처 제거

탐색적 데이터 분석에서 제거할 피처를 알아봤었죠? 제거할 피처는 calc 분류에 속하는 20개 피처와 그 외 6개 피처(ps_ind_10_bin, ps_ind_11_bin, ps_ind_12_bin, ps_ind_13_bin, ps_ind_14, ps_car_14)입니다(분석 정리 5~8). 원-핫 인코딩에 사용한 명목형 피처, calc 분류의 피처, 추가 제거할 6개 피처를 제외한 나머지 피처를 remaining_features에 저장해보겠습니다.

```python
# 추가로 제거할 피처
drop_features = ['ps_ind_14', 'ps_ind_10_bin', 'ps_ind_11_bin',
                 'ps_ind_12_bin', 'ps_ind_13_bin', 'ps_car_14']

# '1) 명목형 피처, 2) calc 분류의 피처, 3) 추가 제거할 피처'를 제외한 피처
remaining_features = [feature for feature in all_features
                      if ('cat' not in feature and
                          'calc' not in feature and
                          feature not in drop_features)]
```

인코딩과 피처 제거가 끝났습니다. 방금 구한 remaining_features를 포함하는 데이터와 앞서 명목형 피처를 원-핫 인코딩한 encoded_cat_matrix를 합칩니다.

```python
from scipy import sparse

all_data_sprs = sparse.hstack([sparse.csr_matrix(all_data[remaining_features]),
                               encoded_cat_matrix],
                              format='csr')
```

> **Note** csr_matrix()는 전달받은 데이터를 CSR 형식으로 바꿔줍니다. hstack()은 행렬을 수평 방향으로 합칩니다. CSR 형식에 대해서는 285쪽의 상자글 '희소 행렬과 COO, CSR 형식'을 참고하세요.

### 데이터 나누기

전체 데이터를 훈련 데이터와 테스트 데이터로 다시 나눕니다. 타깃값도 y에 할당합니다.

```python
num_train = len(train) # 훈련 데이터 개수

# 훈련 데이터와 테스트 데이터 나누기
X = all_data_sprs[:num_train]
X_test = all_data_sprs[num_train:]

y = train['target'].values
```

## 8.3.2 평가지표 계산 함수 작성

본 경진대회의 평가지표는 정규화된 지니계수인데, 이 지표는 파이썬이나 사이킷런에서 기본으로 제공하지 않습니다. 그래서 정규화 지니계수를 구하는 사용자 정의 함수를 직접 만들어야 합니다. 이번 절에서는 지니계수에 대해 알아본 뒤 정규화 지니계수를 계산하는 함수를 만들어보겠습니다.

### 지니계수란?

지니계수는 원래 경제학에서 쓰는 용어입니다. 경제학에서 지니계수는 소득 불평등 정도를 나타내는 지표입니다. 지니계수가 작을수록 소득 수준이 평등하고, 클수록 불평등함을 의미합니다.

지니계수는 로렌츠 곡선을 이용해 계산합니다. 로렌츠 곡선을 그리려면 모든 경제인구를 소득 순서대로 나열한 후에 가로축은 인구 누적 비율, 세로축은 소득 누적 점유율로 설정합니다. 인구 누적 비율과 해당 소득 누적 점유율을 연결한 선을 로렌츠 곡선이라고 합니다.

▼ 로렌츠 곡선 그래프와 지니계수

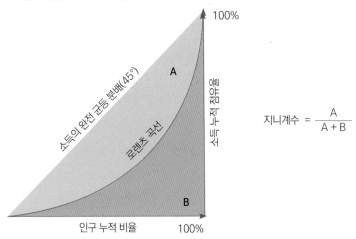

지니계수는 A 영역 넓이를 삼각형 전체 넓이로 나눈 값을 의미합니다. A 영역이 좁을수록(로렌츠 곡선이 대각선과 가까워질수록) 소득 수준은 평등합니다. 반대로 A 영역이 넓을수록(로렌츠 곡선이 대각선과 멀어질수록) 소득 수준은 불평등합니다.

지금까지 경제학에서 쓰는 지니계수의 의미를 알아봤습니다. 머신러닝에서 지니계수는 모델의 예측 성능을 측정하는 데 쓰입니다. 경제학에서 로렌츠 곡선을 구할 때 경제인구를 소득 수준에 따라 정렬했습니다. 마찬가지로 머신러닝에서는 예측값을 크기순으로 정렬해서 로렌츠 곡선을 구합니다.

> **Note** 지니계수 값은 (2 × ROC AUC − 1)과 같습니다. 그렇기 때문에 평가지표가 지니계수이면 평가지표가 ROC AUC인 상황과 거의 비슷하긴 합니다.

### 정규화 지니계수 계산 함수

정규화란 값의 범위를 0~1 사이로 조정한다는 뜻이므로, 정규화 지니계수는 값이 0에 가까울수록 성능이 나쁘고, 1에 가까울수록 성능이 좋다는 의미가 됩니다.

지금 맥락에서 정규화 지니계수는 '예측값에 대한 지니계수'를 '예측이 완벽할 때의 지니계수'로 나눈 값입니다.

$$정규화\ 지니계수\ =\ \frac{예측\ 값에\ 대한\ 지니계수}{예측이\ 완벽할\ 때의\ 지니계수}$$

'예측값에 대한 지니계수'는 예측값과 실젯값으로 구한 지니계수를 뜻합니다. 그리고 '예측이 완벽할 때의 지니계수'는 실젯값과 실젯값으로 구한 지니계수를 뜻합니다. 예측이 완벽하다는 말은 예측값이 실젯값과 같다는 의미이기 때문입니다.

우리는 이를 넘파이 내장 함수를 이용해 구현하겠습니다. 실제 타깃값(y_true)과 예측 확률값(y_pred)을 입력받아 정규화 지니계수를 반환하도록 했습니다.

```python
import numpy as np

def eval_gini(y_true, y_pred):
    # 실젯값과 예측값의 크기가 서로 같은지 확인 (값이 다르면 오류 발생)
    assert y_true.shape == y_pred.shape

    n_samples = y_true.shape[0]                        # 데이터 개수
    L_mid = np.linspace(1 / n_samples, 1, n_samples) # 대각선 값

    # 1) 예측값에 대한 지니계수
    pred_order = y_true[y_pred.argsort()] # y_pred 크기순으로 y_true 값 정렬
    L_pred = np.cumsum(pred_order) / np.sum(pred_order) # 로렌츠 곡선
    G_pred = np.sum(L_mid - L_pred)        # 예측값에 대한 지니계수

    # 2) 예측이 완벽할 때 지니계수
    true_order = y_true[y_true.argsort()] # y_true 크기순으로 y_true 값 정렬
    L_true = np.cumsum(true_order) / np.sum(true_order) # 로렌츠 곡선
    G_true = np.sum(L_mid - L_true)        # 예측이 완벽할 때 지니계수

    # 정규화된 지니계수
    return G_pred / G_true
```

이 코드를 세세하게 이해할 필요는 없습니다. 그저 '정규화 지니계수를 반환하는 함수구나'라고 생각하고 넘겨도 됩니다. 보통 평가지표 계산 함수는 다른 캐글러가 만들어 공유해주므로 이를 그대로 사용하면 됩니다.

> **Note** 로직을 간단히만 설명해보겠습니다. 로렌츠 곡선 상단 넓이를 삼각형 넓이로 나눈 값이 지니계수라고 했습니다. 정규화 지니계수는 '예측값에 대한 지니계수'를 '예측이 완벽할 때의 지니계수'로 나눈 값입니다. 결국 로렌츠 곡선 상단 넓이를 구할 수 있으면 정규화 지니계수도 구할 수 있습니다. 로렌츠 곡선 상단 넓이는 적분과 유사한 방식으로 계산했습니다. 다시 말씀드리지만 이 노트 내용이 이해되지 않아도 괜찮습니다.

다음은 모델 훈련 시 검증 파라미터에 전달하기 위한 함수입니다.

```python
# LightGBM용 gini() 함수
def gini(preds, dtrain):
    labels = dtrain.get_label() # ❶
    return 'gini', eval_gini(labels, preds), True # 반환값 ❷
```

이 함수는 ❷ 앞서 만든 eval_gini( )를 활용해 결과를 반환합니다. 반환값은 다음과 같이 총 세 가지입니다.

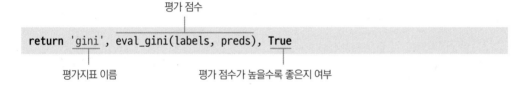

정규화된 지니계수는 값이 클수록 모델 성능이 좋다는 뜻이므로 마지막 반환값은 True로 고정했습니다.

❶에서 get_label( )은 데이터셋의 타깃값을 반환합니다. 실제 타깃값 labels와 예측 확률값 preds를 활용해 정규화 지니계수를 구하는 겁니다.

### 8.3.3 모델 훈련 및 성능 검증

데이터와 평가지표 계산 함수가 준비되었으니 베이스라인 모델을 훈련시킬 수 있습니다. 훈련 후 예측 결과를 제출해 점수와 등수를 확인해보겠습니다.

**OOF 예측 방식**

7장까지는 훈련 데이터 전체를 사용해 모델을 훈련하고, 테스트 데이터 전체를 사용해 결과를 예측했습니다. 이번 장에서는 새로운 방식으로 진행해볼 겁니다. 바로 OOF 예측으로, 캐글에서 자주 사용하는 예측 기법입니다.

**OOF 예측**Out of Fold prediction이란 K 폴드 교차 검증을 수행하면서 각 폴드마다 테스트 데이터로 예측하는 방식입니다. 조금 더 자세히 보면, K 폴드 교차 검증을 하면서 폴드마다 1) 훈련 데이터로 모델을 훈련하고 → 2) 검증 데이터로 모델 성능을 측정하며 → 3) 테스트 데이터로 최종 타깃 확률도 예측합니다. 훈련된 모델로 마지막에 한 번만 예측하는 게 아닙니다. 각 폴드별 모델로 여러 번 예측해 평균을 내는 방식입니다.

OOF 예측 절차는 다음과 같습니다.

1  전체 훈련 데이터를 K개 그룹으로 나눕니다.
2  K개 그룹 중 한 그룹은 검증 데이터, 나머지 K-1개 그룹은 훈련 데이터로 지정합니다.
3  훈련 데이터로 모델을 훈련합니다.
4  훈련된 모델을 이용해 검증 데이터로 타깃 확률을 예측하고, 전체 테스트 데이터로도 타깃 확률을 예측합니다.
5  검증 데이터로 구한 예측 확률과 테스트 데이터로 구한 예측 확률을 기록합니다.
6  검증 데이터를 다른 그룹으로 바꿔가며 2~5번 절차를 총 K번 반복합니다.
7  K개 그룹의 검증 데이터로 예측한 확률을 훈련 데이터 실제 타깃값과 비교해 성능 평가점수를 계산합니다. 이 점수로 모델 성능을 가늠해볼 수 있습니다.
8  테스트 데이터로 구한 K개 예측 확률의 평균을 구합니다. 이 값이 최종 예측 확률이며, 제출해야 하는 값입니다.

OOF 예측 방식을 도식화하면 다음 그림과 같습니다.

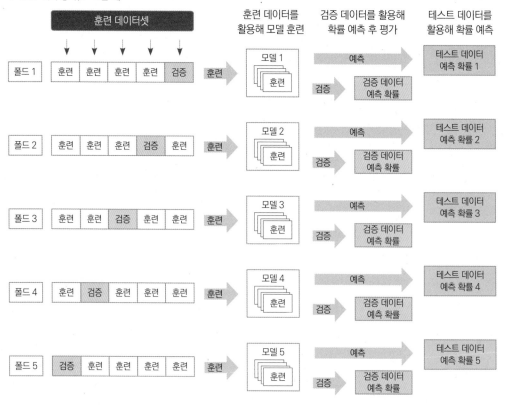

▼ OOF 예측 방식(K = 5일 때)

이 그림에 따르면 폴드마다 서로 다른 훈련 데이터와 검증 데이터를 이용해 모델을 훈련하고 평가합니다. 서로 다른 5개 모델을 만든 것입니다. 5개 모델이 각자 전체 테스트 데이터를 사용해 타깃 확률을 예측했습니다. 그런 다음 예측 확률 5개의 평균을 구합니다. 이 평균이 최종 예측 확률입니다.

▼ OOF 예측 방식의 최종 예측 확률

최종 예측 확률을 제출하면 됩니다.

한편 검증 데이터를 활용해 타깃 확률도 예측했습니다. 이 예측 확률과 훈련 데이터 실제 타깃값을 이용해 성능 평가점수를 냅니다. 성능 평가점수로는 훈련된 모델의 성능을 가늠해볼 수 있습니다. 본 대회의 성능 평가점수는 정규화 지니계수입니다.

▼ 성능 평가점수 산출 방법

| 예측값 | 검증 데이터 예측 확률 | 검증 데이터 예측 확률 | 검증 데이터 예측 확률 | 검증 데이터 예측 확률 | 검증 데이터 예측 확률 | ➡ 성능 평가점수 (본 대회에서는 정규화 지니계수) |
|---|---|---|---|---|---|---|
| 실젯값 | 훈련 데이터 실제 타깃값 | | | | | |

다소 복잡해 보이는 이 OOF 예측 방식에는 두 가지 장점이 있습니다.

첫째, 과대적합 방지 효과가 있습니다. K 폴드 방식으로 평가하기 때문에 훈련 데이터와 검증 데이터는 서로 다릅니다. 훈련 시 접하지 못한 데이터로 성능을 평가하기 때문에 새로운 데이터에 대한 일반화 성능이 어느 정도일지 가늠하기 쉽습니다. 과대적합에 대응하기 쉽다는 말입니다.

둘째, 앙상블 효과[6]가 있어 모델 성능이 좋아집니다. 앙상블이란 같은 훈련 데이터셋으로 훈련한 2개 이상 모델의 예측 결과를 결합하는 기법을 말합니다. 단일 모델로 한 번만 예측하는 게 아니라, K개 모델로 K번 예측해 평균을 냅니다. K번 예측해 평균한 확률이 한 번만 예측한 확률보다 일반적으로 더 정확합니다.

### OOF 방식으로 LightGBM 훈련

지금까지 OOF 예측 방식이 무엇인지 알아봤습니다. 이제 베이스라인 모델을 훈련하면서 OOF 예측도 실제로 해보겠습니다. 베이스라인 모델로는 LightGBM을 사용합니다.

먼저 층화 K 폴드 교차 검증기[7]를 생성합니다. 본 경진대회의 타깃값은 불균형합니다. 따라서 K 폴드가 아니라 층화 K 폴드를 수행하는 게 바람직합니다. 층화 K 폴드는 타깃값이 균등하게 배치되게 폴드를 나누는 방식이기 때문입니다. StratifiedKFold( )로 층화 K 폴드 교차 검증기를 생성할 수 있습니다.

```
from sklearn.model_selection import StratifiedKFold

# 층화 K 폴드 교차 검증기
folds = StratifiedKFold(n_splits=5, shuffle=True, random_state=1991)
```

---

6　5.6.4절 '앙상블 학습' 참고
7　5.5.2절 '층화 K 폴드 교차 검증' 참고

StratifiedKFold( )는 n_splits 파라미터로 전달한 수만큼 폴드를 나눕니다. 여기서는 5개로 나 눴습니다. 또한, shuffle=True를 전달하면 폴드를 나눌 때 데이터를 섞어줍니다. 훈련 데이터가 시계열 데이터가 아니라면 섞어주는 게 좋을 수 있습니다. 일부 폴드에만 특정 패턴 데이터가 몰려 있으면 모델 성능 을 떨어뜨릴 수 있기 때문입니다.

> **warning** 시계열 데이터는 순서가 중요해 서 데이터를 섞으면 안 됩니다. 데이터를 섞 으면 순서에 담긴 의미가 사라집니다.

이어서 LightGBM의 하이퍼파라미터를 설정합니다. LightGBM은 여러 하이퍼파라미터를 가지 고 있지만, 여기서는 네 가지만 설정하겠습니다.

```
params = {'objective': 'binary',
         'learning_rate': 0.01,
         'force_row_wise': True,
         'random_state': 0}
```

이진분류 문제라서 objective 파라미터는 binary로 설정했습니다. 학습률은 0.01로, 랜덤 시드 값은 0으로 설정했습니다. force_row_wise=True는 경고 문구를 없애려고 추가한 파라미터이 므로 신경 쓰지 않아도 됩니다.

다음으로 1차원 배열을 두 개 만들어줍니다.

```
# OOF 방식으로 훈련된 모델로 검증 데이터 타깃값을 예측한 확률을 담을 1차원 배열
oof_val_preds = np.zeros(X.shape[0])
# OOF 방식으로 훈련된 모델로 테스트 데이터 타깃값을 예측한 확률을 담을 1차원 배열
oof_test_preds = np.zeros(X_test.shape[0])
```

oof_val_preds는 검증 데이터를 활용해 예측한 확률값을 저장하는 배열입니다. K 폴드로 나눠 도 훈련 데이터 전체가 결국엔 한 번씩 검증 데이터로 활용됩니다. 따라서 oof_val_preds 배열 크기는 훈련 데이터와 같아야 합니다. 훈련 데이터 개수는 X.shape[0]로 구합니다.

oof_test_preds는 테스트 데이터를 활용해 예측한 확률값을 저장하는 배열입니다. 최종 제 출에 사용할 값이므로 크기는 테스트 데이터와 같아야 합니다. 테스트 데이터 개수는 X_test. shape[0]로 구합니다.

둘 다 초기 배열이므로 값은 0으로 채웠습니다. np.zeros( )는 넘파이 내장 함수로, 지정 개수만 큼 0으로 채운 배열을 반환합니다.

이제 LightGBM 모델을 훈련해보겠습니다. 훈련하면서 OOF 예측도 수행하겠습니다. 다음 코드는 OOF 예측 시 자주 사용하는 패턴이니 잘 숙지하기 바랍니다.

```python
import lightgbm as lgb

# OOF 방식으로 모델 훈련, 검증, 예측
for idx, (train_idx, valid_idx) in enumerate(folds.split(X, y)):  # ❶
    # 각 폴드를 구분하는 문구 출력
    print('#'*40, f'폴드 {idx+1} / 폴드 {folds.n_splits}', '#'*40)

    # 훈련용 데이터, 검증용 데이터 설정 ❷
    X_train, y_train = X[train_idx], y[train_idx] # 훈련용 데이터
    X_valid, y_valid = X[valid_idx], y[valid_idx] # 검증용 데이터

    # LightGBM 전용 데이터셋 생성 ❸
    dtrain = lgb.Dataset(X_train, y_train) # LightGBM 전용 훈련 데이터셋
    dvalid = lgb.Dataset(X_valid, y_valid) # LightGBM 전용 검증 데이터셋

    # LightGBM 모델 훈련 ❹
    lgb_model = lgb.train(params=params,        # 훈련용 하이퍼파라미터
                          train_set=dtrain,     # 훈련 데이터셋
                          num_boost_round=1000, # 부스팅 반복 횟수
                          valid_sets=dvalid,    # 성능 평가용 검증 데이터셋
                          feval=gini,           # 검증용 평가지표
                          early_stopping_rounds=100, # 조기종료 조건
                          verbose_eval=100)     # 100번째마다 점수 출력

    # 테스트 데이터를 활용해 OOF 예측 ❺
    oof_test_preds += lgb_model.predict(X_test)/folds.n_splits
    # 모델 성능 평가를 위한 검증 데이터 타깃값 예측 ❻
    oof_val_preds[valid_idx] += lgb_model.predict(X_valid)

    # 검증 데이터 예측 확률에 대한 정규화 지니계수 ❼
    gini_score = eval_gini(y_valid, oof_val_preds[valid_idx])
    print(f'폴드 {idx+1} 지니계수: {gini_score}\n')
```

❶에서 folds, X, y는 모두 이전 코드에서 정의한 변수들로, 순서대로 층화 K 폴드 교차 검증기, 훈련 데이터의 피처, 훈련 데이터의 타깃값입니다. 로직을 보면 먼저 folds.split(X, y)를 호출해

서 데이터를 K개로 나눠줬습니다. 여기에 파이썬 내장 함수인 enumerate( )를 적용해, 인덱스 (idx)와 K 폴드로 나뉜 훈련 데이터 인덱스(train_idx), 검증 데이터 인덱스(valid_idx)를 사용할 수 있게 했습니다.

다음은 이 for문을 돌며 각 폴드마다 수행되는 코드입니다.

❷ 먼저 전체 훈련 데이터를 훈련용과 검증용으로 나눈 다음 ❸ LightGBM 전용 데이터셋으로 만들어 ❹ LightGBM 모델을 훈련시킵니다. train( )의 feval 파라미터에는 eval_gini가 아니라 gini를 전달했습니다. eval_gini( )는 정규화 지니계수 값을 계산하는 함수고, gini( )는 세 가지 값을 반환하는 함수로, 모델 훈련 시 사용하는 검증용 평가함수입니다. 다른 파라미터의 자세한 의미가 궁금한 분은 5.6.7절 'LightGBM'의 lightgbm.train( ) 파라미터 설명을 참고해주세요.

❺ 훈련된 모델에 테스트 데이터를 주어 타깃 확률값을 예측합니다. 이것이 'OOF 예측 방식'입니다. 예측 확률을 폴드 개수(folds.n_splits, 여기서는 5)로 나눠서 합쳤는데 예측 확률 평균을 구하기 위해서입니다. 다 합치고 나서 나누든, 나눠서 합치든 결과는 같습니다.

$$\frac{preds1 + preds2 + preds3 + preds4 + preds5}{5} =$$
$$\frac{preds1}{5} + \frac{preds2}{5} + \frac{preds3}{5} + \frac{preds4}{5} + \frac{preds5}{5}$$

lightgbm은 predict( ) 호출 시, 훈련 단계에서 최고 성능을 낸 반복 횟수로 예측을 합니다. 성능은 검증 데이터 평가점수로 판단합니다. 예컨대 500번째 이터레이션iteration에서 지니계수가 0.3으로 최고라고 합시다. 조기종료 조건은 100번이고요. 600번째 이터레이션까지 0.3보다 높은 지니계수가 나오지 않는다면 600번째 이터레이션에서 훈련을 조기종료합니다. 이 상태에서 predict( ) 호출 시 아무 파라미터도 지정하지 않는다면 성능이 가장 좋았던 500번째 이터레이션까지 훈련된 모델을 사용합니다. 600번째가 아닙니다.

❻은 모델 성능 평가를 위해 검증 데이터를 활용해 예측하는 코드입니다. 맨 처음에는 oof_val_preds의 모든 값이 0으로 초기화돼 있습니다. 여기서 valid_idx에 해당하는 값만 검증 데이터 예측 확률로 업데이트해줬습니다. 폴드가 5번 반복되면 oof_val_preds 내 모든 값이 검증 데이터 예측 확률로 업데이트됩니다. 최종 업데이트된 oof_val_preds와 실제 타깃값 y를 비교해서 지니계수를 계산하면 모델 성능을 가늠할 수 있습니다.

아울러 ❺와 ❻에서 LightGBM의 predict( ) 메서드는 X_test와 X_valid를 그대로 받았습니다. 즉, lgb.Dataset( )으로 변환하지 않았습니다. 훈련 및 검증용 데이터는 lgb.Dataset( )으로 변환해서 사용하지만, 예측용 데이터는 원본 데이터를 그대로 사용합니다.

> **warning** 파이썬 래퍼 LightGBM이 제공하는 predict( ) 메서드에 Dataset 타입을 전달하면 오류가 발생합니다.

마지막으로 ❼ 현재 폴드에서 정규화 지니계수를 계산합니다. 현재 폴드에서 '검증 데이터 실제 타깃값'과 '예측 확률값'을 활용해 계산한 것입니다. 폴드마다 계산되는 중간 점검용 점수라고 보면 됩니다.

이제 이 모델을 훈련할 때 출력된 로그를 살펴봅시다. 폴드가 5개라서 로그 묶음도 5개입니다. 마지막 폴드에서 출력한 로그만 보겠습니다.

```
######################################## 폴드 5 / 폴드 5 #########################
################
[LightGBM] [Info] Number of positive: 17355, number of negative: 458815
[LightGBM] [Info] Total Bins 1098
[LightGBM] [Info] Number of data points in the train set: 476170, number of used
features: 200
[LightGBM] [Info] [binary:BoostFromScore]: pavg=0.036447 -> initscore=-3.274766
[LightGBM] [Info] Start traini ❶ 성능 평가점수가 두 개 4766
Training until validation scores don't improve for 100 rounds
[100]  valid_0's binary_logloss: 0.153483        valid_0's gini: 0.262106
[200]  valid_0's binary_logloss: 0.152646        valid_0's gini: 0.273406
[300]  valid_0's binary_logloss: 0.152291        valid_0's gini: 0.279805
[400]  valid_0's binary_logloss: 0.152093        valid_0's gini: 0.284645
[ ❷ 조기 종료 0's binary_logloss: 0.152004        valid_0's gini: 0.28713
[600]  valid_0's binary_logloss: 0.151982        valid_0's gini: 0.287668
Early stopping, best iteration is:
[583]  valid_0's binary_logloss: 0.15198         valid_0's gini: 0.287804
폴드 5 지니계수 : 0.2878042213842625
```

❸ 종료 시까지 최고 점수를 기록한 이터레이션과 점수

모델 훈련 시 verbose_eval=100으로 설정해서 100번째 이터레이션마다 성능 평가점수를 출력했습니다. 성능 평가점수는 검증용 데이터로 계산한 값입니다. ❶ 그런데 성능 평가점수가 두 개네요. logloss와 gini가 있습니다. 로그 손실(logloss)은 이진분류할 때 LightGBM의 기본 평가지표입니다.[8] 그런 이유로 왼쪽에 logloss 점수가 출력됐습니다. 그리고 모델 훈련 시 feval 파라미터에 전달한 gini( ) 함수의 계산값을 오른쪽에 추가로 출력했습니다. feval 파라미터에 사용자 정의 함수를 전달하지 않으면 logloss만 출력합니다.

이터레이션을 반복할수록 지니계수가 커집니다. 모델 성능이 좋아진다는 뜻입니다. ❷ 그러다가 600번 이터레이션까지 결과를 출력하고 종료됐습니다. 우리는 모델 훈련 시 num_boost_rounds=1000을 전달했습니다. 부스팅 최대 반복 횟수가 1,000번인데 다 채우지 못하고 조기종료되었네요. 조기종료 조건을 early_stopping_rounds=100으로 지정해서, 100번 연속으로 지니계수가 최댓값을 갱신하지 못해 훈련을 멈춘 것입니다. ❸ 종료 시까지 정규화 지니계수가 가장 높았을 때는 583번째 이터레이션이며, 이때의 지니계수는 0.287804입니다.

> **TIP** feval 파라미터에 사용자 정의 함수를 전달하면 이 함수의 값을 평가지표로 삼아 조기종료가 적용됩니다.

드디어 훈련이 다 끝났습니다.

검증 데이터로 예측한 확률을 실제 타깃값과 비교해 지니계수를 출력해보겠습니다.

```
print('OOF 검증 데이터 지니계수:', eval_gini(y, oof_val_preds))
```
```
OOF 검증 데이터 지니계수: 0.2804995714877777
```

## 8.3.4 예측 및 결과 제출

최종 예측 확률은 oof_test_preds에 담겨 있습니다. 앞 절 코드에서 ❺에 해당하는 부분으로, OOF 예측 방식으로 총 5개 폴드로 교차 검증한 확률값들의 평균입니다.

이제 이 데이터로 제출 파일로 만듭니다.

```
submission['target'] = oof_test_preds
submission.to_csv('submission.csv')
```

마지막으로 커밋 후 제출해봅시다.

---

8  5.2.2절 '로그 손실' 참고

▼ 베이스라인 점수

| Private Score | Public Score |
|---|---|
| 0.28424 | 0.27929 |

프라이빗 점수가 0.28424네요. 프라이빗 점수 기준으로 5,156명 중 2,492등입니다. 상위 48% 에 해당합니다. 피처 엔지니어링이나 하이퍼파라미터 최적화를 제대로 하지 않아서 등수가 높지 않네요. 다음 절에서 등수를 껑충 올려봅시다.

## 8.4 성능 개선 I : LightGBM 모델

이번 장에서는 총 3번에 걸쳐 성능 개선에 도전해보겠습니다. 이번 절에서는 그중 첫 번째로, 베 이스라인 모델과 같은 LightGBM을 그대로 사용하되 피처 엔지니어링과 하이퍼파라미터 최적화 를 추가로 적용할 겁니다.

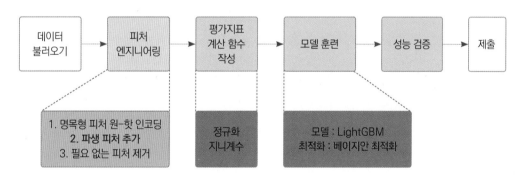

우선 데이터를 불러와야겠죠?

```
import pandas as pd

# 데이터 경로
data_path = '/kaggle/input/porto-seguro-safe-driver-prediction/'

train = pd.read_csv(data_path + 'train.csv', index_col='id')
test = pd.read_csv(data_path + 'test.csv', index_col='id')
submission = pd.read_csv(data_path + 'sample_submission.csv', index_col='id')
```

https://www.kaggle.com/werooring/ch8-lgb-modeling

## 8.4.1 피처 엔지니어링

추가 피처 엔지니어링으로 성능을 끌어올려보겠습니다.

### 데이터 합치기

먼저 훈련 데이터와 테스트 데이터를 합칩니다. 합친 전체 데이터에서 타깃값은 제거합니다. 전체 피처도 따로 저장해둡니다.

```python
all_data = pd.concat([train, test], ignore_index=True)
all_data = all_data.drop('target', axis=1) # 타깃값 제거

all_features = all_data.columns # 전체 피처
```

### 명목형 피처 원-핫 인코딩

명목형 피처에 원-핫 인코딩을 적용하겠습니다. 원-핫 인코딩 코드는 베이스라인과 같습니다.

```python
from sklearn.preprocessing import OneHotEncoder

# 명목형 피처
cat_features = [feature for feature in all_features if 'cat' in feature]

# 원-핫 인코딩 적용
onehot_encoder = OneHotEncoder()
encoded_cat_matrix = onehot_encoder.fit_transform(all_data[cat_features])
```

### 파생 피처 추가

탐색적 데이터 분석 과정에서는 필요 없는 피처를 추리는 것 외에 특별한 피처 엔지니어링 건을 찾아내지 못했습니다. 그렇다고 해서 할 수 있는 일이 더는 없다는 뜻은 절대 아닙니다. 이번 절에서는 성능을 더 쥐어짜내기 위해서 시도해볼 수 있는 기법을 몇 가지 소개하겠습니다. 기법이라기보다는 발상이라고 말하는 게 어울리겠네요.

**첫 번째!** 한 데이터가 가진 결측값 개수를 파생 피처로 만들어보겠습니다. -1이 결측값이었죠? 따라서 결측값 개수를 구하려면 -1 개수를 구하면 됩니다.

```
# '데이터 하나당 결측값 개수'를 파생 피처로 추가
all_data['num_missing'] = (all_data==-1).sum(axis=1)
```

코드에서 보듯 결측값 개수를 num_missing이라는 피처명으로 all_data에 추가했습니다.

remaining_features는 명목형 피처와 calc 분류의 피처를 제외한 나머지 피처명으로 정의하겠습니다. 명목형 피처는 바로 다음에 원-핫 인코딩을 해줄 거라서 제외했고, calc 분류는 탐색적 데이터 분석에서 필요 없는 피처라는 사실을 알았기 때문에 제외했습니다(분석 정리 5~7). 그리고 방금 생성한 파생 피처 num_missing도 remaining_features에 추가하겠습니다.

```
# 명목형 피처, calc 분류의 피처를 제외한 피처
remaining_features = [feature for feature in all_features
                      if ('cat' not in feature and 'calc' not in feature)]
# num_missing을 remaining_features에 추가
remaining_features.append('num_missing')
```

이로써 all_data와 remaining_features에 새로운 파생 피처 num_missing이 추가되었습니다.[9]

**두 번째!** ind 분류의 피처들을 살펴보겠습니다. 모든 ind 피처 값을 연결해서 새로운 피처를 만들려고 합니다. 예를 들어, ps_ind_01, ps_ind_02_cat, ps_ind_03의 값이 각각 2, 2, 5라면 모든 값을 연결해 2_2_5_로 만듭니다. ind 피처가 총 18개이므로 18개 값이 연결되겠죠? 18개 값을 연결한 새로운 피처를 만들고, 이 피처명을 'mix_ind'라고 하겠습니다. 그런데 사실 mix_ind 자체는 뒤이어 추가할 '명목형 피처의 고윳값별 개수' 피처를 만들 때 사용하기 위한 임시 피처입니다. 바꿔 말해, mix_ind를 활용해 또 다른 새로운 피처를 만들려는 겁니다. mix_ind는 최종적으로 사용하지 않습니다.

---

9 all_features는 원본 데이터에 들어 있는 피처를 뜻합니다. 그래서 새로 생성한 피처는 all_features에 추가하지 않습니다.

그런데 왜 이런 파생 피처들을 만들까요? 이 파생 피처들은 타깃값 예측에 어떤 도움이 되는 걸까요? 사실 처음부터 어떤 파생 피처가 타깃값 예측에 도움이 되는지 알기는 쉽지 않습니다. 사칙연산도 해보고, 통계도 내보고, 문자열 연결도 해보는 등 갖은 방법으로 피처 엔지니어링을 해볼 수 있습니다. 실제로 많은 상위권 캐글러도 여러 피처 엔지니어링을 시도합니다. 그중 성능 향상에 도움되는 피처를 선별하죠. 앞의 결측값 개수나 뒤에서 만들 '명목형 피처의 고윳값별 개수' 피처도 어떤 이유에서 타깃값 예측에 도움을 주는지 단번에 알기는 어렵습니다. 이런 방법도 있음을 기억해두고 다른 문제를 풀 때 응용해보세요.

mix_ind 피처를 만들어보죠. 먼저 분류가 ind인 피처들을 추출합니다. 그런 다음 이 피처들을 순회하면서 모든 값을 연결하면 됩니다.

```python
# 분류가 ind인 피처
ind_features = [feature for feature in all_features if 'ind' in feature]

is_first_feature = True
for ind_feature in ind_features:
    if is_first_feature:
        all_data['mix_ind'] = all_data[ind_feature].astype(str) + '_'
        is_first_feature = False
    else:
        all_data['mix_ind'] += all_data[ind_feature].astype(str) + '_'
```

새로운 피처 mix_ind를 만들었습니다. 어떤 값이 만들어졌는지 보겠습니다.

```
all_data['mix_ind']
0          2_2_5_1_0_0_1_0_0_0_0_0_0_0_11_0_1_0_
1          1_1_7_0_0_0_0_1_0_0_0_0_0_0_3_0_0_1_
2          5_4_9_1_0_0_0_1_0_0_0_0_0_0_12_1_0_0_
3          0_1_2_0_0_1_0_0_0_0_0_0_0_0_8_1_0_0_
4          0_2_0_1_0_1_0_0_0_0_0_0_0_0_9_1_0_0_
                          ...
1488023    0_1_6_0_0_0_1_0_0_0_0_0_0_0_2_0_0_1_
```

```
1488024     5_3_5_1_0_0_0_1_0_0_0_0_0_0_11_1_0_0_
1488025      0_1_5_0_0_1_0_0_0_0_0_0_0_0_5_0_0_1_
1488026      6_1_5_1_0_0_0_0_1_0_0_0_0_0_13_1_0_0_
1488027      7_1_4_1_0_0_0_0_1_0_0_0_0_0_12_1_0_0_
Name: mix_ind, Length: 1488028, dtype: object
```

모든 값이 '_'로 잘 연결됐습니다.

> **Note** 새로 만든 mix_ind가 들쑥날쑥하게 한 칸씩 들여 써진 것처럼 보일 겁니다. 실제로 들여 써진 건 아닙니다. all_data['mix_ind']를 호출하면 값을 오른쪽 정렬하기 때문에 그렇게 보이는 것입니다.

**세 번째!** 명목형 피처의 고윳값별 개수를 새로운 피처로 추가하겠습니다. 고윳값별 개수는 value_counts( )로 구합니다. 예를 들어 ps_ind_02_cat 피처의 고윳값별 개수는 다음 코드로 확인할 수 있습니다.

```
all_data['ps_ind_02_cat'].value_counts()

 1      1079327
 2       309747
 3        70172
 4        28259
-1          523
Name: ps_ind_02_cat, dtype: int64
```

ps_ind_02_cat 피처는 고윳값 1을 1,079,327개, 2를 309,747개 갖는다는 의미입니다. value_counts( )는 Series 타입을 반환합니다. Series 타입을 딕셔너리 타입으로 바꾸려면 to_dict( )를 호출합니다.

```
all_data['ps_ind_02_cat'].value_counts().to_dict()
{1: 1079327, 2: 309747, 3: 70172, 4: 28259, -1: 523}
```

이 코드를 활용해 명목형 피처의 고윳값별 개수를 파생 피처로 만들어보겠습니다. 이전에 추가한 mix_ind 피처도 명목형 피처입니다. 그렇기 때문에 cat 분류에 속하는 피처들(cat_features)과 mix_ind 피처를 모두 명목형 피처로 간주하겠습니다.

```
cat_count_features = []
for feature in cat_features+['mix_ind']:
    val_counts_dict = all_data[feature].value_counts().to_dict()
    all_data[f'{feature}_count'] = all_data[feature].apply(lambda x:
                                                    val_counts_dict[x])
    cat_count_features.append(f'{feature}_count')
```

새로 추가한 피처명을 보시죠. cat_count_features에 방금 추가한 새로운 피처명이 들어 있습니다.

cat_count_features

```
['ps_ind_02_cat_count',
 'ps_ind_04_cat_count',
 'ps_ind_05_cat_count',
 'ps_car_01_cat_count',
 'ps_car_02_cat_count',
 'ps_car_03_cat_count',
 'ps_car_04_cat_count',
 'ps_car_05_cat_count',
 'ps_car_06_cat_count',
 'ps_car_07_cat_count',
 'ps_car_08_cat_count',
 'ps_car_09_cat_count',
 'ps_car_10_cat_count',
 'ps_car_11_cat_count',
 'mix_ind_count']
```

기존 명목형 피처명 뒤에 '_count'가 붙었네요.

## 필요 없는 피처 제거

지금까지 만든 피처는 다음과 같습니다.

- **encoded_cat_matrix** : 원-핫 인코딩된 명목형 피처
- **remaining_features** : 명목형 피처와 calc 분류의 피처를 제외한 피처들 (+ num_missing)
- **cat_count_features** : mix_ind를 포함한 명목형 피처의 고윳값별 개수 파생 피처

▼ 피처 엔지니어링을 거쳐 만든 피처들

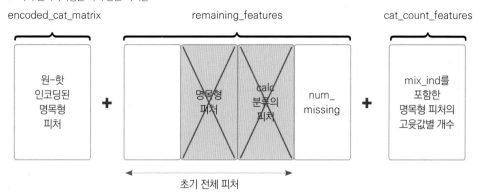

탐색적 데이터 분석에서 필요 없다고 판단한 피처는 제거한 다음(분석 정리 5~8), 지금까지 피처 엔지니어링한 모든 데이터를 합치겠습니다.

```python
from scipy import sparse
# 필요 없는 피처들
drop_features = ['ps_ind_14', 'ps_ind_10_bin', 'ps_ind_11_bin',
                'ps_ind_12_bin', 'ps_ind_13_bin', 'ps_car_14']

# remaining_features, cat_count_features에서 drop_features를 제거한 데이터 ❶
all_data_remaining = all_data[remaining_features+cat_count_features].drop(drop_
features, axis=1)

# 데이터 합치기 ❷
all_data_sprs = sparse.hstack([sparse.csr_matrix(all_data_remaining),
                              encoded_cat_matrix],
                             format='csr')
```

❶ remaining_features, cat_count_features에서 필요 없는 피처들(drop_features)을 제거한 데이터를 all_data_remaining 변수에 저장한 다음, ❷ all_data_remaining과 '명목형 피처가 원-핫 인코딩된 encoded_cat_matrix'를 합쳤습니다.

이상으로 피처 엔지니어링을 모두 마쳤습니다. 피처 엔지니어링으로 수행한 일들을 정리하면 다음과 같습니다.

1 명목형 피처에 원-핫 인코딩을 적용했습니다.

2 데이터 하나당 가지고 있는 결측값 개수를 새로운 피처로 만들었습니다.

3 모든 ind 피처 값을 연결해서 새로운 명목형 피처를 만들었습니다(직접 사용하진 않고, 4에서 활용하기 위해 만듦).

4 명목형 피처의 고윳값별 개수를 새로운 피처로 만들었습니다.

5 필요 없는 피처를 제거했습니다(drop_features와 calc 분류의 피처들).

### 데이터 나누기

피처 엔지니어링을 마쳤으니 다시 훈련 데이터와 테스트 데이터로 나눕니다.

```python
num_train = len(train) # 훈련 데이터 개수

# 훈련 데이터와 테스트 데이터 나누기
X = all_data_sprs[:num_train]
X_test = all_data_sprs[num_train:]

y = train['target'].values
```

> **Note** 다음은 정규화 지니계수 계산 함수인 eval_gini()와 gini()를 정의할 차례인데, 두 함수 모두 베이스라인과 완전히 똑같아 생략하겠습니다.

## 8.4.2 하이퍼파라미터 최적화

베이스라인에서는 하이퍼파라미터를 따로 조정하지 않았습니다. 하지만 성능이 우수한 모델을 만들려면 꼭 필요한 과정입니다. 이번에는 베이지안 최적화 기법[10]을 활용해 하이퍼파라미터를 조정해보겠습니다. 그리드서치보다 더 빠르고 효율적이며, 코드도 직관적이어서 사용하기도 편리합니다.

---

10 5.7.3절 '베이지안 최적화' 참고

## 데이터셋 준비

먼저 베이지안 최적화를 위한 데이터셋을 만듭니다.

```python
import lightgbm as lgb
from sklearn.model_selection import train_test_split

# 8:2 비율로 훈련 데이터, 검증 데이터 분리 (베이지안 최적화 수행용)
X_train, X_valid, y_train, y_valid = train_test_split(X, y,  # ❶
                                                      test_size=0.2,
                                                      random_state=0)
# 베이지안 최적화용 데이터셋 ❷
bayes_dtrain = lgb.Dataset(X_train, y_train)
bayes_dvalid = lgb.Dataset(X_valid, y_valid)
```

❶의 train_test_split( )은 전체 데이터를 훈련 데이터와 테스트 데이터로 나누는 함수입니다. 7장에서 다뤘죠? test_size=0.2를 전달하여 전체 중 80%를 훈련 데이터로, 나머지 20%를 검증 데이터로 나눴습니다.

❷ 이렇게 나뉜 훈련 데이터와 검증 데이터를 활용해 베이지안 최적화용 데이터셋을 만듭니다.

## 하이퍼파라미터 범위 설정

하이퍼파라미터를 처음부터 설정하는 건 쉽지 않은 작업입니다. 하이퍼파라미터 범위를 설정하는 방법은 두 가지가 있습니다.

첫 번째는 하이퍼파라미터 범위를 점점 좁히는 방법입니다. 예컨대 0~1 범위의 하이퍼파라미터가 있다고 합시다. 처음에는 범위를 0~1 전체로 잡고 베이지안 최적화를 수행합니다. 0.5를 최적 하이퍼파라미터로 찾았다면, 다시 0.5 주변으로 범위를 잡습니다. 가령 0.4~0.6 정도로 좁히는 거죠. 이런 방식을 반복하여 하이퍼파라미터 범위를 찾아줄 수 있습니다.

두 번째는 다른 상위권 캐글러가 설정한 하이퍼파라미터를 참고하는 방법입니다. 공유된 코드를 참고해서 하이퍼파라미터 범위를 설정할 수도 있겠죠. 여러 차례 연습하다 보면 하이퍼파라미터에 대한 대략적인 감이 잡힐 겁니다.

우리는 두 번째 방법으로 범위를 설정했습니다. param_bounds에 탐색할 하이퍼파라미터 범위

를 지정하고, 값을 고정할 하이퍼파라미터는 fixed_params에 저장해두었습니다.[11]

```python
# 베이지안 최적화를 위한 하이퍼파라미터 범위
param_bounds = {'num_leaves': (30, 40),
                'lambda_l1': (0.7, 0.9),
                'lambda_l2': (0.9, 1),
                'feature_fraction': (0.6, 0.7),
                'bagging_fraction': (0.6, 0.9),
                'min_child_samples': (6, 10),
                'min_child_weight': (10, 40)}

# 값이 고정된 하이퍼파라미터
fixed_params = {'objective': 'binary',    # ❶
                'learning_rate': 0.005,   # ❷
                'bagging_freq': 1,        # ❸
                'force_row_wise': True,   # ❹
                'random_state': 1991}     # ❺
```

❶ 이진분류 문제라서 objective 파라미터는 'binary'로 설정했습니다.

❷ 학습률은 0.005로 ❸ 배깅 수행 빈도는 1로 설정했습니다. 이 하이퍼파라미터들도 범위를 탐색해도 상관없습니다. 다만, 시간이 오래 걸려 두 값은 고정했을 뿐입니다. 학습률은 보통 0.01~0.001 사이의 값으로 설정합니다. 직접 테스트해보고 더 적합한 값을 찾아도 됩니다. 배깅 빈도는 임의로 1을 설정했습니다. 역시 성능이 더 잘 나오는 다른 값을 직접 찾아보셔도 좋습니다.

❹ force_row_wise는 경고 문구를 없애기 위해 True로 설정했고, ❺ 다시 실행해도 동일한 결과가 나오도록 random_state 값도 고정했습니다.

베이지안 최적화를 수행하면 param_bounds의 하이퍼파라미터 범위를 순회할 것입니다. 순회하면서 하이퍼파라미터 값을 적용해 모델을 훈련하고, 훈련된 모델로 성능을 평가합니다. 최고 성능을 낸 하이퍼파라미터를 찾는 게 베이지안 최적화의 목적입니다. 이때 성능을 평가하려면 평가지표 계산 함수가 있어야 합니다.

---

11  LightGBM 모델의 하이퍼파라미터 종류, 의미, 타입 등 자세한 정보는 5.6.7절 'LightGBM' 참고

### (베이지안 최적화용) 평가지표 계산 함수 작성

다음의 eval_function( )은 베이지안 최적화를 수행하기 위한 평가지표(지니계수) 계산 함수입니다. 이 함수로 지니계수를 계산해 최적 하이퍼파라미터를 찾습니다. 최적화하려는 LightGBM 모델의 하이퍼파라미터 7개를 인수로 받고 지니계수를 반환합니다.

```python
def eval_function(num_leaves, lambda_l1, lambda_l2, feature_fraction,
                  bagging_fraction, min_child_samples, min_child_weight):
    '''최적화하려는 평가지표(지니계수) 계산 함수'''

    # 베이지안 최적화를 수행할 하이퍼파라미터 ❶
    params = {'num_leaves': int(round(num_leaves)),
              'lambda_l1': lambda_l1,
              'lambda_l2': lambda_l2,
              'feature_fraction': feature_fraction,
              'bagging_fraction': bagging_fraction,
              'min_child_samples': int(round(min_child_samples)),
              'min_child_weight': min_child_weight,
              'feature_pre_filter': False}
    # 고정된 하이퍼파라미터도 추가 ❷
    params.update(fixed_params)

    print('하이퍼파라미터:', params)

    # LightGBM 모델 훈련 ❸
    lgb_model = lgb.train(params=params,
                          train_set=bayes_dtrain,
                          num_boost_round=2500,
                          valid_sets=bayes_dvalid,
                          feval=gini,
                          early_stopping_rounds=300,
                          verbose_eval=False)
    # 검증 데이터로 예측 수행 ❹
    preds = lgb_model.predict(X_valid)
    # 지니계수 계산 ❺
    gini_score = eval_gini(y_valid, preds)
    print(f'지니계수 : {gini_score}\n')

    return gini_score  # ❻
```

❶ 먼저 최적화할 하이퍼파라미터를 정의합니다. 인수로 받은 하이퍼파라미터의 값(범위)을 그대로 대입했습니다. 중간에 int(round(num_leaves))처럼 실수형을 정수형으로 바꾸는 코드가 있습니다. num_leaves와 min_child_samples는 정수여야 합니다. 하지만 베이지안 최적화를 수행하면 하이퍼파라미터 지정 범위 내 실숫값을 탐색하기 때문에 eval_function( )에 인수로 전달되는 값도 모두 실수형이 됩니다. 따라서 함수 안에서 실수형을 다시 정수형으로 바꾼 것입니다.

❷ 이어서 고정 하이퍼파라미터(fixed_params)를 추가했습니다. params는 딕셔너리 타입이기 때문에 update( ) 함수로 원소를 추가합니다.

❸ 앞에서 지정한 하이퍼파라미터를 활용해 LightGBM 모델을 훈련한 뒤 ❹ 검증 데이터로 예측을 수행합니다. ❺ 이어서 예측 확률값과 검증 데이터의 실제 타깃값을 이용해 지니계수를 계산합니다. ❻ 최종적으로 이 지니계수를 반환합니다.

여기까지가 eval_function( )이 하는 일입니다.

### 최적화 수행

하이퍼파라미터 범위와 평가지표 계산 함수를 만들었으니, 이제 베이지안 최적화 객체를 생성하겠습니다. 생성 파라미터로 eval_function과 param_bounds를 전달합니다.

```python
from bayes_opt import BayesianOptimization

# 베이지안 최적화 객체 생성
optimizer = BayesianOptimization(f=eval_function,          # 평가지표 계산 함수
                                 pbounds=param_bounds, # 하이퍼파라미터 범위
                                 random_state=0)
```

다음으로 maximize( ) 메서드를 호출해 베이지안 최적화를 수행합니다. 한 줄로 간단하게 베이지안 최적화를 수행할 수 있습니다.

```python
# 베이지안 최적화 수행
optimizer.maximize(init_points=3, n_iter=6)
```

init_points는 무작위로 하이퍼파라미터를 탐색하는 횟수이고, n_iter는 베이지안 최적화 반복

횟수입니다. 베이지안 최적화는 init_points와 n_iter를 더한 값만큼 반복합니다. 따라서 앞 코드를 실행하면 모델 훈련을 총 9번을 반복하며 베이지안 최적화가 진행될 겁니다. 시간이 상당히 걸립니다.

**결과 확인**

최적화가 끝나면 지니계수가 최대가 되는 하이퍼파라미터, 즉 최적 하이퍼파라미터를 출력해보겠습니다.

```python
# 평가함수 점수가 최대일 때 하이퍼파라미터
max_params = optimizer.max['params']
max_params
```

```
{'bagging_fraction': 0.6213108174593661,
 'feature_fraction': 0.608712929970154,
 'lambda_l1': 0.7040436794880651,
 'lambda_l2': 0.9832619845547939,
 'min_child_samples': 9.112627003799401,
 'min_child_weight': 36.10036444740457,
 'num_leaves': 39.78618342232764}
```

그런데 이중 num_leaves와 min_child_samples는 원래 정수형 하이퍼파라미터이므로 정수형으로 변환하여 다시 저장하겠습니다.

```python
# 정수형 하이퍼파라미터 변환
max_params['num_leaves'] = int(round(max_params['num_leaves']))
max_params['min_child_samples'] = int(round(max_params['min_child_samples']))
```

여기에 고정된 하이퍼파라미터들(fixed_params)도 추가하겠습니다.

```python
# 값이 고정된 하이퍼파라미터 추가
max_params.update(fixed_params)
```

최종 하이퍼파라미터를 출력해봅시다. 베이지안 최적화를 적용해 구한 최적 하이퍼파라미터는 다음과 같습니다.

```python
max_params
```

```
{'bagging_fraction': 0.6213108174593661,
 'feature_fraction': 0.608712929970154,
 'lambda_l1': 0.7040436794880651,
 'lambda_l2': 0.9832619845547939,
 'min_child_samples': 9,
 'min_child_weight': 36.10036444740457,
 'num_leaves': 40,
 'objective': 'binary',
 'learning_rate': 0.005,
 'bagging_freq': 1,
 'force_row_wise': True,
 'random_state': 1991}
```

## 8.4.3 모델 훈련 및 성능 검증

6장과 7장에서 사용한 그리드서치와 달리 베이지안 최적화는 최적 예측기(최적 하이퍼파라미터 값들로 훈련된 모델)를 제공하지 않습니다. 따라서 베이지안 최적화로 찾은 하이퍼파라미터를 활용해 LightGBM 모델을 다시 훈련해보겠습니다. 모델 훈련 코드는 베이스라인과 비슷합니다. ❶ LightGBM 훈련 시 사용한 파라미터만 max_params로 바꿨을 뿐이죠. 이번 코드도 시간이 꽤 걸립니다.

```python
from sklearn.model_selection import StratifiedKFold

# 층화 K 폴드 교차 검증기 생성
folds = StratifiedKFold(n_splits=5, shuffle=True, random_state=1991)

# OOF 방식으로 훈련된 모델로 검증 데이터 타깃값을 예측한 확률을 담을 1차원 배열
oof_val_preds = np.zeros(X.shape[0])
# OOF 방식으로 훈련된 모델로 테스트 데이터 타깃값을 예측한 확률을 담을 1차원 배열
oof_test_preds = np.zeros(X_test.shape[0])

# OOF 방식으로 모델 훈련, 검증, 예측
for idx, (train_idx, valid_idx) in enumerate(folds.split(X, y)):
    # 각 폴드를 구분하는 문구 출력
    print('#'*40, f'폴드 {idx+1} / 폴드 {folds.n_splits}', '#'*40)

    # 훈련용 데이터, 검증용 데이터 설정
```

```python
X_train, y_train = X[train_idx], y[train_idx] # 훈련용 데이터
X_valid, y_valid = X[valid_idx], y[valid_idx] # 검증용 데이터

# LightGBM 전용 데이터셋 생성
dtrain = lgb.Dataset(X_train, y_train) # LightGBM 전용 훈련 데이터셋
dvalid = lgb.Dataset(X_valid, y_valid) # LightGBM 전용 검증 데이터셋

# LightGBM 모델 훈련
lgb_model = lgb.train(params=max_params,      # 최적 하이퍼파라미터 ❶
                      train_set=dtrain,       # 훈련 데이터셋
                      num_boost_round=2500,   # 부스팅 반복 횟수
                      valid_sets=dvalid,      # 성능 평가용 검증 데이터셋
                      feval=gini,             # 검증용 평가지표
                      early_stopping_rounds=300, # 조기종료 조건
                      verbose_eval=100)       # 100번째마다 점수 출력

# 테스트 데이터를 활용해 OOF 예측
oof_test_preds += lgb_model.predict(X_test)/folds.n_splits
# 모델 성능 평가를 위한 검증 데이터 타깃값 예측
oof_val_preds[valid_idx] += lgb_model.predict(X_valid)

# 검증 데이터 예측 확률에 대한 정규화 지니계수
gini_score = eval_gini(y_valid, oof_val_preds[valid_idx])
print(f'폴드 {idx+1} 지니계수 : {gini_score}\n')
```

```
... 생략 ...
Training until validation scores don't improve for 300 rounds
[100] valid_0's binary_logloss: 0.15439     valid_0's gini: 0.26681
[200] valid_0's binary_logloss: 0.15338     valid_0's gini: 0.272186
[300] valid_0's binary_logloss: 0.152821    valid_0's gini: 0.275897
[400] valid_0's binary_logloss: 0.1525      valid_0's gini: 0.278734
[500] valid_0's binary_logloss: 0.152277    valid_0's gini: 0.282151
[600] valid_0's binary_logloss: 0.15212     valid_0's gini: 0.285039
[700] valid_0's binary_logloss: 0.152009    valid_0's gini: 0.287435
[800] valid_0's binary_logloss: 0.15192     valid_0's gini: 0.289549
[900] valid_0's binary_logloss: 0.151862    valid_0's gini: 0.290886
[1000]valid_0's binary_logloss: 0.151819    valid_0's gini: 0.291935
[1100]valid_0's binary_logloss: 0.151782    valid_0's gini: 0.292972
[1200]valid_0's binary_logloss: 0.151752    valid_0's gini: 0.293784
[1300]valid_0's binary_logloss: 0.151732    valid_0's gini: 0.294315
```

```
[1400]valid_0's binary_logloss: 0.151724        valid_0's gini: 0.294475
[1500]valid_0's binary_logloss: 0.151713        valid_0's gini: 0.294786
[1600]valid_0's binary_logloss: 0.1517          valid_0's gini: 0.295146
[1700]valid_0's binary_logloss: 0.151694        valid_0's gini: 0.295268
[1800]valid_0's binary_logloss: 0.151695        valid_0's gini: 0.295212
[1900]valid_0's binary_logloss: 0.151689        valid_0's gini: 0.295454
[2000]valid_0's binary_logloss: 0.151693        valid_0's gini: 0.2954
[2100]valid_0's binary_logloss: 0.151694        valid_0's gini: 0.295427
[2200]valid_0's binary_logloss: 0.151692        valid_0's gini: 0.295538
[2300]valid_0's binary_logloss: 0.151699        valid_0's gini: 0.295411
Early stopping, best iteration is:
[2045]valid_0's binary_logloss: 0.151689        valid_0's gini: 0.295553
폴드 5 지니계수 : 0.29555250456072807
```

지면 관계상 마지막 폴드의 출력 로그만 실었습니다. 2,300여 번만에 조기종료했습니다. 베이스라인 모델은 600여 번만에 종료했으니 베이스라인 모델보다 훈련을 더 많이 했군요. 마지막 폴드기준 최고 지니계수는 0.295553입니다(이때의 반복 횟수는 2,045입니다). 0.287804인 베이스라인 모델보다 0.007749 정도 높아졌습니다. 성능이 좋아졌다는 뜻이죠.

검증 데이터로 예측한 확률과 실제 타깃값의 지니계수를 출력해볼까요?

```
print('OOF 검증 데이터 지니계수 :', eval_gini(y, oof_val_preds))
```

```
OOF 검증 데이터 지니계수 : 0.2889651000887542
```

베이스라인에서 OOF 검증 데이터 지니계수는 0.2805였습니다. 0.0085 정도 높아졌네요.


## 8.4.4 예측 및 결과 제출

끝으로 최종 예측 확률인 oof_test_preds를 활용해 제출 파일을 만들어보겠습니다. 다음 코드를 실행한 뒤, 커밋 후 제출해봅시다(역시 시간이 상당히 걸릴 테니 결과를 기다리지 말고 뒷 내용을 계속 읽어나가시길 권해드립니다).

```
submission['target'] = oof_test_preds
submission.to_csv('submission.csv')
```

▼ LightGBM 점수

| Private Score | Public Score |
| --- | --- |
| 0.29146 | 0.28523 |

베이스라인 점수는 프라이빗 0.28424, 퍼블릭 0.27929입니다. 베이스라인 모델보다 각각 0.00722점, 0.00594점 올랐습니다. 프라이빗 점수 기준 등수는 2,492등에서 23등으로 올랐습니다. 점수상 차이는 미미해 보이지만 등수는 껑충 뛰었네요. 21등부터 257등까지가 은메달이니 은메달 중에서도 상위권이네요. 피처 엔지니어링과 하이퍼파라미터 최적화를 적용한 결과입니다.

아직 안주하기는 이릅니다. 계속해서 성능을 더 높일 방법을 찾아보겠습니다.

## 8.5 성능 개선 II : XGBoost 모델

앞 절에서 적절한 피처 엔지니어링과 하이퍼파라미터 최적화를 적용해 LightGBM으로 전체 23 등을 기록했습니다. 이번에는 모델만 XGBoost로 바꿔보겠습니다. **XGBoost**는 성능이 우수한 트리 기반 부스팅 알고리즘으로, 결정 트리를 병렬로 배치하는 랜덤 포레스트와 달리 직렬로 배치 해 사용합니다.[12]

전체 프로세스는 앞 절과 동일합니다.

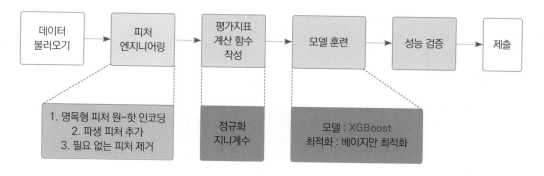

---

12  5.6.6절 'XGBoost' 참고

하지만 앞 절에서 사용한 코드를 XGBoost 기반으로 바꾸려면 몇 가지를 수정해야 합니다.

1  지니계수 반환값
2  데이터셋 객체
3  모델 하이퍼파라미터명

절차를 따라 진행하면서 하나씩 살펴보죠.

## 8.5.1 피처 엔지니어링

피처 엔지니어링까지의 코드는 앞 절과 거의 같습니다. 단 하나, gini( ) 함수만 다릅니다. gini( ) 함수는 모델 훈련 시 검증용으로 사용하는 평가지표(지니계수) 계산 함수입니다. LightGBM용 에서는 다음 코드처럼 반환값이 세 개였습니다. 평가지표명, 평가점수, 평가점수가 높으면 좋은지 여부입니다.

```
# LightGBM용 gini() 함수
def gini(preds, dtrain):
    labels = dtrain.get_label()
    return 'gini', eval_gini(labels, preds), True
```

하지만 XGBoost용 지니계수 계산 함수는 반환값이 두 개입니다. 평가지표명과 평가점수만 반환 합니다. 사라진 '평가점수가 높으면 좋은지 여부'는 XGBoost 모델 객체의 train( ) 메서드에 따로 전달해야 합니다. 그리하여 XGBoost용 gini( ) 함수는 다음과 같습니다.

https://www.kaggle.com/werooring/ch8-xgb-modeling

```
# XGBoost용 gini() 함수
def gini(preds, dtrain):
    labels = dtrain.get_label()
    return 'gini', eval_gini(labels, preds)
```

## 8.5.2 하이퍼파라미터 최적화

XGBoost의 최적 하이퍼파라미터를 찾아보겠습니다. LightGBM 모델링 때와 마찬가지로 베이지 안 최적화를 수행하겠습니다. 다만 데이터셋을 만드는 코드와 하이퍼파라미터명이 조금 다릅니다.

## 데이터셋 준비

베이지안 최적화 수행용 데이터셋을 만들어보죠. LightGBM은 lgb.Dataset( )으로 데이터셋을 만듭니다. 반면 XGBoost는 xgb.DMatrix( )로 만듭니다.

```python
import xgboost as xgb
from sklearn.model_selection import train_test_split

# 8:2 비율로 훈련 데이터, 검증 데이터 분리 (베이지안 최적화 수행용)
X_train, X_valid, y_train, y_valid = train_test_split(X, y,
                                                      test_size=0.2,
                                                      random_state=0)

# 베이지안 최적화용 데이터셋
bayes_dtrain = xgb.DMatrix(X_train, y_train)
bayes_dvalid = xgb.DMatrix(X_valid, y_valid)
```

## 하이퍼파라미터 범위 설정

다음으로 베이지안 최적화를 위한 하이퍼파라미터 범위를 설정합니다.[13]

```python
# 베이지안 최적화를 위한 하이퍼파라미터 범위
param_bounds = {'max_depth': (4, 8),
                'subsample': (0.6, 0.9),
                'colsample_bytree': (0.7, 1.0),
                'min_child_weight': (5, 7),
                'gamma': (8, 11),
                'reg_alpha': (7, 9),
                'reg_lambda': (1.1, 1.5),
                'scale_pos_weight': (1.4, 1.6)}

# 값이 고정된 하이퍼파라미터
fixed_params = {'objective': 'binary:logistic',
                'learning_rate': 0.02,
                'random_state': 1991}
```

---

13 XGBoost의 하이퍼파라미터들은 5.6.6절 'XGBoost' 참고

이진분류 문제라서 objective는 binary:logistic으로 설정했습니다. 앞 절과 마찬가지로 learning_rate와 random_state도 고정했습니다.

## (베이지안 최적화용) 평가지표 계산 함수 작성

이제 베이지안 최적화에 사용하기 위한 eval_function( ) 함수를 살펴보겠습니다. 이 함수는 XGBoost 하이퍼파라미터를 인수로 받아서 XGBoost를 훈련한 뒤 평가지표인 지니계수를 반환합니다.

큰 흐름은 LightGBM용 eval_function( )과 유사합니다. 다른 점은 다음과 같습니다.

1 하이퍼파라미터명
2 train( ) 메서드 내 검증 데이터 전달 방식
3 train( ) 메서드 내 maximize 파라미터
4 predict( ) 메서드에 DMatrix 타입을 전달하는 점

네 가지 사항에 유의해서 다음 코드를 보시죠.

```python
def eval_function(max_depth, subsample, colsample_bytree, min_child_weight,
                  reg_alpha, gamma, reg_lambda, scale_pos_weight):
    '''최적화하려는 평가지표(지니계수) 계산 함수'''
    # 베이지안 최적화를 수행할 하이퍼파라미터 ❶
    params = {'max_depth': int(round(max_depth)),
              'subsample': subsample,
              'colsample_bytree': colsample_bytree,
              'min_child_weight': min_child_weight,
              'gamma': gamma,
              'reg_alpha':reg_alpha,
              'reg_lambda': reg_lambda,
              'scale_pos_weight': scale_pos_weight}
    # 값이 고정된 하이퍼파라미터도 추가
    params.update(fixed_params)

    print('하이퍼파라미터 :', params)

    # XGBoost 모델 훈련 ❷
    xgb_model = xgb.train(params=params,
                          dtrain=bayes_dtrain,
```

```
                                num_boost_round=2000,
                                evals=[(bayes_dvalid, 'bayes_dvalid')], # ❸
                                maximize=True, # ❹
                                feval=gini,
                                early_stopping_rounds=200,
                                verbose_eval=False)

    best_iter = xgb_model.best_iteration # 최적 반복 횟수 ❺
    # 검증 데이터로 예측 수행 ❻
    preds = xgb_model.predict(bayes_dvalid, # ❼
                              iteration_range=(0, best_iter)) # ❽
    # 지니계수 계산
    gini_score = eval_gini(y_valid, preds)
    print(f'지니계수 : {gini_score}\n')

    return gini_score
```

기본적으로 모델이 달라서 하이퍼파라미터명도 다릅니다. ❶ params에 저장된 하이퍼파라미터명, ❷ train( ) 메서드와 ❻ predict( ) 메서드에서 사용하는 파라미터명이 모두 조금씩 다릅니다. 심지어 기능은 같더라도 이름은 다를 수 있습니다.

또한, 8.4절에서 이미 설명했듯이 LightGBM은 기본적으로 훈련 단계에서 성능이 가장 좋았던 반복 횟수 때의 모델을 활용해 예측합니다. 하지만 XGBoost는 ❺ 성능이 가장 좋을 때의 부스팅 반복 횟수를 ❽ 예측 시 iteration_range 파라미터로 명시해줘야 합니다. 그래야 최적 반복 횟수로 훈련된 모델을 활용해 예측합니다.

> **warning** 1.4.0 이전 버전의 XGBoost를 사용한다면 iteration_range=(0, best_iter) 대신 ntree_limit=best_iter 형태로 설정해야 합니다.

다음으로 train( ) 메서드의 파라미터 두 개를 보겠습니다.

❸ 먼저 evals는 검증 데이터를 전달받는 파라미터로, 검증 데이터와 검증 데이터 이름의 쌍을 튜플로 묶어서 evals=[(bayes_dvalid, 'bayes_dvalid')] 형태로 전달했습니다(LightGBM에서는 valid_sets=bayes_dvalid와 같이 데이터셋을 직접 전달했습니다). 참고로, 검증용으로 훈련 데이터와 검증 데이터를 모두 사용하고 싶다면 [(bayes_dtrain, 'bayes_dtrain'), (bayes_dvalid, 'bayes_dvalid')]처럼 전달해도 됩니다.

❹ maximize 파라미터에는 True를 전달했습니다. 평가점수(지니계수)가 클수록 좋다는 뜻입

니다. 앞서 XGBoost용 gini( ) 함수는 평가점수가 높으면 좋은지 여부를 반환하지 않고, 대신 train( ) 메서드에 따로 전달해야 한다고 했습니다. 바로 이 파라미터가 그 역할입니다.

마지막으로 predict( ) 메서드를 보시죠.

LightGBM 예측 코드는 lgb_model.predict(X_valid)입니다. Dataset 타입(LightGBM용 데이터셋 타입)이 아니라 원본 데이터 타입인 X_valid를 그대로 전달했습니다. ❻ 하지만 XGBoost의 predict( )에는 데이터를 DMatrix 타입(XGBoost용 데이터셋 타입)으로 전달해야 합니다. 그래서 X_valid가 아닌 bayes_dvalid를 전달했습니다.

> **warning** 파이썬 래퍼 XGBoost 의 predict( ) 메서드에 DMatrix 타입 이외의 데이터를 전달하면 오류가 발생합니다.

### 최적화 수행

다 준비되었으니 이제 베이지안 최적화를 수행해봐야겠죠?

```python
from bayes_opt import BayesianOptimization

# 베이지안 최적화 객체 생성
optimizer = BayesianOptimization(f=eval_function,
                                 pbounds=param_bounds,
                                 random_state=0)

# 베이지안 최적화 수행
optimizer.maximize(init_points=3, n_iter=6)
```

### 결과 확인

최적화된 하이퍼파라미터를 출력해봅시다.

```python
# 평가함수 점수가 최대일 때 하이퍼파라미터
max_params = optimizer.max['params']
max_params
```
```
{'colsample_bytree': 0.8843124587484356,
 'gamma': 10.452246227672624,
 'max_depth': 6.838002541535867,
 'min_child_weight': 6.494091293383359,
 'reg_alpha': 8.551838810159788,
```

```
'reg_lambda': 1.3814765995549108,
'scale_pos_weight': 1.423280772455086,
'subsample': 0.7001630536555632}
```

여기서 max_depth는 트리 깊이를 의미하는 하이퍼파라미터로, 정수형이어야 합니다. 이를 정수형으로 바꾸고 고정 하이퍼파라미터도 추가하겠습니다.

```python
# 정수형 하이퍼파라미터 변환
max_params['max_depth'] = int(round(max_params['max_depth']))
# 값이 고정된 하이퍼파라미터 추가
max_params.update(fixed_params)
max_params
```

```
{'colsample_bytree': 0.8843124587484356,
 'gamma': 10.452246227672624,
 'max_depth': 7,
 'min_child_weight': 6.494091293383359,
 'reg_alpha': 8.551838810159788,
 'reg_lambda': 1.3814765995549108,
 'scale_pos_weight': 1.423280772455086,
 'subsample': 0.7001630536555632,
 'objective': 'binary:logistic',
 'learning_rate': 0.02,
 'random_state': 1991}
```

### 8.5.3 모델 훈련 및 성능 검증

최적 하이퍼파라미터를 이용해 XGBoost 모델을 훈련해보겠습니다. 역시나 OOF 방식으로 예측합니다.

```python
from sklearn.model_selection import StratifiedKFold

# 층화 K 폴드 교차 검증기 생성
folds = StratifiedKFold(n_splits=5, shuffle=True, random_state=1991)

# OOF 방식으로 훈련된 모델로 검증 데이터 타깃값을 예측한 확률을 담을 1차원 배열
oof_val_preds = np.zeros(X.shape[0])
```

```python
# OOF 방식으로 훈련된 모델로 테스트 데이터 타깃값을 예측한 확률을 담을 1차원 배열
oof_test_preds = np.zeros(X_test.shape[0])

# OOF 방식으로 모델 훈련, 검증, 예측
for idx, (train_idx, valid_idx) in enumerate(folds.split(X, y)):
    # 각 폴드를 구분하는 문구 출력
    print('#'*40, f'폴드 {idx+1} / 폴드 {folds.n_splits}', '#'*40)

    # 훈련용 데이터, 검증용 데이터 설정
    X_train, y_train = X[train_idx], y[train_idx]
    X_valid, y_valid = X[valid_idx], y[valid_idx]

    # XGBoost 전용 데이터셋 생성
    dtrain = xgb.DMatrix(X_train, y_train)
    dvalid = xgb.DMatrix(X_valid, y_valid)
    dtest = xgb.DMatrix(X_test)
    # XGBoost 모델 훈련
    xgb_model = xgb.train(params=max_params,
                          dtrain=dtrain,
                          num_boost_round=2000,
                          evals=[(dvalid, 'valid')],
                          maximize=True,
                          feval=gini,
                          early_stopping_rounds=200,
                          verbose_eval=100)

    # 모델 성능이 가장 좋을 때의 부스팅 반복 횟수 저장
    best_iter = xgb_model.best_iteration
    # 테스트 데이터를 활용해 OOF 예측
    oof_test_preds += xgb_model.predict(dtest,
                        iteration_range=(0, best_iter))/folds.n_splits

    # 모델 성능 평가를 위한 검증 데이터 타깃값 예측
    oof_val_preds[valid_idx] += xgb_model.predict(dvalid,
                                    iteration_range=(0, best_iter))

    # 검증 데이터 예측 확률에 대한 정규화 지니계수
    gini_score = eval_gini(y_valid, oof_val_preds[valid_idx])
    print(f'폴드 {idx+1} 지니계수 : {gini_score}\n')
```

```
... 생략 ...
[0]     valid-logloss:0.67674      valid-gini:0.15993
[100]   valid-logloss:0.19089      valid-gini:0.24958
[200]   valid-logloss:0.15778      valid-gini:0.27832
[300]   valid-logloss:0.15458      valid-gini:0.28767
[400]   valid-logloss:0.15406      valid-gini:0.29234
[500]   valid-logloss:0.15391      valid-gini:0.29475
[600]   valid-logloss:0.15386      valid-gini:0.29597
[700]   valid-logloss:0.15380      valid-gini:0.29749
[800]   valid-logloss:0.15378      valid-gini:0.29842
[900]   valid-logloss:0.15375      valid-gini:0.29890
[1000]valid-logloss:0.15373      valid-gini:0.29963
[1100]valid-logloss:0.15371      valid-gini:0.29988
[1200]valid-logloss:0.15370      valid-gini:0.30000
[1300]valid-logloss:0.15369      valid-gini:0.30005
[1400]valid-logloss:0.15370      valid-gini:0.30017
[1500]valid-logloss:0.15367      valid-gini:0.30076
[1600]valid-logloss:0.15370      valid-gini:0.30043
[1700]valid-logloss:0.15370      valid-gini:0.30049
[1706]valid-logloss:0.15370      valid-gini:0.30048
폴드 1 지니계수 : 0.300797522108954
```

이번에는 첫 번째 폴드 결과만 실었습니다. 1,706번째에서 조기종료되었네요. 조기종료 조건은 200회였으니 1,506번째에서 가장 좋은 성능을 보였다는 뜻입니다.

첫 번째 폴드 기준 최고 지니계수는 0.30080입니다. 곧, 1,506 이터레이션일 때 지니계수가 0.30080이라는 말입니다.

OOF 검증 데이터 지니계수를 출력해봅시다.

```
print('OOF 검증 데이터 지니계수 :', eval_gini(y, oof_val_preds))
```

```
OOF 검증 데이터 지니계수 : 0.2894739428104039
```

LightGBM의 OOF 검증 데이터 지니계수는 0.28897이었으니 XGBoost가 조금 높습니다.

### 8.5.4 예측 및 결과 제출

최종 예측 확률을 제출해서 프라이빗 점수를 살펴보시죠.

```
submission['target'] = oof_test_preds
submission.to_csv('submission.csv')
```

▼ XGBoost 점수

| Private Score | Public Score |
|---|---|
| 0.29168 | 0.28634 |

LightGBM의 점수는 프라이빗이 0.29146, 퍼블릭이 0.28523입니다. 두 점수 모두 XGBoost가 살짝 높네요. 프라이빗 점수가 0.29168이면 전체 17등입니다. 드디어 금메달권이네요! 다음 절에서는 아주 간단한 방법으로 점수를 더 높여보겠습니다.

> **Note** XGBoost가 LightGBM에 비해 성능 검증 점수가 높아서 프라이빗 점수도 더 높게 나왔습니다. 일반적으로 성능 검증 점수가 높을수록 프라이빗 점수도 높습니다. 그러나 무조건 비례하진 않습니다. 프라이빗 점수가 높아질지 낮아질지 100% 보장하는 지표가 있다면 아주 좋겠죠. 안타깝게도 그런 지표는 없습니다. 우리는 이러한 불확실성 속에서 최대한의 정보(성능 검증 점수, 퍼블릭 점수, 배경 지식, 탐색적 데이터 분석 정보 등)를 활용하는 수밖에 없습니다. 바로 이 점 때문에 예측이 어려우면서도 매력적인 것 아닐까요?

# 8.6 성능 개선 Ⅲ : LightGBM과 XGBoost 앙상블

LightGBM과 XGBoost 모델로도 충분히 높은 등수를 기록했습니다. 그런데 두 모델의 예측값을 결합하면 더 좋은 점수를 얻을 수 있습니다. 여러 모델에서 얻은 예측 결과를 결합해 더 좋은 예측값을 도출하는 방식을 앙상블<sup>ensemble</sup>이라고 합니다. 앙상블은 캐글에서 자주 쓰는 기법입니다. 상위권을 기록한 많은 캐글러가 앙상블을 사용합니다. 방법은 간단하지만 효과는 강력합니다. 우리도 앙상블 기법으로 점수를 더 높여보겠습니다.

> **TIP** 앙상블에는 다양한 모델을 사용하는 게 바람직합니다. 각 모델의 예측값들이 거의 같다면 앙상블을 해도 큰 효과가 없습니다. 반면 타깃값 0을 잘 예측하는 모델과 타깃값 1을 잘 예측하는 모델을 앙상블하면 시너지 효과를 발휘해 성능이 더 높아질 가능성이 큽니다. 다양한 모델로 앙상블해야 성능이 좋아질 가능성이 더 높다는 점 꼭 기억하세요!

## 8.6.1 앙상블 수행

LightGBM으로 예측한 확률값을 oof_test_preds_lgb라 하고, XGBoost로 예측한 확률값을 oof_test_preds_xgb라고 합시다. 각각 8.4.4절과 8.5.4절에서 구한 예측 확률이라고 생각하면 됩니다. 각각에 공평하게 50%씩의 가중치를 주어 구한 가중평균을 최종 예측 확률로 정하겠습니다.

https://www.kaggle.com/werooring/ch8-ensemble

```
oof_test_preds = oof_test_preds_lgb * 0.5 + oof_test_preds_xgb * 0.5
```

앙상블은 이처럼 단순한 기법입니다. 물론 가중치 비율은 다르게 설정해도 됩니다. 몇 가지 테스트해본 결과 지금의 경우 비율이 5:5일 때 프라이빗 점수가 가장 많이 올랐습니다. 다른 상황에서는 비율이 달라지겠죠.

## 8.6.2 예측 및 결과 제출

제출용 파일을 만들겠습니다.

```
submission['target'] = oof_test_preds
submission.to_csv('submission.csv')
```

커밋 후 제출해서 점수가 어떻게 달라지는지 살펴보시죠.

▼ 앙상블 점수

| Private Score | Public Score |
| --- | --- |
| 0.29200 | 0.28626 |

지금까지 살펴본 다른 모델들의 점수와 비교해보겠습니다.

▼ 모델별 점수

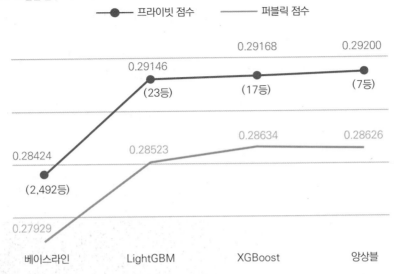

XGBoost의 프라이빗 점수보다 0.00032만큼 올랐네요. 놀랍죠? 결괏값의 평균을 구했을 뿐인데 점수가 올랐습니다. 그런데 퍼블릭 점수는 오히려 XGBoost보다 0.00008만큼 떨어졌네요.

프라이빗 리더보드 기준으로 0.29200이면 전체 7등입니다.[14] 20등까지 금메달이니, 금메달 중에서도 중간 이상이네요. 퍼블릭 리더보드 기준으로는 몇 등일까요? 0.28626점이면 1,224등입니다. 앙상블 결과를 제출했다면 퍼블릭 리더보드에서 1,224등이었다가 대회가 끝나고 나서 7등으로 도약했을 겁니다. 1,000등 이상 오른 셈이죠. 실제 본 경진대회는 셰이크업이 심했습니다. 최종 3등을 기록해 상금을 탄 참가자도 대회 종료 전에는 1,072등이었습니다.

다시 말하지만 퍼블릭 점수를 맹신할 필요는 없습니다. 셰이크업 상황이 종종 발생하기 때문입니다. 그래서 교차 검증 점수도 함께 고려하며 모델링하는 게 좋습니다.

> **TIP** 퍼블릭 점수를 맹신하지 말고, 교차 검증 점수도 함께 고려해 모델링합시다!

---

14 2등을 달성한 코드를 참고했는데, 저희는 7등을 기록했네요. 참고한 코드는 파이썬2 기반으로 작성되었으며, 라이브러리 버전도 다르기 때문입니다. 참고한 코드를 현재 버전으로 바꾸어 제출하면 등수가 꽤 떨어집니다. 여기서는 하이퍼파라미터 최적화와 앙상블을 활용해 성능을 더 끌어올린 거라 보시면 됩니다.

# 학습 마무리

이번 장에서는 피처별 타깃값 예측력을 기반으로 모델링에 필요 없는 데이터를 선별하는 방법을 배웠습니다. 캐글에서 자주 사용하는 LightGBM과 XGBoost 모델 사용법도 익혔습니다. 뿐만 아니라 OOF 예측, 베이지안 최적화, 앙상블 기법을 활용해 예측 성능을 높였습니다. 전체 7등을 기록하며 금메달권 점수를 달성했습니다.

## 핵심 요약

1 머신러닝 평가지표로서의 **정규화 지니계수**는 '예측값에 대한 지니계수 / 예측이 완벽할 때의 지니계수'입니다. 파이썬이나 사이킷런에서 기본으로 제공하지 않으니 직접 함수를 정의해 사용해야 합니다.

2 **피처 요약표**는 데이터 성격에 맞게 조금씩 변형해 사용하기도 합니다.

3 missingno 패키지는 **결측값을 시각화**해주는 유용한 함수를 제공합니다.

4 **결측값 처리** 방법은 보통 세 가지입니다. 결측값이 많다면 해당 피처 자체를 제거하고, 많지 않다면 다른 값으로 대체합니다. 때로는 결측값이 예측에 도움되는 경우도 있습니다. 이럴 때는 결측값을 하나의 고윳값으로 간주합니다.

5 **피처 엔지니어링**에는 상당한 창의력이 요구됩니다. 사칙연산, 통계치, 문자열 연결 등 갖은 방법을 시도해보고, 다른 캐글러들의 방법도 많이 참고하며 경험을 쌓고 응용력을 기르세요(다음 장에서는 피처 엔지니어링을 중점적으로 다룹니다).

6 **베이지안 최적화**는 그리드서치보다 최적 하이퍼파라미터를 더 빠르고 효율적으로 찾아줍니다. 코드도 직관적이어서 사용하기도 편리합니다.

7 **OOF 예측**은 K 폴드 교차 검증을 수행하면서 각 폴드마다 테스트 데이터로 예측하는 방식입니다. 과대적합 방지 및 앙상블 효과를 줍니다.

8 **LightGBM**은 마이크로소프트가 개발한 모델로, 빠르면서 성능이 좋아서 캐글에서 많이 사용합니다.

9 **XGBoost**는 성능이 우수한 트리 기반 부스팅 알고리즘으로, 결정 트리를 병렬로 배치하는 랜덤 포레스트와 달리 직렬로 배치해 사용합니다. 역시 캐글에서 많이 사용합니다.

10 **앙상블**은 여러 모델에서 얻은 예측 결과를 결합해 더 좋은 예측값을 도출하는 방식입니다. 단순하면서 효과가 좋습니다.

경진대회
향후 판매량 예측

# 향후 판매량 예측

https://www.kaggle.com/c/competitive-data-science-predict-future-sales

| 난이도 | ★★★ | | |
|---|---|---|---|
| 경진대회명 | 향후 판매량 예측 경진대회 | | |
| 미션 | 2013년 1월부터 2015년 10월까지 판매 데이터를 기반으로 2015년 11월 판매량 예측 | | |
| 문제 유형 | 회귀 | 평가지표 | RMSE |
| 데이터 크기 | 64.8MB | 참가팀 수 | 15,500팀+ |
| 제출 시 사용한 모델 | LightGBM | | |
| 파이썬 버전 | 3.7.10 | | |
| 사용 라이브러리 및 버전 | <ul><li>numpy (numpy==1.19.5)</li><li>pandas (pandas==1.3.2)</li><li>seaborn (seaborn==0.11.2)</li><li>matplotlib (matplotlib==3.4.3)</li><li>sklearn (scikit-learn==0.23.2)</li><li>lightgbm (lightgbm==3.2.1)</li><li>itertools, gc</li></ul> | | |
| 예제 코드 캐글 노트북 | 1 탐색적 데이터 분석 : https://www.kaggle.com/werooring/ch9-eda<br>2 베이스라인 모델 : https://www.kaggle.com/werooring/ch9-baseline<br>3 성능 개선 : https://www.kaggle.com/werooring/ch9-modeling | | |
| 환경 세팅된 노트북 양식 | https://www.kaggle.com/werooring/ch9-notebook | | |

☐ **학습 목표**

이번 장에서는 과거 판매 데이터를 기반으로 향후 판매량을 예측하는 경진대회에 참가합니다. 탐색적 데이터 분석은 간단하게만 다룹니다. 대신 많은 시간을 피처 엔지니어링에 할애해서 성능 향상을 위한 파생 피처를 만들어봅니다. 이 과정에서 다양한 피처 엔지니어링 기법을 배울 수 있습니다.

☐ **학습 순서**

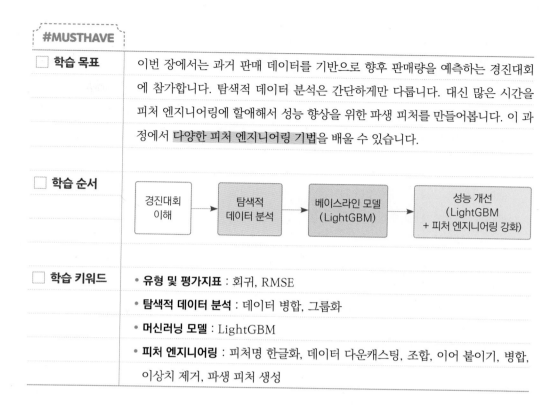

☐ **학습 키워드**

- **유형 및 평가지표** : 회귀, RMSE
- **탐색적 데이터 분석** : 데이터 병합, 그룹화
- **머신러닝 모델** : LightGBM
- **피처 엔지니어링** : 피처명 한글화, 데이터 다운캐스팅, 조합, 이어 붙이기, 병합, 이상치 제거, 파생 피처 생성

# 9.1 경진대회 이해

이번 장에서는 향후 판매량 예측 경진대회Predict Future Sales를 다룹니다. 이 책에서 다루는 마지막 머신러닝 경진대회입니다. 이번 장까지 완료하면 머신러닝 경진대회를 4개나 정복한 겁니다. 머신러닝 경진대회에 한결 익숙해질 겁니다.

본 경진대회는 2018년 2월에 개최되었으며, 2023년 1월까지 진행됩니다. 집필 시점 기준으로 진행 중인 대회이며, 13,613팀이 참가 중입니다. 다른 경진대회에 비해 기간도 길고 참가팀도 상당히 많습니다. 특수한 플레이그라운드 대회라 그렇습니다. 실력을 쌓으라는 취지로 개최된 대회라고 보시면 됩니다.

본 경진대회 목표는 과거 판매 데이터를 보고 향후 판매량을 예측하는 것입니다. 타깃값은 판매량이므로 범주형 데이터가 아닙니다. 따라서 본 경진대회는 회귀regression 문제에 속합니다. 주어진 훈련 데이터는 2013년 1월부터 2015년 10월까지의 일별 판매 내역입니다. 더불어 상점, 상품,

상품분류에 관한 추가 데이터도 있습니다. 이 데이터들을 토대로 2015년 11월 각 상점의 상품별 월간 판매량을 예측해야 합니다. 피처는 상점 및 상품에 관한 정보이며, 타깃값은 월간 판매량입니다.

지금까지 다룬 경진대회에서는 데이터 파일을 3개씩 제공했습니다. 훈련 데이터, 테스트 데이터, 샘플 제출 데이터였죠. 하지만 본 경진대회는 6개나 제공합니다. 훈련 데이터와 관련된 추가 데이터가 더 있습니다. 각 데이터의 의미는 다음과 같습니다.[1]

- **sales_train** : 2013년 1월부터 2015년 10월까지 일별 판매 내역
- **shops** : 상점에 관한 추가 정보
- **items** : 상품에 관한 추가 정보
- **item_categories** : 상품분류에 관한 추가 정보
- **test** : 테스트 데이터(2015년 11월 각 상점의 상품별 월간 판매량을 예측해야 함)
- **sample_submission** : 샘플 제출 파일

sales_train이 기본적인 훈련 데이터이고, shops, items, item_categories는 추가 정보입니다.

주의점이 하나 있습니다. 각 상점의 상품별 월간 판매량(타깃값)은 0개에서 20개 사이여야 한다는 점입니다. 경진대회 Overview 메뉴의 [Evaluation] 탭에 설명되어 있습니다.[2] 다시 말해, 월간 판매량이 20개보다 많으면 20개로 간주한다는 뜻입니다. 음수도 허용하지 않습니다. 타깃값뿐만 아니라 판매량과 관련된 피처는 모두 0~20 사이로 값을 제한해야겠죠?

# 9.2 탐색적 데이터 분석

캐글 검색창에 "Predict Future Sales"라고 검색해서 경진대회에 접속합니다. 이번 장에서는 시각화할 데이터가 별로 없습니다. 그래서 탐색적 데이터 분석은 간단하게만 해볼 계획입니다.

---

1  https://www.kaggle.com/c/competitive-data-science-predict-future-sales/data
2  https://www.kaggle.com/c/competitive-data-science-predict-future-sales/overview/evaluation

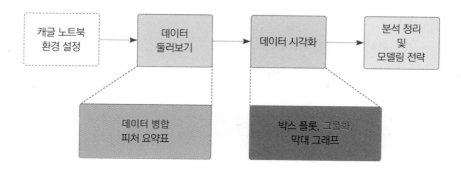

탐색적 데이터 분석에 사용한 코드는 본 경진대회에서 추천수가 세 번째로 많은 다음 노트북을 참고해 작성했습니다.

- https://www.kaggle.com/dimitreoliveira/model-stacking-feature-engineering-and-eda

## 9.2.1 데이터 둘러보기

이번 절에서는 sales_train, shops, items, item_categories 데이터가 어떻게 구성돼 있는지 살펴본 뒤, 이 데이터들을 병합하겠습니다. 이어서 병합한 데이터를 활용해 피처 요약표까지 만들어보겠습니다.

각 데이터를 하나씩 살펴볼까요? 먼저 데이터를 불러옵니다.

```python
import pandas as pd
# https://www.kaggle.com/werooring/ch9-eda

# 데이터 경로
data_path = '/kaggle/input/competitive-data-science-predict-future-sales/'

sales_train = pd.read_csv(data_path + 'sales_train.csv')
shops = pd.read_csv(data_path + 'shops.csv')
items = pd.read_csv(data_path + 'items.csv')
item_categories = pd.read_csv(data_path + 'item_categories.csv')
test = pd.read_csv(data_path + 'test.csv')
submission = pd.read_csv(data_path + 'sample_submission.csv')
```

## sales_train 데이터

첫 번째로 sales_train 데이터를 살펴보겠습니다.

```
sales_train.head()
```

▼ 실행 결과

| | date | date_block_num | shop_id | item_id | item_price | item_cnt_day |
|---|---|---|---|---|---|---|
| 0 | 02.01.2013 | 0 | 59 | 22154 | 999.00 | 1.0 |
| 1 | 03.01.2013 | 0 | 25 | 2552 | 899.00 | 1.0 |
| 2 | 05.01.2013 | 0 | 25 | 2552 | 899.00 | -1.0 |
| 3 | 06.01.2013 | 0 | 25 | 2554 | 1709.05 | 1.0 |
| 4 | 15.01.2013 | 0 | 25 | 2555 | 1099.00 | 1.0 |

date 피처는 날짜를 나타냅니다. '일.월.연도' 형식이네요. date_block_num 피처는 편의상 사용하는 날짜(월) 구분자입니다. 0은 2013년 1월을 뜻합니다. 순서대로 1은 2013년 2월, 2는 2013년 3월, 그리고 33은 2015년 10월을 의미합니다. 본 경진대회 타깃값은 '월별' 판매량이라고 했습니다. 월별 판매량을 구해야 하니 '월' 구분자만 있으면 됩니다. 따라서 date_block_num 피처만 있으면 됩니다. date 피처는 필요 없으니 제거하겠습니다.

> **분석 결과**
> 월별 판매량만 구하면 되니 date 피처는 제거

shop_id와 item_id는 각각 상점 ID와 상품 ID를 나타냅니다. item_price는 상품 판매가입니다. 러시아 데이터라서 화폐 단위는 루블ruble일 것입니다. 1루블은 약 15원입니다. 상식적으로 생각해보면 상품 판매가는 날짜나 상점에 따라 달라질 수 있습니다. 첫 행을 보시죠. 2013년 1월 2일에 ID가 59인 상점에서 ID가 22154인 상품을 팔았습니다. 당시 판매가는 999루블(약 15,000원)입니다. 이 가격은 고정된 게 아니라 시간이 지나면 바뀔 수 있다는 말입니다.

item_cnt_day 피처는 당일 판매량을 나타냅니다. 첫 행의 item_cnt_day 값은 1.0입니다. 2013년 1월 2일에 ID 59인 상점에서 ID 22154인 상품을 1개 팔았다는 뜻입니다. 그런데 타깃값인 '월간' 판매량이 아니군요! 그래서 item_cnt_day로 월간 판매량을 구해야 합니다. 각 상점의 상품별 일일 판매량을 월별로 합친 값이 곧 각 상점의 상품별 월간 판매량입니다. 즉, date_block_num 피처를 기준으로 그룹화해서 item_cnt_day 값을 합하면 타깃값이 됩니다. 이 개념은 앞으로 자주 쓰이니 잘 기억해두세요.

> **분석 결과**
> 타깃값 = date_block_num 피처의 값이 같은 데이터들의 item_cnt_day 값의 합

다음으로 info( ) 함수를 활용해 세부 사항을 살펴보죠. 참고로 DataFrame 행이 1,690,785개보다 많거나 열이 100개보다 많으면 info( ) 함수는 비결측값 개수를 출력하지 않습니다. sales_train은 행이 2,935,849개라서 기본값으로 info( )를 호출하면 비결측값 개수를 출력하지 않습니다. 이런 경우에 비결측값 개수를 표시하려면 show_counts 파라미터에 True를 전달하면 됩니다.

```
sales_train.info(show_counts=True)
```

```
<class 'pandas.core.frame.DataFrame'>
RangeIndex: 2935849 entries, 0 to 2935848
Data columns (total 6 columns):
 #   Column         Non-Null Count    Dtype
---  ------         --------------    -----
 0   date           2935849 non-null  object
 1   date_block_num 2935849 non-null  int64
 2   shop_id        2935849 non-null  int64
 3   item_id        2935849 non-null  int64
 4   item_price     2935849 non-null  float64
 5   item_cnt_day   2935849 non-null  float64
dtypes: float64(2), int64(3), object(1)
memory usage: 134.4+ MB
```

모든 피처의 Non-Null 개수가 전체 데이터 수인 2,935,849와 같습니다. 모든 피처에 결측값이 하나도 없다는 뜻이죠. 데이터 타입은 object, int64, float64로 다양합니다. 데이터가 300만 개 가까이 돼서 메모리 사용량도 134MB 정도 됩니다. 메모리 사용량은 가능한 한 줄여주는 게 바람직합니다. 작업 속도가 빨라지거든요. 메모리 사용량을 줄이는 방법은 9.3.2절에서 배워보겠습니다.

> **분석 결과**
> 메모리 관리 필요

한편, 보다시피 본 경진대회에서 제공한 데이터는 시계열 데이터입니다. 훈련 데이터에는 2013년 1월부터 2015년 10월까지 판매 내역이라서 시간순으로 기록돼 있습니다. 시계열 데이터는 시간 흐름이 중요합니다. 그렇기 때문에 2013년 1월부터 2015년 9월까지 판매 내역을 훈련 데이터로 사용하고, 2015년 10월 판매 내역을 검증 데이터로 사용해보겠습니다. 앞 장에서는 여러 폴드로 나눠 훈련 데이터와 검증 데이터를 지정했습니다(OOF 예측). 하지만 시계열 데이터에서 이렇게 하면 과거와 미래가 뒤섞이기 때문에 이용할 수 없습니다.

> **Note** 시계열 데이터에서는 시간 흐름 자체가 중요한 정보입니다.

> **분석 결과**
> 훈련 데이터 중 가장 최근인 2015년 10월 판매 내역을 검증 데이터로 사용

## shops 데이터

두 번째로 shops 데이터를 살펴봅시다. shops는 상점에 관한 추가 정보가 담긴 데이터입니다.

```
shops.head()
```

▼ 실행 결과

| | shop_name | shop_id |
|---|---|---|
| 0 | !Якутск Орджоникидзе, 56 фран | 0 |
| 1 | !Якутск ТЦ "Центральный" фран | 1 |
| 2 | Адыгея ТЦ "Мега" | 2 |
| 3 | Балашиха ТРК "Октябрь-Киномир" | 3 |
| 4 | Волжский ТЦ "Волга Молл" | 4 |

상점명과 상점 ID 피처가 있습니다. 상점명이 러시아어군요. 텍스트 데이터에도 때론 유용한 정보가 담겨 있을 수 있지만, 그렇다고 이제부터 러시아어 공부를 시작할 순 없습니다. 이럴 때는 번역기를 이용하거나 다른 캐글러가 공유한 아이디어를 활용하면 됩니다. 상점명에서 새로운 피처를 구하는 방법은 9.4절 '성능 개선'에서 다루겠습니다. 결론부터 미리 말하자면 상점명의 첫 단어는 상점이 위치한 도시를 나타냅니다. 추후 shop_name에서 첫 단어를 추출해 도시 피처를 새로 만들 예정입니다.

> **분석 결과**
> 상점 이름의 첫 단어는 도시를 뜻함

shops 데이터의 shop_id 피처는 sales_train에도 있는 피처입니다. 그러므로 shop_id를 기준으로 sales_train과 shops를 병합할 수 있습니다.

> **분석 결과**
> shop_id를 기준으로 sales_train과 shops 병합

이번에도 info() 함수를 호출해보겠습니다.

```
shops.info()
```

```
<class 'pandas.core.frame.DataFrame'>
RangeIndex: 60 entries, 0 to 59
Data columns (total 2 columns):
 #   Column     Non-Null Count  Dtype
---  ------     --------------  -----
 0   shop_name  60 non-null     object
```

```
 1   shop_id      60 non-null      int64
dtypes: int64(1), object(1)
memory usage: 1.1+ KB
```

상점은 딱 60개만 있습니다. 결측값도 없고, 데이터 개수가 적어서 메모리 사용량도 1.1KB 정도로 적습니다.

### items 데이터

이제 items 데이터를 살펴보시죠.

```
items.head()
```

▼ 실행 결과

| | item_name | item_id | item_category_id |
|---|---|---|---|
| 0 | ! ВО ВЛАСТИ НАВАЖДЕНИЯ (ПЛАСТ.) D | 0 | 40 |
| 1 | !ABBYY FineReader 12 Professional Edition Full... | 1 | 76 |
| 2 | ***В ЛУЧАХ СЛАВЫ (UNV) D | 2 | 40 |
| 3 | ***ГОЛУБАЯ ВОЛНА (Univ) D | 3 | 40 |
| 4 | ***КОРОБКА (СТЕКЛО) D | 4 | 40 |

상품명, 상품 ID, 상품분류 ID로 구성돼 있습니다. 상품명도 역시 러시아어입니다. 상품명에서는 유용한 정보를 얻기 힘들어 모델링할 땐 제거할 계획입니다. 아울러, item_id 피처는 sales_train 데이터에도 존재하는 피처입니다. item_id 피처를 기준으로 sales_train과 items를 병합할 수 있겠네요.

> **분석 결과**
> 상품명 피처 제거

> **분석 결과**
> item_id를 기준으로
> sales_train과 items 병합

마찬가지로 info( ) 함수를 호출해보겠습니다.

```
items.info()
<class 'pandas.core.frame.DataFrame'>
RangeIndex: 22170 entries, 0 to 22169
Data columns (total 3 columns):
 #   Column            Non-Null Count  Dtype
---  ------            --------------  -----
```

```
 0    item_name        22170 non-null  object
 1    item_id          22170 non-null  int64
 2    item_category_id 22170 non-null  int64
dtypes: int64(2), object(1)
memory usage: 519.7+ KB
```

상품은 총 22,170개입니다. 역시나 결측값은 없습니다.

### item_categories 데이터

이번에 살펴볼 데이터는 item_categories입니다. 상품분류를 나타내는 데이터죠.

```
item_categories.head()
```

▼ 실행 결과

| | item_category_name | item_category_id |
|---|---|---|
| 0 | PC - Гарнитуры/Наушники | 0 |
| 1 | Аксессуары - PS2 | 1 |
| 2 | Аксессуары - PS3 | 2 |
| 3 | Аксессуары - PS4 | 3 |
| 4 | Аксессуары - PSP | 4 |

상품분류명과 상품분류 ID로 구성돼 있습니다. sales_train에도 item_category_id 피처가 보입니다. 이 피처를 기준으로 sales_train과 item_categories를 병합할 수 있겠네요.

> **분석 결과**
> item_category_id를 기준으로 sales_train과 items_categories 병합

그런데 상품분류명도 러시아어입니다. 이 경진대회의 데이터를 '1C 컴퍼니'라는 러시아 소프트웨어 회사에서 제공했기 때문입니다. 겁 먹지 마세요. 요즘은 온라인 번역기도 훌륭하거니와, 공유된 캐글 노트북이나 토론을 참고하면 유용한 정보를 얻을 수 있습니다. 공유 문화는 캐글의 장점이니까요. 실제로 상품분류명의 첫 단어는 대분류를 뜻합니다.
추후 피처 엔지니어링 시 대분류 피처로 만들어보겠습니다.

> **분석 결과**
> 상품분류명에서 첫 단어는 대분류

이어서 info( )를 호출합니다.

```
item_categories.info()

<class 'pandas.core.frame.DataFrame'>
RangeIndex: 84 entries, 0 to 83
Data columns (total 2 columns):
 #   Column              Non-Null Count  Dtype
---  ------              --------------  -----
 0   item_category_name  84 non-null     object
 1   item_category_id    84 non-null     int64
dtypes: int64(1), object(1)
memory usage: 1.4+ KB
```

84개의 상품분류가 있으며 결측값은 없습니다.

> **분석 결과**
> 모든 데이터에서 결측값 없음

### 테스트 데이터

이제 테스트 데이터를 살펴봅시다.

```
test.head()
```

▼ 실행 결과

| | ID | shop_id | item_id |
|---|---|---|---|
| 0 | 0 | 5 | 5037 |
| 1 | 1 | 5 | 5320 |
| 2 | 2 | 5 | 5233 |
| 3 | 3 | 5 | 5232 |
| 4 | 4 | 5 | 5268 |

테스트 데이터 식별자인 ID와 상점 ID, 상품 ID로 구성돼 있습니다. 여기서 각 상점의 상품별 월간 판매량을 예측해야 합니다.

### 데이터 병합

지금까지 각 데이터가 어떻게 구성되어 있는지 살펴봤습니다. 이번에는 이 데이터들을 서로 병합해보려고 합니다. 병합한 데이터를 활용해 피처 요약표를 만들고 시각화도 하기 위해서죠. 앞서 설명한 바와 같이 sales_train, shops, items, item_categories 데이터는 특정 피처를 기준으로 병합할 수 있습니다.

판다스의 merge( )는 하나 이상의 열을 기준으로 DataFrame 행을 합쳐줍니다. SQL의 join 연산과 유사하죠. 사용법은 간단합니다. 기준이 되는 DataFrame에서 merge( ) 함수를 호출하고, 병합할 DataFrame을 인수로 넣어주면 됩니다. on 파라미터에는 병합 시 기준이 되는 피처를 전달합니다. how 파라미터에 'left'를 전달하면 왼쪽 DataFrame의 모든 행을 포함하는 결과를 반환합니다.

sales_train, shops, items, item_categories를 모두 병합해 그 결과를 train에 할당해보죠.

```
train = sales_train.merge(shops, on='shop_id', how='left')
train = train.merge(items, on='item_id', how='left')
train = train.merge(item_categories, on='item_category_id', how='left')

train.head()
```

▼ 실행 결과

| | date | date_block_num | shop_id | item_id | item_price | item_cnt_day | shop_name | item_name | item_category_id | item_category_name |
|---|---|---|---|---|---|---|---|---|---|---|
| 0 | 02.01.2013 | 0 | 59 | 22154 | 999.00 | 1.0 | Ярославль ТЦ "Альтаир" | ЯВЛЕНИЕ 2012 (BD) | 37 | Кино - Blu-Ray |
| 1 | 03.01.2013 | 0 | 25 | 2552 | 899.00 | 1.0 | Москва ТРК "Атриум" | DEEP PURPLE The House Of Blue Light LP | 58 | Музыка - Винил |
| 2 | 05.01.2013 | 0 | 25 | 2552 | 899.00 | -1.0 | Москва ТРК "Атриум" | DEEP PURPLE The House Of Blue Light LP | 58 | Музыка - Винил |
| 3 | 06.01.2013 | 0 | 25 | 2554 | 1709.05 | 1.0 | Москва ТРК "Атриум" | DEEP PURPLE Who Do You Think We Are LP | 58 | Музыка - Винил |
| 4 | 15.01.2013 | 0 | 25 | 2555 | 1099.00 | 1.0 | Москва ТРК "Атриум" | DEEP PURPLE 30 Very Best Of 2CD (Фирм.) | 56 | Музыка - CD фирменного производства |

잘 병합됐네요.

## 피처 요약표 만들기

방금 병합한 train을 활용해서 피처 요약표를 만들겠습니다. 피처 요약표에는 데이터 타입, 결측값 개수, 고윳값 개수, 첫 번째 값, 두 번째 값을 담아보겠습니다.

```python
def resumetable(df):
    print(f'데이터셋 형상: {df.shape}')
    summary = pd.DataFrame(df.dtypes, columns=['데이터 타입'])
    summary = summary.reset_index()
    summary = summary.rename(columns={'index': '피처'})
    summary['결측값 개수'] = df.isnull().sum().values
    summary['고윳값 개수'] = df.nunique().values
    summary['첫 번째 값'] = df.loc[0].values
    summary['두 번째 값'] = df.loc[1].values

    return summary

resumetable(train)
```

▼ 실행 결과 – 피처 요약표

| | 피처 | 데이터 타입 | 결측값 개수 | 고윳값 개수 | 첫 번째 값 | 두 번째 값 |
|---|---|---|---|---|---|---|
| 0 | date | object | 0 | 1034 | 02.01.2013 | 03.01.2013 |
| 1 | date_block_num | int64 | 0 | 34 | 0 | 0 |
| 2 | shop_id | int64 | 0 | 60 | 59 | 25 |
| 3 | item_id | int64 | 0 | 21807 | 22154 | 2552 |
| 4 | item_price | float64 | 0 | 19993 | 999.0 | 899.0 |
| 5 | item_cnt_day | float64 | 0 | 198 | 1.0 | 1.0 |
| 6 | shop_name | object | 0 | 60 | Ярославль ТЦ "Альтаир" | Москва ТРК "Атриум" |
| 7 | item_name | object | 0 | 21807 | ЯВЛЕНИЕ 2012 (BD) | DEEP PURPLE The House Of Blue Light LP |
| 8 | item_category_id | int64 | 0 | 84 | 37 | 58 |
| 9 | item_category_name | object | 0 | 84 | Кино - Blu-Ray | Музыка - Винил |

전체적으로 쓱 훑어보시기 바랍니다. 데이터 타입은 object, int64, float64로 다양하죠? 앞서 살펴봤듯이 결측값은 하나도 없네요. 고윳값 개수를 같이 보시죠. shop_id와 shop_name, item_id와 item_name, item_category_id와 item_category_name 피처의 고윳값 개수가 서로 같습니다. id와 name이 일대일로 매칭된다는 뜻입니다. 이 이유로 id와 name 둘 중 하나만 있어도 됩니다. 같은 정보를 갖는 두 피처를 함께 사용할 필요는 없으니까요. 다만 name 피처 중 모델링에 도움되는 파생 피처를 만들 수 있는 경우가 있습니다. name 피처를 활용해 파생 피처는 만드는 방법은 '성능 개선'

> **분석 결과**
> 상점ID, 상품ID, 상품분류ID는 각각 상점명, 상품명, 상품분류명과 1:1로 매칭되므로 둘 중 하나 제거

절에서 다룹니다.

> **Note** 피처 요약표가 별 거 아닌 듯 보여도, 이번 예에서처럼 개별 데이터를 info() 함수로 살펴볼 때 미처 파악하지 못한 정보를 얻을 수도 있습니다. 번거롭더라도 피처 요약표를 만드는 습관을 들여보세요.

## 9.2.2 데이터 시각화

앞 절에서 병합한 train을 이용해 데이터 시각화를 해보겠습니다. 다른 장과 다르게 이번 장에서는 시각화할 게 별로 없습니다. 피처 개수가 많지 않고, 그중 일부는 식별자거나 문자 데이터이기 때문입니다. 간단하게 몇 가지 그래프만 그려보겠습니다.

### 일별 판매량

train에서 식별자나 문자 데이터를 제외하면 item_cnt_day 피처와 item_price 피처만 남습니다. 수치형 데이터인 두 피처를 박스플롯으로 시각화해보겠습니다. 먼저 item_cnt_day 피처를 박스플롯으로 그려보죠.

```python
import seaborn as sns
import matplotlib as mpl
import matplotlib.pyplot as plt
%matplotlib inline

sns.boxplot(y='item_cnt_day', data=train);
```

▼ 실행 결과

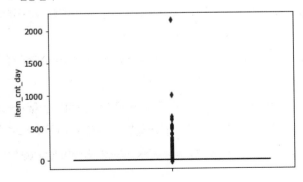

박스플롯 모양이 이상합니다. 6장(202쪽)에서 본 박스플롯 모양이 아니네요. 이상치가 많아서 그렇습니다. 이상치 범위가 과도하게 넓어서 1사분위 수, 2사분위 수, 3사분위 수를 나타내는 박스 모양이 납작해진 것입니다. 과한 이상치는 제거해야 합니다. 회사 임직원의 평균 연봉을 구할 때 CEO 연봉은 빼고 계산해야 하는 것처럼 말입니다. 이상치 제거도 '성능 개선' 절에서 다룹니다.

그런데 얼마 이상을 이상치로 봐야 할까요? 정해진 건 없습니다. 여러 가지 값을 실험해보길 권합니다. 여기서는 item_cnt_day가 1,000 이상인 데이터를 제거할 계획입니다.

### 판매가(상품 가격)

이어서 item_price 피처도 박스플롯으로 그려보겠습니다.

```
sns.boxplot(y='item_price', data=train);
```

▼ 실행 결과

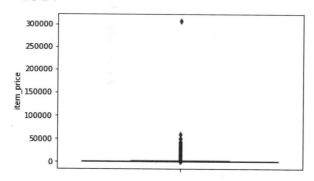

이번 박스플롯도 납작하네요. 300,000루블(약 450만 원)이 넘는 판매가 때문입니다. 추후 판매가가 50,000루블 이상인 이상치는 제거하겠습니다.

### 그룹화

이제는 데이터를 특정 피처 기준으로 그룹화해서 그려보겠습니다. 특정 피처를 기준으로 그룹화해 원하는 집곗값을 구하려면 groupby( ) 함수를 사용합니다. 회귀 문제에서 자주 쓰이는 함수로, 지금처럼 주로 집곗값을 구할 때 사용하죠. 피처 엔지니어링 때도 사용하니 사용법을 잘 익혀두기 바랍니다.

다음은 train의 date_block_num 피처를 기준으로 그룹화해 item_cnt_day 피처 값의 합 (sum)을 구하는 코드입니다. 월별(date_block_num) 월간 판매량(item_cnt_day의 합)을 구한다는 말입니다.

```
group = train.groupby('date_block_num').agg({'item_cnt_day': 'sum'})
group.reset_index() # 인덱스 재설정
```

▼ 실행 결과

| | date_block_num | item_cnt_day |
|---|---|---|
| 0 | 0 | 131479.0 |
| 1 | 1 | 128090.0 |
| 2 | 2 | 147142.0 |
| 3 | 3 | 107190.0 |
| 4 | 4 | 106970.0 |
| 5 | 5 | 125381.0 |
| 6 | 6 | 116966.0 |
| 7 | 7 | 125291.0 |
| 8 | 8 | 133332.0 |
| 9 | 9 | 127541.0 |

reset_index( )를 호출하지 않으면 그룹화한 date_block_num 피처가 인덱스로 설정됩니다. 그래프를 그릴 때 date_block_num 피처를 사용해야 해서 새로운 인덱스를 만들었습니다.

지면 관계상 10행까지만 실었습니다. 2013년 1월부터 2015년 10월까지 월별 판매량이므로 실제로는 34행까지 출력됩니다.

## groupby 원리

groupby 작동 원리는 이렇습니다.

1. DataFrame에 있는 한 개 이상의 피처를 기준으로 데이터를 분리합니다(앞 코드에서 기준이 되는 피처는 date_block_num).
2. 분리된 각 그룹에 함수를 적용해 집곗값을 구합니다(앞 코드에서는 agg( ) 메서드로 item_cnt_day 피처에 'sum' 함수를 적용해 판매량 합계를 구함).
3. 기준 피처별로 집곗값 결과를 하나로 결합합니다.

이 과정을 도식화하면 다음과 같습니다.

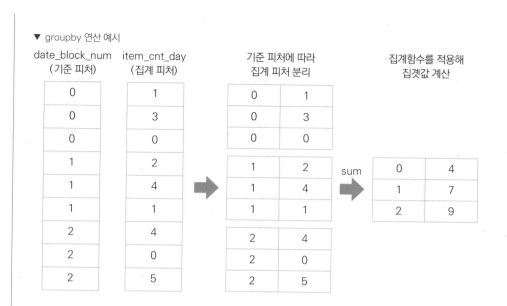

▼ groupby 연산 예시

다음 표는 groupby( )에 적용할 수 있는 집계 함수 예시입니다.

▼ 집계 함수

| 함수 | 의미 | 함수 | 의미 |
|---|---|---|---|
| sum | 결측값이 아닌 모든 값의 합 | var | 결측값이 아닌 값의 분산 |
| mean | 결측값이 아닌 값의 평균 | count | 결측값이 아닌 값의 개수 |
| median | 결측값이 아닌 값의 중간값 | min | 결측값이 아닌 값 중 최솟값 |
| std | 결측값이 아닌 값의 표준편차 | max | 결측값이 아닌 값 중 최댓값 |

groupby( ) 함수를 활용해 원하는 집곗값을 그래프로 그려볼까요. 총 세 가지 그래프, 즉 월별 판매량, 상품분류별 판매량, 상점별 판매량을 막대 그래프로 그려보겠습니다. 이 그래프에서 모델링하는 데 도움될 정보는 얻지 못합니다. 다만, 상품 판매량 양상을 대략 알아볼 수 있습니다. groupby( ) 함수의 활용법을 연습한다고 생각하셔도 좋겠습니다.

**월별 판매량**

먼저 groupby 합 연산 결과를 막대 그래프로 시각화해보겠습니다. 월별 판매량을 의미합니다.

```
mpl.rc('font', size=13)
figure, ax = plt.subplots()
figure.set_size_inches(11, 5)

# 월별 총 상품 판매량
group_month_sum = train.groupby('date_block_num').agg({'item_cnt_day': 'sum'})
group_month_sum = group_month_sum.reset_index()

# 월별 총 상품 판매량 막대 그래프
sns.barplot(x='date_block_num', y='item_cnt_day', data=group_month_sum)
# 그래프 제목, x축 라벨, y축 라벨명 설정
ax.set(title='Distribution of monthly item counts by date block number',
       xlabel='Date block number',
       ylabel='Monthly item counts');
```

▼ 실행 결과 – 월별 월간 판매량

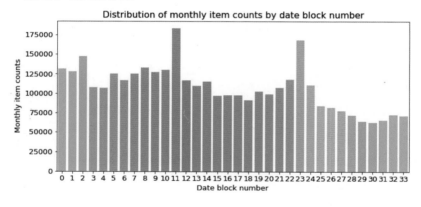

보다시피 date_block_num 0부터 33까지, 즉 2013년 1월부터 2015년 10월까지 월별 월간
판매량을 알 수 있습니다. 11일 때와 23일 때 판매량이 가장 많은데, 각각 2013년 12월과 2014
년 12월입니다. 연말이라 판매량이 급증한 것으로 보이네요.

## 상품분류별 판매량

다음으로 상품분류별 판매량을 보겠습니다. 상품분류는 총 84개로, 피처 고윳값 개수를 알려주는
nunique( )으로 구할 수 있습니다.

```
train['item_category_id'].nunique()
```
```
84
```

84개는 막대 그래프로 한 번에 표현하기에는 너무 많으니 판매량이 10,000개를 초과하는 상품 분류만 추출해서 그려보겠습니다.

```python
figure, ax= plt.subplots()
figure.set_size_inches(11, 5)

# 상품분류별 총 상품 판매량
group_cat_sum = train.groupby('item_category_id').agg({'item_cnt_day': 'sum'})
group_cat_sum = group_cat_sum.reset_index()

# 월간 판매량이 10,000개를 초과하는 상품분류만 추출
group_cat_sum = group_cat_sum[group_cat_sum['item_cnt_day'] > 10000]

# 상품분류별 총 상품 판매량 막대 그래프
sns.barplot(x='item_category_id', y='item_cnt_day', data=group_cat_sum)
ax.set(title='Distribution of total item counts by item category id',
       xlabel='Date block number',
       ylabel='Total item counts')
ax.tick_params(axis='x', labelrotation=90) # x축 라벨 회전
```

▼ 실행 결과 - 상품분류별 월간 판매량

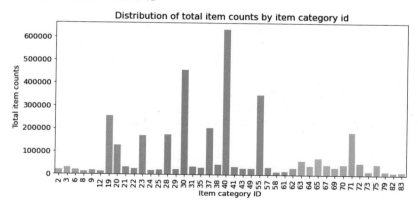

ID 40인 상품분류가 가장 많이 팔렸습니다. ID 30과 55가 뒤를 잇네요. 몇몇 상품분류가 다른 범주에 비해 많이 팔리는 양상입니다.

**상점별 판매량**

이어서 상점별 월간 판매량을 살펴봅시다. 상점 개수는 60개입니다. 역시나 그래프 하나로 나타내기에 많아서 판매량이 10,000개를 초과하는 상점만 추렸습니다.

```
figure, ax= plt.subplots()
figure.set_size_inches(11, 5)

# 상점별 총 상품 판매량
group_shop_sum = train.groupby('shop_id').agg({'item_cnt_day': 'sum'})
group_shop_sum = group_shop_sum.reset_index()

group_shop_sum = group_shop_sum[group_shop_sum['item_cnt_day'] > 10000]

# 상점별 총 상품 판매량 막대 그래프
sns.barplot(x='shop_id', y='item_cnt_day', data=group_shop_sum)
ax.set(title='Distribution of total item counts by shop id',
       xlabel='Date block number',
       ylabel='Total item counts')
ax.tick_params(axis='x', labelrotation=90)
```

▼ 실행 결과 – 상점별 월간 판매량

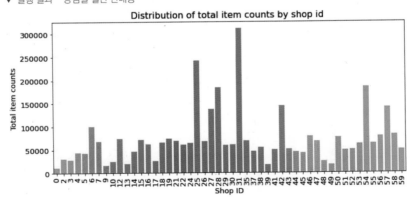

ID가 31인 상점이 가장 많은 상품을 판매했고, ID가 25인 상점이 뒤를 잇습니다. 7~8개 상점이 다른 상점보다 많이 판매하는 양상을 보입니다.

# 분석 정리 및 모델링 전략

## 분석 정리

**1** 대회의 타깃값 규정 상, 판매량 관련 피처의 값은 모두 0~20 사이로 제한해야 합니다.

**2** 시계열 데이터이므로 데이터 순서를 꼭 지켜야 합니다

    a. OOF 예측 등 데이터 순서가 무시되는 기법은 사용할 수 없습니다.

    b. 검증 데이터는 훈련 데이터 중 가장 최근 1개월치를 이용하겠습니다.

**3** **타깃값** : 월별 판매량을 예측해야 하나, 주어진 데이터에는 일별 판매량만 있습니다. 같은 달의 일별 판매량을 합쳐 타깃값을 구해야 합니다.

**4** **데이터 병합** : 추가 정보 파일(상점, 상품, 상품분류)은 각각의 ID(상점ID, 상품ID, 상품분류ID)를 기준으로 훈련 데이터에 병합할 수 있습니다.

**5** 다양한 피처 엔지니어링 후에 데이터 크기가 커져서 메모리 관리가 필요합니다.

**6** **파생 피처 추가** : 상점명과 상품분류명의 첫 단어는 각각 도시와 대분류를 뜻합니다.

**7** **피처 제거** : 월별 판매량만 구하면 되니 date 피처는 필요 없습니다.

**8** **피처 제거** : 상점ID, 상품ID, 상품분류ID는 각각 상점명, 상품명, 상품분류명과 1:1로 매칭되므로 둘 중 하나만 있으면 됩니다.

**9** **이상치 제거** : 일별 판매량과 판매가에는 값이 과한 데이터(이상치)가 보입니다.

**10** 모든 데이터에서 결측값이 없습니다.

## 모델링 전략

이번 장은 피처 엔지니어링에 집중합니다. 다른 모델링 요소는 최소한만 수행하겠습니다. 특히 성능 개선 단계에서는 위 분석 정리에서 미처 발견하지 못한 피처 엔지니어링도 수행합니다.

- **베이스라인 모델** : LightGBM
  - **피처 엔지니어링** : 피처명 한글화, 데이터 다운캐스팅, 데이터 조합 생성, 타깃값 추가
- **성능 개선** : LightGBM 유지
  - **피처 엔지니어링** : 이상치 제거, 전처리 등 다양한 파생 피처 추가, 인코딩, 결측값 처리

베이스라인 모델과 성능 개선은 다음 노트북을 리팩터링하여 작성했습니다.

- https://www.kaggle.com/dkomyagin/predict-future-sales-lightgbm-framework

## 9.3 베이스라인 모델

데이터를 적절히 처리하여 베이스라인 모델을 만들겠습니다. 베이스라인 모델로는 LightGBM을 사용합니다.

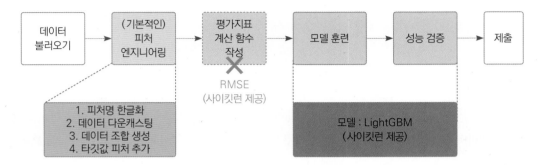

이번 장의 핵심은 피처 엔지니어링입니다. 베이스라인이라서 간단하게만 할 계획이지만, 단계가 많으니 그림으로 먼저 보고 시작하겠습니다.

▼ 베이스라인 모델의 피처 엔지니어링

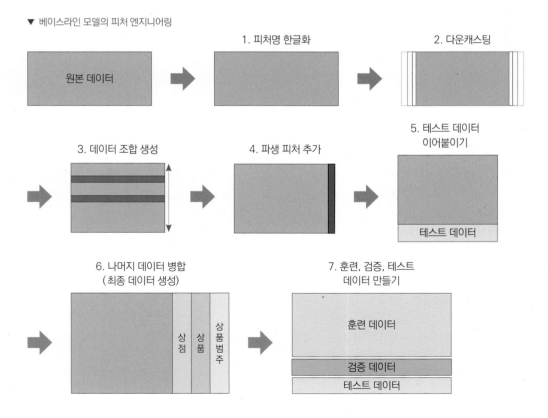

데이터부터 불러옵니다.

```
import numpy as np
import pandas as pd
import warnings

warnings.filterwarnings(action='ignore') # 경고 문구 생략 ❶

# 데이터 경로
data_path = '/kaggle/input/competitive-data-science-predict-future-sales/'

sales_train = pd.read_csv(data_path + 'sales_train.csv')
shops = pd.read_csv(data_path + 'shops.csv')
items = pd.read_csv(data_path + 'items.csv')
item_categories = pd.read_csv(data_path + 'item_categories.csv')
test = pd.read_csv(data_path + 'test.csv')
submission = pd.read_csv(data_path + 'sample_submission.csv')
```

https://www.kaggle.com/werooring/ch9-baseline

LightGBM으로 범주형 데이터를 모델링하면, 모델링엔 지장이 없지만 불필요한 경고 문구가 뜹니다. ❶은 이 경고 문구를 생략해줍니다.

### 9.3.1 피처 엔지니어링 I : 피처명 한글화

본 경진대회는 훈련 데이터를 여러 파일로 제공하고 피처도 다양합니다. 그러다 보니 피처명이 영어면 조금 헷갈릴 수 있습니다. 특히 '성능 개선' 절에서 다양한 파생 피처를 만들어볼 계획인데, 이때 피처를 쉽게 알아보려면 피처명이 한글인 게 좋습니다. sales_train, shops, items, item_categories, test 데이터의 피처명을 모두 한글로 바꿔봅시다. 가장 먼저 sales_train 피처명을 한글로 바꾸겠습니다.

```
sales_train = sales_train.rename(columns={'date': '날짜',
                                          'date_block_num': '월ID',
                                          'shop_id': '상점ID',
                                          'item_id': '상품ID',
                                          'item_price': '판매가',
                                          'item_cnt_day': '판매량'})
sales_train.head()
```

| | 날짜 | 월ID | 상점ID | 상품ID | 판매가 | 판매량 |
|---|---|---|---|---|---|---|
| 0 | 02.01.2013 | 0 | 59 | 22154 | 999.00 | 1.0 |
| 1 | 03.01.2013 | 0 | 25 | 2552 | 899.00 | 1.0 |
| 2 | 05.01.2013 | 0 | 25 | 2552 | 899.00 | -1.0 |
| 3 | 06.01.2013 | 0 | 25 | 2554 | 1709.05 | 1.0 |
| 4 | 15.01.2013 | 0 | 25 | 2555 | 1099.00 | 1.0 |

date, date_block_num, shop_id, item_id, item_price, item_cnt_day 피처가 각각 날짜, 월ID, 상점ID, 상품ID, 판매가, 판매량으로 잘 바뀌었죠?

두 번째로 shops 피처명을 바꿔봅시다.

```python
shops = shops.rename(columns={'shop_name': '상점명',
                              'shop_id': '상점ID'})
shops.head()
```

▼ 실행 결과

| | 상점명 | 상점ID |
|---|---|---|
| 0 | !Якутск Орджоникидзе, 56 фран | 0 |
| 1 | !Якутск ТЦ "Центральный" фран | 1 |
| 2 | Адыгея ТЦ "Мега" | 2 |
| 3 | Балашиха ТРК "Октябрь-Киномир" | 3 |
| 4 | Волжский ТЦ "Волга Молл" | 4 |

이어서 items 피처명을 바꿉니다.

```python
items = items.rename(columns={'item_name': '상품명',
                              'item_id': '상품ID',
                              'item_category_id': '상품분류ID'})
items.head()
```

| | 상품명 | 상품ID | 상품분류ID |
|---|---|---|---|
| **0** | ! ВО ВЛАСТИ НАВАЖДЕНИЯ (ПЛАСТ.) D | 0 | 40 |
| **1** | !ABBYY FineReader 12 Professional Edition Full... | 1 | 76 |
| **2** | ***В ЛУЧАХ СЛАВЫ (UNV) D | 2 | 40 |
| **3** | ***ГОЛУБАЯ ВОЛНА (Univ) D | 3 | 40 |
| **4** | ***КОРОБКА (СТЕКЛО) D | 4 | 40 |

item_categories 차례입니다.

```
item_categories = item_categories.rename(columns=
                                    {'item_category_name': '상품분류명',
                                     'item_category_id': '상품분류ID'})
item_categories.head()
```

▼ 실행 결과

| | 상품분류명 | 상품분류ID |
|---|---|---|
| **0** | PC - Гарнитуры/Наушники | 0 |
| **1** | Аксессуары - PS2 | 1 |
| **2** | Аксессуары - PS3 | 2 |
| **3** | Аксессуары - PS4 | 3 |
| **4** | Аксессуары - PSP | 4 |

마지막으로 test 피처명도 한글로 바꾸겠습니다.

```
test = test.rename(columns={'shop_id': '상점ID',
                            'item_id': '상품ID'})
test.head()
```

▼ 실행 결과

| | ID | 상점ID | 상품ID |
|---|---|---|---|
| **0** | 0 | 5 | 5037 |
| **1** | 1 | 5 | 5320 |
| **2** | 2 | 5 | 5233 |
| **3** | 3 | 5 | 5232 |
| **4** | 4 | 5 | 5268 |

이상으로 모든 데이터의 피처명을 한글로 바꿨습니다. 피처를 한눈에 파악하기가 한결 수월해졌죠?

## 9.3.2 피처 엔지니어링 II : 데이터 다운캐스팅

**다운캐스팅**<sup>downcasting</sup>이란 더 작은 데이터 타입으로 변환하는 작업을 말합니다. 이번 절에서는 데이터 다운캐스팅을 왜 하는지와 그 방법을 배워보겠습니다.

예를 들어 설명해보죠. 금붕어는 금붕어용 어항에서 키우는 게 좋습니다. 돌고래용 수족관을 마련할 필요는 없습니다. 낭비죠. 마찬가지로 데이터가 작은데 큰 데이터 타입을 사용하면 메모리를 낭비하게 됩니다. 주어진 데이터 크기에 딱 맞는 타입을 사용하는 게 좋습니다.

판다스로 데이터를 불러오면 기본적으로 정수형은 int64, 실수형은 float64 타입으로 할당합니다. 각각 정수형, 실수형에서 가장 큰 타입입니다. 모든 피처가 최대 타입을 사용할 필요는 없겠죠. 크지 않은 숫자가 저장된 피처라면 int8, int16, int32, float16, float32 등 보다 작은 타입으로 할당할 수 있습니다. 그래야 메모리 낭비를 막고, 훈련 속도도 빨라집니다(분석 정리 5).

데이터 다운캐스팅 방법은 부록 A.2에 자세히 설명해놨습니다. 여기서는 부록에서 다룬 함수 중 다음의 downcast( )를 바로 사용하겠습니다. 해당 피처 크기에 맞게 적절한 타입으로 바꿔주는 함수입니다.

```python
def downcast(df, verbose=True):
    start_mem = df.memory_usage().sum() / 1024**2
    for col in df.columns:
        dtype_name = df[col].dtype.name
        if dtype_name == 'object':
            pass
        elif dtype_name == 'bool':
            df[col] = df[col].astype('int8')
        elif dtype_name.startswith('int') or (df[col].round() == df[col]).all():
            df[col] = pd.to_numeric(df[col], downcast='integer')
        else:
            df[col] = pd.to_numeric(df[col], downcast='float')
    end_mem = df.memory_usage().sum() / 1024**2
    if verbose:
        print('{:.1f}% 압축됨'.format(100 * (start_mem - end_mem) / start_mem))

    return df
```

이 함수를 이용해 shops, item_categories, items, sales_train, test에 데이터 다운캐스팅

하겠습니다.

```
all_df = [sales_train, shops, items, item_categories, test]
for df in all_df:
    df = downcast(df)
```

```
62.5% 압축됨
38.6% 압축됨
54.2% 압축됨
39.9% 압축됨
70.8% 압축됨
```

다운캐스팅 결과 메모리 사용량이 크게 줄어든 것을 볼 수 있습니다.

## 9.3.3 피처 엔지니어링 III : 데이터 조합 생성

테스트 데이터의 피처는 ID 피처를 제외하면 상점ID, 상품ID 피처입니다. 우리가 예측해야 하는 값은 각 상점의 상품별 월간 판매량이었죠(분석 정리 3). 그렇기 때문에 월, 상점, 상품별 조합이 필요합니다. 월ID, 상점ID, 상품ID 피처 조합이 필요하다는 말입니다. 그런데 조합을 만든다는 게 무슨 뜻일까요? 다음 그림을 보시죠.

▼ 조합 생성 전후 데이터 변화

**원본 데이터**

| | 월ID | 상점ID | 상품ID | 판매량 | |
|---|---|---|---|---|---|
| ❶ | 0 | 0 | 5 | 1 | |
| ❶ | 0 | 0 | 10 | 1 | |
| ❷ | 1 | 0 | 10 | 1 | ❹ |
| ❷ | 1 | 1 | 5 | 1 | |
| ❷ | 1 | 1 | 10 | 2 | |
| ❸ | 2 | 0 | 5 | 1 | |
| ❸ | 2 | 1 | 10 | 2 | |

**조합 생성 후 데이터**

| | 월ID | 상점ID | 상품ID | 판매량 |
|---|---|---|---|---|
| | 0 | 0 | 5 | 1 |
| | 0 | 0 | 10 | 1 |
| ❺ | 1 | 0 | 5 | 0 |
| | 1 | 0 | 10 | 1 |
| | 1 | 1 | 5 | 1 |
| | 1 | 1 | 10 | 2 |
| | 2 | 0 | 5 | 1 |
| | 2 | 0 | 10 | 0 |
| | 2 | 1 | 5 | 0 |
| | 2 | 1 | 10 | 2 |

원본 데이터의 월ID, 상점ID, 상품ID 피처가 왼쪽과 같다고 합시다. ❶ 월ID가 0일 때 상점ID는 0, 상품ID는 5와 10이 있습니다. ❷ 월ID가 1일 때 상점ID는 0과 1, 상품ID는 5와 10이 있습니다. ❸ 월ID가 2일 때 상점ID는 0과 1, 상품ID는 5와 10이 있습니다. 월ID별로 한 번이라도 등장한 상점ID, 상품ID가 있다면 그것들의 조합을 만듭니다. 그리하여 월ID, 상점ID, 상품ID 조합을 오른쪽과 같이 만드는 겁니다. ❹ 월ID가 1일 때 상점ID 0인 상점에서는 상품ID가 5인 상품을 팔지 못했기 때문에 원본 데이터에는 월ID=1, 상점ID=0, 상품ID=5인 데이터가 아예 없습니다. 데이터가 없는 것보다는 ❺ 판매량이 0이더라도 데이터가 있는 게 낫습니다. 의미 있는 데이터는 많을수록 좋기 때문입니다. 앞 그림에서 배경색이 칠해진 부분이 조합하여 새로 만든 데이터입니다. 원본 데이터에 없는 데이터라서 판매량은 모두 0으로 지정했습니다.

지금까지 설명한 데이터 조합을 생성해보겠습니다. 데이터 조합은 itertools가 제공하는 product( ) 함수로 쉽게 만들어낼 수 있습니다.

```python
from itertools import product

train = []
# 월ID, 상점ID, 상품ID 조합 생성 ❶
for i in sales_train['월ID'].unique():
    all_shop = sales_train.loc[sales_train['월ID']==i, '상점ID'].unique()
    all_item = sales_train.loc[sales_train['월ID']==i, '상품ID'].unique()
    train.append(np.array(list(product([i], all_shop, all_item))))

idx_features = ['월ID', '상점ID', '상품ID'] # 기준 피처
# 리스트 타입인 train을 DataFrame 타입으로 변환 ❷
train = pd.DataFrame(np.vstack(train), columns=idx_features)

train
```

❶이 월ID, 상점ID, 상품ID 피처 조합을 만드는 코드입니다. 월ID의 고윳값(0~33)별로 모든 상점ID 고윳값, 상품ID 고윳값을 구해 조합을 생성합니다. 코드 ❶ 실행 후에 train은 34개 배열array을 원소로 갖게 됩니다.

❷는 train 내 34개 배열을 하나로 합쳐 DataFrame을 만듭니다.

|  | 월ID | 상점ID | 상품ID |
|---|---|---|---|
| 0 | 0 | 59 | 22154 |
| 1 | 0 | 59 | 2552 |
| 2 | 0 | 59 | 2554 |
| 3 | 0 | 59 | 2555 |
| 4 | 0 | 59 | 2564 |
| ... | ... | ... | ... |
| 10913845 | 33 | 21 | 7635 |
| 10913846 | 33 | 21 | 7638 |
| 10913847 | 33 | 21 | 7640 |
| 10913848 | 33 | 21 | 7632 |
| 10913849 | 33 | 21 | 7440 |

10913850 rows × 3 columns

조합이 잘 생성됐습니다. 9.2.1절에서 살펴본 것처럼 sales_train의 데이터 개수는 2,935,849개입니다. 조합 생성 후 10,913,850개로 3.7배 정도 늘었네요.

참고로, 이렇게 만든 train을 앞으로 훈련 데이터의 뼈대로 사용합니다. 뼈대가 되는 train에 타깃값을 병합하고, 나머지 shops, items, item_categories도 병합할 것입니다.

## 9.3.4 피처 엔지니어링 IV : 타깃값(월간 판매량) 추가

이제부터 train에 다른 데이터도 추가할 건데, 처음은 타깃값인 각 상점의 상품별 월간 판매량입니다.

현재 sales_train에는 일별 판매량을 나타내는 '판매량' 피처가 있습니다. 그런데 우리가 원하는 타깃값은 각 상점의 상품별 '월간' 판매량입니다. 이 값을 구하려면 월ID, 상점ID, 상품ID를 기준으로 그룹화해 판매량을 더해야 합니다. groupby() 함수를 활용하면 되겠죠. 앞서 월ID, 상점ID, 상품ID 조합을 만들 때, ['월ID', '상점ID', '상품ID']를 idx_features 변수에 할당했습니다. 이 변수를 기준으로 그룹화해서 각 상점의 상품별 월간 판매량을 구해보겠습니다.

```python
# idx_features를 기준으로 그룹화해 판매량 합 구하기
group = sales_train.groupby(idx_features).agg({'판매량': 'sum'})
# 인덱스 재설정
group = group.reset_index()
# 피처명을 '판매량'에서 '월간 판매량'으로 변경
group = group.rename(columns={'판매량': '월간 판매량'})

group
```

| | 월ID | 상점ID | 상품ID | 월간 판매량 |
|---|---|---|---|---|
| 0 | 0 | 0 | 32 | 6 |
| 1 | 0 | 0 | 33 | 3 |
| 2 | 0 | 0 | 35 | 1 |
| 3 | 0 | 0 | 43 | 1 |
| 4 | 0 | 0 | 51 | 2 |
| ... | ... | ... | ... | ... |
| 1609119 | 33 | 59 | 22087 | 6 |
| 1609120 | 33 | 59 | 22088 | 2 |
| 1609121 | 33 | 59 | 22091 | 1 |
| 1609122 | 33 | 59 | 22100 | 1 |
| 1609123 | 33 | 59 | 22102 | 1 |

1609124 rows × 4 columns

각 상점의 상품별 '월간 판매량'을 구했으니 피처명 '판매량'도 '월간 판매량'으로 바꿨습니다.

이제 train과 group을 병합해보죠. train은 월ID, 상점ID, 상품ID 조합이므로, 여기에 group을 병합하면 월ID, 상점ID, 상품ID, 월간 판매량 조합을 구할 수 있습니다.

```
# train과 group 병합하기
train = train.merge(group, on=idx_features, how='left')

train
```

▼ 실행 결과

| | 월ID | 상점ID | 상품ID | 월간 판매량 |
|---|---|---|---|---|
| 0 | 0 | 59 | 22154 | 1.0 |
| 1 | 0 | 59 | 2552 | NaN |
| 2 | 0 | 59 | 2554 | NaN |
| 3 | 0 | 59 | 2555 | NaN |
| 4 | 0 | 59 | 2564 | NaN |
| ... | ... | ... | ... | ... |
| 10913845 | 33 | 21 | 7635 | NaN |
| 10913846 | 33 | 21 | 7638 | NaN |
| 10913847 | 33 | 21 | 7640 | NaN |
| 10913848 | 33 | 21 | 7632 | NaN |
| 10913849 | 33 | 21 | 7440 | NaN |

10913850 rows × 4 columns

train 데이터에 각 상점의 상품별 월간 판매량을 추가했습니다. 우리가 원하는 타깃값을 잘 만들었네요. 그런데 타깃값에 결측값이 많습니다. 앞서 월ID, 상점ID, 상품ID 조합을 생성했기 때문입니다. 기존에 없던 조합에는 판매량 정보가 없는 게 당연합니다. 값이 없다는 건 판매량이 0이라는 뜻이니 결측값은 추후 0으로 대체하겠습니다.

또한 train을 만드는 일련의 과정에서 sales_train에는 있던 date(날짜) 피처가 사라졌습니다. 필요 없는 date 피처를 명시적으로 제거한 게 아니라, 병합 과정에서 제외하여 같은 효과를 얻었습니다(분석 정리 7).

> **가비지 컬렉션**
>
> group 데이터는 더 이상 필요 없으니 메모리 절약 차원에서 가비지 컬렉션을 해주겠습니다(분석 정리 5). **가비지 컬렉션**garbage collection이란 쓰레기 수거라는 뜻으로, 할당한 메모리 중 더는 사용하지 않는 영역을 해제하는 기능입니다. 메모리 관리 기법이죠. 캐글 노트북 환경이 제공하는 메모리는 한정적입니다. 한정된 메모리를 효율적으로 사용하려면 틈틈이 가비지 컬렉션을 해주는 게 좋습니다. 데이터 크기가 작을 땐 문제없지만, 다양한 피처를 만들어서 데이터가 커지면 허용된 메모리를 초과하는 경우가 생깁니다. 그러면 코드가 실행되지 않고 멈춰버립니다.
>
> 다음은 group 데이터를 수거하는 코드입니다.
>
> ```
> import gc # 가비지 컬렉터 불러오기
>
> del group # 더는 사용하지 않는 변수 지정
> gc.collect(); # 가비지 컬렉션 수행
> ```
>
> 간단하죠? 가비지 컬렉션은 앞으로도 자주 사용할 겁니다.

## 9.3.5 피처 엔지니어링 V : 테스트 데이터 이어붙이기

지금까지 월ID, 상점ID, 상품ID 조합으로 train을 만들고, 여기에 각 상점의 상품별 월간 판매량(타깃값)을 추가했습니다. 이제 train에 테스트 데이터(test)를 이어붙이겠습니다.[3] 테스트 데이터를 이어붙이는 이유는 뒤이어 shops, items, item_categories 데이터를 병합할 예정인데, 이때 테스트 데이터에도 한 번에 병합하는 게 좋기 때문입니다.

---

3 이 책에서는 테이블을 위아래로 합치는 걸 '이어붙인다'라고 표현하고, 좌우로 합치는 걸 '병합한다'라고 표현합니다. 더불어 이어붙이기에는 concat( ) 함수를, 병합에는 merge( ) 함수를 사용했습니다.

이어붙이기 전에 test에 월ID 피처를 추가해야 합니다. 월ID 0은 2013년 1월이고, 33은 2015년 10월입니다. 테스트 데이터는 2015년 11월 판매 기록입니다. 따라서 테스트 데이터의 월ID는 34로 설정하면 되겠군요.

```
test['월ID'] = 34
```

test는 ID라는 피처도 가지고 있는데 불필요한 피처입니다. 단지 식별자일 뿐이며, 식별자는 인덱스로 충분하기 때문이죠. 따라서 train에는 'ID 피처를 제거한' test를 이어붙이겠습니다. 이어붙이는 데에는 판다스 concat( ) 함수를 사용합니다.

```
# train과 test 이어붙이기
all_data = pd.concat([train, test.drop('ID', axis=1)],
                     ignore_index=True, # 기존 인덱스 무시(0부터 새로 시작)
                     keys=idx_features) # 이어붙이는 기준이 되는 피처
```

앞서 train과 group을 병합하니 결측값이 많았고, train에 test를 이어붙이면 test의 월간 판매량에도 결측값이 생깁니다. 월간 판매량은 타깃값인데, 테스트 데이터에는 타깃값이 없기 때문입니다. 이어붙인 all_data의 결측값은 0으로 대체하겠습니다.

```
# 결측값을 0으로 대체
all_data = all_data.fillna(0)

all_data
```

❶ 테스트 데이터를 이어붙이고, ❷ 결측값을 0으로 바꿨습니다.

▼ 실행 결과

| | 월ID | 상점ID | 상품ID | 월간 판매량 |
|---|---|---|---|---|
| 0 | 0 | 59 | 22154 | 1.0 |
| 1 | 0 | 59 | 2552 | 0.0 |
| 2 | 0 | 59 | 2554 | 0.0 |
| 3 | 0 | 59 | 2555 | 0.0 |
| 4 | 0 | 59 | 2564 | 0.0 |
| ... | ... | ... | ... | ... |
| 11128045 | 34 | 45 | 18454 | 0.0 |
| 11128046 | 34 | 45 | 16188 | 0.0 |
| 11128047 | 34 | 45 | 15757 | 0.0 |
| 11128048 | 34 | 45 | 19648 | 0.0 |
| 11128049 | 34 | 45 | 969 | 0.0 |

11128050 rows × 4 columns

## 9.3.6 피처 엔지니어링 VI : 나머지 데이터 병합(최종 데이터 생성)

이번에는 추가 정보로 제공된 shops, items, item_categories 데이터를 all_data에 병합할 겁니다(분석 정리 4). 병합이므로 merge( ) 함수를 이용합니다. 추가로, 메모리를 절약하기 위해 데이터 다운캐스팅과 가비지 컬렉션까지 수행합니다(분석 정리 5).

```python
# 나머지 데이터 병합
all_data = all_data.merge(shops, on='상점ID', how='left')
all_data = all_data.merge(items, on='상품ID', how='left')
all_data = all_data.merge(item_categories, on='상품분류ID', how='left')

# 데이터 다운캐스팅
all_data = downcast(all_data)

# 가비지 컬렉션
del shops, items, item_categories
gc.collect();
```

26.4% 압축됨

데이터를 모두 병합했으니 all_data.head( )를 출력해볼까요.

▼ 데이터 병합 후 all_data.head() 출력

| | 월ID | 상점ID | 상품ID | 월간 판매량 | 상점명 | 상품명 | 상품분류ID | 상품분류명 |
|---|---|---|---|---|---|---|---|---|
| 0 | 0 | 59 | 22154 | 1 | Ярославль ТЦ "Альтаир" | ЯВЛЕНИЕ 2012 (BD) | 37 | Кино - Blu-Ray |
| 1 | 0 | 59 | 2552 | 0 | Ярославль ТЦ "Альтаир" | DEEP PURPLE The House Of Blue Light LP | 58 | Музыка - Винил |
| 2 | 0 | 59 | 2554 | 0 | Ярославль ТЦ "Альтаир" | DEEP PURPLE Who Do You Think We Are LP | 58 | Музыка - Винил |
| 3 | 0 | 59 | 2555 | 0 | Ярославль ТЦ "Альтаир" | DEEP PURPLE 30 Very Best Of 2CD (Фирм.) | 56 | Музыка - CD фирменного производства |
| 4 | 0 | 59 | 2564 | 0 | Ярославль ТЦ "Альтаир" | DEEP PURPLE Perihelion: Live In Concert DVD (K... | 59 | Музыка - Музыкальное видео |

모든 데이터가 잘 병합되었습니다.

all_data에서 상점명, 상품명, 상품분류명 피처는 모두 러시아어입니다. 문자 데이터이기도 하거니와 상점ID, 상품ID, 상품분류ID와 일대일로 매칭되므로 제거해도 되는 피처죠. 상점명, 상품명, 상품분류명 피처를 제거하겠습니다(분석 정리 8).

```python
all_data = all_data.drop(['상점명', '상품명', '상품분류명'], axis=1)
```

이로써 최종 데이터를 만들었습니다.

## 9.3.7 피처 엔지니어링 VII : 마무리

앞서 모든 데이터를 병합해 all_data를 만들었습니다. 이제 all_data를 활용해 훈련, 검증, 테스트용 데이터를 만들어보겠습니다. 다음처럼 월ID를 기준으로 나누면 됩니다.

- **훈련 데이터** : 2013년 1월부터 2015년 9월(월ID=32)까지 판매 내역
- **검증 데이터** : 2015년 10월(월ID=33) 판매 내역(분석 정리 2)
- **테스트 데이터** : 2015년 11월(월ID=34) 판매 내역

```python
# 훈련 데이터 (피처)
X_train = all_data[all_data['월ID'] < 33]
X_train = X_train.drop(['월간 판매량'], axis=1)
# 검증 데이터 (피처)
X_valid = all_data[all_data['월ID'] == 33]
X_valid = X_valid.drop(['월간 판매량'], axis=1)
# 테스트 데이터 (피처)
X_test = all_data[all_data['월ID'] == 34]
X_test = X_test.drop(['월간 판매량'], axis=1)

# 훈련 데이터 (타깃값)
y_train = all_data[all_data['월ID'] < 33]['월간 판매량']
y_train = y_train.clip(0, 20) # 타깃값을 0~20로 제한 ❶
# 검증 데이터 (타깃값)
y_valid = all_data[all_data['월ID'] == 33]['월간 판매량']
y_valid = y_valid.clip(0, 20) # ❷
```

❶ ❷ 추가로 판다스 함수인 clip( )을 활용해 타깃값인 '각 상점의 상품별 월간 판매량'은 0~20 사이로 제한했습니다(분석 정리 1). clip( )의 첫 번째 인수가 하한값이고 두 번째 인수가 상한값입니다. 이처럼 값을 하한값과 상한값에서 잘라주는 기법을 클리핑^clipping이라고 합니다. 이상치를 제거할 때도 사용할 수 있습니다.

훈련, 검증, 테스트 데이터를 할당했으니 all_data는 이제 필요 없습니다. 잊지 말고 가비지 컬렉션을 해줍니다.

```python
del all_data
gc.collect();
```

이상으로 모델링에 필요한 데이터를 완성했습니다.

## 9.3.8 모델 훈련 및 성능 검증

베이스라인 모델로는 LightGBM을 사용하겠습니다. 기본 파라미터만 설정하고 LightGBM용 데이터셋을 만들어서 훈련할 것입니다.

train( ) 메서드의 categorical_feature 파라미터만 제외하고는 8장의 코드와 유사합니다. categorical_feature 파라미터에는 범주형 데이터를 전달하면 됩니다. 범주형 데이터로는 상점ID, 상품ID, 상품분류ID가 있습니다. 이중 상품ID를 뺀 상점ID와 상품분류ID만 인수로 전달할 겁니다. 이유는 다음과 같습니다.

상품ID는 고윳값 개수가 상당히 많습니다. LightGBM 문서에 따르면 고윳값 개수가 너무 많은 범주형 데이터는 수치형 데이터로 취급해야 성능이 더 잘 나온다고 합니다.[4] 범주형 데이터는 고윳값 하나하나가 일정한 의미를 갖습니다. 그런데 그 고윳값이 너무 많아져버리면 고윳값이 갖는 의미가 상쇄되므로 수치형 데이터와 별반 다를 게 없어지는 거죠. 이런 이유로 상품ID 피처는 범주형 데이터로 취급하지 않겠습니다.

```python
import lightgbm as lgb

# LightGBM용 하이퍼파라미터
params = {'metric': 'rmse', # 평가지표 = rmse
          'num_leaves': 255,
          'learning_rate': 0.01,
          'force_col_wise': True,
          'random_state': 10}

# 범주형 피처 설정
cat_features = ['상점ID', '상품분류ID']

# LightGBM용 훈련 및 검증 데이터셋
dtrain = lgb.Dataset(X_train, y_train)
dvalid = lgb.Dataset(X_valid, y_valid)
```

---

4  https://lightgbm.readthedocs.io/en/latest/Advanced-Topics.html#categorical-feature-support

```
# LightGBM 모델 훈련
lgb_model = lgb.train(params=params,
                      train_set=dtrain,
                      num_boost_round=500,
                      valid_sets=(dtrain, dvalid),
                      categorical_feature=cat_features,
                      verbose_eval=50)
```

```
[50]   training's rmse: 1.1478    valid_1's rmse: 1.06808
[100]  training's rmse: 1.11378   valid_1's rmse: 1.03754
[150]  training's rmse: 1.09616   valid_1's rmse: 1.02483
[200]  training's rmse: 1.08478   valid_1's rmse: 1.01789
[250]  training's rmse: 1.07631   valid_1's rmse: 1.01369
[300]  training's rmse: 1.06928   valid_1's rmse: 1.00976
[350]  training's rmse: 1.06362   valid_1's rmse: 1.00754
[400]  training's rmse: 1.05729   valid_1's rmse: 1.00543
[450]  training's rmse: 1.05223   valid_1's rmse: 1.00397
[500]  training's rmse: 1.04798   valid_1's rmse: 1.00336
```

이상으로 모델 훈련이 끝났습니다. 검증 데이터로 측정한 RMSE는 1.00336입니다.

### 범주형 데이터로 인식하게 하는 다른 방법은?

참고로, categorical_feature 파라미터에 아무 값도 전달하지 않으면 category 타입인 데이터를 범주형 데이터로 인식합니다. 다음과 같이 미리 category 타입으로 바꾸면 categorical_feature 파라미터에 범주형 데이터를 전달하지 않아도 모델 훈련 결과가 같습니다.

```
cat_features = ['상점ID', '상품분류ID']
for cat_feature in cat_features:
    all_data[cat_feature] = all_data[cat_feature].astype('category')
```

## 9.3.9 예측 및 결과 제출

이제 테스트 데이터를 활용해 타깃값을 예측해볼까요. 타깃값은 0~20 사이의 값이어야 하므로 예측한 값도 clip( ) 함수로 범위를 제한하겠습니다.

```python
# 예측
preds = lgb_model.predict(X_test).clip(0, 20)
# 제출 파일 생성
submission['item_cnt_month'] = preds
submission.to_csv('submission.csv', index=False)
```

제출 파일까지 다 만들었습니다.

끝으로 가비지 컬렉션을 해줍니다. 메모리 사용량이 많으면 전체 코드를 재실행할 때 멈출 수 있습니다. 이를 방지하려면 [Run] → [Factory reset] 메뉴로 공장 초기화를 하거나 가비지 컬렉션을 해줍니다. 다음은 지금까지 만든 변수를 가비지 컬렉션하는 코드입니다.

```python
del X_train, y_train, X_valid, y_valid, X_test, lgb_model, dtrain, dvalid
gc.collect();
```

커밋 후 제출해봅시다.

▼ 베이스라인 점수

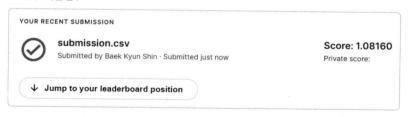

베이스라인 모델의 퍼블릭 점수는 1.08160입니다. 진행 중인 대회라서 프라이빗 점수는 없습니다. 이 점수면 퍼블릭 리더보드에서 상위 54%입니다. 집필 시점 기준이므로 여러분이 제출할 때는 퍼센트가 달라질 수 있습니다.

# 9.4 성능 개선

베이스라인 모델의 성능을 개선해보겠습니다. 모델은 똑같이 LightGBM입니다. 따라서 성능을 더 높이려면 하이퍼파라미터를 최적화하거나 피처 엔지니어링을 강화해야 합니다. 하이퍼파라미터 최적화는 6~8장에서 살펴보았으니, 이번 장에서는 피처 엔지니어링에 집중하겠습니다. 다양한 피처를 만들 계획입니다. 본 경진대회에서는 피처 엔지니어링할 요소가 많습니다. 피처 엔지니어링이 이번 절의 거의 전부라고 봐도 무방할 정도입니다.

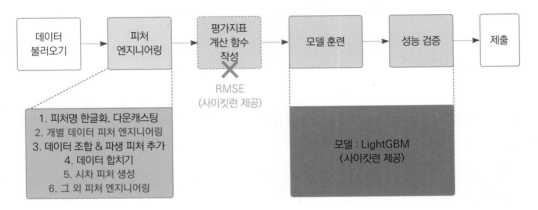

이번 절에서 다룰 피처 엔지니어링은 다음과 같습니다.

1 베이스라인과 똑같이 피처명 한글화와 데이터 다운캐스팅을 합니다.
2 개별 데이터, 즉 sales_train, shops, items, item_categories를 활용해 전처리, 파생 피처 생성, 인코딩을 수행합니다.
3 베이스라인과 동일하게 데이터 조합을 만들 겁니다. 이어서 몇 가지 파생 피처를 추가합니다.
4 테스트 데이터를 합친 후, 2번에서 피처 엔지니어링한 다른 데이터들을 병합합니다.
5 시차 피처를 만듭니다. 시차 피처를 만들려면 먼저 '기준 피처별 월간 평균 판매량 피처'를 구해야 합니다. 이 피처를 기반으로 시차 피처를 만들 것입니다.
6 마지막으로 그 외 추가적인 피처 엔지니어링을 적용합니다.

1, 3, 4번은 베이스라인과 거의 같고, 2, 5, 6번을 추가로 수행하는 것입니다. 이렇게 공들여 만든 데이터로 LightGBM 모델을 훈련하여 성능이 얼마나 좋아지는지 보겠습니다.

가장 먼저 데이터를 불러옵니다. 코드는 베이스라인과 똑같습니다.

```
import numpy as np
import pandas as pd
import warnings

warnings.filterwarnings(action='ignore') # 경고 문구 생략

# 데이터 경로
data_path = '/kaggle/input/competitive-data-science-predict-future-sales/'

sales_train = pd.read_csv(data_path + 'sales_train.csv')
shops = pd.read_csv(data_path + 'shops.csv')
items = pd.read_csv(data_path + 'items.csv')
item_categories = pd.read_csv(data_path + 'item_categories.csv')
test = pd.read_csv(data_path + 'test.csv')
submission = pd.read_csv(data_path + 'sample_submission.csv')
```

https://www.kaggle.com/werooring/ch9-modeling

## 9.4.1 피처 엔지니어링 I : 피처명 한글화와 데이터 다운캐스팅

베이스라인과 똑같이 피처명을 한글화합니다.

```
sales_train = sales_train.rename(columns={'date': '날짜',
                                          'date_block_num': '월ID',
                                          'shop_id': '상점ID',
                                          'item_id': '상품ID',
                                          'item_price': '판매가',
                                          'item_cnt_day': '판매량'})

shops = shops.rename(columns={'shop_name': '상점명',
                              'shop_id': '상점ID'})

items = items.rename(columns={'item_name': '상품명',
                              'item_id': '상품ID',
                              'item_category_id': '상품분류ID'})

item_categories = item_categories.rename(columns=
                                  {'item_category_name': '상품분류명',
                                   'item_category_id': '상품분류ID'})

test = test.rename(columns={'shop_id': '상점ID',
                            'item_id': '상품ID'})
```

데이터 다운캐스팅까지도 베이스라인과 동일하게 진행합니다.

```python
def downcast(df, verbose=True):
    start_mem = df.memory_usage().sum() / 1024**2
    for col in df.columns:
        dtype_name = df[col].dtype.name
        if dtype_name == 'object':
            pass
        elif dtype_name == 'bool':
            df[col] = df[col].astype('int8')
        elif dtype_name.startswith('int') or (df[col].round() == df[col]).all():
            df[col] = pd.to_numeric(df[col], downcast='integer')
        else:
            df[col] = pd.to_numeric(df[col], downcast='float')
    end_mem = df.memory_usage().sum() / 1024**2
    if verbose:
        print('{:.1f}% 압축됨'.format(100 * (start_mem - end_mem) / start_mem))

    return df

all_df = [sales_train, shops, items, item_categories, test]
for df in all_df:
    df = downcast(df)
```

```
62.5% 압축됨
38.6% 압축됨
54.2% 압축됨
39.9% 압축됨
70.8% 압축됨
```

## 9.4.2 피처 엔지니어링 II : 개별 데이터 피처 엔지니어링

이번 절에서는 sales_train, shops, items, item_categories 데이터를 '각각' 피처 엔지니어링하겠습니다.

### sales_train 이상치 제거 및 전처리

첫 번째로 sales_train 데이터의 이상치를 제거하고 간단하게 전처리하겠습니다. 9.2.1절에서 본 바와 같이 sales_train은 날짜, 월ID, 상점ID, 상품ID, 판매가, 판매량 피처를 갖습니다. 여기서 판매가와 판매량 피처의 이상치를 제거할 것입니다. 이상치가 있으면 성능이 나빠질 우려가 있기 때문이죠.

판매가, 판매량이 음수라면 환불 건이거나 오류입니다. 따라서 판매가, 판매량이 음수인 데이터는 이상치로 간주하겠습니다. 또한 9.2.2절에서 설명한 것처럼 판매가가 50,000 이상인 데이터, 판매량이 1,000 이상인 데이터도 이상치로 간주하겠습니다(분석 정리 9). 결론적으로 판매가가 0~50,000 사이이고, 판매량이 0~1,000 사이인 데이터만 추출하겠습니다.

```python
# 판매가가 0보다 큰 데이터 추출
sales_train = sales_train[sales_train['판매가'] > 0]
# 판매가가 50,000보다 작은 데이터 추출
sales_train = sales_train[sales_train['판매가'] < 50000]

# 판매량이 0보다 큰 데이터 추출
sales_train = sales_train[sales_train['판매량'] > 0]
# 판매량이 1,000보다 작은 데이터 추출
sales_train = sales_train[sales_train['판매량'] < 1000]
```

sales_train 데이터에서 이상치를 제거했습니다.

이번에는 간단한 데이터 전처리를 해보겠습니다. 상점명을 조금 다르게 기입해서 같은 상점인데 따로 기록돼 있는 상점이 네 쌍 있습니다. 러시아어를 모르면 정확히 판단하기 어렵지만 참고한 코드에서 다음 상점명 네 쌍을 같은 의미로 간주했습니다. shops 데이터를 잠깐 활용해 상점명이 유사한 네 쌍을 출력해보겠습니다.

```python
print(shops['상점명'][0], '¦¦', shops['상점명'][57])
print(shops['상점명'][1], '¦¦', shops['상점명'][58])
print(shops['상점명'][10], '¦¦', shops['상점명'][11])
print(shops['상점명'][39], '¦¦', shops['상점명'][40])
```

```
!Якутск Орджоникидзе, 56 фран ¦¦ Якутск Орджоникидзе, 56
!Якутск ТЦ "Центральный" фран ¦¦ Якутск ТЦ "Центральный"
Жуковский ул. Чкалова 39м? ¦¦ Жуковский ул. Чкалова 39м²
РостовНаДону ТРК "Мегацентр Горизонт" ¦¦ РостовНаДону ТРК "Мегацентр Горизонт" О
стровной
```

상점ID는 0부터 차례로 번호가 매겨져 있습니다. 그렇기 때문에 0번째 상점명 데이터는 상점ID
가 0인 데이터와 같다는 점을 참고해주세요. 비교하기 편하게 각 쌍을 위아래로 나란히 배치해보
죠. 차이가 나는 부분에 음영을 칠했습니다.

- 0 vs. 57
  - !Якутск Орджоникидзе, 56 фран
  - Якутск Орджоникидзе, 56
- 1 vs. 58
  - !Якутск ТЦ "Центральный" фран
  - Якутск ТЦ "Центральный"
- 10 vs. 11
  - Жуковский ул. Чкалова 39м?
  - Жуковский ул. Чкалова 39м²
- 39 vs. 40
  - РостовНаДону ТРК "Мегацентр Горизонт"
  - РостовНаДону ТРК "Мегацентр Горизонт" Островной

러시아어를 모르지만 이렇게 놓고 보니 확실히 거의 같아 보입니다. 사전을 찾아보니 처음 두 줄
에서 누락된 단어 фран는 우리말로 '거리'라는 뜻입니다.

따라서 sales_train과 test 데이터에서 상품ID 0은 57로, 1은 58로, 10은 11로, 39는 40으로
수정하겠습니다. 상점명은 놔두고 상품ID를 수정합니다. 이유는 상점명과 상점ID가 결국 일대일
매칭되고, 상점명은 문자 데이터라 나중에 제거할 예정이기 때문입니다.

```
# sales_train 데이터에서 상점ID 수정
sales_train.loc[sales_train['상점ID'] == 0, '상점ID'] = 57
sales_train.loc[sales_train['상점ID'] == 1, '상점ID'] = 58
sales_train.loc[sales_train['상점ID'] == 10, '상점ID'] = 11
sales_train.loc[sales_train['상점ID'] == 39, '상점ID'] = 40

# test 데이터에서 상점ID 수정
test.loc[test['상점ID'] == 0, '상점ID'] = 57
test.loc[test['상점ID'] == 1, '상점ID'] = 58
test.loc[test['상점ID'] == 10, '상점ID'] = 11
test.loc[test['상점ID'] == 39, '상점ID'] = 40
```

## shops 파생 피처 생성 및 인코딩

이번에는 shops 데이터에서 새로운 피처를 만들고 인코딩까지 해보겠습니다.

9.3.1절에서 확인했듯이 shops에도 상점명이 러시아어로 기록돼 있습니다. 고맙게도 다른 캐글러가 상점명의 첫 단어가 도시라는 사실을 알아냈습니다. 즉, 상점명 첫 단어는 상점이 위치한 도시를 뜻합니다. 상점명을 활용해 도시 피처를 만들 수 있겠군요(분석 정리 6). 상점명 피처를 공백 기준으로 나눈 뒤, 첫 번째 단어를 가져오면 됩니다.

> **Note** 6장에서의 datetime 피처처럼 여러 정보가 혼합된 피처를 쪼개는 예입니다.

```python
shops['도시'] = shops['상점명'].apply(lambda x: x.split()[0])
```

도시 피처가 잘 만들어졌는지 확인해보겠습니다.

```python
shops['도시'].unique()
```

```
array(['!Якутск', 'Адыгея', 'Балашиха', 'Волжский', 'Вологда', 'Воронеж',
       'Выездная', 'Жуковский', 'Интернет-магазин', 'Казань', 'Калуга',
       'Коломна', 'Красноярск', 'Курск', 'Москва', 'Мытищи', 'Н.Новгород',
       'Новосибирск', 'Омск', 'РостовНаДону', 'СПб', 'Самара', 'Сергиев',
       'Сургут', 'Томск', 'Тюмень', 'Уфа', 'Химки', 'Цифровой', 'Чехов',
       'Якутск', 'Ярославль'], dtype=object)
```

그대로 복사해 구글에 검색해보면 러시아 도시명이라는 사실을 알 수 있습니다. 그런데 맨 처음 도시명 앞에 느낌표(!)가 있네요. 특수 문자가 잘못 기재된 것이니 제거하겠습니다. 참고로 Якутск는 '야쿠츠크'라는 도시입니다.

```python
shops.loc[shops['도시'] =='!Якутск', '도시'] = 'Якутск'
```

도시명은 범주형 피처입니다. 머신러닝 모델은 문자를 인식하지 못하므로 숫자로 바꿔야 합니다. 인코딩을 해야겠죠? 여기서는 가장 간단한 레이블 인코딩을 적용하겠습니다.

> **Note** 5.3.1절 '레이블 인코딩'에서 레이블 인코딩은 단점이 있다고 했습니다. 서로 가까운 숫자를 비슷한 데이터로 판단하여 성능을 떨어뜨릴 수 있다는 점이죠. 그런데 트리 기반 모델을 사용할 땐 레이블 인코딩을 해도 큰 지장이 없습니다. 트리 기반 모델 특성상 분기를 반복하면서 피처 정보를 반영하므로 레이블 인코딩의 단점이 어느 정도 무마됩니다.

```
from sklearn.preprocessing import LabelEncoder

# 레이블 인코더 생성
label_encoder = LabelEncoder()
# 도시 피처 레이블 인코딩
shops['도시'] = label_encoder.fit_transform(shops['도시'])
```

상점명 피처를 활용해 도시 피처를 만들어 인코딩까지 마쳤습니다. 이제 상점명 피처는 모델링에 더는 필요가 없습니다. 같은 의미가 상점ID 피처에 내포돼 있기 때문입니다. 그러니 상점명 피처는 제거합니다.

```
# 상점명 피처 제거
shops = shops.drop('상점명', axis=1)

shops.head()
```

▼ 실행 결과

| | 상점ID | 도시 |
|---|---|---|
| 0 | 0 | 29 |
| 1 | 1 | 29 |
| 2 | 2 | 0 |
| 3 | 3 | 1 |
| 4 | 4 | 2 |

최종적으로 shops에는 상점ID와 도시 피처가 남게 되며, 각 상점이 어느 도시에 위치하는지를 나타냅니다.

## items 파생 피처 생성

이번에는 items를 활용해 '첫 판매월' 피처를 구해보겠습니다. items 데이터는 상품명, 상품ID, 상품분류ID를 피처로 갖습니다. 우선, 상품명 역시 상품ID와 일대일 매칭되어 있어서 제거해도 됩니다(분석 정리 8).

```
# 상품명 피처 제거
items = items.drop(['상품명'], axis=1)
```

다음으로 상품이 맨 처음 팔린 월을 피처로 만들어보겠습니다. items 데이터만으로 만들 수는 없어서 sales_train 데이터를 이용하겠습니다. sales_train을 상품ID 기준으로 그룹화한 뒤, 그

그룹에서 월ID 최솟값을 구하면 됩니다. 이게 무슨 말일까요? sales_train 데이터는 판매 내역 데이터입니다. 판매 내역 데이터에서 상품ID가 가장 처음 등장한 날의 월ID를 구하는 겁니다. 해당 상품이 처음 팔린 달을 구하는 거죠. groupby( )와 집계 함수 'min'을 사용해서 첫 판매월 피처를 구해보 겠습니다.

> **Note** 첫 판매월 피처는 모델링에 직접 사용하지 않고, 추후 다른 피처를 만들 때 활용됩니다.

```
# 상품이 맨 처음 팔린 날을 피처로 추가
items['첫 판매월'] = sales_train.groupby('상품ID').agg({'월ID': 'min'})['월ID']

items.head()
```

▼ 실행 결과

| | 상품ID | 상품분류ID | 첫 판매월 |
|---|---|---|---|
| 0 | 0 | 40 | 20.0 |
| 1 | 1 | 76 | 15.0 |
| 2 | 2 | 40 | 19.0 |
| 3 | 3 | 40 | 18.0 |
| 4 | 4 | 40 | 20.0 |

첫 판매월 피처가 잘 추가됐네요. 그런데 이 피처에 결측값 이 있습니다.

```
items[items['첫 판매월'].isna()]
```

▼ 실행 결과

| | 상품ID | 상품분류ID | 첫 판매월 |
|---|---|---|---|
| 83 | 83 | 40 | NaN |
| 140 | 140 | 45 | NaN |
| 168 | 168 | 44 | NaN |
| 173 | 173 | 45 | NaN |
| 204 | 204 | 44 | NaN |
| ... | ... | ... | ... |
| 21974 | 21974 | 61 | NaN |
| 21975 | 21975 | 61 | NaN |
| 22022 | 22022 | 40 | NaN |
| 22035 | 22035 | 40 | NaN |
| 22137 | 22137 | 40 | NaN |

368 rows × 3 columns

결측값이 368개나 있군요. 여기서 결측값은 무엇을 의 미할까요? 해당 상품이 한 번도 판매된 적이 없다는 뜻 입니다. 이 결측값은 어떻게 처리해야 할까요?

훈련 데이터는 2013년 1월부터 2015년 10월까지의 판매 내역입니다. 월ID는 0부터 33입니다. 테스트 데이터는 2015년 11월 판매 내역입니다. 월ID는 34죠. 2013년 1월부터 2015년 10월까지 한 번도 팔리지 않은 상품이 있다면 그 상품이 처음 팔린 달을 2015년 11월이라고 가정해도 됩니다. 첫 판매월 피처의 결측값을 34로 대체하면 된다는 말입니다.

물론 2015년 11월에도 안 팔릴 수 있습니다. 하지만 그건 문제되지 않습니다. 어차피 테스트 데이터에 없는 상품이면 아예 고려 대상이 아니기 때문이죠(테스트 데이터에도 없다는 말은 2015년 11월에도 안 팔렸다는 뜻입니다). 고려 대상이 아닌 데이터의 첫 판매월이 34든 다른 값이든 문제되지 않습니다.[5]

▼ 첫 판매월 결측값을 34로 대체(예시)

| 훈련 데이터 | | | 훈련 데이터 | | | 테스트 데이터 | |
|---|---|---|---|---|---|---|---|
| 상품ID | 첫 판매월 | | 상품ID | 첫 판매월 | | 상품ID | 첫 판매월 |
| 0 | NaN | | 0 | 34 | | 0 | 34 |
| 1 | 15 | | 1 | 15 | | 1 | 15 |
| 2 | NaN | 결측값을 34로 대체 | 2 | 34 | | 2 | 34 |
| 3 | 17 | | 3 | 17 | | 3 | 17 |
| 4 | NaN | | 4 | 34 | | | |

상품ID가 4인 상품이 테스트 데이터에 없어도, 즉 2015년 11월에 팔리지 않았어도 문제되지 않음

따라서 첫 판매월 피처의 결측값을 34로 대체하겠습니다.

```
# 첫 판매월 피처의 결측값을 34로 대체
items['첫 판매월'] = items['첫 판매월'].fillna(34)
```

### item_categories 파생 피처 생성 및 인코딩

이번엔 item_categories에서 '대분류'라는 파생 피처를 만들고, 이를 인코딩해보겠습니다. item_categories는 상품분류명을 담고 있습니다. 역시 러시아어인데, 상품분류명의 첫 단어가

---

5  물론 본 경진대회에 한해서 문제가 없다는 말입니다. 본 경진대회는 2015년 11월 판매량만 예측하면 되기 때문입니다.

범주 대분류라는 점을 이번에도 다른 캐글러가 발견했습니다. 이를 참고해서 대분류를 추출하겠습니다(분석 정리 6).

예컨대 고양이, 호랑이, 사자는 고양이과 동물이고 개, 늑대, 여우는 개과 동물입니다. 고양이과 동물과 개과 동물을 합쳐서 포유류라는 더 큰 범주로 간주할 수 있습니다. 이처럼 상품분류를 더 큰 범주로 묶는 작업을 하는 것입니다. 범주가 많을 때는 몇 가지로 묶어 더 큰 범주로 만드는 걸 고려해볼 수 있습니다. 전체 데이터 개수는 고정되어 있으므로 범주형 데이터가 지나치게 세밀하면, 자연스럽게 각 범주에 해당하는 데이터의 절대 개수가 적어져서 제대로 훈련되지 못할 수 있습니다. 이럴 때 큰 범주로 묶으면 범주별 훈련 데이터 수가 많아져서 대분류 수준에서는 예측 정확도가 높아지는 거죠. 따라서 큰 범주로 묶으면 범주가 지나치게 세밀할 때보다 성능 향상에 유리할 수 있습니다.

상점명에서 도시명을 추출한 코드와 같은 방식으로 상품분류명에서 대분류 피처를 추출해보겠습니다.

```
# 상품분류명의 첫 단어를 대분류로 추출
item_categories['대분류'] = item_categories['상품분류명'].apply(lambda x:
                                                    x.split()[0])
```

새로 만든 대분류 피처의 고윳값 개수를 출력해봅시다.

```
item_categories['대분류'].value_counts()
```

| | |
|---|---|
| Игры | 14 |
| Книги | 13 |
| Подарки | 12 |
| Игровые | 8 |
| Аксессуары | 7 |
| Музыка | 6 |
| Программы | 6 |
| Карты | 5 |
| Кино | 5 |
| Чистые | 2 |
| Служебные | 2 |
| Билеты | 1 |
| PC | 1 |

```
Доставка        1
Элементы        1
Name: 대분류, dtype: int64
```

참고로 고윳값 개수가 가장 많은 Игры은 '게임', Книги은 '책', Подарки은 '선물'을 뜻합니다.

여기서 고윳값이 5개 미만인 대분류는 모두 'etc'로 바꾸겠습니다. 대분류 하나가 범주를 일정 개수 이상을 갖는 게 성능 향상에 유리하기 때문입니다.

```python
def make_etc(x):
    if len(item_categories[item_categories['대분류']==x]) >= 5:
        return x
    else:
        return 'etc'

# 대분류의 고윳값 개수가 5개 미만이면 'etc'로 바꾸기
item_categories['대분류'] = item_categories['대분류'].apply(make_etc)
```

처리가 잘 됐는지 item_categories.head( )를 출력해봅니다.

▼ 대분류 피처 생성 후 item_categories.head() 출력

| | 상품분류명 | 상품분류ID | 대분류 |
|---|---|---|---|
| **0** | PC - Гарнитуры/Наушники | 0 | etc |
| **1** | Аксессуары - PS2 | 1 | Аксессуары |
| **2** | Аксессуары - PS3 | 2 | Аксессуары |
| **3** | Аксессуары - PS4 | 3 | Аксессуары |
| **4** | Аксессуары - PSP | 4 | Аксессуары |

이어서 범주형 피처인 대분류를 인코딩하고, 더 이상 필요 없는 상품분류명 피처는 제거하겠습니다.

```python
# 레이블 인코더 생성
label_encoder = LabelEncoder()

# 대분류 피처 레이블 인코딩
item_categories['대분류'] = \
label_encoder.fit_transform(item_categories['대분류'])
```

```
# 상품분류명 피처 제거
item_categories = item_categories.drop('상품분류명', axis=1)
```

이번 절에서 각 데이터에 적용한 피처 엔지니어링은 다음과 같습니다.

▼ 각 데이터에 적용한 피처 엔지니어링

| 데이터 | 적용한 피처 엔지니어링 |
|---|---|
| sales_train | • 이상치 제거<br>• 상품ID 네 쌍 수정 |
| shops | • 상점명 피처를 활용해 도시 피처 새로 추가<br>• 범주형 데이터인 도시 피처 인코딩<br>• 상점명 피처 제거 |
| items | • 첫 판매월 피처 추가<br>• 결측값을 34로 대체 |
| item_categories | • 대분류 피처 추가<br>• 고윳값 개수 5개 미만인 대분류 값을 'etc'로 변경<br>• 대분류 피처 인코딩 |

## 9.4.3 피처 엔지니어링 III : 데이터 조합 및 파생 피처 생성

이번에도 베이스라인과 마찬가지로 먼저 데이터 조합을 생성합니다. 그런 다음 월간 판매량, 평균 판매가, 판매건수 피처를 만듭니다.

### 데이터 조합

베이스라인과 같은 방식으로 월ID, 상점ID, 상품ID 조합을 생성합니다.

```
from itertools import product

train = []
# 월ID, 상점ID, 상품ID 조합 생성
for i in sales_train['월ID'].unique():
    all_shop = sales_train.loc[sales_train['월ID']==i, '상점ID'].unique()
    all_item = sales_train.loc[sales_train['월ID']==i, '상품ID'].unique()
```

```
    train.append(np.array(list(product([i], all_shop, all_item))))

idx_features = ['월ID', '상점ID', '상품ID'] # 기준 피처
train = pd.DataFrame(np.vstack(train), columns=idx_features)
```

## 파생 피처 생성

이번에는 총 3개의 피처를 새로 만들겠습니다.

먼저 월ID, 상점ID, 상품ID별 '월간 판매량'과 '평균 판매가' 피처를 만듭니다. 베이스라인에서는 타깃값인 월간 판매량만 만들었지만, 여기서는 평균 판매가도 만듭니다. 다양한 파생 피처를 만들기 위해서입니다.

```
group = sales_train.groupby(idx_features).agg({'판매량': 'sum',
                                               '판매가': 'mean'})
group = group.reset_index()
group = group.rename(columns={'판매량': '월간 판매량', '판매가': '평균 판매가'})

train = train.merge(group, on=idx_features, how='left')

train.head()
```

▼ 실행 결과

|   | 월ID | 상점ID | 상품ID | 월간 판매량 | 평균 판매가 |
|---|------|--------|--------|-------------|-------------|
| 0 | 0    | 59     | 22154  | 1.0         | 999.0       |
| 1 | 0    | 59     | 2552   | NaN         | NaN         |
| 2 | 0    | 59     | 2554   | NaN         | NaN         |
| 3 | 0    | 59     | 2555   | NaN         | NaN         |
| 4 | 0    | 59     | 2564   | NaN         | NaN         |

타깃값인 월간 판매량과 새로운 파생 피처인 평균 판매가를 추가했습니다. 그런데 결측값이 있네요. 결측값이 있다는 건 판매량과 판매가가 0이라는 뜻입니다. 나중에 결측값은 0으로 대체하겠습니다. 여기서 group은 임시로 만든 변수이므로 가비지 컬렉션을 해줍니다.

```
import gc

# group 변수 가비지 컬렉션
del group
gc.collect()
```

세 번째로 만들 파생 피처는 '기준 피처별 상품 판매건수'입니다. 상품 월간 판매량과는 다른 개념입니다. 상품 판매량이 엊그제 3개, 어제 0개, 오늘 2개라면 월간 판매량은 5개지만, 판매건수는 2건입니다. 당일에 한 번이라도 판매했다면 건수가 1건이고, 판매를 못 했다면 0건입니다. 집계 함수로 count를 써서 기준 피처별 상품 판매건수를 구할 수 있습니다.

```
# 상품 판매건수 피처 추가
group = sales_train.groupby(idx_features).agg({'판매량': 'count'})
group = group.reset_index()
group = group.rename(columns={'판매량': '판매건수'})

train = train.merge(group, on=idx_features, how='left')

# 가비지 컬렉션
del group, sales_train
gc.collect()

train.head()
```

▼ 실행 결과

| | 월ID | 상점ID | 상품ID | 월간 판매량 | 평균 판매가 | 판매건수 |
|---|---|---|---|---|---|---|
| 0 | 0 | 59 | 22154 | 1.0 | 999.0 | 1.0 |
| 1 | 0 | 59 | 2552 | NaN | NaN | NaN |
| 2 | 0 | 59 | 2554 | NaN | NaN | NaN |
| 3 | 0 | 59 | 2555 | NaN | NaN | NaN |
| 4 | 0 | 59 | 2564 | NaN | NaN | NaN |

이상으로 train에 월간 판매량, 평균 판매가, 판매건수를 추가했습니다. 판매건수의 결측값도 뒤에서 0으로 대체하겠습니다.

## 9.4.4 피처 엔지니어링 IV : 데이터 합치기

테스트 데이터를 이어붙이고, 9.4.2절에서 피처 엔지니어링한 sales_train, shops, items, item_categories 데이터를 병합하겠습니다.

### 테스트 데이터 이어붙이기

이제 train에 테스트 데이터를 이어붙입니다. 코드는 베이스라인과 똑같습니다.

```python
# 테스트 데이터 월ID를 34로 설정
test['월ID'] = 34

# train과 test 이어붙이기
all_data = pd.concat([train, test.drop('ID', axis=1)],
                     ignore_index=True,
                     keys=idx_features)
# 결측값을 0으로 대체
all_data = all_data.fillna(0)

all_data.head()
```

▼ 실행 결과

|   | 월ID | 상점ID | 상품ID | 월간 판매량 | 평균 판매가 | 판매건수 |
|---|------|--------|--------|-------------|-------------|----------|
| 0 | 0 | 59 | 22154 | 1.0 | 999.0 | 1.0 |
| 1 | 0 | 59 | 2552 | 0.0 | 0.0 | 0.0 |
| 2 | 0 | 59 | 2554 | 0.0 | 0.0 | 0.0 |
| 3 | 0 | 59 | 2555 | 0.0 | 0.0 | 0.0 |
| 4 | 0 | 59 | 2564 | 0.0 | 0.0 | 0.0 |

train에 test를 이어붙여 all_data를 만들었습니다.

### 모든 데이터 병합

all_data에 shops, items, item_categories 데이터를 병합합니다(분석 정리 4). 이어서 데이터 다운캐스팅까지 같이 해주겠습니다. 이번 코드도 베이스라인과 같습니다.

```python
# 나머지 데이터 병합
all_data = all_data.merge(shops, on='상점ID', how='left')
```

```
all_data = all_data.merge(items, on='상품ID', how='left')
all_data = all_data.merge(item_categories, on='상품분류ID', how='left')

# 데이터 다운캐스팅
all_data = downcast(all_data)
```
**64.6% 압축됨**

shops, items, item_categories는 all_data에 병합됐으니 더 이상 필요 없습니다. 그러니 가비지 컬렉션을 해줍니다.

```
# 가비지 컬렉션
del shops, items, item_categories
gc.collect();
```

## 9.4.5 피처 엔지니어링 V : 시차 피처 생성

이번에는 시차 피처를 만들어볼 계획입니다. **시차 피처**time lag feature란 과거 시점에 관한 피처로, 성능 향상에 도움되는 경우가 많아서 시계열 문제에서 자주 만드는 파생 피처입니다. 그러니 시차 피처 만드는 법을 잘 알아두면 좋겠죠?

> **Note** 시차 피처는 시계열 문제의 성능 향상에 도움되는 경우가 많습니다.

시차 피처를 만들려면 기준으로 삼을 피처를 먼저 정해야 합니다. 이번 경진대회라면 타깃값과 관련된 '월간 평균 판매량'이 좋겠네요. 그렇기 때문에 시차 피처를 구하기에 앞서 '기준 피처별 월간 평균 판매량' 피처를 만들어야 합니다. 여러 기준 피처별 월간 평균 판매량 피처를 구한 뒤, 이 피처를 징검다리 삼아 시차 피처를 만들 계획입니다.

▼ 시차 피처 생성 절차

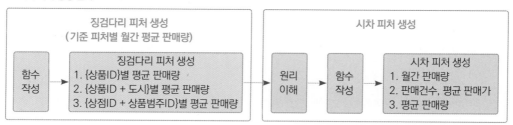

그럼 먼저 '월간 평균 판매량' 피처를 만들어볼까요?

## 기준 피처별 월간 평균 판매량 파생 피처 생성

월간 평균 판매량을 구할 때 기준 피처는 다양하게 정할 수 있습니다. 예를 들어 상점별 월간 평균 판매량, 상품별 월간 평균 판매량, 각 상점의 상품별 월간 평균 판매량 등 다양하죠.

기준 피처로 그룹화해 월간 평균 판매량을 구해주는 함수를 만들어보겠습니다. 파라미터는 총 3 개입니다.

- **df** : 작업할 전체 데이터(DataFrame)
- **mean_features** : 새로 만든 월간 평균 판매량 파생 피처명을 저장하는 리스트
- **idx_features** : 기준 피처

여기서 기준 피처의 첫 번째 요소는 반드시 '월ID'여야 합니다. '월간' 평균 판매량 파생 피처를 만들 것이기 때문이죠. 그리고 기준 피처 개수는 2개나 3개로 설정했습니다. 기준 피처 개수가 많으면 과도하게 세분화되기 때문입니다.

```python
def add_mean_features(df, mean_features, idx_features):
    # 기준 피처 확인 ❶
    assert (idx_features[0] == '월ID') and \
            len(idx_features) in [2, 3]

    # 파생 피처명 설정 ❷
    if len(idx_features) == 2:
        feature_name = idx_features[1] + '별 평균 판매량'
    else:
        feature_name = idx_features[1] + ' ' + idx_features[2] + '별 평균 판매량'

    # 기준 피처를 토대로 그룹화해 월간 평균 판매량 구하기 ❸
    group = df.groupby(idx_features).agg({'월간 판매량': 'mean'})
    group = group.reset_index()
    group = group.rename(columns={'월간 판매량': feature_name})

    # df와 group 병합 ❹
    df = df.merge(group, on=idx_features, how='left')
    # 데이터 다운캐스팅 ❺
    df = downcast(df, verbose=False)
```

```
    # 새로 만든 feature_name 피처명을 mean_features 리스트에 추가 ❻
    mean_features.append(feature_name)

    # 가비지 컬렉션 ❼
    del group
    gc.collect()

    return df, mean_features # ❽
```

❶ 기준 피처의 첫 번째 요소가 '월ID'가 맞는지, 기준 피처 개수가 2개 혹은 3개인지 확인합니다. 아닐 경우 오류를 발생시킵니다.

❷ 파생 피처명을 설정합니다. 기준 피처 개수가 2개일 때와 3개일 때로 나눠 설정했습니다.

❸ 기준 피처를 토대로 그룹화해 월간 평균 판매량을 구합니다. 이렇게 구한 파생 피처의 이름은 ❷에서 정의한 feature_name으로 설정합니다.

❹ '원본 데이터인 df'와 '❸에서 구한 group'을 병합합니다. 병합할 때 기준이 되는 피처는 idx_features이며, 병합 조건은 'left'입니다. 원본 데이터를 기준으로 병합해야 해서 병합 조건이 'left'인 겁니다. 이로써 파생 피처가 원본 데이터에 추가됩니다.

❺ 이어서 데이터를 다운캐스팅합니다. downcast( ) 함수의 두 번째 파라미터 verbose에 False를 전달하면 몇 퍼센트 압축됐다는 문구를 출력하지 않습니다.

❻ 새로 만든 파생 피처명을 mean_features 리스트에 추가합니다. 추후 시차 피처를 만드는 데 사용하기 위해서입니다.

❼ 마지막으로 가비지 컬렉션을 합니다. ❽ 최종 반환값은 파생 피처가 추가된 df와 파생 피처명이 추가된 mean_features입니다.

지금까지 add_mean_features( ) 함수의 기능과 구현을 알아봤습니다. 그럼 이 함수를 이용해 기준 피처별 월간 평균 판매량 파생 피처를 만들어볼까요?

먼저 ['월ID', '상품ID']로 그룹화한 월간 평균 판매량과 ['월ID', '상품ID', '도시']로 그룹화한 월간 평균 판매량을 만들겠습니다. 기준 피처가 ['월ID', '상품ID']와 ['월ID', '상품ID', '도시']라는 말입니다.

**Note** 어떤 피처를 기준으로 그룹화해야 예측 성능이 좋아지는지 미리 확실하게 알 수는 없습니다. 다른 기준 피처로 그룹화해서 새로운 파생 피처를 만들 수도 있으니 창의력을 발휘해서 더 나은 파생 피처를 만들어보세요.

```
# 그룹화 기준 피처 중 '상품ID'가 포함된 파생 피처명을 담을 리스트
item_mean_features = []

# ['월ID', '상품ID']로 그룹화한 월간 평균 판매량 파생 피처 생성 ①
all_data, item_mean_features = add_mean_features(df=all_data,
                                    mean_features=item_mean_features,
                                    idx_features=['월ID', '상품ID'])

# ['월ID', '상품ID', '도시']로 그룹화한 월간 평균 판매량 파생 피처 생성 ②
all_data, item_mean_features = add_mean_features(df=all_data,
                                    mean_features=item_mean_features,
                                    idx_features=['월ID', '상품ID', '도시'])
```

item_mean_features는 '기준 피처에 상품ID를 포함하는 파생 피처명'을 저장하는 리스트입니다. 추후 이 리스트에 저장된 파생 피처명을 활용해 추가적인 피처 엔지니어링(시차 피처 생성)을 적용할 예정입니다.

여기서 생성한 파생 피처는 ① '상품ID별 평균 판매량'과 ② '상품ID 도시별 평균 판매량'입니다. add_mean_features( )를 실행하면 '상품ID별 평균 판매량'과 '상품ID 도시별 평균 판매량' 피처가 각각 all_data에 추가됩니다. item_mean_features에 파생 피처명이 잘 추가됐는지 봅시다.

```
item_mean_features
```

```
['상품ID별 평균 판매량', '상품ID 도시별 평균 판매량']
```

이번에는 ['월ID', '상점ID', '상품분류ID']를 기준 피처로 그룹화해 월간 평균 판매량을 구해보겠습니다. 파생 피처명은 '상점ID 상품분류ID별 평균 판매량'이 되겠죠?

```
# 그룹화 기준 피처 중 '상점ID'가 포함된 파생 피처명을 담을 리스트
shop_mean_features = []

# ['월ID', '상점ID', '상품분류ID']로 그룹화한 월간 평균 판매량 파생 피처 생성
all_data, shop_mean_features = add_mean_features(df=all_data,
                                  mean_features=shop_mean_features,
                                  idx_features=['월ID', '상점ID', '상품분류ID'])
```

보다시피 기준 피처 중 '상점ID'를 포함한 파생 피처명은 shop_mean_features 리스트에 따로 담았습니다(앞서 '상품ID'를 포함한 파생 피처명은 item_mean_features 리스트에 담았습니다). 추후 시차 피처를 만들 때 경우를 나눠 생성할 예정이기 때문입니다.

shop_mean_features

```
['상점ID 상품분류ID별 평균 판매량']
```

새로운 파생 피처 '상점ID 상품분류ID별 평균 판매량'을 잘 생성했네요.

### 시차 피처 생성 원리 및 함수 구현

지금까지 만든 기준 피처별 월간 평균 판매량 피처는 다음과 같습니다.

1 {상품ID}별 평균 판매량
2 {상품ID + 도시}별 평균 판매량
3 {상점ID + 상품분류ID}별 평균 판매량

이제 이 세 징검다리 피처를 활용해 시차 피처를 구해보겠습니다. 앞서 언급했듯이 시차 피처는 시계열 문제에서 자주 사용하는 파생 피처입니다. 현시점 데이터에 과거 시점 데이터를 추가한다는 개념입니다. 과거 시점 데이터는 향후 판매량 예측에 유용하기 때문에 사용합니다. 시차 피처는 한 달 전, 두 달 전, 세 달 전 등 원하는 시점까지 생성할 수 있습니다. 하지만 시점이 너무 과거면 예측력이 오히려 떨어질 수 있으므로 여기서는 세 달 전까지만 만들겠습니다.

시차 피처 생성 절차는 다음과 같습니다. 한 달 전 시차 피처 생성을 예로 설명해보죠. 준비한 그림과 비교해가며 차근차근 읽어보시기 바랍니다.

▼ 시차 피처 생성 원리

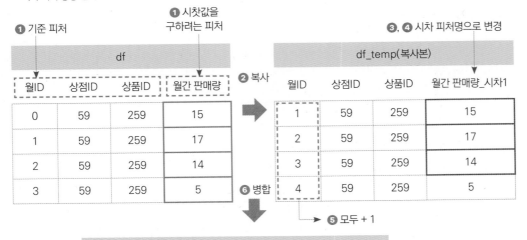

1 기준 피처와 '시찻값을 구하려는 피처'를 정합니다. 여기서는 기준 피처를 '월ID', '상점ID', '상품ID'로 정하고, 시찻값을 구하려는 피처를 '월간 판매량'으로 정했습니다.

2 원본 데이터인 df에서 기준 피처와 월간 판매량 피처만 추출해 복사본을 만듭니다. 이 복사본을 df_temp라고 정의합니다.

3 새로 만들 시차 피처명을 정합니다. '월간 판매량_시차1'로 정했습니다.

4 df_temp에서 '월간 판매량' 피처명을 '월간 판매량_시차1'로 바꿉니다.

5 df_temp의 '월ID' 피처에 1을 더합니다(한 달 시차를 생성하는 작업).

6 기준 피처를 토대로 df와 df_temp를 병합합니다.

이렇게 하면 df에 한 달 전 시차 피처가 생성됩니다. df에는 월간 판매량뿐만 아니라 한 달 전 월간 판매량까지 있는 거죠.

다음의 add_lag_features( )는 방금 설명한 원리를 적용해 만든 시차 피처를 추가하는 함수입니다. 파라미터는 다음과 같습니다.

- **df** : 원본 데이터
- **lag_features_to_clip** : '값의 범위를 0~20 사이로 제한할 피처'를 담을 리스트. 판매량 관련 피처가 해당(9.1절 참고)
- **idx_features** : 기준 피처
- **lag_feature** : 시차를 만들 피처
- **nlags** : 시차
  - 1 = 한 달 전 시차 피처만 생성
  - 2 = 한 달 전, 두 달 전 시차 피처 생성
  - 3 = 한 달 전, 두 달 전, 세 달 전 시차 피처를 모두 생성
- **clip** : 새로 만든 시차 피처를 lag_features_to_clip 리스트에 저장할지 여부(True 혹은 False). lag_features_to_clip 리스트에 들어 있는 피처 값은 나중에 0~20 사이로 제한됨

```
def add_lag_features(df, lag_features_to_clip, idx_features,
                     lag_feature, nlags=3, clip=False):
    # 시차 피처 생성에 필요한 DataFrame 부분만 복사 ❶
    df_temp = df[idx_features + [lag_feature]].copy()

    # 시차 피처 생성 ❷
    for i in range(1, nlags+1):
        # 시차 피처명 ❸
        lag_feature_name = lag_feature +'_시차' + str(i)
        # df_temp 열 이름 설정 ❹
        df_temp.columns = idx_features + [lag_feature_name]
        # df_temp의 date_block_num 피처에 1 더하기 ❺
        df_temp['월ID'] += 1
        # idx_feature를 기준으로 df와 df_temp 병합하기 ❻
        df = df.merge(df_temp.drop_duplicates(),
                      on=idx_features,
                      how='left')
        # 결측값 0으로 대체 ❼
        df[lag_feature_name] = df[lag_feature_name].fillna(0)
```

```
            # 0~20 사이로 제한할 시차 피처명을 lag_features_to_clip에 추가 ❽
        if clip:
            lag_features_to_clip.append(lag_feature_name) ────────── ❷

    # 데이터 다운캐스팅 ❾
    df = downcast(df, False)
    # 가비지 컬렉션
    del df_temp
    gc.collect()

    return df, lag_features_to_clip  # ❿
```

❶ 먼저 원본 데이터인 df에서 원하는 피처만 추출해 복사본을 만듭니다. 기준 피처인 idx_features와 시차 적용 피처인 lag_feature만 추출했습니다. 이때 idx_features는 리스트 타입이고, lag_feature는 문자열 타입입니다. 리스트와 문자열은 바로 합칠 수 없습니다. 그래서 idx_features + [lag_feature]와 같이 합쳤습니다. 이렇게 원하는 피처만 추출한 데이터의 복사본을 만들어(copy( ) 메서드) df_temp에 저장했습니다.

❷ 이어서 nlags 인수의 값만큼 for문을 돌며 시차 피처를 생성합니다.

❸ 새로 만들 시차 피처명을 지정합니다.

❹ df_temp의 열 이름도 설정합니다. lag_feature 피처명을 ❸에서 만든 lag_feature_name 으로 바꾼 겁니다. 새로 만들 시차 피처명으로 바꾼 거죠.

❺ 다음으로 df_temp의 월ID 피처에 1을 더합니다. 이는 시차 피처를 만드는 핵심 역할을 합니다. 나머지 피처값은 그대로지만 월(월ID)이 한 달씩 밀린 겁니다. 왜 한 달씩 미룰까요? 그래야 앞의 '피처 생성 원리' 그림처럼 한 달 전 시차 피처를 만들 수 있기 때문이죠. for문을 순회하여 1이 누적되면서 두 달 전, 세 달 전 시차 피처까지 만들게 됩니다. df와 df_temp를 idx_features 기준으로 병합하면 한 달 전 시차 피처들을 만들 수 있습니다.

❻ df와 df_temp를 병합합니다. df_temp에 중복된 행이 있을 수 있으니 drop_duplicates( ) 함수로 중복된 행은 제거한 뒤 병합합니다.

한편 병합할 때 매달 데이터가 반드시 있는 건 아니므로 한 달 전 피처가 없을 수도 있습니다. 그런 경우에는 병합 후 시차 피처에 결측값이 생깁니다. 이 결측값을 ❼에서 0으로 대체합니다.

❽ clip 인수가 True면 방금 만든 시차 피처명을 lag_features_to_clip 리스트에 추가합니다. 이상으로 시차 피처 생성을 마쳤습니다.

❾ 그런 다음 데이터 다운캐스팅을 하고, 가비지 컬렉션까지 마칩니다.

❿ 최종적으로 시차 피처가 추가된 DataFrame과 0~20 사이로 제한할 시차 피처명이 저장된 lag_features_to_clip을 반환합니다.

코드가 조금 복잡하죠? 앞서 설명한 절차와 코드를 다시 보면서 꼭 숙지하시기 바랍니다. 시계열 문제에서 시차 피처를 만드는 데 자주 활용하는 방법이니, 알아두면 다른 시계열 문제를 다룰 때도 응용할 수 있습니다.

이제부터 이 함수를 이용해 몇 가지 시차 피처를 생성하겠습니다.

### 시차 피처 생성 I : 월간 판매량

기준 피처는 '월ID', '상점ID', '상품ID'로 하여 월간 판매량의 세 달치 시차 피처를 만들어보죠. clip=True를 전달해 세 달치 시차 피처를 lag_features_to_clip 리스트에 저장해두겠습니다. 월간 판매량은 타깃값이므로 0~20 사이로 제한해야 하기 때문입니다.

```python
lag_features_to_clip = [] # 0~20 사이로 제한할 시차 피처명을 담을 리스트
idx_features = ['월ID', '상점ID', '상품ID'] # 기준 피처

# idx_features를 기준으로 월간 판매량의 세 달치 시차 피처 생성
all_data, lag_features_to_clip = add_lag_features(df=all_data,
                                    lag_features_to_clip=lag_features_to_clip,
                                    idx_features=idx_features,
                                    lag_feature='월간 판매량',
                                    nlags=3,
                                    clip=True) # 값을 0~20 사이로 제한
```

시차 피처가 잘 만들어졌는지 봅시다. 피처가 많아서 행과 열을 바꿔 출력하겠습니다. DataFrame의 행과 열을 바꿔 출력하려면 T 메서드를 사용하면 된다는 점 기억하시죠?

```python
all_data.head().T
```

| | 0 | 1 | 2 | 3 | 4 |
|---|---|---|---|---|---|
| 월ID | 0.000000 | 0.000000 | 0.000000 | 0.000000 | 0.000000 |
| 상점ID | 59.000000 | 59.000000 | 59.000000 | 59.000000 | 59.000000 |
| 상품ID | 22154.000000 | 2552.000000 | 2554.000000 | 2555.000000 | 2564.000000 |
| 월간 판매량 | 1.000000 | 0.000000 | 0.000000 | 0.000000 | 0.000000 |
| 평균 판매가 | 999.000000 | 0.000000 | 0.000000 | 0.000000 | 0.000000 |
| 판매건수 | 1.000000 | 0.000000 | 0.000000 | 0.000000 | 0.000000 |
| 도시 | 30.000000 | 30.000000 | 30.000000 | 30.000000 | 30.000000 |
| 상품분류ID | 37.000000 | 58.000000 | 58.000000 | 56.000000 | 59.000000 |
| 첫 판매월 | 0.000000 | 0.000000 | 0.000000 | 0.000000 | 0.000000 |
| 대분류 | 5.000000 | 7.000000 | 7.000000 | 7.000000 | 7.000000 |
| 상품ID별 평균 판매량 | 0.400000 | 0.022222 | 0.022222 | 0.044444 | 0.111111 |
| 상품ID 도시별 평균 판매량 | 1.000000 | 0.000000 | 0.000000 | 0.000000 | 0.000000 |
| 상점ID 상품분류ID별 평균 판매량 | 0.088496 | 0.000000 | 0.000000 | 0.008333 | 0.011976 |
| 월간 판매량_시차1 | 0.000000 | 0.000000 | 0.000000 | 0.000000 | 0.000000 |
| 월간 판매량_시차2 | 0.000000 | 0.000000 | 0.000000 | 0.000000 | 0.000000 |
| 월간 판매량_시차3 | 0.000000 | 0.000000 | 0.000000 | 0.000000 | 0.000000 |

월간 판매량_시차1, 월간 판매량_시차2, 월간 판매량_시차3 피처가 잘 만들어졌습니다. nlags=3이니 시차 피처를 3개 만든 것입니다.

새로 만든 세 피처의 이름은 lag_features_to_clip에 저장돼 있습니다.

```
lag_features_to_clip
```

```
['월간 판매량_시차1', '월간 판매량_시차2', '월간 판매량_시차3']
```

### 시차 피처 생성 II : 판매건수, 평균 판매가

이어서 판매건수와 평균 판매가의 시차 피처도 만들겠습니다. 판매건수와 평균 판매가는 타깃값이 아니라서 0~20 사이로 제한할 필요가 없습니다. 그렇기 때문에 clip 파라미터는 생략했습니다(기본값이 False).

```
# idx_features를 기준으로 판매건수 피처의 세 달치 시차 피처 생성
all_data, lag_features_to_clip = add_lag_features(df=all_data,
```

```
                                              lag_features_to_clip=lag_features_to_clip,
                                              idx_features=idx_features,
                                              lag_feature='판매건수',
                                              nlags=3)

# idx_features를 기준으로 평균 판매가 피처의 세 달치 시차 피처 생성
all_data, lag_features_to_clip = add_lag_features(df=all_data,
                                              lag_features_to_clip=lag_features_to_clip,
                                              idx_features=idx_features,
                                              lag_feature='평균 판매가',
                                              nlags=3)
```

## 시차 피처 생성 III : 평균 판매량

이번에는 다른 시차 피처를 만들어보겠습니다. 앞서 평균 판매량 피처를 만들 때 item_mean_ features와 shop_mean_features에 평균 판매량 피처를 저장한 것 기억하시죠? 두 리스트에 저장된 평균 판매량 피처를 활용해서도 시차 피처를 만들 수 있습니다.

item_mean_features에는 '상품ID별 평균 판매량'과 '상품ID 도시별 평균 판매량'이 저장돼 있습니다. 먼저 두 피처값에 대해서 시차 피처를 생성하겠습니다. item_mean_features를 순회하며 시차 피처를 만들어보죠. 다음 코드는 '월ID', '상점ID', '상품ID' 기준으로 '상품ID별 평균 판매량'과 '상품ID 도시별 평균 판매량'의 시차 피처를 만듭니다.

```
# idx_features를 기준으로 item_mean_features 요소별 시차 피처 생성
for item_mean_feature in item_mean_features:
    all_data, lag_features_to_clip = add_lag_features(df=all_data,
                                              lag_features_to_clip=lag_features_to_clip,
                                              idx_features=idx_features,
                                              lag_feature=item_mean_feature,
                                              nlags=3,
                                              clip=True) # 값을 0~20 사이로 제한
# item_mean_features 피처 제거
all_data = all_data.drop(item_mean_features, axis=1)
```

시차 피처를 만든 후에는 all_data에서 item_mean_features에 저장된 피처들을 제거했습니다. 이 피처들은 시차 피처를 만드는 데 필요할 뿐 모델링에 사용하진 않기 때문입니다.

다음으로 shop_mean_features를 활용해 시차 피처를 구해보죠. shop_mean_features 에는 '상점 상품분류ID별 평균 판매량' 피처가 저장돼 있습니다. 요소가 한 개라서 반복문을 순회할 필요는 없습니다. 그렇지만 다른 파생 피처를 더 만들 경우에 대비해 반복문으로 코드를 짰습니다. 이번에는 기준 피처를 '월ID', '상점ID', '상품분류ID'로 했습니다. 기준 피처를 idx_features로 해도 문제 없습니다. 단지 기준 피처를 다르게 잡아본 겁니다(파생 피처 만드는 방식에는 정답이 없다고 했죠?).

```
# ['월ID', '상점ID', '상품분류ID']를 기준으로
# shop_mean_features 요소별 시차 피처 생성
for shop_mean_feature in shop_mean_features:
    all_data, lag_features_to_clip = add_lag_features(df=all_data,
                                    lag_features_to_clip=lag_features_to_clip,
                                    idx_features=['월ID', '상점ID', '상품분류ID'],
                                    lag_feature=shop_mean_feature,
                                    nlags=3,
                                    clip=True)
# shop_mean_features 피처 제거
all_data = all_data.drop(shop_mean_features, axis=1)
```

이번에도 시차 피처를 생성한 뒤 shop_mean_features 피처는 제거했습니다.

## 시차 피처 생성 마무리 : 결측값 처리

지금까지 시차 피처를 만들었습니다. 모두 세 달 치까지 만들었죠. 자연스럽게 다음 그림처럼 월 ID가 0, 1, 2인 데이터에는 결측값이 생깁니다.

▼ 시차 피처 생성에 따른 결측값

| 월ID | 상점ID | 상품ID | 월간 판매량 | 월간 판매량_시차1 | 월간 판매량_시차2 | 월간 판매량_시차3 |
|------|--------|--------|-------------|-------------------|-------------------|-------------------|
| 0 | 59 | 259 | 15 | NaN | NaN | NaN |
| 1 | 59 | 259 | 17 | 15 | NaN | NaN |
| 2 | 59 | 259 | 14 | 17 | 15 | NaN |
| 3 | 59 | 259 | 5 | 14 | 17 | 15 |
| 4 | 59 | 259 | 21 | 5 | 14 | 17 |

결측값을 없애려면 월ID가 3 미만인 데이터를 제거해야 합니다.

```
# 월ID가 3 미만인 데이터 제거
all_data = all_data.drop(all_data[all_data['월ID'] < 3].index)
```

## 9.4.6 피처 엔지니어링 VI : 기타 피처 엔지니어링

복잡한 과정은 모두 끝났습니다. 이제 간단한 피처 몇 개를 추가하고, 필요 없는 피처는 제거하겠습니다.

### 기타 피처 추가

그 외 추가할 만한 파생 피처는 또 무엇이 있을까요? 총 다섯 가지 피처를 더 추가하겠습니다.

#### 월간 판매량 시차 피처들의 평균

먼저 월간 판매량 시차 피처들의 평균을 구해보겠습니다. 피처명은 '월간 판매량 시차평균'입니다.

```
all_data['월간 판매량 시차평균'] = all_data[['월간 판매량_시차1',
                                      '월간 판매량_시차2',
                                      '월간 판매량_시차3']].mean(axis=1)
```

간단하죠? 파생 피처를 만들 때 단순하게 사칙연산을 이용하기도 합니다. 기존 피처끼리 더하거나 빼거나 곱하거나 나눠서 새로운 피처를 만드는 겁니다.

이 피처도 판매량과 관련되어 있으니 값을 0~20 사이로 조정해야 합니다. 앞서 add_lag_features( ) 함수에서 값을 조정할 피처들을 lag_features_to_clip 리스트에 저장해뒀습니다. 이 리스트에 더해 타깃값인 월간 판매량과 방금 만든 월간 판매량 시차평균 피처를 0~20 사이로 조정하겠습니다. clip( ) 함수를 사용해서요.

```
# 0~20 사이로 값 제한
all_data[lag_features_to_clip + ['월간 판매량', '월간 판매량 시차평균']] = \
all_data[lag_features_to_clip + ['월간 판매량', '월간 판매량 시차평균']].clip(0, 20)
```

## 시차 변화량

이번에는 다음과 같이 나누기 연산으로 시차 변화량 피처를 두 가지 만들겠습니다.

- 시차변화량1 = 월간 판매량_시차1 / 월간 판매량_시차2
- 시차변화량2 = 월간 판매량_시차2 / 월간 판매량_시차3

```
all_data['시차변화량1'] = all_data['월간 판매량_시차1'] \
                         / all_data['월간 판매량_시차2']
all_data['시차변화량1'] = all_data['시차변화량1'].replace([np.inf, -np.inf],
                                               np.nan).fillna(0)

all_data['시차변화량2'] = all_data['월간 판매량_시차2'] \
                         / all_data['월간 판매량_시차3']
all_data['시차변화량2'] = all_data['시차변화량2'].replace([np.inf, -np.inf],
                                               np.nan).fillna(0)
```

코드 중 replace([np.inf, -np.inf], np.nan).fillna(0) 부분은 값을 0으로 나누는 상황을 대처하는 방어 코드입니다. 양수를 0으로 나누면 무한대(np.inf)가 되고, 음수를 0으로 나누면 무한소(-np.inf)가 됩니다. 이런 경우 np.inf와 -np.inf를 0으로 바꾸는 일을 해주죠.

```
                1. 무한대(np.inf)와 무한소(-np.inf)를 np.nan으로 대체

replace([np.inf, -np.inf], np.nan).fillna(0)

                      2. np.nan을 0으로 대체
```

## 신상 여부

이번에는 신상품인지 여부를 나타내는 피처입니다. 첫 판매월이 현재 월과 같다면 신상품이겠죠. 이 로직을 이용해 간단하게 '신상여부' 피처를 만들 수 있습니다.

```
all_data['신상여부'] = all_data['첫 판매월'] == all_data['월ID']
```

첫 판매월과 월ID가 같으면 True, 다르면 False를 신상여부 피처에 추가했습니다.

## 첫 판매 후 경과 기간

현재 월에서 첫 판매월을 빼면 첫 판매 후 기간이 얼마나 지났는지 구할 수 있습니다. 이를 '첫 판

매 후 기간' 피처라고 하겠습니다.

```
all_data['첫 판매 후 기간'] = all_data['월ID'] - all_data['첫 판매월']
```

### 월(month)

마지막으로 월 피처를 구해보겠습니다. 월ID 피처를 12로 나눈 나머지는 월과 같습니다.

```
all_data['월'] = all_data['월ID'] % 12
```

이로써 다섯 가지 파생 피처를 다 만들었습니다.

### 필요 없는 피처 제거

지금까지 만든 피처 중 첫 판매월, 평균 판매가, 판매건수는 모델링에 필요가 없습니다. 이 피처들을 활용해 다른 파생 피처를 만들었죠. 첫 판매월은 '신상여부', '첫 판매 후 기간' 피처를 구하는데 쓰였고, 평균 판매가와 판매건수는 테스트 데이터에서 모두 0입니다. 그래서 이 세 피처는 제거하겠습니다.

```
# 첫 판매월, 평균 판매가, 판매건수 피처 제거
all_data = all_data.drop(['첫 판매월', '평균 판매가', '판매건수'], axis=1)
```

마지막으로 다운캐스팅을 하여 메모리를 아껴줍니다.

```
all_data = downcast(all_data, False) # 데이터 다운캐스팅
```

## 9.4.7 피처 엔지니어링 VII : 마무리

길고 긴 피처 엔지니어링이 다 끝났습니다. info( ) 함수를 사용해 최종적으로 all_data에 어떤 피처가 있는지 살펴보겠습니다.

```
all_data.info()
```

```
<class 'pandas.core.frame.DataFrame'>
Int64Index: 9904582 entries, 1122386 to 11026967
```

```
Data columns (total 31 columns):
 #   Column                                Dtype
---  ------                                -----
 0   월ID                                   int8
 1   상점ID                                  int8
 2   상품ID                                  int16
 3   월간 판매량                               int8
 4   도시                                    int8
 5   상품분류ID                               int8
 6   대분류                                   int8
 7   월간 판매량_시차1                          int8
 8   월간 판매량_시차2                          int8
 9   월간 판매량_시차3                          int8
 10  판매건수_시차1                            int8
 11  판매건수_시차2                            int8
 12  판매건수_시차3                            int8
 13  평균 판매가_시차1                          float32
 14  평균 판매가_시차2                          float32
 15  평균 판매가_시차3                          float32
 16  상품ID별 평균 판매량_시차1                   float32
 17  상품ID별 평균 판매량_시차2                   float32
 18  상품ID별 평균 판매량_시차3                   float32
 19  상품ID 도시별 평균 판매량_시차1               float32
 20  상품ID 도시별 평균 판매량_시차2               float32
 21  상품ID 도시별 평균 판매량_시차3               float32
 22  상점ID 상품분류ID별 평균 판매량_시차1          float32
 23  상점ID 상품분류ID별 평균 판매량_시차2          float32
 24  상점ID 상품분류ID별 평균 판매량_시차3          float32
 25  월간 판매량 시차평균                        float32
 26  시차변화량1                              float32
 27  시차변화량2                              float32
 28  신상여부                                 int8
 29  첫 판매 후 기간                           int8
 30  월                                    int8
dtypes: float32(15), int16(1), int8(15)
memory usage: 802.9 MB
```

총 31개 열이 있습니다. 이중 '월간 판매량'은 타깃값이고, 나머지 30개는 피처입니다.

이제 all_data를 훈련, 검증, 테스트 데이터로 나누겠습니다. 베이스라인과 유사합니다. 가비지 컬렉션도 잊지 맙시다!

```python
# 훈련 데이터 (피처)
X_train = all_data[all_data['월ID'] < 33]
X_train = X_train.drop(['월간 판매량'], axis=1)
# 검증 데이터 (피처)
X_valid = all_data[all_data['월ID'] == 33]
X_valid = X_valid.drop(['월간 판매량'], axis=1)
# 테스트 데이터 (피처)
X_test = all_data[all_data['월ID'] == 34]
X_test = X_test.drop(['월간 판매량'], axis=1)

# 훈련 데이터 (타깃값)
y_train = all_data[all_data['월ID'] < 33]['월간 판매량']
# 검증 데이터 (타깃값)
y_valid = all_data[all_data['월ID'] == 33]['월간 판매량']

# 가비지 컬렉션
del all_data
gc.collect();
```

**Note** 베이스라인에서는 타깃값(월간 판매량)에 clip() 함수를 적용했지만 여기서는 따로 적용하지 않았습니다. 앞서 lag_features_to_clip에 저장된 피처와 월간 판매량, 월간 판매량 시차평균을 0~20 사이로 이미 조정했기 때문입니다.

## 9.4.8 모델 훈련 및 성능 검증

지금까지 다양한 피처 엔지니어링을 적용해 총 30개 피처를 손에 넣었습니다. 이 데이터로 모델을 훈련하고 예측하여 결과를 제출해보겠습니다.

모델 훈련 및 제출 흐름은 베이스라인과 비슷합니다. 하이퍼파라미터만 일부 다를 뿐입니다. 조기 종료 조건은 150번으로 설정했습니다. 더불어 범주형 데이터에는 상점ID와 상품분류ID 외에 도시, 대분류, 월을 추가했습니다.

```python
import lightgbm as lgb

# LightGBM 하이퍼파라미터
params = {'metric': 'rmse',
          'num_leaves': 255,
          'learning_rate': 0.005,
          'feature_fraction': 0.75,
          'bagging_fraction': 0.75,
          'bagging_freq': 5,
          'force_col_wise': True,
          'random_state': 10}

cat_features = ['상점ID', '도시', '상품분류ID', '대분류', '월']

# LightGBM 훈련 및 검증 데이터셋
dtrain = lgb.Dataset(X_train, y_train)
dvalid = lgb.Dataset(X_valid, y_valid)

# LightGBM 모델 훈련
lgb_model = lgb.train(params=params,
                      train_set=dtrain,
                      num_boost_round=1500,
                      valid_sets=(dtrain, dvalid),
                      early_stopping_rounds=150,
                      categorical_feature=cat_features,
                      verbose_eval=100)
```

```
Training until validation scores don't improve for 150 rounds
[100] training's rmse: 1.01082      valid_1's rmse: 0.987057
[200] training's rmse: 0.909234     valid_1's rmse: 0.923085
[300] training's rmse: 0.857869     valid_1's rmse: 0.898434
[400] training's rmse: 0.829775     valid_1's rmse: 0.888633
[500] training's rmse: 0.81135      valid_1's rmse: 0.884879
[600] training's rmse: 0.797562     valid_1's rmse: 0.884279
[700] training's rmse: 0.78753      valid_1's rmse: 0.884595
Early stopping, best iteration is:
[635] training's rmse: 0.793887     valid_1's rmse: 0.883926
```

700번째 이터레이션까지 결과를 출력하고 조기종료했습니다. 종료 시까지 성능이 가장 우수했을 때는 635번째 이터레이션이었으며, 이때 검증 데이터의 RMSE 값은 0.883926입니다. 베이스라인 모델에서는 1.00336이니 0.119434만큼 낮아졌습니다(RMSE 값은 낮을수록 좋습니다).

## 9.4.9 예측 및 결과 제출

훈련된 모델을 활용해 최종 예측하고 결과 파일을 만듭니다. 예측 값을 0~20 사이로 제한하는 것도 잊지 말아야겠죠?

```
preds = lgb_model.predict(X_test).clip(0, 20)

submission['item_cnt_month'] = preds
submission.to_csv('submission.csv', index=False)
```

가비지 컬렉션까지 해주죠.

```
del X_train, y_train, X_valid, y_valid, X_test, lgb_model, dtrain, dvalid
gc.collect();
```

커밋 후 제출해보겠습니다.

▼ 최종 점수

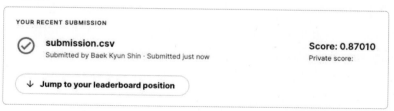

제출 결과 퍼블릭 점수는 0.87010입니다. 베이스라인 모델보다 0.2115만큼 좋아졌네요. 상위 9.2%입니다. 하지만 누차 설명했듯이 퍼블릭 점수는 크게 신경 쓸 필요 없습니다. 대회가 끝나면 프라이빗 점수가 공개되는데, 그러면 등수가 더 오를 수도 있고 떨어질 수도 있기 때문이죠. 이번 장의 실전 문제에서 성능 향상을 위한 팁을 소개했으니 꼭 참고해주세요.

## 9.5 머신러닝 경진대회를 마치며

이번 장까지 머신러닝 모델을 활용한 네 가지 경진대회를 다뤘습니다. 6장에서는 캐글 경진대회 전반과, 베이스라인에서 시작해 모델 성능을 향상하는 일련의 절차를 배웠습니다. 몸풀기였죠.

7장에서는 범주형 데이터 문제를 다뤘습니다. 탐색적 데이터 분석을 자세히 다루며 데이터 특성에 따른 인코딩 방법을 배웠습니다.

8장에서는 많은 내용을 다뤘습니다. 우선 탐색적 데이터 분석으로 필요 없는 피처를 선별했죠. 게다가 캐글에서 가장 많이 쓰이는 XGBoost와 LightGBM 모델 사용법을 배웠습니다. 이외에도 OOF 예측, 베이지안 최적화, 앙상블 기법에 관해 배웠습니다.

이번 9장에서는 시계열 문제에서 활용할 수 있는 다양한 피처 엔지니어링 기법을 배웠습니다.

세세한 기법들이 더 많지만 이 정도만 확실하게 알아도 머신러닝 경진대회에 참가할 자격이 충분합니다. 상위권 캐글러의 코드를 참고하면서 경진대회에 참가하다 보면 피처 중요도, 스태킹 등의 다른 기법들도 익힐 수 있습니다. 지금까지 따라오시느라 고생 많으셨습니다. 다음 장부터는 딥러닝 경진대회를 다루겠습니다.


## 학습 마무리

이번 장에서는 간단한 탐색적 데이터 분석 후 많은 시간을 피처 엔지니어링에 할애했습니다. 각 데이터 파일을 활용해 피처 엔지니어링을 수행하고, 시차 피처를 비롯한 여러 파생 피처를 만들었습니다. 최종 피처는 총 30개였습니다. LightGBM 모델로 퍼블릭 점수 0.87010을 기록했습니다.

## 핵심 요약

**1** **훈련 데이터가 여러 파일**로 제공되면 공통 피처를 기준으로 병합해 사용합니다.

**2** 직접적인 **타깃값이 제공되지 않기도** 합니다. 이럴 때는 존재하는 피처를 조합하거나 계산하여 타깃값을 구합니다.

**3** 회귀 문제에서는 특정 피처를 기준으로 데이터를 **그룹화**해 값을 **집계**해 사용하는 일이 많습니다. 집계 방법은 합, 평균, 중간값, 표준편차, 분산, 개수, 최솟값, 최댓값 등이 있습니다.

**4** 피처가 다양할 때는 **피처명을 한글화**하는 것도 좋은 방법입니다.

**5** 데이터가 크면 메모리 관리도 신경 써야 합니다.

  ◦ **데이터 다운캐스팅**은 더 작은 데이터 타입으로 변환하는 작업을 말합니다.

  ◦ **가비지 컬렉션**은 더는 사용하지 않는 영역을 해제하는 기능입니다.

**6** **이상치**가 있을 때는 해당 데이터 자체를 제거하거나 적절한 값으로 바꿔줍니다.

**7** 둘 이상의 피처를 **조합**하면 유용한 데이터의 수가 늘어나는 효과가 있습니다.

**8** 분류 피처의 각 분류별 데이터 수가 적다면 **대분류**로 다시 묶어 훈련하는 것도 좋은 방법입니다.

**9** **시계열 데이터**에서는 시간 흐름 자체가 중요한 정보입니다. OOF 예측이나 데이터를 무작위로 섞는 등 시간 순서를 무시하는 기법은 이용할 수 없습니다.

**10** **시차 피처**란 과거 시점에 관한 피처로, 성능 향상에 도움되는 경우가 많아서 시계열 문제에서 자주 만드는 파생 피처입니다.

# 실전 문제

**1** 본 경진대회의 모델 성능을 더 향상시켜보세요.

이번 장에서 만든 파생 피처들은 하나의 예시일 뿐입니다. 창의력을 발휘해서 새로운 피처를 만들면 성능을 더 끌어올릴 수 있습니다. 9.4.5절에서 기준 피처별 월간 평균 판매량 피처를 만들었습니다. 다른 피처를 기준으로 새로운 월간 평균 판매량 피처를 만들어보시기 바랍니다. 시차 피처를 만들 때도 다른 기준 피처를 사용해보세요. 또한, 피처끼리 사칙연산을 적용해서 새로운 피처를 만들 수도 있습니다.

한 가지 팁을 드리겠습니다. 테스트 데이터에 있는 상점ID만 활용해 데이터를 만들면 성능이 더 좋아집니다. 즉, 훈련 데이터에서 테스트 데이터에 있는 상점ID만 추출하는 것입니다. 예를 들어, 훈련 데이터에 상점ID 1, 2, 3, 4, 5가 있다고 합시다. 테스트 데이터에는 상점 ID 3, 4, 5만 있다고 하겠습니다. 그러면 상점 ID 1, 2는 결과 예측에 필요 없겠죠? 테스트 데이터에는 없는 데이터니까요. 데이터가 많다고 무조건 좋은 게 아닙니다. 꼭 필요한 데이터가 있어야 합니다. 그러므로 테스트 데이터에 없는 상점ID는 훈련 데이터에서 제거하는 게 좋습니다. 다음은 훈련 데이터에서 테스트 데이터에 있는 상점ID만 추출하는 코드입니다. 보다시피 단 두 줄로 간단히 구현할 수 있습니다.

```
unique_test_shop_id = test['상점ID'].unique()
sales_train = sales_train[sales_train['상점ID'].isin(unique_test_shop_id)]
```

다른 모든 코드는 9.4절과 똑같이 하고 이 코드만 추가로 적용해서 모델링하면 검증 데이터 RMSE 값이 0.792276이 됩니다.[1] 9.4.8절에서 구한 모델의 검증 데이터 RMSE 값은 0.883926이었습니다. 0.09165만큼 줄었네요. 퍼블릭 점수는 0.85650으로 상위 6.5%로 올랐습니다.

더불어 다른 파생 피처도 만들어보고, 하이퍼파라미터 값도 조정해서 0.792276보다 더 낮은 검증 데이터 RMSE 값을 구해보시기 바랍니다.

---

1  https://www.kaggle.com/werooring/ch9-modeling-shop-id-ext

`warning` 훈련 데이터에서 테스트 데이터에 있는 상점ID만 추출하는 방법은 본 경진대회같이 테스트 데이터가 고정돼 있는 경우에만 유효합니다. 테스트 데이터가 변할 수 있는 현업에서는 적합하지 않습니다. 테스트 데이터에 있는 피처만 추출해서 훈련한 모델은 일반적인 상황에서 범용적으로 사용할 수 있는 모델이 아니기 때문이죠. 반면 캐글에서는 테스트 데이터가 고정돼 있으니 성능 향상을 위해 고려해보는 것도 좋은 방법입니다.

딥러닝 경진대회에 참가해 실력을 뽐낼 수 있도록 딥러닝 모델링을 능숙하게 하는 방법을 배웁니다. 딥러닝 프레임워크인 파이토치를 비롯해, 딥러닝 모델 구축 방법과 성능 향상을 위한 기법 등에 익숙해지시기 바랍니다.

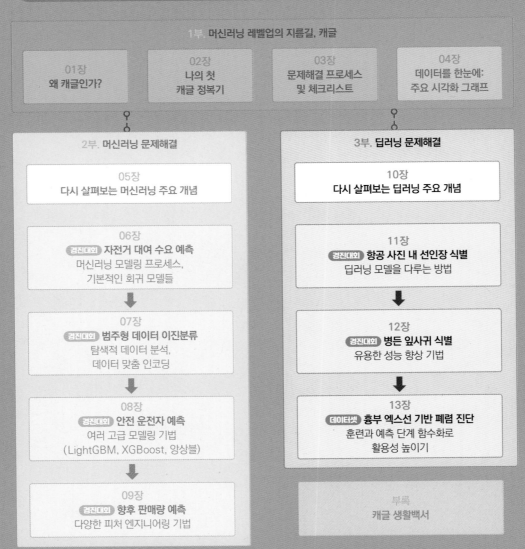

# Part 3

# 딥러닝 문제해결

3부에서는 딥러닝 모델을 사용한 경진대회 문제를 풀어봅니다. 머신러닝 모델이 정형 데이터를 다뤘다면, 딥러닝 모델은 주로 비정형 데이터를 다룹니다. 대표적인 비정형 데이터로는 이미지, 음성, 텍스트가 있습니다. 아쉽게도 캐글에는 우리말 음성이나 텍스트 데이터를 활용하는 적절한 대회가 없어서 이미지 데이터를 분류하는 대회만 다뤄보겠습니다. 주최 측 허가를 받거나 상업적 활용이 가능한 대회 2개와 데이터셋 1개를 선정했습니다.

| 경진대회/데이터셋 | 문제 유형 | 데이터 크기 | 참가팀 수 | 난이도 |
|---|---|---|---|---|
| 항공 사진 내 선인장 식별 | 이진분류 | 24.2MB | 1,221팀 | ★☆☆ |
| 병든 잎사귀 식별 | 다중분류 | 785.6MB | 1,317팀 | ★★☆ |
| 흉부 엑스선 기반 폐렴 진단 | 이진분류 | 1.15GB | 1,527팀+ | ★★☆ |

딥러닝 프레임워크의 양대산맥은 메타(前 페이스북)에서 개발한 파이토치$^{PyTorch}$와 구글에서 개발한 텐서플로$^{TensorFlow}$입니다. 둘 다 훌륭한 프레임워크지만, 이 책에서는 파이토치를 사용하겠습니다. 파이토치의 세 가지 장점 때문입니다.

1 상대적으로 배우기 쉽습니다. 파이썬 스타일과 비슷해서 파이썬에 익숙한 분이라면 어렵지 않게 배울 수 있습니다.
2 최근 관심이 더 많아지고 있습니다. 구글 검색량을 비교해봤을 때 2020년까지는 텐서플로의 검색량이 많았습니다. 2021년부터 추세가 역전되어 파이토치 검색량이 앞서기 시작했습니다.
3 최신 딥러닝 논문들은 모델을 파이토치로 구현하는 추세입니다. 그래서 파이토치를 알아두면 최신 딥러닝 모델을 손쉽게 가져와 사용할 수 있습니다.

▼ 논문에서 모델 구현에 이용한 프레임워크 비중 변화(https://paperswithcode.com/trends)

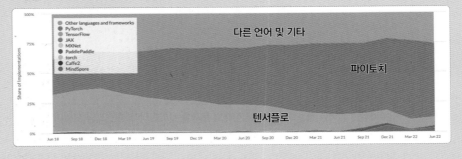

# 다시 살펴보는
# 딥러닝 주요 개념

☐ **학습 목표**   3부를 진행하는 데 필요한 주요 딥러닝 개념들을 요약·정리해뒀습니다. 딥러닝 이론을 기초부터 차근히 설명하려는 목적이 '아니므로' 정독하실 필요는 없습니다. 궁금한 개념이 있다면 가볍게 살펴본 후 바로 다음 장의 경진대회에 도전하시기 바랍니다. 경진대회 문제를 풀다가 언뜻 떠오르지 않는 개념이 있을 때 이번 장을 참고해주세요.

☐ **학습 순서**

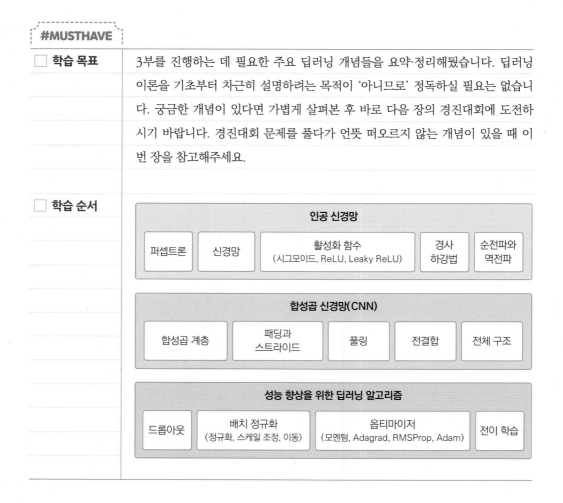

# 10.1 인공 신경망

**인공 신경망**artificial neural network은 인간의 생물학적 신경망과 유사한 구조를 갖는 인공 시스템입니다. 사람 뇌의 기본 단위는 뉴런인데, 인공 신경망은 뉴런 구조에서 영감을 얻어 고안한 것입니다. 딥러닝 구조의 핵심이죠.

다음은 가장 기본적인 신경 세포인 뉴런의 구조입니다.

▼ 뉴런 구조

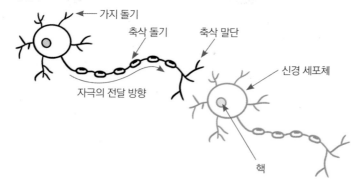

뉴런의 동작 원리는 이렇습니다. 가지 돌기에서 신호를 받아들이고, 이 신호가 축삭 돌기를 지나 말단까지 전달됩니다. 그런데 신호가 특정 임곗값을 넘으면 말단까지 잘 전달되고, 임곗값을 넘지 않으면 말단까지 전달되지 않습니다. 신호가 말단까지 잘 전달되어야 다음 뉴런의 가지돌기가 그 신호를 이어받습니다. 정리하면 뉴런은 신호를 입력에서 출력으로 전달하는 역할을 합니다.

## 10.1.1 퍼셉트론

**퍼셉트론**perceptron은 뉴런의 원리를 본떠 만든 인공 구조입니다. 다음과 같이 뉴런과 유사한 방식으로 동작합니다.

▼ 퍼셉트론

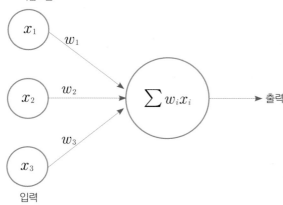

$x_1$, $x_2$, $x_3$은 입력 신호, 즉 입력값입니다. $w_1$, $w_2$, $w_3$은 각 입력값에 주어지는 가중치입니다. 이때 퍼셉트론의 출력값을 구하는 절차는 이렇습니다.

**1** 입력값과 가중치를 곱합니다.

**2** 곱한 값들의 총합을 구합니다.

**3** 총합이 0을 넘으면 1, 넘지 않으면 0을 출력합니다.

3번 단계에서 0 초과 여부에 따라 출력값을 결정하는 역할을 활성화 함수가 합니다(앞의 그림에는 활성화 함수가 생략되었습니다). 활성화 함수는 입력값을 최종적으로 어떤 값으로 변환해 출력할지를 결정하는 함수입니다. 활성화 함수에 대해서는 10.1.3절 '활성화 함수'에서 다시 알아보겠습니다. 앞의 퍼셉트론 출력값을 수식으로 나타내면 다음과 같습니다.

$$\text{출력값} = \begin{cases} 0, & w_1 x_1 + w_2 x_2 + w_3 x_3 \leq 0 \\ 1, & w_1 x_1 + w_2 x_2 + w_3 x_3 > 0 \end{cases}$$

다시 정리하면, 퍼셉트론은 입력값, 가중치, 활성화 함수로 이루어진 간단한 구조입니다. 입력값이 같더라도 가중치를 조정하면 출력값이 바뀌겠죠. 원하는 출력값을 내보내도록 가중치를 조정해가는 작업을 훈련<sup>training</sup> 혹은 학습이라고 합니다. 즉, 모델을 훈련시켜 최적인 가중치를 구할 수 있습니다.

하지만 단순 퍼셉트론은 선형 분류 문제밖에 풀지 못한다는 한계가 있습니다. 다음 그림을 보시죠.

▼ 선형, 비선형 분류 예시

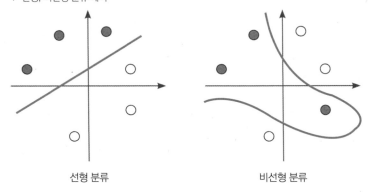

선형 분류             비선형 분류

왼쪽 그림은 선형 분류 예입니다. 직선 하나로 검은색 점과 흰색 점을 구분할 수 있습니다. 반면 오른쪽 그림에서는 직선 하나만으로는 검은색 점과 흰색 점을 구분할 수 없습니다. 구분하려면 곡선(비선형)이 필요합니다. 퍼셉트론은 입력값과 가중치의 선형 결합으로 이루어진 구조입니다. 그래서 퍼셉트론 하나로는 비선형 분류 문제를 풀지 못하는 거죠.

비선형 분류 문제를 풀려면 어떻게 해야 할까요? 퍼셉트론을 여러 층으로 쌓아 다층 퍼셉트론multi-layer perceptron을 만들면 해결됩니다. 인공 신경망은 다층 퍼셉트론 구조로 구성돼 있습니다.

## 10.1.2 신경망

지금까지 실제 신경망과 구분해 설명하기 위해 인공 신경망이라고 했습니다. 앞으로는 간단히 신경망이라 표현하겠습니다. 신경망이라고 해도 인공 신경망을 지칭한다는 점 기억해주세요!

신경망은 입력층, 은닉층(중간층), 출력층으로 구성됩니다.

▼ 신경망 구조

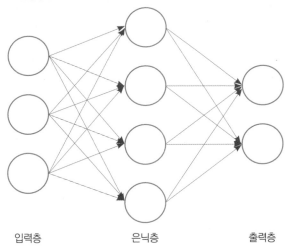

입력층　　　　　　은닉층　　　　　　출력층

신호는 입력층에서 출발해 은닉층을 거쳐 출력층에 도달합니다. 은닉층은 아예 존재하기 않거나 1개 층 이상 존재할 수 있습니다.

### 10.1.3 활성화 함수

**활성화 함수**<sup>activation function</sup>는 입력값을 어떤 값으로 변환해 출력할지 결정하는 함수입니다. 입력값과 가중치를 곱한 값들은 활성화 함수를 거쳐 출력값이 됩니다.

신경망에서 이용하는 대표적인 활성화 함수로는 시그모이드 함수와 ReLU 함수가 있습니다.

#### 시그모이드 함수

**시그모이드 함수**<sup>sigmoid function</sup>는 S자 곡선을 그리는 수학 함수입니다. 그래프로 그리면 다음과 같은 모양입니다.

▼ 시그모이드 함수 그래프

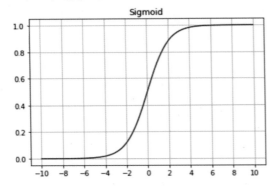

보다시피 출력값은 0과 1 사이이며, 입력값이 커질수록 출력값은 1에 가까워지고, 작아질수록 출력값은 0에 가까워집니다.

#### ReLU 함수

**ReLU 함수**<sup>rectified linear unit function</sup>는 입력값이 0보다 크면 입력값을 그대로 출력하고, 입력값이 0 이하이면 0을 출력합니다. 활성화 함수로 시그모이드를 사용할 때보다 대체로 성능이 좋아서 ReLU 함수가 더 많이 활용됩니다.[1]

---

1  시그모이드 함수의 양극단 기울기(미분값)는 0에 가깝습니다. 그러면 신경망 학습을 거듭할수록 기울기가 0에 수렴할 수 있어 학습이 제대로 이루어지지 않습니다. 이런 현상을 '기울기 소실'이라고 합니다. ReLU는 기울기 소실 현상을 일부 해결해 시그모이드에 비해 성능이 좋습니다.

수식과 그래프는 다음과 같습니다.

$$max(0, x)$$

▼ ReLU 함수 그래프

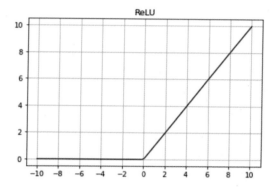

## Leaky ReLU 함수

**Leaky ReLU**는 ReLU를 약간 변형한 함수로, 역시 자주 쓰입니다. ReLU와 달리, 입력값이 0 이하일 때 약간의 음숫값을 살려둡니다.

$$\begin{cases} x & x > 0 \\ 0.01x & x \leq 0 \end{cases}$$

그래프를 보면 ReLU와 음수 부분만 약간 다릅니다. 완전히 0이 아니라 음숫값을 약간 살려둔 거죠.

▼ Leaky ReLU 함수 그래프

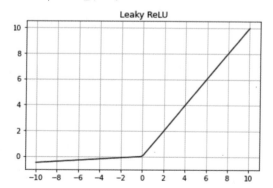

## 10.1.4 경사 하강법

신경망 훈련의 목표는 최적 파라미터를 찾는 것입니다. 여기서 파라미터는 가중치와 편향을 일컫습니다. 최적 파라미터는 손실 함수가 최솟값일 때의 파라미터를 말합니다. 매 훈련 단계마다 손실값이 줄어드는 방향으로 파라미터를 갱신하며 최적 파라미터를 찾습니다.

**손실 함수**loss function[2]란 모델 성능이 얼마나 나쁜지를 측정하는 함수입니다. 구체적으로 말하면 모델로 예측한 값과 실젯값의 차이(손실)를 구하는 함수입니다. 예측과 실제의 차이는 당연히 작을수록 좋으니 손실 함수의 값이 작을수록 좋은 모델이라고 볼 수 있습니다. 대표적인 손실 함수로는 회귀문제에서 사용하는 평균 제곱 오차mean squared error, MSE와 분류문제에서 사용하는 교차 엔트로피cross entropy가 있습니다.

정리하면, 신경망 훈련이란 다양한 값을 넣어보면서 손실 함수의 값이 최소가 되는 가중치와 편향을 구하는 작업입니다. 그런데 무작위로 다양한 값을 대입해볼 수는 없겠죠? 시간도 걸리고 비효율적이니까요. 이때 경사 하강법을 이용하면 됩니다.

**경사 하강법**gradient descent이란 말 그대로 경사를 따라 내려가는 방법을 일컫습니다. 납치를 당해 눈이 가려진 채로 산 중턱에 버려졌다고 가정해봅시다. 너무 추워지기 전에 서둘러 산 아래로 내려가야 살 수 있습니다. 어떻게 해야 할까요? 발바닥 감각에 집중하여 지금 서 있는 위치에서 경사가 가장 가파른 아래 방향으로 조금씩 발을 내딛으면 될 것입니다.[3] '가장 가파른 아래 방향'과 '조금씩'. 이 두 단어가 경사 하강법의 핵심 키워드입니다.

경사 하강법의 일반적인 절차는 이렇습니다.

1 현재 위치에서 기울기(경사)를 구합니다.
2 기울기 아래 방향으로 일정 거리를 이동합니다.
3 손실 함수가 최소가 될 때까지, 즉 현재 위치의 기울기가 0이 될 때까지 1~2단계를 반복합니다.

---

2 비용 함수(cost function)라고도 합니다. 엄밀히 말하면 손실 함수는 데이터 하나의 손실을 계산하는 함수고, 비용 함수는 전체 데이터의 손실을 계산하는 함수입니다. 하지만 일반적으로 둘을 엄격하게 구분하지 않고 같은 의미로 봅니다.

3 물론 현실에서는 너무 가파른 곳은 피해야 합니다. 알고리즘을 설명하기 위해 100% 안전하다는 가정 하에 드는 예시입니다.

▼ 경사 하강법

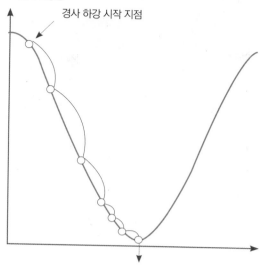

경사 하강 시작 지점

손실 함수가 최소가 되는 지점 (기울기=0)

여기서 기울기 방향으로 얼마만큼 이동할지 결정하는 값을 **학습률**<sup></sup>learning rate이라고 합니다. 즉, 학습률이 가중치를 한 번에 얼마나 갱신할지 결정합니다. 다음의 경사 하강법 수식과 같이 기존 가중치에서 '학습률과 기울기를 곱한 값'을 뺀 값이 다음 가중치가 됩니다. 편향 갱신도 마찬가지입니다.

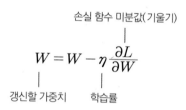

손실 함수 미분값(기울기)

$$W = W - \eta \frac{\partial L}{\partial W}$$

갱신할 가중치          학습률

학습률에 따라 훈련 속도가 달라집니다. 산 아래로 내려가는 예를 다시 떠올려보시죠. 한 걸음에 얼마만큼 이동할지 결정하는 게 학습률입니다. 이 값이 작으면 종종걸음으로 내려가고, 크면 큰 보폭으로 내려갑니다. 학습률이 너무 크면 훈련 속도는 빠르지만, 더 빠른 길로 이어지는 지점을 건너뛰어서 최적 가중치를 찾지 못할 수도 있습니다. 반면 학습률이 너무 작으면 훈련 속도가 느려집니다. 학습률은 하이퍼파라미터라서 우리가 직접 설정해줘야 합니다. 상황에 따라 다르지만 보통 0.1~0.0001 범위의 값을 사용합니다.

전체 학습 데이터에서 개별 데이터를 무작위로 뽑아 경사 하강법을 수행하는 알고리즘을 **확률적 경사 하강법**stochastic gradient descent, SGD이라고 합니다. 그런데 신경망 학습 때는 대체로 데이터가 너무 많아서 단순한 확률적 경사 하강법만으로는 학습 효율이 너무 떨어집니다. 그래서 데이터를 **미니배치**mini batch 단위로 무작위로 추출해 경사 하강법을 수행하는데, 이를 **미니배치 경사 하강법**mini batch gradient descent이라고 합니다. 미니배치란 여러 데이터의 묶음을 뜻합니다. 데이터를 하나씩 훈련하기보다는 여러 개를 한 묶음으로 처리하는 게 더 효율적입니다. 미니배치 경사 하강법은 신경망 모델을 훈련하는 주요 알고리즘입니다.[4]

## 10.1.5 순전파와 역전파

**순전파**forward propagation는 신경망에서 입력값이 입력층과 은닉층을 거쳐 출력층에 도달하기까지의 계산 과정을 말합니다. 각 층을 통과할 때마다 입력값에 가중치를 곱해 다음 층으로 출력할 값을 계산합니다.

**역전파**back propagation는 순전파의 반대 개념으로, 신경망 훈련에서 가장 중요한 내용입니다.

▼ 순전파와 역전파

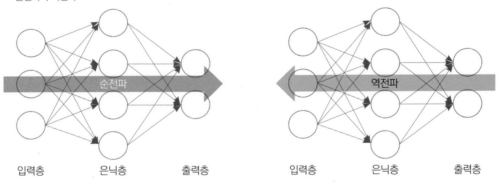

순전파와 역전파를 기반으로 신경망 훈련 절차를 설명하면 이렇습니다.

1 순전파를 진행하여 입력값으로부터 출력값을 계산합니다. 여기서 출력값은 우리가 구하고 자 하는 타깃 예측값입니다.

---

4 본문에서 설명한 바와 같이 확률적 경사 하강법과 미니배치 경사 하강법의 의미는 다릅니다. 하지만 '확률적 경사 하강법'이라고만 해도 대게 는 미니배치 경사 하강법으로 받아들입니다.

**2** 순전파로 구한 타깃 예측값과 실제 타깃값의 차이(손실)를 구합니다.

**3** 손실값을 줄이는 방향으로 가중치의 기울기를 구합니다(경사 하강법을 생각하면 됩니다).

**4** 기울기를 바탕으로 가중치를 갱신합니다. 이때 출력층 → 입력층 방향으로 차례로 가중치를 갱신합니다(이 과정을 역전파라고 합니다).

**5** 갱신된 가중치를 바탕으로 1~4단계를 반복합니다. 반복할수록 타깃 예측값이 실제 타깃값과 가까워집니다. 다시 말해, 손실값이 줄어듭니다.

이렇게 순전파와 역전파를 반복하며 최적 가중치를 찾아 신경망 학습이 이루어집니다. 훈련을 마친(최적 가중치로 설정된) 신경망에 새로운 입력을 주면 실제 타깃값과 가까운 값을 예측해주게 됩니다.

정리하면 순전파는 입력값과 가중치를 활용해 출력값(타깃 예측값)을 구하는 과정이며, 역전파는 손실값을 통해 기울기를 구해 가중치를 갱신하는 과정입니다.

## 10.2 합성곱 신경망(CNN)

**합성곱 신경망**convolutional neural network, CNN은 컴퓨터 비전 분야에서 주로 쓰이는 신경망입니다. 합성곱 신경망은 다음과 같이 여러 구조가 모여 구성됩니다. 바로 이어서 하나씩 자세히 알아보겠습니다.

▼ 합성곱 신경망 전체 구조

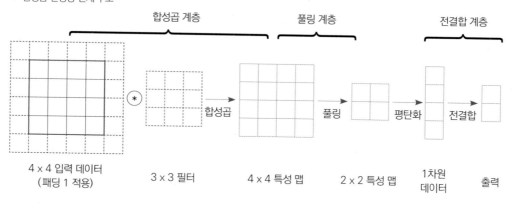

## 10.2.1 합성곱 계층

**합성곱 계층**convolutional layer은 합성곱으로 이루어진 신경망 계층을 일컫습니다. **합성곱**convolution은 2차원 데이터의 일정 영역 내 값들을 하나의 값으로 압축하는 연산을 말합니다. 전체 영역에서 중요한 특징만 추출하는 효과가 있습니다. 평소 우리도 눈으로 들어오는 시각 정보 모두에 주의를 기울이지는 않습니다. 중요한 특징 위주로 인지하죠. 합성곱 연산도 이와 비슷한 기능을 한다고 보면 됩니다.

합성곱 연산에는 필터가 필요합니다. **필터**filter[5]는 입력 데이터에서 특정한 특성을 필터링하는 역할을 합니다. 사진 앱의 필터 기능과 비슷하게, 필터를 통과하는 과정에서 특정 특성을 부각시키거나 약화시키는 등의 변화를 줍니다. CNN으로 개와 고양이를 구분하는 경우를 생각해보죠. 눈, 코, 입, 몸통, 털, 색깔 등의 상태에 따라 개와 고양이를 구분할 수 있겠죠. 그러려면 눈의 특성을 추출하는 필터, 코의 특성을 추출하는 필터 등이 필요합니다. 이렇듯 필터는 요소별, 특징별 특성을 가져오는 역할을 합니다.

> **Note** 필터 기능을 쉽게 설명하려고 단순화해 이야기했습니다. 실제로 눈, 코, 입 필터가 딱 구분되진 않을 수 있습니다.

다음 그림은 크기가 4 x 4인 데이터와 3 x 3인 필터를 활용해 합성곱 연산하는 예입니다.

▼ 합성곱 연산 예시

입력 데이터      필터      합성곱 결과 (특성 맵)

필터가 입력 데이터의 왼쪽 위에서 오른쪽 아래까지 훑고 지나가면서 합성곱 결과를 구합니다. 합성곱 연산은 간단합니다. 입력 데이터와 필터의 행과 열을 맞춰 곱한 뒤 모두를 더하면 됩니다. 합성곱 연산으로 얻은 결과를 **특성 맵**feature map 또는 **피처 맵**이라고 합니다.

다음은 앞의 그림에 합성곱 연산을 수행하는 절차입니다.

---

5  커널(kernel) 또는 특성 검출기(feature detector)라고도 합니다.

서로 대응하는 행과 열에 적힌 숫자끼리 곱한 뒤 더해주면 됩니다. 첫 번째 연산을 예로 들면 $1 \times 1 + 0 \times 2 + 2 \times 0 + 2 \times 3 + 1 \times 2 + 0 \times 1 + 1 \times 0 + 0 \times 1 + 1 \times 3 = 12$입니다. 이와 같은 연산을 왼쪽 위부터 오른쪽 아래까지 훑으며 수행합니다.

합성곱 연산 결과 4 x 4 크기의 입력 데이터가 2 x 2 크기로 압축됐습니다. 전체 데이터에서 중요한 특징만 추출했다고 보면 됩니다. 중요한 특징만 남아 있는 결과가 특성 맵인 것이죠.

참고로 필터의 패턴과 일치하는 영역일수록 특성 맵에서 숫자가 큽니다. 앞의 그림에서 특성 맵의 오른쪽 위 값이 18로 가장 크므로 입력 데이터의 오른쪽 위 영역이 필터의 패턴과 가장 유사한 부분입니다.

합성곱 계층에서는 보통 필터를 여러 개 사용합니다. 여러 특성을 추출하기 위해서죠. 다음 그림은 필터를 3개 사용하는 예입니다.

▼ 다중 필터 합성곱 연산

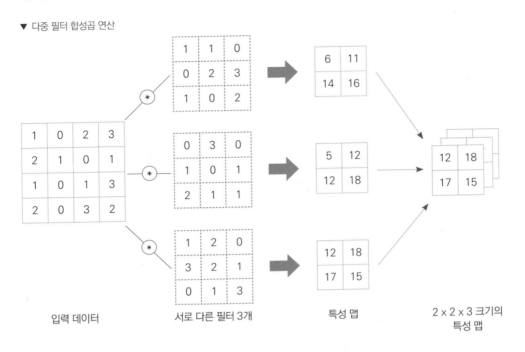

다중 필터를 사용하니 특성 맵이 3차원이 됐습니다.

## 10.2.2 패딩과 스트라이드

앞서 합성곱 예시에서 4 x 4 크기의 입력 데이터에 3 x 3 크기의 필터를 적용해서 2 x 2 크기의 특성 맵을 만들었습니다. 이렇듯 합성곱 연산은 데이터의 크기를 줄이기 때문에 여러 번 반복하면 더 이상 합성곱 연산을 적용하지 못하게 됩니다. 이런 상황을 막으려면 출력되는 특성 맵과 입력 데이터의 크기를 동일하게 유지하면 될 것입니다. 그러려면 입력 데이터 크기를 좀 더 키우면 됩니다. 이를 위해 입력 데이터 주변을 특정 값으로 채우는 것을 **패딩**padding이라고 합니다. 우리말로 '충전', 즉 메워서 채운다는 뜻입니다. 보통 입력 데이터 주변을 0으로 채웁니다.

다음은 패딩을 적용해 합성곱 연산을 수행하는 예입니다.

| 0 | 0 | 0 | 0 | 0 | 0 |
|---|---|---|---|---|---|
| 0 | 1 | 0 | 2 | 3 | 0 |
| 0 | 2 | 1 | 0 | 1 | 0 |
| 0 | 1 | 0 | 1 | 3 | 0 |
| 0 | 2 | 0 | 3 | 2 | 0 |
| 0 | 0 | 0 | 0 | 0 | 0 |

\*

| 1 | 2 | 0 |
|---|---|---|
| 3 | 2 | 1 |
| 0 | 1 | 3 |

| 7 | 6 | 10 | 13 |
|---|---|---|---|
| 8 | 12 | 18 | 13 |
| 8 | 17 | 15 | 13 |
| 6 | 10 | 10 | 20 |

입력 데이터      필터      합성곱 결과
(특성 맵)

패딩 크기를 1로 설정해 합성곱 연산을 수행했습니다. 패딩을 적용하니 입력 데이터 크기와 특성 맵의 크기가 모두 4 x 4로 같아졌습니다. 패딩 크기를 더 키우면 특성 맵도 더 커집니다.

합성곱 연산을 수행할 때, 필터는 입력 데이터의 왼쪽에서 오른쪽으로, 위에서 아래로 한 칸씩 이동하며 연산합니다. 이때 한 번에 이동하는 간격을 **스트라이드**stride라고 합니다. 우리말로 보폭이라는 뜻이죠. 지금까지의 예에서는 모두 한 칸씩 이동했으니 스트라이드가 1이었습니다. 스트라이드를 크게 설정하면 그만큼 특성 맵 크기가 줄어듭니다. 다음은 스트라이드가 2일 때의 합성곱 연산 예시입니다.

▼ 스트라이드가 2일 때의 합성곱 연산

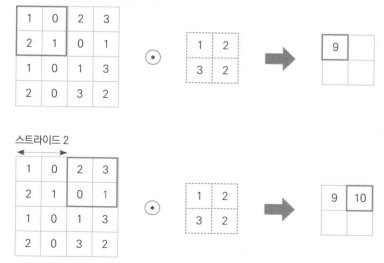

스트라이드가 1이었다면 특성 맵 크기가 3 x 3이 되겠지만, 스트라이드를 2로 설정하니 특성 맵이 2 x 2로 줄었습니다.

이처럼 패딩과 스트라이드 크기에 따라서 출력되는 특성 맵의 크기가 달라집니다. 이 관계를 수식으로 알아보겠습니다.

입력 데이터 크기를 $N_{in}$, 필터 크기를 $K$, 패딩 크기를 $P$, 스트라이드 크기를 $S$라고 할 때, 출력 데이터 크기 $N_{out}$은 다음과 같이 계산합니다.

> **Note** CNN 모델 설계 시 필요하니 잘 기억해두세요.

$$N_{out} = \left\lfloor \frac{N_{in} + 2P - K}{S} \right\rfloor + 1$$

> **warning** 데이터가 정사각형 형태일 때 성립하는 식입니다. 가로, 세로 크기가 다르다면 가로, 세로 각각에 수식을 적용해 계산해야 합니다.

⌊ ⌋ 기호는 내림을 의미합니다. 즉, 계산 결과가 정수가 아니면 계산 결과보다 작은 값 중에서 가장 큰 정수를 취합니다.

수식을 이용해서 지금까지 다룬 합성곱 예들에서 특성 맵 크기를 구해보겠습니다.

▼ 입력, 커널, 패딩, 스트라이드 크기에 따른 결과 특성 맵 크기

| 예시 그림 | 설정 | 수식 | 특성 맵 크기 |
|---|---|---|---|
| 461쪽 '합성곱 연산 절차' | • 입력 = 4<br>• 커널 = 3<br>• 패딩 = 0<br>• 스트라이드 = 1 | $\left\lfloor \dfrac{4+2\times 0-3}{1} \right\rfloor + 1 = 2$ | 2 × 2 |
| 463쪽 '패딩을 적용한 합성곱 연산' | • 입력 = 4<br>• 커널 = 3<br>• 패딩 = 1<br>• 스트라이드 = 1 | $\left\lfloor \dfrac{4+2\times 1-3}{1} \right\rfloor + 1 = 4$ | 4 × 4 |
| 463쪽 '스트라이드가 2일 때의 합성곱 연산' | • 입력 = 4<br>• 커널 = 2<br>• 패딩 = 0<br>• 스트라이드 = 2 | $\left\lfloor \dfrac{4+2\times 0-2}{2} \right\rfloor + 1 = 2$ | 2 × 2 |

## 10.2.3 풀링

**풀링**pooling은 특성 맵 크기를 줄여 이미지의 요약 정보를 추출하는 기능을 합니다.

합성곱과 풀링은 어떤 차이가 있을까요? 합성곱은 필터와 관련이 있습니다. 필터의 패턴과 유사한 영역을 추출합니다. 반면 풀링은 필터가 필요 없습니다. 특정 영역에서 최댓값이나 평균값을 가져와 요약 정보를 구하기 때문입니다.

요약 정보를 구하는 까닭, 곧 풀링의 목적은 무엇일까요? 첫 번째는 특성 맵 크기를 줄여 연산 속도를 빠르게 하기 위함입니다. 두 번째는 이미지에서 물체의 위치가 바뀌어도 같은 물체로 인식하기 위해서입니다. 고양이 이미지를 떠올려봅시다. 이미지에서 고양이가 가운데 있든 왼쪽에 있든 똑같은 고양이입니다. 물체 위치가 달라져도 같은 물체죠. 합성곱 연산은 물체 위치가 바뀌면 같은 물체로 인식하지 못합니다. 이 문제를 해결하기 위해 풀링이 필요합니다. 풀링은 특정 영역의 요약 정보(대푯값)를 가져오므로 위치가 약간 변해도 같은 물체라고 판단합니다. 이런 성질을 **위치 불변성**location invariance이라고 합니다.

풀링에는 대표적으로 최대 풀링과 평균 풀링이 있습니다. **최대 풀링**max pooling은 풀링 영역에서 가장 큰 값을 취하는 방법이고, **평균 풀링**average pooling은 풀링 영역의 평균값을 구하는 방법입니다. 최대 풀링은 특정 영역에서 가장 뚜렷한(밝은) 부분을 추출하고, 평균 풀링은 특정 영역의 평균적

인 특징을 추출합니다. 다음 그림은 풀링 크기를 2 x 2로 설정하여 최대 풀링을 하는 예입니다.

▼ 최대 풀링

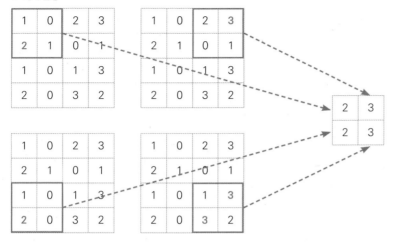

합성곱 연산과 마찬가지로 왼쪽에서 오른쪽, 위에서 아래로 이동하면서 연산을 수행합니다. 다만 필터에 있는 가중치를 곱하는 게 아니라, 해당 영역에서 가장 큰 값만 추출하는 방식입니다. 그리고 풀링 크기와 스트라이드 크기를 같은 값으로 설정하는 게 일반적이므로 이 그림에서도 스트라이드는 2로 진행했습니다. 4 x 4 데이터에 2 x 2 풀링 연산을 적용하니 2 x 2 크기로 바뀌었습니다. 중요한 특성만 살려 데이터 크기를 줄이는 역할을 했죠.

**TIP** 풀링 계층에서 풀링과 스트라이드의 크기는 일반적으로 같은 값으로 설정합니다.

**Note** 풀링 연산을 적용한 계층을 **풀링 계층**이라고 합니다. 일반적으로 풀링 계층은 합성곱 계층 다음에 등장합니다.

풀링을 적용하면 특성 맵 크기는 다음 수식과 같이 바뀝니다.

$$N_{out} = \left\lfloor \frac{N_{in} + 2P - K}{S} \right\rfloor + 1$$

일반적으로 풀링 커널 크기와 스트라이드 크기를 같게 설정한다고 했죠? 패딩 크기가 0(기본값)이라고 하면 앞 수식은 다음과 같이 바뀝니다.

$$N_{out} = \left\lfloor \frac{N_{in} + 2 \times 0 - K}{K} \right\rfloor + 1 = \left\lfloor \frac{N_{in}}{K} \right\rfloor$$

입력 데이터 크기를 풀링 커널 크기로 나눈 뒤 내림 처리를 하면 됩니다. 간단하죠? 바로 앞 그림의 풀링 연산에 수식을 적용해 특성 맵 크기를 구해보시죠. 데이터 크기는 4 x 4, 풀링 크기는 2 x 2이니까, 4를 2로 나누면 2가 됩니다. 따라서 특성 맵 크기는 2 x 2인 것입니다.

### 10.2.4 전결합

이전 계층의 모든 노드 각각이 다음 계층의 노드 전부와 연결된 결합을 **전결합**fully-connected이라고 합니다. 전결합으로 구성된 계층을 **전결합 계층**fully-connected layer 또는 **밀집 계층**dense layer이라고 합니다. CNN에서는 전결합 계층을 보통 마지막 부분에서 구현합니다. 앞의 합성곱과 풀링 계층이 이미지에서 특성을 뽑아내면 전결합 계층은 이 특성을 활용해 특정한 레이블로 분류하는 역할을 합니다.

합성곱 계층과 풀링 계층을 거친 2차원 데이터는 1차원으로 바꾼 뒤 전결합을 적용할 수 있습니다. 이렇듯 다차원 데이터를 1차원 데이터로 바꾸는 작업을 **평탄화**라고 합니다. 개와 고양이를 구분하는 문제를 생각해보죠. 최종 출력값은 개와 고양이로 딱 2개입니다. 곧, 최종 출력값은 1차원입니다. 1차원인 최종 출력값을 구하기 위해 전결합 계층의 입력도 1차원으로 받습니다. 그러기 위해 평탄화를 해줘야 합니다. 전결합 계층을 거치면 최종 출력값, 즉 우리가 원하는 타깃값이 도출됩니다.

▼ 전결합

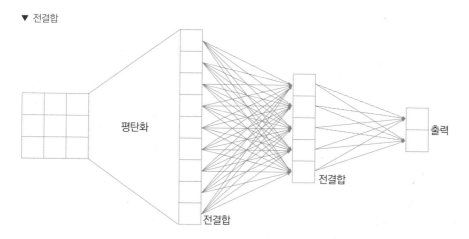

그림에서는 먼저 3 x 3 크기의 데이터를 평탄화해서 크기가 9인 1차원 데이터를 만들었습니다 (사실 3 x 3 x 1 크기인 3차원 데이터지만 편의상 3 x 3 크기인 2차원처럼 표현했습니다). 크기

가 9인 1차원 데이터를 크기가 5인 1차원 데이터와 전결합했습니다. 모든 노드가 서로 완전히 연결되었죠. 마지막으로 크기가 5인 데이터와 크기가 2인 데이터(타깃값)를 전결합했습니다.

여기서 잠깐, 평탄화한 1차원 데이터를 바로 최종 출력값과 전결합하면 편할 텐데, 전결합 계층을 왜 여러 개 만들까요? 분류를 더 효율적으로 하기 위해서입니다. 예를 들어, 평탄화한 데이터가 100개라고 합시다. 100개의 특성을 바탕으로 바로 최종 출력값, 즉 타깃값을 구해도 됩니다. 하지만 그보단 100개의 특성을 토대로 10개의 특성으로 먼저 구분하고, 다시 10개 특성을 기반으로 최종 출력값을 구하는 게 더 좋을 수 있습니다. 마치 산더미처럼 쌓인 물건들을 정리할 때, 1차로 먼저 분류한 뒤, 분류한 것을 바탕으로 다시 정리하는 게 더 효율적인 것처럼요.

## 10.2.5 합성곱 신경망 전체 구조

지금까지 합성곱, 패딩, 스트라이드, 풀링, 전결합 등 신경망을 구성하는 주요 요소에 관해 알아봤습니다. 모든 요소를 한 번에 표현하면 다음 그림과 같습니다.

▼ 합성곱 신경망 전체 구조

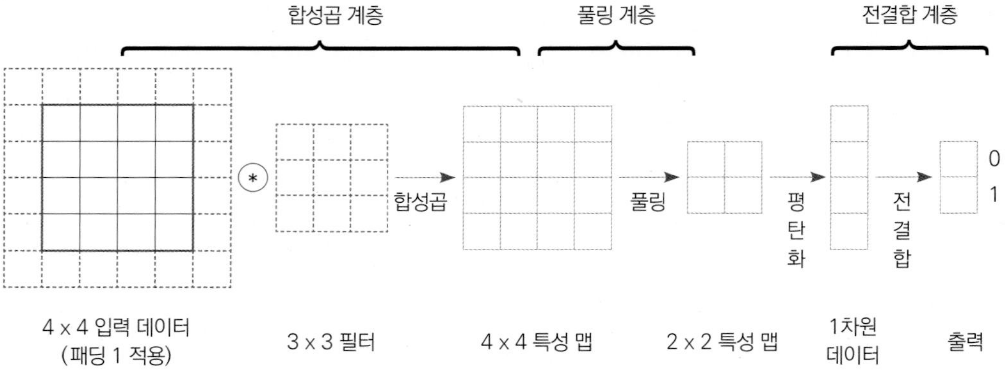

가장 먼저 4 x 4 크기의 입력 데이터에 3 x 3 필터, 패딩 1, 스트라이드 1을 적용해 합성곱 연산을 수행합니다. 그 결과 4 x 4 특성 맵이 출력됐습니다. 여기에 2 x 2 크기의 풀링을 적용하니 특성 맵 크기가 2 x 2로 줄었습니다. 이를 전결합 계층에 입력하기 위해 평탄화해 1차원 데이터로 만들었습니다. 전결합 계층의 최종 출력값은 두 개입니다. 예컨대 0이면 강아지, 1이면 고양이라고 합시다. 강아지나 고양이 사진을 최초 입력으로 전달받아 강아지인지 고양이인지 구분하는 CNN 모델을 만든 겁니다. 물론 아주 단순한 구조일 뿐이죠.

실제로는 입력 데이터가 2차원이 아니라 3차원 이상인 경우가 많습니다. 이미지의 경우 가로 세로 크기뿐 아니라 색상 등을 나타내는 채널 값도 필요합니다. 채널을 추가하면 가로 픽셀 수, 세로 픽셀 수, 채널 수로 3차원 데이터가 되는 거죠. 이 데이터를 미니배치 단위로 처리하면 배치 크기, 가로 픽셀 수, 세로 픽셀 수, 채널 수로 4차원이 됩니다. 보통 이미지 처리용 딥러닝 모델은 미니배치 단위로 훈련하므로 기본적으로 4차원 데이터를 다룬다고 생각하면 됩니다.

# 10.3 성능 향상을 위한 딥러닝 알고리즘

## 10.3.1 드롭아웃

**드롭아웃**dropout은 과대적합을 방지하기 위하여 신경망 훈련 과정에서 무작위로 일부 뉴런을 제외하는 기법입니다.

▼ 일반적인 신경망 구조와 드롭아웃을 적용한 신경망 구조 비교

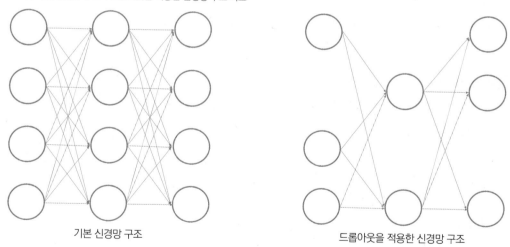

기본 신경망 구조        드롭아웃을 적용한 신경망 구조

왼쪽 그림은 일반적인 신경망 구조입니다. 모든 뉴런이 서로 연결되어 있습니다. 오른쪽 그림은 드롭아웃을 적용한 신경망 구조입니다. 무작위로 일부 뉴런을 제외했죠.

드롭아웃은 매 훈련 이터레이션마다 새롭게 적용됩니다. 즉, 첫 번째 이터레이션에서 제외한 뉴런을 두 번째 이터레이션에서는 포함할 수 있고, 반대도 가능합니다. 바꿔 말해, 매번 신경망의 뉴런

조합이 달라지므로 훈련 이터레이션마다 서로 다른 신경망을 훈련하는 꼴입니다. 서로 다른 신경망을 훈련하여 결과를 취합하는 기법인 앙상블 학습과 유사합니다. 즉, 드롭아웃을 적용하면 앙상블 효과가 나서 과대적합을 막을 수 있고 성능 향상에도 도움이 됩니다.

얼마나 많은 뉴런을 드롭아웃할지는 하이퍼파라미터로 설정할 수 있습니다. 드롭아웃 비율을 0.2로 설정하면 전체 뉴런의 20%를 제외합니다.

한편, 드롭아웃은 훈련 단계에서만 적용합니다. 검증이나 예측 단계에서는 훈련된 뉴런을 모두 사용해야 하기 때문에 적용하지 않습니다.

## 10.3.2 배치 정규화

**배치 정규화**batch normalization는 과대적합 방지와 훈련 속도 향상을 위한 기법입니다. 더 구체적으로는 내부 공변량 변화 현상을 해결하기 위한 기법입니다. **내부 공변량 변화**internal covariate shift는 신경망 계층마다 입력 데이터 분포가 다른 현상을 의미합니다.[6] 신경망 계층마다 입력 데이터 분포가 다르면 훈련 속도가 느려집니다. 그래서 '계층 간 데이터 분포의 편차를 줄이는 작업'이 필요한데, 이를 배치 정규화라고 합니다.

배치 정규화는 이름에서 알 수 있듯이 '배치' 단위로 '정규화'합니다. 이때 배치는 미니배치이며, **정규화**normalization는 데이터가 정규분포(평균 0, 분산 1)를 따르도록 분포를 변환하는 작업입니다. 추가로 이렇게 정규화한 데이터를 확대/축소scale하고 이동shift 변환까지 수행합니다. 정리하면 다음 작업을 수행하는 것입니다.

1 입력 데이터 미니배치를 평균이 0, 분산이 1이 되게 정규화합니다.
2 정규화한 데이터의 스케일을 조정하고, 이동시킵니다.

각 단계를 조금 더 자세하게 알아보겠습니다.

### 1. 정규화

미니배치를 평균이 0, 분산이 1이 되게 정규화해야 합니다. 수식으로는 다음과 같습니다.

---

6 '공변량 변화'라고만 하면 훈련 데이터 분포와 테스트 데이터 분포가 다른 현상을 말합니다.

$$\hat{x}_i = \frac{x_i - \mu_B}{\sqrt{\sigma_B^2 + \varepsilon}}$$

$\mu_B$는 미니배치 B의 평균이고, $\sigma_B^2$은 분산입니다. 미니배치의 평균과 분산을 활용해 입력 데이터를 정규화할 수 있습니다. $\hat{x}_i$는 평균이 0, 분산이 1이 되게 정규화한 데이터입니다. 즉, 정규분포를 따르게 변환한 겁니다. 평균과 분산을 구하는 수식은 다음과 같습니다.

$$\mu_B = \frac{1}{m_B} \sum_{i=1}^{m_B} x_i$$

$$\sigma_B^2 = \frac{1}{m_B} \sum_{i=1}^{m_B} (x_i - \mu_B)^2$$

여기서 $m_B$는 미니배치에 있는 데이터 개수입니다.

## 2. 스케일 조정 및 이동

정규화한 데이터의 스케일을 조정하고 이동시켜야 합니다. 수식으로는 다음과 같습니다.

$$z_i = \gamma \hat{x}_i + \beta$$

$\gamma$는 스케일 파라미터로, 데이터를 확대하거나 축소하는 값입니다. $\beta$는 이동 파라미터로, 데이터를 이동시키는 값입니다.

정규화를 하면 대부분 값이 0 근처로 몰립니다. 스케일 조정 및 이동 없이 정규화한 값을 그대로 활성화 함수에 입력하면 선형성에 빠질 수 있습니다. 활성화 함수 중 하나인 시그모이드 함수는 0 근처에서 거의 선형성을 보이기 때문입니다(454쪽의 시그모이드 함수 그래프 참고). 활성화 함수는 비선형적이어야 합니다. 선형성을 보이면 안 됩니다. 이 문제를 해결하려고 정규화 후에 스케일 조정과 이동을 합니다.

이렇게 데이터를 정규화하고 스케일 및 이동 변환을 적용하면 계층 간 데이터 분포가 비슷해집니다.

경우에 따라 다르지만 보통은 배치 정규화를 활성화 함수 이전에 수행합니다.

### 10.3.3 옵티마이저

신경망의 최적 가중치를 찾아주는 알고리즘을 **옵티마이저**optimizer라고 합니다. 10.1.4절에서 소개한 확률적 경사 하강법(SGD)이 대표적인 예이며, 그 외에도 다양한 옵티마이저가 있습니다. 주요 옵티마이저인 모멘텀, Adagrad, RMSProp, Adam의 개념을 간략히 알아보겠습니다.

**모멘텀**

SGD 옵티마이저는 최적 파라미터를 찾아가는 경로가 지그재그입니다. 상당히 비효율적이죠.

▼ SGD 옵티마이저로 최적 파라미터를 찾는 경로

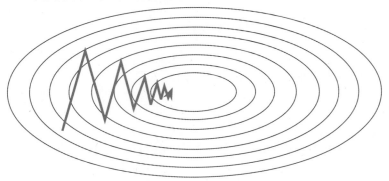

SGD의 문제를 개선해 최적 파라미터를 더 빠르게 찾는 방법이 필요하겠군요. 그 방법이 바로 모멘텀입니다. **모멘텀**Momentum은 SGD에 물리학의 관성 개념을 추가한 옵티마이저라고 이해하면 됩니다. 이전 단계의 진행 방향을 기억하여 일정 비율로 현 단계에 반영하므로 지그재그가 줄어드는 효과가 있습니다.

▼ 모멘텀 옵티마이저로 최적 파라미터를 찾는 경로

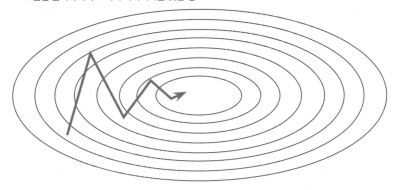

전체적으로 지그재그 모양은 있지만 관성이 추가된 걸 볼 수 있습니다. 모멘텀을 적용하니 SGD 보다 더 빠르게 최적 파라미터로 수렴하네요.

### Adagrad

모델을 훈련할 때 학습률이 너무 크면 최적 파라미터를 찾지 못하고 지나칠 수 있습니다. 반대로 학습률이 너무 작으면 훈련 시간이 오래 걸립니다. 그렇다면 학습률이 상황에 따라 변하는 게 좋 겠군요. Adagrad는 최적 파라미터에 도달할수록 학습률을 낮추도록 한 옵티마이저입니다. 최적 점에서 멀 때는 학습률을 크게 잡아 빠르게 수렴하도록 하고, 최적점에 가까워졌을 때는 학습률을 낮춰 최적점을 지나치지 않도록 하는 방법입니다. 이런 학습률을 **적응적 학습률**<sup>adaptive learning rate</sup>이 라고 합니다. Adagrad는 개별 파라미터에 적응하며 학습률을 갱신하는 옵티마이저입니다.

▼ Adagrad 옵티마이저로 최적 파라미터를 찾는 경로

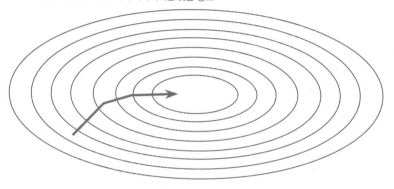

### RMSProp

RMSProp은 Adagrad의 단점을 보완한 방법입니다. Adagrad는 훈련을 진행할수록 학습률이 작아져서, 오래 지속하면 결국 0에 가까워집니다. 모델 가중치가 거의 갱신되지 않는다는 뜻이죠. Adagrad는 훈련 시작 단계부터 기울기를 누적해 학습률을 낮추지만, RMSProp은 최근 기울기 만 고려해 학습률을 낮춥니다. 그래서 훈련을 오래 지속해도 학습률이 0에 수렴하지 않습니다.

### Adam

Adam은 딥러닝 모델을 설계할 때 가장 많이 사용하는 옵티마이저로, 모멘텀과 RMSProp의 장 점을 결합한 방법입니다. 모멘텀처럼 관성을 이용하면서 RMSProp처럼 적응적 학습률을 적용합니다.

> **TIP** 캐글에서는 기본적으로 Adam 을 많이 사용합니다.

### 10.3.4 전이 학습

**전이 학습**transfer learning이란 한 영역에서 사전 훈련된 모델pretrained model에 약간의 추가 학습을 더해 유사한 다른 영역에서도 활용하는 기법입니다. 예를 들어, 16년간 축구만 해온 국가대표 축구선 수가 있다고 합시다. 이 사람이 족구도 잘할까요? 적어도 공을 다루는 데 익숙하니 기본기를 알려 줄 것도 거의 없고, 족구 규칙에 맞춰 약간만 훈련하면 순식간에 족구 좀 하는 사람이 될 겁니다. 재능이 비슷하더라도 운동과 담쌓고 살던 사람이 비슷한 수준에 올라서는 기간과 비교하면 거의 '눈 떠보니 고수'라고 느껴질 것입니다. 전이 학습은 이러한 개념입니다. 한 영역에서 이미 훈련을 마친 모델을 유사한 다른 영역에 적용시키는 거죠. 처음부터 훈련하는 것보다 적은 데이터로 훨씬 빠르게 높은 성능치에 도달할 수 있습니다.

돌고래와 상어 이미지를 분류하는 모델을 만든다고 합시다. 다음 예시 그림처럼 아무런 훈련이 안 된 모델은 시간도 오래 걸리고 예측 점수(ROC AUC)도 상대적으로 낮습니다. 반면 사전 훈련된 모델은 훈련 시간도 단축되고 성능도 더 뛰어납니다.

▼ 전이 학습 시 성능 비교(예시)

물론 훈련 데이터가 풍부하고 충분히 오래 훈련할 수 있다면 사전 훈련 여부는 크게 중요하지 않 을 수 있습니다. 하지만 현실에서는 양질의 훈련 데이터를 다량으로 확보하기가 어려울 때가 많 고, 복잡한 딥러닝 모델이라면 한 번 훈련하는 데만 수 시간에서 수 일 이상 걸리기도 합니다. 따 라서 일반적인 상황이라면 전이 학습할 때 성능이 더 좋다고 볼 수 있습니다. 이렇듯 시간을 절약 하면서 더 좋은 성능을 얻기 위해 사전 훈련 모델을 이용하는 경우가 많습니다.

## 전이 학습의 종류

전이 학습 방법은 사전 훈련 모델을 구성하는 신경망 전체를 다시 훈련할지(**파인 튜닝**fine tuning), 일부 계층만 다시 훈련할지에 따라 두 가지로 나뉩니다.

▼ 전이 학습 종류

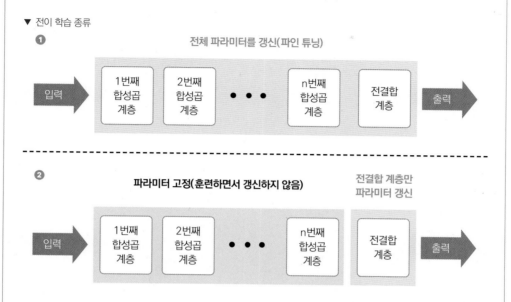

2번 그림은 일부 계층만 다시 훈련하는 예로, 특히 마지막의 전결합 계층만 새로운 데이터로 훈련하는 모습을 보여주고 있습니다. 이렇게 일부만 다시 훈련시켜도 유용한 이유는 신경망의 각 계층이 고유한 역할을 담당할 수 있기 때문입니다.

예를 들어 앞단 계층부터 차례로 이미지의 선 → 패턴 → 형상 → 분류 순서로 진행되는 '고양이 vs. 개 분류'용 딥러닝 모델이 있다고 해보죠. 이 모델을 '말 vs. 낙타 분류'용으로 전이시키려 합니다. 직관적으로 생각해봐도 이미지에서 선, 패턴, 형상을 추출하는 일은 대상이 어떤 동물이든 크게 상관이 없을 것입니다. 따라서 형상 추출까지는 그대로 두고, 분류 부분만 말과 낙타 데이터로 다시 훈련시키면 훨씬 빠르게 성능 좋은 모델을 얻을 수 있을 것입니다.

경진대회
# 항공 사진 내 선인장 식별

# 항공 사진 내 선인장 식별

Playground Code Competition

**Aerial Cactus Identification**
Determine whether an image contains a columnar cactus

Kaggle · 1,221 teams · 3 years ago

https://www.kaggle.com/c/aerial-cactus-identification

| 난이도 | ★☆☆ | | |
|---|---|---|---|
| 경진대회명 | 항공 사진 내 선인장 식별 경진대회 | | |
| 미션 | 항공 사진 내 선인장이 있을 확률 예측 | | |
| 문제 유형 | 이진분류 | **평가지표** | ROC AUC |
| 데이터 크기 | 24.2MB | **참가팀 수** | 1,221팀 |
| 제출 시 사용한 모델 | 기본 CNN | | |
| 파이썬 버전 | 3.7.10 | | |
| 사용 라이브러리 및 버전 | • numpy (numpy==1.19.5)<br>• pandas (pandas==1.2.5)<br>• torch (torch==1.7.1)<br>• torchvision (torchvision==0.8.2)<br>• sklearn (scikit-learn==0.23.2)<br>• matplotlib (matplotlib==3.4.3)<br>• cv2 (opencv-python==4.5.3.56)<br>• zipfile, random, math, shutil, os | | |
| 예제 코드 캐글 노트북 | 1 탐색적 데이터 분석 : https://www.kaggle.com/werooring/ch11-eda<br>2 베이스라인 모델 : https://www.kaggle.com/werooring/ch11-baseline<br>3 성능 개선 : https://www.kaggle.com/werooring/ch11-modeling<br>4 한 걸음 더 : https://www.kaggle.com/werooring/ch11-modeling2 | | |
| 환경 세팅된 노트북 양식 | https://www.kaggle.com/werooring/ch11-notebook | | |

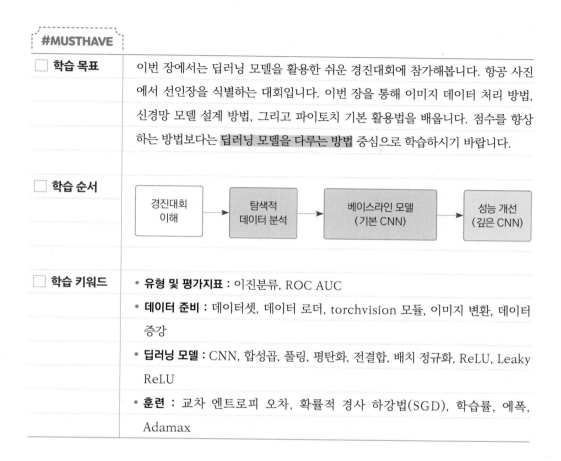

☐ **학습 목표**

이번 장에서는 딥러닝 모델을 활용한 쉬운 경진대회에 참가해봅니다. 항공 사진에서 선인장을 식별하는 대회입니다. 이번 장을 통해 이미지 데이터 처리 방법, 신경망 모델 설계 방법, 그리고 파이토치 기본 활용법을 배웁니다. 점수를 향상하는 방법보다는 **딥러닝 모델을 다루는 방법** 중심으로 학습하시기 바랍니다.

☐ **학습 순서**

경진대회 이해 → 탐색적 데이터 분석 → 베이스라인 모델 (기본 CNN) → 성능 개선 (깊은 CNN)

☐ **학습 키워드**

- **유형 및 평가지표 :** 이진분류, ROC AUC
- **데이터 준비 :** 데이터셋, 데이터 로더, torchvision 모듈, 이미지 변환, 데이터 증강
- **딥러닝 모델 :** CNN, 합성곱, 풀링, 평탄화, 전결합, 배치 정규화, ReLU, Leaky ReLU
- **훈련 :** 교차 엔트로피 오차, 확률적 경사 하강법(SGD), 학습률, 에폭, Adamax

# 11.1 경진대회 이해

이번 장이 딥러닝 첫 시작이네요. 쉬운 대회부터 다루겠습니다. 본 경진대회는 데이터 크기가 작고 난이도도 낮은 플레이그라운드 대회로, 항공 사진에서 선인장<sup>cactus</sup>을 찾아내는 게 목표입니다.

기후 변화 때문에 자연이 지속적으로 파괴되고 있습니다. 그래서 자연을 보호하고자 멕시코는 VIGIA라는 프로젝트를 진행했습니다. VIGIA는 '자연보호 구역 자율 감시'를 위한 자동 시스템 개발 프로젝트입니다. 자율 감시를 위한 첫 번째 단계가 보호 구역 내에 초목이 잘 자라는지 확인하는 작업이라고 합니다. 넓은 지대를 사람이 일일이 확인하기는 어렵겠죠. 그래서 딥러닝 기술을 활용하자는 취지입니다. 드론과 이미지 인식 기술을 결합해 자율 감시 시스템을 만들었습니다. 드론이 보호 구역을 돌아다니며 항공 사진을 찍고 딥러닝 기술로 이 사진들에서 초목(여기서는 선인

장)을 식별합니다. 그러면 사람 손을 거치지 않고도 보호 구역 내에 선인장이 얼마나 있는지 파악할 수 있습니다.

6장부터 9장까지 다룬 경진대회에서는 csv 파일을 제공했습니다. 이 csv 파일을 DataFrame 형태로 불러와 이용했죠. 하지만 이번 경진대회에서는 csv 파일에 더해 '이미지 파일'도 제공합니다. 물체 식별 대회라서 이미지가 필요하죠. 주어진 데이터는 다음과 같습니다.

- **train.zip** : 훈련 이미지 데이터(jpg 형식) 압축 파일
- **test.zip** : 테스트 이미지 데이터(jpg 형식) 압축 파일
- **train.csv** : 훈련 이미지 데이터 파일명 및 타깃값(타깃값은 0 또는 1)
- **sample_submission.csv** : 샘플 제출 파일

훈련 이미지, 테스트 이미지 데이터는 압축 파일로 제공합니다. 압축을 풀어서 사용하면 됩니다. train.csv 파일에는 이미지 파일명(id)과 타깃값(has_cactus) 정보가 기재되어 있습니다. 이미지 파일명(id)은 train.zip에 들어 있는 이미지 데이터의 파일명을 뜻합니다. 타깃값은 0 또는 1인데, 0이면 해당 항공 사진에 선인장이 없다는 뜻이고, 1이면 있다는 뜻입니다. 우리는 테스트 이미지 데이터에 선인장이 있을 확률을 예측해야 합니다.

본 경진대회는 6장 자전거 대여 수요 예측 경진대회처럼 퍼블릭 점수와 프라이빗 점수가 같습니다. 둘 다 테스트 데이터 전체를 이용해 점수를 매겼기 때문입니다. 플레이그라운드 대회라서 경쟁보다는 연습을 통한 실력 향상에 주안점을 둔 것이죠. 리더보드를 보면 ROC AUC 점수가 1.0인 캐글러가 무려 150명이나 됩니다. ROC AUC가 1.0이라는 건 완벽히 예측했다는 뜻입니다. 그만큼 대회가 쉽습니다. 그래서 딥러닝의 가장 기초적인 내용에 집중할 수 있어 본 경진대회를 선정했습니다.

딥러닝 첫 대회인 만큼 이번 장에서는 리더보드 등수를 높이는 방법보다는 딥러닝 모델을 구축하는 방법을 중심으로 설명하겠습니다. 파이토치에 익숙해지는 기회도 될 것입니다. 본 경진대회를 통해 딥러닝 경진대회의 전체 기틀을 잡아보세요.

# 11.2 탐색적 데이터 분석

머신러닝 경진대회와 마찬가지로 탐색적 데이터 분석부터 시작합니다. 다만, 이번 장에서는 분석할 요소가 많지 않습니다. 데이터를 둘러보고, 타깃값 분포를 알아본 뒤, 이미지 몇 개를 샘플로 출력해보고 끝내겠습니다. 데이터의 전반적인 양상을 살펴보고 실제 이미지가 어떻게 생겼는지 알아보기 위해서입니다.

## 11.2.1 데이터 둘러보기

먼저 csv 데이터를 불러옵니다.

```python
import pandas as pd                          https://www.kaggle.com/werooring/ch11-eda

# 데이터 경로
data_path ='/kaggle/input/aerial-cactus-identification/'

labels = pd.read_csv(data_path + 'train.csv')
submission = pd.read_csv(data_path + 'sample_submission.csv')
```

불러온 데이터를 살펴보시죠.

```python
labels.head()
```

▼ 실행 결과

|   | id | has_cactus |
|---|---|---|
| 0 | 0004be2cfeaba1c0361d39e2b000257b.jpg | 1 |
| 1 | 000c8a36845c0208e833c79c1bffedd1.jpg | 1 |
| 2 | 000d1e9a533f62e55c289303b072733d.jpg | 1 |
| 3 | 0011485b40695e9138e92d0b3fb55128.jpg | 1 |
| 4 | 0014d7a11e90b62848904c1418fc8cf2.jpg | 1 |

id 피처는 훈련 데이터의 이미지 파일명입니다. 확장자인 jpg까지 표시되어 있네요. has_cactus는 타깃값입니다. 해당 파일명을 가진 이미지가 선인장cactus을 포함하는지 여부를 나타냅니다. 0이면 선인장이 없고, 1이면 있다라는 의미입니다.

> **분석 결과**
> id = 이미지 파일명(확장자 포함)

다음으로 제출 샘플 파일을 살펴봅시다.

```
submission.head()
```

▼ 실행 결과

| | id | has_cactus |
|---|---|---|
| 0 | 000940378805c44108d287872b2f04ce.jpg | 0.5 |
| 1 | 0017242f54ececa4512b4d7937d1e21e.jpg | 0.5 |
| 2 | 001ee6d8564003107853118ab87df407.jpg | 0.5 |
| 3 | 002e175c3c1e060769475f52182583d0.jpg | 0.5 |
| 4 | 0036e44a7e8f7218e9bc7bf8137e4943.jpg | 0.5 |

id는 테스트 데이터의 이미지 파일명입니다. 제출용 샘플이라서 현재의 타깃값(has_cactus)은 의미가 없습니다. 우리가 테스트 이미지 데이터에 선인장이 있을 확률을 예측해서 타깃값을 갱신 해주면 됩니다.

## 11.2.2 데이터 시각화

데이터를 시각화해보겠습니다. 주어진 데이터는 csv 파일과 이미지 파일이죠. csv 파일에는 이미지 파일명과 타깃값밖에 없어서 타깃값만 활용해 그래프를 그려볼 예정입니다. 이어서 몇 가지 이미지를 실제로 출력해보겠습니다.

> **Note** 이번 절에서는 딱히 모델링에 도움될 정보는 얻지 못합니다. 그럼에도 시각화를 해보는 이유는 타깃값이 얼마나 불균형한지 알아보고, 실제 이미지가 어떻게 생겼는지 한번 살펴보기 위함입니다.

### 타깃값 분포

가장 먼저 타깃값 분포를 보죠. 파이<sup>pie</sup> 그래프로 그려보겠습니다.

```
import matplotlib as mpl
import matplotlib.pyplot as plt
%matplotlib inline

mpl.rc('font', size=15)
plt.figure(figsize=(7, 7))
```

```
label = ['Has cactus', 'Hasn\'t cactus'] # 타깃값 레이블
# 타깃값 분포 파이 그래프
plt.pie(labels['has_cactus'].value_counts(), labels=label, autopct='%.1f%%');
```

▼ 실행 결과

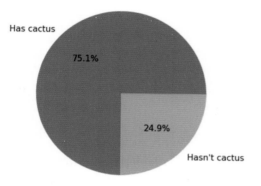

타깃값 0(Hasn't cactus)과 1(Has cactus)의 비율이 약 1:3입니다.

## 이미지 출력

다음으로 어떤 이미지가 사용되는지 보겠습니다. 제공된 압축 파일을 다운로드해 압축을 푼 뒤 열어봐도 됩니다. 그런데 우리는 데이터 과학자잖아요? 그러니 코드로 구현해보겠습니다.

먼저 압축 파일을 풀어봅시다. zipfile 모듈의 ZipFile 클래스를 사용하면 zip 파일을 풀 수 있습니다. 다음 코드로 train.zip과 test.zip을 풉니다.

```
from zipfile import ZipFile

# 훈련 이미지 데이터 압축 풀기
with ZipFile(data_path + 'train.zip') as zipper:
    zipper.extractall()

# 테스트 이미지 데이터 압축 풀기
with ZipFile(data_path + 'test.zip') as zipper:
    zipper.extractall()
```

ZipFile( )의 파라미터로 zip 파일 경로를 전달합니다. with문으로 할당한 zipper 객체에 extractall( ) 메서드를 호출하면 zip 파일의 압축을 풉니다.

압축이 풀린 파일들은 작업 디렉터리에서 확인할 수 있습니다. 앞 코드를 실행한 다음, 오른쪽 상단 [Data] 탭을 확인해보시죠.

▼ 압축이 풀린 이미지 파일 디렉터리

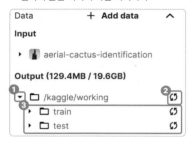

Output 밑에 /kaggle/working 디렉터리가 있습니다. 제출 파일이 생성되는 디렉터리라고 앞장에서 배웠죠? 제출 파일 외에도 작업 중 생성한 파일은 여기에 저장됩니다. /kaggle/working 디렉터리 왼쪽 화살표 ①을 클릭한 뒤 오른쪽 새로고침 아이콘 ②를 클릭해보세요. ③ 그럼 하위에 train과 test 디렉터리가 나타날 겁니다. 앞의 코드에서 zipper.extractall( )을 호출해 압축을 푼 이미지 파일들이 여기에 저장되어 있습니다.

> **warning** train, test 디렉터리에는 이미지 파일이 '아주' 많습니다. 그래서 이미지 파일을 보려고 train, test 디렉터리 왼쪽 화살표를 클릭하면 캐글 노트북 환경이 멈출 수 있습니다. 파일이 너무 많기 때문이죠. 유의하세요!

막간을 이용해 train 디렉터리와 test 디렉터리에 각각 이미지 파일이 몇 개 있는지 알아봅시다. os 모듈을 사용해보겠습니다. os.listdir( )을 호출하면 인수로 전달한 경로에 들어 있는 파일들의 이름 전체를 반환합니다. 전체 파일의 개수를 세면 이미지 파일이 몇 개인지 알 수 있겠죠?

```python
import os

num_train = len(os.listdir('train/'))
num_test = len(os.listdir('test/'))

print(f'훈련 데이터 개수: {num_train}')
print(f'테스트 데이터 개수: {num_test}')
```
```
훈련 데이터 개수: 17500
테스트 데이터 개수: 4000
```

훈련 데이터는 17,500개이고 테스트 데이터는 4,000개군요.

이제 훈련 이미지 데이터를 몇 개 출력해보겠습니다. 이미지 파일을 읽기 위해 OpenCV 라이브러리를 사용하겠습니다. OpenCV는 오픈소스 컴퓨터 비전Open source Computer Vision 라이브러리로, 영상 처리에 자주 사용됩니다. 먼저 선인장을 포함하는 이미지 12장을 출력해보겠습니다.

```python
import matplotlib.gridspec as gridspec
import cv2 # OpenCV 라이브러리 임포트

mpl.rc('font', size=7)
plt.figure(figsize=(15, 6))      # 전체 Figure 크기 설정
grid = gridspec.GridSpec(2, 6) # 서브플롯 배치(2행 6열로 출력)

# 선인장을 포함하는 이미지 파일명(마지막 12개) ❶
last_has_cactus_img_name = labels[labels['has_cactus']==1]['id'][-12:]

# 이미지 출력 ❷
for idx, img_name in enumerate(last_has_cactus_img_name):
    img_path = 'train/' + img_name                    # 이미지 파일 경로 ❸
    image = cv2.imread(img_path)                       # 이미지 파일 읽기 ❹
    image = cv2.cvtColor(image, cv2.COLOR_BGR2RGB) # 이미지 색상 보정 ❺
    ax = plt.subplot(grid[idx])
    ax.imshow(image)                                   # 이미지 출력 ❻
```

▼ 실행 결과 - 선인장을 포함하는 이미지(마지막 12장)

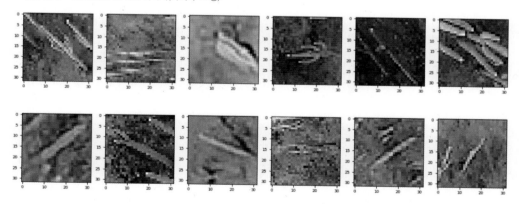

해상도가 많이 떨어지네요. 육안으로는 선인장인지 명확히 판별하기 어렵지만, 길쭉한 물체가 선인장이라고 보면 됩니다.

코드 ❶은 타깃값(has_cactus)이 1인 labels 데이터의 마지막 12개 id 값을 last_has_cactus_img_name 변수에 할당합니다. 타깃값 1은 이미지가 선인장을 포함한다는 뜻입니다. id 피처는 이미지 파일명을 나타냅니다. 따라서 결국 선인장을 포함하는 마지막 12개 이미지의 파일명을 할당하는 코드입니다.

❷는 last_has_cactus_img_name을 순회하면서 해당 파일명을 가진 이미지를 출력합니다.

❸ 훈련 데이터 디렉터리와 파일명을 합쳐서 이미지 파일의 경로를 구해 ❹ 이미지를 읽어옵니다. 그런데 cv2.imread( )로 이미지를 읽으면 색상 채널을 BGR(파랑, 초록, 빨강) 순서로 불러옵니다. 하지만 RGB 순서라야 실제 색상과 맞으므로 채널 순서를 바꿔줘야 합니다. ❺가 이 기능을 해줍니다.

❻ 마지막으로 이미지를 출력합니다.

조금 복잡해 보이지만 잘 이해해두시면 유용합니다. 12장과 13장에서도 활용하겠습니다.

> **Note** 채널 순서를 바로잡아주는 코드 ❺를 빼고 실행해보세요. 그럼 다음과 같이 붉은 흙 색깔이 푸른 계열로 나타납니다.
>
> ▼ RGB 순서로 바꾸기 전 이미지

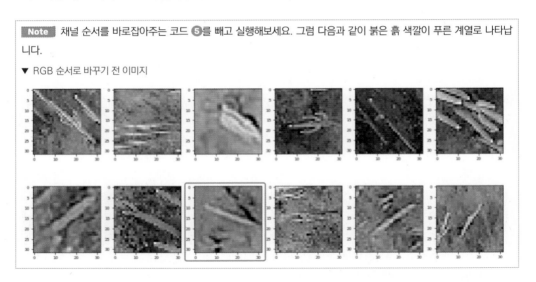

이제는 선인장을 포함하지 않는 이미지를 출력해볼까요? has_cactus 피처가 0인 이미지를 추출해야겠죠. 이 점만 제외하면 앞 코드와 똑같습니다.

```python
plt.figure(figsize=(15, 6))      # 전체 Figure 크기 설정
grid = gridspec.GridSpec(2, 6)   # 서브플롯 배치
```

```
# 선인장을 포함하지 않는 이미지 파일명(마지막 12개)
last_hasnt_cactus_img_name = labels[labels['has_cactus']==0]['id'][-12:]

# 이미지 출력
for idx, img_name in enumerate(last_hasnt_cactus_img_name):
    img_path = 'train/' + img_name                       # 이미지 파일 경로
    image = cv2.imread(img_path)                          # 이미지 파일 읽기
    image = cv2.cvtColor(image, cv2.COLOR_BGR2RGB)        # 이미지 색상 보정
    ax = plt.subplot(grid[idx])
    ax.imshow(image)                                     # 이미지 출력
```

▼ 실행 결과 – 선인장을 포함하지 않는 이미지(마지막 12장)

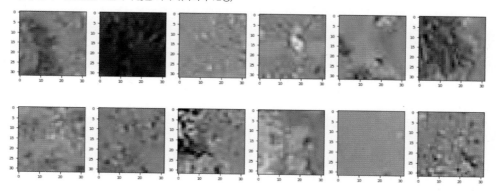

역시나 해상도가 떨어집니다. 그래도 앞에서 본 이미지와 다르게 길쭉한 물체가 보이진 않네요. 선인장이 없다는 말입니다.

마지막으로 이미지 형상을 출력해볼까요?

```
image.shape
```
```
(32, 32, 3)
```

이미지의 가로 픽셀 수, 세로 픽셀 수, 채널 수가 출력됩니다. 가로, 세로 크기는 32 x 32이며, 채널은 3개임을 알았습니다. 참고로 채널이 3개인 이유는 제공된 데이터가 빨강(R), 초록(G), 파랑(B)으로 이루어진 컬러 이미지이기 때문입니다.

> **분석 결과**
> 낮은 해상도의 컬러 이미지 제공

# 분석 정리 및 모델링 전략

## 분석 정리

1 csv 파일의 id 피처는 이미지 파일명입니다. 파일의 경로명만 추가하면 파일의 위치를 바로 얻어올 수 있습니다.

2 제공된 이미지 파일들은 낮은 해상도의 컬러 이미지(32 x 32 x 3)입니다.

## 모델링 전략

이번 장은 딥러닝 모델(CNN)을 다루는 방법에 집중합니다. 베이스라인에서는 얕은 CNN을 기본적인 설정만으로 만들어보면서 전체적인 흐름을 익히고, 성능 개선에서는 더 깊은 CNN에 몇 가지 최적화 요소를 추가해보겠습니다.

- **베이스라인 모델** : 얕은 CNN
  - **신경망 구조** : 합성곱 x 2, 풀링, 평탄화, 전결합
  - **옵티마이저** : SGD
- **성능 개선** : 살짝 깊은 CNN
  - **데이터 증강** : 다양한 변환기 사용
  - **신경망 구조** : 합성곱 x 5, 배치 정규화, 풀링, 평탄화, 전결합 x 2
  - **옵티마이저** : Adamax
  - **기타** : 훈련 에폭 수 증가

베이스라인 모델과 성능 개선은 본 경진대회에서 추천수가 12번째로 많은 다음 노트북을 리팩터링하여 작성했습니다.

- https://www.kaggle.com/bonhart/simple-cnn-on-pytorch-for-beginers

# 11.3 베이스라인 모델

이제부터 파이토치를 활용해 딥러닝 모델을 만들어보겠습니다. 베이스라인은 간단한 CNN 모델[1]을 활용하겠습니다.

파이토치를 활용한 딥러닝 모델링 절차는 다음과 같습니다.

▼ 파이토치를 활용한 딥러닝 모델링 절차

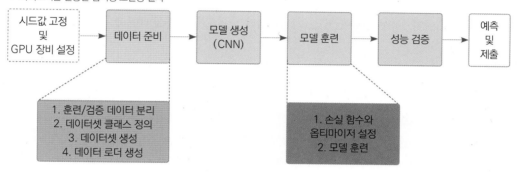

**1 시드값 고정 및 GPU 장비 설정**
- 시드값 고정 : 결과 재현을 위한 작업
- GPU 장비 설정 : 훈련 속도를 높이기 위해 데이터를 GPU가 처리하도록 변경

**2 데이터 준비**
- 훈련/검증 데이터 분리
- 데이터셋 클래스 정의 : 이미지 데이터를 모델링에 적합한 형태로 불러오도록 해줌
- 데이터셋 생성
- 데이터 로더(데이터셋으로부터 데이터를 배치 단위로 불러와주는 객체) 생성

**3 모델 생성** : 신경망 모델 클래스를 직접 설계한 후 인스턴스 생성

**4 모델 훈련**
- 손실 함수와 옵티마이저 설정 : 훈련에 앞서 손실 함수(예측값과 실젯값의 차이를 구하는 함수)와 옵티마이저(최적 가중치를 찾아주는 알고리즘) 설정
- 모델 훈련 : 신경망의 가중치(파라미터)를 갱신하며 모델 훈련

---

1   10.2절 '합성곱 신경망(CNN)' 참고

5  **성능 검증** : 검증 데이터로 모델 성능 검증

6  **예측 및 제출** : 테스트 데이터로 예측 후 결과 제출

자, 이제 절차대로 진행해보겠습니다.

## 11.3.1 시드값 고정 및 GPU 장비 설정

머신러닝 경진대회에서는 없던 단계군요. 딥러닝과 파이토치의 특성 때문에 추가된 단계라고 보시면 됩니다.

### 시드값 고정

파이토치를 임포트하고 시드값을 고정하겠습니다. 시드값을 고정하는 이유는 다시 실행해도 같은 결과를 얻기 위해서입니다. 앞서 머신러닝을 다루는 장들에서는 모델 훈련 시에 설정한 random_state 파라미터가 같은 역할을 했습니다. 파이토치로 딥러닝 모델링을 할 때는 (모델 훈련 시가 아니라) 이렇게 맨 처음에 고정합니다.

https://www.kaggle.com/werooring/ch11-baseline

```python
import torch # 파이토치
import random
import numpy as np
import os

# 시드값 고정
seed = 50
os.environ['PYTHONHASHSEED'] = str(seed)
random.seed(seed)                            # 파이썬 난수 생성기 시드 고정
np.random.seed(seed)                         # 넘파이 난수 생성기 시드 고정
torch.manual_seed(seed)                      # 파이토치 난수 생성기 시드 고정 (CPU 사용 시)
torch.cuda.manual_seed(seed)                 # 파이토치 난수 생성기 시드 고정 (GPU 사용 시)
torch.cuda.manual_seed_all(seed)             # 파이토치 난수 생성기 시드 고정 (멀티GPU 사용 시)
torch.backends.cudnn.deterministic = True    # 확정적 연산 사용
torch.backends.cudnn.benchmark = False       # 벤치마크 기능 해제
torch.backends.cudnn.enabled = False         # cudnn 사용 해제
```

이 모든 시드값 고정 코드가 캐글에서 GPU로 파이토치 사용 시 반드시 필요한 건 아닙니다. 그러

나 다른 환경에서 작업할 독자분도 계실 수 있으므로 최대한 많은 시드값을 고정해봤습니다.

한편, 파이토치는 시드값을 고정하더라도 해시값들에 따라서 결과가 달라질 수 있습니다. 즉, 시드값을 고정하더라도 결과가 완벽히 같다는 보장이 없습니다. 최대한 책과 비슷한 결과를 내려면 환경이 세팅된 노트북(각 장의 시작 페이지에 있는 요약 표 참고)을 복사해서 작업해주세요.

반대로 결과를 재현할 필요가 없다면 시드값 고정은 생략하는 게 나을 수 있습니다. 파이토치를 사용할 때 시드값을 고정하면 속도도 느려지고 예측 성능도 떨어질 우려가 있기 때문입니다.

### GPU 장비 설정

이어서 장비device를 설정해야 합니다. 정형 데이터(csv 파일 등)를 다루는 머신러닝 경진대회와 달리 딥러닝 경진대회는 주로 비정형 데이터(이미지, 음성, 텍스트 등)를 다룹니다. 비정형 데이터를 모델링하려면 연산량이 많아집니다. CPU로는 감당하기 벅찰 정도라서 훈련 시간이 너무 길어집니다. 그래서 GPU를 사용해야 하죠. GPU는 단순 연산 수백~수만 개 이상을 병렬로 처리할 수 있어서 딥러닝 모델을 CPU보다 훨씬 빠르게 훈련시켜줍니다. 그리고 다행히도 캐글에서 GPU 환경까지 제공합니다.[2]

> **Note** 대용량 비정형 데이터를 다루려면 캐글에서 제공하는 GPU로도 부족한 경우가 많습니다. 그럴 때는 GPU를 직접 장만하거나, 클라우드 방식으로 GPU를 제공하는 구글 Colab 등을 이용하기도 합니다. 그래서 대규모 모델로 대용량 데이터를 훈련해야 하는 경우에는 보통 외부에서 훈련을 하고, 캐글에서 예측(추론)을 합니다. 하지만 실력을 쌓는 현재 단계에서는 캐글 GPU만으로도 모든 절차를 진행하기에 충분합니다.

다음 코드로 연산에 이용할 장비를 할당합니다.

```python
if torch.cuda.is_available():
    device = torch.device('cuda')
else:
    device = torch.device('cpu')
```

CUDAcompute unified device architecture는 엔비디아에서 개발한 병렬 처리 플랫폼입니다. 만일 CUDA에서 GPU를 사용할 수 있다면 장비를 'cuda'로, 그렇지 않다면 'cpu'로 설정하도록 했습니다.

---

2   평균적으로 일주일에 30~40시간까지 사용 가능합니다. 사용 제한 시간은 바뀔 수 있습니다.

```
device = torch.device('cuda' if torch.cuda.is_available() else 'cpu')
```

캐글 환경에서 아무 설정도 하지 않으면 기본적으로 CPU를 제공합니다. 앞 코드를 실행한 뒤, device를 출력해봅시다.

```
device
```

```
device(type='cpu')
```

GPU를 사용하려면 설정을 바꿔줘야 합니다. 오른쪽 [Settings] 탭을 보면 Accelerator가 None으로 되어 있을 겁니다. 가속기가 없으니 기본값인 CPU를 사용한다는 뜻입니다. 이를 GPU로 바꿔봅시다. None을 클릭하면 선택할 수 있는 옵션이 나타납니다.

GPU를 선택하고, 팝업창이 뜨면 [Turn on GPU] 버튼을 클릭합니다.

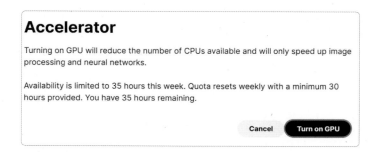

이제 GPU를 사용할 수 있습니다.

> **warning** GPU 사용 시간은 주 단위로 제한되어 있으니 GPU를 사용하지 않으면 꺼두는 게 좋습니다. GPU를 끄려면 Accelerator를 다시 None으로 바꾸면 됩니다.

Accelerator를 변경하면 코드 환경 전체가 초기화됩니다. 그렇기 때문에 코드를 처음부터 다시 실행해야 합니다. 지금까지 설명한 코드를 재실행해봅시다. 그럼 장비가 CUDA로 바뀌어 있을 겁니다.

```
device = torch.device('cuda' if torch.cuda.is_available() else 'cpu')

device
```
```
device(type='cuda')
```

device 변수에 CUDA가 할당됐네요. 여기에 모델과 데이터를 추후 할당할 예정입니다. 모델과 데이터를 device 장비에 할당해야 해당 장비(GPU든 CPU든)로 파이토치 코드를 실행할 수 있기 때문입니다.

## 11.3.2 데이터 준비

딥러닝 경진대회는 머신러닝 경진대회 때와 비교하여 데이터 준비 과정이 훨씬 복잡합니다. 새로운 개념도 등장하고요. 다음과 같은 과정을 거친다고 했습니다.

- 훈련/검증 데이터 분리
- 데이터셋 클래스 정의
- 데이터셋 생성
- 데이터 로더 생성

새로 등장한 데이터셋 클래스와 데이터 로더의 역할을 이해하기 쉽도록 모델 훈련 시의 동작 과정을 그림으로 간략히 정리해봤습니다.

▼ 모델 훈련 시 데이터 로더와 데이터셋 클래스의 역할

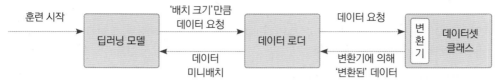

보다시피 결국은 딥러닝 모델의 훈련에 필요한 데이터를 미니배치 단위로 공급하는 역할을 합니다. 이때 데이터셋 클래스에 정의된 변환기가 원본 데이터를 다양한 형태로 변환해줍니다. 구체적으로 어떤 변환을 하는지는 이번 장은 물론 12장과 13장에서 자세히 알아볼 것입니다.

이제 모델링을 위한 데이터를 준비하겠습니다. 먼저 데이터를 불러와야 하는군요.

```python
import pandas as pd

# 데이터 경로
data_path = '/kaggle/input/aerial-cactus-identification/'

labels = pd.read_csv(data_path + 'train.csv')
submission = pd.read_csv(data_path + 'sample_submission.csv')
```

이어서 압축을 풉니다. 코드는 11.2절과 같습니다.

```python
from zipfile import ZipFile

# 훈련 이미지 데이터 압축 풀기
with ZipFile(data_path + 'train.zip') as zipper:
    zipper.extractall()

# 테스트 이미지 데이터 압축 풀기
with ZipFile(data_path + 'test.zip') as zipper:
    zipper.extractall()
```

## 훈련 데이터, 검증 데이터 분리

현재 labels에는 대회 주최 측에서 제공한 train.csv 파일의 내용이 담겨 있습니다. train_test_split( ) 함수를 사용해 이 데이터를 훈련 데이터와 검증 데이터로 나눠보려고 합니다.

```python
from sklearn.model_selection import train_test_split

# 훈련 데이터, 검증 데이터 분리
train, valid = train_test_split(labels,
                                test_size=0.1, # ❶
                                stratify=labels['has_cactus'], # ❷
                                random_state=50)
```

❶ test_size가 검증 데이터의 비율을 뜻합니다. 0.1을 전달했으니 훈련 데이터와 검증 데이터 비율이 9:1이 되었겠죠.

❷ 앞서 본 바와 같이 타깃값 비율은 약 3:1입니다. 따라서 stratify 파라미터에 타깃값의 열 이름을 전달하면 훈련 데이터와 검증 데이터 내 타깃값 비율도 약 3:1이 됩니다.

결과를 확인해보겠습니다.

```python
print('훈련 데이터 개수:', len(train))
print('검증 데이터 개수:', len(valid))
```
```
훈련 데이터 개수: 15750
검증 데이터 개수: 1750
```

훈련 데이터와 검증 데이터 비율이 정확히 9:1이네요.

## 데이터셋 클래스 정의

이번에는 사용자 정의 데이터셋을 만들겠습니다. 파이토치로 신경망 모델을 구축하려면 데이터셋도 일정한 형식에 맞게 정의해줘야 합니다.

먼저 데이터셋 생성에 필요한 라이브러리를 임포트합니다.

```python
import cv2 # OpenCV 라이브러리
from torch.utils.data import Dataset # 데이터 생성을 위한 클래스
```

파이토치에서 제공하는 Dataset 클래스를 활용해 데이터셋 객체를 만들 수 있습니다. Dataset은 추상 클래스[3]이며, 우리는 Dataset을 상속받은 다음 특수 메서드인 \_\_len\_\_()과 \_\_getitem\_\_()을 재정의(오버라이딩)해야 합니다.

- **\_\_len\_\_()** : 데이터셋 크기를 반환합니다.
- **\_\_getitem\_\_()** : 인덱스를 전달받아 인덱스에 해당하는 데이터를 반환합니다.

```python
class ImageDataset(Dataset):
    # 초기화 메서드(생성자) ❶
    def __init__(self, df, img_dir='./', transform=None):
        super().__init__() # 상속받은 Dataset의 생성자 호출 ❷
        # 전달받은 인수들 저장 ❸
        self.df = df
        self.img_dir = img_dir
        self.transform = transform

    # 데이터셋 크기 반환 메서드 ❹
    def __len__(self):
        return len(self.df)

    # 인덱스(idx)에 해당하는 데이터 반환 메서드 ❺
    def __getitem__(self, idx):
        img_id = self.df.iloc[idx, 0]      # 이미지 ID
        img_path = self.img_dir + img_id   # 이미지 파일 경로 ❻
        image = cv2.imread(img_path)       # 이미지 파일 읽기
        image = cv2.cvtColor(image, cv2.COLOR_BGR2RGB) # 이미지 색상 보정
        label = self.df.iloc[idx, 1]       # 이미지 레이블(타깃값)

        if self.transform is not None:
            image = self.transform(image) # 변환기가 있다면 이미지 변환 ❼
        return image, label # ❽
```

❶ \_\_init\_\_()는 ImageDataset 클래스의 초기화 메서드입니다. ❷ 상속받은 Dataset의 초기

---

3  추상 클래스는 곧바로 객체를 생성할 수 없고 상속만 할 수 있는 클래스를 일컫습니다. 추상 클래스를 사용하는 이유는 상속받는 클래스들의 메서드를 규격화하기 위해서입니다. 상속을 강제해 메서드 시그니처를 일치시키기 위해서죠.

화 메서드를 호출한 후 ❸ 파라미터로 받은 인수들을 저장합니다. 파라미터들의 역할은 다음과 같습니다.

- **df** : DataFrame 객체. 앞서 labels를 train과 valid로 나눴죠? train 혹은 valid를 df 파라미터에 전달할 겁니다.
- **img_dir** : 이미지 데이터를 포함하는 경로
- **transform** : 이미지 변환기. 이미지 데이터셋을 만들 때 기본적인 전처리를 할 수 있는데, 전처리를 하려면 이미지 변환기를 넘겨주면 됩니다. 뒤에서 자세히 설명합니다.

❹ \_\_len\_\_( )은 데이터셋의 크기를 반환하는 메서드입니다. Dataset 클래스에 이미 정의되어 있는 메서드를 재정의하는 겁니다.

❺ \_\_getitem\_\_( )은 지정한 인덱스에 해당하는 데이터를 반환하는 메서드입니다. ❽ idx번째 이미지와 레이블(타깃값)을 반환합니다. ❻ 초기화 메서드에서 받은 경로에 이미지 ID를 합쳐 이미지 위치를 알아내고(분석 정리 1), 마찬가지로 ❼ 초기화 메서드에서 이미지 변환기(transform)를 받아뒀다면 변환 작업까지 수행한 후 반환합니다.

이상으로 데이터셋을 생성해줄 ImageDataset 클래스를 정의했습니다.

> **Note** \_\_len\_\_(), \_\_getitem\_\_()처럼 이름 앞뒤로 이중 언더바가 붙는 메서드는 호출 방식이 일반적인 메서드와 다릅니다. \_\_len\_\_()는 len(ImageDataset) 형태로 호출하고, \_\_getitem\_\_()은 ImageDataset[idx] 형태로 호출합니다. 파이토치로 딥러닝 모델링을 하려면 이 특별 메서드 형식에 맞게 데이터셋 생성 클래스를 정의해야 합니다.

> **Note** 사용자 정의 데이터셋 클래스를 만들 때 Dataset 추상 클래스를 꼭 상속받아야 할까요? 아니요. 필수는 아닙니다. \_\_len\_\_()과 \_\_getitem\_\_() 메서드만 동일하게 정의한다면 상속받지 않아도 문제없이 동작합니다. 그렇지만 코드의 의도를 명확하게 하려면 Dataset을 상속받는 게 바람직합니다. 공식 문서[4]에서도 상속받으라고 권고합니다.

### 데이터셋 생성

앞서 정의한 ImageDataset 클래스를 이용해서 데이터셋을 만들어보겠습니다.

---

4 (파이토치 공식 문서의 Dataset 클래스 설명) https://bit.ly/3EUqDh8

파이토치 모델로 이미지를 다루려면 이미지 데이터를 텐서$^{tensor}$[5] 타입으로 바꿔야 합니다. 다음 코드를 보시죠.

```python
from torchvision import transforms # 이미지 변환을 위한 모듈

transform = transforms.ToTensor()
```

torchvision은 파이토치용 컴퓨터 비전 라이브러리이며, transforms는 다양한 이미지 변환기를 제공하는 모듈입니다.

ToTensor() 메서드로 이미지를 텐서로 바꿨습니다. 이때 (가로 픽셀 수, 세로 픽셀 수, 채널 수) 형상이 (채널 수, 가로 픽셀 수, 세로 픽셀 수) 형상으로 바뀝니다. 파이토치로 이미지를 처리할 때는 형상이 (채널 수, 가로 픽셀 수, 세로 픽셀 수) 순서여야 합니다. 이번 대회의 이미지 데이터는 32 x 32 x 3 형상이므로 3 x 32 x 32로 바뀐다는 뜻입니다. 여기에 배치가 추가된다면 (배치 크기, 채널 수, 가로 픽셀 수, 세로 픽셀 수)가 됩니다.

보통은 여러 가지 변환을 적용하기 위해 변환기 몇 개를 결합해 사용합니다. 하지만 여기서는 간단하게 텐서로 바꾸는 변환기만 만들었습니다. 여러 변환기를 결합하는 방법은 '성능 개선' 절에서 배웁니다.

이어서 훈련 데이터셋과 검증 데이터셋을 만들어보겠습니다. 앞에서 정의한 ImageDataset() 클래스를 사용하면 됩니다.

```python
dataset_train = ImageDataset(df=train, img_dir='train/', transform=transform)
dataset_valid = ImageDataset(df=valid, img_dir='train/', transform=transform)
```

df 파라미터에는 훈련 데이터(train)나 검증 데이터(valid)를 전달합니다. img_dir에는 이미지 데이터가 저장되어 있는 경로를, transform에는 방금 만든 transform 변환기를 전달합니다.

이로써 훈련용 이미지 데이터셋과 검증용 이미지 데이터셋을 만들었습니다.

---

5   텐서란 모든 원소의 데이터 타입이 같은 다차원 배열을 일컫습니다. 넘파이 다차원 배열과 비슷한 개념이라고 보면 됩니다. 머신러닝 모델은 판다스 DataFrame이나 넘파이 배열 등의 타입을 주로 사용하지만, 파이토치 딥러닝 모델은 텐서 타입을 사용합니다.

## 데이터 로더 생성

데이터셋 다음으로는 데이터 로더를 생성해야 합니다. 데이터 로더는 지정한 배치 크기만큼씩 데이터를 불러오는 객체입니다. 딥러닝 모델을 훈련할 때는 주로 배치 단위로 데이터를 가져와 훈련합니다. 묶음 단위로 훈련하는 게 훨씬 빠르기 때문이죠.

torch.utils.data의 DataLoader 클래스로 데이터 로더를 만들 수 있습니다.

```
from torch.utils.data import DataLoader # 데이터 로더 클래스

loader_train = DataLoader(dataset=dataset_train, batch_size=32, shuffle=True)
loader_valid = DataLoader(dataset=dataset_valid, batch_size=32, shuffle=False)
```

각 파라미터의 의미는 다음과 같습니다.

- **dataset** : 앞서 만든 이미지 데이터셋을 전달합니다.
- **batch_size** : 배치 크기입니다. 훈련 데이터와 검증 데이터 모두 한 번에 32개씩 불러오게 설정했습니다.

> **TIP** 배치 크기는 2의 제곱수로 설정하는 게 효율적입니다.[6]

- **shuffle** : 데이터를 섞을지 여부를 결정합니다. 특정 데이터가 몰려 있을 경우에 대비해 훈련 데이터에서는 True를 전달해 데이터를 섞었습니다.

> **Note** 배치 크기는 4에서 256까지 다양하게 설정할 수 있습니다(흔하진 않지만 4보다 작거나 256보다 큰 값도 가능합니다). 배치 크기가 작으면 규제 효과가 있어 일반화 성능이 좋아집니다.[7] 단, 한 번에 불러오는 데이터가 적어 훈련 이터레이션이 많아지고 훈련 시간도 길어집니다. 게다가 배치 크기가 작을수록 학습률도 작게 설정해야 하는데, 훈련 시간을 지연시키는 또 다른 원인입니다. 배치 크기에 정답은 없습니다. 다양하게 시도해보시기 바랍니다.

이상으로 훈련 시 사용할 데이터 로더와 검증 시 사용할 데이터 로더를 만들었습니다.

---

6  (논문) Ibrahem Kandel, Mauro Castelli, "The effect of batch size on the generalizability of the convolutional neuralnetworks on a histopathology dataset", KICS, vol.6, 2020, p.315

7  《Deep Learning》(MIT Press, 2016)

## 데이터 로더 멀티프로세싱하기

앞서 11.3.1절에서 여러 가지 시드값을 고정했지만, 데이터 로더를 멀티프로세싱 환경에서 재현 가능하게 하려면 데이터 로더 생성 시에도 별도로 시드값을 고정해줘야 합니다.

먼저 시드값 고정용 함수를 정의하고, 제너레이터 시드값을 고정합니다. 다음 코드의 자세한 원리는 몰라도 됩니다. 데이터 로더로 데이터를 불러올 때 시드값을 고정하기 위해 필요한 코드라고 보시면 됩니다.

> **Note** 다음 두 코드는 멀티프로세싱을 할 때 필요하므로 이번 장에서는 사용하지 않습니다. 사용 예는 12장과 13장에서 볼 수 있습니다.

```python
def seed_worker(worker_id): # 데이터 로더 시드값 고정 함수
    worker_seed = torch.initial_seed() % 2**32
    np.random.seed(worker_seed)
    random.seed(worker_seed)


g = torch.Generator() # 제너레이터 생성
g.manual_seed(0)      # 제너레이터 시드값 고정
```

그리고 데이터 로더를 만들 때 설정해야 할 파라미터가 추가됩니다.

```python
from torch.utils.data import DataLoader # 데이터 로더 클래스

loader_train = DataLoader(dataset=dataset_train, batch_size=32,
                          shuffle=True, worker_init_fn=seed_worker,
                          generator=g, num_workers=2)
loader_valid = DataLoader(dataset=dataset_valid, batch_size=32,
                          shuffle=False, worker_init_fn=seed_worker,
                          generator=g, num_workers=2)
```

worker_init_fn과 generator 파라미터에 각각 방금 정의한 seed_worker 함수와 제너레이터를 넘겼습니다. 그리고 num_workers 파라미터로 몇 개의 프로세스를 활용할지 정합니다. 즉, 이 값을 2 이상으로 설정하면 멀티프로세싱을 이용합니다.

### 11.3.3 모델 생성

이번 절에서는 기본적인 합성곱 신경망(CNN) 모델을 만들어보겠습니다.

다음과 같이 (3, 32, 32) 형상의 이미지 데이터를 두 번의 합성곱과 풀링, 평탄화, 전결합 등을 거쳐 최종적으로 값이 0일 확률과 1일 확률을 구할 것입니다. 구체적인 내용은 코드와 함께 천천히 살펴보겠습니다.

▼ 베이스라인 CNN 모델

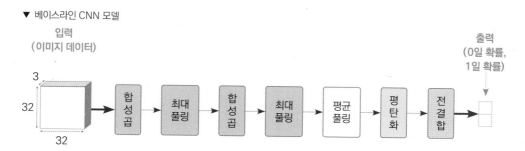

그럼 시작해보죠. 먼저 CNN 모델을 만드는 데 필요한 두 모듈을 불러옵니다.

```
import torch.nn as nn # 신경망 모듈
import torch.nn.functional as F # 신경망 모듈에서 자주 사용되는 함수
```

torch.nn은 파이토치에서 제공하는 신경망 모듈이고 torch.nn.functional은 신경망 모듈에서 자주 사용하는 함수들을 모아둔 모듈입니다.

CNN 모델은 nn.Module을 상속해 정의합니다. 그리고 순전파[8] 후 결과를 반환하는 메서드인 forward( )를 재정의합니다. 참고로 파이토치에서 nn.Module은 모든 신경망 모듈의 기반 클래스입니다.

```
class Model(nn.Module):
    # 신경망 계층 정의 ❶
    def __init__(self):
        super().__init__() # 상속받은 nn.Module의 __init__() 메서드 호출
```

---

8  10.1.5절 '순전파와 역전파' 참고

```python
        # 첫 번째 합성곱 계층 ❷
        self.conv1 = nn.Conv2d(in_channels=3, out_channels=32,
                               kernel_size=3, padding=2)
        # 두 번째 합성곱 계층 ❸
        self.conv2 = nn.Conv2d(in_channels=32, out_channels=64,
                               kernel_size=3, padding=2)
        # 최대 풀링 계층 ❹
        self.max_pool = nn.MaxPool2d(kernel_size=2)
        # 평균 풀링 계층 ❺
        self.avg_pool = nn.AvgPool2d(kernel_size=2)
        # 전결합 계층 ❻
        self.fc = nn.Linear(in_features=64 * 4 * 4, out_features=2)

    # 순전파 출력 정의 ❼
    def forward(self, x):
        x = self.max_pool(F.relu(self.conv1(x)))
        x = self.max_pool(F.relu(self.conv2(x)))
        x = self.avg_pool(x)
        x = x.view(-1, 64 * 4 * 4) # 평탄화
        x = self.fc(x)
        return x
```

❶ 초기화 메서드인 \_\_init\_\_( )에서 우리 모델에서 쓸 신경망 계층들을 정의합니다. 여기서 정의한 계층들을 ❼ forward( ) 메서드에서 조합해 앞의 그림과 같은 모델을 완성할 것입니다.

합성곱 신경망 계층인 ❷와 ❸은 nn.Conv2d( )로 정의할 수 있습니다. nn.Conv2d( ) 파라미터는 다음과 같습니다.

- torch.nn.**Conv2d**(in_channels, out_channels, kernel_size, stride=1, padding=0)
  - **in_channels** : 입력 데이터의 채널 수
  - **out_channels** : 출력 데이터의 채널 수
  - **kernel_size** : 필터(커널) 크기
  - **stride** : 스트라이드 크기
  - **padding** : 패딩 크기

첫 번째 합성곱 계층 ❷를 보시죠. 앞서 ToTensor( ) 메서드로 이미지 형상을 (3, 32, 32)로 변환했으니 in_channels 파라미터에는 3을 전달합니다. 출력 데이터의 채널 수(out_channels)에는 원하는 값을 전달하면 됩니다. 여기서는 32를 전달했습니다. 나머지 값들은 원하는 대로 설정하면 됩니다. 스트라이드는 명시하지 않아 기본값인 1이 사용됩니다.

두 번째 합성곱 계층 ❸은 첫 번째 합성곱 계층에서 출력된 데이터를 입력으로 받습니다. 따라서 입력 채널 수 in_channels는 첫 번째 계층의 출력 채널 수와 같은 32가 되어야 합니다. out_channels 파라미터에는 역시나 원하는 값을 전달하면 됩니다. 여기서는 64로 하겠습니다.

풀링 계층 ❹와 ❺의 크기는 모두 2로 설정했습니다. 10.2.3절 '풀링'에서 풀링 크기와 스트라이드를 같은 값으로 설정하는 게 일반적이라고 했는데, 스트라이드 크기를 설정하는 stride 파라미터를 명시하지 않으면 기본적으로 스트라이드 크기는 풀링 크기와 동일하게 설정됩니다.

마지막으로 ❻은 전결합 계층을 정의합니다. nn.Linear( )로 구현할 수 있는데, in_features 파라미터에는 입력값 개수를, out_features 파라미터에는 최종 출력값 개수를 전달합니다. 최종 출력값은 0일 확률과 1일 확률이므로 그 개수는 2개입니다.

그런데 입력값은 왜 64 * 4 * 4개일까요? 입력값 개수는 다음 수식으로 계산할 수 있습니다.[9]

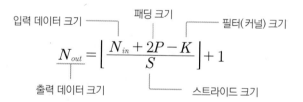

이 수식으로 계산하면 데이터 크기는 다음 그림처럼 변합니다. 배치 크기는 무시하고 입력 데이터 하나의 크기만 고려했습니다.

---

9 10.2.2절 '패딩과 스트라이드' 참고

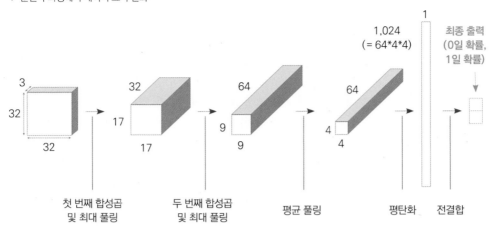

초기 입력 이미지의 형상은 (3, 32, 32)입니다. 첫 번째 합성곱 및 최대 풀링을 거치면 데이터 형상이 (32, 17, 17)이 됩니다. 가로, 세로 픽셀 크기는 앞 수식으로 계산하면 나옵니다. 채널 수는 out_channels 파라미터에 전달한 32로 바뀝니다. 이렇게 두 번째 합성곱 및 최대 풀링 계층을 거치고, 평균 풀링 계층까지 거치면 데이터 형상이 (64, 4, 4)로 바뀝니다. 이 데이터를 평탄화하면 64 * 4 * 4 = 1,024개가 나오겠죠. 그래서 전결합 계층으로 입력되는 값의 개수는 1,024개입니다.

여기에 배치 크기까지 감안해보죠. 우리는 앞서 데이터 로더를 생성할 때 배치 크기를 32로 설정했습니다. 따라서 첫 번째 합성곱 계층에 입력되는 데이터 형상은 4차원인 (32, 3, 32, 32)입니다. 첫 번째 값이 배치 크기를 나타냅니다. 배치를 감안해 순전파 시 데이터 형상 변화를 계산하면 다음 표와 같습니다.

▼ 수식으로 계산한 데이터 크기 변화

| 연산 순서 | 데이터 크기 수식 | 수식 계산 결과 | 데이터 형상 |
|---|---|---|---|
| 초기 이미지 | | | (32, 3, 32, 32) |
| 첫 번째 합성곱 연산 | $\left\lfloor \dfrac{32 + 2 \cdot 2 - 3}{1} \right\rfloor + 1$ | 34 | (32, 32, 34, 34) |
| 첫 번째 최대 풀링 | $\left\lfloor \dfrac{34}{2} \right\rfloor$ | 17 | (32, 32, 17, 17) |

| 두 번째 합성곱 연산 | $\left\lfloor \dfrac{17 + 2 \cdot 2 - 3}{1} \right\rfloor + 1$ | 19 | (32, 64, 19, 19) |
|---|---|---|---|
| 두 번째 최대 풀링 | $\left\lfloor \dfrac{19}{2} \right\rfloor$ | 9 | (32, 64, 9, 9) |
| 평균 풀링 | $\left\lfloor \dfrac{9}{2} \right\rfloor$ | 4 | (32, 64, 4, 4) |
| 평탄화 | 64 * 4 * 4 | 1024 | (32, 1024) |
| 전결합 | | | (32, 2) |

❼ 마지막으로 forward( )는 순전파 출력을 계산하는 메서드입니다. 앞의 코드를 다시 살펴보죠.

```python
class Model(nn.Module):
    # 신경망 계층 정의
    def __init__(self):
        ··· 생략 ···

    # 순전파 출력 정의 ❼
    def forward(self, x):
        x = self.max_pool(F.relu(self.conv1(x))) # ❽
        x = self.max_pool(F.relu(self.conv2(x))) # ❾
        x = self.avg_pool(x) # ❿
        x = x.view(-1, 64 * 4 * 4) # 평탄화 ⓫
        x = self.fc(x) # ⓬
        return x
```

__init__( )에서 정의한 합성곱 계층, 풀링 계층, 전결합 계층을 활용해 순전파 출력을 구합니다. ❽ 먼저 첫 번째 합성곱 연산 → ReLU 활성화 함수[10] → 최대 풀링을 차례로 수행합니다. 이어서 ❾는 두 번째 합성곱 연산 → ReLU 활성화 함수 → 최대 풀링을 수행합니다. 그다음 ❿ 평균 풀링 → ⓫ 평탄화 → ⓬ 전결합을 거쳐 순전파가 마무리됩니다. 앞의 그림에 대입해보면 다음과 같습니다.

---

10  10.1.3절 '활성화 함수' 참고

⓫에서 평탄화를 위해 사용한 view( )는 데이터를 원하는 모양으로 바꿔줍니다. 판다스의 reshape( ) 함수와 비슷하죠.

마지막으로, 이렇게 정의한 Model 클래스로 CNN 모델을 생성하여 device 장비에 할당하겠습니다. 현재 device는 GPU를 사용하도록 설정되어 있습니다.

```
model = Model().to(device)
```

GPU에 할당한 모델을 model 변수에 저장했습니다. model을 출력하면 모델의 전체 구조를 보여줍니다.

```
Model(
  (conv1): Conv2d(3, 32, kernel_size=(3, 3), stride=(1, 1), padding=(2, 2))
  (conv2): Conv2d(32, 64, kernel_size=(3, 3), stride=(1, 1), padding=(2, 2))
  (max_pool): MaxPool2d(kernel_size=2, stride=2, padding=0, dilation=1, ceil_
mode=False)
  (avg_pool): AvgPool2d(kernel_size=2, stride=2, padding=0)
  (fc): Linear(in_features=1024, out_features=2, bias=True)
)
```

### Model 클래스를 정의하는 또 다른 방법

Model 클래스는 다음과 같이 정의할 수도 있습니다. 앞에서 정의한 Model 클래스와 비교해보세요.

```
class Model(nn.Module):
    def __init__(self):
        super().__init__()
        # 첫 번째 합성곱, 최대 풀링 계층
```

```python
        self.layer1 = nn.Sequential(nn.Conv2d(in_channels=3,
                                              out_channels=32,
                                              kernel_size=3, padding=2),
                                    nn.ReLU(),
                                    nn.MaxPool2d(kernel_size=2))
        # 두 번째 합성곱, 최대 풀링 계층
        self.layer2 = nn.Sequential(nn.Conv2d(in_channels=32,
                                              out_channels=64,
                                              kernel_size=3, padding=2),
                                    nn.ReLU(),
                                    nn.MaxPool2d(kernel_size=2))
        # 평균 풀링 계층
        self.avg_pool = nn.AvgPool2d(kernel_size=2)
        # 전결합 계층
        self.fc = nn.Linear(in_features=64 * 4 * 4, out_features=2)

    # 순전파 출력 정의
    def forward(self, x):
        x = self.layer1(x)
        x = self.layer2(x)
        x = self.avg_pool(x)
        x = x.view(-1, 64 * 4 * 4) # 평탄화
        x = self.fc(x)
        return x
```

다른 점은 nn.Sequential( )로 합성곱 연산, 활성화 함수, 최대 풀링을 합쳤다는 점입니다. 앞에서 정의한 Model 클래스에서는 __init__( ) 메서드가 간단하고 forward( ) 메서드는 상대적으로 복잡했습니다. 반면 nn.Sequential( )을 사용하면 __init__( )가 다소 복잡해지는 대신 forward( )가 간단해집니다. 기능은 똑같습니다.

'성능 개선' 절에서는 이 방식으로 모델을 정의해보겠습니다.

## 11.3.4 모델 훈련

모델이 준비됐으니 훈련을 시켜보고 싶을 것입니다. 하지만 훈련에 앞서 손실 함수와 옵티마이저를 정의해야 합니다.

### 손실 함수 설정

손실 함수[11]부터 정의해봅시다. 신경망 모델 훈련은 가중치를 갱신하는 작업인데, 가중치 갱신은 예측값과 실젯값의 손실이 작아지는 방향으로 이루어집니다. 이때 손실값을 구하는 함수가 손실 함수입니다. 여기서는 손실 함수로 교차 엔트로피를 사용하겠습니다.

```
# 손실 함수
criterion = nn.CrossEntropyLoss()
```

교차 엔트로피는 딥러닝 분류 문제에서 자주 사용하는 손실 함수입니다.[12]

> **Note** 어떤 손실 함수를 쓸지 판단은 어떻게 할까요? nn.CrossEntropyLoss()를 자주 사용하긴 하지만 상황에 따라 다른 함수를 사용할 수도 있습니다. 처음부터 이론적 배경이나 수식을 모두 이해하고 적용하기란 쉽지 않겠죠. 가장 좋은 방법은 다른 캐글러가 공유한 코드를 참고하는 것입니다. 다른 캐글러는 주로 어떤 손실 함수를 썼는지 살펴보고, 필요하다면 이론이나 수식을 찾아보면 됩니다.

### 옵티마이저 설정

다음으로 옵티마이저[13]를 설정합니다. 옵티마이저는 최적 가중치를 찾아주는 알고리즘입니다. 베이스라인이니까 기본 옵티마이저인 SGD로 설정하겠습니다. SGD는 확률적 경사 하강법Stochastic Gradient Descent을 이용한 옵티마이저죠.

```
# 옵티마이저
optimizer = torch.optim.SGD(model.parameters(), lr=0.01)
```

첫 번째 파라미터로 모델이 가진 파라미터들(model.parameters( ))을 전달했습니다. 모델의 파

---

11  10.1.4절 '경사 하강법' 참고

12  (파이토치가 제공하는 손실 함수 목록) https://pytorch.org/docs/stable/nn.html#loss-functions

13  10.3.3절 '옵티마이저' 참고

라미터들을 최적화하겠다는 말입니다. lr은 학습률<sup>learning rate</sup>을 뜻합니다.

## 모델 훈련

본격적으로 모델을 훈련해보죠. 이미지용 딥러닝 모델 훈련 절차는 다음과 같습니다.

1 데이터 로더에서 배치 크기만큼 데이터를 불러옵니다.
2 불러온 이미지 데이터와 레이블(타깃값) 데이터를 장비(GPU 혹은 CPU)에 할당합니다.
3 옵티마이저 내 기울기를 초기화합니다.
4 신경망 모델에 입력 데이터(이미지)를 전달해 순전파하여 출력값(예측값)을 구합니다.
5 예측값과 실제 레이블(타깃값)을 비교해 손실을 계산합니다.
6 손실을 기반으로 역전파를 수행합니다.
7 역전파로 구한 기울기를 활용해 가중치를 갱신합니다.
8 1~7 절차를 반복 횟수만큼 되풀이합니다.
9 1~8 절차를 에폭만큼 반복합니다.

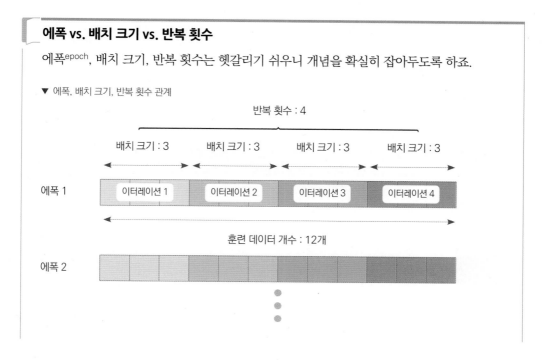

### 에폭 vs. 배치 크기 vs. 반복 횟수

에폭<sup>epoch</sup>, 배치 크기, 반복 횟수는 헷갈리기 쉬우니 개념을 확실히 잡아두도록 하죠.

▼ 에폭, 배치 크기, 반복 횟수 관계

**에폭**은 '훈련 데이터 전체'를 '한 번' 훑었음을 뜻합니다(문제집 한 권을 다 풀었다고 생각하세요). 그런데 신경망 가중치가 최적화되기에는 1에폭만 훈련해서는 부족합니다. 보통 수십~수백 에폭만큼 훈련을 합니다. 훈련 데이터 전체를 여러 차례 반복 훈련하는 거죠(같은 문제집을 반복해 풀면 시험 성적이 올라가는 원리입니다). 에폭이 너무 적으면 과소적합, 너무 많으면 과대적합이 발생합니다.

**배치 크기**는 매 훈련 이터레이션에서 한 번에 훈련할 데이터 개수입니다. 앞서 본문에서 배치 크기를 32로 설정했는데, 훈련 데이터 32개를 한 묶음으로 보고 가중치를 함께 갱신하겠다는 뜻입니다.

**반복 횟수**는 1에폭의 훈련을 완료하는 데 필요한 훈련 이터레이션을 일컫습니다. 간단하게 훈련 데이터 개수를 배치 크기로 나누면 됩니다(소수점은 올림 처리).

$$반복\ 횟수\ =\ \frac{훈련\ 데이터\ 개수}{배치\ 크기}$$

본 경진대회의 훈련 데이터는 15,750개입니다. 배치 크기를 32로 설정했으니 반복 횟수는 15,750 / 32를 올림한 493번입니다.

```
import math

math.ceil(len(train) / 32)
```
```
493
```

다음처럼 데이터 로더의 길이를 구해도 반복 횟수를 구할 수 있습니다.

```
len(loader_train)
```
```
493
```

데이터 로더는 하나의 배치를 한 묶음으로 처리하기 때문입니다.

이제 모델을 훈련시키겠습니다. 에폭은 10으로 지정하고, 하나의 에폭이 끝날 때마다 손실값을 출력하도록 했습니다.

```python
epochs = 10 # 총 에폭
# 총 에폭만큼 반복 ①
for epoch in range(epochs):
    epoch_loss = 0 # 에폭별 손실값 초기화

    # '반복 횟수'만큼 반복 ②
    for images, labels in loader_train:
        # 이미지, 레이블 데이터 미니배치를 장비에 할당 ③
        images = images.to(device)
        labels = labels.to(device)

        # 옵티마이저 내 기울기 초기화 ④
        optimizer.zero_grad()
        # 순전파 : 이미지 데이터를 신경망 모델의 입력값으로 사용해 출력값 계산 ⑤
        outputs = model(images)
        # 손실 함수를 활용해 outputs와 labels의 손실값 계산 ⑥
        loss = criterion(outputs, labels)
        # 현재 배치에서의 손실 추가
        epoch_loss += loss.item() # 역전파 수행 ⑦
        loss.backward()
        # 가중치 갱신 ⑧
        optimizer.step()

    # 훈련 데이터 손실값 출력 ⑨
    print(f'에폭 [{epoch+1}/{epochs}] - 손실값: {epoch_loss/len(loader_
train):.4f}')
```

```
에폭 [1/10] - 손실값: 0.5240
에폭 [2/10] - 손실값: 0.3407
에폭 [3/10] - 손실값: 0.2444
에폭 [4/10] - 손실값: 0.1975
에폭 [5/10] - 손실값: 0.1747
에폭 [6/10] - 손실값: 0.1637
에폭 [7/10] - 손실값: 0.1515
에폭 [8/10] - 손실값: 0.1430
에폭 [9/10] - 손실값: 0.1353
에폭 [10/10] - 손실값: 0.1287
```

에폭을 거듭하면서 손실값이 점차 줄어드는 걸 보아 훈련이 제대로 이루어지고 있군요. 그럼 안심하고 코드를 살펴보겠습니다.

❶ 바깥 for문은 에폭 수(10)만큼 반복하며 ❾ 에폭이 하나 끝날 때마다 손실값을 출력합니다.

❷ 안쪽 for문은 반복 횟수(= 데이터 로더의 길이 = 493번)만큼 반복되며, 매번 데이터 로더(loader_train)로부터 배치 크기(32)만큼의 이미지와 레이블을 추출해 images와 labels 변수에 할당해놓습니다.

그러면 ❸에서 이미지와 레이블 데이터를 장비에 할당하여 훈련 시 GPU를 활용하도록 해둡니다.

> **TIP** 훈련하기 전에 모델과 데이터를 device 장비에 할당해야 합니다.

❹는 옵티마이저에 저장된 기울기를 초기화하는 코드입니다. 잠시 후 다시 설명하겠습니다.

❺ 그다음으로 모델에 이미지 데이터를 입력하여 순전파를 진행한 다음, ❻ 그 결과(outputs)와 실제 레이블(labels)을 비교해 손실을 구합니다. model과 criterion은 앞에서 정의한 CNN 모델과 교차 엔트로피 오차 손실 함수입니다.

❼ 이어서 역전파를 수행합니다. 바꿔 말해, 손실값을 바탕으로 신경망의 가중치(파라미터)에 기울기를 할당합니다.

❽ 마지막으로 가중치를 갱신합니다. 새로운 가중치를 구하는 공식을 떠올려봅시다.

$$새로운\ 가중치 = 기존\ 가중치 - (학습률 \times 기울기)$$

기존 가중치와 학습률은 이미 알고 있고, 기울기는 ❼에서 구했으므로 새로운 가중치를 구할 수 있습니다.

다시 ❹로 돌아가보죠. optimizer.zero_grad( )가 없다면 기존 기울기가 계속 누적됩니다. 기존 기울기를 초기화하는 작업이 필요한데, optimizer.zero_grad( )가 이를 수행합니다.

이상으로 모델 훈련을 마쳤습니다.


## 11.3.5 성능 검증

훈련이 끝났으니 검증 데이터를 이용해 평가지표인 ROC AUC 값을 구해보겠습니다. 먼저 사이킷런에서 제공하는 ROC AUC 계산 함수를 임포트하고 실젯값과 예측 확률을 담을 리스트를 초기화합니다.

```python
from sklearn.metrics import roc_auc_score # ROC AUC 점수 계산 함수 임포트
# 실젯값과 예측 확률값을 담을 리스트 초기화
true_list = []
preds_list = []
```

true_list에는 실젯값을, preds_list에는 예측 확률을 담을 계획입니다. 두 값을 알아야 ROC AUC를 구할 수 있기 때문이죠.

이어서 검증 데이터로 모델 성능을 평가해보죠.

```python
model.eval() # 모델을 평가 상태로 설정 ❶

with torch.no_grad(): # 기울기 계산 비활성화 ❷
    for images, labels in loader_valid: # ❸
        # 이미지, 레이블 데이터 미니배치를 장비에 할당
        images = images.to(device)
        labels = labels.to(device)

        # 순전파 : 이미지 데이터를 신경망 모델의 입력값으로 사용해 출력값 계산 ❹
        outputs = model(images)
        preds = torch.softmax(outputs.cpu(), dim=1)[:, 1] # 예측 확률 ❺
        true = labels.cpu() # 실젯값 ❻
        # 예측 확률과 실젯값을 리스트에 추가
        preds_list.extend(preds)
        true_list.extend(true)

# 검증 데이터 ROC AUC 점수 계산 ❼
print(f'검증 데이터 ROC AUC : {roc_auc_score(true_list, preds_list):.4f}')
```
```
검증 데이터 ROC AUC : 0.9900
```

ROC AUC의 최솟값은 0, 최댓값은 1입니다. 우리 모델의 결과는 0.9900이군요. 베이스라인인 데도 점수가 꽤 높습니다. 쉬운 대회라서 그렇습니다. 코드를 하나하나 살펴볼까요?

먼저 ❶ 모델을 평가 상태로 설정하고, ❷ 성능 검증 시 기울기를 계산하지 않도록 합니다. 왜 이렇게 하는지는 절 마지막에서 따로 설명하겠습니다.

❸ 데이터 로더(loader_valid)에서 검증 데이터를 배치 단위로 뽑아 반복하면서, ❹ 순전파하여 ❺ 타깃 예측값을 구합니다. 이때 배치 크기는 32, 타깃값은 2개이므로 순전파 출력값인 outputs 는 형상이 (32, 2)인 텐서입니다. 다음은 임의의 outputs를 출력해본 모습입니다.

```
tensor([[-0.1916,  0.4385],
        [-2.2653,  2.5415],
        ... 생략 ...
        [ 0.4085, -0.3664]], device='cuda:0')
```

첫 번째 열은 타깃값 0에 대한 순전파 출력값이고, 두 번째 열은 타깃값 1에 대한 순전파 출력값 입니다.

예측 확률을 구하는 코드(❺)를 조금 더 자세히 들여다보죠.

```
preds = torch.softmax(outputs.cpu(), dim=1)[:, 1] # 예측 확률 ❺
```

ROC AUC를 구하려면 각 타깃값의 확률을 먼저 구해야 합니다. 그래서 순전파 출력값인 outputs를 torch.softmax( )에 넘겨 타깃값이 0일 확률과 1일 확률을 얻었습니다. 우리가 원하 는 값은 타깃값이 1일 확률, 즉 이미지가 선인장을 포함할 확률입니다. 그래서 마지막 코드 [:, 1] 로 호출 결과 중 (0열이 아닌) 1열의 값을 불러왔습니다.

❺의 outputs.cpu( )와 ❻의 labels.cpu( )는 각각 이전에 GPU에 할당했던 outputs와 labels 의 데이터를 다시 CPU에 할당합니다. 그래야 roc_auc_score( ) 함수로 ROC AUC 값을 계산 할 수 있습니다. roc_auc_score( )는 파이토치가 아니라 사이킷런 함수이므로 GPU에 있는 데 이터를 직접 사용하지 못합니다.

❼ 마지막으로 에폭별 예측 확률값(preds_list)과 실젯값(true_list)으로부터 검증 데이터의 ROC AUC 값을 계산해 출력합니다.

> ### 상태 설정과 기울기 계산 비활성화
>
> 신경망 모델은 훈련 단계와 평가 단계에서 상태가 서로 다릅니다. 예를 들어 드롭아웃[14]은 훈련 단계에서만 적용해야 합니다. 그래서 model.eval( )을 실행하면 평가 상태라고 인식해서 모델이 드롭아웃을 적용하지 않습니다. 물론 이번 모델에는 드롭아웃이나 배치 정규화를 적용하지 않았어서 model.eval( )을 사용하지 않더라도 결과에 차이는 없습니다. 하지만 나중에 코드를 수정할 수도 있으니 평가 단계에서는 무조건 model.eval( )을 적용하는 습관을 들여놓는 게 좋습니다.
>
> ❷의 with torch.no_grad( )는 범위 내의 코드에서 기울기 계산을 비활성화합니다. 평가 단계에서는 역전파를 쓰지 않아서 기울기를 계산할 필요가 없기 때문입니다(역전파는 훈련 단계에서만 적용). 물론 backward( ) 메서드로 역전파를 한 적이 없다면 torch.no_grad( )를 적용하지 않아도 결과에 영향을 주지 않습니다. 기울기를 계산한 뒤 역전파를 실행해야 가중치가 갱신되기 때문이죠. 그럼에도 torch.no_grad( )를 적용하는 이유는 필요 없는 계산을 피해 메모리를 아끼고 속도를 높이기 위해서입니다.
>
> | TIP | 모델 평가 단계에서는 model.eval()과 torch.no_grad() 메서드를 실행합니다.

## 11.3.6 예측 및 결과 제출

드디어 예측 후 제출하는 단계입니다. 먼저 테스트 데이터를 담은 데이터셋과 데이터 로더를 만들겠습니다. 이 데이터 로더의 배치 크기도 32로 하겠습니다.

```
dataset_test = ImageDataset(df=submission, img_dir='test/', transform=transform)
loader_test = DataLoader(dataset=dataset_test, batch_size=32, shuffle=False)
```

### 예측

테스트 데이터에서 타깃값이 1일 확률을 예측해보겠습니다. 검증 데이터로 모델 성능을 평가하는

---

14  10.3.1절 '드롭아웃' 참고

코드와 비슷합니다. 다만 테스트 데이터에는 타깃값이 없어서 for문에 labels 변수는 할당하지 않았습니다.

```python
model.eval() # 모델을 평가 상태로 설정

preds = []   # 타깃 예측값 저장용 리스트 초기화 ❶

with torch.no_grad(): # 기울기 계산 비활성화
    for images, _ in loader_test:
        # 이미지 데이터 미니배치를 장비에 할당
        images = images.to(device)

        # 순전파 : 이미지 데이터를 신경망 모델의 입력값으로 사용해 출력값 계산
        outputs = model(images)
        # 타깃값이 1일 확률(예측값) ❷
        preds_part = torch.softmax(outputs.cpu(), dim=1)[:, 1].tolist()
        # preds에 preds_part 이어붙이기 ❸
        preds.extend(preds_part)
```

❶의 preds는 타깃 예측값을 담을 리스트입니다. 여기에 최종 제출할 값, 즉 타깃값이 1일 확률(선인장을 포함할 확률)을 저장할 것입니다.

❷에서는 해당 배치 크기만큼 타깃값이 1일 확률을 구한 후 ❸에서 preds에 이어붙입니다. 이렇게 해서 for문이 끝나면 preds 변수에 최종 예측 확률이 모두 저장되어 있습니다.

> ### tolist() : 텐서를 리스트 타입으로
>
> 앞서 성능 검증 때와는 다르게 ❷에서 마지막에 tolist()를 호출했습니다. 이는 텐서 타입을 리스트 타입으로 바꾼 것입니다. 즉, tolist()를 호출하지 않으면 예측값이 텐서 타입으로 남아 있어서 최종 제출용으로 사용할 수 없습니다. tolist()가 있고 없고 차이를 출력해 볼까요?
>
> ```python
> torch.softmax(outputs.cpu(), dim=1)[:, 1]
> ```
> ```
> tensor([0.9711, 0.9989, 0.0583, ... 생략 ..., 0.4966])
> ```

```
torch.softmax(outputs.cpu(), dim=1)[:, 1].tolist()

[0.9711108803749084,
 0.9988939166069031,
 0.058258529752492905,
 ... 생략 ...
 0.4965808689594269]
```

### 결과 제출

방금 구한 최종 예측 확률로 제출 파일을 만들겠습니다.

```
submission['has_cactus'] = preds
submission.to_csv('submission.csv', index=False)
```

제출 전에 훈련 이미지 데이터와 테스트 이미지 데이터를 모두 삭제하겠습니다. 초기에 /kaggle/
working 디렉터리 하위에 train, test 디렉터리를 만들어 압축이 풀린 이미지 데이터들을 저장
했었죠? 더는 필요가 없으니 삭제합니다.

```
import shutil

shutil.rmtree('./train')
shutil.rmtree('./test')
```

shutil은 파일을 제어하는 파이썬의 고수준 모듈이며 rmtree( )는 전달받은 디렉터리 전체를 삭
제하는 메서드입니다.

이제 커밋 후 제출해보죠.

▼ 베이스라인 점수

| Private Score | Public Score |
| --- | --- |
| 0.9837 | 0.9837 |

0.9837점이면 1,221명 중 928등입니다. 상위 76.0%로, 만족스럽지 못한 결과군요. 다음 절에서 성능을 높여보겠습니다.

## 11.4 성능 개선

베이스라인에서는 간단한 CNN 모델을 사용했습니다. 이번 절에서는 다음 네 가지를 개선해 성능을 높여보겠습니다.

**1** 다양한 이미지 변환을 수행합니다.

**2** 더 깊은 CNN 모델을 만듭니다.

**3** 더 뛰어난 옵티마이저를 사용합니다.

**4** 훈련 시 에폭 수를 늘립니다.

이상의 네 가지를 제외하고는 베이스라인과 코드가 비슷합니다.

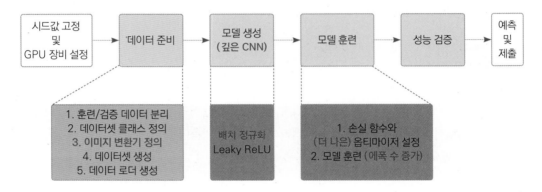

### 11.4.1 데이터 준비

먼저, 시드값 고정부터 '데이터 준비'의 '2. 데이터셋 클래스 정의'까지 베이스라인과 동일하게 진행해주세요.

**이미지 변환과 데이터 증강**

앞서 ImageDataset 클래스로 데이터셋을 만들 때 이미지 변환기를 적용할 수 있다고 했습니다. 다음은 많이 쓰이는 이미지 변환의 예입니다.

▼ 이미지 변환 예시 (https://bit.ly/3FntqR6)

원본 고양이 이미지를 다양한 방법으로 변환했습니다. 이미지를 변환하는 이유는 무엇일까요? 바로 데이터를 더 많이 생성하기 위해서입니다. 앞의 그림에서 고양이 이미지 하나를 활용해 새로운 고양이 이미지를 8개나 더 만들었습니다. 이미지가 회전하든, 좌우 대칭하든, 흐릿해지든 다 같은 고양이죠. 딥러닝 모델은 대체로 훈련 데이터가 많을수록 정확해지므로 의미 있는 데이터는 많을수록 좋습니다. 확보한 데이터가 부족할 때 특히 유용합니다. 이렇게 이미지를 변환하여 데이터 수를 늘리는 방식을 **데이터 증강**data augmentation이라고 합니다.

다음은 파이토치용 컴퓨터 비전 라이브러리인 torchvision의 transforms 모듈이 제공하는 주요 변환기들입니다.

- **Compose()** : 여러 변환기를 묶어줌
- **ToTensor()** : PIL^Python Imaging Library 이미지나 ndarray를 텐서로 변환

- **Pad()** : 이미지 주변에 패딩 추가
- **RandomHorizontalFlip()** : 이미지를 무작위로 좌우 대칭 변환
- **RandomVerticalFlip()** : 이미지를 무작위로 상하 대칭 변환
- **RandomRotation()** : 이미지를 무작위로 회전
- **Normalize()** : 텐서 형태의 이미지 데이터를 정규화

이처럼 다양한 변환기들을 Compose( )로 묶어 하나의 변환기처럼 사용할 수 있습니다.

## 이미지 변환기 정의

데이터를 증강해줄 이미지 변환기를 직접 정의해보죠. 성능을 개선하기 위해 다양한 이미지 변환기를 활용할 텐데, 훈련 데이터용과 검증 및 테스트 데이터용을 따로 만듭니다. 훈련 시에는 모델을 다양한 상황에 적응시키는 게 좋지만, 평가 및 테스트 시에는 원본 이미지와 너무 달라지면 예측하기 어려워질 수 있기 때문입니다.

https://www.kaggle.com/werooring/ch11-modeling

```python
from torchvision import transforms # 이미지 변환을 위한 모듈

# 훈련 데이터용 변환기
transform_train = transforms.Compose([transforms.ToTensor(),          # ❶
                            transforms.Pad(32, padding_mode='symmetric'), # ❷
                            transforms.RandomHorizontalFlip(), # ❸
                            transforms.RandomVerticalFlip(),   # ❹
                            transforms.RandomRotation(10),     # ❺
                            transforms.Normalize((0.485, 0.456, 0.406),   # ❻
                                        (0.229, 0.224, 0.225))])

# 검증 및 테스트 데이터용 변환기
transform_test= transforms.Compose([transforms.ToTensor(),
                            transforms.Pad(32, padding_mode='symmetric'),
                            transforms.Normalize((0.485, 0.456, 0.406),
                                        (0.229, 0.224, 0.225))])
```

transforms.Compose( )로 여러 변환기를 하나로 묶었습니다. 사용된 변환기들을 하나씩 살펴보죠.

❶ **transforms.ToTensor()** : 이미지를 텐서 객체로 만듭니다. 이어서 수행되는 다른 transforms

변환기들이 텐서 객체를 입력받기 때문에 가장 앞단에 추가했습니다.

❷ **transforms.Pad()** : 이미지 주변에 패딩을 추가합니다. 여기서는 32를 전달했으므로 32 × 32 크기인 원본 이미지 주변에 32 두께의 패딩을 두른 것입니다. 이미지의 가로, 세로 크기가 각각 세 배가 되겠네요. 한편, padding_mode='symmetric'은 패딩 추가 시 다음 그림처럼 원본 데이터를 상하, 좌우 대칭이 되는 모양으로 만들어줍니다. 이를 위해 패딩을 32씩이나 추가한 것입니다.

▼ 대칭 패딩

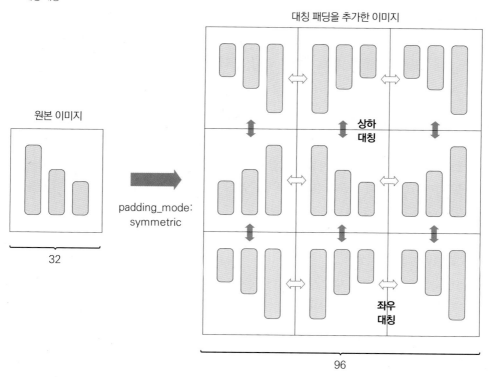

이렇게 원본 데이터를 대칭한 모양으로 패딩을 추가해 가로, 세로 크기가 96이 됐습니다. 상하, 좌우 대칭한 선인장 이미지가 8개나 더 추가된 셈이니 원본 이미지 하나일 때보다 선인장을 더 잘 식별할 거라 기대해볼 수 있습니다.

❸ **transforms.RandomHorizontalFlip()**, ❹ **transforms.RandomVerticalFlip()** : 각각 무작위로 이미지를 좌우, 상하 대칭 변환합니다. 파라미터에는 변환할 이미지의 비율을 설정할 수 있으며,

기본값은 0.5입니다. 기본값이면 전체 이미지 중 50%를 무작위로 뽑아 대칭 변환합니다.

❺ **transforms.RandomRotation()** : 이미지를 회전시킵니다. 파라미터로 10을 전달하면 -10도 ~10도 사이의 값만큼 무작위로 회전합니다.

❻ **transforms.Normalize()** : 데이터를 지정한 평균과 분산에 맞게 정규화해줍니다. 0~1 사이 값으로 설정해주면 되는데, 여기서는 평균을 (0.485, 0.456, 0.406)으로, 분산을 (0.229, 0.224, 0.225)로 정규화했습니다.

여기서 두 가지 의문이 들 겁니다.

첫째, 왜 평균과 분산이 각각 세 개씩 있을까요? 이미지 데이터의 색상은 빨강(R), 초록(G), 파랑(B)으로 구성돼 있습니다. 빨강, 초록, 파랑을 각각 정규화해야 해서 평균과 분산에 값을 세 개씩 전달한 겁니다.

둘째, 그렇다면 왜 평균은 (0.485, 0.456, 0.406)이고 분산은 (0.229, 0.224, 0.225)일까요? 물론 다른 값으로 해도 상관없습니다. 그렇지만 이미지를 다룰 때는 보통 이 값들로 정규화합니다. 이 값들은 백만 개 이상의 이미지를 보유한 이미지넷<sup>ImageNet</sup>의 데이터로부터 얻은 값입니다. 내가 사용할 이미지들로부터 평균과 분산을 직접 구해도 되지만 번거롭기 때문에 대개 이 값을 그대로 사용합니다. 일반적으로 성능도 잘 나옵니다.

### 데이터셋 및 데이터 로더 생성

ImageDataset 클래스로 훈련 및 검증 데이터셋을 만듭니다. 전달하는 변환기를 제외하면 베이스라인 코드와 똑같습니다. 훈련 데이터셋을 만들 때는 훈련용 변환기를, 검증 데이터셋을 만들 때는 검증/테스트용 변환기를 전달합니다.

```
dataset_train = ImageDataset(df=train, img_dir='train/',
                             transform=transform_train)
dataset_valid = ImageDataset(df=valid, img_dir='train/',
                             transform=transform_test)
```

데이터 로더도 만들겠습니다.

```
from torch.utils.data import DataLoader # 데이터 로더 클래스
```

```
loader_train = DataLoader(dataset=dataset_train, batch_size=32, shuffle=True)
loader_valid = DataLoader(dataset=dataset_valid, batch_size=32, shuffle=False)
```

앞서 데이터셋을 만들 때 이미지 변환기를 전달했습니다. 그러면 데이터 로더로 데이터를 불러올 때마다 이미지 변환을 수행합니다. 이때 변환기 중 RandomHorizontalFlip( ), RandomVerticalFlip( ), RandomRotation( )은 변환을 무작위로 가하기 때문에 매번 다르게 변환합니다. 즉, 원본 이미지는 같지만 첫 번째 에폭과 두 번째 에폭에서 서로 다른 이미지로 훈련하는 효과를 얻을 수 있는 거죠. 이것이 바로 '데이터 증강' 기법입니다.

## 11.4.2 모델 생성

데이터가 준비되었으니 이제 CNN 모델을 설계해봅시다. 베이스라인에는 합성곱과 최대 풀링 계층이 두 개씩이고, 이어서 평균 풀링 계층과 전결합 계층이 하나씩 있습니다.

이번에는 더 깊은 CNN을 만들겠습니다. 신경망 계층이 깊어지면 대체로 예측력이 좋아집니다. 다만 지나치게 깊으면 과대적합될 우려가 있으니 유의하세요. 아울러 배치 정규화[15]를 적용하고 활성화 함수를 Leaky ReLU로 바꿔서 성능을 더 높여보겠습니다. 그림으로 살펴보죠.

▼ 성능 개선용 CNN 모델

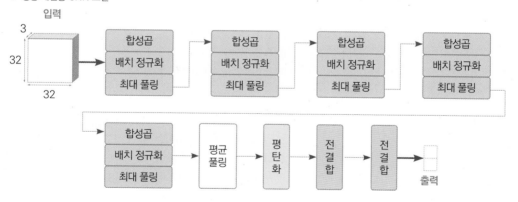

보다시피 {합성곱, 배치 정규화, 최대 풀링} 계층이 총 다섯 개에, 전결합 계층도 두 개로 늘렸습니다.

---

**15** 10.3.2절 '배치 정규화' 참고

nn.Sequential( )을 활용해 신경망 계층을 설계하겠습니다.

```python
import torch.nn as nn # 신경망 모듈
import torch.nn.functional as F # 신경망 모듈에서 자주 사용되는 함수

class Model(nn.Module):
    # 신경망 계층 정의
    def __init__(self):
        super().__init__() # 상속받은 nn.Module의 __init__() 메서드 호출
        # 1~5번째 {합성곱, 배치 정규화, 최대 풀링} 계층
        self.layer1 = nn.Sequential(nn.Conv2d(in_channels=3, out_channels=32,
                                        kernel_size=3, padding=2),
                            nn.BatchNorm2d(32), # 배치 정규화 ❶
                            nn.LeakyReLU(), # LeakyReLU 활성화 함수 ❷
                            nn.MaxPool2d(kernel_size=2))

        self.layer2 = nn.Sequential(nn.Conv2d(in_channels=32, out_channels=64,
                                        kernel_size=3, padding=2),
                            nn.BatchNorm2d(64),
                            nn.LeakyReLU(),
                            nn.MaxPool2d(kernel_size=2))

        self.layer3 = nn.Sequential(nn.Conv2d(in_channels=64, out_channels=128,
                                        kernel_size=3, padding=2),
                            nn.BatchNorm2d(128),
                            nn.LeakyReLU(),
                            nn.MaxPool2d(kernel_size=2))

        self.layer4 = nn.Sequential(nn.Conv2d(in_channels=128, out_channels=256,
                                        kernel_size=3, padding=2),
                            nn.BatchNorm2d(256),
                            nn.LeakyReLU(),
                            nn.MaxPool2d(kernel_size=2))

        self.layer5 = nn.Sequential(nn.Conv2d(in_channels=256, out_channels=512,
                                        kernel_size=3, padding=2),
                            nn.BatchNorm2d(512),
                            nn.LeakyReLU(),
                            nn.MaxPool2d(kernel_size=2))

        # 평균 풀링 계층
```

```python
        self.avg_pool = nn.AvgPool2d(kernel_size=4)
        # 전결합 계층 ❸
        self.fc1 = nn.Linear(in_features=512 * 1 * 1, out_features=64)
        self.fc2 = nn.Linear(in_features=64, out_features=2)

    # 순전파 출력 정의
    def forward(self, x):
        x = self.layer1(x)
        x = self.layer2(x)
        x = self.layer3(x)
        x = self.layer4(x)
        x = self.layer5(x)
        x = self.avg_pool(x)
        x = x.view(-1, 512 * 1 * 1) # 평탄화
        x = self.fc1(x)
        x = self.fc2(x)
        return x
```

베이스라인보다 복잡하지만, nn.Sequential( )을 이용한 점과 계층이 더 많아진 점, 그리고 배치 정규화와 LeakyReLU( )를 추가한 점 빼고 전체적인 구조는 비슷합니다. 달라진 부분만 간단히 설명하겠습니다.

❶의 nn.BatchNorm2d(32)가 배치 정규화를 적용하는 코드입니다. 파라미터로 채널 수를 전달하면 되는데, 바로 앞의 합성곱 연산(nn.Conv2d)을 거치면 채널이 32개가 됩니다.

❷에서는 활성화 함수를 Leaky ReLU로 지정합니다. ReLU를 적용할 때보다 성능이 조금 더 좋아질 수 있습니다.

❸에서 전결합 계층 두 개를 정의합니다. nn.Linear( )의 파라미터 in_features에 512 * 1 * 1을 전달했네요. 평균 풀링 계층을 거친 후 데이터 개수가 512개여서 그렇습니다. 다음 표와 같이 하나하나 계산하면 구할 수 있습니다. 참고로 크기가 32인 패딩을 추가했기 때문에 초기 이미지의 형상이 (32, 3, 32, 32)가 아니라 (32, 3, 96, 96)입니다.

▼ 데이터 크기 변화

| 연산 | 데이터 크기 수식 | 수식 계산 결과 | 데이터 형상 |
|---|---|---|---|
| 초기 이미지 | | | (32, 3, 96, 96) |
| 첫 번째 합성곱 연산 | $\left\lfloor \dfrac{96 + 2 \cdot 2 - 3}{1} \right\rfloor + 1$ | 98 | (32, 32, 98, 98) |
| 첫 번째 최대 풀링 | $\left\lfloor \dfrac{98}{2} \right\rfloor$ | 49 | (32, 32, 49, 49) |
| 두 번째 합성곱 연산 | $\left\lfloor \dfrac{49 + 2 \cdot 2 - 3}{1} \right\rfloor + 1$ | 51 | (32, 64, 51, 51) |
| 두 번째 최대 풀링 | $\left\lfloor \dfrac{51}{2} \right\rfloor$ | 25 | (32, 64, 25, 25) |
| 세 번째 합성곱 연산 | $\left\lfloor \dfrac{25 + 2 \cdot 2 - 3}{1} \right\rfloor + 1$ | 27 | (32, 128, 27, 27) |
| 세 번째 최대 풀링 | $\left\lfloor \dfrac{27}{2} \right\rfloor$ | 13 | (32, 128, 13, 13) |
| 네 번째 합성곱 연산 | $\left\lfloor \dfrac{13 + 2 \cdot 2 - 3}{1} \right\rfloor + 1$ | 15 | (32, 256, 15, 15) |
| 네 번째 최대 풀링 | $\left\lfloor \dfrac{15}{2} \right\rfloor$ | 7 | (32, 256, 7, 7) |
| 다섯 번째 합성곱 연산 | $\left\lfloor \dfrac{7 + 2 \cdot 2 - 3}{1} \right\rfloor + 1$ | 9 | (32, 512, 9, 9) |
| 다섯 번째 최대 풀링 | $\left\lfloor \dfrac{9}{2} \right\rfloor$ | 4 | (32, 512, 4, 4) |
| 평균 풀링 | $\left\lfloor \dfrac{4}{4} \right\rfloor$ | 1 | (32, 512, 1, 1)<br>→ nn.Linear()의 파라미터 in_features에 전달해야 하는 값: 512 * 1 * 1 |
| 평탄화 | 512 * 1 * 1 | 512 | (32, 512) |
| 첫 번째 전결합 | | | (32, 64) |
| 두 번째 전결합 | | | (32, 2) |

마지막으로 방금 정의한 Model 클래스를 활용해 CNN 모델을 만든 뒤, 장비에 할당하겠습니다.

```
model = Model().to(device)
```

## 11.4.3 모델 훈련

베이스라인 때와 마찬가지로 손실 함수와 옵티마이저를 설정한 후 훈련에 돌입하겠습니다.

### 손실 함수와 옵티마이저 설정

손실 함수는 베이스라인과 동일하게 CrossEntropyLoss( )로 하겠습니다.

```
# 손실 함수
criterion = nn.CrossEntropyLoss()
```

옵티마이저는 Adamax로 바꿔보겠습니다(베이스라인에서는 기본 옵티마이저인 SGD를 사용했습니다). Adamax는 Adam의 개선 버전이라고 보면 됩니다. 물론 Adamax가 SGD나 Adam보다 항상 나은 결과를 보장하는 건 아닙니다. 게다가 실제로 테스트해보기 전까진 어떤 옵티마이저가 더 좋은지 판단하기가 쉽지 않으니 여러 차례 실험을 해보는 게 좋습니다.

학습률은 0.00006으로 낮게 설정해줬습니다.

```
# 옵티마이저
optimizer = torch.optim.Adamax(model.parameters(), lr=0.00006)
```

> **TIP** 배치 크기가 줄어들수록 그만큼 학습률도 작게 설정해야 합니다. 반대로 배치 크기가 클수록 학습률도 크게 설정하는 게 바람직합니다.

### 모델 훈련

훈련을 더 많이 하기 위해 에폭 수를 10에서 70으로 늘리겠습니다. 데이터를 증강시켜 훈련할 데이터가 많아졌으니 에폭을 더 늘려도 되기 때문입니다. 나머지 코드는 베이스라인과 동일합니다.

```python
epochs = 70 # 총 에폭

# 총 에폭만큼 반복
for epoch in range(epochs):
    epoch_loss = 0 # 에폭별 손실값 초기화

    # '반복 횟수'만큼 반복
    for images, labels in loader_train:
        # 이미지, 레이블 데이터 미니배치를 장비에 할당
        images = images.to(device)
        labels = labels.to(device)

        # 옵티마이저 내 기울기 초기화
        optimizer.zero_grad()
        # 순전파 : 이미지 데이터를 신경망 모델의 입력값으로 사용해 출력값 계산
        outputs = model(images)
        # 손실 함수를 활용해 outputs와 labels의 손실값 계산
        loss = criterion(outputs, labels)
        # 현재 배치에서의 손실 추가
        epoch_loss += loss.item()
        # 역전파 수행
        loss.backward()
        # 가중치 갱신
        optimizer.step()

    # 훈련 데이터 손실값 출력
    print(f'에폭 [{epoch+1}/{epochs}] - 손실값: {epoch_loss/len(loader_
train):.4f}')
```

총 70 에폭만큼 훈련하며 손실값을 출력했습니다. 출력 로그는 생략하겠습니다.

## 11.4.4 성능 검증

검증 데이터로 모델 성능을 평가해보겠습니다. 역시 코드는 베이스라인과 다를 바 없습니다.

```python
from sklearn.metrics import roc_auc_score # ROC AUC 점수 계산 함수 임포트

# 실젯값과 예측 확률값을 담을 리스트 초기화
```

```
true_list = []
preds_list = []

model.eval() # 모델을 평가 상태로 설정

with torch.no_grad(): # 기울기 계산 비활성화
    for images, labels in loader_valid:
        # 이미지, 레이블 데이터 미니배치를 장비에 할당
        images = images.to(device)
        labels = labels.to(device)

        # 순전파 : 이미지 데이터를 신경망 모델의 입력값으로 사용해 출력값 계산
        outputs = model(images)
        preds = torch.softmax(outputs.cpu(), dim=1)[:, 1] # 예측 확률값
        true = labels.cpu() # 실젯값
        # 예측 확률값과 실젯값을 리스트에 추가
        preds_list.extend(preds)
        true_list.extend(true)

# 검증 데이터 ROC AUC 점수 계산
print(f'검증 데이터 ROC AUC : {roc_auc_score(true_list, preds_list):.4f}')
```

```
검증 데이터 ROC AUC : 0.9998
```

베이스라인의 ROC AUC는 0.9900이었는데, 개선 작업이 효과를 발휘해 0.9998이 되었네요. ROC AUC의 최댓값이 1이니 거의 완벽에 가까운 점수입니다. 검증 데이터를 거의 완벽히 분류해냈다는 뜻입니다.

## 11.4.5 예측 및 결과 제출

이제 테스트 데이터로 예측해봐야겠죠? 이번에도 transform_test 변환기를 이용해 데이터셋을 만들었습니다.

```
# 데이터셋과 데이터 로더 생성
dataset_test = ImageDataset(df=submission, img_dir='test/',
                            transform=transform_test)
loader_test = DataLoader(dataset=dataset_test, batch_size=32, shuffle=False)
# 예측 수행
```

```
model.eval() # 모델을 평가 상태로 설정

preds = [] # 타깃 예측값 저장용 변수 초기화

with torch.no_grad(): # 기울기 계산 비활성화
    for images, _ in loader_test:
        # 이미지 데이터 미니배치를 장비에 할당
        images = images.to(device)

        # 순전파 : 이미지 데이터를 신경망 모델의 입력값으로 사용해 출력값 계산
        outputs = model(images)
        # 타깃값이 1일 확률(예측값)
        preds_part = torch.softmax(outputs.cpu(), dim=1)[:, 1].tolist()
        # preds에 preds_part 이어붙이기
        preds.extend(preds_part)
```

제출 파일을 만듭니다.

```
submission['has_cactus'] = preds
submission.to_csv('submission.csv', index=False)
```

이미지 파일은 더 이상 필요 없으니 디렉터리째로 삭제합니다.

```
import shutil

shutil.rmtree('./train')
shutil.rmtree('./test')
```

커밋 후 제출해볼까요?

▼ 최종 점수(?)

| Private Score | Public Score |
| --- | --- |
| 0.9998 | 0.9998 |

최종 점수는 0.9998입니다. 0.9837을 기록한 베이스라인보다 꽤 올랐습니다. 이 점수면 1,221명 중 455등으로, 상위 37.3%네요. 여전히 만족스럽지 않습니다.

**한 걸음 더**

점수를 조금 더 높일 수 있는 간단한 방법이 있습니다. 7장에서 활용한 방법입니다. 이번 장에서도 제공된 훈련 데이터를 9:1로 나눠 9 만큼만으로 모델을 훈련했죠? 1에 해당하는 데이터는 검증용으로만 쓰고 훈련에 사용하지 않았습니다.

이제 전체 모델링 절차는 그대로 두고 '훈련 데이터 전체'로 모델을 훈련해보시죠.

- https://www.kaggle.com/werooring/ch11-modeling2 참고

그러면 최종 점수가 0.9999가 됩니다.

▼ 진짜 최종 점수

| Private Score | Public Score |
| --- | --- |
| 0.9999 | 0.9999 |

이 대회에서는 150명이나 만점인 1.0을 기록해서 0.9999점으로도 150등 밖입니다. 그래도 베이스라인 모델보다는 등수를 많이 높였습니다. 이번 장의 목표는 높은 등수가 아니라 파이토치를 활용해 기본적인 딥러닝 모델을 만들어보는 것이었습니다. 그러니 여기까지 하겠습니다.

## 학습 마무리

이번 장에서는 등수 향상 방법보다는 파이토치를 활용한 딥러닝 모델 구축 방법에 초점을 두고 학습했습니다. 데이터 구축을 위해 데이터셋 및 데이터 로더를 만들었으며, 얕은 신경망부터 약간 깊은 신경망까지 설계해봤습니다. 더불어 이미지 변환으로 데이터를 증강했고, 손실 함수와 옵티마이저도 다뤘습니다. 최종 ROC AUC는 만점에 가까운 0.9999을 기록했습니다.

# 핵심 요약

**1** 딥러닝 모델은 곳곳에서 난수를 활용하므로 매번 같은 결과를 얻으려면 **시드값**을 잘 **고정**해야 합니다.

**2** **GPU를 활용**하면 딥러닝의 방대한 연산 시간을 크게 단축할 수 있습니다.

**3** 파이토치에서는 **Dataset 클래스**를 상속하여 데이터셋을 준비합니다.

**4** 파이토치의 **DataLoader 클래스**는 Dataset으로부터 배치 크기만큼씩 데이터를 불러와주는 역할을 합니다.

**5** **이미지 변환기**는 원본 이미지를 특정한 형태로 변화시켜줍니다.

**6** **데이터 증강**이란 원본 이미지에 다양한 변환을 가하여 데이터 수를 늘리는 기법으로, 훈련 데이터 수가 부족할 때 아주 유용합니다.

**7** Torchvsion의 **transforms 모듈**은 다양한 이미지 변환기를 제공합니다.

**8** **CNN**은 합성곱 계층을 포함한 딥러닝 모델로, 이미지(영상) 인식 분야에서 많이 활용됩니다.

**9** **손실 함수**는 모델 훈련 과정에서 예측값과 실젯값의 차이를 구하는 함수입니다.

**10** **활성화 함수**는 신경망 계층에서 입력값을 어떤 값으로 변환해 출력할지를 결정하는 함수로, 이번 장에서는 ReLU와 Leaky ReLU를 이용했습니다.

**11** **옵티마이저**는 최적 가중치를 찾아주는 함수입니다. 확률적 경사 하강법(SGD)을 기반 이론으로 하여 다양하게 보완하여 씁니다.

**12** **에폭**은 '훈련 데이터 전체'를 '한 번' 훑었음을, **배치 크기**는 매 훈련 이터레이션에서 한 번에 훈련할 데이터 개수를, **반복 횟수**는 1에폭의 훈련을 완료하는 데 필요한 훈련 이터레이션을 뜻합니다.

**13** **배치 정규화**는 계층 간 데이터 분포의 편차를 줄이는 작업을 말합니다. 신경망 계층마다 입력 데이터 분포가 다르면 훈련 속도가 느려지고 과대적합될 수 있습니다.

경진대회
# 병든 잎사귀 식별

Research Prediction Competition

**Plant Pathology 2020 - FGVC7**
Identify the category of foliar diseases in apple trees

FGVC7 Fine-Grained Visual Categorization 7 · 1,317 teams · 2 years ago

https://www.kaggle.com/c/plant-pathology-2020-fgvc7

| 난이도 | ★★☆ | | |
|---|---|---|---|
| 경진대회명 | 병든 잎사귀 식별 경진대회 | | |
| 미션 | 잎사귀 사진을 보고 잎사귀가 어떤 질병에 걸렸는지 식별 | | |
| 문제 유형 | 다중분류 | **평가지표** | ROC AUC |
| 데이터 크기 | 785.6MB | **참가팀 수** | 1,317팀 |
| 제출 시 사용한 모델 | EfficientNet-B7 | | |
| 파이썬 버전 | 3.7.10 | | |
| 사용 라이브러리 및 버전 | • numpy (numpy==1.19.5)<br>• torch (torch==1.7.1)<br>• sklearn (scikit-learn==0.23.2)<br>• cv2 (opencv-python==4.5.3.56)<br>• albumentations (albumentations==1.0.3)<br>• transformers (transformers==4.9.2)<br>• efficientnet_pytorch (efficientnet-pytorch==0.7.1)[1]<br>• random, os | • pandas (pandas==1.2.5)<br>• torchvision (torchvision==0.8.2)<br>• matplotlib (matplotlib==3.4.3) | |
| 예제 코드 캐글 노트북 | 1 탐색적 데이터 분석 : https://www.kaggle.com/werooring/ch12-eda<br>2 베이스라인 모델 : https://www.kaggle.com/werooring/ch12-baseline<br>3 성능 개선 : https://www.kaggle.com/werooring/ch12-modeling<br>4 한 걸음 더 : https://www.kaggle.com/werooring/ch12-modeling2 | | |
| 환경 세팅된 노트북 양식 | https://www.kaggle.com/werooring/ch12-notebook | | |

---

1 efficientnet_pytorch는 다른 라이브러리와 다르게 캐글에 기본적으로 설치돼 있지 않아서 따로 설치해줘야 합니다. 설치 방법은 12.3.3 절 '모델 생성'에서 설명합니다.

이번 장에서는 병든 사과나무 잎사귀를 식별하는 경진대회에 참가합니다. 이번엔 다중분류 문제입니다. 몇 가지 유용한 성능 향상 기법이 등장하는데, 구체적으로는 사전 훈련 모델 사용법, 새로운 이미지 변환기인 Albumentations 사용법, 테스트 단계 데이터 증강 기법(TTA), 레이블 스무딩 기법 등을 배웁니다. 전체적인 모델링 절차는 11장과 비슷하면서 성능 향상 기법이 추가되었으니 비교하면서 학습해보세요.

☐ 학습 순서

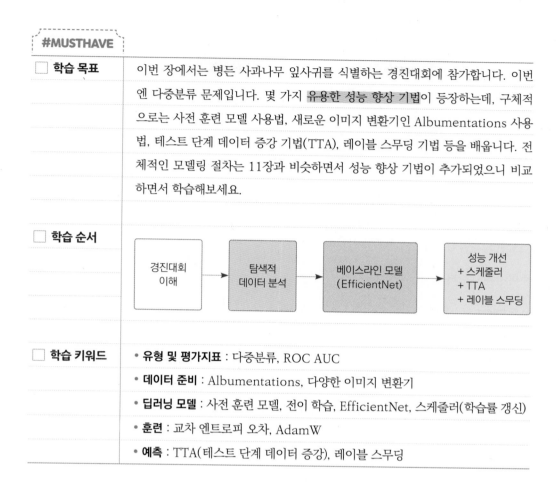

☐ 학습 키워드
- **유형 및 평가지표** : 다중분류, ROC AUC
- **데이터 준비** : Albumentations, 다양한 이미지 변환기
- **딥러닝 모델** : 사전 훈련 모델, 전이 학습, EfficientNet, 스케줄러(학습률 갱신)
- **훈련** : 교차 엔트로피 오차, AdamW
- **예측** : TTA(테스트 단계 데이터 증강), 레이블 스무딩

# 12.1 경진대회 이해

본 경진대회에서는 여러 잎사귀 사진이 주어지는데, 건강한 잎사귀도 있고 병든 잎사귀도 있습니다. 딥러닝 모델을 활용해 이들을 잘 구별해내야 합니다.

미국의 사과 과수원들은 병원균과 해충에게 끊임없이 위협받고 있다고 합니다. 사과나무가 피해를 입지 않으려면 질병을 조기에 발견해야 합니다. 시기를 놓치면 피해가 눈덩이처럼 불어날 겁니다. 사람이 일일이 확인하려면 시간도 비용도 많이 들겠죠. 그래서 딥러닝 모델을 활용해 컴퓨터에게 일을 대신하게 하려는 겁니다.

지금까지 다룬 분류 문제는 모두 이진분류였죠? 타깃값이 0 또는 1인 문제만 다뤘습니다. 반면 본 경진대회는 다중분류 문제로, 타깃값이 다음과 같이 총 4개입니다.

- **healthy** : 건강한 잎사귀
- **multiple_diseases** : 여러 질병에 걸린 잎사귀
- **rust** : 녹병에 걸린 잎사귀
- **scab** : 붉은곰팡이병에 걸린 잎사귀

잎사귀가 각 타깃값일 확률을 예측하면 됩니다. 예를 들어, 사진을 보고 건강한 잎사귀일 확률 0.6, 여러 질병에 걸린 잎사귀일 확률 0.2, 녹병에 걸린 잎사귀일 확률 0.1, 붉은곰팡이병에 걸린 잎사귀일 확률 0.1처럼 예측해야 합니다.

주어지는 데이터는 다음과 같습니다.

- **train.csv** : 훈련 이미지 데이터 ID(파일명)와 타깃값
- **test.csv** : 테스트 이미지 데이터 ID(파일명)
- **images** : 훈련/테스트 이미지 데이터가 들어 있는 디렉터리(jpg 파일이 들어 있음)
- **sample_submission.csv** : 샘플 제출 양식

csv 파일에 담긴 이미지 데이터 ID는 images 디렉터리에 담긴 해당 jpg 파일의 이름에 해당합니다. 결국 csv 파일은 이미지 파일명과 타깃값을 위해 존재하는 겁니다.


# 12.2 탐색적 데이터 분석

11장과 마찬가지로 이번 장에서도 분석할 요소가 많지 않습니다. 12.2.1절에서는 csv 데이터를 간단히 둘러보고, 12.2.2절에서는 타깃값 분포를 알아본 뒤 실제 이미지를 출력해보겠습니다.


## 12.2.1 데이터 둘러보기

csv 데이터를 간단히 둘러보죠. 우선 csv 파일을 불러옵니다.

```
import pandas as pd                                    https://www.kaggle.com/werooring/ch12-eda

# 데이터 경로
data_path = '/kaggle/input/plant-pathology-2020-fgvc7/'

train = pd.read_csv(data_path + 'train.csv')
test = pd.read_csv(data_path + 'test.csv')
submission = pd.read_csv(data_path + 'sample_submission.csv')
```

데이터 형상부터 보겠습니다.

```
train.shape, test.shape
```
```
((1821, 5), (1821, 1))
```

훈련 데이터와 테스트 데이터 모두 1,821개로 개수가 같네요. 타깃값이 4개라서 훈련 데이터의 열 개수가 테스트 데이터보다 4개 더 많습니다.

다음으로 훈련 데이터의 첫 다섯 행을 출력해봅시다.

```
train.head()
```

▼ 실행 결과

|   | image_id | healthy | multiple_diseases | rust | scab |
|---|----------|---------|-------------------|------|------|
| 0 | Train_0  | 0       |                   | 0    | 0    | 1 |
| 1 | Train_1  | 0       |                   | 1    | 0    | 0 |
| 2 | Train_2  | 1       |                   | 0    | 0    | 0 |
| 3 | Train_3  | 0       |                   | 0    | 1    | 0 |
| 4 | Train_4  | 1       |                   | 0    | 0    | 0 |

image_id는 훈련 이미지 데이터의 파일명을 나타냅니다. 훈련용 이미지 파일의 이름이 Train_0.jpg, Train_1.jpg, Train_2.jpg 식이라는 뜻입니다(이미지 파일은 images 디렉터리에 있습니다). 훈련 데이터가 총 1,821개 있으므로 Train_0.jpg부터 Train_1820.jpg까지 있겠죠.

**분석 결과**

id = 이미지 파일명(확장자 미포함)

healthy, multiple_diseases, rust, scab 열은 타깃값입니다. 원-핫 인코딩 형식으로 기록돼 있네요. 예컨대 0번 줄은 scab 열만 값이 1이고 나머지 타깃값 의 열은 0이므로, Train_0.jpg 이미지의 잎사귀가 붉은곰팡이병 (scab)에 걸렸다는 뜻입니다. 같은 식으로 Train_1.jpg의 잎사 귀는 여러 질병(multiple_diseases)에 걸렸다는 뜻이고요. 간단 하죠?

**분석 결과**
훈련 데이터에는 잎사귀 상태를 4개 열로 나눠 원-핫 인코딩 형 태로 기록해둠

이어서 테스트 데이터를 보겠습니다.

```
test.head()
```

▼ 실행 결과

|   | image_id |
|---|----------|
| 0 | Test_0 |
| 1 | Test_1 |
| 2 | Test_2 |
| 3 | Test_3 |
| 4 | Test_4 |

테스트 데이터에는 타깃값이 없으니 image_id만 있습니다. 테스트 데이터도 총 1,821개이므로 이미지 데이터 파일명은 Test_0.jpg부터 Test_1820.jpg까지 있겠네요.

마지막으로 제출 샘플 파일은 어떻게 구성돼 있는지 보겠습니다.

```
submission.head()
```

▼ 실행 결과

|   | image_id | healthy | multiple_diseases | rust | scab |
|---|----------|---------|-------------------|------|------|
| 0 | Test_0 | 0.25 | 0.25 | 0.25 | 0.25 |
| 1 | Test_1 | 0.25 | 0.25 | 0.25 | 0.25 |
| 2 | Test_2 | 0.25 | 0.25 | 0.25 | 0.25 |
| 3 | Test_3 | 0.25 | 0.25 | 0.25 | 0.25 |
| 4 | Test_4 | 0.25 | 0.25 | 0.25 | 0.25 |

타깃값 4개의 값이 모두 0.25입니다. 각 확률을 25%로 일괄 기재해둔 것이죠.

## 12.2.2 데이터 시각화

이번 절에서는 방금 살펴본 csv 파일의 데이터를 시각화해볼 겁니다. 11장과 같이 타깃값 분포를 알아보고, 이어서 이미지도 실제로 출력해보겠습니다.

### 타깃값 분포

가장 먼저 데이터를 타깃값별로 나눠보겠습니다. 각 타깃값에 해당하는 데이터가 몇 개씩인지 알아보기 위해서입니다.

```python
# 데이터를 타깃값별로 추출
healthy = train.loc[train['healthy']==1]
multiple_diseases = train.loc[train['multiple_diseases']==1]
rust = train.loc[train['rust']==1]
scab = train.loc[train['scab']==1]
```

healthy, multiple_diseases, rust, scab 변수에 각 타깃값의 데이터를 할당했습니다. 이 변수들을 사용해서 타깃값 분포를 파이 그래프로 그려보겠습니다.

```python
import matplotlib as mpl
import matplotlib.pyplot as plt
%matplotlib inline

mpl.rc('font', size=15)
plt.figure(figsize=(7, 7))

label = ['healthy', 'multiple diseases', 'rust', 'scab'] # 타깃값 레이블
# 타깃값 분포 파이 그래프
plt.pie([len(healthy), len(multiple_diseases), len(rust), len(scab)],
        labels=label,
        autopct='%.1f%%');
```

▼ 실행 결과 - 타깃값 분포

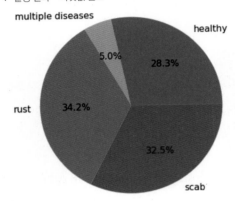

비율이 rust 〉 scab 〉 healthy 〉 multiple diseases 순입니다. 나머지 타깃값에 비해 multiple diseases가 상대적으로 적습니다. 비율 차이가 크기 때문에 훈련 데이터와 검증 데이터로 나눌 때 타깃값 비율에 맞게 나누는 게 좋겠네요. 이와 관련해서는 12.3.2절 '데이터 준비'에서 다루겠습니다.

> **분석 결과**
> 타깃값들의 비율 차이가 커 훈련/검증 데이터를 나눌 때 비율 감안 필요

## 이미지 출력

각 타깃값에 해당하는 이미지를 출력해보겠습니다. 이미지 ID를 전달받아 화면에 이미지를 출력하는 show_image( ) 함수를 먼저 정의해보죠.

```python
import matplotlib.gridspec as gridspec
import cv2 # OpenCV 라이브러리

def show_image(img_ids, rows=2, cols=3):
    assert len(img_ids) <= rows*cols # 이미지가 행/열 개수보다 많으면 오류 발생

    plt.figure(figsize=(15, 8))          # 전체 Figure 크기 설정
    grid = gridspec.GridSpec(rows, cols) # 서브플롯 배치

    # 이미지 출력
    for idx, img_id in enumerate(img_ids):
        img_path = f'{data_path}/images/{img_id}.jpg' # 이미지 파일 경로
        image = cv2.imread(img_path)                  # 이미지 파일 읽기
```

```
        image = cv2.cvtColor(image, cv2.COLOR_BGR2RGB) # 이미지 색상 보정
        ax = plt.subplot(grid[idx])
        ax.imshow(image) # 이미지 출력
```

이 함수에 전달할 타깃값별 이미지 ID를 구해보겠습니다. 다음은 타깃값별로 마지막 6개 이미지 데이터의 image_id를 구하는 코드입니다.

```
# 각 타깃값별 image_id(마지막 6개)
num_of_imgs = 6
last_healthy_img_ids = healthy['image_id'][-num_of_imgs:]
last_multiple_diseases_img_ids = multiple_diseases['image_id'][-num_of_imgs:]
last_rust_img_ids = rust['image_id'][-num_of_imgs:]
last_scab_img_ids = scab['image_id'][-num_of_imgs:]
```

이미지 ID를 알아냈으니 이제 show_image( ) 함수로 잎사귀 이미지를 출력해봅시다. 건강한 잎사귀부터 보겠습니다.

```
show_image(last_healthy_img_ids) # 건강한 잎사귀 출력
```

▼ 실행 결과 – 건강한 잎사귀 이미지(마지막 6장)

건강한 잎사귀답게 전반적으로 깨끗하네요. 우리가 평소에 보던 잎사귀입니다.

다음으로 여러 질병에 걸린 잎사귀를 출력해봅시다.

```
show_image(last_multiple_diseases_img_ids)  # 여러 질병에 걸린 잎사귀 출력
```

▼ 실행 결과 – 여러 질병에 걸린 잎사귀 이미지(마지막 6장)

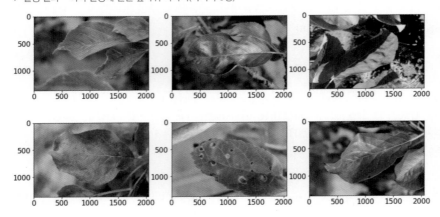

곳곳에 반점이 있네요. 여러 질병에 걸려서 그런지 짙은 반점부터 옅은 반점까지 다양합니다.

이어서 녹병에 걸린 잎사귀와 붉은곰팡이병에 걸린 잎사귀도 출력해보겠습니다.

```
show_image(last_rust_img_ids)  # 녹병에 걸린 잎사귀 출력
```

▼ 실행 결과 – 녹병에 걸린 잎사귀 이미지(마지막 6장)

```
show_image(last_scab_img_ids)  # 붉은곰팡이병에 걸린 잎사귀
```

▼ 실행 결과 – 붉은곰팡이병에 걸린 잎사귀 이미지(마지막 6장)

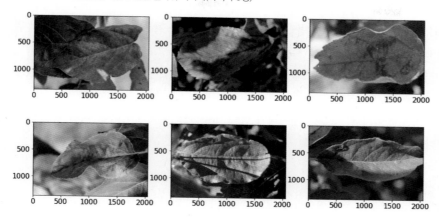

지면 관계상 이미지를 6장씩만 살펴봤습니다. 더 많은 이미지를 살펴보고 싶으시다면 num_of_imgs 값과 figsize 크기를 수정하신 후 show_image() 호출 시 rows 파라미터까지 지정해주세요. 예컨대 다음 코드는 이미지를 4행 3열로 총 12장을 출력해줍니다.

```
show_image(last_healthy_img_ids, rows=4, cols=3)
```

# 분석 정리 및 모델링 전략

## 분석 정리

1 csv 파일의 id 피처는 이미지 파일명입니다. 파일의 경로명과 확장자만 추가하면 파일의 위치를 바로 얻어올 수 있습니다.

2 훈련 데이터에는 잎사귀 상태(타깃값)를 4개 열로 나눠 원-핫 인코딩 형태로 기록해뒀습니다.

3 타깃값들의 비율 차이가 커서 훈련 데이터와 검증 데이터를 나눌 때 타깃값 비율에 맞게 나눠야 합니다.

## 모델링 전략

이번 장에서는 딥러닝 모델을 직접 설계하지 않고, 성능이 우수하다고 알려진 사전 훈련 모델을 활용해 전이 학습을 수행하겠습니다. 신경망 설계 외의 유용한 성능 향상 기법들을 배우는 데 집중하기 위해서입니다. 이번에는 특히 '예측 단계'에서 성능을 개선할 수 있는 방법이 등장하니 주목해주세요.

- **베이스라인 모델**
  - **데이터 증강** : 다양한 변환기 적용
  - **신경망 모델** : 사전 훈련 모델(efficientnet-b7)
  - **옵티마이저** : AdamW
- **성능 개선**
  - **데이터 증강** : 베이스라인과 동일
  - **신경망 구조** : 베이스라인과 동일
  - **옵티마이저** : 베이스라인과 동일
  - **훈련 단계 최적화** : 스케줄러 설정, 에폭 증가
  - **예측 단계 최적화** : 테스트 단계 데이터 증강(TTA), 레이블 스무딩

베이스라인 모델과 성능 개선은 본 경진대회에서 추천수가 4번째로 많은 다음 노트북을 리팩터링하여 작성했습니다.

- https://www.kaggle.com/akasharidas/plant-pathology-2020-in-pytorch

## 12.3 베이스라인 모델

베이스라인 모델을 만들 차례입니다. 전체적인 흐름은 11장과 같으니 차이점 위주로 간단히 살펴보겠습니다.

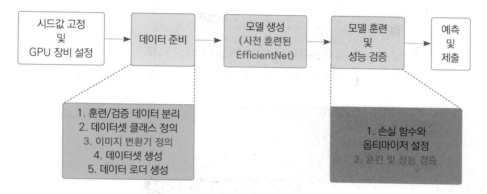

주목할 만한 특징은 다음과 같습니다.

- 11.4절 '성능 개선' 때처럼 데이터 준비 과정에서 이미지 변환기로 데이터를 증강할 것입니다.
- 사전 훈련된 모델을 사용해 전이 학습을 진행합니다.
- 모델 훈련과 성능 검증을 동시에 진행하면서 훈련을 반복할 것입니다. 즉, 훈련을 반복하면서 중간중간 성능을 확인합니다.

### 12.3.1 시드값 고정 및 GPU 장비 설정

**시드값 고정**

먼저 시드값을 고정합니다. 11장 코드와 똑같습니다.

```
import torch # 파이토치                    https://www.kaggle.com/werooring/ch12-baseline
import random
import numpy as np
import os

# 시드값 고정
seed = 50
os.environ['PYTHONHASHSEED'] = str(seed)
random.seed(seed)
```

```
np.random.seed(seed)
torch.manual_seed(seed)
torch.cuda.manual_seed(seed)
torch.cuda.manual_seed_all(seed)
torch.backends.cudnn.deterministic = True
torch.backends.cudnn.benchmark = False
torch.backends.cudnn.enabled = False
```

### GPU 장비 설정

다음으로 장비를 할당할 차례입니다. 11장에서처럼 오른쪽 [Settings] 탭에서 Accelerator를 GPU로 바꾸고, 이어서 다음 코드를 실행합니다.

```
device = torch.device('cuda' if torch.cuda.is_available() else 'cpu')

device
```
```
device(type='cuda')
```

Accelerator를 GPU로 바꿨기 때문에 device 변수에는 CUDA가 할당되어 있습니다.

## 12.3.2 데이터 준비

데이터를 먼저 불러옵니다.

```
import pandas as pd

# 데이터 경로
data_path = '/kaggle/input/plant-pathology-2020-fgvc7/'

train = pd.read_csv(data_path + 'train.csv')
test = pd.read_csv(data_path + 'test.csv')
submission = pd.read_csv(data_path + 'sample_submission.csv')
```

### 훈련 데이터, 검증 데이터 분리

전체 훈련 데이터인 train을 훈련 데이터와 검증 데이터로 분리하겠습니다.

```
from sklearn.model_selection import train_test_split

# 훈련 데이터, 검증 데이터 분리
train, valid = train_test_split(train,
               test_size=0.1,
               stratify=train[['healthy', 'multiple_diseases', 'rust', 'scab']],
               random_state=50)
```

타깃값이 고루 분포되도록 분리하기 위해 stratify 파라미터에 타깃값 4개를 전달했습니다(분석
정리 3).

## 데이터셋 클래스 정의

데이터셋 클래스도 11장과 상당히 비슷합니다. 달라진 부분에 음영을 칠했습니다.

```
import cv2
from torch.utils.data import Dataset # 데이터 생성을 위한 클래스
import numpy as np

class ImageDataset(Dataset):
    # 초기화 메서드(생성자)
    def __init__(self, df, img_dir='./', transform=None, is_test=False): ─┐
        super().__init__() # 상속받은 Dataset의 __init__() 메서드 호출   │
        self.df = df                                                      │
        self.img_dir = img_dir                                            │
        self.transform = transform                                        │ ❶
        self.is_test = is_test ───────────────────────────────────────────┘

    # 데이터셋 크기 반환 메서드
    def __len__(self):
        return len(self.df)

    # 인덱스(idx)에 해당하는 데이터 반환 메서드
    def __getitem__(self, idx):
        img_id = self.df.iloc[idx, 0]              # 이미지 ID
        img_path = self.img_dir + img_id + '.jpg'  # 이미지 파일 경로 ❷
        image = cv2.imread(img_path)               # 이미지 파일 읽기
        image = cv2.cvtColor(image, cv2.COLOR_BGR2RGB) # 이미지 색상 보정
```

```
                    # 이미지 변환
            if self.transform is not None:
                image = self.transform(image=image)['image'] # ❸
            # 테스트 데이터면 이미지 데이터만 반환, 그렇지 않으면 타깃값도 반환
            if self.is_test: # ❹
                return image # 테스트용일 때 ❺
            else:
                # 타깃값 4개 중 가장 큰 값의 인덱스 ❻
                label = np.argmax(self.df.iloc[idx, 1:5])
                return image, label # 훈련/검증용일 때 ❼
```

❶ 데이터셋을 테스트용으로 만들려면 초기화 메서드의 is_test 파라미터에 True를, 훈련이나 검증용으로 만들려면 False를 전달합니다.

__getitem__( ) 메서드로 데이터를 가져올 때는 생성 시 지정한 ❹ is_test 값을 확인해서, ❺ 테스트 데이터용이라면 이미지 데이터만 반환하고(테스트 데이터에는 타깃값이 없음) ❼ 훈련 혹은 검증용이라면 타깃값도 함께 반환합니다.

❻ 훈련 혹은 검증용일 경우 타깃값은 4가지(self.df.iloc[idx, 1:5][2]) 중 가장 큰 값의 인덱스 (np.argmax(...))가 됩니다. 즉, 가장 큰 타깃값이 healthy면 0, multiple_diseases면 1, rust 면 2, scab이면 3을 label에 할당합니다.

> **Note** 11장에서는 데이터셋이 항상 이미지 데이터와 타깃값 모두를 반환하게 정의했습니다. csv 파일 구조상 둘 모두를 반환해도 문제가 없었기 때문입니다. 그러나 실제로 테스트 데이터를 활용해 예측할 때는 타깃값(실제 타깃값이 아닌 일괄 0.5로 초기화된 값)을 할당하지 않았습니다. 11장에서도 is_test 파라미터를 사용해도 무방합니다.

❷에서는 이미지 파일 경로 끝에 파일 확장자(.jpg)를 덧붙였습니다. 11장에서는 ID 자체에 확장자까지 포함되어 있어서 별도로 덧붙일 필요가 없었습니다(분석 정리 1).

마지막으로 ❸ 이미지 변환 코드가 11장과 조금 다릅니다.

- 11장 : image = self.transform(image)
- 12장 : image = self.transform(image=image)['image']

---

2   0번째 인덱스에는 이미지 ID가 있고, 1~4번째 인덱스에 타깃값들이 들어 있습니다.

그 이유는 11장에서는 torchvision 모듈에서 제공하는 변환기를 사용했지만, 이번 장에서는 albumentations 모듈의 변환기를 사용할 것이기 때문입니다. albumentations에 관해서는 바로 다음 절에서 알아보겠습니다.

## 이미지 변환기 정의

데이터 증강용 이미지 변환기를 정의할 차례입니다. 이번 장에서는 albumentations가 제공하는 이미지 변환기를 사용할 겁니다. 집필 시점 기준으로는 torchvision의 변환기와 비교해 처리 속도가 빠르고, 더 다양한 이미지 변환을 제공한다는 장점이 있습니다.

먼저 albumentations 모듈을 임포트합니다.

```python
# 이미지 변환을 위한 모듈
import albumentations as A
from albumentations.pytorch import ToTensorV2
```

'훈련 데이터용' 변환기부터 정의한 후, 바로 이어서 '검증 및 테스트 데이터용'을 정의하겠습니다.

다음이 훈련 데이터용 변환기입니다. 여러 변환기를 Compose( ) 메서드로 묶어 사용한다는 점에서 구조는 11장에서 다룬 torchvision.transforms와 비슷합니다.

```python
# 훈련 데이터용 변환기
transform_train = A.Compose([
    A.Resize(450, 650),          # 이미지 크기 조절 ❶
    A.RandomBrightnessContrast(brightness_limit=0.2, # 밝기 대비 조절 ❷
                               contrast_limit=0.2, p=0.3),
    A.VerticalFlip(p=0.2),       # 상하 대칭 변환
    A.HorizontalFlip(p=0.5),     # 좌우 대칭 변환
    A.ShiftScaleRotate(          # 이동, 스케일링, 회전 변환 ❸
        shift_limit=0.1,
        scale_limit=0.2,
        rotate_limit=30, p=0.3),
    A.OneOf([A.Emboss(p=1),      # 양각화, 날카로움, 블러 효과 ❹
            A.Sharpen(p=1),
            A.Blur(p=1)], p=0.3),
    A.PiecewiseAffine(p=0.3),    # 어파인 변환 ❺
```

```
    A.Normalize(),          # 정규화 변환 ❻
    ToTensorV2()            # 텐서로 변환 ❼
])
```

변환기가 워낙 많고, 변환기마다 파라미터도 많아서 간단하게만 훑겠습니다. 자세한 사항은 albumentations 공식 문서[3]를 참고해주세요.

❶ **Resize** : 이미지 크기를 조절하는 변환기입니다. 임의로 450 x 650 크기로 조절했습니다. 첫 번째 파라미터가 높이, 두 번째가 너비입니다. 앞서 시각화 과정에서 본 것처럼 주어진 이미지는 너비가 높이보다 커서 우리도 너비를 더 크게 잡았습니다.

> **Note** 상위권 캐글러들이 남긴 토론글을 보면 이미지를 크게 조정했을 때 성능이 좋았다고 합니다. 실제로 3등, 4등, 5등을 한 캐글러는 이미지를 800 x 800 정도로 키웠습니다. 우리도 그만큼 키우면 좋겠지만 캐글 노트북 환경이 제공하는 하드웨어 자원이 충분하지 않아 적절히 조절했습니다. 가벼운 모델로 훈련할 거라면 이미지를 더 키워도 되지만, 이번 장에서는 파라미터가 많은 모델을 사용할 예정입니다. 모델만으로도 하드웨어 자원을 많이 사용하여 이미지를 더 키울 수 없습니다.

❷ **RandomBrightnessContrast** : 이미지의 밝기와 대비를 조절하는 변환기입니다. 각 파라미터의 의미를 살펴보죠.

- **brightness_limit** : 이미지 밝기 조절값을 설정합니다. 가령 brightness_limit=0.2면 -0.2~0.2 범위의 밝기 조절자를 갖는다는 뜻입니다. 이 범위에서 임의로 밝기 조절값을 뽑아 적용하죠. 전체 범위는 -1~1입니다. -1이면 완전 어둡게(아예 검은색 이미지로) 변하고, 1이면 완전 밝게(아예 하얀 이미지로) 변합니다. 즉, 이 값이 클수록 이미지 밝기가 많이 변하겠죠.
- **contrast_limit** : 이미지 대비 조절값을 설정합니다. 동작 방식은 brightness_limit와 같습니다.
- **p** : 적용 확률을 설정합니다. 0.3을 전달하면 30%의 확률로 변환기를 적용한다는 의미입니다.

종합하면, 코드 ❷는 30%의 확률로 변환기를 적용하며, 적용할 때는 밝기와 대비 조절자를 -0.2~0.2에서 임의로 선택한다는 의미입니다.

---

3 (Albumentations 공식 문서) https://github.com/albumentations-team/albumentations
  (이미지 변환기 효과 미리 보기) https://albumentations-demo.herokuapp.com

❸ **ShiftScaleRotate** : 이동, 스케일링, 회전 변환기입니다. shift_limit은 이동 조절값, scale_limit은 스케일링 조절값, rotate_limit은 회전 각도 조절값입니다. 각각 0.1, 0.2, 30을 전달했으므로 -0.1~0.1, -0.2~0.2, -30~30 사이에서 무작위로 선택해 적용합니다. 또한, p=0.3이므로 이 변환기는 30% 확률로 적용됩니다.

❹에서는 양각화 효과(**Emboss**), 날카롭게 만드는 효과(**Sharpen**), 블러 효과(**Blur**) 중 하나를 선택(**OneOf**)해 적용합니다. p=0.3이므로 적용 확률은 30%입니다.

❺ **PiecewiseAffine** : 어파인<sup>affine</sup> 변환기입니다. 어파인 변환이란 이동, 확대/축소, 회전 등으로 이미지 모양을 전체적으로 바꾸는 변환입니다. 역시 30% 확률로 적용했습니다.

❻ **Normalize** : 값을 정규화하는 변환기로, torchvision의 transforms.Normalize( )와 비슷합니다.

❼ **ToTensorV2()** : 이미지 데이터를 텐서 형식으로 변환합니다.[4] 11장에서 다룬 torchvision의 transforms.ToTensor( )와 비슷하다고 보면 됩니다.

> **Note** 여기서 다룬 변환기는 일부에 불과합니다. albumentations 공식 문서를 참고하여 더 다양한 이미지 변환기를 만들어 본 뒤, 성능이 얼마나 달라지는지 직접 확인해보세요. 어떻게 하면 잎사귀 반점을 더 잘 식별하게끔 이미지를 변환할 수 있을지 고민해보시기 바랍니다.

이어서 '검증 및 테스트 데이터용' 변환기입니다. 필수적인 변환기만 적용해 정의합니다.

```
# 검증 및 테스트 데이터용 변환기
transform_test = A.Compose([
    A.Resize(450, 650),  # 크기 조절 ❶
    A.Normalize(),       # 정규화 ❷
    ToTensorV2()         # 텐서로 변환 ❸
])
```

이미지 크기 조절, 정규화, 텐서 변환만 적용했습니다. ❶ 크기는 당연히 훈련 데이터와 똑같게 맞추는 게 좋고, ❷ 픽셀 값 범위도 비슷해야(정규화해야) 서로 비교하기 쉽습니다. ❸ 마지막으로 파이토치는 텐서 객체만 취급하기 때문에 ToTensorV2( ) 변환기도 꼭 필요합니다.

---

4  비슷한 기능을 하는 ToTensor( ) 메서드도 있으나, albumentations 1.0.0 버전부터 사용 중지되었습니다.

## 데이터셋 및 데이터 로더 생성

데이터 준비의 마지막 단계입니다. 데이터셋부터 정의해보시죠.

```
img_dir = '/kaggle/input/plant-pathology-2020-fgvc7/images/'

dataset_train = ImageDataset(train, img_dir=img_dir, transform=transform_train)
dataset_valid = ImageDataset(valid, img_dir=img_dir, transform=transform_test)
```

훈련 데이터셋을 만들 때는 훈련용 변환기를, 검증 데이터셋을 만들 때는 검증/테스트용 변환기를 전달했습니다.

이번 장에서는 멀티프로세싱을 활용해보겠습니다. 모델 훈련 시간이 꽤 걸리기 때문입니다. 11장에서 설명했듯이 멀티프로세싱을 사용하려면 다음과 같이 데이터 로더의 시드값을 고정해야 합니다. 먼저 seed_worker( )를 정의하고 제너레이터를 생성합니다.

```
def seed_worker(worker_id):
    worker_seed = torch.initial_seed() % 2**32
    np.random.seed(worker_seed)
    random.seed(worker_seed)

g = torch.Generator()
g.manual_seed(0)
```

이어서 데이터 로더도 생성합니다.

```
from torch.utils.data import DataLoader # 데이터 로더 생성을 위한 클래스

batch_size = 4 # ❶

loader_train = DataLoader(dataset_train, batch_size=batch_size,
                          shuffle=True, worker_init_fn=seed_worker,
                          generator=g, num_workers=2)
loader_valid = DataLoader(dataset_valid, batch_size=batch_size,
                          shuffle=False, worker_init_fn=seed_worker,
                          generator=g, num_workers=2)
```

훈련 데이터가 1,821개로 그렇게 많지 않아서 ❶ 배치 크기는 4로 작게 설정했습니다.

### 12.3.3 모델 생성

11장에서는 모델을 직접 설계했죠? 계층별 구성을 스스로 만들어봤습니다. 이번 장에서는 전략을 달리 하여 사전 훈련된 모델을 전이 학습시키는 방식으로 도전해보려 합니다.

**사전 훈련 모델과 전이 학습**

**사전 훈련 모델**pretrained model이란 말 그대로 이미 한 분야에서 훈련을 마친 모델을 일컬으며, **전이 학습**transfer learning[5]이란 사전 훈련 모델을 유사한 다른 영역에서 재훈련시키는 기법입니다. 비유하자면, 분야 전문가(사전 훈련 모델)를 모셔와서 우리 회사만의 특수한 상황을 알려드린 후(전이 학습) 컨설팅받는 것과 비슷합니다.

파이토치로 사전 훈련 모델을 이용하는 방법은 크게 세 가지입니다.[6]

1 torchvision.models 모듈 이용
2 pretrainedmodels 모듈 이용
3 직접 구현한 모듈 이용

기본적인 사전 훈련 모델은 torchvision의 models 모듈에서 제공합니다.[7] 하지만 제공하는 모델이 많지 않다는 단점이 있습니다.

pretrainedmodels 모듈도 사전 훈련 모델을 제공합니다. 테슬라에서 자율주행차 연구를 하는 레미 카덴Remi Cadene이 만든 모듈로, torchvision.models보다 더 많은 모델을 제공하며 사용법도 깃허브에 잘 정리되어 있습니다.[8]

pretrainedmodels에도 없는 사전 훈련 모델을 사용하고 싶으면 어떻게 해야 할까요? 직접 구현하거나 인터넷에서 찾아봐야겠지요. 구글에 "[원하는 사전 훈련 모델] + github pytorch"라는 키워드로 검색해보시기 바랍니다. 가령, "EfficientNet github pytorch"와 같이 말입니다.

---

5  10.3.4절 '전이 학습' 참고
6  여기서 말하는 사전 훈련 모델이란 산업계나 학계 등에서 설계한 공개 모델을 대용량 이미지로 훈련한 것을 의미합니다.
7  (torchvision.models이 제공하는 모델 목록) https://pytorch.org/vision/stable/models
8  (pretrainedmodels 깃허브) https://bit.ly/3zrSa8E

## EfficientNet 모델 생성

이번 장에서는 사전 훈련 모델로 EfficientNet을 사용할 겁니다. EfficientNet은 2019년 5월에 개발된 CNN 모델로, 우수한 성능을 보여 주목을 받았습니다.

> **TIP** 토론 내용에 따르면 본 경진대회에서는 EfficientNet이 우수한 성능을 보인다는 의견이 많았습니다.[9] 이런 유용한 정보를 얻을 수 있어서 토론 내용도 중간중간 참고하는 게 좋습니다. 캐글의 많은 딥러닝 경진대회에서는 'best single model'을 주제로 토론이 자주 벌어지니 미리 찾아보세요. 아직 이 주제의 토론 글이 없다면 직접 올려보는 것도 좋은 방법입니다.

책에서 설정한 환경에서는 torchvision.models나 pretrainedmodels 모듈에서 EfficientNet을 제공하지 않습니다.[10] 하지만 고맙게도 Luke Melas-Kyriazi라는 사람이 EfficientNet을 모듈로 구현해놨습니다. efficientnet_pytorch 모듈인데, 캐글 환경에 설치되어 있지 않아서 별도로 설치해야 합니다. 다음 코드로 설치를 진행합니다.

```
!pip install efficientnet-pytorch==0.7.1
```

책과 같은 버전으로 실습하려면 0.7.1 버전으로 설치해주세요.

> **warning** pip 앞에 느낌표(!)가 있다는 점을 유의해주세요. 노트북 환경에서 셀 명령어(shell command)를 사용하려면 코드 맨 앞에 느낌표를 넣어줘야 합니다. 가령, 현재 작업 디렉터리를 출력하려면 !pwd와 같이 실행하면 됩니다.

설치를 마치면 efficientnet_pytorch 모듈을 사용할 수 있습니다. EfficientNet은 efficientnet-b0부터 efficientnet-b7까지 종류가 여러 가지이며, 숫자가 높아질수록 일반적으로 성능이 좋습니다. 우리는 성능이 가장 좋은 efficientnet-b7을 사용하겠습니다.

먼저, efficient_pytorch 모듈의 EfficientNet 모델을 임포트합니다.

```
from efficientnet_pytorch import EfficientNet # EfficientNet 모델
```

이어서 사전 훈련된 efficientnet-b7을 불러와서 device 장비에 할당하겠습니다.

---

**9** (캐글 토론) https://www.kaggle.com/c/plant-pathology-2020-fgvc7/discussion/140014

**10** torchvision 0.11 버전부터는 torchvision.models에서 EfficientNet을 제공합니다(https://pytorch.org/vision/0.11/models.html 참고). 책 집필 시점인 현재는 캐글에서 torchvision 0.11 버전을 지원하지 않아 별도 모듈을 사용했습니다.

```
# 사전 훈련된 efficientnet-b7 모델 불러오기
model = EfficientNet.from_pretrained('efficientnet-b7', num_classes=4) # ①

model = model.to(device) # 장비 할당
```

①에서 efficientnet-b7을 불러올 때 전달한 num_classes 파라미터는 최종 출력값 개수를 뜻합니다. EfficientNet은 타깃값이 1,000개인 이미지넷 데이터로 사전 훈련한 모델이므로 num_classes에 아무 값도 전달하지 않으면 최종 출력값이 1,000개가 됩니다. 하지만 본 경진 대회에서 예측해야 하는 타깃값은 총 4개이므로 4를 전달했습니다.

## efficientnet-b7의 출력값 개수를 설정하는 또 다른 방법

num_classes 파라미터에 값을 전달하지 않아도, 다음과 같이 마지막 계층을 직접 수정하여 출력값의 개수를 조정할 수 있습니다.

```
import torch.nn as nn

# 사전 훈련된 efficientnet-b7 모델 불러오기
model = EfficientNet.from_pretrained('efficientnet-b7') # ①

# 불러온 efficientnet-b7 모델의 마지막 계층 수정 ②
model._fc=nn.Sequential(
    nn.Linear(model._fc.in_features, model._fc.out_features), # 2560 →
1000 ③
    nn.ReLU(), # 활성화 함수 ④
    nn.Dropout(p=0.5), # 50% 드롭아웃 ⑤
    nn.Linear(model._fc.out_features, 4) # 1000 → 4 ⑥
)
```

①처럼 num_classes에 아무 값도 전달하지 않으면 model의 최종 출력값 개수는 1,000개가 됩니다.

하지만 ②처럼 모델의 마지막 계층을 수정해서도 최종 출력값 개수를 바꿀 수 있습니다. efficientnet-b7 마지막 계층의 입력값은 2,560개, 출력값은 1,000개입니다.

❸ model._fc.in_features가 마지막 계층의 입력값 개수이며, model._fc.out_features가 마지막 계층의 출력값 개수입니다. 따라서 다음 두 줄은 같은 코드입니다.

- nn.Linear(model._fc.in_features, model._fc.out_features)
- nn.Linear(2560, 1000)

둘 모두 2,560개의 데이터를 1,000개의 데이터로 전결합하는 코드죠.

❹ 이어서 활성화 함수인 ReLU를 거칩니다. ❺ 드롭아웃을 50%만큼 적용하고, ❻ 마지막으로 1,000개의 값을 4개의 값으로 전결합하여 최종 출력값은 4개가 됩니다.

이렇게 ReLU 활성화 함수와 드롭아웃을 적용하는 등, 최종 출력값 개수 외에도 마지막 계층의 여러 설정을 직접 수정할 수 있습니다.

## 12.3.4 모델 훈련 및 성능 검증

손실 함수와 옵티마이저를 설정해 훈련시킨 후 성능을 확인해보겠습니다.

### 손실 함수와 옵티마이저 설정

손실 함수부터 정의해보죠. 본 경진대회는 분류 문제이므로 11장과 동일하게 CrossEntropyLoss( )를 사용하겠습니다.

```
import torch.nn as nn # 신경망 모듈

# 손실 함수
criterion = nn.CrossEntropyLoss()
```

다음으로 옵티마이저를 정의합니다. 이번에는 AdamW라는 옵티마이저를 사용해보겠습니다. AdamW는 Adam에 가중치 감쇠를 추가로 적용해서 일반화 성능이 더 우수합니다.[11] **가중치 감쇠**weight decay란 가중치를 작게 조절하는 규제 기법으로, 과대적합을 억제해줍니다.

---

11 더 자세한 사항이 궁금한 분은 https://arxiv.org/abs/1711.05101 논문을 참고하세요.

```
# 옵티마이저
optimizer = torch.optim.AdamW(model.parameters(), lr=0.00006, weight_decay=0.0001)
```

학습률은 0.00006으로 설정했습니다. 여러 학습률을 적용해 실험해보시기를 권장합니다. weight_decay는 가중치 감쇠를 의미하는 파라미터입니다. 여기서는 0.0001로 작은 값을 전달해서 미세하게 규제를 적용했습니다.

## 훈련 및 성능 검증

훈련도 11장에서 다룬 코드와 비슷합니다. 다만 11장에서는 모든 에폭만큼 훈련을 마친 뒤 성능을 검증했지만 이번에는 '매 에폭마다 검증'해보겠습니다. 더 오래 걸리지만, 과대적합 없이 훈련이 잘되고 있는지 확인할 수 있다는 장점이 있습니다. 대부분 이미 다룬 내용이지만, 코드가 길기 때문에 뼈대를 먼저 보여드린 후 각 부분은 따로 자세히 설명하겠습니다. 기본 뼈대는 다음과 같습니다.

```
# 총 에폭만큼 반복 ①
for epoch in range(epochs):
    # == [ 훈련 ] ==================================================== ②
    # 모델을 훈련 상태로 설정 ③
    # 에폭별 손실값 초기화(훈련 데이터용)

    # '반복 횟수'만큼 반복
    for images, labels in tqdm(loader_train):
        # 기울기 초기화
        # 순전파
        # 손실값 계산(훈련 데이터용)
        # 역전파 ④
        # 가중치 갱신
    # == [ 검증 ] ==================================================== ⑤
    # 모델을 평가 상태로 설정 ⑥
    with torch.no_grad(): # 기울기 계산 비활성화 ⑦
        # 미니배치 단위로 검증 ⑧
        for images, labels in loader_valid:
            # 순전파
            # 손실값 계산(검증 데이터용)
            # 예측값 및 실젯값 계산 ⑨
        # 검증 데이터 손실값 및 ROC AUC 점수 출력 ⑩
```

❶ 바깥쪽 for문에서 에폭 단위로 ❷ 훈련과 ❺ 검증을 반복합니다. 훈련과 검증이 반복되므로 훈련할 때는 ❸ 모델을 훈련 상태로 설정하고, 검증할 때는 ❻ 평가 상태로 바꿔줍니다.

훈련 단계에서만 ❹ 역전파가 이루어지므로 ❼ 검증 시 기울기 계산을 비활성화하고, ❽ 미니배치 단위로 검증을 수행하여 ❾ 예측값과 실젯값을 계산합니다. 마지막으로 ❿ 검증 데이터의 손실값과 ROC AUC 점수를 출력하는 흐름입니다.

훈련과 검증 각각은 11장의 해당 코드와 판박이라는 점 다시 한번 말씀드리며, 내용이 채워진 진짜 코드를 보시죠. 주석이 자세하게 달려 있으니 특이점 몇 가지만 짚어볼 계획입니다.

> **warning** efficientnet-b7이 상당히 깊은 신경망 모델이라서 다음 코드를 모두 실행하는 데 시간이 꽤 걸립니다. '성능 개선' 절에서는 에폭을 더 늘릴 예정인데, 그러면 몇 시간 정도가 소요됩니다. 시간이 오래 걸리는 코드를 실행할 때는 코드가 완벽한지 한번 더 점검해보는 게 좋습니다. 오타는 없는지, 빼먹은 코드는 없는지 다시 확인해보세요. 부록 A.3 '디버깅을 위한 간단한 팁'에서 전체 코드가 잘 돌아가는지 빠르게 확인하는 방법을 설명했습니다.

```python
from sklearn.metrics import roc_auc_score # ROC AUC 점수 계산 함수
from tqdm.notebook import tqdm # 진행률 표시 막대 ❶
epochs = 5

# 총 에폭만큼 반복
for epoch in range(epochs):
    # == [ 훈련 ] ================================================
    model.train()           # 모델을 훈련 상태로 설정
    epoch_train_loss = 0 # 에폭별 손실값 초기화 (훈련 데이터용)

    # '반복 횟수'만큼 반복
    for images, labels in tqdm(loader_train): # ❷
        # 이미지, 레이블(타깃값) 데이터 미니배치를 장비에 할당
        images = images.to(device)
        labels = labels.to(device)

        # 옵티마이저 내 기울기 초기화
        optimizer.zero_grad()
        # 순전파 : 이미지 데이터를 신경망 모델의 입력값으로 사용해 출력값 계산
        outputs = model(images)
        # 손실 함수를 활용해 outputs와 labels의 손실값 계산
        loss = criterion(outputs, labels)
        # 현재 배치에서의 손실 추가 (훈련 데이터용)
```

```python
        epoch_train_loss += loss.item()
        loss.backward()  # 역전파 수행
        optimizer.step() # 가중치 갱신
    # 훈련 데이터 손실값 출력
    print(f'에폭 [{epoch+1}/{epochs}] - 훈련 데이터 손실값 : {epoch_train_loss/
len(loader_train):.4f}')

    # == [ 검증 ] ========================================
    model.eval()             # 모델을 평가 상태로 설정
    epoch_valid_loss = 0 # 에폭별 손실값 초기화 (검증 데이터용)
    preds_list = []          # 예측 확률값 저장용 리스트 초기화 ❸
    true_onehot_list = [] # 실제 타깃값 저장용 리스트 초기화 ❹

    with torch.no_grad(): # 기울기 계산 비활성화
        # 미니배치 단위로 검증
        for images, labels in loader_valid:
            images = images.to(device)
            labels = labels.to(device)

            outputs = model(images)
            loss = criterion(outputs, labels)
            epoch_valid_loss += loss.item()

            preds = torch.softmax(outputs.cpu(), dim=1).numpy() # 예측 확률값
            # 실젯값 (원-핫 인코딩 형식) ❺
            true_onehot = torch.eye(4)[labels].cpu().numpy()
            # 예측 확률값과 실젯값 저장 ❻
            preds_list.extend(preds)
            true_onehot_list.extend(true_onehot)
    # 검증 데이터 손실값 및 ROC AUC 점수 출력 ❼
    print(f'에폭 [{epoch+1}/{epochs}] - 검증 데이터 손실값 : {epoch_valid_loss/
len(loader_valid):.4f} / 검증 데이터 ROC AUC : {roc_auc_score(true_onehot_list,
preds_list):.4f}')
```

```
에폭 [5/5] - 훈련 데이터 손실값 : 0.1556
에폭 [5/5] - 검증 데이터 손실값 : 0.1905 / 검증 데이터 ROC AUC : 0.9659
```

지면 관계상 마지막 에폭 출력값만 실었습니다. 검증 데이터의 ROC AUC 값이 0.9659입니다.

❶에서 임포트한 tqdm은 진행률 상태를 표시하는 라이브러리입니다. 주로 시간이 오래 걸리는

for문에서 사용합니다. 여기서는 ❷ 데이터 로더를 tqdm으로 감싸 for문을 순회합니다. 그러면 다음과 같이 진행 상태를 보여줍니다.

▼ tqdm으로 나타낸 진행률

```
16%  ███████████                                    66/410 [01:06<05:31, 1.04it/s]
```

❸과 ❹는 각각 예측 확률값, 실제 타깃값을 저장하는 빈 리스트입니다. 한 에폭을 거치며 '예측한 확률값'과 '실제 타깃값'을 여기에 저장해 ROC AUC를 구할 예정입니다.

❺는 실제 타깃값을 원-핫 인코딩 형식으로 구합니다. torch.eye(4)를 따로 출력해보면 다음과 같은 결과가 나옵니다.

```
torch.eye(4)
```

```
tensor([[1., 0., 0., 0.],
        [0., 1., 0., 0.],
        [0., 0., 1., 0.],
        [0., 0., 0., 1.]])
```

첫 행부터 순서대로 healthy, multiple_diseases, rust, scab을 원-핫 인코딩한 값입니다. labels에는 데이터셋 클래스가 반환한 '타깃값의 인덱스'가 저장되어 있으므로 torch.eye(4)[labels]의 값은 다음 표와 같습니다.

▼ 타깃값별 labels, torch.eye(4)[labels] 할당 값

| 타깃값 | labels | torch.eye(4)[labels] |
|---|---|---|
| healthy | 0 | [1, 0, 0, 0] |
| multiple_diseases | 1 | [0, 1, 0, 0] |
| rust | 2 | [0, 0, 1, 0] |
| scab | 3 | [0, 0, 0, 1] |

❺의 마지막 .cpu( ).numpy( ) 코드는 이 값을 CPU에 할당하고 넘파이로 변환합니다. ROC AUC를 구하기 위해서입니다. ❻ 이렇게 구한 preds와 true_onehot을 각각 preds_list와 true_onehot_list에 추가합니다. 모든 검증 데이터에 대해 이 작업을 수행한 뒤 ❼ 마지막으로 검증 데이터 손실값과 ROC AUC 점수를 출력합니다.

## 12.3.5 예측 및 결과 제출

훈련이 끝났으니, 이제 예측을 해야겠죠? 테스트용 데이터셋과 데이터 로더를 생성합니다.

```
dataset_test = ImageDataset(test, img_dir=img_dir,
                            transform=transform_test, is_test=True)
loader_test = DataLoader(dataset_test, batch_size=batch_size,
                         shuffle=False, worker_init_fn=seed_worker,
                         generator=g, num_workers=2)
```

### 예측

테스트 데이터를 활용해 타깃 확률을 예측해봅니다.

```
model.eval() # 모델을 평가 상태로 설정

preds = np.zeros((len(test), 4)) # 예측값 저장용 배열 초기화 ❶

with torch.no_grad():
    for i, images in enumerate(loader_test):
        images = images.to(device)
        outputs = model(images)
        # 타깃 예측 확률
        preds_part = torch.softmax(outputs.cpu(), dim=1).squeeze().numpy() # ❷
        preds[i*batch_size:(i+1)*batch_size] += preds_part # ❸
```

❶ 먼저 예측값을 저장하기 위해 배열을 준비합니다. np.zeros( )는 전달받은 형상 크기에 맞게 0
으로 채워진 배열을 반환합니다. 인수로 전달한 len(test)와 4는 각각 행과 열의 개수입니다. 타
깃값이 4개라서 열이 4개입니다.

❷와 ❸에서는 타깃 예측 확률을 구합니다. ❷ outputs에는 신경망 출력값이 배치 크기만큼 존재
합니다. 그 출력값에 소프트맥스 함수를 취해 확률값을 구해 preds_part에 할당했습니다. ❸ 이
preds_part를 이용해 preds 배열을 갱신합니다. preds 배열에서 해당하는 행 위치에 있는 0을
배치 크기만큼 확률값들로 갱신한 것입니다.

for문이 끝나면 다음 그림과 같이 preds에는 모든 테스트 데이터의 예측 확률값들이 저장돼 있
을 것입니다.

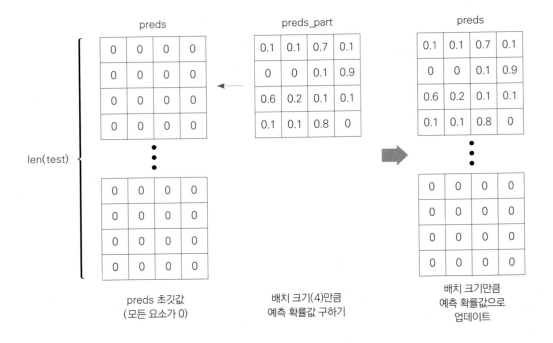

preds 초깃값
(모든 요소가 0)

배치 크기(4)만큼
예측 확률값 구하기

배치 크기만큼
예측 확률값으로
업데이트

## 결과 제출

마지막으로 제출 파일을 만들고 제출해보겠습니다.

```
submission[['healthy', 'multiple_diseases', 'rust', 'scab']] = preds
submission.to_csv('submission.csv', index=False)
```

▼ 베이스라인 점수

| Private Score | Public Score |
| --- | --- |
| 0.95072 | 0.96619 |

프라이빗 점수가 0.95072이면 1,317명 중 616등입니다. 상위 46.8%네요. 다음 절에서 성능을 더 높여봅시다.

# 12.4 성능 개선

다음의 몇 가지 기법을 추가해 성능 개선에 도전해보겠습니다.

**1** 에폭 늘리기

**2** 스케줄러 추가

**3** TTA(테스트 단계 데이터 증강) 기법

**4** 레이블 스무딩 적용

에폭 늘리기와 스케줄러 추가는 '모델 훈련 및 성능 검증' 단계 초반에 수행합니다. 그리고 이번 장의 가장 큰 특징이라 할 수 있는 TTA와 레이블 스무딩은 무려 '예측' 단계에서 이루어지는 성능 개선 기법입니다.

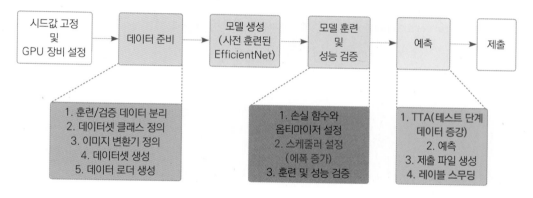

하나씩 차근차근 알아보죠. 먼저 '모델 생성'까지는 베이스라인과 똑같이 실행합니다.

## 12.4.1 모델 훈련 및 성능 검증

손실 함수 및 옵티마이저 설정도 베이스라인과 동일합니다. 그런 다음 스케줄러를 추가로 설정한 후 본격적인 훈련에 돌입하겠습니다.

### 스케줄러 설정

**스케줄러**는 훈련 과정에서 학습률을 조정하는 기능을 제공합니다. 훈련 초반에는 학습률이 큰 게 좋습니다. 빠르게 가중치를 갱신하기 위해서죠. 그러다가 훈련을 진행하면서 학습률을 점차 줄이면 최적 가중치를 찾기가 더 수월합니다.

골프를 생각하면 이해가 쉽습니다. 처음에는 공을 강하게 쳐서 멀리 날아가게 합니다. 홀과 가까울수록 약하게 쳐서 조금씩 움직이게 하죠. 가까운 거리에서 세게 치면 홀에 공을 넣기가 어렵겠죠.

여러 스케줄러가 있지만 여기서는 get_cosine_schedule_with_warmup() 스케줄러를 사용해보겠습니다. 지정한 값만큼 학습률을 증가시켰다가 코사인 그래프 모양으로 점차 감소시키는 스케줄러입니다.[12] 여기서 '지정한 학습률'이란 옵티마이저에서 지정한 학습률을 일컫습니다. 우리의 경우엔 0.00006이죠.

스케줄러를 코드로 정의해보겠습니다. get_cosine_schedule_with_warmup() 스케줄러는 transformer 모듈에서 제공합니다.

https://www.kaggle.com/werooring/ch12-modeling

```
from transformers import get_cosine_schedule_with_warmup
epochs = 39 # 총 에폭 ❶

# 스케줄러 생성
scheduler = get_cosine_schedule_with_warmup(optimizer, # ❷
                          num_warmup_steps=len(loader_train)*3, # ❸
                          num_training_steps=len(loader_train)*epochs) # ❹
```

❶ 먼저 에폭 수를 39로 크게 늘렸습니다. 베이스라인에서는 5였습니다. 에폭이 너무 작으면 과소적합, 너무 많으면 과대적합이 일어나기 쉽습니다. 다른 캐글러들이 공유한 코드를 보면 대부분 에폭을 30~50 정도로 설정했습니다.

이어서 스케줄러를 생성했습니다. ❷ 첫 번째 파라미터로 앞서 정의한 옵티마이저를 전달합니다. 그러면 해당 옵티마이저로 가중치를 갱신할 때 스케줄러로 학습률을 조정합니다. 참고로 학습률은 매 훈련 이터레이션마다 갱신됩니다.

❸ num_warmup_steps 파라미터는 몇 번만에 지정한 학습률(여기서는 0.00006)에 도달할지를 뜻합니다. 1에폭의 반복 수는 len(loader_train)입니다. 3에폭 만에 지정한 학습률에 도달하도록 len(loader_train)*3을 전달했습니다. 정해진 값은 없습니다. 총 반복 수(len(loader_

---

12 다른 스케줄러가 궁금한 분은 https://huggingface.co/transformers/main_classes/optimizer_schedules.html#schedules를 참고하세요.

train)*epohcs)에 비해 상대적으로 작은 값이면 됩니다.

❹ num_training_steps 파라미터는 모든 훈련을 마치는 데 필요한 반복 횟수입니다. 총 39에 폭만큼 훈련할 거니까 len(loader_train)*epochs를 전달했습니다.

이 스케줄러를 적용하면 학습률은 다음과 같이 변합니다.

▼ 스케줄러 적용에 따른 학습률 변화

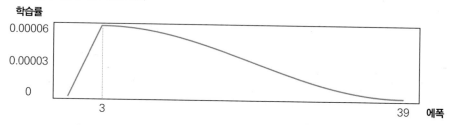

이해하기 쉽게 가로축을 에폭으로 표현했는데, 실제로는 훈련 이터레이션입니다. 훈련 이터레이션 횟수는 에폭에 len(loader_train)만큼 곱한 값이죠. 학습률이 선형으로 점점 증가해 에폭 3에서 지정한 학습률 0.00006에 도달합니다. 그다음부터는 코사인 그래프 모양으로 학습률이 점차 감소합니다.

## 훈련 및 성능 검증

본격적으로 모델을 훈련시키며 성능을 검증해보겠습니다. 스케줄러 갱신 코드가 추가된 점만 빼면 모델 훈련 코드도 베이스라인과 완전히 같습니다.

> **warning** 다음 코드를 실행하는 데 약 5~6시간이 걸립니다.

```python
from sklearn.metrics import roc_auc_score # ROC AUC 점수 계산 함수
from tqdm.notebook import tqdm # 진행률 표시 막대

# 총 에폭만큼 반복
for epoch in range(epochs):
    # == [ 훈련 ] =========================================
    model.train()          # 모델을 훈련 상태로 설정
    epoch_train_loss = 0 # 에폭별 손실값 초기화 (훈련 데이터용)
```

```python
    # '반복 횟수'만큼 반복
    for images, labels in tqdm(loader_train):
        # 이미지, 레이블(타깃값) 데이터 미니배치를 장비에 할당
        images = images.to(device)
        labels = labels.to(device)

        # 옵티마이저 내 기울기 초기화
        optimizer.zero_grad()
        # 순전파 : 이미지 데이터를 신경망 모델의 입력값으로 사용해 출력값 계산
        outputs = model(images)
        # 손실 함수를 활용해 outputs와 labels의 손실값 계산
        loss = criterion(outputs, labels)
        # 현재 배치에서의 손실 추가 (훈련 데이터용)
        epoch_train_loss += loss.item()
        loss.backward()  # 역전파 수행
        optimizer.step() # 가중치 갱신
        scheduler.step() # 스케줄러 학습률 갱신 ❶

    # 훈련 데이터 손실값 출력
    print(f'에폭 [{epoch+1}/{epochs}] - 훈련 데이터 손실값 : {epoch_train_loss/
len(loader_train):.4f}')

    # == [ 검증 ] ===============================================
    model.eval()             # 모델을 평가 상태로 설정
    epoch_valid_loss = 0 # 에폭별 손실값 초기화 (검증 데이터용)
    preds_list = []          # 예측 확률값 저장용 리스트 초기화
    true_onehot_list = [] # 실제 타깃값 저장용 리스트 초기화

    with torch.no_grad(): # 기울기 계산 비활성화
        # 미니배치 단위로 검증
        for images, labels in loader_valid:
            images = images.to(device)
            labels = labels.to(device)

            outputs = model(images)
            loss = criterion(outputs, labels)
            epoch_valid_loss += loss.item()

            preds = torch.softmax(outputs.cpu(), dim=1).numpy() # 예측 확률값
```

```
                    # 실젯값 (원-핫 인코딩 형식)
           true_onehot = torch.eye(4)[labels].cpu().numpy()
                    # 예측 확률값과 실젯값 저장
           preds_list.extend(preds)
           true_onehot_list.extend(true_onehot)
        # 검증 데이터 손실값 및 ROC AUC 점수 출력
      print(f'에폭 [{epoch+1}/{epochs}] - 검증 데이터 손실값 : {epoch_valid_loss/
   len(loader_valid):.4f} / 검증 데이터 ROC AUC : {roc_auc_score(true_onehot_list,
   preds_list):.4f}')
```

```
에폭 [39/39] - 훈련 데이터 손실값 : 0.0047
에폭 [39/39] - 검증 데이터 손실값 : 0.1718 / 검증 데이터 ROC AUC : 0.9866
```

여기서도 마지막 에폭의 출력값만 실었습니다. 검증 데이터 ROC AUC 값이 0.9866이네요. 베이스라인에 비해 0.0207점 올랐습니다.

❶이 스케줄러의 학습률을 갱신하는 코드입니다. 매 훈련 이터레이션마다 학습률을 갱신합니다.


## 12.4.2 예측

기나긴 훈련을 마쳤습니다. 테스트 데이터를 활용해 예측한 뒤 제출할 일만 남았습니다. 이번 절에서는 새로운 예측 기법을 배워보겠습니다. TTA와 레이블 스무딩 기법입니다.

### TTA(테스트 단계 데이터 증강)

앞서 이미지 변환 패키지 albumentations를 활용해 훈련 데이터를 증강시켰습니다. 훈련 데이터가 많으면 모델 성능이 좋아지죠. 이러한 데이터 증강 기법을 테스트 단계에서도 이용하여 예측 성능을 더 끌어올릴 수 있습니다. 테스트 단계에서 활용하는 데이터 증강 기법을 **TTA**Test-Time Augmentation라고 합니다.

일반적으로는 훈련된 모델이 테스트 데이터 원본을 활용해 타깃값을 예측합니다. 그런데 TTA를 적용하면 테스트 데이터를 여러 차례 변형한 뒤 예측합니다. 마치 테스트 데이터가 늘어난 효과를 얻습니다.

TTA를 활용해 예측하는 절차는 다음과 같습니다.

1 테스트 데이터에 여러 변환을 적용합니다.

2 변환된 테스트 데이터별로 타깃 확률값을 예측합니다.

3 타깃 예측 확률의 평균을 구합니다.

3단계에서 구한 평균 확률을 최종 제출값으로 사용할 것입니다. 이렇게 하면 앙상블 효과가 있어서 원본 데이터로 한 차례만 예측할 때보다 성능이 좋아질 가능성이 높기 때문이죠.

다음 그림은 기존 예측 방식(테스트 데이터 하나로만 예측)과 TTA를 적용한 예측 방식의 차이를 보여줍니다.

▼ 기존 예측 방식과 TTA를 적용한 예측 방식 차이

**기존 예측 방식**

**TTA를 적용한 예측 방식**

테스트 데이터 원본

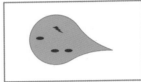

| healthy | : 0.05 |
| multiple_diseases | : 0.05 |
| rust | : 0.7 |
| scab | : 0.2 |

| healthy | : 0.01 |
| multiple_diseases | : 0.04 |
| rust | : 0.05 |
| scab | : 0.9 |

| healthy | : 0.05 |
| multiple_diseases | : 0.05 |
| rust | : 0.6 |
| scab | : 0.3 |

| healthy | : 0.05 |
| multiple_diseases | : 0.03 |
| rust | : 0.02 |
| scab | : 0.9 |

| healthy | : 0.01 |
| multiple_diseases | : 0.04 |
| rust | : 0.25 |
| scab | : 0.7 |

4개의 확률값 평균
(최종 제출값)

| healthy | : 0.03 |
| multiple_diseases | : 0.04 |
| rust | : 0.23 |
| scab | : 0.7 |

보다시피 원본으로만 예측할 땐 rust일 확률이 0.7로 가장 높습니다. 한편, 데이터를 네 차례 변환(TTA 적용)한 뒤, 변환한 데이터로 타깃값을 예측하면 데이터마다 다른 확률값이 나오겠죠? 예측값들을 평균하니 scab일 확률이 0.7로 가장 높습니다. TTA를 적용하니 앙상블 효과가 나타나

서 예측 확률이 바뀐 것입니다. 한 사람의 의견만 듣기보다 여러 사람의 의견을 종합해 듣는 게 더 객관적입니다. 마찬가지로 여러 차례 변환한 테스트 데이터로 예측할 때 예측 성능이 더 좋아질 수 있습니다.

그럼 TTA를 실제로 적용해보죠. 먼저 데이터셋과 데이터 로더를 두 벌 준비합니다. 테스트 데이터 원본용과 TTA용을 따로 만든다는 뜻입니다. 원본용 데이터셋과 로더는 베이스라인 때와 똑같으며, 테스트 데이터로만 예측할 때 사용할 것입니다.

```
# 테스트 데이터 원본용 데이터셋 및 데이터 로더
dataset_test = ImageDataset(test, img_dir=img_dir,
                            transform=transform_test, is_test=True) # ❶
loader_test = DataLoader(dataset_test, batch_size=batch_size,
                         shuffle=False, worker_init_fn=seed_worker,
                         generator=g, num_workers=2)

# TTA용 데이터셋 및 데이터 로더
dataset_TTA = ImageDataset(test, img_dir=img_dir,
                           transform=transform_train, is_test=True) # ❷
loader_TTA = DataLoader(dataset_TTA, batch_size=batch_size,
                        shuffle=False, worker_init_fn=seed_worker,
                        generator=g, num_workers=2)
```

❶ 원본용 데이터셋을 만들 때는 변환기로 transform_test를 전달했습니다. 원본용이므로 필수적인 변환만 가한 것입니다. ❷ 반면 TTA용에서는 transform_train을 전달하여 훈련 데이터처럼 여러 변환을 수행하도록 했습니다.

### 예측

원본 테스트 데이터로 먼저 예측하고, 이어서 TTA를 적용해서도 예측해보겠습니다.

다음은 원본 데이터로 예측하는 코드입니다. preds 변수명을 preds_test라고 한 점만 제외하면 베이스라인과 코드가 같습니다.

```
model.eval() # 모델을 평가 상태로 설정

preds_test = np.zeros((len(test), 4)) # 예측값 저장용 배열 초기화
```

```
with torch.no_grad():
    for i, images in enumerate(loader_test):
        images = images.to(device)
        outputs = model(images)
        # 타깃 예측 확률
        preds_part = torch.softmax(outputs.cpu(), dim=1).squeeze().numpy()
        preds_test[i*batch_size:(i+1)*batch_size] += preds_part
```

preds_test는 테스트 데이터 원본으로 예측한 타깃값입니다. 이 값을 'submission을 복사한 submission_test'에 저장해둡니다.

```
submission_test = submission.copy() # 제출 샘플 파일 복사

submission_test[['healthy', 'multiple_diseases', 'rust', 'scab']] = preds_test
```

이어서 TTA를 적용해 예측해보겠습니다. TTA는 7번 수행하겠습니다. 더 많이 해도 상관없습니다. 많이 할수록 앙상블 효과가 커지지만, 반복할수록 소요 시간 대비 효과가 미미해지므로 7번 정도면 충분합니다. 대부분의 캐글러는 TTA를 5번 정도 수행했는데, 여기서는 성능을 조금 더 쥐어짜기 위해 욕심을 내봤습니다.

```
num_TTA = 7 # TTA 횟수

preds_tta = np.zeros((len(test), 4)) # 예측값 저장용 배열 초기화 (TTA용)

# TTA를 적용해 예측
for i in range(num_TTA): # ❶
    with torch.no_grad():
        for i, images in enumerate(loader_TTA):
            images = images.to(device)
            outputs = model(images)
            # 타깃 예측 확률
            preds_part = torch.softmax(outputs.cpu(), dim=1).squeeze().numpy()
            preds_tta[i*batch_size:(i+1)*batch_size] += preds_part # ❷
```

TTA를 적용한 예측 확률 preds_tta를 구했습니다. 마지막으로 이 값의 평균을 내야 합니다. ❷ preds_tta를 구할 때 ❶ TTA 횟수(num_TTA)만큼 누적했으니 다시 나눠주면 됩니다.

```
preds_tta /= num_TTA
```

예측한 타깃 확률을 submission_tta에 저장합니다.

```
submission_tta = submission.copy()

submission_tta[['healthy', 'multiple_diseases', 'rust', 'scab']] = preds_tta
```

### 제출 파일 생성

원본 테스트 데이터로 구한 예측값과 TTA를 적용해 구한 예측값을 각각 제출 파일로 만들겠습니다.

> **TIP** 한 번에 여러 제출 파일을 만들어 커밋할 수 있습니다. 커밋 후 어떤 파일을 제출할지도 선택할 수 있습니다.

```
submission_test.to_csv('submission_test.csv', index=False)
submission_tta.to_csv('submission_tta.csv', index=False)
```

제출 파일을 만들었습니다. 하지만 아직 커밋하지 말아주세요. 성능을 조금 더 높일 방법이 있습니다. 바로 레이블 스무딩 기법이죠.

### 레이블 스무딩

간혹 딥러닝 모델이 과잉 확신하는 경우가 있습니다. 가령, 특정 타깃값일 확률을 1에 매우 가깝게 예측하는 경우입니다. 확신이 과하면 일반화 성능이 떨어질 우려가 있습니다. 최종 제출 시 평가 점수가 안 좋게 나올 수 있다는 뜻입니다. 그 확신이 올바르다면 다행이지만 항상 올바르게 예측하기는 어렵습니다. 일반화 성능을 높이려면 과잉 확신한 예측값을 보정해줘야 합니다. 이럴 때 사용하는 보정 기법이 **레이블 스무딩**label smoothing입니다.

레이블 스무딩을 적용해 예측값을 보정하는 수식은 다음과 같습니다.

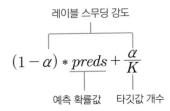

$$(1-\alpha) * \underset{\text{예측 확률값}}{preds} + \underset{\text{타깃값 개수}}{\frac{\alpha}{K}}$$

레이블 스무딩 강도

$\alpha$가 0이면 보정한 값이 원래 예측값과 똑같고, 1이면 모든 타깃 예측값이 1/K로 같아집니다. $\alpha$가 클수록 보정 강도가 강해지는 거죠.

예를 들어보죠. preds가 (0, 0, 1, 0)이고, $\alpha$가 0.1이라고 해봅시다. preds의 타깃값 개수가 4개니까 K는 자연히 4가 됩니다. preds가 (0, 0, 1, 0)이므로 세 번째 타깃값으로 과잉 확신했네요. 수식을 이용해 레이블 스무딩으로 예측값을 보정하면 (0.025, 0.025, 0.925, 0.025)가 됩니다.

- 보정한 1, 2, 4번째 타깃값의 예측 확률

$$(1-0.1) * 0 + \frac{0.1}{4} = 0.025$$

- 보정한 3번째 타깃값의 예측 확률

$$(1-0.1) * 1 + \frac{0.1}{4} = 0.925$$

▼ 레이블 스무딩 적용 후 예측값 변화 ($\alpha$=0.1일 때)

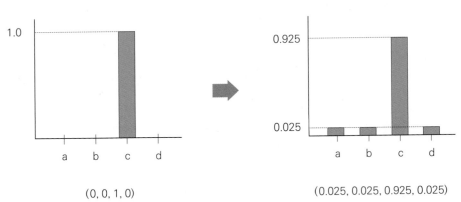

레이블 스무딩을 적용하는 함수를 정의해보죠.

```
def apply_label_smoothing(df, target, alpha, threshold):
    # 타깃값 복사
    df_target = df[target].copy()
    k = len(target) # 타깃값 개수

    for idx, row in df_target.iterrows():      # ❶
        if (row > threshold).any():            # 임곗값을 넘는 타깃값인지 판단 ❷
            row = (1 - alpha)*row + alpha/k    # 레이블 스무딩 적용 ❸
            df_target.iloc[idx] = row          # 레이블 스무딩을 적용한 값으로 변환 ❹
    return df_target # 레이블 스무딩을 적용한 타깃값 반환
```

각 파라미터의 의미는 다음과 같습니다.

- **df** : DataFrame
- **target** : 타깃값 이름의 리스트
- **alpha** : 레이블 스무딩 강도
- **threshold** : 레이블 스무딩을 적용할 최솟값(타깃값이 임곗값을 넘을 때만 적용)

❶ 각 타깃값에 대해 ❷ 임곗값(threshold)을 넘는지 판단합니다. 임곗값을 넘으면 과잉 확신한 것이라고 간주해 레이블 스무딩을 적용하려는 겁니다. 예를 들어, row가 (0.025, 0.025, 0.925, 0.025)이고, threshold가 0.9이면 (row > threshold).any( )는 True입니다. any( )는 모든 값 중 하나라도 참이면 True를 반환합니다. 0.925가 0.9보다 크므로 이 값은 True인 겁니다.

❸ 레이블 스무딩을 적용합니다. 앞서 소개한 수식을 그대로 옮긴 코드입니다. ❹ 그런 다음 현재 타깃값을 '레이블 스무딩을 적용한 값'으로 변환합니다.

이 함수로 우리 결과에 레이블 스무딩을 실제로 적용해보죠. 간단하게 레이블 스무딩 강도는 0.001, 임곗값은 0.999로 설정했습니다. 다른 값으로도 시도해보세요.

```
alpha = 0.001 # 레이블 스무딩 강도
threshold = 0.999 # 레이블 스무딩을 적용할 임곗값

# 레이블 스무딩을 적용하기 위해 DataFrame 복사 ❶
submission_test_ls = submission_test.copy()
submission_tta_ls = submission_tta.copy()

target = ['healthy', 'multiple_diseases', 'rust', 'scab'] # 타깃값 열 이름
```

```
# 레이블 스무딩 적용
submission_test_ls[target] = apply_label_smoothing(submission_test_ls, target,
                                                    alpha, threshold)
submission_tta_ls[target] = apply_label_smoothing(submission_tta_ls, target,
                                                    alpha, threshold)

submission_test_ls.to_csv('submission_test_ls.csv', index=False)
submission_tta_ls.to_csv('submission_tta_ls.csv', index=False)
```

❶ 레이블 스무딩 적용 전후 결과를 모두 제출하기 위해 앞서 만든 submission_test와 submission_tta를 복사해 사용했습니다.

이상으로 제출 파일을 총 4개 만들었습니다.

- **submission_test** : 테스트 데이터 원본으로 예측
- **submission_tta** : TTA 적용
- **submission_test_ls** : submission_test에 레이블 스무딩 적용
- **submission_tta_ls** : submission_tta에 레이블 스무딩 적용

## 12.4.3 결과 제출

이제 다 끝났습니다. 커밋해보겠습니다. 전체 코드 실행 시간이 꽤 길었기 때문에 커밋하는 데도 몇 시간이 걸립니다. 커밋이 완료되면 결과 파일이 있는 페이지(Viewer의 [Data] 탭)로 가봅시다. 다음 그림과 같이 제출 파일 4개가 보일 겁니다.

> **Note** 결과 파일이 있는 페이지는 57쪽의 **03** 단계 그림을 참고하세요.

각 파일을 제출하려면 ❶ 해당 파일을 클릭한 뒤 ❷ [Submit] 버튼을 누르면 됩니다.

▼ submission_test.csv 제출 방법

4개 파일을 각각 제출해보죠. 제출 파일별 점수는 다음 표와 같습니다.

▼ 최종 결과 점수

|  | 프라이빗 점수 | 퍼블릭 점수 |
| --- | --- | --- |
| 베이스라인 | 0.95072 | 0.96619 |
| submission_test | 0.96814 | 0.97408 |
| submission_test_ls | 0.96861 | 0.97358 |
| submission_tta | 0.97114 | 0.97628 |
| submission_tta_ls | 0.97141 | 0.97677 |

표를 보면 TTA를 적용했을 때의 점수가 더 높습니다. 또한, 레이블 스무딩을 적용하면 조금 더 좋아집니다(퍼블릭 점수에서는 레이블 스무딩이 점수를 조금 떨어뜨리기도 했습니다).

정리해보면 다음과 같은 효과를 보았습니다.

▼ 성능 개선 기법 적용으로 인한 프라이빗 점수 변화

모든 개선 기법을 적용하니 프라이빗 점수가 0.97141로 올랐습니다. 이 점수면 230등이며, 상위 17.5%입니다.

## 한 걸음 더

만족스럽지 않지만 남은 방법이 하나 더 있습니다. 훈련 데이터를 100% 활용하면 성능이 올라갈 겁니다. 훈련 데이터를 훈련용, 검증용으로 나누는 코드만 제외하고 나머지는 코드는 똑같이 실행해보시죠.

11장처럼 전체 모델링 절차는 그대로 두고 훈련 데이터 전체를 사용해 모델을 훈련시키면 됩니다.

- https://www.kaggle.com/werooring/ch12-modeling2 참고

각 제출 파일별 최종 점수는 다음과 같습니다.

▼ 훈련 데이터 전체를 사용해 모델링한 최종 결과 점수

|  | 프라이빗 점수 | 퍼블릭 점수 |
|---|---|---|
| submission_test | 0.97196 | 0.96895 |
| submission_test_ls | 0.97206 | 0.96703 |
| submission_tta | 0.97754 | 0.97417 |
| submission_tta_ls | 0.97795 | 0.97371 |

▼ 훈련 데이터 100% 활용 시 프라이빗 점수 변화

전체적으로 점수가 꽤 많이 올랐습니다. 이번에도 TTA와 레이블 스무딩까지 적용한 결과의 프라이빗 점수가 가장 좋네요. 0.97795면 전체 15등으로, 상위 1.1%입니다. 은메달 중 상위권 성적이네요(실제로는 메달 수여가 없던 대회이긴 합니다).

이상으로 에폭을 늘리고, 스케줄러를 추가하고, TTA와 레이블 스무딩을 적용해서 모델 성능을 개선했습니다.

모델 훈련 시간이 길어서 이번 장을 완주하는 데 시간을 많이 투자했을 겁니다. 고생하셨어요! 딥러닝 모델링에 익숙해졌기를 바랍니다. 마지막 장인 다음 장에서는 지금까지 배운 딥러닝 모델링 기법을 활용해 다른 캐글러가 공유한 데이터셋을 다뤄볼 겁니다.

# 학습 마무리

이번 장에서는 딥러닝 모델에 적용할 수 있는 몇 가지 성능 향상 기법을 배웠습니다. 스케줄러를 추가하고, 사전 훈련 모델로 EfficientNet을 사용해 훈련한 뒤, 예측 단계에서 TTA와 레이블 스무딩을 적용해 성능을 개선했습니다. 최종적으로 상위 1.1% 성적을 달성했습니다.

## 핵심 요약

1 **Albumentations**는 torchvision보다 다양한 이미지 변환기를 제공합니다.
2 **사전 훈련 모델**은 하나의 영역에서 충분한 훈련을 이미 마쳐 둔 모델을 말합니다.
3 **전이 학습**은 사전 훈련 모델에 다른 영역의 데이터를 입력하여 재학습시키는 학습 기법입니다.
4 **EfficientNet**은 우수한 성능의 CNN 모델입니다. 깊이에 따라 efficientnet-b0부터 efficientnet-b7까지 있으며, 숫자가 높아질수록 일반적으로 성능이 좋습니다.
5 **가중치 감쇠**란 가중치를 작게 조절하는 규제 기법으로, 과대적합을 억제해줍니다.
6 **AdamW**는 Adam에 가중치 감쇠를 추가로 적용하여 일반화 성능을 높이는 옵티마이저입니다.
7 **스케줄러**는 훈련 과정에서 학습률을 조정하는 기능을 제공합니다. 훈련 초반에는 학습률을 크게, 진행 과정에서 점차 줄이면 최적 가중치를 더 효과적으로 찾을 수 있습니다.
8 **TTA**(테스트 단계 데이터 증강)는 테스트 데이터를 증강시켜 예측 확률을 높여주는 기법입니다.
9 **레이블 스무딩**은 모델이 과잉 확신할 경우 보정해주어 일반화 성능을 높여줍니다.

# 실전 문제

**1** 이번 장에서 사전 훈련 모델로 EfficientNet-B7을 사용해 은메달권 성적을 거뒀습니다. 다른 사전 훈련 모델을 사용해서 모델링해보시기 바랍니다. 더불어 서로 다른 모델로 훈련한 결과를 앙상블해서 더 좋은 점수를 거둬보세요.

하나의 노트북에서 여러 모델을 훈련하고 각각 결과를 예측해 앙상블한다면 시간이 상당히 오래 걸릴 겁니다. 중간에 오류가 있거나 실수를 한다면 처음부터 다시 실행해야 하는 불상사가 발생합니다. 훈련된 모델을 저장하고 불러온다면 이런 상황을 방지할 수 있습니다. 모델을 재활용할 수도 있고요. 다음 그림을 보시죠.

▼ 앙상블 시 하나의 노트북에서 실행하는 경우와 노트북을 나눠 실행하는 경우 비교

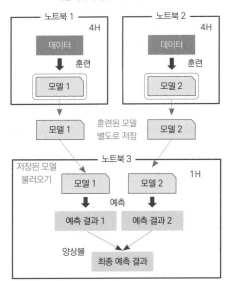

왼쪽은 하나의 노트북에서 서로 다른 모델을 훈련하고 예측해 앙상블까지 하는 경우입니다. 오른쪽은 노트북을 나눠 모델을 훈련하고, 훈련된 모델을 저장해 사용하는 경우입니다. 노트북 1에서 첫 번째 모델을 훈련하고 훈련된 모델을 따로 저장해둡니다. 노트북 2에서는 또 다른 모델을 훈련하고, 역시 훈련된 모델을 저장합니다. 노트북 3에서는 노트북 1과 노트북 2에서 저장한 모델 1, 모델 2를 불러와 예측을 수행합니다. 예측한 결과를 서로 앙상블해 최종 예측 결과를 구합니다. 최종 예측 결과를 제출하면 되고요.

> **TIP** 모델을 저장하고 불러오는 방법은 부록 A.4 '훈련된 모델 저장하고 불러오기'를 참고하세요.

이렇게 모델을 저장하고 불러오는 방법을 활용해 다양한 모델로 앙상블해보시기 바랍니다.

# 흉부 엑스선 기반 폐렴 진단

# Chest X-Ray Images (Pneumonia)

5,863 images, 2 categories

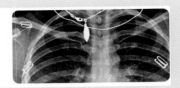

https://www.kaggle.com/paultimothymooney/chest-xray-pneumonia

| | | | |
|---|---|---|---|
| 난이도 | ★★☆ | | |
| 데이터셋명 | 흉부 엑스선 이미지 데이터셋(정상 혹은 폐렴 이미지) | | |
| 미션 | 흉부 엑스선 이미지를 기반으로 정상인지 폐렴인지 판단 | | |
| 문제 유형 | 이진분류 | **평가지표** | 정확도, 재현율, F1 점수 |
| 데이터 크기 | 1.15GB | **사용한 모델** | EfficientNet-B1, B2, B3 |
| 파이썬 버전 | 3.7.10 | | |
| 사용 라이브러리 및 버전 | • numpy (numpy==1.19.5)<br>• torch (torch==1.7.1)<br>• torchvision (torchvision==0.8.2)<br>• sklearn (scikit-learn==0.23.2)<br>• matplotlib (matplotlib==3.4.3)<br>• cv2 (opencv-python==4.5.3.56)<br>• transformers (transformers==4.9.2)<br>• efficientnet_pytorch (efficientnet-pytorch==0.7.1)<br>• random, os, glob | | |
| 예제 코드 캐글 노트북 | 1 **탐색적 데이터 분석** : https://www.kaggle.com/werooring/ch13-eda<br>2 **베이스라인 모델** : https://www.kaggle.com/werooring/ch13-baseline<br>3 **성능 개선** : https://www.kaggle.com/werooring/ch13-modeling | | |
| 환경 세팅된 노트북 양식 | https://www.kaggle.com/werooring/ch13-notebook | | |

| ☐ **학습 목표** | 이번 장에서는 경진대회에 참여하지 않습니다. 대신 다른 캐글러가 공유한 데이터셋으로 모델링 연습을 해봅니다. 정확히는 흉부 엑스선 이미지를 보고 폐렴을 진단하는 모델을 만들어보는 과정에서 훈련과 예측 단계를 함수로 묶어 활용하는 방법을 배워보고, 12장에서 사용한 EfficientNet을 더 살펴보겠습니다. 이외에는 특별히 새로운 기법을 다루지는 않으니 부담 없이 임해주세요. 전체적으로 11, 12장에서 다룬 내용과 비슷하기 때문에 복습 겸 정리한다는 마음으로 학습해보시기 바랍니다. |
| --- | --- |

☐ **학습 순서**

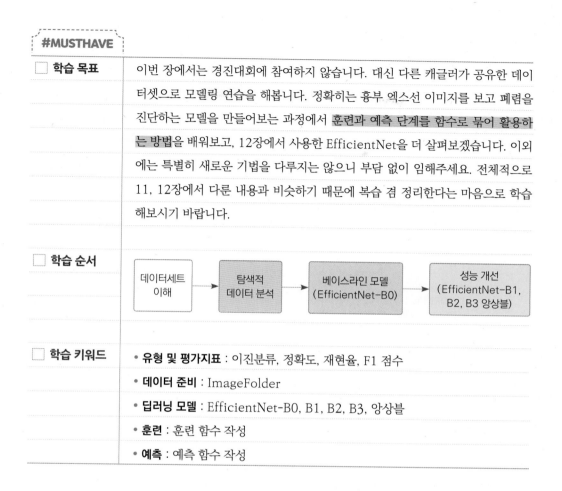

☐ **학습 키워드**

- **유형 및 평가지표** : 이진분류, 정확도, 재현율, F1 점수
- **데이터 준비** : ImageFolder
- **딥러닝 모델** : EfficientNet-B0, B1, B2, B3, 앙상블
- **훈련** : 훈련 함수 작성
- **예측** : 예측 함수 작성

# 13.1 데이터셋 이해

드디어 마지막 장이네요! 이번 장에서는 특별하게 데이터셋 영역을 다뤄보겠습니다. 여기서 데이터셋은 다른 캐글러가 공유한 데이터를 말합니다.[1] 이번 장에서 다룰 데이터셋은 흉부 엑스선 이미지Chest X-Ray Images입니다. 이 이미지들을 보고 정상인의 엑스선인지, 폐렴에 걸린 사람의 엑스선인지 판별하는 게 목표입니다. 타깃값이 두 개라서 이진분류 문제입니다.

데이터셋 영역은 경진대회 영역과 다르게 결과를 제출하는 부분이 없습니다. 그저 주어진 데이터

---

1  1.2.2절 '데이터셋' 참고

로 분석이나 모델링을 자유롭게 해보라는 취지의 공간입니다. 그래서 정해진 평가지표도 없으니 각자가 원하는 지표를 사용하면 됩니다. '데이터'만 주어지고, 그 외에는 모두 자유입니다.

이번 장에서 우리는 평가지표로 정확도, 재현율, F1 점수를 사용해볼 겁니다.[2] 정확도, 재현율, F1 점수를 구하려면 예측을 확률이 아닌 이산값으로 해야 합니다. 즉, 1(양성) 또는 0(음성)으로 예측해야 한다는 말입니다. 기본적으로 딥러닝 모델은 확률을 예측하는데, 이 확률을 이용해 타깃 예측값을 이산값으로 바꿀 수 있습니다. 구체적인 방법은 13.3.4절 '모델 훈련 및 성능 검증'에서 설명하겠습니다.

본 데이터셋은 다음과 같이 정상/폐렴 엑스선 이미지를 훈련용, 검증용, 테스트용으로 디렉터리를 구분하여 제공합니다.

```
├ train : 훈련 데이터
│   ├ NORMAL : 정상 엑스선 이미지
│   └ PNEUMONIA : 폐렴 엑스선 이미지
├ val : 검증 데이터
│   ├ NORMAL : 정상 엑스선 이미지
│   └ PNEUMONIA : 폐렴 엑스선 이미지
└ test : 테스트 데이터
    ├ NORMAL : 정상 엑스선 이미지
    └ PNEUMONIA : 폐렴 엑스선 이미지
```

# 13.2 탐색적 데이터 분석

아주 간단하게 분석해보겠습니다. 지금까지의 방식과 일맥상통합니다.

탐색적 데이터 분석 코드는 다음 노트북을 리팩터링하여 작성했습니다.

- https://www.kaggle.com/dhruvmak/eda-with-bokeh-efficientnet-92

## 13.2.1 데이터 둘러보기

이번 절에서는 훈련, 검증, 테스트 데이터 개수와 타깃값별 이미지 개수를 살펴보겠습니다.

---

2   5.2.1절 '오차 행렬' 참고

먼저 데이터 경로를 설정합니다. 훈련, 검증, 테스트 데이터가 각기 다른 디렉터리에 있어서 경로를 따로 설정해줍니다.

분석 결과
검증 데이터를 훈련 데이터와 구분해 제공

```
# 데이터 경로
data_path = '/kaggle/input/chest-xray-pneumonia/chest_xray/'
```
https://www.kaggle.com/werooring/ch13-eda
```
# 훈련, 검증, 테스트 데이터 경로 설정
train_path = data_path + 'train/'
valid_path = data_path + 'val/'
test_path = data_path + 'test/'
```

지금까지의 경진대회에서 판다스의 read_csv( ) 메서드를 사용해 데이터를 불러왔지만, 이번엔 csv 파일이 아니라서 방식이 다릅니다. 11장이나 12장과 비교해가며 차이를 확인해보세요.

분석 결과
주어진 파일이 csv가 아님

다음으로 훈련, 검증, 테스트 데이터가 각각 몇 개씩 있는지 보겠습니다.

```
from glob import glob

print(f'훈련 데이터 개수 : {len(glob(train_path + "*/*"))}')
print(f'검증 데이터 개수 : {len(glob(valid_path + "*/*"))}')
print(f'테스트 데이터 개수 : {len(glob(test_path + "*/*"))}')
```
```
훈련 데이터 개수 : 5216
검증 데이터 개수 : 16
테스트 데이터 개수 : 624
```

검증 데이터가 16개밖에 없습니다. 개수가 적으니 검증 데이터 성능 점수를 지나치게 신뢰할 필요는 없겠군요.

분석 결과
검증 데이터가 너무 적음

glob 모듈은 지정한 형식과 일치하는 경로를 모두 찾아줍니다. 참고로 '*'는 모든 디렉터리 및 파일을 뜻합니다. 예를 들어 다음 코드는 train_path 하위의 모든 디렉터리를 출력합니다.

```
glob(train_path + "*")
```
```
['/kaggle/input/chest-xray-pneumonia/chest_xray/train/PNEUMONIA',
 '/kaggle/input/chest-xray-pneumonia/chest_xray/train/NORMAL']
```

'/kaggle/input/chest-xray-pneumonia/chest_xray/ train/' 까지가 train_path이고, 그 아래 정상 이미지용 NORMAL 디렉터리와 폐렴 이미지용 PNEUMONIA 디렉터리 가 있으니 정확히 출력했습니다.

다시 NORMAL과 PNEUMONIA 디렉터리에 있는 이미지 파일 전체의 목록을 얻으려면 train_path와 "*/*"를 결합해 glob( )에 전달하면 됩니다. 그래서 다음 코드는 훈련 데이터 전체의 개수를 알려주는 것입니다.

1. train_path 하위에 있는 모든 파일의 경로

```
len( glob(train_path + "*/*") )
```

2. .....의 개수

이제 타깃값(정상 이미지, 폐렴 이미지)별 개수를 구해보겠습니다.

```
all_normal_imgs = []      # 모든 정상 이미지를 담을 리스트 초기화
all_pneumonia_imgs = [] # 모든 폐렴 이미지를 담을 리스트 초기화

for cat in ['train/', 'val/', 'test/']:
    data_cat_path = data_path + cat
    # 정상, 폐렴 이미지 경로
    normal_imgs = glob(data_cat_path + 'NORMAL/*')
    pneumonia_imgs = glob(data_cat_path + 'PNEUMONIA/*')
    # 정상, 폐렴 이미지 경로를 리스트에 추가
    all_normal_imgs.extend(normal_imgs)
    all_pneumonia_imgs.extend(pneumonia_imgs)

print(f'정상 흉부 이미지 개수 : {len(all_normal_imgs)}')
print(f'폐렴 흉부 이미지 개수 : {len(all_pneumonia_imgs)}')
```

```
정상 흉부 이미지 개수 : 1583
폐렴 흉부 이미지 개수 : 4273
```

폐렴 이미지가 정상 이미지보다 많네요. 참고로 all_normal_imgs와 all_pneumonia_imgs 리스트에 각각 정상 엑스선 이미지와 폐렴 엑스선 이미지의 경로를 저장했는데, 이 리스트는 바로 다음 절에서 이미지를 출력할 때 사용할 겁니다.

## 13.2.2 데이터 시각화

타깃값 분포를 알아보고, 실제 엑스선 이미지를 출력해보겠습니다.

**타깃값 분포**

앞 절에서 타깃값별 개수를 구해봤는데요, 여기서는 비율이 어떻게 되는지를 파이 그래프로 그려보겠습니다. 타깃값 분포를 한눈에 확인해보려는 겁니다.

```python
import matplotlib as mpl
import matplotlib.pyplot as plt
%matplotlib inline

mpl.rc('font', size=15)
plt.figure(figsize=(7, 7))

label = ['Normal', 'Pneumonia'] # 타깃값 레이블
# 타깃값 분포 파이 그래프
plt.pie([len(all_normal_imgs), len(all_pneumonia_imgs)],
        labels=label,
        autopct='%.1f%%');
```

▼ 실행 결과 - 타깃값 분포

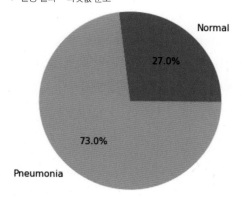

보다시피 타깃값은 정상 27% vs. 폐렴 73%로 분포합니다.

## 이미지 출력

우리가 다루려는 이미지가 어떻게 생겼는지 궁금하니 한번 출력해볼까요?

이미지를 출력해줄 함수를 먼저 정의하고 갑시다. 12장에서 정의한 show_image( )와 비슷합니다. 12장의 show_image( )는 이미지 ID를 입력받지만, 여기서 정의하는 함수는 이미지의 경로를 전달받는다는 점이 다릅니다.

```python
import matplotlib.gridspec as gridspec
import cv2

def show_image(img_paths, rows=2, cols=3):
    assert len(img_paths) <= rows*cols # 이미지가 행/열 개수보다 많으면 오류 발생

    mpl.rc('font', size=8)
    plt.figure(figsize=(15, 8))
    grid = gridspec.GridSpec(rows, cols) # 서브플롯 배치

    # 이미지 출력
    for idx, img_path in enumerate(img_paths):
        image = cv2.imread(img_path) # 이미지 파일 읽기
        ax = plt.subplot(grid[idx])
        ax.imshow(image) # 이미지 출력
```

이미지 출력 함수가 준비됐습니다. 앞서 all_normal_imgs와 all_pneumonia_imgs 리스트에 각각 정상 엑스선 이미지와 폐렴 엑스선 이미지의 경로를 저장했으니, 이 리스트에 들어 있는 경로를 활용하면 됩니다. 첫 번째로 정상인 엑스선 이미지의 마지막 6장만 출력해봅시다.

```python
# 정상 엑스선 이미지 경로(마지막 6장)
num_of_imgs = 6
normal_img_paths = all_normal_imgs[-num_of_imgs:]

# 이미지 출력
show_image(normal_img_paths)
```

▼ 실행 결과 - 정상 엑스선 이미지(마지막 6장)

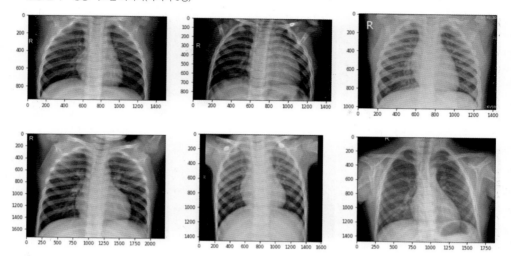

우리가 흔히 보던 흉부 엑스선이네요. 정상 이미지라 그런지 전반적으로 깨끗해 보입니다. 그런데 가만 보니 이미지 가로, 세로 크기가 제각각이네요. 데이터를 준비할 때 변환기를 활용해 이미지 크기를 일치시키겠습니다.

**분석 결과**
이미지 크기가 제각각임

다음으로 폐렴인 엑스선 이미지를 출력해보죠. 역시 마지막 6장만 출력합니다.

```
# 폐렴 엑스선 이미지 경로(마지막 6장)
pneumonia_img_paths = all_pneumonia_imgs[-num_of_imgs:]

# 이미지 출력
show_image(pneumonia_img_paths)
```

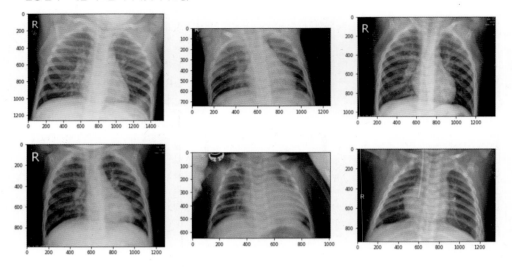

정상일 때의 이미지와 비교해보세요. 차이를 아시겠나요? 정상 이미지가 조금 더 또렷한 것 같네요. 약간 차이가 난다는 건 알겠지만, 의학 지식이 없어서인지 구체적으로 무엇이 다른지 설명하긴 어렵군요. 걱정 마세요. 앞으로 우리가 만들 딥러닝 모델이 둘을 잘 식별해줄 겁니다.

# 분석 정리 및 모델링 전략

## 분석 정리

1 검증 데이터를 훈련 데이터와 별도로 제공하여, 훈련 데이터에서 따로 추출할 필요가 없습니다.

2 주어진 파일이 csv가 아니라서 다루는 방식이 달라야 합니다.

3 검증 데이터가 너무 적으니, 검증 데이터 성능 점수를 지나치게 신뢰할 필요는 없습니다.

4 타깃값이 같은 이미지끼리 디렉터리로 구분되어 제공됩니다.

5 제공된 이미지들의 크기가 제각각입니다. 특히 이럴 때는 이미지 크기를 일정하게 조절해주는 게 좋습니다.

## 모델링 전략

이번 장은 특별한 모델링 기법보다는 연습에 주안점을 두고 있습니다. 전체 흐름과 사용하는 모델은 12장과 비슷한데, 크게 두 가지를 차별화할 계획입니다. 첫째, 베이스라인 모델링 때 훈련과 예측 단계를 함수로 묶어서 성능 개선 때 재활용합니다. 프로그래밍을 쉽게 하는 요령이죠. 둘째, efficientnet의 여러 버전을 시도해봅니다.

- **베이스라인 모델**
  - **데이터 증강** : 다양한 변환기 적용
  - **신경망 모델** : 사전 훈련 모델(efficientnet-b0)
  - **옵티마이저** : Adam
  - **훈련 및 예측** : 각 단계의 코드를 함수로 제작
- **성능 개선**
  - **데이터 증강** : 베이스라인과 동일
  - **신경망 구조** : efficientnet-b1, efficientnet-b2, efficientnet-b3의 앙상블
  - **옵티마이저** : AdamW
  - **훈련 및 예측** : 베이스라인 때 만든 함수 활용

이번 장의 베이스라인 모델과 성능 개선 코드는 다른 노트북을 참고하지 않고 제가 직접 작성했습니다.

# 13.3 베이스라인 모델

간략히 데이터를 살펴봤으니 베이스라인 모델을 만들어보죠.

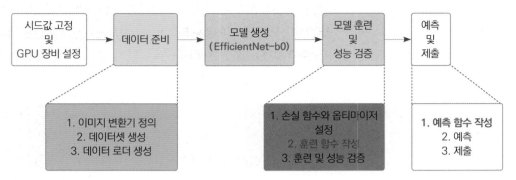

12장과 비교하여 주목할 만한 특징은 다음과 같습니다.

- 데이터를 불러오는 과정이 다릅니다.
- 데이터 준비 시 '데이터셋 클래스'를 따로 정의하지 않습니다.
- 가장 단순한 b0 버전의 EfficientNet을 이용합니다.
- 훈련 과정과 예측 과정을 함수로 정의해 호출합니다.

본격적으로 시작해보죠.


## 13.3.1 시드값 고정 및 GPU 장비 설정

### 시드값 고정

시드값을 고정하겠습니다. 코드는 11~12장과 같습니다.

```
import torch # 파이토치                    https://www.kaggle.com/werooring/ch13-baseline
import random
import numpy as np
import os

# 시드값 고정
seed = 50
os.environ['PYTHONHASHSEED'] = str(seed)
random.seed(seed)
```

```
np.random.seed(seed)
torch.manual_seed(seed)
torch.cuda.manual_seed(seed)
torch.cuda.manual_seed_all(seed)
torch.backends.cudnn.deterministic = True
torch.backends.cudnn.benchmark = False
torch.backends.cudnn.enabled = False
```

### GPU 장비 설정

딥러닝 모델을 써야 하니 먼저 [Settings] 탭에서 Accelerator를 GPU로 바꾸고, 장비에 GPU를 할당합니다.

```
device = torch.device('cuda' if torch.cuda.is_available() else 'cpu')
```

## 13.3.2 데이터 준비

13.2.1절 '데이터 둘러보기'와 마찬가지로 데이터 경로를 설정합니다.

```
# 데이터 경로
data_path = '/kaggle/input/chest-xray-pneumonia/chest_xray/'

# 훈련, 검증, 테스트 데이터 경로 설정
train_path = data_path + 'train/'
valid_path = data_path + 'val/'
test_path = data_path + 'test/'
```

그런데 다음 그림과 같이 이번 장의 데이터 준비 절차는 훨씬 간단합니다.

▼ 데이터 준비 절차 비교

<table>
<tr><th colspan="1">기존 데이터 준비 절차</th><th>13장의 데이터 준비 절차</th></tr>
<tr><td>훈련 데이터,<br>검증 데이터 분리</td><td>~~훈련 데이터,<br>검증 데이터 분리~~</td></tr>
<tr><td>데이터셋 클래스 정의</td><td>~~데이터셋 클래스 정의~~</td></tr>
<tr><td>데이터 증강을 위한<br>이미지 변환기 정의</td><td>데이터 증강을 위한<br>이미지 변환기 정의</td></tr>
<tr><td>데이터셋 및<br>데이터 로더 생성</td><td>데이터셋 및<br>데이터 로더 생성</td></tr>
</table>

제공된 데이터가 이미 훈련 데이터와 검증 데이터로 분리돼 있고(분석 정리 1), 또한 데이터셋 클래스를 직접 정의하지 않고 ImageFolder라는 데이터셋 생성기를 사용할 계획이기 때문입니다 (ImageFolder 관련 내용은 잠시 후에 다루겠습니다).

자, 그럼 이미지 변환기부터 정의해보시죠.

### 데이터 증강을 위한 이미지 변환기 정의

torchvision의 transforms를 활용해 이미지 변환기를 만들겠습니다.

> **Note** albumentations 변환기를 사용하지 않는 이유는 이어서 다룰 ImageFolder 때문입니다. ImageFolder는 데이터셋을 만들어주는 라이브러리인데, torchvision.transforms로 만든 변환기를 받도록 설계되어 있습니다.

```python
from torchvision import transforms

# 훈련 데이터용 변환기
transform_train = transforms.Compose([
                        transforms.Resize((250, 250)),      # 이미지 크기 조정
```

```
                    transforms.CenterCrop(180),            # 중앙 이미지 확대
                    transforms.RandomHorizontalFlip(0.5), # 좌우 대칭
                    transforms.RandomVerticalFlip(0.2),   # 상하 대칭
                    transforms.RandomRotation(20),        # 이미지 회전
                    transforms.ToTensor(),                # 텐서 객체로 변환
                    transforms.Normalize((0.485, 0.456, 0.406),
                                (0.229, 0.224, 0.225))]) # 정규화

# 테스트 데이터용 변환기
transform_test = transforms.Compose([
                    transforms.Resize((250, 250)),
                    transforms.CenterCrop(180),
                    transforms.ToTensor(),
                    transforms.Normalize((0.485, 0.456, 0.406),
                                (0.229, 0.224, 0.225))])
```

훈련 데이터용 변환기와 테스트 데이터용 변환기를 한 번에 만들었습니다. 두 변환기 모두에서 첫 번째로 Resize 변환기로 이미지 크기를 일정하게 조정해줬습니다(분석 정리 5).

## 데이터셋 및 데이터 로더 생성

데이터셋을 만들 차례입니다. 이번 장에서는 데이터셋 클래스를 정의하지 않는다고 했죠? 타깃값이 같은 이미지끼리 디렉터리로 구분되어 있으면(분석 정리 4) ImageFolder 클래스를 이용해 바로 데이터셋을 만들 수 있기 때문입니다. 다음 그림과 같이 NORMAL 디렉터리에 담긴 이미지의 타깃값은 0, PNEUMONIA 디렉터리에 담긴 이미지의 타깃값은 1로 간주하겠습니다.

▼ 훈련 이미지 데이터 디렉터리 구조

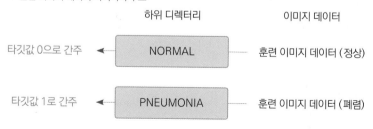

그럼 ImageFolder를 활용해 훈련, 검증 데이터셋을 만들어봅시다.

```
from torchvision.datasets import ImageFolder

# 훈련 데이터셋
datasets_train = ImageFolder(root=train_path, transform=transform_train)
# 검증 데이터셋
datasets_valid = ImageFolder(root=valid_path, transform=transform_test)
```

ImageFolder( )는 root 파라미터에 전달한 경로
에 있는 이미지들로 곧바로 데이터셋을 만들어줍니다.
transform 파라미터에는 데이터셋을 만들 때 적용할 이
미지 변환기를 전달했습니다.

> **warning** 앞서 설명했듯이 ImageFolder()
> 에 albumentations로 만든 변환기를 전달
> 하면 오류가 발생합니다.

이렇듯 ImageFolder를 사용하면 데이터셋 클래스를 별도로 정의하지 않아도 되니 편리합니다.
다만, 항상 사용할 수 있는 건 아닙니다. 타깃값이 같은 데이터들이 같은 디렉터리에 모여 있어야
하죠.

이번에도 훈련 시간이 오래 걸려 멀티프로세싱을 사용하려고 합니다. 그러므로 데이터 로더의 시
드값 고정을 위한 seed_worker( ) 함수와 제너레이터를 정의하겠습니다. 12장의 코드와 동일합
니다.

```
def seed_worker(worker_id):
    worker_seed = torch.initial_seed() % 2**32
    np.random.seed(worker_seed)
    random.seed(worker_seed)

# 제너레이터 시드값 고정
g = torch.Generator()
g.manual_seed(0)
```

데이터 로더도 만들어보죠. 12장과 같은 방식입니다.

```
from torch.utils.data import DataLoader

batch_size = 8

loader_train = DataLoader(dataset=datasets_train, batch_size=batch_size,
```

```
                          shuffle=True, worker_init_fn=seed_worker,
                          generator=g, num_workers=2)
loader_valid = DataLoader(dataset=datasets_valid, batch_size=batch_size,
                          shuffle=False, worker_init_fn=seed_worker,
                          generator=g, num_workers=2)
```

배치 크기는 8로 설정했습니다. 물론 8이 아니어도 됩니다. 다른 값으로 바꿔가며 성능이 어떻게 달라지는지 실험해보는 것도 좋은 방법이겠죠?

### 13.3.3 모델 생성

데이터는 준비됐으니 훈련시킬 모델을 준비해보죠. 12장과 마찬가지로 EfficientNet을 사용하 겠습니다. 성능이 좋은 모델이니까요. 먼저 EfficientNet을 설치합니다.

```
!pip install efficientnet-pytorch==0.7.1
```

이어서 EfficientNet 모델을 임포트한 뒤 사전 훈련된 EfficientNet을 불러오고, device 장비 에 할당하겠습니다.

```
from efficientnet_pytorch import EfficientNet
# 모델 생성
model = EfficientNet.from_pretrained('efficientnet-b0', num_classes=2) # ❶
# 장비 할당
model = model.to(device)
```

❶ 베이스라인에서는 가장 간단한 efficientnet-b0를 사용하려 합니다. 또한 이진분류 문제를 다루고 있으므로 num_classes=2를 전달했습니다.

불러온 모델의 파라미터 개수를 알아볼까요? 파라미터 개수가 많을수록 복잡한 모델입니다. 참고 로 numel( )은 텐서 객체가 갖는 구성요소의 총 개수를 구해줍니다.

```
print('모델 파라미터 개수 :', sum(param.numel() for param in model.parameters()))
```
```
모델 파라미터 개수 : 4010110
```

파라미터가 약 4백만 개입니다. 많죠? 예컨대 단순 선형 회귀 식 $y = ax + b$에서의 파라미터는 $a$와 $b$ 두 개입니다. efficientnet-b0 모델은 이런 파라미터가 무려 4백만 개라는 말입니다. 이 많은 파라미터 값을 업데이트하며 훈련을 해야 합니다. 딥러닝 모델을 훈련하는 데 시간이 오래 걸리는 이유입니다.

> **Note** 13.4절 '성능 개선'에서는 efficientnet-b1, efficientnet-b2, efficientnet-b3를 사용해볼 텐데, 파라미터 개수를 비교해보면 모델의 복잡도 차이를 알 수 있습니다.

## 13.3.4 모델 훈련 및 성능 검증

### 손실 함수와 옵티마이저 설정

분류 문제이므로 손실 함수는 CrossEntropyLoss( )로 설정합니다.

```python
import torch.nn as nn

criterion = nn.CrossEntropyLoss()
```

옵티마이저는 기본적인 Adam을 사용하겠습니다. 학습률은 임의로 0.01을 설정했습니다.

```python
optimizer = torch.optim.Adam(model.parameters(), lr=0.01)
```

### 훈련 함수 작성 1 - 뼈대

드디어 훈련입니다. 그런데 11, 12장과는 다르게 이번에는 훈련 함수를 만들어보겠습니다. 이름은 train( )입니다. 훈련 함수를 만들면 다른 상황에서도 응용할 수 있어 활용 범위가 넓어집니다. 여러 모델을 앙상블할 때 코드가 간결해지는 효과도 있습니다.

이번에도 코드가 길기 때문에 뼈대를 먼저 보여드린 후 각 부분은 따로 자세히 설명하겠습니다. 기본 뼈대는 다음과 같습니다.

```
def train(model, loader_train, loader_valid, criterion, optimizer,
        scheduler=None, epochs=10, save_file='model_state_dict.pth'):
    # 총 에폭만큼 반복 ❶
    for epoch in range(epochs):
        # == [ 훈련 ] ===================================================== ❷
        # 미니배치 단위로 훈련 ❸
        for images, labels in tqdm(loader_train):
            # 기울기 초기화
            # 순전파
            # 손실값 계산(훈련 데이터용)
            # 역전파
            # 가중치 갱신
            # 학습률 갱신

        # == [ 검증 ] ===================================================== ❹
        # 미니배치 단위로 검증 ❺
        for images, labels in loader_valid:
            # 순전파
            # 손실값 계산(검증 데이터용)

        # == [ 최적 모델 가중치 찾기 ] ==================================== ❻
        # 현 에폭에서의 검증 데이터 손실값이 지금까지 중 가장 작다면
            # 현 에폭의 모델 가중치(현재까지의 최적 모델 가중치) 저장

    return torch.load(save_file) # 최적 모델 가중치 반환 ❼
```

보다시피 ❶ 에폭 수만큼 ❷ 훈련과 ❹ 검증을 반복하면서 ❻ 최적 모델 가중치를 찾아, ❼ 마지막에 반환하는 구조입니다. ❸ ❺ 데이터 로더를 이용하므로 훈련과 검증을 미니배치 단위로 수행합니다.

다음 그림은 에폭별로 검증 데이터 손실값을 구하는 예시입니다.

▼ 최소 손실값 갱신 및 모델 가중치 저장 절차(예시)

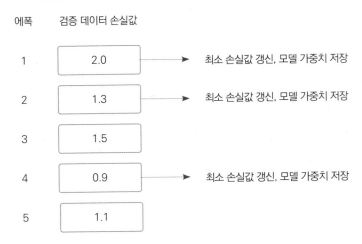

초기 최소 손실값은 무한대(np.inf)로 설정합니다. 에폭 1에서 검증 데이터 손실값은 2.0이네요. 2.0은 무한대보다 작기 때문에 최소 손실값을 2.0으로 갱신하고 이때의 모델 가중치를 저장합니다. 이제 에폭 2를 봅시다. 에폭 2에서 손실값은 1.3으로, 현재까지의 최소 손실값인 2.0보다 작습니다. 다시 최소 손실값을 1.3으로 갱신하고 에폭 2에서의 모델 가중치를 저장합니다. 이런 방식으로 마지막 에폭까지 반복합니다. 그러면 모든 에폭 중 검증 데이터 손실값이 가장 작은 에폭에서의 모델 가중치가 저장되어 있을 겁니다.

> **Note** 머신러닝 경진대회에서 배운 조기종료를 떠올려볼까요? 조기종료는 평가 점수가 더 이상 좋아지지 않으면 훈련을 멈추는 개념이었죠. 하지만 지금은 훈련을 끝까지 진행하되, 가장 성능이 좋았던 에폭에서의 모델 가중치를 기억하는 방식입니다.

이어서 함수의 실제 코드를 보겠습니다. 코드가 길어서 ❷ 훈련, ❹ 검증, ❻ 최적 모델 가중치 찾기 부분을 나눠 설명하겠습니다. 12.4.1절의 코드를 거의 그대로 옮겨놓은 수준이기 때문에 차근차근 살펴보면 이해하기 어렵지 않을 겁니다.

## 훈련 함수 작성 2 - 훈련

첫 번째로 훈련 부분입니다.

```python
def train(model, loader_train, loader_valid, criterion, optimizer,
          scheduler=None, epochs=10, save_file='model_state_dict.pth'):
    valid_loss_min = np.inf # 최소 손실값 초기화 (검증 데이터용)

    # 총 에폭만큼 반복
    for epoch in range(epochs):
        print(f'에폭 [{epoch+1}/{epochs}] \n-----------------------------')

        # == [ 훈련 ] ===========================================
        model.train()          # 모델을 훈련 상태로 설정
        epoch_train_loss = 0 # 에폭별 손실값 초기화 (훈련 데이터용)
        # 미니배치 단위로 '반복 횟수'만큼 반복
        for images, labels in tqdm(loader_train):
            # 이미지, 레이블(타깃값) 데이터 미니배치를 장비에 할당
            images = images.to(device)
            labels = labels.to(device)

            optimizer.zero_grad()  # 옵티마이저 내 기울기 초기화
            outputs = model(images) # 순전파
            loss = criterion(outputs, labels) # 손실값 계산
            epoch_train_loss += loss.item()   # 현재 배치에서의 손실 추가
            loss.backward() # 역전파
            optimizer.step() # 가중치 갱신
            if scheduler != None: # 스케줄러 학습률 갱신 ❶
                scheduler.step()

        print(f'\t훈련 데이터 손실값 : {epoch_train_loss/len(loader_train):.4f}')

        # == [ 검증 ] ===========================================
        ... 생략 ...
        # == [ 최적 모델 가중치 찾기 ] ===========================
        ... 생략 ...
    return torch.load(save_file) # 저장한 모델 가중치를 불러와 반환
```

보다시피 훈련하는 코드는 12장과 판박이이나 ❶ 스케줄러를 전달한 경우에만 학습률을 갱신합니다.

## 훈련 함수 작성 3 - 검증

이어서 훈련 부분을 생략하고 검증 코드를 보겠습니다.

```python
def train(model, loader_train, loader_valid, criterion, optimizer,
          scheduler=None, epochs=10, save_file='model_state_dict.pth'):
    valid_loss_min = np.inf # 최소 손실값 초기화 (검증 데이터용)

    # 총 에폭만큼 반복
    for epoch in range(epochs):
        print(f'에폭 [{epoch+1}/{epochs}] \n-----------------------------')

        # == [ 훈련 ] =================================================
        ... 생략 ...

        # == [ 검증 ] =================================================
        model.eval()          # 모델을 평가 상태로 설정
        epoch_valid_loss = 0 # 에폭별 손실값 초기화 (검증 데이터용)
        preds_list = []       # 예측값 저장용 리스트
        true_list = []        # 실젯값 저장용 리스트

        with torch.no_grad(): # 기울기 계산 비활성화
            # 하나의 에폭만큼의 데이터를 미니배치 단위로 검증
            for images, labels in loader_valid:
                images = images.to(device)
                labels = labels.to(device)

                outputs = model(images)            # 순전파
                loss = criterion(outputs, labels) # 손실값 계산
                epoch_valid_loss += loss.item()    # 현재 배치에서의 손실 추가

                # 예측값 및 실젯값 ❶
                preds = torch.max(outputs.cpu(), dim=1)[1].numpy()
                true = labels.cpu().numpy()

                preds_list.extend(preds)
                true_list.extend(true)

            # 현재 에폭의 검증 완료 ❷
            print(f'\t검증 데이터 손실값 : {epoch_valid_loss/len(loader_valid):.4f}')
```

```
        # 평가지표 계산 (정확도, 재현율, F1 점수) ❸
    val_accuracy = accuracy_score(true_list, preds_list)
    val_recall = recall_score(true_list, preds_list)
    val_f1_score = f1_score(true_list, preds_list)
    print(f'\t정확도 : {val_accuracy:.4f} / 재현율 : {val_recall:.4f} / F1 점
수 : {val_f1_score:.4f}')
        # == [ 최적 모델 가중치 찾기 ] =================================
        ... 생략 ...
    return torch.load(save_file) # 저장한 모델 가중치를 불러와 반환
```

역시나 지금까지 다룬 코드와 유사합니다. 코드 ❶은 예측값과 실젯값을 저장합니다. 실젯값 true
는 이해가 갈 텐데, 예측값 preds를 구하는 코드는 좀 헷갈리죠? 평가지표로 정확도, 재현율, F1
점수를 사용하려면 예측값을 확률이 아닌 이산값(0 또는 1)으로 구해야 한다고 했습니다. torch.
max( )는 최댓값을 구하는 메서드로, 예측 확률을 이산값으로 바꿔줍니다. 다음 예시를 보면 이
해가 쉽습니다. 먼저 4행 2열 텐서를 만들어보겠습니다.

```
import torch

sample = torch.rand(4, 2)
sample
```
```
tensor([[0.2206, 0.9787],
        [0.4615, 0.2230],
        [0.0494, 0.3503],
        [0.7889, 0.0497]])
```

4행 2열의 이 텐서에서 각 행마다 최댓값을 구해보죠. torch.max( )를 사용하면 됩니다. 이때
dim=1을 전달하면 현재 2차원인 입력을 1차원으로 만들면서 각 행의 최댓값을 구해줍니다.

```
torch.max(sample, dim=1)
```
```
torch.return_types.max(
values=tensor([0.9787, 0.4615, 0.3503, 0.7889]),
indices=tensor([1, 0, 1, 0]))
```

반환한 값을 보시죠. 첫 번째 속성은 행별 최댓값, 두 번째 속성은 최댓값이 있는 열을 나타냅니
다. 우리가 원하는 건 두 번째 속성입니다.

```
torch.max(sample, dim=1)[1]
```
```
tensor([1, 0, 1, 0])
```

for문을 다 돌았으면 ❷ 현재 에폭의 검증 데이터 손실값을 출력하고 ❸ 바로 이어서 정확도, 재현율, F1 점수를 구해 출력합니다.

### 훈련 함수 작성 4 - 최적 모델 가중치 찾기

마지막으로 최적 모델 가중치를 찾는 코드입니다.

```
def train(model, loader_train, loader_valid, criterion, optimizer,
          scheduler=None, epochs=10, save_file='model_state_dict.pth'):
    valid_loss_min = np.inf # 최소 손실값 초기화 (검증 데이터용)

    # 총 에폭만큼 반복
    for epoch in range(epochs):
        print(f'에폭 [{epoch+1}/{epochs}] \n-----------------------------')

        # == [ 훈련 ] =============================================
        ... 생략 ...

        # == [ 검증 ] =============================================
        ... 생략 ...

        # == [ 최적 모델 가중치 찾기 ] ================================
        # 현 에폭에서의 손실값이 최소 손실값 이하면 모델 가중치 저장 ❶
        if epoch_valid_loss <= valid_loss_min:
            print(f'\t### 검증 데이터 손실값 감소 ({valid_loss_min:.4f} -->
{epoch_valid_loss:.4f}). 모델 저장')

            # 모델 가중치를 파일로 저장 ❷
            torch.save(model.state_dict(), save_file)
            valid_loss_min = epoch_valid_loss # 최소 손실값 갱신 ❸
    return torch.load(save_file) # 저장한 모델 가중치를 불러와 반환 ❹
```

❶ 현재 에폭의 손실값이 최소 손실값 이하면 ❷ 모델 가중치를 저장하고 ❸ 기존 최소 손실값을 현재 에폭의 손실값으로 갱신합니다. ❷에서 torch.save( )의 첫 번째 인수로 전달한 model.state_ dict( )가 모델 가중치를 뜻합니다. 두 번째 인수인 save_file은 저장하려는 파일명입니다.

❹ 모든 훈련과 검증을 마쳤다면 ❷에서 저장한 파일을 읽어와 반환합니다.

종합하면, train( ) 함수의 반환값은 save_file에 저장된 모델 가중치입니다. 전체 에폭에서 가장 성능이 좋은(정확히 말하면 검증 데이터 손실값이 가장 작은) 모델 가중치를 반환한 거죠.

## 훈련 함수 전체 코드

지금까지의 코드를 한 데 모으면 다음처럼 됩니다.

```python
from sklearn.metrics import accuracy_score # 정확도 계산 함수
from sklearn.metrics import recall_score   # 재현율 계산 함수
from sklearn.metrics import f1_score       # F1 점수 계산 함수
from tqdm.notebook import tqdm             # 진행률 표시 막대

def train(model, loader_train, loader_valid, criterion, optimizer,
          scheduler=None, epochs=10, save_file='model_state_dict.pth'):
    valid_loss_min = np.inf # 최소 손실값 초기화 (검증 데이터용)

    # 총 에폭만큼 반복
    for epoch in range(epochs):
        print(f'에폭 [{epoch+1}/{epochs}] \n----------------------------')

        # == [ 훈련 ] =====================================================
        model.train()         # 모델을 훈련 상태로 설정
        epoch_train_loss = 0 # 에폭별 손실값 초기화 (훈련 데이터용)
        # 미니배치 단위로 '반복 횟수'만큼 반복
        for images, labels in tqdm(loader_train):
            # 이미지, 레이블(타깃값) 데이터 미니배치를 장비에 할당
            images = images.to(device)
            labels = labels.to(device)

            optimizer.zero_grad()   # 옵티마이저 내 기울기 초기화
            outputs = model(images) # 순전파
            loss = criterion(outputs, labels) # 손실값 계산
            epoch_train_loss += loss.item()   # 현재 배치에서의 손실 추가
            loss.backward() # 역전파
            optimizer.step() # 가중치 갱신
            if scheduler != None: # 스케줄러 학습률 갱신
```

```
        scheduler.step()

    print(f'\t훈련 데이터 손실값 : {epoch_train_loss/len(loader_train):.4f}')

    # == [ 검증 ] =========================================
    model.eval()              # 모델을 평가 상태로 설정
    epoch_valid_loss = 0 # 에폭별 손실값 초기화 (검증 데이터용)
    preds_list = []          # 예측값 저장용 리스트
    true_list = []           # 실젯값 저장용 리스트

    with torch.no_grad(): # 기울기 계산 비활성화
        # 하나의 에폭만큼의 데이터를 미니배치 단위로 검증
        for images, labels in loader_valid:
            images = images.to(device)
            labels = labels.to(device)

            outputs = model(images)          # 순전파
            loss = criterion(outputs, labels) # 손실값 계산
            epoch_valid_loss += loss.item()   # 현재 배치에서의 손실 추가

            # 예측값 및 실젯값
            preds = torch.max(outputs.cpu(), dim=1)[1].numpy()
            true = labels.cpu().numpy()

            preds_list.extend(preds)
            true_list.extend(true)

    # 현재 에폭의 검증 완료
    print(f'\t검증 데이터 손실값 : {epoch_valid_loss/len(loader_valid):.4f}')
    # 평가지표 계산 (정확도, 재현율, F1 점수)
    val_accuracy = accuracy_score(true_list, preds_list)
    val_recall = recall_score(true_list, preds_list)
    val_f1_score = f1_score(true_list, preds_list)
    print(f'\t정확도 : {val_accuracy:.4f} / 재현율 : {val_recall:.4f} / F1 점
수 : {val_f1_score:.4f}')
    # == [ 최적 모델 가중치 찾기 ] =============================
    # 현 에폭에서의 손실값이 최소 손실값 이하면 모델 가중치 저장
    if epoch_valid_loss <= valid_loss_min:
        print(f'\t### 검증 데이터 손실값 감소 ({valid_loss_min:.4f} -->
{epoch_valid_loss:.4f}). 모델 저장')
```

```
            # 모델 가중치를 파일로 저장
            torch.save(model.state_dict(), save_file)
            valid_loss_min = epoch_valid_loss # 최소 손실값 갱신
    return torch.load(save_file) # 저장한 모델 가중치를 불러와 반환
```

## 훈련 및 성능 검증

train() 함수를 이용해 실제로 모델을 훈련해보겠습니다. 다음 코드를 실행하면 훈련을 진행하면서 손실값과 정확도, 재현율, F1 점수도 출력합니다.

```
# 모델 훈련
model_state_dict = train(model=model,
                         loader_train=loader_train,
                         loader_valid=loader_valid,
                         criterion=criterion,
                         optimizer=optimizer)
```
```
에폭 [5/10]
------------------------------
        훈련 데이터 손실값 : 0.1954
        검증 데이터 손실값 : 0.7133
        정확도 : 0.7500 / 재현율 : 0.8750 / F1 점수 : 0.7778
에폭 [6/10]
------------------------------
        훈련 데이터 손실값 : 0.1799
        검증 데이터 손실값 : 4.1496
        정확도 : 0.5000 / 재현율 : 1.0000 / F1 점수 : 0.6667
에폭 [7/10]
------------------------------
        훈련 데이터 손실값 : 0.1728
        검증 데이터 손실값 : 0.4814
        정확도 : 0.5625 / 재현율 : 0.7500 / F1 점수 : 0.6316
        ### 검증 데이터 손실값 감소 (1.3745 --> 0.9629). 모델 저장
에폭 [8/10]
------------------------------
        훈련 데이터 손실값 : 0.1593
        검증 데이터 손실값 : 2.8815
        정확도 : 0.6250 / 재현율 : 1.0000 / F1 점수 : 0.7273
에폭 [9/10]
```

```
----------------------------
    훈련 데이터 손실값 : 0.1525
    검증 데이터 손실값 : 0.3497
    정확도 : 0.7500 / 재현율 : 1.0000 / F1 점수 : 0.8000
    ### 검증 데이터 손실값 감소 (0.9629 --> 0.6993). 모델 저장
에폭 [10/10]
----------------------------
    훈련 데이터 손실값 : 0.1493
    검증 데이터 손실값 : 1.3933
    정확도 : 0.6875 / 재현율 : 1.0000 / F1 점수 : 0.7619
```

지면 관계상 tqdm( ) 메서드로 출력된 진행바는 생략했고, 마지막 5개 에폭만 실었습니다. 9번째
에폭에서 검증 데이터 손실값이 0.3497로 가장 작으므로 이때의 모델 가중치가 최적 모델 가중
치라고 볼 수 있습니다. 그래서 9번째 에폭의 모델 가중치를 최종적으로 저장했습니다.

방금 train( ) 함수가 반환한 최적 모델 가중치를 model_state_dict 변수에 저장했습니다. 이
가중치로 모델의 가중치를 갱신하겠습니다.

```
# 최적 가중치 불러오기
model.load_state_dict(model_state_dict)
```

이상으로 모델을 훈련하고, 최적 모델 가중치를 저장한 뒤, 최적 모델 가중치로 기존 모델의 가중
치를 갱신했습니다.

## 13.3.5 예측 및 평가 결과

마지막으로 예측과 평가를 해야 합니다. 테스트 데이터를 활용해 결과를 예측하고 실젯값과 비교
해보죠. 먼저 테스트 데이터셋과 데이터 로더를 생성합니다.

```
datasets_test = ImageFolder(root=test_path, transform=transform_test)

loader_test = DataLoader(dataset=datasets_test, batch_size=batch_size,
                         shuffle=False, worker_init_fn=seed_worker,
                         generator=g, num_workers=2)
```

## 예측

앞서 일련의 훈련 과정을 train( ) 함수로 정의했습니다. 이와 유사하게 테스트 데이터로 결과를 예측하는 predict( ) 함수를 정의하겠습니다. 다행히 predict( ) 함수는 간단합니다. 모델과 테스트 데이터 로더를 인수로 입력받아 예측값을 반환합니다.

```python
def predict(model, loader_test, return_true=False): # ❶
    model.eval()     # 모델을 평가 상태로 설정
    preds_list = [] # 예측값 저장용 리스트 초기화
    true_list = []  # 실젯값 저장용 리스트 초기화

    with torch.no_grad(): # 기울기 계산 비활성화
        for images, labels in loader_test:
            images = images.to(device)
            labels = labels.to(device)

            outputs = model(images)

            preds = torch.max(outputs.cpu(), dim=1)[1].numpy() # 예측값
            true = labels.cpu().numpy() # 실젯값

            preds_list.extend(preds)
            true_list.extend(true)

    if return_true:
        return true_list, preds_list # ❷
    else:
        return preds_list # ❸
```

간단하죠? 한 가지, ❶ return_true라는 파라미터를 둬서 ❷ 이 값이 참이면 실젯값과 예측값을 같이 반환하고, ❸ 거짓이면 예측값만 반환하겠습니다.

정의한 predict( ) 함수를 사용해서 예측값을 구해보겠습니다. return_true=True를 전달해서 실젯값도 같이 반환해보죠.

```python
true_list, preds_list = predict(model=model,
                                loader_test=loader_test,
                                return_true=True)
```

true_list에는 실젯값을, preds_list에는 예측값을 저장했습니다.

### 평가 결과

방금 구한 실젯값과 예측값을 이용해 정확도, 재현율, F1 점수를 출력해보죠.

```python
print('#'*5, '최종 예측 결과 평가 점수', '#'*5)
print(f'정확도 : {accuracy_score(true_list, preds_list):.4f}')
print(f'재현율 : {recall_score(true_list, preds_list):.4f}')
print(f'F1 점수 : {f1_score(true_list, preds_list):.4f}')
```

```
##### 최종 예측 결과 평가 점수 #####
정확도 : 0.7981
재현율 : 0.9256
F1 점수 : 0.8514
```

이상으로 EfficientNet-B0를 이용한 베이스라인 모델의 점수가 나왔습니다. 다음 절에서는 어떤 기법을 써서 성능을 얼마나 더 높일 수 있을까요?

# 13.4 성능 개선

이번 절에서는 모델 세 개를 앙상블해서 베이스라인 모델보다 우수한 성능을 내보겠습니다.

EfficientNet은 B0에서 B7으로 갈수록 모델이 복잡해집니다. 복잡해진다는 말은 모델 파라미터가 많아진다는 뜻이죠. 단순하게 생각하면 모델 파라미터가 많을수록 성능이 좋아진다고 볼 수 있습니다. 하지만 항상 그런 건 아닙니다.

이렇게 생각해보죠. 우리가 조그만 나무를 심을 때 필요한 도구는 삽 한 자루입니다. 삽 한 자루로도 충분히 조그마한 나무를 심을 만큼의 땅을 팔 수 있습니다. 반면 탄광업을 할 때는 어떤가요? 삽 한 자루로는 턱없이 부족합니다. 다이너마이트가 필요합니다. 다이너마이트가 삽보다 땅을 파거나 굴을 내는 데 효과적이기 때문이죠. 그렇다고 우리는 조그마한 나무를 심기 위해 다이너마이트를 사용하진 않습니다. 얻는 것보다 잃는 게 더 많으니까요.

딥러닝 모델도 마찬가지입니다. 모델 파라미터가 많을수록 복잡한 이미지를 더 잘 구분합니다. 성능이 좋다는 얘기죠. 하지만 단순한 이미지를 구분하기 위해서 굳이 파라미터가 많은 모델을 사용할 필요는 없습니다. 오히려 과대적합이 일어나 평가 점수가 떨어질 우려도 있습니다. 그러니 이번에는 파라미터가 EfficientNet-B7보다 적은 EfficientNet-B1, EfficientNet-B2, EfficientNet-B3를 사용해보겠습니다. 세 모델을 각자 훈련한 뒤, 각 모델이 예측한 결과를 앙상블할 계획입니다.

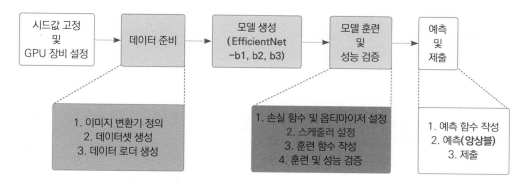

그럼 성능 개선을 시작해볼까요? 우선 '데이터 준비' 과정까지는 베이스라인과 동일하게 진행한 후, 이어서 다음 절을 진행해주세요.

## 13.4.1 모델 생성

EfficientNet을 설치합니다.

https://www.kaggle.com/werooring/ch13-modeling

```
!pip install efficientnet-pytorch==0.7.1
```

모델들을 저장할 리스트를 하나 만듭니다. 이번 절에서는 모델 세 개를 앙상블한다고 했죠? 세 모델을 한 번에 다루기 편하도록 리스트에 담아 관리할 것입니다.

```
models_list = [] # 모델 저장용 리스트
```

이어서 EfficientNet-B1, EfficientNet-B2, EfficientNet-B3를 차례로 생성하고, 장비에 할당한 뒤, 방금 만든 리스트에 저장하겠습니다.

```
from efficientnet_pytorch import EfficientNet

# 모델 생성
efficientnet_b1 = EfficientNet.from_pretrained('efficientnet-b1', num_classes=2)
efficientnet_b2 = EfficientNet.from_pretrained('efficientnet-b2', num_classes=2)
efficientnet_b3 = EfficientNet.from_pretrained('efficientnet-b3', num_classes=2)

# 장비 할당
efficientnet_b1 = efficientnet_b1.to(device)
efficientnet_b2 = efficientnet_b2.to(device)
efficientnet_b3 = efficientnet_b3.to(device)

# 리스트에 모델 저장
models_list.append(efficientnet_b1)
models_list.append(efficientnet_b2)
models_list.append(efficientnet_b3)
```

다음으로 각 모델의 파라미터 개수를 출력해보겠습니다.

```
for idx, model in enumerate(models_list):
    num_parmas = sum(param.numel() for param in model.parameters())
    print(f'모델{idx+1} 파라미터 개수 : {num_parmas}')
```
```
모델1 파라미터 개수 : 6515746
모델2 파라미터 개수 : 7703812
모델3 파라미터 개수 : 10699306
```

B1, B2, B3순으로 파라미터가 6,515,746개, 7,703,812개, 10,699,306개입니다. 참고로 EfficientNet-B7의 파라미터는 약 6천만 개나 되니, B3 정도는 상대적으로 작은 규모네요.

## 손실 함수, 옵티마이저, 스케줄러 설정

베이스라인에서는 손실 함수와 옵티마이저만 설정했지만, 여기서는 스케줄러까지 추가합니다.

첫 번째로 손실 함수를 설정합니다. 이젠 익숙하죠?

```
import torch.nn as nn

criterion = nn.CrossEntropyLoss()
```

두 번째는 옵티마이저 차례입니다. 베이스라인에서 사용한 Adam에 가중치 감쇠를 추가한 AdamW 옵티마이저를 이용하겠습니다. 모델이 세 개라서 각각 설정했습니다.

```
optimizer1 = torch.optim.AdamW(models_list[0].parameters(), lr=0.0006, weight_
decay=0.001)
optimizer2 = torch.optim.AdamW(models_list[1].parameters(), lr=0.0006, weight_
decay=0.001)
optimizer3 = torch.optim.AdamW(models_list[2].parameters(), lr=0.0006, weight_
decay=0.001)
```

세 번째로 스케줄러를 설정합니다. 이번에도 get_cosine_schedule_with_warmup( )을 사용합니다. 첫 번째 파라미터에 옵티마이저를 전달해야 하는데, 앞서 설정한 옵티마이저를 각각 전달합니다. 더불어 이번에는 에폭을 20으로 늘려봤습니다.

```
from transformers import get_cosine_schedule_with_warmup

epochs = 20 # 총 에폭

# 스케줄러
scheduler1 = get_cosine_schedule_with_warmup(optimizer1,
                            num_warmup_steps=len(loader_train)*3,
                            num_training_steps=len(loader_train)*epochs)

scheduler2 = get_cosine_schedule_with_warmup(optimizer2,
                            num_warmup_steps=len(loader_train)*3,
                            num_training_steps=len(loader_train)*epochs)

scheduler3 = get_cosine_schedule_with_warmup(optimizer3,
                            num_warmup_steps=len(loader_train)*3,
                            num_training_steps=len(loader_train)*epochs)
```

## 13.4.2 모델 훈련 및 성능 검증

먼저 train( ) 함수를 베이스라인과 동일하게 정의한 다음, 이어서 train( ) 함수를 이용해 세 모델을 순차적으로 훈련시키겠습니다.

첫 번째 모델부터 훈련합니다.

```
# 첫 번째 모델 훈련
model_state_dict = train(model=models_list[0], # ❶
                         loader_train=loader_train,
                         loader_valid=loader_valid,
                         criterion=criterion,
                         optimizer=optimizer1, # ❷
                         scheduler=scheduler1, # ❸
                         epochs=epochs)

# 첫 번째 모델에 최적 가중치 적용 ❹
models_list[0].load_state_dict(model_state_dict)
```

지면 관계상 출력 로그는 생략했습니다. 첫 번째 모델을 훈련하는 단계이므로 ❶ model 파라미터에는 models_list[0]을, ❷ optimizer 파라미터에는 optimizer1을, ❸ scheduler 파라미터에는 scheduler1을 전달했습니다.

훈련이 끝나면 ❹ 훈련으로 얻은 최적 가중치를 첫 번째 모델에 반영합니다.

다음으로 두 번째 모델을 훈련합니다.

```
# 두 번째 모델 훈련
model_state_dict = train(model=models_list[1],
                         loader_train=loader_train,
                         loader_valid=loader_valid,
                         criterion=criterion,
                         optimizer=optimizer2,
                         scheduler=scheduler2,
                         epochs=epochs)

# 두 번째 모델에 최적 가중치 적용
models_list[1].load_state_dict(model_state_dict)
```

model, optimizer, scheduler 파라미터에 각각 두 번째 모델에 맞는 인수를 전달했습니다.

마지막으로 세 번째 모델까지 훈련을 마칩니다.

```python
# 세 번째 모델 훈련
model_state_dict = train(model=models_list[2],
                         loader_train=loader_train,
                         loader_valid=loader_valid,
                         criterion=criterion,
                         optimizer=optimizer3,
                         scheduler=scheduler3,
                         epochs=epochs)

# 세 번째 모델에 최적 가중치 적용
models_list[2].load_state_dict(model_state_dict)
```

이로써 세 모델의 훈련을 마쳤습니다. models_list에는 훈련이 완료된, 즉 최적 가중치로 갱신된 모델들이 저장돼 있습니다.

## 13.4.3 예측 및 평가 결과

훈련을 마친 세 모델로 각각 예측하고, 이어서 세 모델의 예측 결과를 앙상블하겠습니다. 앙상블 예측값과 실젯값을 비교해서 최종 평가 점수를 산출하려는 것입니다.

우선 테스트 데이터셋과 데이터 로더를 생성합니다.

```python
datasets_test = ImageFolder(root=test_path, transform=transform_test)

loader_test = DataLoader(dataset=datasets_test, batch_size=batch_size,
                         shuffle=False, worker_init_fn=seed_worker,
                         generator=g, num_workers=2)
```

**모델별 예측**

predict( ) 함수를 베이스라인과 동일하게 정의해줍니다. 그리고 모델이 세 개니까 세 번 예측을 수행해야 합니다.

첫 번째 모델로 예측을 해봅시다. 첫 번째 모델로는 실젯값과 예측값을 모두 반환하겠습니다. 실젯값이 있어야 평가 점수를 산출할 수 있기 때문입니다. 실젯값을 반환하려면 return_true=True를 전달하면 됩니다.

```python
true_list, preds_list1 = predict(model=models_list[0],
                                  loader_test=loader_test,
                                  return_true=True)
```

true_list는 실젯값이고, preds_list1은 첫 번째 모델(EfficientNet-B1)로 예측한 값입니다.

이어서 두 번째 모델로 예측값을 구해보죠. 실젯값을 또 구할 필요는 없으니 이번에는 return_true를 생략하여 기본값인 False를 적용합니다.

```python
preds_list2 = predict(model=models_list[1],
                      loader_test=loader_test)
```

마지막으로 세 번째 모델로도 예측값을 구합니다.

```python
preds_list3 = predict(model=models_list[2],
                      loader_test=loader_test)
```

이렇게 해서 실젯값 true_list와 세 모델로 예측한 값 preds_list1, preds_list2, preds_list3을 구했습니다.

모델별 평가 점수가 궁금하군요. EfficientNet-B1의 점수는 다음과 같습니다.

```python
print('#'*5, 'efficientnet-b1 모델 예측 결과 평가 점수', '#'*5)
print(f'정확도 : {accuracy_score(true_list, preds_list1):.4f}')
print(f'재현율 : {recall_score(true_list, preds_list1):.4f}')
print(f'F1 점수 : {f1_score(true_list, preds_list1):.4f}')
```

```
##### efficientnet-b1 모델 예측 결과 평가 점수 #####
정확도 : 0.8830
재현율 : 0.9897
F1 점수 : 0.9136
```

다음은 EfficientNet-B2의 점수입니다.

```
print('#'*5, 'efficientnet-b2 모델 예측 결과 평가 점수', '#'*5)
print(f'정확도 : {accuracy_score(true_list, preds_list2):.4f}')
print(f'재현율 : {recall_score(true_list, preds_list2):.4f}')
print(f'F1 점수 : {f1_score(true_list, preds_list2):.4f}')
```

```
##### efficientnet-b2 모델 예측 결과 평가 점수 #####
정확도 : 0.8846
재현율 : 0.9821
F1 점수 : 0.9141
```

B2는 B1과 점수가 거의 비슷합니다.

마지막으로 EfficientNet-B3 점수입니다.

```
print('#'*5, 'efficientnet-b3 모델 예측 결과 평가 점수', '#'*5)
print(f'정확도 : {accuracy_score(true_list, preds_list3):.4f}')
print(f'재현율 : {recall_score(true_list, preds_list3):.4f}')
print(f'F1 점수 : {f1_score(true_list, preds_list3):.4f}')
```

```
##### efficientnet-b3 모델 예측 결과 평가 점수 #####
정확도 : 0.8910
재현율 : 0.9846
F1 점수 : 0.9187
```

다음 표는 베이스라인을 포함한 평가 점수입니다.

▼ EfficientNet 모델별 평가 지표 점수

|  | B0 | B1 | B2 | B3 |
|---|---|---|---|---|
| 정확도 | 0.7981 | 0.8830 | **0.8846** | 0.8910 |
| 재현율 | 0.9256 | 0.9897 | 0.9821 | **0.9846** |
| F1 점수 | 0.8514 | 0.9136 | **0.9141** | 0.9187 |

보다시피 B1~B3 모델은 모든 면에서 베이스라인인 B0보다 점수가 높지만, 숫자가 높다고 성능도 반드시 잘 나오지는 않는다는 걸 확인할 수 있습니다.

## 앙상블 예측

성능 향상을 위해 앞서 세 모델로 구한 예측값을 앙상블해보겠습니다.

```
ensemble_preds = []

for i in range(len(preds_list1)):
    pred_element = np.round((preds_list1[i]+preds_list2[i]+preds_list3[i])/3)
    ensemble_preds.append(pred_element)
```

앙상블 원리는 간단합니다. 세 예측값을 모두 합친 뒤 3으로 나누고, np.round( ) 함수로 반올림해주면 됩니다. 이렇게 하면 과반수가 예측한 값을 최종 예측값으로 결정합니다. 예를 들어 모델1, 모델2, 모델3이 각각 1, 1, 0으로 예측했다고 합시다. 두 모델이 1로 예측했으므로 앙상블 결과는 1입니다.

▼ 앙상블 원리(과반수 규칙)

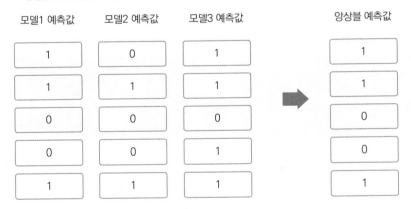

## 평가 결과

앙상블을 모두 마쳤습니다. 이젠 실젯값과 앙상블 예측 결과를 비교해 정확도, 재현율, F1 점수를 구해보죠. 성능이 얼마나 향상됐을까요?

```
print('#'*5, '최종 앙상블 결과 평가 점수', '#'*5)
print(f'정확도 : {accuracy_score(true_list, ensemble_preds):.4f}')
print(f'재현율 : {recall_score(true_list, ensemble_preds):.4f}')
print(f'F1 점수 : {f1_score(true_list, ensemble_preds):.4f}')
```

```
##### 최종 앙상블 결과 평가 점수 #####
정확도 : 0.8974
재현율 : 0.9923
F1 점수 : 0.9236
```

앙상블 결과 모든 점수에서 개별 모델보다 높은 점수가 나왔습니다.

▼ 각 모델과 앙상블 평가 결과 비교

|  | B0 | B1 | B2 | B3 | 앙상블 |
|---|---|---|---|---|---|
| 정확도 | 0.7981 | 0.8830 | 0.8846 | **0.8910** | 0.8974 |
| 재현율 | 0.9256 | **0.9897** | 0.9821 | 0.9846 | 0.9923 |
| F1 점수 | 0.8514 | 0.9136 | 0.9141 | **0.9187** | 0.9236 |

# 학습 마무리

데이터셋 영역에서 모델링 연습을 하는 방법을 배웠습니다. 다른 코드에서도 활용할 수 있도록 훈련과 예측 과정을 각각 train()과 predict() 함수로 묶어 구현했습니다. 함수를 활용한 덕분에 성능 개선 시 여러 모델을 훈련하고 예측하는 코드가 훨씬 간결해졌습니다.

## 핵심 요약

1 유용한 데이터가 경진대회를 통해서만 제공되는 건 아닙니다. **데이터셋** 영역에는 다른 캐글러가 공유한 수많은 데이터셋이 공개되어 있습니다. 데이터만 주어지고 나머지는 모두 자유이니, 미션에 구애받지 않고 자유롭게 분석해볼 수 있습니다.

2 평가지표로 **정확도, 재현율, F1 점수**를 이용하려면 '예측을 이산값으로' 해야 합니다(확률이 아닙니다).

3 **ImageFolder**는 데이터셋 생성기입니다. 타깃값이 같은 데이터들이 같은 디렉터리에 모여 있다면 별도의 데이터셋 클래스를 정의하지 않아도 되어 편리합니다.

4 12장에서도 이용한 **EfficientNet**은 B0부터 B1, B2, .., B7까지 총 8개의 모델이 있으며, 숫자가 높아질수록 파라미터 개수가 많습니다. 일반적으로 파라미터가 많을수록 예측 성능이

좋지만, 반드시 그런 것은 아닙니다.

5 **앙상블**은 여러 모델에서 얻은 예측 결과를 결합해 더 좋은 예측값을 도출하는 방식입니다. 단순하면서 효과가 좋습니다. 여러 모델을 시도해봤지만 최고인 하나를 고르기 어렵다면 앙상블을 떠올려보세요.

6 훈련 단계와 예측 단계 코드를 **함수**를 만들어두면 다양하게 활용할 수 있습니다.

캐글 생활백서

# A.1 피처 요약표

## A.1.1 피처 요약표 만들기

피처 요약표는 피처별 데이터 타입, 결측값 개수, 고윳값 개수, 실제 입력값 등 피처에 관한 정보가 정리된 표입니다. 요약표를 만드는 코드와 요약표에 관한 설명이 조금 깁니다. 그래서 요약표를 먼저 보여드리고, 만드는 방법을 이어서 설명하겠습니다. 피처 요약표는 7장 범주형 데이터 이진분류 경진대회 데이터를 기준으로 만들었습니다.

▼ 피처 요약표

| | 피처 | 데이터 타입 | 결측값 개수 | 고윳값 개수 | 첫 번째 값 | 두 번째 값 | 세 번째 값 |
|---|---|---|---|---|---|---|---|
| 0 | bin_0 | int64 | 0 | 2 | 0 | 0 | 0 |
| 1 | bin_1 | int64 | 0 | 2 | 0 | 1 | 0 |
| 2 | bin_2 | int64 | 0 | 2 | 0 | 0 | 0 |
| 3 | bin_3 | object | 0 | 2 | T | T | F |
| 4 | bin_4 | object | 0 | 2 | Y | Y | Y |
| 5 | nom_0 | object | 0 | 3 | Green | Green | Blue |
| 6 | nom_1 | object | 0 | 6 | Triangle | Trapezoid | Trapezoid |
| 7 | nom_2 | object | 0 | 6 | Snake | Hamster | Lion |
| 8 | nom_3 | object | 0 | 6 | Finland | Russia | Russia |
| 9 | nom_4 | object | 0 | 4 | Bassoon | Piano | Theremin |
| 10 | nom_5 | object | 0 | 222 | 50f116bcf | b3b4d25d0 | 3263bdce5 |
| 11 | nom_6 | object | 0 | 522 | 3ac1b8814 | fbcb50fc1 | 0922e3cb8 |
| 12 | nom_7 | object | 0 | 1220 | 68f6ad3e9 | 3b6dd5612 | a6a36f527 |
| 13 | nom_8 | object | 0 | 2215 | c389000ab | 4cd920251 | de9c9f684 |
| 14 | nom_9 | object | 0 | 11981 | 2f4cb3d51 | f83c56c21 | ae6800dd0 |
| 15 | ord_0 | int64 | 0 | 3 | 2 | 1 | 1 |
| 16 | ord_1 | object | 0 | 5 | Grandmaster | Grandmaster | Expert |
| 17 | ord_2 | object | 0 | 6 | Cold | Hot | Lava Hot |
| 18 | ord_3 | object | 0 | 15 | h | a | h |
| 19 | ord_4 | object | 0 | 26 | D | A | R |
| 20 | ord_5 | object | 0 | 192 | kr | bF | Jc |
| 21 | day | int64 | 0 | 7 | 2 | 7 | 7 |
| 22 | month | int64 | 0 | 12 | 2 | 8 | 2 |
| 23 | target | int64 | 0 | 2 | 0 | 0 | 0 |

이 그림이 피처 요약표입니다. 피처 23개와 타깃값 1개에 관한 정보가 기재돼 있습니다.

앞의 요약표를 만든 코드를 살펴보겠습니다. 7장의 경진대회가 기준이니 7장 데이터를 먼저 불러옵니다.

```
import pandas as pd                          https://www.kaggle.com/werooring/a-1-feature-summary

train = pd.read_csv('/kaggle/input/cat-in-the-dat/train.csv', index_col='id')
```

피처 요약표를 만드는 과정을 다음의 세 단계로 나눠 살펴보겠습니다.

1 피처별 데이터 타입 DataFrame 생성
2 인덱스 재설정 후 열 이름 변경
3 결측값 개수, 고윳값 개수, 1~3행 입력값 추가

### 피처별 데이터 타입 DataFrame 생성

요약표 두 번째 열은 데이터 타입입니다. 따라서 피처별 데이터 타입부터 구해보겠습니다. DataFrame 객체에서 dtypes를 호출하면 피처별 데이터 타입을 반환해줍니다. 피처가 많아 여기서는 첫 5개만 출력해보겠습니다.

```
train.dtypes[:5]

bin_0      int64
bin_1      int64
bin_2      int64
bin_3      object
bin_4      object
dtype: object
```

이 값을 입력으로 DataFrame을 새로 생성하면 피처별 데이터 타입이 입력된 DataFrame이 만들어집니다. 이때 다음과 같이 columns 파라미터로 원하는 열 이름을 설정할 수 있습니다.

```
summary = pd.DataFrame(train.dtypes, columns=['데이터 타입'])
summary.head()
```

▼ 실행 결과 – 피처별 데이터 타입 DataFrame

| | 데이터 타입 |
|---|---|
| **bin_0** | int64 |
| **bin_1** | int64 |
| **bin_2** | int64 |
| **bin_3** | object |
| **bin_4** | object |

## 인덱스 재설정 후 열 이름 변경

그런데 피처 이름들이 인덱스로 사용되었네요. reset_index( )로 인덱스를 재설정하겠습니다. reset_index( )를 호출하면 현재 인덱스를 열로 옮기고 새로운 인덱스를 만듭니다. 새로운 인덱스는 0부터 시작해 1씩 증가하는 정수이며, 옮겨진 열의 이름은 'index'가 됩니다.

```
summary = summary.reset_index()
summary.head()
```

▼ 실행 결과 – 인덱스를 재설정한 DataFrame

| | index | 데이터 타입 |
|---|---|---|
| **0** | bin_0 | int64 |
| **1** | bin_1 | int64 |
| **2** | bin_2 | int64 |
| **3** | bin_3 | object |
| **4** | bin_4 | object |

현재 피처 이름이 포함된 열 이름이 index입니다. rename( ) 함수를 활용해 열 이름을 '피처'로 바꿔주겠습니다.

```
summary = summary.rename(columns={'index': '피처'})
summary.head()
```

▼ 실행 결과 – 열 이름을 index에서 피처로 바꾼 DataFrame

| | 피처 | 데이터 타입 |
|---|---|---|
| 0 | bin_0 | int64 |
| 1 | bin_1 | int64 |
| 2 | bin_2 | int64 |
| 3 | bin_3 | object |
| 4 | bin_4 | object |

열 이름이 index에서 피처로 잘 바뀌었네요.

## 결측값 개수, 고윳값 개수, 1~3행 입력값 추가

DataFrame에 결측값 개수, 고윳값 개수, 첫 세 개 행에 입력된 값을 추가해보겠습니다.

```
# 피처별 결측값 개수 ❶
summary['결측값 개수'] = train.isnull().sum().values
# 피처별 고윳값 개수 ❷
summary['고윳값 개수'] = train.nunique().values
# 1~3행에 입력되어 있는 값 ❸
summary['첫 번째 값'] = train.loc[0].values
summary['두 번째 값'] = train.loc[1].values
summary['세 번째 값'] = train.loc[2].values

summary.head()
```

▼ 실행 결과 – 최종 DataFrame

| | 피처 | 데이터 타입 | 결측값 개수 | 고윳값 개수 | 첫 번째 값 | 두 번째 값 | 세 번째 값 |
|---|---|---|---|---|---|---|---|
| 0 | bin_0 | int64 | 0 | 2 | 0 | 0 | 0 |
| 1 | bin_1 | int64 | 0 | 2 | 0 | 1 | 0 |
| 2 | bin_2 | int64 | 0 | 2 | 0 | 0 | 0 |
| 3 | bin_3 | object | 0 | 2 | T | T | F |
| 4 | bin_4 | object | 0 | 2 | Y | Y | Y |

❶은 피처별 결측값 개수를 DataFrame에 추가합니다. isnull()은 결측값 포함 여부를 True, False로 반환하는 함수입니다. 파이썬에서 True는 1, False는 0으로 간주합니다. 따라서

isnull( )을 적용한 DataFrame에 sum( ) 함수를 호출하면 True의 개수, 즉 피처별 결측값 개수를 구해줍니다.

❷는 피처별 고윳값 개수를 추가합니다. nunique( )는 피처별 고윳값 개수를 구하는 함수입니다.

❸은 훈련 데이터 1~3행에 입력된 값을 요약표 DataFrame에 추가하는 코드입니다. 각 피처에 실제 어떤 값이 들어있는지 확인하려고 추가했습니다. loc[0]은 첫 번째 행, loc[1]은 두 번째 행, loc[2]은 세 번째 행의 값을 의미합니다.

그런데 ❶, ❷, ❸에서 마지막에 values가 붙었네요. 이해를 돕기 위해 values 코드를 적용하기 전 객체가 어떻게 생겼는지 보겠습니다.

▼ 피처별 결측값, 고윳값, 첫 행 입력값

| 구분 | 피처별 결측값 개수 | 피처별 고윳값 개수 | 피처별 첫 행 입력값 |
|---|---|---|---|
| 코드 | train.isnull().sum() | train.nunique() | train.loc[0] |
| 반환 결과<br>(7행까지) | bin_0    0<br>bin_1    0<br>bin_2    0<br>bin_3    0<br>bin_4    0<br>nom_0    0<br>nom_1    0 | bin_0    2<br>bin_1    2<br>bin_2    2<br>bin_3    2<br>bin_4    2<br>nom_0    3<br>nom_1    6 | bin_0         0<br>bin_1         0<br>bin_2         0<br>bin_3         T<br>bin_4         Y<br>nom_0     Green<br>nom_1  Triangle |
| 반환 타입 | Series | | |

반환 타입인 Series는 인덱스(bin_0, bin_1 등)와 값$^{values}$(0 등)의 쌍으로 이루어져 있습니다. Series 객체에서 값만 추출하려면 values를 호출하면 됩니다. ❶, ❷, ❸에서 모두 values 코드로 Series의 값을 불러와 피처 요약표(summary)에 추가했습니다.

드디어 피처 요약표가 완성됐습니다. summary를 출력하면 처음 보여드린 그림이 나타납니다.

## 전체 코드

```
# 스텝 1 : 피처별 데이터 타입 DataFrame 생성
summary = pd.DataFrame(train.dtypes, columns=['데이터 타입'])

# 스텝 2 : 인덱스 재설정 후 열 이름 변경
```

```
# 2-1 : 인덱스 재설정
summary = summary.reset_index()
# 2-2 : 열 이름 변경
summary = summary.rename(columns={'index': '피처'})

# 스텝 3 : 결측값 개수, 고윳값 개수, 1~3행 입력값 추가
# 피처별 결측값 개수
summary['결측값 개수'] = train.isnull().sum().values
# 피처별 고윳값 개수
summary['고윳값 개수'] = train.nunique().values
# 1~3행에 입력되어 있는 값
summary['첫 번째 값'] = train.loc[0].values
summary['두 번째 값'] = train.loc[1].values
summary['세 번째 값'] = train.loc[2].values
```

## A.1.2 피처 요약표 생성 함수

지금까지 피처 요약표를 만드는 방법을 배웠습니다. 간단하게 함수 형태로 만들어보겠습니다.

```
import pandas as pd

def resumetable(df):
    print(f'데이터셋 형상: {df.shape}')
    summary = pd.DataFrame(df.dtypes, columns=['데이터 타입'])
    summary = summary.reset_index()
    summary = summary.rename(columns={'index': '피처'})
    summary['결측값 개수'] = df.isnull().sum().values
    summary['고윳값 개수'] = df.nunique().values
    summary['첫 번째 값'] = df.loc[0].values
    summary['두 번째 값'] = df.loc[1].values
    summary['세 번째 값'] = df.loc[2].values

    return summary
```

본문에서는 이 함수를 그대로 사용하거나 응용해서 피처 요약표를 만듭니다.

# A.2 메모리 절약을 위한 데이터 다운캐스팅

## A.2.1 데이터 다운캐스팅

메모리 절약을 위한 데이터 다운캐스팅 방법을 알아보겠습니다. 9장 향후 판매량 예측 경진대회 데이터를 기준으로 설명하겠습니다. 먼저 데이터를 불러옵니다.

https://www.kaggle.com/werooring/a-2-downcasting

```python
import pandas as pd

data_path = '/kaggle/input/competitive-data-science-predict-future-sales/'

sales_train = pd.read_csv(data_path + 'sales_train.csv')
shops = pd.read_csv(data_path + 'shops.csv')
items = pd.read_csv(data_path + 'items.csv')
item_categories = pd.read_csv(data_path + 'item_categories.csv')
```

전체 피처의 다운캐스팅 양상을 보기 위해 데이터를 모두 합치겠습니다. 참고로 9장에서는 데이터마다 따로따로 다운캐스팅했습니다. 데이터별로 다르게 작업할 사항이 있기 때문입니다.

```python
train = sales_train.merge(shops, on='shop_id', how='left')
train = train.merge(items, on='item_id', how='left')
train = train.merge(item_categories, on='item_category_id', how='left')
```

합친 train의 피처별 데이터 타입을 살펴보시죠.

```
train.dtypes
```

```
date                    object
date_block_num           int64
shop_id                  int64
item_id                  int64
item_price             float64
item_cnt_day           float64
shop_name               object
item_name               object
item_category_id         int64
item_category_name      object
dtype: object
```

object, int64, float64로 다양합니다. 각 피처별 메모리 사용량을 알아보겠습니다. memory_usage() 메서드를 사용하면 피처별 메모리 사용량을 바이트 단위로 구할 수 있습니다.

```
train.memory_usage()
```

```
Index                   23486792
date                    23486792
date_block_num          23486792
shop_id                 23486792
item_id                 23486792
item_price              23486792
item_cnt_day            23486792
shop_name               23486792
item_name               23486792
item_category_id        23486792
item_category_name      23486792
dtype: int64
```

피처당 메모리 23,486,792 바이트를 차지합니다. train의 메모리 총 사용량을 메가바이트(MB) 단위로 구해보겠습니다.

```
start_mem = train.memory_usage().sum() / 1024**2
start_mem
```

```
246.3862533569336
```

246MB입니다. 각 피처마다 피처가 가지고 있는 모든 값을 포괄하는 데이터 타입으로 줄여볼까요. 원리는 다음과 같습니다.

object 타입이면 그대로 둡니다. 불리언 타입이면 int8로 바꿉니다. 정수형 타입이거나 실수형 타입 중 소수점 첫째 자리에서 반올림한 수가 원래 수와 같다면 정수형 타입 중 해당 데이터에 맞는 가장 작은 타입으로 바꿉니다. 그외 타입은 실수형 타입 중 해당 데이터에 맞는 가장 작은 타입으로 바꿉니다. 코드로 구현하면 다음과 같습니다.

> **Note** 실수형 타입 중 1.0, 10.0, 12.0과 같이 반올림해도 원래 수와 같은 경우엔 정수형으로 바꾼다는 이야기입니다.

```
for col in train.columns:
    dtype_name = train[col].dtype.name
    if dtype_name == 'object':
        pass
    elif dtype_name == 'bool':
        train[col] = train[col].astype('int8')
    elif dtype_name.startswith('int') or (train[col].round()==train[col]).all():
        train[col] = pd.to_numeric(train[col], downcast='integer')
    else:
        train[col] = pd.to_numeric(train[col], downcast='float')
```

데이터 다운캐스팅을 했으니 다시 데이터 타입을 출력해보겠습니다.

```
train.dtypes
```

```
date                   object
date_block_num           int8
shop_id                  int8
item_id                 int16
item_price            float32
item_cnt_day            int16
shop_name              object
item_name              object
item_category_id         int8
item_category_name     object
dtype: object
```

기존에 object, int64, float64가 있었습니다. object는 그대로 object로 남아 있고, int64와 float64가 int8, int16, float32로 바뀌었습니다. 다운캐스팅 후 메모리 사용량도 알아봅시다.

```
train.memory_usage()
```

```
Index              23486792
date               23486792
date_block_num      2935849
shop_id             2935849
item_id             5871698
item_price         11743396
item_cnt_day        5871698
```

```
shop_name              23486792
item_name              23486792
item_category_id        2935849
item_category_name     23486792
dtype: int64
```

많이 줄어들었습니다. 기존 데이터의 메모리 사용량은 246MB였습니다. 이 값이 얼마로 떨어졌을까요?

```python
end_mem = train.memory_usage().sum() / 1024**2
end_mem
```

```
142.7920331954956
```

142MB입니다. 거의 100MB 가량 줄어들었습니다. 다음 코드를 실행하면 몇 퍼센트 압축됐는지 알 수 있습니다.

```python
print("{:.1f}% 압축됨".format(100 * (start_mem - end_mem) / start_mem))
```

```
42.0% 압축됨
```

## A.2.2 데이터 다운캐스팅 함수

지금까지 배운 데이터 다운캐스팅 코드를 함수로 표현해보겠습니다. verbose 파라미터를 추가했는데요, verbose가 True면 몇 퍼센트 압축됐는지를 출력합니다.

```python
def downcast(df, verbose=True):
    start_mem = df.memory_usage().sum() / 1024**2
    for col in df.columns:
        dtype_name = df[col].dtype.name
        if dtype_name == 'object':
            pass
        elif dtype_name == 'bool':
            df[col] = df[col].astype('int8')
        elif dtype_name.startswith('int') or (df[col].round() == df[col]).all():
            df[col] = pd.to_numeric(df[col], downcast='integer')
        else:
```

```
        df[col] = pd.to_numeric(df[col], downcast='float')
    end_mem = df.memory_usage().sum() / 1024**2
    if verbose:
        print('{:.1f}% 압축됨'.format(100 * (start_mem - end_mem) / start_mem))


    return df
```

> **warning** object, bool, int, float 이외의 데이터 타입이 있으면 이 함수는 달라져야 합니다. 이 함수는 9장에서 제공한 데이터에 적합한 함수입니다.


# A.3 디버깅을 위한 간단한 팁

데이터가 크거나 모델이 복잡할수록 모델링하는 데 시간이 오래 걸립니다. 머신러닝, 딥러닝 모델을 돌리다보면 오랫동안 훈련하고 나서 단순 실수로 코드에 오류가 발생하는 경우가 있습니다. 허무하겠죠. 단순한 실수 하나로 시간을 낭비한 셈이니까요. 이런 상황을 방지하려면 코드 전체가 정상적으로 실행되는지 미리 확인할 필요가 있습니다.

12장에서 다룬 모델은 훈련 시간이 몇 시간이나 됩니다. 그렇기 때문에 빠르게 디버깅을 한 다음, 문제가 없으면 본격적으로 훈련하는 게 좋겠습니다. 디버깅을 위한 간단한 팁을 알려드리겠습니다. 12장 데이터를 기반으로 설명하겠습니다. 다음 코드를 보시죠.

```
import pandas as pd

# 데이터 경로
data_path = '/kaggle/input/plant-pathology-2020-fgvc7/'


DEBUG = True # 디버깅 결정 변수 ❶


# 디버깅 여부에 따라 불러올 데이터 개수, 에폭수 지정 ❷
if DEBUG: # 디버깅하는 경우
    nrows=200
    epochs=1
else:      # 디버깅하지 않는 경우
    nrows=None
```

```
    epochs=39

train = pd.read_csv(data_path + 'train.csv', nrows=nrows)
test = pd.read_csv(data_path + 'test.csv')
submission = pd.read_csv(data_path + 'sample_submission.csv')
```

❶은 디버깅 결정 변수를 설정합니다. True면 디버깅하겠다는 뜻이고, False면 디버깅이 아닌 일반적인 모델링을 하겠다는 뜻입니다. 디버깅을 하려면 True로 설정합니다.

❷는 데이터 개수와 에폭수를 지정합니다. 디버깅하는 경우에는 nrows를 200으로, epochs를 1로 지정합니다. 바로 아래 훈련 데이터를 불러오는 코드가 있습니다. 판다스의 read_csv() 메서드는 nrows라는 파라미터를 가지고 있습니다. nrows 파라미터는 csv 파일에서 행 몇 개를 불러올지를 결정합니다. 만약 디버깅 상태라면 csv 파일에서 첫 200개 행만 불러와 DataFrame으로 만들어 train 변수에 할당합니다. train.csv에는 총 1,821개 행이 있습니다. 모든 행을 다 불러오면 훈련을 하는 데 시간이 오래 걸리겠죠. 그런데 약 10%인 200개만 불러오면 금방 훈련을 마칠 겁니다. 또한, 디버깅 상태면 에폭수도 1입니다. 에폭이 한 번이니 역시 훈련이 빨리 끝나겠죠.

이렇게 훈련 데이터 크기를 줄이고 에폭수도 줄이면 전체 모델링 코드를 금방 돌릴 수 있습니다. 그러면 오류를 더 쉽게 찾아낼 수 있겠죠. 디버깅 상태에서 전체 코드가 잘 실행되고, 제출 후 성능 점수까지 제대로 나오면(물론 디버깅 상태로 훈련했으니 점수는 상당히 나쁘겠죠) 문제가 없는 겁니다. 디버깅을 마친 뒤, DEBUG = False로 바꾸고 본격적으로 모델을 훈련하면 됩니다.


## A.4 훈련된 모델 저장하고 불러오기

데이터가 크면 딥러닝 모델 훈련 시간이 오래 걸립니다. 모델을 저장해두지 않으면 그 모델을 다시 사용하고 싶을 때 처음부터 다시 훈련해야 합니다. 번거롭겠죠? 그렇기 때문에 훈련 시간이 오래 걸리는 모델은 저장해둘 필요가 있습니다. 오랜 훈련을 마친 모델을 저장해두면 나중에 사용할 때 다시 훈련할 필요 없이 저장한 모델을 바로 사용하면 됩니다. 훈련된 모델을 저장하고 불러오는 방법을 알아보겠습니다. 여기서는 12장을 기반으로 설명합니다.

## A.4.1 모델 저장

모델 훈련을 마쳤다고 가정합시다. 훈련된 모델을 저장한 변수를 model, 옵티마이저를 저장한 변수를 optimizer라고 하겠습니다.

훈련된 모델을 저장하려면 모델의 가중치와 옵티마이저를 저장해야 합니다.[1] 다음은 훈련된 모델의 가중치와 옵티마이저 상태를 저장하는 코드입니다.

```
path = './' # 모델 저장 경로 ❶
# 모델 가중치와 옵티마이저 상태 저장 ❷
torch.save({
    'model': model.state_dict(),        # 모델 가중치
    'optimizer': optimizer.state_dict() # 옵티마이저 상태
    }, path + 'EfficientNet-B7.tar')
```

❶은 모델 저장 경로입니다. 캐글에서는 현재 디렉터리에 바로 저장하면 됩니다.

이어서 ❷는 모델 가중치와 옵티마이저 상태를 저장합니다. torch.save()의 첫 번째 인수로 딕셔너리를 전달했고, 두 번째 인수로 저장하려는 경로 및 파일명을 전달했습니다. 첫 번째 인수부터 보시죠. 딕셔너리 안에는 두 가지 값이 있습니다. model.state_dict()는 모델 가중치를 뜻하고, optimizer.state_dict()는 옵티마이저 상태를 뜻합니다. 이 둘을 딕셔너리로 감쌌죠. 두 번째 인수는 저장 경로입니다. 모델 가중치와 옵티마이저 상태가 저장된 딕셔너리를 EfficientNet-B7.tar로 저장합니다. 참고로 tar은 여러 파일의 묶음을 나타내는 확장자입니다.

모델 훈련을 모두 마치고 위 코드를 실행해야 합니다. 그러니 코드 마지막 부분에서 실행해야겠네요. 코드 실행 후 커밋까지 합니다. 그런 다음 결과 파일이 있는 페이지에서 EfficientNet-B7.tar를 다운받습니다.

---

1   모델 가중치가 아니라 모델 자체를 그대로 저장해도 됩니다. 하지만 파이토치 공식 문서에서는 가중치를 저장해 사용하기를 권장합니다. 여기서도 가중치를 저장하고 불러오는 방법을 설명했습니다. 더 자세한 내용이 궁금한 분은 다음 주소의 튜토리얼을 참고해주세요.
   • https://pytorch.org/tutorials/beginner/saving_loading_models.html#saving-loading-model-for-inference
   • (단축 URL) https://bit.ly/3CyNJua

▼ EfficientNet-B7.tar 다운로드

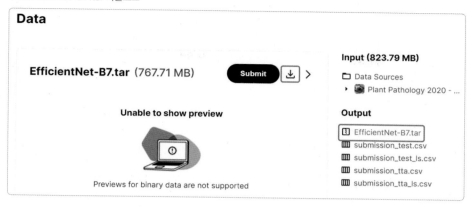

## A.4.2 모델 불러오기

우리는 앞서 모델과 옵티마이저를 저장했습니다. 다운로드까지 받아놨죠. 저장한 모델 가중치와
옵티마이저 상태를 불러오려면 우선 모델과 옵티마이저를 정의해야 합니다. 먼저 뼈대를 만든 뒤
가중치 혹은 파라미터를 덮어 써야 하기 때문입니다. 새로운 노트북에서 모델과 옵티마이저를 정
의해봅시다. 12장에서 다룬 코드를 상기해보죠. 먼저 사전 훈련 모델을 설치합니다.

```
!pip install efficientnet-pytorch==0.7.1
```

이어서 사전 훈련 모델을 정의합니다.

```
from efficientnet_pytorch import EfficientNet # EfficientNet 모델

# 사전 훈련된 efficientnet-b7 모델 불러오기
model = EfficientNet.from_pretrained('efficientnet-b7', num_classes=4)
```

다음과 같이 옵티마이저도 정의합니다.

```
import torch

optimizer = torch.optim.AdamW(model.parameters(), lr=0.00006,
weight_decay=0.0001)
```

이상으로 모델과 옵티마이저를 정의했습니다. 이 모델과 옵티마이저의 가중치와 상태를 앞서 저장한 것으로 갱신해보겠습니다.

먼저 EfficientNet-B7.tar를 노트북 환경에 추가해줘야 합니다. 오른쪽 데이터 탭에서 '+ Add data'를 클릭합니다.

▼ 데이터 추가 절차 I

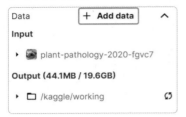

팝업창이 뜨면 'Upload a Dataset'을 클릭합니다.

▼ 데이터 추가 절차 II

이어서 다운받은 EfficientNet-B7.tar을 업로드합니다.

▼ 데이터 추가 절차 III

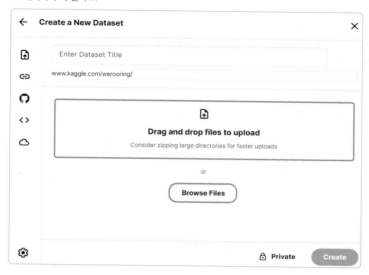

진행바가 다 채워지면 EfficientNet-B7.tar를 잘 업로드한 겁니다. 불러온 EfficientNet-B7.
tar를 저장할 디렉터리명을 입력(❶)하고, 하단 [Create] 버튼(❷)을 클릭합니다.

▼ 데이터 추가 절차 IV

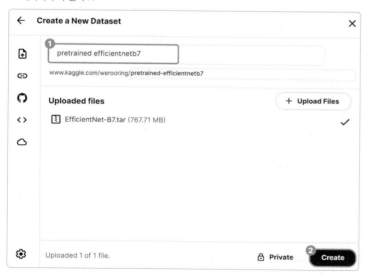

그러면 다음 그림과 같이 EfficientNet-B7.tar가 포함된 디렉터리가 추가된 것을 볼 수 있습니다.

▼ 데이터 추가 절차 V

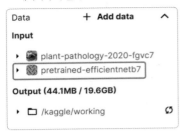

왼쪽 화살표를 클릭해보시죠.

▼ 데이터 추가 절차 VI

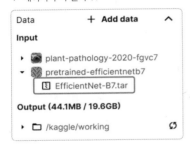

pretrained-efficientnetb7 디렉터리 아래 EfficientNet-B7.tar 파일이 잘 추가됐네요.

EfficientNet-B7.tar를 추가했으니 불러오겠습니다.

```python
pretrained_model_path = '/kaggle/input/pretrained-efficientnetb7/'

checkpoint = torch.load(pretrained_model_path + 'EfficientNet-B7.tar')

model.load_state_dict(checkpoint['model'])         # 모델 가중치 불러오기
optimizer.load_state_dict(checkpoint['optimizer']) # 옵티마이저 상태 불러오기
```

torch.load( )로 EfficientNet-B7.tar를 불러옵니다. 이를 checkpoint라는 변수에 할당합니다. EfficientNet-B7.tar를 저장할 때 딕셔너리 형태로 저장했죠? 그러니 파이썬 딕셔너리의 키를 호출해 값을 불러오는 것처럼 모델 가중치와 옵티마이저 상태를 불러오면 됩니다. 불러올 땐 load_state_dict( )를 사용합니다.

> **warning** 불러온 모델과 옵티마이저를 다시 훈련하려면 model.train( )을 호출하고, 예측에 사용하려면 model.eval( )을 호출해야 합니다. 잊지맙시다!

# 에필로그

적지 않은 분량인데 끝까지 완주하시느라 고생 많으셨습니다. 이 책이 여러분의 머신러닝·딥러닝 실력을 키우는 데 디딤돌이 되었으면 좋겠습니다.

몇 년 전 캐글을 처음 시작할 때가 떠오르네요. 머신러닝·딥러닝 실력 향상에 가장 좋은 플랫폼이 캐글이라고 생각했습니다. 그런데 막상 시작하려니 막막하더군요. 공유된 코드를 따라 타이핑하며 공부했지만 어떤 이론이 접목됐는지, 어떤 원리로 동작하는지 이해하려면 일일이 구글링을 해야 했죠. 코드 전체를 따라 타이핑하며 이해하는 데만도 시간이 꽤 걸렸습니다. 그때 '몇 가지 기초적인 경진대회에 관한 친절한 안내서가 있으면 좋을 텐데'라는 생각을 했습니다. 그러면 머신러닝·딥러닝 실력도 한결 쉽게 키울 수 있을 것 같았습니다. 그 생각의 발로가 이 책입니다.

저는 비포장도로를 지나왔지만 여러분은 포장도로로 편하게 오시길 바라는 마음으로, 그리고 머신러닝·딥러닝에 재미를 느끼면 좋겠다는 바람으로 책을 썼습니다.

여러분의 다음 목적지는 어디인가요? 읽어주셔서 고맙습니다.

2022년 봄
신백균

## 감사의 말

미흡한 제 글을 멋지고 깔끔하게 편집해주신 이복연 편집자께 감사합니다. 여러모로 감사한 마음입니다. 처음 저에게 집필 제안을 주시고 옆에서 응원해주신 최현우 대표께도 감사합니다. 아울러, 저를 코딩의 정원으로 이끌어준 광일이에게도 고맙습니다.

이 책을 쓰는 동안 결혼을 했습니다. 결혼 준비를 하면서도, 신혼을 보내면서도 책을 쓸 수 있도록 배려해준 아내에게 고맙고 사랑한다는 말을 전합니다.

# 용어 찾기

# 용어 찾기

# 용어 찾기

# 용어 찾기

# 코드 찾기

# 코드 찾기

# 머신러닝·딥러닝 문제해결 전략

캐글 수상작 리팩터링으로 배우는 문제해결 프로세스와 전략

**초판 1쇄 발행** 2022년 4월 13일
**초판 2쇄 발행** 2022년 10월 20일

**지은이** 신백균

**펴낸이** 최현우 · **기획** 이복연 · **편집** 이복연, 최현우

**디자인** Nu:n · **조판** 이경숙

**펴낸곳** 골든래빗(주)

**등록** 2020년 7월 7일 제 2020-000183호

**주소** 서울 마포구 신촌로2길 19, 302호

**전화** 0505-398-0505 · **팩스** 0505-537-0505

**이메일** ask@goldenrabbit.co.kr

**SNS** facebook.com/goldenrabbit2020

**홈페이지** goldenrabbit.co.kr

**ISBN** 979-11-91905-07-6   93000

\* 파본은 구입한 서점에서 바꿔드립니다.